Gesammelte Prüfungsfälle Bürgerliches Recht

Originalklausuren

bearbeitet und aktualisiert
von

Ass.-Prof. Mag. Dr. Barbara Beclin
Institut für Zivilrecht, Universität Wien

5. Auflage

Wien 2022
MANZ'sche Verlags- und Universitätsbuchhandlung

ISBN 978-3-214-02685-1

Telefon: (01) 531 61-0
E-Mail: verlag@manz.at
www.manz.at
Druck: FINIDR, s.r.o., Český Těšín

Vorwort

Ein Kernstück der Zeitschrift JAP (Juristische Ausbildung und Praxisvorbereitung), die sich nun schon seit über 30 Jahren vor allem an angehende Jurist:innen in Ausbildung richtet, bilden seit jeher die „Musterfälle“: Anhand dieser Falllösungen zu Diplom-, Fach- oder Modulprüfungen, die von den verantwortlichen Prüfer:innen (und ihren Assistent:innen) an den verschiedenen juristischen Fakultäten Österreichs ausgearbeitet und nach der Prüfung zur Veröffentlichung in JAP zur Verfügung gestellt wurden, haben sich also schon Generationen von Jus-Studierenden auf die eigene Prüfung vorbereitet.

In diesem Band werden nun die zivilrechtlichen Musterklausuren der Jahre 2015 bis 2022 nochmals versammelt, um eine konzentrierte, nach den einzelnen Teilbereichen des Zivilrechts aufgegliederte Einübung des Stoffes und der Technik der Falllösung zu ermöglichen. Schon in der Inhaltsübersicht sind daher bei jeder Klausur die inhaltlichen Schwerpunkte der Prüfung angeführt.

Gesetzesnovellen, durch die sich seit der ersten Veröffentlichung Änderungen in der Musterlösung ergeben, wurden selbstverständlich bei dieser Neuauflage berücksichtigt. Die Gesetzesänderungen betreffen seit 2015 in besonderem Ausmaß das Erbrecht und das Gewährleistungsrecht. Die Fälle mit Lösungen werden zunächst jeweils in der Form abgedruckt, in der sie ursprünglich in JAP erschienen sind. Im Fall von relevanten Novellen stelle ich dann in einem Anhang zur jeweiligen Musterlösung die aktualisierte Lösung anhand der heute geltenden Gesetzeslage dar. Die Musterlösung wird dadurch an die gesetzgeberischen Änderungen angepasst. Neuauflagen von zitierter Literatur oder seit der ersten Veröffentlichung ergangene Gerichtsentscheidungen können dabei allerdings nicht berücksichtigt werden.

Mein Dank gilt allen Prüfer:innen und Autor:innen von Musterlösungen, die JAP ihre Prüfungsfälle zur Verfügung gestellt haben und auch dieser neuerlichen Veröffentlichung zustimmten.

Ich wünsche allen Studierenden, dass dieses Skriptum ihnen bei ihrer Vorbereitung auf zivilrechtliche Klausuren eine wertvolle Hilfe bietet.

Viel Erfolg bei der Prüfung!

Wien, im November 2022 *Barbara Beclin*

Inhaltsverzeichnis

Prüfer: Meinhard Lukas

Meine Notizen:

Fachprüfung aus Bürgerlichem Recht

Linz, 16. 4. 2015

Schwerpunkte: Schadenersatz, Familienrecht

SACHVERHALT

Als leidenschaftlicher Jäger hält sich **Jörg** (J) den imposanten Schweißhund[1] Zerberus (Wert: € 2.000,–). Die Liebe zu Jagd und Hund konkurriert schon lange mit jener zu seiner Ehefrau. Seit circa vier Jahren leben **J** und **Rita** (R) eher neben- als miteinander, ohne intimen Kontakt. Der Hausmann **J** säubert noch die allgemeinen Teile des Hauses und gelegentlich „Ritas Zimmer"; **R,** die als angestellte Steuerberaterin gut verdient, deckt die Haushaltskosten. Sie schläft im Ehebett bzw in der – vor acht Jahren aus Ersparnissen finanzierten – Stadtwohnung; **J** bettet sich auf einer Couch im „Jagdzimmer". Beide haben mit der (kinderlosen) Beziehung endgültig abgeschlossen. Zerberus hat sich gegenüber **R** mehrfach aggressiv verhalten, weshalb er in ihrer Gegenwart stets angeleint wird.

Als **R** am 1. 2. 2015 abends nach Hause kommt, hört sie Zerberus laut im (nicht eingefriedeten) Garten bellen. Bei ihrer Nachschau sieht sie **J** bewusstlos und blutverschmiert am Boden liegen. Für **R** ist klar: Stillt sie die Blutung nicht sofort, stirbt **J.** Als sie ihm zur Hilfe eilt, schnappt Zerberus, der instinktiv sein „Herrchen" verteidigt, nach **R.** Er erwischt aber nur ihre Designer-Handtasche (Wert: € 1.000,–) und „zerfleischt" diese regelrecht. **R** weiß, dass sie Zerberus mit dem Pfefferspray aus ihrer Manteltasche außer Gefecht setzen und dann in den nahen Gartenschuppen sperren könnte. Sie wittert aber die Chance, den „Köter" endgültig loszuwerden. Daher ergreift sie das neben **J** liegende Jagdgewehr und erschießt Zerberus kurzerhand. Im Anschluss versorgt sie **J.**

Dieser ist, gerade von der Jagd zurückgekehrt, aufgrund einer plötzlich auftretenden Kreislaufschwäche unglücklich gestürzt. Der Aufprall führte zu einer oberflächlichen, kurzfristig stark blutenden Kopfwunde und ließ **J** für wenige Minuten bewusstlos werden. Dabei entglitt ihm auch die Leine, mit der er Zerberus (wie dies im Außenbereich notwendig ist) unter Kontrolle hatte. Als **J** kurz darauf wieder zu sich kommt und vom Geschehen erfährt, verfällt er in eine Depression mit attestiertem Krankheitswert.

Für **R** bringt der Undank des **J** angesichts ihrer (vermeintlichen) Lebensrettung das Fass zum Überlaufen; sie reicht wenige Tage später die Heimtrennungsklage ein. **J** erwidert, dass **R** aufgrund der Tötung seines treuen Begleiters die Scheidung allein verschulde, und verlangt mindestens ein Drittel ihres laufenden Einkommens zur Deckung seiner Bedürfnisse. **R** wiederum begehrt Abgeltung dafür, dass sie in die Stadtwohnung zieht und **J** das Haus belässt; sie beruft sich auf die 1990 (kurz nach der Trauung) geschlossene schriftliche Vereinbarung, wonach das (während aufrechter Ehe gemeinsam bewohnte) Haus im Scheidungsfall der Aufteilung unterliege. **J** verweist darauf, dass er das Haus von seiner Tante geerbt habe und es sein Eigentum sei. Im Übrigen verlangt er wegen der „Hinrichtung" von Zerberus umfassende Wiedergutmachung, und zwar angemessenen Ersatz für 20 Tage leichte Schmerzen infolge der Depression und € 4.000,– für den Sachschaden. Der objektive Wert des Hundes spiegle nicht ansatzweise wider, was dieser ihm bedeutet und welch tiefe Trauer der Verlust ihm bereitet habe.

Wie ist die Rechtslage?

Dr. *Meinhard Lukas* ist Universitätsprofessor am Institut für Zivilrecht (Abteilung Grundlagenforschung) der Johannes Kepler Universität Linz und seit Oktober 2015 deren Rektor.

1) Speziell ausgebildeter Jagdhund (Jägersprache: Schweiß = Blut).

✐ Meine Notizen:

MUSTERLÖSUNG

Von Andreas Geroldinger und Dominic Gerstberger

I. Schadenersatz

A. J gegen R auf Schadenersatz iHv € 4.000,– gem §§ 1295, 1331 ABGB

Der **Schaden** des J besteht in einer Sachbeschädigung, konkret darin, dass sein Hund Zerberus tot ist. Der gemeine Wert des Hundes betrug € 2.000,–. J hatte aber laut Sachverhalt eine sehr enge Gefühlsverbundenheit mit Zerberus (arg: „Liebe zu ... Hund", „objektive Wert ... spiegle nicht ansatzweise wider ..."). Als Jäger hatte er außerdem ein besonderes Interesse an dem speziell ausgebildeten „Schweißhund". Den außerordentlichen Wert des Hundes beziffert J mit € 4.000,–.

1) Rechtswidrigkeit

Der Haftungsansatzpunkt (nach *Reischauer:* das Erfolgsunrecht)[2] bestünde in der Tötung des Zerberus, also im Eingriff in das Eigentum des J. R hat Zerberus gezielt getötet (arg: „erschießt ... kurzerhand"); mit diesem bewussten Eingriff in ein absolut geschütztes Rechtsgut des J erscheint das **Verhaltensunrecht** gegeben (zum Vorsatz siehe sogleich). Das Rechtswidrigkeitsurteil würde jedoch dann anders ausfallen, wenn R ein **Eingriffsrecht** in das Eigentum des J zukommen sollte, etwa aufgrund einer Notwehrsituation oder wegen rechtfertigenden Notstands oder Notstandshilfe.[3]

All diese Eingriffsrechte stehen freilich unter dem **Vorbehalt,** dass nicht über das notwendige Maß hinaus in fremde Rechtsgüter eingegriffen wird. Ein mit den rechtlichen Werten verbundener Mensch in der Situation der R hätte nicht zum Jagdgewehr gegriffen, sondern den Pfefferspray zur Abwehr des Hundes eingesetzt. Denn R „wusste", dass sie auch auf diese Weise den Hund „außer Gefecht setzen" und ohne großen Zeitverlust (arg: nahegelegener Gartenschuppen) wegsperren hätte können. Dies hätte ihr laut Sachverhalt gefahrlos[4] die endgültige Abwehr aller vom Hund ausgehenden Gefahren ermöglicht. Zerberus hätte den Einsatz des Pfeffersprays, anders als jenen des Jagdgewehrs, aller Voraussicht nach überlebt. Die Handlung der R war daher exzessiv. Sie hat sich bewusst für den schwereren Eingriff in das Rechtsgut des J entschieden, um den „Köter endgültig loszuwerden". Den Tod eines Hundes bei einem gezielten Schuss aus dem Jagdgewehr hat sie dabei auch vorhergesehen (arg: „wittert die Chance"). R wusste um und wollte die Tötung des Zerberus, womit Vorsatz anzunehmen ist. Auf die Frage, ob tatsächlich eine Notstands-, Notstandshilfe-, Sachwehr- oder Notwehrsituation vorlag, kommt es wegen des **Exzesses** nicht an. Das Verhalten der R war jedenfalls **rechtswidrig.**

Nur der Vollständigkeit halber sei darauf hingewiesen, dass im konkreten Fall verschiedene Ansatzpunkte für eine mögliche Rechtfertigung bestanden:

Zum einen konnte die (vermeintliche) **Rettung des J** als **Notstandshilfe** geprüft werden. Freilich glaubte R bloß, dass J verbluten werde. Tatsächlich war J laut Sachverhalt nur oberflächlich verwundet. Es lag daher keine Notstandshilfesituation, sondern eine sogenannte **Putativnotstandshilfe** vor. Freilich hätte jedermann, damit auch die Maßfigur (§ 1297 ABGB), die Bewusstlosigkeit eines Menschen, der stark am Kopf blutet, als höchst gefährliche Situation eingestuft. R ist daher im Hinblick auf diesen Irrtum keine Sorgfaltsverletzung vorzuwerfen. Eine angemessene Gefahrenabwehr hätte sie folglich keiner Schadenersatzpflicht ausgesetzt.

Der Angriff des Zerberus auf die **körperliche Integrität der R** könnte im Lichte eines rechtfertigenden Notstands (oder einer Sachwehr)[5] geprüft werden. Dabei wäre freilich darauf einzugehen, ob der Angriff auf sie noch andauert, wenn der Hund gerade die Tasche zerfleischt.[6]

Dr. *Andreas Geroldinger* ist assoz. Universitätsprofessor, Mag. *Dominic Gerstberger* Universitätsassistent am Institut für Zivilrecht (Abteilung Grundlagenforschung) der Johannes Kepler Universität Linz.

2) *Reischauer* in *Rummel,* ABGB³ (2007) § 1294 Rz 7. Sämtliche Nachweise werden in der zum Zeitpunkt der Prüfung aktuellen Auflage bzw Fassung zitiert.

3) *Apathy/Riedler,* Schuldrecht BT⁴ (2010) Rz 13/19.

4) Man mag die Realitätsnähe dieser Sachverhaltsangabe – etwa aufgrund eigener Erfahrungen mit Jagdhunden oder im Umgang mit einem Pfefferspray – bezweifeln; hier gilt aber die Regel: Der Sachverhalt ist vollständig und wirft keine Beweisprobleme auf.

5) *Reischauer* in *Rummel,* ABGB³ (2000) § 19 Rz 15; allgemein dazu auch *Apathy/Riedler,* Schuldrecht BT⁴ Rz 13/21.

6) Vgl zB *Reischauer* in *Rummel,* ABGB³ § 19 Rz 5: zu Boden geschlagener angriffsfähiger Täter, der kein Zeichen zur Angriffsbeendigung gibt.

✐ Meine Notizen:

Und schließlich könnte am Angriff auf das **Eigentum der R** als weiteren Fall eines Notstands (oder einer Sachwehr) angesetzt werden. Auch hier wäre zu argumentieren, ob der Angriff noch andauert oder die Tasche bereits zerstört und der Angriff auf das Eigentum damit beendet ist.

2) Weitere Voraussetzungen

Ohne den gezielten Schuss aus dem Jagdgewehr durch R wäre Zerberus nicht getötet worden; ihr rechtswidriges Verhalten war daher **kausal** für den Schaden des J. Beim Eingriff in ein absolut geschütztes Rechtsgut erübrigt sich im Hinblick auf den sogenannten „Einsatzschaden"[7] eine gesonderte Prüfung von Adäquanz und Rechtswidrigkeitszusammenhang.

Das **Verschulden** wird gem § 1297 ABGB vermutet. Anhaltspunkte für eine geistige Krankheit oder dgl liegen nicht vor. Die nähere Prüfung eines entschuldigenden Notstands iSd § 1306 a ABGB (in Bezug auf J: einer Putativnotstandshilfe) kann schon deswegen unterbleiben, weil R – wie vorhin dargelegt – bewusst exzessiv in das Rechtsgut des J eingegriffen hat.

R hat den Hund vorsätzlich getötet und damit den Straftatbestand des § 125 StGB („Sachbeschädigung") erfüllt. J kann daher gem § 1331 ABGB den **Ersatz der besonderen Vorliebe** verlangen, der im vorliegenden Fall mit € 4.000,– beziffert wird.[8]

J könnte allenfalls aus der objektiv sorgfaltswidrigen Verwahrung des Zerberus, die erst den Angriff ermöglichte, ein **Mitverschulden** angelastet werden. Diese war ihm jedoch wegen seiner Bewusstlosigkeit jedenfalls nicht subjektiv vorwerfbar.

3) Ergebnis

Der Anspruch des J gegen R auf Schadenersatz in Höhe von € 4.000,– besteht daher zu Recht.

B. J gegen R auf Schadenersatz iHv € 2.000,– gem §§ 1295, 1325 ABGB

Der **Schaden** des J besteht in der Körperverletzung, konkret in Depressionen mit Krankheitswert, welche auf den Tod seines Hundes folgten. Mit diesen Depressionen waren 20 Tage leichte Schmerzen verbunden. Nach den gängigen Richtsätzen der Judikatur gebühren dafür circa € 2.000,–.

Der Haftungsansatzpunkt liegt in der Verletzung des absolut geschützten Rechtsguts körperliche Integrität des J. Im Rahmen des **Verhaltensunrechts** gilt es an dieser Stelle zu fragen, ob sich R in Hinblick auf dieses Rechtsgut objektiv sorgfaltswidrig verhalten hat, indem sie den Hund Zerberus mit dem Jagdgewehr erschoss: Hätte die Maßfigur des § 1297 ABGB erkannt, dass sie J am Körper verletzt, wenn sie den Hund anstelle des Pfeffersprays mit dem Jagdgewehr außer Gefecht setzt?

Dies ist zumindest im Lichte einer Entscheidung des OLG Wien zu bejahen.[9] Die Maßfigur – ausgestattet mit dem Wissen der R um die besonders enge Beziehung des J zum Hund – hätte vorhergesehen, dass J aufgrund dieser sehr engen Gefühlsbeziehung in Depressionen mit Krankheitswert verfallen und dabei Schmerzen erleiden kann, wenn der Hund gezielt getötet wird. R hat folglich **sorgfaltswidrig** in Bezug auf das absolut geschützte Rechtsgut körperliche Integrität des J gehandelt.[10] Eine Rechtfertigung scheidet, wie schon oben dargelegt, aus.

Der Schuss der R aus dem Jagdgewehr auf den Hund war auch **kausal** für die Körperverletzung des J, denn hätte R nicht geschossen, wäre der Hund nicht gestorben und J nicht in die Schmerzen verursachenden Depressionen verfallen. Zu Adäquanz und Rechtswidrigkeitszusammenhang s oben A.2.

Bezüglich der Beurteilung des **Verschuldens** ist auf § 1297 ABGB zu verweisen; ein Freibeweis wird nicht gelingen. Ein Entschuldigungsgrund scheidet wiederum wegen des Exzesses aus.

---

7) Zum Begriff s *Reischauer* in *Rummel,* ABGB³ § 1295 Rz 9; jüngst auch *Geroldinger,* Der mutwillige Rechtsstreit (2016, Habilitationsschrift Linz) 97 ff.

8) Auf die Fragen, ob hier „Mutwille und Schadenfreude" vorlagen und ob es sich dabei um kumulative oder alternative Voraussetzungen handelt, kommt es damit nicht an.

9) OLG Wien 12 R 146/10 v ZVR 2012/35.

10) Hier war natürlich auch das Gegenteil gut vertretbar; bei ausreichender Begründung wurden beide Lösungen akzeptiert.

Meine Notizen:

Der Anspruch des J gegen R auf Schadenersatz iHv € 2.000,– besteht zu Recht.[11)]

C. R gegen J auf Schadenersatz iHv € 1.000,– gem § 1320 Satz 1 ABGB

Nach § 1320 Satz 1 ABGB haftet, wer das Tier „angetrieben, gereizt oder zu verwahren vernachlässigt hat". Im vorliegenden Fall kommt allenfalls die letzte Variante in Betracht. Bei Entstehen des Schadens hat sich auch die typische Gefährlichkeit eines Tieres (gelenkt durch Triebe und Instinkte) verwirklicht (arg: „der instiktiv sein ‚Herrchen' verteidigt").

Der **Schaden** der R besteht in der Beschädigung ihrer Designer-Handtasche im Wert von € 1.000,–.

Der Haftungsansatzpunkt ist die Beschädigung der Tasche. Das **Verhaltensunrecht** besteht in der mangelhaften Verwahrung, der Vernachlässigung der objektiv gebotenen Sorgfalt. Als Zerberus nach R schnappte und dann ihre Handtasche „zerfleischte", war der Hund nicht angeleint. J ist die Leine entglitten, als er bewusstlos wurde. Da der Garten nicht eingefriedet und Zerberus im Freien sowie in der Gegenwart der R anzuleinen war, war der Hund im Zeitpunkt der Schädigung nicht ordnungsgemäß verwahrt. R wird der Beweis der objektiven Sorgfaltsverletzung folglich gelingen.[12)]

Die unzureichende Verwahrung des Zerberus war **kausal** für die Beschädigung der Tasche, denn wäre der Hund ordnungsgemäß angeleint gewesen, wäre er „unter Kontrolle" gewesen und hätte nicht nach der Handtasche der R schnappen können.

Die unzureichende Verwahrung des Zerberus kann J aber **nicht subjektiv vorgeworfen** werden, da er zu diesem Zeitpunkt bewusstlos war und keine Möglichkeit hatte, für die Verwahrung zu sorgen. Der Freibeweis nach § 1297 ABGB wird J daher gelingen. Anhaltspunkte für eine Einlassungsfahrlässigkeit liegen nicht vor (arg: plötzlich auftretende Kreislaufschwäche).

Der Anspruch besteht daher nicht.

D. R gegen J auf Schadenersatz iHv € 1.000,– gem § 1320 Satz 2 ABGB

Der Schaden der R besteht wiederum in der Beschädigung ihrer Designer-Handtasche im Wert von € 1.000,–.

J ist der **Halter** (iSd § 1320 Satz 2 ABGB) des Hundes Zerberus, da er den Hund jagdlich führt sowie allein über die Verwahrung und Beaufsichtigung entscheidet. R übernimmt keine entsprechende Stellung, vielmehr wird Zerberus in ihrer Gegenwart wegen aggressiven Verhaltens stets angeleint.

Die Tierhalterhaftung des ABGB kehrt die Beweislast insofern um, als der Halter zu beweisen hat, dass er für die **objektiv erforderliche Verwahrung** und Beaufsichtigung gesorgt hat. Er haftet freilich auch dann, wenn er unverschuldet die gebotene Beaufsichtigung oder Verwahrung unterlassen hat.[13)] Zur nötigen Verwahrung gilt das oben Gesagte, der Freibeweis wird J daher nicht gelingen. Auf das mangelnde Verschulden ieS kommt es bei § 1320 Satz 2 ABGB nicht an.

Zu prüfen bleibt, ob R **Mitverschulden** an dem Schaden trifft, da sie sich – in dem Bewusstsein, dass sich Zerberus schon des Öfteren ihr gegenüber aggressiv verhalten hat – dem J und somit auch dem diesen bewachenden Zerberus annähert. Dies ist insofern zu verneinen, als es R nicht vorgeworfen werden kann, sich angesichts der vermeintlichen Notstandssituation dem J anzunähern, um diesem zu helfen.

Der Anspruch der R gegen J auf Schadenersatz iHv € 1.000,– gem § 1320 Satz 2 ABGB besteht zu Recht.[14)] R kann mit diesem Anspruch gegen ihre Ersatzpflichten **aufrechnen** (§§ 1438 ff ABGB).

---

11) Der Ersatz des immateriellen Schadens nach § 1331 ABGB aus der besonderen Gefühlsbeziehung zu Zerberus könnte in Konkurrenz zum Anspruch nach § 1325 ABGB (s Pkt A) stehen; vgl OLG Wien 12 R 146/10v ZVR 2012/35.

12) Die Maßfigur des § 1297 ABGB darf man sich in dieser Situation nicht als ohnmächtig werdend vorstellen (vgl zB zu § 1320 Satz 2 ABGB RIS-Justiz RS0114918); ausführlich zur Argumentation anhand von Maßfiguren im österreichischen Zivilrecht *Karollus,* Funktion und Dogmatik der Haftung aus Schutzgesetzverletzung (1992) 159 ff; zum österreichischen Strafrecht *Burgstaller,* Das Fahrlässigkeitsdelikt im Strafrecht (1974) 54 ff.

13) Siehe nur *Apathy/Riedler,* Schuldrecht BT^4 Rz 14/35.

14) Für den Ersatz des Wertes der Tasche konnte auch noch an die Aufopferungshaftung nach § 1043 ABGB oder den Ersatzanspruch nach § 1036 iVm § 1014 analog ABGB gedacht werden; die Prüfung der beiden Ansprüche wurde aber nicht verlangt.

II. Scheidung und Scheidungsfolgen

Meine Notizen:

A. Scheidung

1) Zerrüttung nach § 55 EheG

Laut Sachverhalt reicht R die **Heimtrennungsklage** ein. Voraussetzung für diese Art der Zerrüttungsscheidung ist gem § 55 EheG eine mindestens drei Jahre andauernde Aufhebung der „häuslichen Gemeinschaft" sowie eine tiefgreifende unheilbare Zerrüttung der Ehe.

Unter dem Begriff **„häusliche Gemeinschaft"** wird die Wohnungs-, Wirtschafts- und Geschlechtergemeinschaft verstanden. Laut Sachverhalt leben J und R schon seit circa vier Jahren eher neben- als miteinander und haben keinen intimen Kontakt. Weiters schlafen die beiden getrennt, R im Ehebett bzw in der Stadtwohnung, J auf einer Couch im Jagdzimmer. Es schadet nicht, dass J die allgemeinen Teile des Hauses und gelegentlich auch „Ritas Zimmer" säubert und R im Gegenzug für die Haushaltskosten aufkommt, da es sich hierbei bloß um wechselseitige Unterstützungen in abgegrenzten Teilbereichen handelt[15] und ansonsten jeglicher Kontakt vermieden wird. Mit dem Haushaltsgeld wird außerdem nur ein Teil des (auch in der Phase der Zerrüttung gebührenden) Unterhalts während aufrechter Ehe abgedeckt. Das der Aufhebung der häuslichen Gemeinschaft innewohnende subjektive Element[16] ist erfüllt, da laut Sachverhalt beide mit der Beziehung „längst abgeschlossen" haben.

Eine **tiefgreifende unheilbare Zerrüttung** der Ehe liegt dann vor, wenn die eheliche Gesinnung zumindest eines Teils erloschen ist und die Grundlage der Ehe auch objektiv weggefallen ist.[17] Beide Ehegatten haben mit der Beziehung **längst abgeschlossen;** deren eheliche Gesinnung ist daher erloschen. Dies manifestiert sich objektiv an der Vermeidung jeglichen Kontakts. Auch die zweite Voraussetzung ist daher erfüllt.

2) Verschuldensausspruch nach § 61 Abs 3 EheG

Mit dem Einwand, dass R aufgrund der Tötung seines treuen Begleiters die Scheidung alleine verschulde, und dem Verlangen nach einem Drittel ihres laufenden Einkommens als Unterhalt begehrt J den Verschuldensausspruch gem **§ 61 Abs 3 EheG.** Voraussetzung dafür ist lediglich das wesentlich geringergradige Zerrüttungsverschulden.[18] Zwischen der vorgeworfenen Verfehlung und der Zerrüttung muss ein ursächlicher Zusammenhang bestehen (§ 61 Abs 3 EheG: „Zerrüttung allein oder überwiegend verschuldet"). Daran fehlt es aber, wenn die Ehe im Zeitpunkt der Verfehlung bereits so tief zerrüttet ist, dass eine weitere Zerrüttung nicht mehr eintreten konnte.[19]

Zu dem Zeitpunkt, als R den Hund des J tötete, hatten beide bereits seit circa vier Jahren **„mit der Beziehung endgültig abgeschlossen".** Die Tötung des Zerberus war folglich **nicht kausal** für die Zerrüttung der Ehe. Auch sonst ist dem Sachverhalt kein Verhalten der R zu entnehmen, das auf ein überwiegendes oder gar alleiniges Verschulden an der Zerrüttung hindeuten würde. Die Voraussetzungen des § 61 Abs 3 EheG liegen somit nicht vor.[20]

Der Sachverhalt spricht davon, dass der Undank des J für R das Fass zum Überlaufen brachte. Dies konnte als Argument dafür verwendet werden, dass die Ehe zum Zeitpunkt der Tötung des Zerberus noch nicht restlos zerrüttet war.

Weiters konnte argumentiert werden, dass es sich bei der bewussten Tötung des geliebten Hundes um eine Eheverfehlung iSd § 49 EheG handelt (Zufügung seelischen Leids) und J Widerklage erheben könnte. Dann musste auf die Zerrüttungskausalität eingegangen und darauf hingewiesen werden, dass eine solche Vorgehensweise – sofern ein Verschulden an der Zerrüttung bejaht wird – in Sachen Unterhalt ungünstiger wäre als jene nach § 61 Abs 3 iVm § 69 Abs 2 EheG (Stichwort: Anspannungsgrundsatz).

15) OGH 3 Ob 617/82 EFSlg 41.233; *Koziol – Welser/Kletečka,* Bürgerliches Recht I[14] (2014) Rz 1572.
16) *Koziol – Welser/Kletečka,* BR I[14] Rz 1572.
17) Vgl *Kerschner,* Familienrecht[5] (2013) Rz 2/89; OGH 1 Ob 501/88 EFSlg 57.156.
18) *Kerschner,* Familienrecht[5] Rz 2/94, 2/99; *Kerschner/Wagner,* Familienrecht[2] (2010) Rz 9/34 aE, 9/39; *Koziol – Welser/Kletečka,* BR I[14] Rz 1579; RIS-Justiz RS0057262.
19) Diese Ansicht ist freilich nicht unumstritten; im referierten Sinne etwa *Stabentheiner* in *Rummel,* ABGB[3] § 61 Rz 5; aA *Koziol – Welser/Kletečka,* BR I[14] Rz 1599. Die Studierenden konnten natürlich beide Ansichten vertreten.
20) Zum denkbaren Mitverschuldensantrag der R wegen möglichen Verschuldens des J (Vernachlässigung der R wegen Jagd und Hund) analog § 60 Abs 3 EheG s *Hopf/Kathrein,* Eherecht[3] (2014) § 61 Rz 5 mwN.

Meine Notizen:

B. Unterhalt[21)]

Da J mit dem Antrag auf einen Schuldausspruch nicht durchdringt, bemisst sich sein Unterhaltsanspruch nach **§ 69 Abs 3 EheG.**[22)] Dabei ist zu berücksichtigen, dass J derzeit einkommenslos ist, er aber dem Anspannungsgrundsatz unterliegt.[23)] Die einmalig auftretende Kreislaufschwäche lässt für sich genommen nicht auf eine dauernde Beeinträchtigung der Erwerbsfähigkeit des J schließen. Ansonsten bestehen keine Hinweise auf eine geminderte Erwerbsfähigkeit.

Bei einem Schuldausspruch nach § 61 Abs 3 EheG wäre J grundsätzlich ein Unterhalt wie bei aufrechter Ehe (§ 94 Abs 2 ABGB) zugestanden, wobei er nicht dem Anspannungsgrundsatz unterlegen wäre (§ 69 Abs 2 EheG). Fraglich könnte dann aber sein, ob J tatsächlich noch als haushaltsführender Ehegatte anzusehen war. Schließlich hat er laut Sachverhalt lediglich die allgemeinen Teile des Hauses und gelegentlich das Zimmer der R gesäubert.

C. Aufteilung

1) Haus

Gem § 81 Abs 1 EheG sind im Falle der Scheidung der Ehe das eheliche Gebrauchsvermögen und die ehelichen Ersparnisse unter den Ehegatten aufzuteilen. Zum ehelichen Gebrauchsvermögen gehört gem § 81 Abs 2 EheG auch die Ehewohnung. Da J und R das Haus **während aufrechter Ehe gemeinsam bewohnten,** gilt das Haus als Ehewohnung.

Die schriftliche Vereinbarung, welche J und R während der Ehe geschlossen haben, ist als **Vorausvereinbarung** iSd § 97 Abs 1 EheG zu betrachten. Derartige Vorausvereinbarungen bedürfen daher der Form eines **Notariatsakts.** J und R haben die Vereinbarung zwar schriftlich geschlossen, ein Notariatsakt wurde aber nicht errichtet. Die Vereinbarung ist daher formungültig und somit unwirksam. Daran ändert auch nichts, dass die Vereinbarung bereits 1990 abgeschlossen wurde. § 97 Abs 1 EheG ist ab dem 1. 1. 2010 anzuwenden, wenn der verfahrenseinleitende Antrag oder die Klage nach dem 31. 12. 2009 bei Gericht eingebracht wurde (Art 18 § 3 FamRÄG 2009). Insofern wirkt die Bestimmung auch auf vor dem 1. 1. 2010 geschlossene Vorausvereinbarungen zurück.[24)]

J hat das Haus von **seiner Tante geerbt.** Da die geschlossene Vereinbarung formungültig ist und kein gemeinsames Kind vorhanden ist (arg: „der [kinderlosen] Beziehung"), bleibt nach § 82 Abs 2 EheG lediglich zu prüfen, ob R zur Sicherung ihrer Lebensbedürfnisse auf die Weiterbenützung der Wohnung angewiesen ist. Laut Sachverhalt verfügt R über die Stadtwohnung als alternative Wohnmöglichkeit. Sie hat dadurch, dass sie aus der Ehewohnung ausziehen und in der Stadtwohnung wohnen will, die fehlende Abhängigkeit von der Weiterbenützung der Ehewohnung zur Sicherung ihrer Lebensbedürfnisse belegt. Die Ehewohnung unterliegt folglich nicht der Aufteilung.

2) Stadtwohnung

Zu prüfen ist weiters, ob die **Stadtwohnung** der Aufteilung unterliegt. Dabei könnte es sich um eheliche Ersparnisse iSd § 81 Abs 3 EheG handeln. Auch Häuser, Liegenschaften und Eigentumswohnungen können eine Wertanlage in diesem Sinn sein.[25)]

Die Wohnung wurde laut Sachverhalt vor acht Jahren **aus Ersparnissen finanziert.** Die Stadtwohnung kann als eheliches Ersparnis betrachtet werden, da der **Verwertungszweck** insofern naheliegt, als R und J zum Zeitpunkt des Erwerbs noch zusammen in der Ehewohnung wohnten. Selbst wenn die Wohnung lediglich aus Mitteln der R finanziert wurde (arg: J ist einkommensloser Hausmann und war das wohl auch schon früher), ändert dies nichts an der Qualifikation als eheliches Ersparnis.[26)] Die Stadtwohnung **unterliegt daher der Aufteilung.**

21) Von den Studenten wurde hierbei lediglich gefordert, die Rechtsnormen und Kriterien darzulegen, nach denen sich der mögliche Unterhalt des J bemisst.
22) *Koziol – Welser/Kletečka,* BR I[14] Rz 1599.
23) *Koziol – Welser/Kletečka,* BR I[14] Rz 1599.
24) *Kerschner,* Familienrecht[5] Rz 2/113.
25) OGH 6 Ob 639/85 EFSlg 48.908; vgl *Kerschner/Wagner,* Familienrecht[2] Rz 9/65.
26) OGH 7 Ob 679/86 EFSlg 51.720.

Prüfer: Andreas Riedler

✐ Meine Notizen:

Fachprüfung aus Bürgerlichem Recht

Linz, 29. 5. 2015

Schwerpunkte: Schuldrecht AT (Verzug, Gewährleistung, Garantie, Zession), Sachenrecht, IPR

SACHVERHALT

A wendet sich für die Sanierung seiner Villa und die Neugestaltung des Gartens an den deutschen Elektrounternehmer **E**, von welchem er auf der Baumesse Wels eine Broschüre erhalten hatte. **E** unterbreitet – ausdrücklich ohne Gewähr – einen Kostenvoranschlag von € 50.000,– für Gartenbeleuchtung (€ 10.000,–) sowie Haussteuerung (€ 40.000,–). **A** unterzeichnet den Auftrag an **E**, welchem dessen AGB angefügt sind. Pkt 7 lautet: „*Der Werkunternehmer kann seine Leistung mit schuldbefreiender Wirkung an ein anderes Elektrounternehmen seiner Wahl übertragen.*" Pkt 8 lautet: „*Kosten von Verbesserung und Austausch gehen zulasten des Werkbestellers.*" Die Zahlung hat die **G-Bank** nach Auftrag des **A** gegenüber **E** auf erstes Anfordern unter Verzicht auf jede Einwendung schriftlich zugesagt. Als **E** die Installation der Haussteuerung beendet hat, stellt er eine Teilrechnung iHv € 43.000,–, da unvorhergesehen und zuvor nicht erkennbar zusätzlich brüchige Elektroleitungen getauscht werden mussten. **E** fordert von der **G-Bank** Zahlung, welche diese aufgrund der Überschreitung des Kostenvoranschlags für die Haussteuerung verweigert.

Die Installation der Gartenbeleuchtung übergibt **E** gem Pkt 7 seiner AGB an den Elektroinstallateur **F**. Als **F** unter Berufung auf Pkt 7 der AGB bei **A** die Arbeiten durchführen möchte, verweigert dies **A**, da er **E** mit der Durchführung der Arbeiten beauftragt habe, und fordert **E** auf, binnen vier Wochen bei sonstigem Rücktritt die Beleuchtung zu installieren. Das neuerliche Angebot der Erfüllung von **F** für **E** lehnt **A** ab und beauftragt einen anderen Elektriker mit der Installation. Die Mehrkosten iHv € 2.000,– fordert **A** nun von **E**.

Für die Haussteuerung hat **E** zur Bedienung der Jalousien bei jedem Fenster einen Stellmotor installiert. Nach Fertigstellung der Arbeiten möchte **A** von der Haussteuerung Gebrauch machen. Bei Bedienung der Jalousien hat einer der Stellmotoren einen Kurzschluss. Es stellt sich heraus, dass die Charge der von **E** installierten Stellmotoren des Herstellers **X**, welche er direkt bei diesem bezogen hat, aufgrund einer fehlerhaften Verlötung bereits andernorts vereinzelt zu Kurzschlüssen geführt haben, was **E** und **X** im Zeitpunkt des Einbaus der Motoren bei **A** bereits bekannt war. Bei Abschluss des Kaufvertrags – für den unter ausdrücklichem Ausschluss des UN-Kaufrechts „die Anwendung des österreichischen ABGB und UGB" vereinbart wurde – und Lieferung der Stellmotoren von **X** an **E** sowie bei Vertragsschluss zwischen **A** und **E** war dieser Fehler noch nicht bekannt, hätte aber bei ordnungsgemäßer Prüfung festgestellt werden können.

Stellmotor Kurzschluss

Vom Gartenbauunternehmer **K** hat **A** Gartenmöbel erworben, welche **K** vom Großhändler **V** bezogen hat. Zwischen **K** und **V** wurde ausdrücklich ein Zessionsverbot für die Kaufpreisforderung vereinbart und festgehalten, dass das Eigentum erst mit Kaufpreiszahlung an **K** übergehen solle, wobei **K** die Weiterveräußerung bis zur Zahlung untersagt wurde. Dennoch verkauft **K** die Möbel unter Eigentumsvorbehalt an **A**, der kurz nach Lieferung den Kaufpreis bezahlt. Wenig später wird **K** wegen Ausfalls eines Großkunden völlig unerwartet insolvent. Die noch nicht beglichene Forderung des **V** hat inzwischen **D** aufgrund einer Factoringvereinbarung – welche auch die Übertragung des Insolvenzrisikos erfasst – erworben, welcher nun Zahlung von **K** verlangt.

Wie ist die Rechtslage?

Univ.-Prof. Mag. Dr. *Andreas Riedler* ist Universitätsprofessor für Zivilrecht am Institut für Multimediale Linzer Rechtsstudien und am Institut für Zivilrecht sowie Vorstand des Instituts für Multimediale Linzer Rechtsstudien der Johannes Kepler Universität Linz.

Meine Notizen:

MUSTERLÖSUNG[1)]

Von Stephanie Gusenleitner und Michael Kraus

I. Anspruch E gegen G-Bank auf Zahlung von € 43.000,– gem § 1170 iVm § 880 a ABGB

Da E lt SV aus Deutschland ist, ist zunächst zu ermitteln, welches Sachrecht anzuwenden ist. Die Regelungen für vertragliche Schuldverhältnisse mit Auslandsbezug finden sich in der Rom I-VO. Art 4 Abs 1 Rom I-VO enthält eine Aufzählung von Vertragstypen und dem jeweiligen Recht, das anwendbar sein soll. Der Garantievertrag findet sich in dieser Aufzählung nicht. Für diese Fälle ist **Art 4 Abs 2 Rom I-VO** einschlägig, welcher vorsieht, dass, wenn der Vertrag nicht unter Abs 1 fällt, das Recht jenes Staates auf den Vertrag anzuwenden ist, in welchem die Partei, die die für den Vertrag charakteristische Leistung erbringt, ihren gewöhnlichen Aufenthalt hat. Bei der Garantie erbringt der Garant die für den Vertrag **charakteristische Leistung,** weshalb an das Sitzrecht des Garanten anzuknüpfen ist.[2)] Der Garantievertrag ist zwischen E als Begünstigtem und der G-Bank als Garanten geschlossen worden. Mangels gegenteiliger Hinweise im SV hat die G-Bank ihren Sitz in Österreich, sodass österreichisches Recht anzuwenden ist.

Der Garantievertrag ist ein prinzipiell formfreier Konsensualvertrag. Sichert er jedoch die Erfüllung einer fremden Schuld (sog Sicherungsgarantie: zB Zahlungsgarantie der Bank des Käufers), so ist nach hA das **Schriftformgebot des § 1346 Abs 2** auch auf den Garantievertrag analog anzuwenden.[3)] Da die G-Bank die Zahlung der Schuld des A gegenüber E garantiert, ist § 1346 Abs 2 analog anzuwenden. Lt SV hat die G-Bank „schriftlich garantiert“, wodurch dem Formgebot des § 1346 Abs 2 Genüge getan und der Garantievertrag zwischen der G-Bank und E wirksam zustande gekommen ist und die G-Bank grundsätzlich leisten müsste.[4)]

Fraglich ist, wie sich der Einwand der G-Bank, E habe den Kostenvoranschlag für die Haussteuerung überschritten, auf ihre Zahlungspflicht aus dem Garantievertrag auswirkt. Die Garantie ist idR vom gesicherten Grundgeschäft losgelöst, Einwendungen des Garanten aus dem Grundgeschäft kommen nicht in Betracht (sog **Abstraktheit der Garantie**). Dies kommt vor allem durch die Wendung „auf erstes Anfordern unter Verzicht auf jede Einwendung“ zum Ausdruck. Jedoch kann der Garant den **Einwand des Rechtsmissbrauches** erheben, wenn die Inanspruchnahme durch den Begünstigten ganz offenkundig (evident) unberechtigt ist und der Garant durch Dokumente, Sachverständigengutachten etc leicht beweisen kann, dass der gesicherte Anspruch nicht zu Recht besteht.[5)] Zu prüfen ist daher, ob die Überschreitung des Kostenvoranschlags einen Einwand wegen Rechtsmissbrauches begründet bzw die Forderung der Mehrkosten durch E gerechtfertigt ist.

E ist Unternehmer und mangels gegenteiliger Hinweise im SV ist A Verbraucher iSd KSchG. Gem **§ 5 Abs 2 KSchG** gelten Kostenvoranschläge eines Unternehmers gegenüber einem Verbraucher als unter Garantie abgegeben, außer das Gegenteil wurde ausdrücklich erklärt. Lt SV hat E gegenüber A den Kostenvoranschlag ausdrücklich ohne Gewähr abgegeben, sodass der **Kostenvoranschlag ohne Garantie** zu verstehen ist. Gem § 1170 a Abs 2 hat der Unternehmer bei Kostenvoranschlägen ohne Gewähr dem Besteller eine beträchtliche Überschreitung unverzüglich anzuzeigen, ansonsten verliert er jeden Anspruch wegen der Mehrarbeiten. Unbeträchtliche und unvorhergesehene Überschreitungen sind vom Werkbesteller aber hinzunehmen.[6)] Beträchtlich ist jedenfalls eine Überschreitung von 30%,[7)] aber auch von mehr

---

Univ.-Ass. Mag. *Stephanie Gusenleitner* und Univ.-Ass. Mag. *Michael Kraus*, LL.B., sind wissenschaftliche Mitarbeiter bei Univ.-Prof. Mag. Dr. *Andreas Riedler* am Institut für Multimediale Linzer Rechtsstudien.

1) Die Musterlösung wurde bewusst ausführlich formuliert. Sämtliche Literaturangaben beziehen sich auf die zum Prüfungszeitpunkt aktuellen Auflagen.

2) 5 Ob 184/08g Zak 2009, 111; *Kerschner/Wagner*, Zivilrecht VIII Internationales Privatrecht[5] (2015) Rz 16/24.

3) *Riedler*, Zivilrecht II Schuldrecht Allgemeiner Teil[4] (2010) Rz 23/5; *Dullinger*, Bürgerliches Recht II Schuldrecht Allgemeiner Teil[5] (2014) Rz 6/45; *Koziol/Welser*, Bürgerliches Recht II[13] (2007) 155.

4) Die Zahlungsgarantie sichert die Erfüllung einer fremden Schuld, wodurch erst zu leisten wäre, wenn die gesicherte Schuld nicht erfüllt wird. Aufgrund des Versprechens der Leistung auf erstes Anfordern und des Verzichts auf jede Einwendung (Abstraktheit der Garantie) entsteht die Zahlungsverpflichtung des Garanten allein durch die Inanspruchnahme durch den Begünstigten. Auf die Erfüllung der gesicherten Schuld kommt es daher nicht an.

5) *Riedler*, ZR II SchRAT[4] Rz 23/2; *Dullinger*, BR II SchRAT[5] Rz 6/43; *Koziol/Welser* II[13] 154 f.

6) *Riedler*, Zivilrecht III Schuldrecht Besonderer Teil – Vertragliche Schuldverhältnisse[4] (2010) Rz 8/17; *Apathy/Riedler*, Bürgerliches Recht III Schuldrecht Besonderer Teil[4] (2010) Rz 3/12; *Koziol/Welser* II[13] 259.

7) 8 Ob 521/93 JBl 1994, 179; vgl auch *Riedler*, ZR III SchRBT VertrSch[4] Rz 8/17.

✐ Meine Notizen:

als 15%.[8] Hingegen wurde als unbeträchtlich eine Steigerung des Silberpreises um 12,7% qualifiziert.[9] Lt SV überschreitet E den Kostenvoranschlag für die Haussteuerung von € 40.000,– um € 3.000,–, was einer Überschreitung von 7,5% entspricht. Die Überschreitung ist daher als **unbeträchtlich zu qualifizieren.** Unvorhersehbar ist alles, was von einem Sachkundigen nicht einkalkuliert werden musste. Lt SV mussten unvorhergesehen und zuvor nicht erkennbar im Haus brüchige Elektroleitungen getauscht werden, sodass auch diese Voraussetzung vorliegt und E trotz Überschreitung des Kostenvoranschlags Anspruch auf das Entgelt für die Mehrarbeiten hat. Daher kommt der G-Bank **kein Einwand der rechtsmissbräuchlichen Inanspruchnahme** der Garantie zu und sie muss die € 43.000,– an E leisten.

Annex: Grundsätzlich ist der Werklohn gem § 1170 erst nach vollendetem Werk zu entrichten. Vereinbart zwischen E und A war die Installation einer Gartenbeleuchtung sowie einer Haussteuerung, wobei die beiden Leistungen grundsätzlich teilbar sind und beiden Leistungen die genaue Gegenleistung zugeordnet werden kann. Gem § 1415 ist der Gläubiger nicht verpflichtet, Teilleistungen anzunehmen. Aus dem SV lässt sich aber entnehmen, dass A die (Teil-)Leistung des E angenommen hat, da er zum einen gegenüber E – wenngleich unwirksam (s Anspruch III.) – nur Rücktritt bezüglich der Gartenbeleuchtung geltend macht und zum anderen auch von der Haussteuerung Gebrauch macht. E kann daher auch das Entgelt für die Haussteuerung im Rahmen einer Teilrechnung über € 43.000,– fordern.

Der Anspruch besteht.

II. Anspruch der G-Bank gegen A auf Aufwandersatz iHv € 43.000,– gem §§ 1002 ff iVm § 1014 ABGB

Voraussetzungen für diesen Anspruch sind das Vorliegen eines **Auftragsverhältnisses** zwischen A und der G-Bank sowie das Vorliegen eines notwendigen oder nützlichen Aufwands der G-Bank zur Besorgung des Geschäfts. Lt SV hat die G-Bank die Garantie gegenüber E nach Auftrag von A übernommen. Vom Vorliegen eines Auftragsverhältnisses zwischen A und der G-Bank ist daher auszugehen. Da die G-Bank aus dem Garantievertrag zur Zahlung an E verpflichtet ist (s Anspruch oben), hat sie im Zeitpunkt der Zahlung an E einen Aufwand in Höhe der an E erbrachten Geldleistung zur Besorgung des beauftragten Geschäfts gemacht, den sie von A fordern kann.[10]

Der Anspruch besteht.[11]

III. Anspruch A gegen E auf Zahlung von € 2.000,– gem § 921 iVm §§ 1295 ff ABGB

Da E lt SV aus Deutschland ist, ist zunächst wiederum zu ermitteln, welches Sachrecht anzuwenden ist. Der vorliegende Anspruch resultiert aus einem vertraglichen Schuldverhältnis, da zwischen A und E ein Werkvertrag zustande gekommen ist, aus welchem nun A den Ersatz der Mehrkosten durch die Beauftragung eines Dritten fordert. Die Regelungen für vertragliche Schuldverhältnisse mit Auslandsbezug finden sich in der Rom I-VO, welche in Art 6 eine Bestimmung für Verbraucherverträge enthält. Gem **Art 6 Abs 1 Rom I-VO** ist auf einen Vertrag zwischen einem Unternehmer und einem Verbraucher das Recht des Staates anzuwenden, in dem der Verbraucher seinen gewöhnlichen Aufenthalt hat, wenn der Unternehmer seine berufliche oder gewerbliche Tätigkeit in dem Staat ausübt, in dem der Verbraucher seinen gewöhnlichen Aufenthalt hat (lit a leg cit) oder eine solche Tätigkeit in irgendeiner Weise auf diesen Staat ausrichtet (lit b leg cit) und der Vertrag in den Bereich dieser Tätigkeit fällt. E ist Unternehmer und mangels gegenteiliger Hinweise im SV ist A Verbraucher. Fraglich ist, ob einer der beiden Tatbestände des Art 6 Abs 1 Rom I-VO erfüllt ist. Ausrichten iSd lit b leg cit erfasst alle auf den Verbraucherstaat gerichteten absatzfördernden Handlun-

8) 4 Ob 511/88; *Kletečka* in *Kletečka/Schauer,* ABGB-ON[1.02] § 1170a Rz 14.
9) 5 Ob 34/75.
10) Vgl dazu *Riedler,* ZR III SchRBT VertrSch[4] Rz 9/17; *Dullinger,* BR II SchRAT[5] Rz 6/44; *Koziol/Welser,* BR II[13] 156.
11) Einwendungen gem § 13 Abs 2 VKrG ergeben sich in casu nicht, da – selbst wenn die Anwendbarkeit des VKrG bejaht werden würde – jedenfalls die von Abs 1 leg cit für einen verbundenen Kreditvertrag geforderte wirtschaftliche Einheit fehlt. Zudem sind aufgrund der Abstraktheit der Garantie die Einwendungen des Garanten in Bezug auf das Valutaverhältnis im Wesentlichen auf den Einwand der rechtsmissbräuchlichen Inanspruchnahme beschränkt. Die Einwendung der Schlechterfüllung durch E kann nicht erhoben werden, da diese im Zeitpunkt der Inanspruchnahme der Garantie noch nicht bekannt war und daher, aufgrund der Abstraktheit der Garantie, keinen Einwand der rechtsmissbräuchlichen Inanspruchnahme begründet.

Meine Notizen:

gen,[12] dazu zählt vor allem Werbung.[13] Lt SV hat E auf einer Baumesse in Österreich dem A persönlich eine Broschüre übergeben. Die Werbung auf einer österreichischen Baumesse mit Broschüren ist als **auf Österreich gerichtete absatzfördernde Handlung** zu qualifizieren, wodurch E seine Tätigkeit auf Österreich, den Staat des Verbrauchers A, ausrichtet. Auch fällt der Werkvertrag zwischen A und E in den Bereich der Tätigkeit des E, sodass gem Art 6 Abs 1 Rom I-VO österreichisches Recht anzuwenden ist. Nach Art 12 Abs 1 lit c Rom I-VO ist das nach dieser VO anzuwendende Recht auch maßgebend für die Folgen der Nichterfüllung einschließlich Schadenersatz.

Voraussetzung für diesen Anspruch ist, dass A einen **Nichterfüllungsschaden** erlitten hat und aufgrund **subjektiven Verzugs** von E vom Vertrag zurückgetreten ist. Lt SV hat E die Installation der Gartenbeleuchtung gem Pkt 7 seiner AGB an F übertragen. Zu klären ist daher, ob diese Übertragung, wie in den AGB vorgesehen, mit schuldbefreiender Wirkung erfolgte und damit das Schuldverhältnis auf F übergegangen ist. Dafür ist zunächst die Frage der Gültigkeit der AGB zu beantworten.

A hat den Auftrag an E unterzeichnet, welchem die **AGB** des E angefügt waren. Da A Verbraucher und E Unternehmer iSd KSchG ist, beurteilt sich die Gültigkeit der vorliegenden Klauseln in den AGB nach den einseitig zwingenden Vorschriften des ersten Hauptstücks des KSchG. Wurde die in Frage stehende Klausel nicht im Einzelnen ausgehandelt, so sieht **§ 6 Abs 2 Z 2 KSchG** vor, dass eine Vertragsbestimmung, welche dem Unternehmer das Recht einräumt, seine Pflichten oder den gesamten Vertrag mit schuldbefreiender Wirkung einem Dritten zu überbinden, der im Vertrag nicht namentlich genannt ist, unwirksam ist. Dafür, dass Pkt 7 der AGB zwischen E und A im Einzelnen ausgehandelt wurde findet sich kein Hinweis im SV, sodass Pkt 7 gem § 6 Abs 2 Z 2 KSchG unwirksam ist. Eine Übertragung der Installation der Gartenbeleuchtung von E an F mit schuldbefreiender Wirkung gem Pkt 7 der AGB scheidet daher aus. Möglich wäre aber eine außerhalb der AGB vereinbarte **Schuldübernahme** zwischen E und F. Gem § 1405 Satz 1 kann eine Schuldübernahme durch Vertrag zwischen Altschuldner (E) und Neuschuldner (F) vereinbart werden, zu deren Gültigkeit aber die Zustimmung des Gläubigers notwendig ist. Verweigert dieser die Zustimmung, bleibt gem **§ 1405 Satz 2** bloße **Erfüllungsübernahme** zurück, welche zu keinem Schuldnerwechsel führt, sondern bloß im Innenverhältnis zwischen altem und neuem Schuldner wirkt.[14] Lt SV hat A der Schuldübernahme durch F nicht zugestimmt. Vielmehr hat A die Erfüllung durch F verweigert, da er E mit den Arbeiten beauftragt habe. Es bleibt daher bloße Erfüllungsübernahme zurück. Das Schuldverhältnis ist nicht auf F übergegangen und E ist weiterhin Schuldner der von A geforderten Leistung.

Verzug liegt vor, wenn der Schuldner die Leistung nicht zum gehörigen Zeitpunkt, nicht am bedungenen Ort oder nicht in der vereinbarten Weise anbietet.[15] Da sich F gegenüber A auf Pkt 7 der AGB beruft, diese Schuldübernahme aber unwirksam ist, musste A die von F im eigenen Namen auf die Erfüllung einer behaupteten, aber rechtlich unwirksamen eigenen Verpflichtung angebotene Leistung nicht entgegennehmen und ist daher auch durch Ablehnung dieses Leistungsangebots des F nicht in Annahmeverzug geraten, da der Gläubiger die Zahlung nur annehmen muss, wenn die angebotene der vereinbarten Leistung entspricht (§ 1423 ABGB). Den zweiten Erfüllungsversuch nimmt F jedoch für E vor, sodass A die Annahme der Leistung grundlos verweigert und sich in Annahmeverzug befindet. Der **Rücktritt** steht nur dem vertragstreuen Teil zu. Wer selbst in einer Leistungsstörung verfangen ist, kann nicht wirksam zurücktreten.[16] Da zwischen A und E sowohl die Installation der Haussteuerung als auch der Gartenbeleuchtung vereinbart ist, möchte A in casu nur Teilrücktritt geltend machen. Dafür ist Teilbarkeit der Leistung Voraussetzung. Die beiden Leistungen sind grundsätzlich teilbar und beiden Leistungen kann die genaue Gegenleistung zugeordnet werden. Aus dem SV lässt sich entnehmen, dass A auch die (Teil-)Leistung des E angenommen hat, indem er von der Haussteuerung Gebrauch macht, sodass Teilbarkeit der Leistung vorliegt. Allerdings befindet sich A in **Annahmeverzug** und damit in einer Leistungsstörung. E befindet sich nicht in Schuldnerverzug, da F mit Zustimmung des E die Leistung auch nochmalig ordnungsgemäß angeboten hat. A kommt daher **kein Rücktrittsrecht** zu und E hat die durch Beauftragung eines Dritten geforderten Mehrkosten des A nicht zu ersetzen.

Der Anspruch besteht nicht.

12) 1 Ob 158/09f ÖBA 2010, 185.
13) *Lurger/Melcher,* Bürgerliches Recht VIII Internationales Privatrecht (2013) Rz 4/50.
14) *Riedler,* ZR II SchRAT⁴ Rz 21/2; *Dullinger,* BR II SchRAT⁵ Rz 5/92; *Koziol/Welser* II¹³ 134.
15) *Riedler,* ZR II SchRAT⁴ Rz 6/2; *Dullinger,* BR II SchRAT⁵ Rz 3/7; *Koziol/Welser* II¹³ 52f.
16) *Riedler,* ZR II SchRAT⁴ Rz 6/36; *Koziol/Welser* II¹³ 60f.

IV. Anspruch A gegen X gem §§ 1 ff PHG

Meine Notizen:

Voraussetzung für diesen Anspruch ist ein **Schaden,** welcher durch ein fehlerhaftes Produkt verursacht wurde. Lt SV wurden an der Villa des A fehlerhafte Stellmotoren eingebaut, sodass A von X nur den Mangelschaden selbst fordern kann. Ersatzfähig im Rahmen des PHG ist gem § 1 PHG aber nur jener Schaden, welcher an einer **vom Produkt verschiedenen körperlichen Sache** eingetreten ist. Ein solcher Schaden liegt in casu nicht vor.

Der Anspruch besteht nicht.

V. Anspruch A gegen X auf Ersatz des Mangelschadens aus Vertrag mit Schutzwirkung zugunsten Dritter

Voraussetzung für diesen Anspruch ist, dass der Vertrag zwischen X und E als solcher mit Schutzwirkung zugunsten des Endabnehmers A zu qualifizieren ist. Ein solcher Vertrag besteht gegenüber erkennbar von der Hauptleistung begünstigten Personen. Vor allem die Produzentenhaftung wird damit begründet, dass der Vertrag zwischen dem Hersteller und dessen Vertragspartner **Schutzwirkungen zugunsten des Endabnehmers** entfaltet.[17)] Der Vertrag zwischen X und E ist daher als Vertrag mit Schutzwirkung zugunsten des Endabnehmers A zu qualifizieren, aus dessen Verletzung A gegenüber X Ersatzansprüche geltend machen könnte. Die Haftung aus Vertrag mit Schutzwirkung zugunsten Dritter ist aber (nach stRsp) zu anderen **vertraglichen Ansprüchen** gegenüber einem der Vertragspartner **subsidiär.**[18)] Zwar hat A gegenüber X in casu keine vertraglichen Ansprüche, gegenüber E bestehen aber vertragliche Ansprüche (s unten). Aufgrund der Subsidiarität scheidet daher ein Anspruch gegen X aus Vertrag mit Schutzwirkung zugunsten Dritter aus.

Der Anspruch besteht nicht.

VI. Anspruch A gegen E auf Austausch (bzw allenfalls Reparatur) der mangelhaften Stellmotoren gem § 932 ABGB

Da E lt SV aus Deutschland ist, ist zunächst wiederum zu ermitteln, welches Sachrecht anzuwenden ist. Der vorliegende Anspruch resultiert – wie bereits der von A gegen E geprüfte Anspruch auf Ersatz der Mehrkosten von € 2.000,– (s oben) – aus dem gleichen vertraglichen Schuldverhältnis, sodass auf die Ausführungen oben verwiesen werden kann und gem **Art 6 Rom I-VO** österreichisches Sachrecht anzuwenden ist.

Die Rsp und hL[19)] nimmt die Abgrenzung zwischen Nichterfüllung und Gewährleistung in der Weise vor, dass bis zur vorbehaltslosen Übernahme Verzugs- und Unmöglichkeitsregeln, ab der Übergabe der Sache hingegen die Gewährleistungsregeln heranzuziehen sind. Die Stellmotoren wurden eingebaut und übergeben. Nachdem diese vorbehaltslos übernommen wurden, kommen nicht die Verzugs- oder Unmöglichkeitsregeln, sondern das Gewährleistungsrecht zur Anwendung.

Gewährleistung ist das Einstehenmüssen des Schuldners für Mängel seiner Leistung im Zeitpunkt ihrer Erbringung.[20)] Die übergebene Leistung ist mangelhaft, wenn sie entweder qualitativ oder quantitativ von der vertraglich geschuldeten Sache abweicht (Sachmangel) oder dem Gläubiger nicht die vertraglich geschuldete Rechtsposition eingeräumt wird (Rechtsmangel).[21)] Einzustehen ist für die bedungenen bzw die im Verkehr gewöhnlich vorausgesetzten Eigenschaften (vgl § 922). In casu wurde zwischen A und E ein **Werkvertrag** über die Installation einer Haussteuerung vereinbart. Vertragsinhalt wurde ua die Lieferung und Installation **funktionsfähiger Stellmotoren.** Da die Stellmotoren aufgrund einer fehlerhaften Verlötung nicht die vertraglich bedungenen Eigenschaften aufweisen, also vom Vertragsinhalt abweichen, liegt eine mangelhafte Leistung iSd § 932 vor. Gewährleistungspflicht des E setzt Existenz des Mangels im **Zeitpunkt der Übergabe** des Leistungsgegenstandes voraus (§ 924 Satz 1). Gem § 924 Satz 2 wird vermutet, dass ein Mangel, der innerhalb

17) *Riedler,* ZR IV SchrBT GesSch³ Rz 2/73 und 8/1; *Apathy/Riedler,* BR III SchRBT⁴ Rz 13/30 und 14/50; *Koziol/Welser* II¹³ 146 und 378f.
18) *Riedler,* ZR IV SchrBT GesSch³ Rz 2/73; *Koziol/Welser* II¹³ 143.
19) *Riedler,* ZR II SchRAT⁴ Rz 7/5; *Dullinger,* BR II SchRAT⁵ Rz 3/68, 3/145; *Koziol/Welser* II¹³ 65f.
20) *Riedler,* ZR II SchRAT⁴ Rz 7/1; *Dullinger,* BR II SchRAT⁵ Rz 3/66; *Koziol/Welser* II¹³ 64.
21) *Riedler,* ZR II SchRAT⁴ Rz 7/1; *Dullinger,* BR II SchRAT⁵ Rz 3/66, 3/78 ff; *Koziol/Welser* II¹³ 67ff.

Meine Notizen:

von sechs Monaten nach Übergabe auftritt, schon bei Übergabe vorhanden war.[22] Lt SV waren die Stellmotoren aufgrund der fehlerhaften Verlötung bereits im Zeitpunkt der Übergabe mangelhaft, sodass die Vermutung gem § 924 Satz 2 nicht zur Anwendung gelangen muss. § 932 Abs 1 kennt vier Gewährleistungsbehelfe, welche in primäre und sekundäre Gewährleistungsbehelfe unterteilt werden.[23] Nach der Konzeption des Gewährleistungsrechtes gilt das Primat der **Verbesserung bzw Austausch** der Sache (primäre Gewährleistungsbehelfe).[24] Nur wenn vom Übergeber der Einwand der Unmöglichkeit bzw Untunlichkeit[25] beider primärer Gewährleistungsbehelfe erhoben wird, eröffnet sich die Möglichkeit, sich auf Preisminderung oder Wandlung (sekundäre Gewährleistungsbehelfe) zu berufen.

Gem § 932 Abs 2 hat der Übernehmer grundsätzlich freie Wahl zwischen Verbesserung und Austausch der Sache. Verbesserung liegt vor, wenn der Mangel an der konkreten Sache behoben wird.[26] Im Gegensatz dazu wird bei Austausch die mangelhafte Sache gegen eine mangelfreie Sache ausgetauscht, was nur bei Gattungsschulden möglich ist.[27] Bei den Stellmotoren handelt es sich um eine **Gattungsschuld.** Zwar ist lt SV die gesamte Charge der Motoren fehlerhaft, jedoch ist davon nicht die ganze Gattung Stellmotoren betroffen, wodurch A ein **Wahlrecht** zwischen Verbesserung oder Austausch zusteht. A wird sich eher für den Austausch der Stellmotoren entscheiden. Für einen Einwand von E, dass Verbesserung oder Austausch unmöglich oder mit einem unverhältnismäßigen Aufwand verbunden wären und daher A auf einen der beiden Behelfe beschränkt bzw ein Umstieg auf die sekundären Gewährleistungsbehelfe geboten ist, findet sich im SV kein Hinweis. Auch für die im Rahmen des Austauschs anfallenden Aus- und Einbaukosten hat E aufzukommen, da Pkt 8 der AGB des E gegen **§ 8 Abs 3 KSchG** verstößt, wonach der Unternehmer die notwendigen Kosten des Austauschs, insb Versand-, Arbeits- und Materialkosten, zu tragen hat.

Der Anspruch besteht.[28]

VII. Anspruch A gegen E auf Austausch bzw Reparatur der fehlerhaften Stellmotoren gem § 933 a iVm §§ 1295 ff ABGB

Da E lt SV aus Deutschland ist, ist zunächst wiederum zu ermitteln, welches Sachrecht anzuwenden ist. Der vorliegende Anspruch resultiert – wie bereits der zuvor geprüfte Anspruch – aus dem gleichen vertraglichen Schuldverhältnis, sodass auf die Ausführungen oben verwiesen werden kann und gem **Art 6 iVm Art 12 Rom I-VO** österreichisches Sachrecht anzuwenden ist.

Nach § 933 a kann der Übernehmer vom Übergeber Schadenersatz fordern, wenn der Übergeber den Mangel verschuldet hat. § 933 a erfasst sowohl Mängel, die der Übergeber schuldhaft herbeigeführt hat, als auch Mängel, die der Übergeber vor Übergabe schuldhaft nicht beseitigt hat.[29] Im Rahmen des § 933 a ist zu beachten, dass grundsätzlich der Nichterfüllungsschaden, also das Erfüllungsinteresse, zu ersetzen ist und bei behebbaren Mängeln Behebungspflicht des Übergebers besteht.[30] E hat A mangelhafte Stellmotoren geliefert und eingebaut, wodurch A ein **Mangelschaden** entstand. Hinsichtlich des Mangelschadens kann A aufgrund des Primats der Naturalrestitution entweder Verbesserung oder Austausch begehren. Auf der Ebene der **Rechtswidrigkeit** ist die objektive Sorgfaltswidrigkeit des Verhaltens des Schädigers zu prüfen, also der Frage nachzugehen, ob sich der Schädiger nicht so verhalten hat, wie sich ein ordnungsgemäßer und rechtstreuer Mensch an seiner Stelle verhalten hätte.[31] Haftungsansatzpunkt ist im vorliegenden Fall die Schlechterfüllung des Werkvertrages durch E, welcher nach dem Werkvertrag eine voll funktionstüchtige Haussteuerung schuldet. Da die errichtete Haussteuerung jedoch mit fehlerhaften

22) *Riedler,* ZR II SchRAT[4] Rz 7/24; *Dullinger,* BR II SchRAT[5] Rz 3/83; *Koziol/Welser* II[13] 78.
23) *Riedler,* ZR II SchRAT[4] Rz 7/27 ff; *Dullinger,* BR II SchRAT[5] Rz 3/86 ff; *Koziol/Welser* II[13] 72.
24) *Riedler,* ZR II SchRAT[4] Rz 7/28; *Dullinger,* BR II SchRAT[5] Rz 3/87; *Koziol/Welser* II[13] 72.
25) Siehe § 932. *Riedler,* ZR II SchRAT[4] Rz 7/32; *Dullinger,* BR II SchRAT[5] Rz 3/98 f; *Koziol/Welser* II[13] 73.
26) *Riedler,* ZR II SchRAT[4] Rz 7/28; *Dullinger,* BR II SchRAT[5] Rz 3/89; *Koziol/Welser* II[13] 72.
27) *Riedler,* ZR II SchRAT[4] Rz 7/28; *Dullinger,* BR II SchRAT[5] Rz 3/90; *Koziol/Welser* II[13] 72.
28) Eine Vertragsanfechtung wegen Irrtums ist in casu nicht zu prüfen, da nicht die Lieferung einer bestimmten Charge, sondern bloß die Lieferung bzw der Einbau eines bestimmten Produkts (Stellmotoren) vereinbart wurde. Da lt SV nur die letztlich gelieferte Charge fehlerhaft ist, ist A im Vertragsschlusszeitpunkt keinem Irrtum unterlegen.
29) *Riedler,* ZR II SchRAT[4] Rz 7/72; *Dullinger,* BR II SchRAT[5] Rz 3/148; *Koziol/Welser* II[13] 87 f.
30) *Riedler,* ZR II SchRAT[4] Rz 7/74; *Dullinger,* BR II SchRAT[5] Rz 3/154; *Koziol/Welser* II[13] 90.
31) *Riedler,* ZR IV SchRBT GesSch[3] Rz 2/35; *Apathy/Riedler,* BR III SchRBT[4] Rz 13/15.

Meine Notizen:

Stellmotoren versehen war, wich die erbrachte Leistung von der vertraglich geschuldeten ab, wodurch E seine Erfolgsverbindlichkeit verletzt hat. Daher wird objektiv sorgfaltswidriges Verhalten des E gem **§ 1298** (widerleglich) vermutet.[32)] Da E als Elektroinstallateur die Sorgfalt eines Sachverständigen iSd **§ 1299** zu vertreten hat,[33)] wird ihm keine Entlastung gelingen. E ist somit ein rechtswidriges Verhalten vorzuwerfen. **Kausalität** iS der Äquivalenztheorie[34)] liegt vor, da A bei ordnungsgemäßer Vertragserfüllung den Schaden nicht erlitten hätte. Nach der Adäquanztheorie ist ein Verhalten für den Eintritt eines Schadens **adäquat** ursächlich, wenn das Verhalten seiner Natur nach für die Herbeiführung des Schadens nicht gänzlich ungeeignet erscheint, der eingetretene Schaden also nicht außerhalb der allgemeinen Lebenserfahrung liegt.[35)] Adäquanz ist in casu gegeben, da der eingetretene Schaden nicht bloß aus einer ganz außergewöhnlichen Verkettung von ungewöhnlichen Umständen entstanden ist. Der eingetretene Schaden ist vom Schädiger nur zu ersetzen, wenn er im sachlichen, zeitlichen und persönlichen Schutzbereich der übertretenen Norm liegt.[36)] Der Werkvertrag zwischen A und E will die Interessen der Vertragsparteien schützen. Der **Rechtswidrigkeitszusammenhang** ergibt sich aus der Vertragsverletzung, welche A als einen der beiden Vertragspartner unmittelbar schädigt. **Verschulden** ist die individuelle subjektive Vorwerfbarkeit des objektiv rechtswidrigen Verhaltens. Schuldhaft handelt der Schädiger, wenn er ein Verhalten setzt, das er vermeiden hätte können und auch vermeiden hätte sollen.[37)] Im vertraglichen Bereich vermutet **§ 1298** (widerleglich) das Verschulden des Schädigers. Für E als Elektroinstallateur gelangt **§ 1299** zur Anwendung; dh, das Vorliegen der einschlägigen Fachkenntnisse wird unwiderleglich vermutet.[38)] Auch als Fachmann stünde ihm jedoch die Entlastungsmöglichkeit nach **§ 1297** (widerlegliche Vermutung) offen. § 1297 Satz 1 vermutet (widerleglich), dass die gewöhnlichen Fähigkeiten zur Einhaltung der objektiv gebotenen Sorgfalt beim Schädiger auch subjektiv vorliegen.[39)] Mangels Anhaltspunkten im SV ergibt sich für E keine Möglichkeit der Entlastung. E hat fahrlässig gehandelt, da er die objektiv gebotene Sorgfalt außer Acht gelassen hat, obwohl er nach seinen geistigen und körperlichen Fähigkeiten, dh bei ordnungsgemäßer Überprüfung der Stellmotoren, zu ihrer Einhaltung befähigt gewesen wäre. Das objektiv sorgfaltswidrige Verhalten ist E somit auch subjektiv vorwerfbar.

Der Anspruch besteht.

VIII. Anspruch E gegen X auf Verbesserung bzw Austausch der Stellmotoren gem § 933 b ABGB

Lt SV handelt es sich bei E um einen deutschen Unternehmer. Damit liegt ein SV mit Auslandsbezug vor, weshalb das zur Lösung der weiteren Rechtsfragen maßgebliche Sachrecht zu ermitteln ist. Zuerst könnte das **UN-Kaufrecht** zur Anwendung gelangen. Allerdings können die Parteien gem **Art 6 UN-K** „die Anwendung dieses Übereinkommens ausschließen".[40)] Durch den ausdrücklichen Ausschluss des UN-Kaufrechts zwischen E und X wurde die Anwendung desselben gültig ausgeschlossen. Zwischen E und X liegt ein vertragliches Schuldverhältnis vor, wodurch wiederum die Rom I-VO anzuwenden ist. Gem **Art 3 Abs 1 ROM I-VO** können Parteien für ihre Verträge vereinbaren, welches Recht zur Anwendung gelangt, sodass die von E und X getroffene Rechtswahl zulässig ist und auf das Vertragsverhältnis zwischen E und X das österreichische ABGB und UGB anzuwenden sind.

Nach § 933 b Abs 1 kann der Unternehmer, der einem Verbraucher Gewähr geleistet hat, von seinem Vormann, wenn dieser ebenfalls Unternehmer ist, auch nach Ablauf der Gewährleistungsfristen des § 933 die Gewährleistung fordern. Voraussetzung des Rückgriffanspruches „in der Kette" ist, dass das letzte Glied in der **Lieferkette** ein Verbraucher und die Vormänner jeweils Unternehmer iSd KSchG sind.[41)] Sowohl der Elektroinstallateur E als auch der Hersteller X sind Unternehmer iSd § 1 Abs 1 Z 1 KSchG, da für beide das Geschäft zum Betrieb ihres Unternehmens gehört.

32) *Riedler,* ZR IV SchRBT GesSch³ Rz 2/91 ; *Apathy/Riedler,* BR III SchRBT⁴ Rz 13/37.
33) Vgl dazu *Riedler,* ZR IV SchRBT GesSch³ Rz 2/35; *Apathy/Riedler,* BR III SchRBT⁴ Rz 13/15.
34) *Riedler,* ZR IV SchRBT GesSch³ Rz 2/49; *Apathy/Riedler,* BR III SchRBT⁴ Rz 13/10; *Koziol/Welser* II¹³ 309.
35) *Riedler,* ZR IV SchRBT GesSch³ Rz 2/57; *Apathy/Riedler,* BR III SchRBT⁴ Rz 13/11; *Koziol/Welser* II¹³ 311.
36) *Riedler,* ZR IV SchRBT GesSch³ Rz 2/58; *Apathy/Riedler,* BR III SchRBT⁴ Rz 13/25.
37) *Riedler,* ZR IV SchRBT GesSch³ Rz 2/75; *Apathy/Riedler,* BR III SchRBT⁴ Rz 13/31; *Koziol/Welser* II¹³ 318 f.
38) *Riedler,* ZR IV SchRBT GesSch³ Rz 2/85; *Apathy/Riedler,* BR III SchRBT⁴ Rz 13/34.
39) *Riedler,* ZR IV SchRBT GesSch³ Rz 2/84; *Apathy/Riedler,* BR III SchRBT⁴ Rz 13/34; *Koziol/Welser* II¹³ 319.
40) *Kerschner,* ZR VIII IPR³ Rz 13/3.
41) *Riedler,* ZR II SchRAT⁴ Rz 7/77; *Dullinger,* BR II SchRAT⁵ Rz 3/125; *Koziol/Welser* II¹³ 84.

Meine Notizen:

A ist als Letzter in der Lieferkette Verbraucher iSd § 1 Abs 1 Z 2 KSchG. E leistet A für die mangelhaften Stellmotoren Gewähr, welche E vom Hersteller X erworben hat. X ist daher **Vormann** des E, wodurch grundsätzlich ein Rückgriff in der Lieferkette möglich ist. Gem **§ 928 Satz 1** ist die Gewährleistung ausgeschlossen, wenn im Vertragsschlusszeitpunkt ein offenkundiger Mangel vorliegt, welcher in die Augen fällt und daher ohne nähere Prüfung der Sache erkennbar ist.[42] Die Gewährleistung ist auch für solche Mängel ausgeschlossen, die zwar nicht offenkundig sind, die aber dem Übernehmer bei Vertragsschluss bekannt waren.[43] Grundsätzlich kommt ein Gewährleistungsausschluss gem § 928 nur bei Speziesschulden in Betracht, bei Gattungsschulden nur, wenn die gesamte Gattung davon betroffen ist.[44] Lt SV liegt **kein offenkundiger Mangel** vor, da E nur bei ordnungsgemäßer Überprüfung der Stellmotoren den Fehler erkannt hätte und daher von einer Offenkundigkeit nicht die Rede sein kann. Außerdem stand im Zeitpunkt des Vertragsabschlusses noch nicht fest, welche Charge geliefert wird. Darüber hinaus war E der Mangel der betreffenden Charge bei Vertragsschluss und Lieferung noch nicht bekannt. Zwar ist die gesamte Charge der Stellmotoren mangelhaft, im Vertragsschlusszeitpunkt stand aber weder die zu liefernde Charge fest noch ist der Mangel offenkundig oder dem E bekannt gewesen, wodurch eine Anwendung des § 928 Satz 1 ausscheidet.

Im Bereich des § 933 b ist aber auch die Rügeobliegenheit gem **§ 377 UGB** zu beachten.[45] Wie oben bereits erwähnt, sind sowohl E als auch X als Unternehmer iSd § 1 UGB und § 1 KSchG zu qualifizieren, da für beide das Geschäft zum Betrieb ihres Unternehmens gehört. Es stellt sich daher die Frage, ob E seiner nach § 377 UGB bestehenden Obliegenheit zur Mängelrüge nachgekommen ist, welche bei beidseitig unternehmensbezogenen Kaufverträgen besteht.[46] Kommt der Übernehmer dieser Obliegenheit nicht nach, gilt die Leistung als genehmigt. Eine rechtzeitige Rüge wahrt die Gewährleistungsfrist. E kam dieser Obliegenheit nicht nach, da er lt SV bei ordnungsgemäßer Überprüfung der Stellmotoren die Fehlerhaftigkeit feststellen hätte können und die Mängelanzeige nicht rechtzeitig bzw überhaupt nicht erstattet hat. Nachdem der Mangel bei ordnungsgemäßer Überprüfung erkennbar gewesen wäre, wird die Frist für die rechtzeitige Mängelanzeige nicht hinausgeschoben. Lt SV hat E überhaupt nicht gerügt, wodurch ein Regress in der Lieferkette gem § 933 b ausgeschlossen ist.[47]

Der Anspruch besteht nicht.

IX. Anspruch V gegen A auf Herausgabe der Gartenmöbel gem § 366 ABGB

Die anhand der örtlichen Lage individuell bestimmbaren Gartenmöbel können vom als Sachinhaber passivlegitimierten A vindiziert werden, wenn V entweder zu Beginn des SV Eigentümer derselben war oder im Laufe des SV Eigentum daran erlangt hat und dieses bis zum Ende des SV nicht wieder verloren hat.[48]

Zwischen V und K ist ein Kaufvertrag über die Gartenmöbel abgeschlossen worden, welche von V als berechtigten Vormann auch körperlich übergeben wurden (Modus iSd § 426).[49] Zugleich wurde zwischen V und K ein Eigentumsvorbehalt vereinbart. Der Eigentumsvorbehalt dient **Sicherungszwecken** und **knüpft den Übergang des Eigentumsrechts vom Verkäufer auf den Käufer an die (vollständige) Bezahlung des Kaufpreises.**[50] Der Eigentumserwerb des Käufers ist durch die Kaufpreiszahlung (aufschiebend) bedingt; der Eigentumsverlust des Verkäufers durch die Kaufpreiszahlung (auflösend) bedingt.[51] Da bei gültigem Eigentumsvorbehalt der Verkäufer entgegen § 1063 bis zur vollständigen Kaufpreiszahlung Eigentümer bleiben soll[52] und K lt SV die Forderung nicht beglichen hat, hat V sein Eigentum zunächst nicht verloren. K hat nur ein Anwartschaftsrecht.

---

42) *Riedler,* ZR II SchRAT[4] Rz 7/62; *Dullinger,* BR II SchRAT[5] Rz 3/132; *Koziol/Welser* II[13] 82 f.
43) *Riedler,* ZR II SchRAT[4] Rz 7/63; *Dullinger,* BR II SchRAT[5] Rz 3/133; *Koziol/Welser* II[13] 83.
44) *Riedler,* ZR II SchRAT[4] Rz 7/62; *Dullinger,* BR II SchRAT[5] Rz 3/132; *Koziol/Welser* II[13] 82.
45) *Riedler,* ZR II SchRAT[4] Rz 7/78; *Dullinger,* BR II SchRAT[5] Rz 3/127; *Koziol/Welser* II[13] 85.
46) *Riedler,* ZR II SchRAT[4] Rz 7/67; *Dullinger,* BR II SchRAT[5] Rz 3/139; *Koziol/Welser* II[13] 81.
47) Das Unterlassen der Mängelrüge gem § 377 UGB hat auch zur Folge, dass *„Ansprüche auf Schadenersatz wegen des Mangels selbst sowie aus einem Irrtum über die Mangelfreiheit der Sache“* von E gegenüber X nicht mehr geltend gemacht werden können.
48) *Riedler,* Zivilrecht I Allgemeiner Teil[5] (2010) Rz 29/6 ff; *Koziol – Welser/Kletečka* I[14] Rz 1083 f.
49) *Riedler,* ZR I AT[5] Rz 30/23; *Koziol – Welser/Kletečka* I[14] Rz 955, 1008 ff.
50) *Riedler,* ZR V SR[4] Rz 1/10 und 4/24; *Iro,* BR IV SR[5] Rz 8/1; *Koziol – Welser/Kletečka* I[14] Rz 1312 f.
51) *Riedler,* ZR V SR[3] Rz 1/11; *Iro,* BR IV SR[5] Rz 8/7 f; *Koziol – Welser/Kletečka* I[14] Rz 1322.
52) *Riedler,* ZR V SR[3] Rz 4/2; *Iro,* BR IV SR[5] Rz 8/7; *Koziol – Welser/Kletečka* I[14] Rz 1322.

Meine Notizen:

Lt SV verkaufte und übergab K die Gartenmöbel an A unter Vereinbarung eines weiteren Eigentumsvorbehalts. In casu handelt es sich um einen sog nachgeschalteten Eigentumsvorbehalt. Von einem **nachgeschalteten Eigentumsvorbehalt** spricht man, wenn der Vorbehaltskäufer K sich bei Weiterveräußerung der Vorbehaltssache als Eigentümer ausgibt und sich seinerseits gegenüber dem Zweiterwerber A bis zur vollständigen Kaufpreiszahlung das ihm noch gar nicht zustehende Eigentum zur Sicherung seines Kaufpreiszahlungsanspruches gegen den Zweiterwerber A vorbehält.[53)] Wird eine unter Eigentumsvorbehalt stehende Sache weiterveräußert, so muss zuerst der Frage nachgegangen werden, ob der Vorbehaltskäufer K vom Vorbehaltseigentümer V zu dieser Weiterveräußerung ermächtigt war.

Lt SV hatte V dem K die Weiterveräußerung bis zur Zahlung des Kaufpreises untersagt. War der Vorbehaltskäufer K zur **Weiterveräußerung nicht ermächtigt,** so wird die Sache zum Gegenstand eines **doppelten Eigentumsvorbehaltes** und damit eines **doppelten Anwartschaftsrechtes.** Für die Frage, ob und wer wann das Eigentumsrecht erwirbt, ist danach zu differenzieren, ob zuerst der Vorbehaltskäufer K oder zuerst der Zweiterwerber A seinen Kaufpreis begleicht.[54)] Wird, wie in casu, der zweite Kaufpreis (vom Zweiterwerber A an den Vorbehaltskäufer K) zuerst bezahlt, so erlangt der Zweiterwerber A Eigentum nach Maßgabe der **Gutglaubensvorschriften.** Zur Anwendung gelangt daher § 367. A hat die Gartenmöbel als **bewegliche körperliche Sache** von K **entgeltlich** durch Kaufvertrag erworben.[55)] Nach § 368 Abs 1 ist **redlich,** wer weder weiß noch vermuten muss, dass die Sache nicht dem Veräußerer gehört, wobei zu beachten ist, dass im Zusammenhang mit dem nachgeschalteten Eigentumsvorbehalt von der Rsp hohe Anforderungen an die Redlichkeit des (Zweit-)Erwerbers gestellt werden, der in Rechnungen und Zahlungsbelege Einsicht nehmen muss. Das soll nur für jene Letztabnehmer nicht gelten, die Sachen im Rahmen des ordentlichen Geschäftsbetriebes eines Unternehmers erwerben. A ist Letztabnehmer der Gartenmöbel und hat diese im ordentlichen Geschäftsbetrieb des Unternehmers K erworben, wodurch er nicht in Rechnungen und Zahlungsbelege Einsicht nehmen musste, sondern das Vertrauen des Erwerbers in die bloße Verfügungsbefugnis des Veräußerers nach § 368 Abs 1 Satz 2 reichte. A ist daher als redlich zu qualifizieren. Er erwarb die Gartenmöbel vom Gartenbauunternehmer K im gewöhnlichen Betrieb seines Unternehmens, sodass ein **Erwerb vom Unternehmer im gewöhnlichen Betrieb seines Unternehmens** vorliegt. Auch ist K Vertrauensmann des Eigentümers V, da dieser die Sache freiwillig an K übergeben hat.[56)] A hat gem § 367 originär Eigentum erworben, wodurch V nicht mehr Eigentümer der Gartenmöbel und somit nicht aktivlegitimiert ist.

Der Anspruch besteht nicht.

Annex: Nach hA gehen auch Nebenrechte der Forderung, die dem Zweck der Hauptforderung, ihrer Durchsetzung oder Sicherung dienen, auf den Zessionar über. Für die Übertragung obligatorischer Rechte ist kein eigener Modus erforderlich. Im Gegensatz dazu ist die Übertragung dinglicher Sicherungsrechte (zB Eigentumsvorbehalt) gemeinsam mit der Zession strittig.[57)] Nach der Rsp ist für die Übertragung des vorbehaltenen Eigentums auf den Zessionar kein dinglicher Rechtsakt notwendig, womit sie von der Übertragung des vorbehaltenen Eigentums zusammen mit der Zession der Kaufpreisforderung ausgeht. Als Begründung wird von der Rsp angeführt, das vorbehaltene Eigentum stelle ein Nebenrecht dar, welches durch die Zession ohne einen sachenrechtlichen Übergabeakt automatisch auf den Zessionar übergehe. Hingegen geht der Eigentumsvorbehalt nach hL[58)] mit der Zession nicht automatisch auf den Zessionar über, sondern bedarf als dingliches Recht der Setzung eines Modus.

Geht man wie die Rsp davon aus, dass der Eigentumsvorbehalt automatisch ohne zusätzlichen Modus mit der Zession auf den Zessionar übergeht, dann ist der vereinbarte Eigentumsvorbehalt automatisch mit der Abtretungsvereinbarung zwischen D und V auf den Zessionar D übergegangen. Folgt man dieser Auffassung, so wäre der soeben geprüfte Anspruch auf Herausgabe der Gartenmöbel nicht von V, sondern von D geltend zu machen. Inhaltlich unterscheiden sich die Ansprüche nicht, lediglich die Wirksamkeit der Zession zwischen D und V wäre zusätzlich zu thematisieren.

53) *Riedler,* ZR V SR³ Rz 4/30; *Iro,* BR IV SR⁵ Rz 8/15; *Koziol – Welser/Kletečka* I¹⁴ Rz 1328.
54) *Riedler,* ZR V SR³ Rz 4/30; *Iro,* BR IV SR⁵ Rz 8/15; *Koziol – Welser/Kletečka* I¹⁴ Rz 1328.
55) *Riedler,* ZR I AT⁵ Rz 31/16 f; *Koziol – Welser/Kletečka* I¹⁴ Rz 1040f.
56) *Riedler,* ZR I AT⁵ Rz 31/30 f; *Koziol – Welser/Kletečka* I¹⁴ Rz 1044f.
57) *Riedler,* ZR II SchRAT⁴ Rz 20/28; *Koziol/Welser* II¹³ 123. Siehe auch *Heidinger* in *Schwimann,* ABGB Praxiskommentar VI³ (2006) § 1393 Rz 31; *Lukas* in *Kletečka/Schauer,* ABGB-ON¹·⁰¹ (2013) § 1394 Rz 9.
58) Vgl *Koziol – Welser/Kletečka* I¹⁴ Rz 1323.

Meine Notizen:

X. Anspruch D gegen Masse des K auf Zahlung der Forderung iHd Quote gem § 1062 iVm §§ 1392 ff ABGB iVm § 50 IO

Der Zahlungsanspruch von D gegen die Masse des K gem § 1062 iVm §§ 1392 ff setzt voraus, dass eine **Forderung** gegen K **gültig** begründet und durch Zession auf D übertragen wurde.[59] Lt SV ist zwischen V und K ein wirksamer Kaufvertrag über die Gartenmöbel zustande gekommen und K hat den Kaufpreis noch nicht beglichen. Ebenso hat lt SV D die Forderung aufgrund einer **Factoringvereinbarung** erworben. Beim Factoring werden Forderungen aus Warenlieferungen oder Dienstleistungen des Zedenten (idR Unternehmers) an einen Zessionar („Factor") abgetreten, wobei es sich dabei idR um Forderungskauf handelt.[60] Factoring ist daher eine Form der Zession. Fraglich ist, ob V diese Kaufpreisforderung wirksam an D abgetreten hat. Für eine rechtsgeschäftliche Forderungsabtretung sind Titel und Modus erforderlich. D hat lt SV die Forderung aufgrund einer Factoringvereinbarung erworben, also durch Forderungskauf. Das Gesetz sieht für die Abtretung keine besondere Form vor, eine Einigung zwischen Altgläubiger und Neugläubiger (§ 1392) ist ausreichend, sodass D über einen **gültigen Titel** verfügt. Auch für die Übertragung **(Modus)** der Kaufpreisforderung reicht die bloße Einigung zwischen V und D, wodurch die Kaufpreisforderung gegen K von V wirksam an D übertragen wurde. Fraglich ist, ob der Masseverwalter des K der Zahlungsaufforderung des D nachkommen muss oder ob er das bestehende Abtretungsverbot dem D entgegenhalten kann. **§ 1396 a** regelt die Zulässigkeit und die Wirkungen von vertraglichen Abtretungsverboten für Geldforderungen aus zweiseitigen Unternehmergeschäften, welche nur verbindlich sind, wenn sie im Einzelnen ausgehandelt worden sind und den Gläubiger unter Berücksichtigung aller Umstände des Falles nicht gröblich benachteiligen. Wird eine Forderung entgegen dem vertraglichen Zessionsverbot übertragen, so bleibt die Zession jedoch wirksam (§ 1396 a Abs 1 Satz 2). Das gültig vereinbarte **Zessionsverbot wirkt** somit nur **relativ.**[61] Lt SV handelt es sich um ein vertragliches Zessionsverbot zwischen den beiden Unternehmern V und K, welches über eine Geldforderung (Kaufpreisforderung) aus einem unternehmerischen Geschäft abgeschlossen wurde. Zwischen V und K wurde lt SV die Forderungsabtretung ausdrücklich ausgeschlossen und damit im Einzelnen ausgehandelt (§ 6 Abs 2 KSchG). Auch wird V nicht gröblich benachteiligt. Das Zessionsverbot zwischen V und K ist daher zwar wirksam, aufgrund der bloß relativen Wirkung kann der Masseverwalter des K das Abtretungsverbot dem D aber nicht entgegenhalten. Allerdings ist die Kaufpreisforderung wegen der Insolvenz des K auf die **Quote** begrenzt.

Der Anspruch besteht.[62]

XI. Anspruch D gegen V aus der Haftung für die Einbringlichkeit der zedierten Forderung gem § 1397 iVm §§ 922 ff ABGB

Gem **§ 1397 Satz 2** hat der Zedent bei entgeltlicher Forderungsübertragung für die Richtigkeit und Einbringlichkeit der Forderung einzustehen.[63] Bei Factoring handelt es sich idR um Forderungskauf, sodass **Entgeltlichkeit** der Abtretung vorliegt. Aufgrund der Insolvenz des K und der damit verbundenen Beschränkung auf die Quote ist die Kaufpreisforderung teilweise uneinbringlich. Fraglich ist, wie sich die Factoringvereinbarung zwischen V und D, welche nach dem SV auch den Übergang des Insolvenzrisikos beinhaltet, auf die Haftung für die Einbringlichkeit gem § 1397 Satz 2 auswirkt. Die §§ 1397 ff enthalten für die Zession eigene dispositiv-rechtliche Gewährleistungsvorschriften.[64] Übernimmt der Factor auch das Risiko der Zahlungsunfähigkeit des Schuldners (sog **Delkredere-Risiko**), so liegt sog **„echtes Factoring"** vor.[65] Mit Übernahme des Delkredere-Risikos durch den Zessionar vereinbaren die Parteien abweichend von der dispositiven Bestimmung des § 1397 einen **Ausschluss der Haf-**

59) *Riedler,* ZR II SchRAT⁴ Rz 20/1; *Dullinger,* BR II SchRAT⁵ Rz 5/17; *Koziol/Welser* II¹³ 116.
60) *Riedler,* ZR II SchRAT⁴ Rz 20/41.
61) *Riedler,* ZR II SchRAT⁴ Rz 20/6; *Dullinger,* BR II SchRAT⁵ Rz 5/22 ff; *Koziol/Welser* II¹³ 117 f.
62) Aufgrund der bloß relativen Wirkung des Zessionsverbots ist K gegenüber V auf Schadenersatzansprüche wegen Verletzung des vereinbarten Zessionsverbotes beschränkt. Mangels Hinweis im SV auf einen ersatzfähigen Schaden bei K ist in casu kein Schadenersatzanspruch des K zu prüfen.
63) *Riedler,* ZR II SchRAT⁴ Rz 20/27; *Dullinger,* BR II SchRAT⁵ Rz 5/41 f; *Koziol/Welser* II¹³ 123.
64) *Riedler,* ZR II SchRAT⁴ Rz 20/27.
65) *Riedler,* ZR II SchRAT⁴ Rz 20/41.

tung für die Einbringlichkeit der Forderung bei Insolvenz des Zessus. Darüber hinaus ist für eine Haftung gem § 1397 Voraussetzung, dass im **Zeitpunkt der Abtretung** bereits fällige Forderungen nicht richtig oder uneinbringlich waren. Die Forderung war im Zeitpunkt der Abtretung bereits fällig. Die Abtretung an D erfolgte vor Insolvenz des K, wodurch sie in diesem Zeitpunkt noch einbringlich war. Eine Haftung des V gem § 1397 Satz 2 würde daher auch aus diesem Grund scheitern.[66] V haftet D aufgrund der Insolvenz des K damit nicht für die Einbringlichkeit der Forderung.

Der Anspruch besteht nicht.

Meine Notizen:

Aktualisierungen

Zu **III.**: Auf den **Schuldnerverzug des Unternehmers im Verbrauchergeschäft** ist seit dem Gewährleistungsrichtlinien-Umsetzungsgesetz (GRUG; in Kraft seit 1. 1. 2022) die Spezialnorm des **§ 7c KSchG anzuwenden:** Nach deren Abs 1 kann der Verbraucher den Unternehmer im Verzugsfall zunächst zur Leistung innerhalb einer angemessenen Nachfrist *auffordern.* Bei Nichterbringung der Leistung innerhalb dieser Frist kann der Verbraucher *zurücktreten.* Wie in der Musterlösung bereits dargestellt, befindet sich E laut SV aufgrund des vereinbarungsgemäßen Angebots der Leistung durch F (im Namen des E) gar nicht in Verzug (sondern vielmehr A durch Verweigerung der Annahme in Gläubigerverzug). Daher kann A selbstverständlich nicht zurücktreten und E muss den (als Folge des Deckungsgeschäfts bei einem Dritten) entstandenen Mehraufwand des A nicht ersetzen.

Zu **VI.**: Zwischen A und E kommt ein **Werkvertrag** über die Installation einer Haussteuerung zustande (s Musterlösung). Im Rahmen dieses Vertrags ist zwar ua auch die Übereignung funktionsfähiger Stellmotoren durch E auf A vorgesehen – mithin die Veräußerung ursprünglich beweglicher körperlicher Sachen –, trotzdem handelt es sich bei dem Vertrag wohl nicht um einen „Warenkauf" iSd VGG (in Kraft seit 1. 1. 2022). Der Kaufvertragsbegriff des § 1 Abs 1 Z 1 VGG erfasst den Kauf von Waren, „einschließlich solcher, die noch herzustellen sind" und geht damit über den KV-Begriff des ABGB hinaus.[1] Enthält der Vertrag allerdings auch Elemente „der Bereitstellung von Dienstleistungen", so bestimmt nach ErwGr 17 WKRL *das nationale Recht,* ob der ganze Vertrag als Kaufvertrag iSd RL gilt, weshalb man für die Frage der Anwendbarkeit des VGG weitgehend auf den österr Meinungsstand zur Abgrenzung zwischen Kauf- und Werkvertrag zurückgreifen kann.[2] Da im SV eindeutig ein Werkvertrag vorliegt, ist nicht das Gewährleistungsrecht des VGG, sondern weiterhin jenes des ABGB (und KSchG) anwendbar.

§ 8 Abs 3 KSchG wurde durch das GRUG (mit 1. 1. 2022) aufgehoben, die Pflicht des Übergebers zur Tragung der Kosten der Verbesserung oder des Austausches findet sich seither in der allgemein-zivilrechtlichen Norm § 932 Abs 2.[3]

Der in der Musterlösung als „Wandlung" erwähnte sekundäre Gewährleistungsbehelf heißt seit Inkrafttreten des GRUG **„Auflösung des Vertrags"** (s § 932 ABGB).

Zu **VIII.**: Der Regress des Gewährleistungspflichtigen gegen seinen Vormann in § 933b ABGB wurde mit 1. 1. 2022 novelliert: Muss der Übergeber dem Verbraucher durch Verbesserung oder Austausch Gewähr leisten (wie im vorliegenden Fall, s VI.), so kann er nun den gesamten ihm dadurch entstehenden Aufwand auf den Vormann überwälzen, falls er diesen unverzüglich nach Bekanntgabe des Mangels zur Herstellung des mangelfreien Zustands auffordert und der Vormann dem nicht in angemessener Frist nachkommt. E hat im SV jedoch nicht nur diese Ausweitung seines Regressanspruchs, sondern jeglichen Regress gegen X verwirkt, da er seiner Rügeobliegenheit gem § 377 UGB nicht nachkam (s Musterlösung), die selbstverständlich auch nach der Reform im Bereich des § 933b ABGB zu beachten bleibt.[4]

66) Die Frage der Anfechtung wegen Irrtums ist nicht zu behandeln, da im Zeitpunkt der Abtretung (des Vertragsschlusses) die Forderung noch einbringlich war und D daher keinem Irrtum unterlegen ist und auch die Insolvenz des K völlig unerwartet eintrat. Zudem wird die zwischen V und D vereinbarte Übernahme des Insolvenzrisikos nicht nur einen diesbezüglichen Gewährleistungsausschluss, sondern auch einen Verzicht auf die Anfechtung wegen Irrtums (bzgl der Insolvenz des Zessus) beinhalten, welcher zwischen Unternehmern möglich ist.

1) Erläut RV 949 BlgNR 27. GP 12.

2) *Stabentheiner,* Was ist neu am neuen Gewährleistungsrecht? ÖJZ 2021, 965 (968).

3) Für Verbraucherverträge, die dem VGG unterliegen, enthält § 13 Abs 1 VGG eine entsprechende Regelung.

4) Erläut RV 949 BlgNR 27. GP 42f.

Meine Notizen:

Prüfer: Erwin Bernat

Fachprüfung aus Bürgerlichem Recht

Graz, 20. 11. 2015

Schwerpunkte: Versendungskauf (B-to-C/B-to-B); Preisgefahr; sekundäre Gewährleistungsbehelfe; Vertragsanfechtung wegen Irrtums; bereicherungsrechtliche Rückabwicklung des Vertrages; Zweikondiktionen- und Saldotheorie; Anwendungsbereich des EKHG; durchbrechendes Vaterschaftsanerkenntnis des „nicht-qualifizierten" Samenspenders.

SACHVERHALT

I. Fall 1

A. Grundsachverhalt

Rechtsanwalt **Richard** ist Eigentümer einer großen, im 19. Wiener Gemeindebezirk (Hohe Warte 25) gelegenen Villa, in der er mit seiner Familie den ersten Stock bewohnt und im Erdgeschoss eine gutgehende Anwaltskanzlei betreibt. Anlässlich eines Besuches bei Grazer Verwandten am 18. 9. 2015 sieht Richard im Schaufenster des Antiquitätenhändlers **Anton** eine Keramik, die ihm als besonders schönes Exemplar des von Michael Powolny[1)] entworfenen „Schneckenreiters" um € 6.000,– angeboten wird. Richard ist auch an einem Bücherschrank interessiert, der, wie Anton versichert, zwischen 1815 und 1830 hergestellt worden und „Zentimeter für Zentimeter echt und original" sei. Richard und Anton werden sowohl über den „Schneckenreiter" (Preis: € 6.000,–) als auch über den Bücherschrank (Preis: € 10.000,–) handelseins. „Der ‚Schneckenreiter' passt wunderbar in die Vitrine unseres Esszimmers, und einen so prachtvollen Bücherschrank habe ich schon seit Jahren für meine Anwaltskanzlei gesucht", erklärt Richard dem Anton vor Geschäftsabschluss wahrheitsgemäß. Richard und Anton kommen überein, dass beide Objekte am 25. 9. 2015 von einem für Kunst- und Antiquitätentransporte spezialisierten Unternehmer von Graz nach Wien, Hohe Warte 25, transportiert werden sollen. Gesagt, getan: Noch in Gegenwart des Richard beauftragt Anton im eigenen Namen den Frächter **Friedrich** telefonisch mit dem Transport der Antiquitäten von Graz nach Wien.

Vereinbarungsgemäß bezahlt Richard beide Antiquitäten mit seiner Kreditkarte. Daraufhin überweist das Kreditkartenunternehmen am 22. 9. 2015 € 16.000,– auf Antons Geschäftskonto, wo dieser Betrag tags darauf gutgeschrieben wird.

Am 25. 9. 2015 übernimmt **Ludwig**, ein Fahrer des Friedrich, den Bücherschrank und den „Schneckenreiter" im Grazer Geschäftslokal des Anton und verstaut diese Gegenstände unter Einhaltung äußerster Sorgfalt im Transportfahrzeug des Friedrich. Auf der Fahrt nach Wien gerät Ludwig ins Schleudern und kommt von der Straße ab. Das Transportfahrzeug überschlägt sich, an den transportierten Antiquitäten entsteht ein irreparabler Totalschaden (Restwert: € 0,–). Das, was vom „Schneckenreiter" und dem Bücherschrank noch übrig geblieben ist, wird im Auftrag des Richard von der Straßenverwaltung entsorgt.

Ursache des Unfalls war eine Öllache, die Ludwig, der im Unfallzeitpunkt jede nach den Umständen des Falles gebotene Sorgfalt beachtet hatte, nicht bemerkt haben konnte.

Der „Schneckenreiter" war echt und seinen Preis (€ 6.000,–) wert. Der Bücherschrank entstand zwar tatsächlich zwischen 1815 und 1830, allerdings wurden schadhafte Stellen zwischen 1870 und 1880 von einem Kunsttischler mit Hölzern aus der Zeit zwischen 1870 und 1880 ausgebessert. Davon hatte Anton zwar keine Kenntnis, als Kunstsachverständigem hätte ihm die Reparatur aber auffallen müssen. Der Bü-

ao. Univ.-Prof. Dr. *Erwin Bernat* lehrt am Institut für Zivilrecht, Ausländisches und Internationales Privatrecht der Karl-Franzens-Universität Graz.

1) *Michael Powolny* (1871–1954) ist ein bedeutender österreichischer Keramikdesigner und Bildhauer.

✐ Meine Notizen:

cherschrank war aufgrund der Reparatur nicht € 10.000,–, sondern bloß € 7.000,– wert. Hätte Richard gewusst, dass er nicht „Zentimeter für Zentimeter echt und original" gewesen ist, hätte er ihn nicht gekauft.

Frage 1: Wie beurteilen Sie die Rechtsstellung des Richard?

B. Sachverhaltsvariante

Auf der Fahrt nach Wien kollidiert der Kraftfahrzeuglenker **Sigi** als Folge von Sekundenschlaf mit dem Transportfahrzeug des Friedrich. Ludwig konnte den Unfall trotz Einhaltung jeder nach den Umständen des Falles gebotenen Sorgfalt nicht verhindern. – Ansonsten wie Grundsachverhalt.

Frage 2: Ändert sich aufgrund dieser Sachverhaltsvariante etwas an der Rechtsstellung des Richard?

II. Fall 2

Anna und **Barbara** sind seit 2007 ein Paar, das sich schon seit geraumer Zeit mit dem Gedanken trägt, eine Familie zu gründen. Im August 2010 bitten die beiden ihren Freund **Carl** um eine Samenspende. Dieser erklärt sich sofort bereit, Anna und Barbara bei der Erfüllung ihres gemeinsamen Kinderwunsches zu unterstützen. Er stellt ihnen im September 2011 seine Samenflüssigkeit zur Verfügung, die sich Anna im Beisein von Barbara in deren gemeinsamer Wohnung ohne ärztliche Assistenz selbst einbringt. Im Juni 2012 wird Anna von **Emil** entbunden, dessen leiblicher Vater Carl ist. Daraufhin wird strittig, welche Vorstellungen alle Beteiligten hinsichtlich der Übernahme der elterlichen Verantwortung im Zeitpunkt der Vornahme der künstlichen Insemination gehabt hatten. Carl, der mit Anna niemals geschlechtlich verkehrt hat, aber darauf besteht, als Vater des Emil festgestellt zu werden, wird Anna und Barbara zusehends lästig. Daher bitten sie ihren Freund **Franz,** die Vaterschaft gegenüber Emil anzuerkennen. Tatsächlich erklärt sich Franz zur Abgabe eines wissentlich falschen Vaterschaftsanerkenntnisses unter der Bedingung bereit, dass ihm daraus keinerlei finanzielle Nachteile erwachsen werden. Das Vaterschaftsanerkenntnis des Franz wird rechtswirksam. Weder Anna noch Emil erheben dagegen Widerspruch.[2)]

Frage 3: Carl will alles unternehmen, um als Vater des Emil festgestellt zu werden. Was kann, was soll Carl unternehmen?

Frage 4: Wie schätzen Sie die Chancen Carls ein, als Vater des Emil festgestellt zu werden?

Frage 5: Welche Rechte stehen Carl gegenüber Emil jedenfalls zu?

MUSTERLÖSUNG

Von Erwin Bernat

I. Fall 1

A. Grundsachverhalt

1) Frage 1: Wie beurteilen Sie die Rechtsstellung des Richard?

a) Richard gegen Anton auf Rückzahlung des Preises für den „Schneckenreiter" (€ 6.000,–)

AGL: § 1435 ABGB (condictio causa finita) iVm § 7 b KSchG

Richard kaufte von Anton am 18. 9. 2015 einen „Schneckenreiter" zum Preis von € 6.000,–. Der wirksam zustande gekommene Kaufvertrag (§§ 1053 ff ABGB) ist als Verbrauchergeschäft über eine Spezies (arg: ein „besonders schönes Exemplar des […] ‚Schneckenreiters'") einzuordnen, und das aus folgendem Grund: Der Käufer kontrahierte – für Anton ersichtlich – nicht als Unternehmer, sondern als Verbraucher (arg: „Der ‚Schneckenreiter' passt wunderbar in die Vitrine unseres Esszimmers …"). Hingegen zählt das Geschäft für Anton laut Sachverhalt „zum Betrieb seines Unternehmens" (Anton ist Antiquitäten*händler,* § 1 Abs 1 Z 1 KSchG, funktionale Betrachtungsweise). Richards Leistung (Zahlung von € 6.000,–) wurde vor jener des Anton (Besitz- und Eigentumsverschaffung am „Schneckenreiter") fällig. Es liegt

2) Sachverhalt in Anlehnung an BGH 15. 5. 2013, XII ZR 49/11 BGHZ 197, 242 = NJW 2013, 2589.

Meine Notizen:

also ein sog Pränumerationskauf vor, der zur Durchbrechung des in § 1052 Satz 1 ABGB verankerten Prinzips der Leistung Zug um Zug führt.[3] Richard hat schuldbefreiend geleistet, weil Anton die Geldleistung, die ihm für den „Schneckenreiter" versprochen worden ist, am 23. 9. 2015 zugegangen ist.

Da sich Anton verpflichtete beide Antiquitäten (also auch den „Schneckenreiter") am 25. 9. 2015 dem Frächter Friedrich zu übergeben, der sie Richard zustellen sollte, ist das Geschäft als Versendungskauf einzuordnen. Beim Versendungskauf ist zwar Erfüllungsort der Ort, an dem der Schuldner seine Niederlassung hat,[4] hier also das Grazer Geschäftslokal des Anton. Es stellt sich indes die Frage, ob schon durch die Übergabe des „Schneckenreiters" an den Frächter (bzw dessen Fahrer Ludwig) das Eigentum sowie die Gefahr des zufälligen Untergangs des Kaufgegenstandes auf Richard übergegangen sind. Trägt Richard die Preisgefahr, bleibt der Kaufvertrag über den „Schneckenreiter" aufrecht – und Anton darf das behalten, was von Richard für den „Schneckenreiter" bezahlt worden ist (§ 1311 Satz 1 ABGB, casum sentit dominus). Trägt hingegen Anton die Preisgefahr, „so ist der [Kaufvertrag] für nicht geschlossen anzusehen" (§ 1048 iVm § 1064 ABGB; vgl auch § 1447 ABGB), was zur Folge hätte, dass Richard das, was er für den „Schneckenreiter" bezahlt hat (€ 6.000,–), von Anton auf bereicherungsrechtlicher Grundlage zurückverlangen könnte (condictio causa finita, § 1435 ABGB).

Folgte man der für den Versendungskauf allgemein gültigen Regel, wäre Richard Eigentümer des „Schneckenreiters" geworden und trüge die Preisgefahr: Der „Schneckenreiter" sollte vereinbarungsgemäß an Richards Wohn- und Geschäftsadresse (also an einen anderen Ort als den Erfüllungsort) übersendet werden. § 429 ABGB ordnet für einen solchen Fall iVm § 905 Abs 3 ABGB an, dass sowohl das Eigentum an der gekauften Sache als auch die Preisgefahr „bereits mit [...] Aushändigung [der Kaufsache] an eine mit der Übersendung betraute Person" an den Käufer (in casu: Richard) übergehen.[5]

Allerdings wird § 429 ABGB im vorliegenden Fall von § 7b KSchG idF des VRUG verdrängt (lex specialis derogat legi generali). Diese Sonderregel kommt im Fall eines Versendungskaufs zur Anwendung, wenn der Verkäufer (in casu: Anton) Unternehmer und der Käufer (in casu: Richard) Verbraucher iSv § 1 KSchG ist. § 7b KSchG verfolgt – in Umsetzung von Art 20 der Verbraucherrechte-Richtlinie – das Ziel, den Übergang von Eigentum und Preisgefahr generell erst dann eintreten zu lassen, wenn dem Käufer der Kaufgegenstand *zugegangen* ist,[6] oder, wie § 7b Satz 1 KSchG sagt, wenn „die Ware an [ihn] oder an einen von [ihm] bestimmten, vom Beförderer verschiedenen Dritten *abgeliefert* wird." Zu prüfen bleibt freilich die Anwendung der Ausnahmevorschrift des § 7b Satz 2 KSchG, derzufolge Eigentum und Gefahr „bereits mit der Aushändigung der Ware an den Beförderer" übergeht. § 7b Satz 2 KSchG setzt allerdings voraus, dass der Verbraucher Vertragspartner des Transporteurs geworden ist, „ohne dabei eine vom Unternehmer vorgeschlagene Auswahlmöglichkeit zu nützen". Laut Sachverhalt hat nicht Richard, sondern Anton den Transportvertrag mit Friedrich abgeschlossen. (Arg: „Noch in Gegenwart des Richard beauftragt Anton im eigenen Namen den Frächter Friedrich telefonisch mit dem Transport der Antiquitäten von Graz nach Wien.") Demzufolge gelangt § 7b Satz 1 und nicht § 7b Satz 2 KSchG zur Anwendung.

Anton – und nicht Richard – trägt also die Gefahr des zufälligen Untergangs des „Schneckenreiters", somit zerfällt der Kaufvertrag über diese Antiquität (§ 1048 iVm § 1064 ABGB) und es entsteht eine Bereicherungslage: Anton ist um den Betrag von € 6.000,–, den Richard für den „Schneckenreiter" bezahlt hat, ungerechtfertigt bereichert. Aus diesem Grund steht Richard gegen Anton ein Anspruch auf Zahlung von € 6.000,– auf der Grundlage der condictio causa finita (§ 1435 ABGB) zu.

Ergebnis: Anton (Unternehmer) hat Richard (Verbraucher) am 18. 9. 2015 einen „Schneckenreiter" (Spezies) um € 6.000,– verkauft. Richard hat schon am 18. 9. 2015 geleistet (Pränumerationskauf). Vereinbart wurde Versendung des Kaufgegenstandes. Die Gefahr des zufälligen Untergangs des Kaufgegenstandes am Transportweg be-

3) Vgl *Welser/Zöchling-Jud,* Bürgerliches Recht II[14] (2015) Rz 757; *Apathy/Riedler* in *Apathy* (Hrsg), Bürgerliches Recht III[5] (2015) Rz 1/38.

4) Vgl *Welser/Zöchling-Jud* II[14] Rz 151; *Dullinger* in *Apathy* (Hrsg), Bürgerliches Recht II[5] (2014) Rz 2/56.

5) Vgl die ErläutRV 89 BlgNR 25. GP 9, zu § 429 ABGB idF des Verbraucherrechte-Richtlinie-Umsetzungsgesetzes (VRUG), BGBl I 2014/33. § 429 ABGB idF dieses Gesetzes ist seit 13. 6. 2014 in Kraft, kommt auf den vorliegenden Fall, der im September 2015 spielt, also (schon) zur Anwendung; zu § 429 ABGB idF des VRUG s weiterführend *Rabl,* Die Neuregelung des Gefahrenübergangs bei versendeten Waren, VbR 2014, 144 ff.

6) Siehe nochmals 89 BlgNR 25. GP 9.

stimmt sich nicht nach § 429 ABGB, sondern nach § 7 b Satz 1 KSchG (jeweils idF des VRUG, BGBl I 2014/33, gültig ab 13. 6. 2014, s § 41 Abs 29 KSchG). Folglich ist Anton um € 6.000,– ungerechtfertigt bereichert, so dass Richard gegen Anton ein Anspruch (Leistungskondiktion) auf der Grundlage des § 1435 ABGB zusteht.

Meine Notizen:

b) Richard gegen Anton auf Rückzahlung des Preises für den Bücherschrank (€ 10.000,–)

AGL: § 1435 (condictio causa finita) bzw § 877 ABGB (condictio sine causa) iVm § 429, § 932 Abs 4, § 871 ABGB

aa) Beidseitig unternehmensbezogenes Geschäft oder Verbrauchergeschäft?

Richard kaufte von Anton am 18. 9. 2015 nicht nur den „Schneckenreiter“, sondern auch einen Bücherschrank (Preis: € 10.000,–) aus der frühen Biedermeierzeit, der nach Angaben des Anton „Zentimeter für Zentimeter echt und original“ sein sollte. Auch der Kauf des Bücherschranks ist – wie der Kauf des „Schneckenreiters“ – ein Pränumerationskauf, der auf Seite des Richard durch Zahlung mittels Kreditkarte erfüllt worden ist.

Ist der Kaufvertag über den Bücherschrank für den Käufer als privates oder als unternehmensbezogenes Geschäft zu beurteilen? Nach einhelliger Lehre und Rsp zählen nicht nur jene Geschäfte, die typisch für den jeweiligen Geschäftszweig sind (aus anwaltlicher Perspektive: das entgeltliche Mandat), sondern auch die Hilfs- und Nebengeschäfte, etwa die Bestellung von Drucksachen[7] oder der Abschluss einer Betriebshaftpflichtversicherung,[8] zum Betrieb des Unternehmens. Es muss lediglich ein sachlicher Zusammenhang mit der unternehmerischen Tätigkeit gegeben sein. Aus diesem Grund ist auch der Kauf eines Bücherschranks durch einen Anwalt, der den Kaufgegenstand (ausschließlich) betrieblich nützt, ein betriebsbezogenes Geschäft. Im vorliegenden Fall hat Richard sogar offengelegt, in welcher Eigenschaft er den „Schneckenreiter“ und in welcher – anderen – Eigenschaft er den Bücherschrank kauft. Aber an der Eigenschaft des Richard als Verbraucher einerseits (Kaufvertrag über den „Schneckenreiter“) sowie als Unternehmer andererseits (Kaufvertrag über den Bücherschrank) würde sich selbst dann nichts ändern, wenn Anton gar nicht gewusst hätte, in welcher „Rolle“ sein Vertragspartner tatsächlich kontrahiert hat: „Ob jemand Unternehmer ist oder nicht, richtet sich nach den gesetzlichen Tatbestandsmerkmalen“[9] und nicht nach den subjektiven Vorstellungen der Vertragspartner.

Der vorliegende Fall unterscheidet sich ganz wesentlich von den sog *Dual-Use*-Fällen, bei denen zu entscheiden ist, ob ein Vertragspartner als Verbraucher gilt, wenn er den Vertragsgegenstand einer gemischten Zweckbestimmung (teils betrieblich, teils privat) zuführt.[10] Denn in casu ist nach dem Sachverhalt eindeutig, dass der Käufer den „Schneckenreiter“ (nur) privat, den Bücherschrank hingegen (nur) betrieblich nutzt. (Ein sog *Dual-Use*-Fall läge hingegen vor, wenn Richard den Bücherschrank sowohl privat als auch betrieblich nutzte.) Es wäre auch nicht zutreffend, von nur *einem* Kaufvertrag auszugehen, der über beide Kaufgegenstände abgeschlossen worden ist und diesen Vertrag unter Anwendung der Absorptionstheorie entweder nur als Verbrauchergeschäft oder nur als zweiseitig unternehmensbezogenes Geschäft zu qualifizieren.[11] Gegen die Annahme bloß eines Kaufvertrages spricht hier wohl deutlich, dass sowohl der „Schneckenreiter“ als auch der Bücherschrank gesondert angeboten worden sind. Im Sachverhalt ist dementsprechend auch von einem Preis für den „Schneckenreiter“ (€ 6.000,–) und einem Preis für den Bücherschrank (€ 10.000,–), nicht hingegen von einem Gesamtpreis für beide Gegenstände die Rede. (Dass Richard beide Verträge uno actu erfüllt hat [Zahlung von € 16.000,–], steht auf einem anderen Blatt Papier.) Selbst wenn man im vorliegenden Fall annimmt, die Parteien hätten nur *einen* Kaufvertrag (Vertragsinhalt: *zwei* Leistungsgegenstände) abgeschlossen, kann es nicht überzeugen, nach der Absorptionstheorie vorzugehen und hinsichtlich beider Kaufobjekte entweder nur § 429 ABGB oder nur § 7 b KSchG anzuwenden. Dass eine solche Beurteilung unangemessen ist, zeigt folgende Sachverhaltsvariante deutlich: Hätte Richard am 18. 9. 2015 den „Schneckenreiter“ als Verbraucher und am nächsten Tag den Bücherschrank als Unternehmer gekauft, wäre das eine Geschäft (Kauf des „Schneckenreiters“)

7) *Kathrein/Schoditsch,* KBB[4] § 1 KSchG Rz 4.
8) *Kathrein/Schoditsch,* KBB[4] § 1 KSchG Rz 4; vgl OGH 30. 8. 2006, 7 Ob 49/06 s VR 2008, 30 = RdW 2007, 217.
9) *Krejci,* Grundfragen zum Geltungsbereich des I. Hauptstückes des KSchG, in *Krejci* (Hrsg), Handbuch zum Konsumentenschutzgesetz (1981) 209 (215).
10) Dazu *Lurger/Augenhofer,* Österreichisches und Europäisches Konsumentenschutzrecht[2] (2008) 36 f.
11) Der OGH vertritt in JBl 2011, 108 = SZ 2010/101 (E v 31. 8. 2010, 4 Ob 78/10 i) die Auffassung, dass das Geschäft zur Gänze ein Unternehmergeschäft sei, wenn es teils zur privaten und teils zur geschäftlichen Sphäre zählt (so auch *Krejci* in *Rummel*[3] § 1 KSchG Rz 23; *Welser,* Zum Geltungsbereich des I. Hauptstückes des KSchG, in *Krejci* [Hrsg], Handbuch zum Konsumentenschutzgesetz [1981] 193 [200]). Allerdings wollte der OGH mit diesem Satz nur die Beurteilung von *Dual-Use*-Fällen klarstellen.

Meine Notizen:

unzweifelhaft als Verbrauchergeschäft, das andere (Kauf des Bücherschranks) hingegen – ebenso unzweifelhaft – als zweiseitig unternehmensbezogenes Geschäft zu qualifizieren. Die rechtliche Beurteilung kann daher nicht anders ausfallen, wenn dem Sachverhalt (rechtsirrig) nicht zwei Vertragsabschlüsse, sondern nur der Abschluss eines Kaufvertrags, der zwei Leistungsgegenstände zum Inhalt hat, zugrunde gelegt wird.

Der zwischen Richard und Anton über den Bücherschrank geschlossene Kaufvertrag ist ein zweiseitig unternehmensbezogenes Geschäft. Aus diesem Grund kommt nicht § 7b KSchG, sondern die allgemeine Regel des § 429 ABGB mit der Folge zur Anwendung, dass Richard die Preisgefahr trägt. „Der Umstand allein, dass die Ware mangelhaft ist, berührt an sich den Gefahrenübergang nicht."[12] Solange der Kaufvertrag aufrecht ist, darf Anton das Entgelt, das ihm für den Bücherschrank am 23. 9. 2015 zugegangen ist (€ 10.000,–), behalten, so dass dessen Zerstörung in die Risikosphäre des Richard fällt (casum sentit dominus, § 1311 Satz 1 ABGB).

bb) Wandlung und/oder Vertragsanfechtung?

Es stellt sich freilich die Frage, ob Richard den Kaufvertrag über den Bücherschrank wandeln oder ob er ihn (auch) wegen eines Geschäftsirrtums anfechten kann. Ist Wandlung bzw Vertragsanfechtung möglich, stellt sich die weitere Frage, welche Regeln für die bereicherungsrechtliche Rückabwicklung des (aufgelösten) Kaufvertrages gelten.

Der Bücherschrank kann nicht mehr in natura zurückgestellt werden, weil er nicht mehr vorhanden ist. Verweigert man aus diesem Grund dem Käufer das Recht der Wandlung bzw die Vertragsanfechtung, darf der Verkäufer, wie soeben erwähnt, das Entgelt behalten. Die wohl hM[13] geht allerdings zu Recht davon aus, dass es für die Möglichkeit der Wandlung bzw der Vertragsanfechtung nicht auf die Möglichkeit oder Unmöglichkeit der Rückstellung des Kaufgegenstandes in natura ankommen kann: Die allgemeinen Normen, die sich mit der bereicherungsrechtlichen Rückabwicklung von Verträgen beschäftigen (s insb §§ 1431, 1435 und 877 ABGB), stehen nicht auf dem starren Standpunkt der Naturalrestitution, sondern begnügen sich im Fall der Unmöglichkeit der Rückgewähr mit der Leistung von *Wertersatz*. So die zu Unrecht empfangene Leistung also nicht mehr in natura zurückgestellt werden kann, hat der Käufer im Allgemeinen ihren Wert zu vergüten (§ 1447 Satz 3 ABGB).[14] Ob von dieser allgemeinen Regel im vorliegenden Fall eine Ausnahme zu machen ist, wird unter cc) näher untersucht.

(1) Wandlung nach § 932 Abs 4 ABGB

Obwohl der Bücherschrank aus der frühen Biedermeierzeit stammte, hat Anton mangelhaft erfüllt. Entgegen seiner Zusage war dieser Schrank ja nicht „Zentimeter für Zentimeter echt und original", sondern wurde zwischen 1870 und 1880 von einem Kunsttischler mit Hölzern aus der Zeit zwischen 1870 und 1880 ausgebessert. Die Abweichung vom vertraglich Geschuldeten minderte den Wert des Vertragsgegenstandes beträchtlich, nämlich um € 3.000,– (Wert des Kaufgegenstandes bei hypothetischer Mangelfreiheit: € 10.000,–, Wert des mangelhaften Kaufgegenstandes: € 7.000,–).

Wandlung bzw Preisminderung kann Richard nur verlangen, wenn die Verbesserung der Speziessache – ihre Existenz unterstellt – nicht möglich wäre. Somit ist zu fragen, welche Rechte Richard gehabt hätte, wäre ihm der Bücherschrank zugestellt worden. Ein Schrank aus der frühen Biedermeierzeit (Stückschuld), der – entgegen dem vertraglich Zugesicherten – nicht „Zentimeter für Zentimeter echt und original" ist, kann nicht in einen Biedermeierschrank „verwandelt" werden, der so beschaffen ist, wie er im Entstehungszeitpunkt beschaffen war. Die zwischen 1870 und 1880 ausgetauschten Hölzer beseitigen die ursprüngliche Authentizität des Kaufobjektes ja unwiederbringlich.

Richard hat somit die Wahl zwischen Preisminderung und Wandlung (§ 932 Abs 4 Satz 1 ABGB), sofern der Mangel des Kaufobjekts nicht (bloß) „geringfügig"

---

12) *Wahle* in *Klang* IV/2², 155; *Rabl,* Die Gefahrtragung beim Kauf (2002) 285; aA wohl *Klicka/Reidinger* in *Schwimann/Kodek*⁴ § 429 Rz 2; vgl auch *Schilcher,* Die Preisgefahr beim Kauf. Ein rechtsvergleichender Beitrag, JBl 1964, 395 (410).

13) Siehe insb *Welser/Zöchling-Jud* II¹⁴ Rz 357; *Dullinger* in *Apathy* (Hrsg), Bürgerliches Recht II⁵ Rz 3/106; *Bydlinski* in *Klang*² IV/2 700; *Ostheim,* Zum Anspruch auf Vertragsaufhebung bei Unmöglichkeit der Naturalrestitution, in FS Wilburg (1975 (307) 315; weitere Nw bei *Rabl,* Die Gefahrtragung beim Kauf 277 ff.

14) Vgl nur *Welser/Zöchling-Jud* II¹⁴ Rz 1754; *Apathy/Riedler* in *Apathy* (Hrsg), Bürgerliches Recht III⁵ Rz 15/27; *Apathy,* KBB⁴ § 1431 Rz 7; *Wilburg* in *Klang* VI² 476.

Meine Notizen:

ist. Der Mangel ist im vorliegenden Fall ohne Zweifel nicht (bloß) „geringfügig", weil die Auflösung des Vertrages angesichts der mangelbedingten Wertminderung des Kaufobjektes nicht unverhältnismäßig erscheint.[15] Abgesehen davon indiziert das Ausbleiben einer zugesicherten Eigenschaft schon für sich das Vorliegen eines nicht (bloß) „geringfügigen" Mangels.[16] Da Richard daran interessiert sein wird, den gesamten für den Bücherschrank bezahlten Preis (€ 10.000,–) zurückzubekommen, wird er wandeln.

Dieses Gestaltungsrecht muss Richard gerichtlich und innerhalb von zwei Jahren geltend machen (§ 933 Abs 1 Satz 1 ABGB). Die Frist beginnt hier mit dem 25. 9. 2015 zu laufen, das ist der Tag des Gefahrenübergangs (§ 933 Abs 1 Satz 2 ABGB).

Die Wandlung wirkt nur schuldrechtlich, nicht hingegen sachenrechtlich ex tunc. Nach wirksamer Ausübung des Wandlungsrechts ist der Kaufvertrag über den Bücherschrank aufgelöst, aber daran, dass Richard kraft § 429 ABGB im Zeitpunkt seiner Übergabe an den Transporteur Eigentum erlangt hat, ändert sich – auch rückblickend betrachtet – nichts.

(2) Vertragsanfechtung nach § 871 Abs 1 Fall 1 ABGB

Bei Abschluss des Kaufvertrages war Richard über seinen Inhalt im Irrtum. Dieser Geschäftsirrtum (Irrtum über den Leistungsgegenstand) war ursächlich für den Geschäftsabschluss. (Arg: Hätte Richard über die wahre Beschaffenheit des Bücherschranks Bescheid gewusst, hätte er ihn nicht gekauft.) Er ist auch wesentlich (arg: Er hätte den Bücherschrank bei Kenntnis der Sachlage nicht einmal zu einem für ihn besseren Preis gekauft) und beachtlich. Beachtlich iSv § 871 ABGB ist Richards Geschäftsirrtum deshalb, weil dieser Irrtum durch Antons Fehlverhalten verursacht worden ist (§ 871 Abs 1 Fall 1 ABGB). Anton hätte ja bei Einhaltung der Sorgfalt, zu der er als Kunstsachverständiger verpflichtet ist, erkennen müssen, dass schadhafte Stellen des Bücherschranks mit Hölzern aus der Zeit zwischen 1870 und 1880 ausgebessert worden sind – und Richard darauf vor Vertragsabschluss aufmerksam machen müssen. Aus diesem Grund kann Richard den Vertrag über den Bücherschrank nach § 871 Abs 1 Fall 1 ABGB anfechten. (Hingegen hat Anton seinen Vertragspartner nicht vorsätzlich getäuscht, so dass eine Anfechtung nach § 870 ABGB ausscheidet. Anton hätte Richards Irrtum „aus den Umständen" [dh: aufgrund Richards Verhalten bei Vertragsabschluss] wohl auch nicht auffallen müssen [§ 871 Abs 1 Fall 2 ABGB]. Schließlich scheidet die Anfechtung des Vertrags auch nach § 871 Abs 1 Fall 3 ABGB aus, weil laut Sachverhalt gar keine Rede davon ist, dass Richard seinen Irrtum rechtzeitig [was immer das auch heißen mag] aufgeklärt hat.)

Nach *P. Bydlinski* kann die Vertragsanfechtung in Fällen wie dem vorliegenden neben § 871 ABGB auf culpa in contrahendo gestützt werden: Kommt ein Vertrag „zustande, der bei korrekter vorvertraglicher Aufklärung (so) nicht abgeschlossen worden wäre, richtet sich der Ersatzanspruch in der Sache auf Rückgängigmachung des Vertrages mit all seinen Folgen [...]. Aus c.i.c. kann daher als Naturalherstellung (§ 1323) durchaus auch Vertragsaufhebung gefordert werden."[17]

Das Recht der Vertragsanfechtung nach § 871 ABGB, das nach wohl hM gerichtlich ausgeübt werden muss (Analogie zu § 933 Abs 1 ABGB),[18] verjährt innerhalb von drei Jahren (§ 1487 ABGB). Die Aufhebung des Vertrags wirkt – im Gegensatz zur Wandlung – auch sachenrechtlich ex tunc (Wurzelmangel!), so dass die Übergabe des Bücherschrankes an Friedrich bzw seinen Fahrer Ludwig – rückblickend betrachtet – niemals zum Eigentumserwerb des Käufers (Richard) geführt hat.

Das Recht den Kaufvertrag zu wandeln und ihn nach § 871 anzufechten steht dem Käufer beim sog Eigenschaftsirrtum nach ganz hM wahlweise zu.[19] Richard kann den Vertrag über den Bücherschrank daher sowohl mithilfe des § 871 ABGB als auch mithilfe des § 932 Abs 4 ABGB zu Fall bringen.

15) *Welser/Zöchling-Jud* II[14] Rz 355; *Dullinger* in *Apathy* (Hrsg), Bürgerliches Recht II[5] Rz 3/105; 422 BlgNR 21. GP 19.
16) So auch OGH 15. 2. 2006, 7 Ob 239/05f JBl 2006, 585.
17) *P. Bydlinski* in *Apathy* (Hrsg), Bürgerliches Recht I[6] (2013) Rz 6/39.
18) Zweifelnd *P. Bydlinski* in *Apathy* (Hrsg), Bürgerliches Recht I[6] Rz 8/22.
19) *Welser/Zöchling-Jud* II[14] Rz 414; *Dullinger* in *Apathy* (Hrsg), Bürgerliches Recht II[5] Rz 3/146; *P. Bydlinski* in *Apathy* (Hrsg), Bürgerliches Recht I[6] Rz 8/26.

Meine Notizen:

cc) Die bereicherungsrechtliche Rückabwicklung

Unzweifelhaft hat nach dem unter bb) (1) und (2) Ausgeführten der Käufer Richard gegen den Verkäufer Anton einen kondiktionsrechtlichen Anspruch auf Zahlung von € 10.000,– (§ 1435 ABGB [Folge der Wandlung] bzw § 877 ABGB [Folge der Vertragsanfechtung], condictio causa finita bzw condictio sine causa): Aufgrund von Wandlung bzw Vertragsanfechtung fällt der Kaufvertrag über den Bücherschrank ja weg, so dass die Zahlung des Kaufpreises zu Unrecht erfolgte.

Wäre der Bücherschrank nicht zerstört worden, hätte Richard das Recht auf Rückzahlung des Kaufpreises nicht ohne Wenn und Aber, sondern nur Zug um Zug gegen Rückübereignung (im Fall von Anfechtung nach § 871 Abs 1 ABGB: schlichte Rückstellung) des Kaufobjekts (§ 1052 Satz 1 ABGB) gehabt. Es stellt sich daher die Frage, ob in Fällen wie dem vorliegenden der zufällige Sachuntergang in die Risikosphäre des Käufers oder des Verkäufers fällt.

Nach der sog Zweikondiktionen-Theorie ist der Anspruch des Richard unabhängig vom Anspruch des Anton. Der zufällige Sachuntergang fällt nach dieser Theorie in die Risikosphäre des Anton: Das, worauf Anton einen Anspruch gehabt hat (Herausgabe des Bücherschranks), ist zufällig untergegangen. Der zufällige Sachuntergang befreit daher Richard auch von der Leistung von Wertersatz.

Nach der sog Saldotheorie „trägt hingegen der Empfänger [in casu: Richard] stets das Risiko des zufälligen Untergangs, weil sich die Sache in seiner Sphäre befunden hat, so dass er (zumindest in abstracto) die Gefahr beherrschen konnte. Er hat daher nur insoweit einen Anspruch gegen den Partner, als der Wert seiner Leistung jenen der untergegangenen Gegenleistung übersteigt."[20] Dieser Theorie gebührt – jedenfalls im Ergebnis – der Vorzug, weil sie die für die *Abwicklung des Vertrages* allgemeingültigen Gefahrtragungsregeln (beim Versendungskauf: § 1311 Satz 1 iVm § 429 ABGB bzw § 7b Satz 2 KSchG) im Fall der bereicherungsrechtlichen *Rückabwicklung des Vertrages* nicht künstlich in ihr Gegenteil verkehrt. Der deutsche BGH hat es in einer Entscheidung v 8. 1. 1970 auf den Punkt gebracht: „Wer [...] einen Bereicherungsanspruch geltend macht, trägt das Risiko, dass sowohl seine Leistung noch beim Gegner ist als auch die von ihm selbst empfangene Leistung noch vorhanden ist."[21]

Die sog Saldotheorie wird von *Welser/Zöchling-Jud*[22] favorisiert, die sog Zweikondiktionen-Theorie von *Apathy/Riedler.*[23] Je nachdem, welcher Theorie gefolgt wird, gelangt man zu folgendem Ergebnis:

Saldotheorie: Richard hat einen Anspruch gegen Anton auf Zahlung von € 10.000,–, er bekommt diesen Betrag aber nur, wenn er seinerseits bereit ist, für den untergegangenen Bücherschrank Wertersatz zu leisten (§ 1052 Satz 1 ABGB). Da der Bücherschrank nicht € 10.000,–, sondern nur € 7.000,– wert war, ist die Wertersatzleistung des Richard € 7.000,–. In praxi wird Anton gegen die Forderung, die Richard gegen ihn hat (€ 10.000,–), mit seiner eigenen Forderung idH von € 7.000,– aufrechnen. Das ergibt einen „Saldo" idH von € 3.000,–.

Zweikondiktionen-Theorie: Richard hat einen Anspruch gegen Anton auf Zahlung von € 10.000,–, schuldet im Gegenzug dem Anton aber nichts, weil der zufällige Sachuntergang in dessen Risikosphäre fällt.

Bydlinski[24] und *Aicher*[25] vertreten eine Mittelmeinung: Werde der Vertrag mit bloß sachenrechtlicher ex nunc-Wirkung aufgelöst, habe der Verkäufer einen Anspruch auf Wertersatz, im Fall der Auflösung des Vertrags mit sachenrechtlicher ex tunc-Wirkung hingegen nicht. Für den Fall der Wandlung sei dementsprechend von der Saldotheorie, für den Fall der Vertragsanfechtung wegen Irrtums dagegen von der Zweikondiktionen-Theorie auszugehen. Diese Unterscheidung wird von *Welser/Zöchling-Jud* zu Recht kritisiert, weil „die Ungültigkeits- und Aufhebungsregeln auf die hier zu lösende Problematik nicht zugeschnitten sind. Ob zB ein Titel mit schuldrechtlicher oder sachenrechtlicher Rückwirkung wegfällt, ist eine konstruktive Entscheidung, aus der für diffizile Abwicklungsfragen nicht deduziert werden sollte."[26] Abgesehen davon hat in Fällen wie dem vorliegenden (Eigenschaftsirrtum) der Käufer die Wahl, ob er den Vertrag wandelt oder ihn wegen Irrtums anficht, so dass für solche Fälle die Unterscheidung, die

20) *Welser/Zöchling-Jud* II[14] Rz 1773.
21) BGH 8. 1. 1970, VII ZR 130/68 NJW 1970, 656 = BGHZ 53, 144.
22) *Welser/Zöchling-Jud* II[14] Rz 1774; weiterführend *Harrer,* Rückabwicklungsprobleme beim fehlerhaften Kauf, JBl 1983, 238 ff.
23) *Apathy/Riedler* in *Apathy* (Hrsg), Bürgerliches Recht III[5] Rz 15/37; weiterführend *Kerschner,* Der OGH auf dem Weg zur Saldotheorie? JBl 1988, 541 ff und 624 ff.
24) *Bydlinski* in *Klang* IV/2[2] 699 f.
25) *Aicher* in *Rummel*[3] §§ 1048 ff Rz 17.
26) *Welser/Zöchling-Jud* II[14] Rz 1774.

Meine Notizen:

Bydlinski und *Aicher* treffen, praktisch wertlos ist: Hätte der Verkäufer nur dann Anspruch auf Wertersatz, wenn der Käufer den Vertrag wandelt, würde ein Käufer, der homo oeconomicus ist, den Vertrag stets nur über den Weg des § 871 ABGB zu Fall bringen – und sein Recht zu wandeln gar nicht erst in Anspruch nehmen.

Wendet der Student im vorliegenden Fall die Saldotheorie an, macht es im Endergebnis keinen Unterschied, ob er zuvor Auflösung des Vertrages (Wandlung bzw Anfechtung) oder Preisminderung befürwortet. Im einen wie im anderen Fall gebührt dem Richard „unter dem Strich" ein Betrag iHv € 3.000,–. Im Fall der Preisminderung gibt es freilich nur eine Forderung (die des Richard auf Zahlung von € 3.000,–), so dass man hier nicht gut von einem Saldo sprechen kann.

Ergebnis: Der Kaufvertrag über den Bücherschrank ist ein zweiseitig unternehmensbezogenes Geschäft. Der Leistungsgegenstand ist nach Übergabe an den Transporteur durch höhere Gewalt untergegangen, so dass Richard die Preisgefahr trägt (§ 429 ABGB). Anton hat indes mangelhaft erfüllt. Den bei Geschäftsabschluss vorliegenden Eigenschaftsirrtum kann Richard mithilfe des § 871 Abs 1 Fall 1 ABGB (Vertragsanfechtung) oder des § 932 Abs 4 ABGB (Wandlung) aufgreifen, obwohl der Bücherschrank nicht mehr vorhanden ist. Die Vertragsanfechtung bzw der Rücktritt vom Vertrag führt zu einer Bereicherungslage: Richard hat jedenfalls das Recht auf Rückzahlung von € 10.000,–. Sehr strittig ist allerdings, ob dem Anspruch des Richard eine Forderung des Anton idH von € 7.000,– (= Wert des mangelhaften Bücherschranks) gegenübersteht. Die Zweikondiktionen-Theorie verneint den Anspruch des Anton, die Saldotheorie bejaht ihn. Nach der Zweikondiktionen-Theorie ist nur Richard Bereicherungsgläubiger und hat einen Anspruch auf Rückzahlung des Kaufpreises iHv € 10.000,–. Hingegen hat Anton nach der Saldotheorie gegen den Anspruch des Richard auf Rückzahlung des Kaufpreises iHv € 10.000,– einen Anspruch auf € 7.000,– (Wertersatz), so dass Richard im Ergebnis (kraft Aufrechnung) einen „Saldo" iHv € 3.000,– bekommt.

c) Richard gegen Ludwig auf Zahlung von € 7.000,– AGL: §§ 1, 5, 19 Abs 1 EKHG, §§ 1295, 1332 ABGB

Richard wurde gem § 429 ABGB Eigentümer des Bücherschranks. Maßgeblicher Erwerbszeitpunkt ist der Zeitpunkt seiner Ausfolgung an Friedrichs Fahrer, Ludwig. Der Bücherschrank hatte in diesem Zeitpunkt einen Verkehrswert von € 7.000,– (§ 1332 ABGB). Da er durch den Unfall total zerstört worden ist (Restwert: € 0,–), erlitt Richard einen Vermögensschaden iHv € 7.000,– (die Geltung der Saldotheorie vorausgesetzt). Es stellt sich daher fürs erste die Frage, ob Richard diesen Vermögensschaden auf Ludwig überwälzen kann.

Bei lebensnaher Betrachtung ist ausschließlich Friedrich, Ludwigs Dienstherr, Halter des Kraftfahrzeugs.[27] Ludwig ist somit bloßer Lenker. Zwar ist Richards Vermögensschaden durch einen Unfall beim Betrieb eines Kraftfahrzeugs entstanden, so dass das EKHG an sich anzuwenden wäre (§ 1 EKHG). Eine verschuldensunabhängige Haftung des Ludwig für diesen Vermögensschaden scheidet aber a priori aus, weil die verschuldensunabhängige Haftung nach EKHG im Allgemeinen nur den Halter, nicht hingegen den (bloßen) Lenker des Kraftfahrzeugs trifft (§ 5 EKHG e contrario).[28]

Laut Sachverhalt hat Ludwig weder beim Verpacken des Transportgutes noch bei der Inbetriebnahme des Transportfahrzeuges Sorgfaltspflichten außer Acht gelassen. Ludwig haftet daher auch nicht nach den Grundsätzen der Verschuldenshaftung (§ 19 Abs 1 EKHG iVm § 1295 ABGB e contrario).

Ergebnis: Richard kann den Vermögensschaden, der ihm durch die Zerstörung des Bücherschranks zugefügt worden ist, weder nach EKHG noch nach ABGB auf Ludwig überwälzen. Ludwig ist auch dann nicht zum Ersatz des durch die Zerstörung des Bücherschranks eingetretenen Vermögensschadens verpflichtet, wenn angenommen wird, dass das Eigentum am Bücherschrank im Zeitpunkt der Schädigung als Folge der (auch sachenrechtlich) ex tunc wirkenden Anfechtung des Kaufvertrages (§ 871 Abs 1 Fall 1 ABGB) Anton zugeordnet war.

---

27) Zum Halterbegriff s *Welser/Zöchling-Jud* II[14] Rz 1596; *Apathy/Riedler* in *Apathy* (Hrsg), Bürgerliches Recht III[5] Rz 14/39.

28) Siehe indes § 6 Abs 1 Satz 1 EKHG. Nach dieser Bestimmung haftet der Lenker eines Kraftfahrzeugs losgelöst vom Verschulden, wenn er den Unfall im Zuge einer sog Schwarzfahrt verursacht.

Meine Notizen:

d) Richard gegen Friedrich auf Zahlung von € 7.000,– AGL: § 1 iVm § 5 EKHG EGL: § 4 Abs 1 EKHG

Wird durch einen Unfall beim Betrieb eines Kraftfahrzeugs eine Sache beschädigt, so ist dessen Halter selbst dann zum Schadenersatz verpflichtet, wenn das Kraftfahrzeug von einer anderen Person mit Willen des Halters benutzt worden ist (§ 5 iVm § 6 Abs 1 EKHG e contrario).

Allerdings kommt im vorliegenden Fall der Haftungsausschluss von § 4 Abs 1 EKHG zum Tragen: Nach den Grundsätzen der im EKHG verankerten strict liability haftet der Kfz-Halter nur bei Beschädigung des vom Fahrgast mitgeführten Handgepäcks sowie derjenigen Sachen, die der Fahrgast an sich trägt, nicht hingegen bei Beschädigung sonstiger Sachen – wie etwa bei Beschädigung von Frachtgut.

Da im Sachverhalt keine Hinweise auf ein Verschulden des Friedrich bei der Auswahl seines Fahrers Ludwig gegeben werden, haftet Friedrich auch nicht nach den Grundsätzen der Verschuldenshaftung.

Wer den Haftungsausschluss des § 4 Abs 1 EKHG übersieht, wird möglicherweise prüfen, ob die Haftung des Friedrich nach § 9 EKHG verneint werden kann. Nach dieser Bestimmung ist die Ersatzpflicht ausgeschlossen, wenn der Unfall durch ein *„unabwendbares Ereignis* verursacht wurde, das weder auf einem Fehler in der Beschaffenheit noch auf einem Versagen der Verrichtungen [...] des Kraftfahrzeugs beruhte" (§ 9 Abs 1 EKHG). *„Unabwendbar* ist ein Ereignis [...], das [...] trotz aller erdenklichen Sachkunde und Vorsicht nicht abgewendet werden kann".[29] Das ist regelmäßig dann der Fall, wenn der Lenker des Kraftfahrzeugs „die äußerste nach den Umständen des Falles mögliche und zumutbare Sorgfalt"[30] (also nicht bloß die Sorgfalt eines „gewöhnlichen" Lenkers eines Kraftfahrzeugs) eingehalten hat (§ 9 Abs 2 EKHG), es aber dennoch zum schädigenden Unfall gekommen ist. – Ludwig hat sich in casu wie der ideale Verkehrsteilnehmer verhalten. (Arg: Ludwig hat im Unfallzeitpunkt „jede nach den Umständen des Falles gebotene Sorgfalt beachtet.") Daher scheitert der Ersatzanspruch des Richard (auch) an § 9 EKHG.

Zu einem gegenteiligen Ergebnis kann nur kommen, wer das Schleudern des Fahrzeugs als Folge einer ölverschmutzten Fahrbahn als Verwirklichung von außergewöhnlicher Betriebsgefahr iSd § 9 Abs 2 EKHG bewertet und es – entgegen dem Wortlaut des § 9 Abs 2 EKHG – genügen lässt, dass die außergewöhnliche Betriebsgefahr nicht durch das Verhalten eines Dritten oder eines Tieres, sondern – wie im vorliegenden Fall – durch höhere Gewalt ausgelöst wird.[31]

Ergebnis: Richard kann den Vermögensschaden, der ihm durch die Zerstörung des Bücherschranks zugefügt worden ist, nicht auf Friedrich überwälzen. Die Haftung des Friedrich scheitert einerseits an mangelndem (Auswahl-)Verschulden, andererseits an § 4 EKHG. Friedrich ist auch dann nicht zum Ersatz des durch die Zerstörung des Bücherschranks eingetretenen Vermögensschadens verpflichtet, wenn angenommen wird, dass das Eigentum am Bücherschrank im Zeitpunkt der Schädigung als Folge der (auch sachenrechtlich) ex tunc wirkenden Anfechtung des Kaufvertrages (§ 871 Abs 1 Fall 1 ABGB) Anton zugeordnet war.

B. Sachverhaltsvariante

1) Frage 2: Ändert sich aufgrund dieser Sachverhaltsvariante etwas an der Rechtsstellung des Richard?

a) Richard gegen Sigi auf Zahlung von € 7.000,– AGL: § 19 Abs 1 EKHG, §§ 1295, 1332 ABGB

Sigi hat den Unfall durch Sekundenschlaf verursacht. Schon aus dem wichtigsten Baugesetz unseres Deliktsrechts, dem neminem laedere-Prinzip, kann man ableiten, dass ein Fahrzeug nur lenken darf, wer aufgrund seiner körperlichen und geistigen Verfassung in der Lage ist, das Fahrzeug zu beherrschen und die beim Lenken des Fahrzeuges zu beachtenden Rechtsvorschriften zu befolgen (§ 58 Abs 1 Satz 1 StVO). Sekundenschlaf ist beim gesunden Menschen immer die Folge von Übermüdung; das muss ein rechtstreuer Fahrzeuglenker wissen. Aus diesem Grund ist die Inbetriebnahme eines Kraftfahrzeuges in übermüdetem Zustand als Pflichtverletzung zu qualifizieren, die dem Lenker regelmäßig als Verschulden zugerechnet wird (§ 1297 Satz 2 ABGB).

29) *Apathy,* Komm EKHG (1992) § 9 Rz 4 mwN.
30) *Apathy,* Komm EKHG (1992) § 9 Rz 16 mwN.
31) Zur Diskussion *Edlbacher,* Die „außergewöhnliche Betriebsgefahr" im Spiegel von Lehre und Rechtsprechung, ZVR 1989, 193ff; *Apathy,* Komm EKHG (1992) § 9 Rz 31 mwN.

Meine Notizen:

Es stellt sich somit die Frage, ob Richard gegen Sigi einen Anspruch auf Geldersatz (§ 1323 ABGB) iHv € 7.000,– hat.

Auf der Grundlage der Saldotheorie ergibt sich folgendes Bild: Anton hat nach Wandlung bzw Anfechtung des Vertrages gegen Richard einen Anspruch auf Zahlung von € 7.000,– (Wertersatz) und Richard gegen Anton einen Anspruch auf Rückzahlung von € 10.000,–. Folgt man der Saldotheorie, ist es unproblematisch, dem Richard gegen den Sigi einen Anspruch auf Geldersatz iHv € 7.000,– zuzugestehen: Richard wurde Eigentümer des Bücherschranks (§ 429 ABGB), der von Sigi aufgrund von Fahrlässigkeit zerstört worden ist. Nach der bereicherungsrechtlichen Rückabwicklung des zwischen Richard und Anton geschlossenen Vertrages hat Richard ein Vermögensminus iHv € 7.000,–. Dieses Vermögensminus wird durch den Schadenersatzanspruch, den Richard gegen Sigi hat, ausgeglichen. – Steht Richard gegen Anton ein Anspruch auf Zahlung von € 3.000,– (i.e. der Saldo zugunsten des Richard aus der bereicherungsrechtlichen Rückabwicklung des Kaufvertrages) und gegen Sigi ein Anspruch auf Zahlung von € 7.000,– zu, dann steht Richard vermögensmäßig genauso, wie er vor Abschluss des Geschäftes mit Anton gestanden ist.

Ficht Richard den Kaufvertrag über den Bücherschrank gem § 871 Abs 1 Fall 1 ABGB an, ist er in dem Zeitpunkt, in dem Sigi den Kaufgegenstand schuldhaft zerstört, zwar nicht mehr dessen Eigentümer (arg: die Vertragsanfechtung wirkt sachenrechtlich ex tunc). Indes kann es nicht überzeugen, Richard nur deshalb leer ausgehen zu lassen, weil er vom Vertrag nicht zurückgetreten ist (§ 932 Abs 4 ABGB), sondern ihn nach § 871 ABGB angefochten hat. – Zur Begründung dieses Ergebnisses s die ganz analogen Überlegungen im nächsten Absatz, die Geltung beanspruchen müssen, wenn die bereicherungsrechtliche Rückabwicklung des Vertrages vor dem Hintergrund der Zweikondiktionen-Theorie gelöst wird (Drittschadensproblematik).

Dass Richard gegen Sigi einen Anspruch auf Zahlung von € 7.000,– hat, lässt sich auf der Grundlage der Zweikondiktionen-Theorie nicht gut begründen. Auf der Grundlage dieser Theorie hat Richard gegen Anton einen Anspruch auf Zahlung von € 10.000,–, Anton hingegen „geht bereicherungsrechtlich leer aus". Ihm – und nicht Richard – wird ja nach der Zweikondiktionen-Theorie bei der bereicherungsrechtlichen Rückabwicklung des Kaufvertrages das Risiko des zufälligen Untergangs der Sache zugeordnet. Es entsteht folglich ein Drittschadensproblem: Anton ist bloß mittelbar Geschädigter, und der unmittelbar Geschädigte, Richard, ist bereits durch den bereicherungsrechtlichen Anspruch, der ihm gegenüber Anton zusteht, schad- und klaglos gestellt. Indes wäre es ganz und gar unverständlich, wenn man den Schädiger (in casu: Sigi) nur deshalb von seiner Pflicht, für die Folgen seines verbotenen Tuns einzustehen, befreite, weil das Risiko des Sachuntergangs im Verhältnis zwischen Anton und Richard ganz auf Anton überwälzt worden ist. Vor dem Hintergrund der Zweikondiktionen-Theorie wird man deshalb nicht Richard, sondern Anton gegen Sigi einen Anspruch auf Geldersatz idH von € 7.000,– zugestehen müssen. Wie man zu diesem Ergebnis auf dogmatisch sauberem Wege gelangt, ist freilich heftig umstritten.[32)] In Fällen wie dem vorliegenden überzeugt wohl am ehesten die Begründung, die der OGH in den sog Lohnfortzahlungsfällen zugrunde legt (Analogie zu § 1358 ABGB bzw § 67 VersVG).[33)]

II. Fall 2

A. Frage 3: Carl will alles unternehmen, um als Vater des Emil rechtlich festgestellt zu werden. Was kann, was soll Carl unternehmen?

Franz hat die Vaterschaft zu Emil im Wissen anerkannt, Emil nicht gezeugt zu haben. Dieses Vaterschaftsanerkenntnis ist laut Sachverhalt bestandsfest. (Arg: Das Vaterschaftsanerkenntnis wird rechtswirksam, die Widerspruchsberechtigten [Mutter und Kind, § 146 Abs 1 ABGB] erheben keinen Widerspruch.)

Will Carl Emils rechtlicher Vater werden, muss er ein durchbrechendes („qualifiziertes") Vaterschaftsanerkenntnis (§ 147 Abs 2 ABGB) abgeben. Fürs erste ist allerdings zu fragen, ob Carl zur Abgabe eines Vaterschaftsanerkenntnisses überhaupt legitimiert ist. § 148 Abs 4 Satz 1 ABGB ordnet ja an, dass ein „Dritter, dessen Samen für eine medizinisch unterstützte Fortpflanzung verwendet wird, [...] nicht als Vater des mit seinem Samen gezeugten Kindes festgestellt werden" kann. Indes ist Carl nicht „Dritter" iSd § 148 Abs 4 ABGB, weil er seinen Samen Anna und Barbara – und nicht einer für medizinisch unterstützte Fortpflanzungen zugelassenen Krankenanstalt – überlassen hat (§ 148 Abs 4 Satz 2 ABGB e contrario). Carl ist daher rechtlich so gestellt, als hätte er mit Anna (Emils leiblicher Mutter) Geschlechtsverkehr

32) Vgl nur *Welser/Zöchling-Jud* II[14] Rz 1462 ff; *Apathy/Riedler* in *Apathy* (Hrsg), Bürgerliches Recht III[5] Rz 13/29, jeweils mwN.
33) Siehe dazu OGH 24. 3. 1994, 2 Ob 21/94 SZ 67/52 = DRdA 1995, 44 *(Klein)* = AnwBl 1994, 905 *(Berger)*.

Meine Notizen:

gehabt. Er hat das Recht, ein durchbrechendes („qualifiziertes") Vaterschaftsanerkenntnis abzugeben.

Ergebnis: Carl hat zwar mit Anna nicht geschlechtlich verkehrt, dessen ungeachtet ist er zur Abgabe eines Vaterschaftsanerkenntnisses legitimiert (§ 148 Abs 4 Satz 2 ABGB e contrario).

B. Frage 4: Wie schätzen Sie die Chancen Carls ein, als Vater des Emil rechtlich festgestellt zu werden?

Voraussetzung für die Rechtswirksamkeit des durchbrechenden („qualifizierten") Vaterschaftsanerkenntnisses ist ua, dass die Mutter des noch nicht eigenberechtigten Kindes den Anerkennenden in öffentlicher oder öffentlich beglaubigter Urkunde als Vater bezeichnet (§ 147 Abs 2 Satz 2 ABGB). Aufgrund des vorliegenden Sachverhalts wird es Anna wohl mit großer Wahrscheinlichkeit unterlassen, Carl in der genannten Form als Vater zu bezeichnen. Carls Chancen, Franz als Vater zu verdrängen, stehen daher sehr schlecht, so lange Emil minderjährig ist. Nach Eintritt der Volljährigkeit hat es Emil in der Hand, den „Vätertausch" zu realisieren: Gibt Carl nach Eintritt der Volljährigkeit seines leiblichen Sohnes ein durchbrechendes („qualifiziertes") Vaterschaftsanerkenntnis ab, dem Emil in öffentlicher oder öffentlich beglaubigter Urkunde zustimmt, wird Franz von Carl als Vater verdrängt.

Ergebnis: Die Chancen des Carl, Emils Vater zu werden, stehen schlecht, weil Anna qua § 147 Abs 2 Satz 2 ABGB das Recht hat, Carls Vaterschaftsanerkenntnis zu vereiteln. Ist Emil einmal volljährig geworden, hängt es allein von ihm ab, ob ein „Vätertausch" zustande kommt.

Anmerkung zu Frage 3 und 4: Gem § 150 ABGB hat Emil das Recht, bei Gericht die Feststellung zu begehren, dass nicht Franz, sondern Carl sein leiblicher Vater ist. Käme es zu einem entsprechenden Verfahren, hätte der stattgebende Beschluss die Wirkung eines „Vätertauschs": Carl träte mit Rechtskraft des Beschlusses an Franz' Stelle. Indes wird ein Verfahren nach § 150 ABGB im vorliegenden Fall wohl schon deshalb nicht vom Zaun gebrochen werden, weil der minderjährige Emil vorerst von seiner Mutter (Anna) vertreten wird (§ 177 Abs 2 Satz 1 ABGB), die laut Sachverhalt nichts mit Carl zu tun haben will. Sie wird daher auch nicht bereit sein, namens ihres Kindes einen Antrag nach § 150 ABGB zu stellen.

C. Frage 5: Welche Rechte stehen Carl gegenüber Emil jedenfalls zu?

Gem § 188 Abs 2 ABGB idF des Kindschafts- und Namensrechts-Änderungsgesetzes 2013[34] kann das Gericht auf Antrag verschiedenster Personen einem Dritten, der „zu [einem minderjährigen] Kind in einem besonderen persönlichen oder familiären Verhältnis steht oder gestanden ist", das Recht auf persönliche Kontakte einräumen, wenn solche Kontakte „dem Wohl des Kindes dienen". Nach einem Urteil des EGMR vom 21. 12. 2010[35] verstößt es gegen Art 8 EMRK (Recht auf Privat- und Familienleben), wenn nicht geprüft werden kann, ob ein Kontakt zwischen dem Kind und seinem leiblichen (aber nicht rechtlichen) Vater dem Kindeswohl entspricht.[36] Im Hinblick auf dieses Urteil ist auch ein (nicht anonymer) Samenspender, dessen Vaterschaft nicht festgestellt ist, „Dritter" iS des § 188 Abs 2 ABGB und hat folglich die in dieser Bestimmung erwähnten „Restrechte".[37] Somit kann Carl, der „nur" biologischer, nicht aber Vater im abstammungsrechtlichen Sinne ist, bei Gericht beantragen, es mögen ihm Kontaktrechte zum minderjährigen Emil eingeräumt werden. Wenn der Richter zu dem Schluss kommt, dass ein persönlicher Kontakt zwischen Emil und Carl Emils Wohl dient, wird er dem Antrag des Carl stattgeben.

Ergebnis: Carl ist antragsberechtigt nach § 188 Abs 2 ABGB und kann daher vom Außerstreitgericht das Recht zugesprochen bekommen, in regelmäßigen persönlichen Kontakt mit seinem leiblichen Sohn, Emil, zu treten.

---

34) BGBl I 2013/15, in Kraft getreten am 1. 2. 2013, § 1503 Abs 1 Z 1 ABGB.

35) *Anayo gegen Deutschland,* Appl 20.578/07, EF-Z 2011, 57 *(Nademleinsky);* bestätigt durch die E des EGMR v 15. 9. 2011 in der Rs *Schneider gegen Deutschland,* Appl 17.080/07, iFamZ 2012, 62; dazu *Ferrari,* EGMR fordert Besuchs- und Informationsrecht des biologischen Vaters, iFamZ 2012, 60.

36) Ausdrücklich Bezug nehmend auf *Anayo gegen Deutschland* die ErläutRV KindNamRÄG 2013, 2004 BlgNR 24. GP 29.

37) *Ferrari,* Künstliche Fortpflanzung im österreichischen Recht, in *Dutta/Schwab/Henrich/Gottwald* (Hrsg), Künstliche Fortpflanzung und europäisches Familienrecht (2015) 181 (192 f); *Erlebach,* Rechte des Kindes nach Samen- und Eispende, in *Barth/Erlebach* (Hrsg), Handbuch des neuen Fortpflanzungsmedizinrechts (2015) 243 (256 f).

Aktualisierungen

✐ Meine Notizen:

Zu **I.**: Seit Inkrafttreten des Gewährleistungsrichtlinien-Umsetzungsgesetzes (GRUG; mit 1. 1. 2022) heißt der sekundäre Gewährleistungsbehelf, mit dem der Gewährleistungsberechtigte sich vom gesamten Vertrag löst, nicht mehr „Wandlung", sondern **„Auflösung des Vertrags"** (s § 932 ABGB).

Das Recht, den Vertrag über den Bücherschrank gem § 932 Abs 4 ABGB **aufzulösen,** muss Richard nach neuer Rechtslage nicht mehr gerichtlich geltend machen (vgl §§ 932 Abs 1, 933 Abs 1 ABGB idF GRUG); vielmehr genügt eine **formfreie außergerichtliche Erklärung.**[1)]

Er hat dafür außerdem länger Zeit: Zwar beginnt die zweijährige *Gewährleistungsfrist* weiterhin mit dem Gefahrenübergang zu laufen (im SV war dies am 25. 9. 2015). Nach Ablauf der Gewährleistungsfrist, innerhalb der der Mangel gem § 933 Abs 1 ABGB *hervorgekommen* sein muss, steht R seit 1. 1. 2022 gem § 933 Abs 3 ABGB *daran anschließend* noch die *dreimonatige Verjährungsfrist* offen, um seine Gewährleistungsrechte (hier den Anspruch auf Rückzahlung des Kaufpreises für den Schrank gem § 1435 ABGB nach Auflösung des Vertrags) geltend zu machen. Das GRUG brachte nämlich für Sachmängel – nicht nur im VGG-, sondern auch im ABGB-Gewährleistungsrecht – eine **klare Trennung von Gewährleistungsfristen** (innerhalb derer der Mangel hervorkommen muss) **und Verjährungsfristen** (innerhalb derer er notfalls gerichtlich geltend gemacht werden muss).

Aufgrund des neuen § 933 Abs 1 ABGB ist mE **auch die Vertragsanfechtung nach § 871 ABGB** künftig formfrei möglich, da das Erfordernis deren gerichtlicher Geltendmachung bisher mit einer Analogie zu § 933 Abs 1 ABGB (aF) begründet wurde. (An den *Wirkungen* der gewährleistungsrechtlichen Vertragsauflösung – wie ein Rücktritt nur schuldrechtlich ex tunc – und der irrtumsrechtlichen Anfechtung – auch sachenrechtlich ex tunc – hat das GRUG nichts geändert!)

1) Der Gesetzgeber des GRUG verzichtete bewusst auf eine ausdrückliche Bestimmung im ABGB über die Formfreiheit der Preisminderungs- bzw der Auflösungserklärung, vergleichbar mit den Bestimmungen in § 14 Abs 1 und § 15 Abs 1 VGG. Er ging vielmehr davon aus, dass die Neuformulierung des § 932 Abs 1, der Entfall des Erfordernisses gerichtlicher Geltendmachung in § 933 Abs 1 und das allgemeine Prinzip der Formfreiheit rechtsgeschäftlicher Willenserklärungen im allgemeinen Zivilrecht bereits Klarheit über die Formfreiheit gebracht hätten (Erläut RV 949 BlgNR 27. GP 40).

Meine Notizen:

Prüfer: Andreas Riedler

Fachprüfung aus Privatrecht I

Linz, 2. 10. 2015

Schwerpunkte: Haustürgeschäft; AGB; Stellvertretung; Wurzelmängel; Eigentumherausgabeklage; Bedingung

SACHVERHALT

Der Katzenliebhaber **K** ist auf der Suche nach Biokatzenfutter und bittet daher seine Bekannte **B,** von der er weiß, dass sie für das Unternehmen **CatCare** derartige Artikel vertreibt, in seiner Wohnung eine „Verkaufsparty" für Biokatzenfutter abzuhalten. **K** bestellt auf der Party am 11. 9. 2015 mittels Bestellformular einen Sack Biotrockenfutter um € 21,50 und den ganz neu im Sortiment erschienenen Fußabstreifer mit Katzenmotiv um € 27,–. Auf dem Formular von **CatCare** finden sich nur das Bestellraster samt Unterschriftenzeile, die pauschale Rücktrittsbelehrung *„Rücktritt nur binnen einer Woche möglich"* und sonstige gesetzlich notwendige Angaben. In den über www.catcare.at bis Ende August 2015 abrufbaren AGB fand sich angeführt: „**10.** *Von im Rahmen von Verkaufspartys abgeschlossenen Verträgen kann nur schriftlich zurückgetreten werden.*" Seit 1. 9. 2015 ist die Website offline. Nach Einlangen der unterfertigten Bestellung wird die Ware samt Durchschlag des Bestellformulars am 16. 9. 2015 geliefert, von **K** aber noch am selben Tag kommentarlos zurückgeschickt.

Da **K** einen Kratzbaum benötigt, bevollmächtigt er seinen 14-jährigen Enkel **E** mit dem Ankauf zum Preis von max € 70,–. **E** wird auf das Privatinserat des **V** auf „maghaben.at" aufmerksam: *„Verkaufe Kratzbaum € 80,–. Vertrag laut Inserat."* Als **E** bei **V** anruft, meldet sich dessen Gattin **G,** die von **V** zum Abschluss des Vertrags laut Inserat bevollmächtigt wurde. Obwohl **G** nichts von der Art der Faser weiß, sichert sie **E** auf dessen Nachfrage im Namen des **V** zu, dass die Kratzstämme mit Natursisalfasern umwickelt seien und er ihn um € 70,– haben könne. Tatsächlich handelt es sich um Kratzstämme mit Kunstsisalfasern, wodurch der objektive Wert nur € 35,– beträgt. **E** willigt in den Kauf ein. **G** berichtet **V** vom Verkauf um € 70,–, woraufhin **V** den Kratzbaum zu **E** bringt. Als **E** erkennt, dass die Kratzstämme mit Kunstsisalfasern umwickelt sind, verweigert er die Übernahme, da er nur einen Kratzbaum mit Naturfasern erwerben sollte. **V** will seine € 70,–. **E** verweist auf **K.**

Bevor **E** mit seinen Eltern in den Urlaub fährt, gibt er seine Bengalkatze bei **K** in Verwahrung. Der mit **K** im gemeinsamen Haushalt lebenden Lebensgefährtin **L** geht diese Katzenliebe zu weit. **L** verkauft daher die aufgrund ihres Leopardenmusters wertvolle Bengalkatze des **E** an ihre ältere Schwester **S** – dies allerdings unter der Abrede, dass **S** ihrer jüngeren Schwester **X** deren Drogenabhängigkeit niemals verzeihen dürfe. **L** übergibt die Katze an den Tierspediteur **T,** der diese bei **S** abliefert.

Wie ist die Rechtslage?

Schadenersatzrechtliche Ansprüche sind nicht zu prüfen.

MUSTERLÖSUNG

Von Petra Schindler und Petra Hochreiter

I. Anspruch des Unternehmens CatCare gegen K auf Zahlung von € 48,50 gem § 1062 ABGB

Voraussetzung für diesen Anspruch ist ein gültiger **Kaufvertrag** zwischen CatCare und K, der als **Konsensualvertrag** gem § 1054 iVm §§ 861 ff ABGB durch überein-

Univ.-Prof. Mag. Dr. *Andreas Riedler* ist Universitätsprofessor für Zivilrecht am Institut für Multimediale Linzer Rechtsstudien und am Institut für Zivilrecht sowie Vorstand des Instituts für Multimediale Linzer Rechtsstudien der Johannes Kepler Universität Linz.
Univ.-Ass. Mag. *Petra Schindler* und Univ.-Ass. Mag. *Petra Hochreiter* sind wissenschaftliche Mitarbeiterinnen bei Univ.-Prof. Mag. Dr. *Andreas Riedler* am Institut für Multimediale Linzer Rechtsstudien.

Meine Notizen:

stimmende Willenserklärungen der beteiligten Parteien zustande kommt.[1] Laut Sachverhalt haben sich K und B (für CatCare) auf das Biotrockenfutter um € 21,50 und den Fußabstreifer um € 27,– als Kaufgegenstände (Gesamtpreis: € 48,50) geeinigt.

K hat die gelieferten Waren kommentarlos zurückgeschickt, was aus der Perspektive von CatCare als Rücktritt vom Vertrag zu werten ist (Vertrauenstheorie). Fraglich ist jedoch, ob dem K ein **Rücktrittsrecht** nach FAGG oder KSchG zusteht. K ist Verbraucher iSd § 1 Abs 1 Z 2 KSchG, der mit dem Unternehmen CatCare, also einem Unternehmer iSd § 1 Abs 1 Z 1 KSchG, einen Vertrag geschlossen hat (Verbrauchergeschäft).

Grundsätzlich kommt das **FAGG** zur Anwendung, da der Verbraucher K seine Angebotserklärung außerhalb der vom Unternehmen CatCare dauernd benützten Geschäftsräume abgegeben hat (§ 1 Abs 1 iVm § 3 Z 1 und 3 FAGG). Vom Anwendungsbereich des FAGG ausgeschlossen sind jedoch Verträge, die außerhalb von Geschäftsräumen geschlossen werden (§ 3 Z 1 FAGG) und bei denen das vom Verbraucher zu zahlende Entgelt den Betrag von € 50,– nicht überschreitet (§ 1 Abs 2 Z 1 FAGG). Unabhängig davon, ob es sich bei dem Geschäft um einen einheitlichen oder zwei getrennte Verträge handelt, überschreitet das Gesamtentgelt iHv € 48,50 nicht den Betrag von € 50,–, sodass das FAGG nicht zur Anwendung gelangt.[2] Anzuwenden sind daher die Regelungen über das **Haustürgeschäft in § 3 KSchG.**

Hat der Verbraucher seine Vertragserklärung weder in den vom Unternehmer für seine geschäftlichen Zwecke dauernd benützten Räumen noch bei einem von diesem dafür auf einer Messe oder einem Markt benützten Stand abgegeben, so kann er von diesem Vertragsantrag oder vom bereits geschlossenen Vertrag zurücktreten (§ 3 Abs 1 KSchG). K hat seine Vertragserklärung in seiner eigenen Wohnung abgegeben, sodass ein sog Haustürgeschäft vorliegt. Ein Rücktrittsrecht steht dem Verbraucher gem § 3 Abs 3 Z 1 KSchG allerdings nicht zu, wenn der Verbraucher selbst die geschäftliche Verbindung mit dem Unternehmer oder dessen Beauftragtem zwecks Vertragsabschluss kongruent (also mit dem später abgeschlossenen Geschäft deckungsgleich) angebahnt hat.[3] Im gegenständlichen Fall hat K seine Bekannte B gebeten, zum Zweck des Kaufs von Biokatzenfutter eine Verkaufsparty in seiner Wohnung abzuhalten. Damit hat K den Vertrag über Biokatzenfutter angebahnt, sodass diesbezüglich ein Rücktrittsrecht des K ausscheidet. Für den neu im Sortiment erschienenen Fußabstreifer liegt aber kein kongruent angebahntes Geschäft vor.[4] K hat B nur eingeladen, um Biokatzenfutter und nicht den Fußabstreifer zu kaufen, sodass dem K bezüglich des Fußabstreifers ein Rücktrittsrecht vom Haustürgeschäft nach Maßgabe der sonstigen Kriterien des § 3 KSchG zusteht.

Fraglich ist, ob die in der Rücktrittsbelehrung angeführte Frist den gesetzlichen Vorgaben entspricht. Die **Rücktrittsfrist** ist in § 3 Abs 1 KSchG geregelt. Demnach kann der Rücktritt vom Verbraucher bis zum Zustandekommen des Vertrags oder danach binnen 14 Tagen erklärt werden. Der Lauf dieser Frist beginnt mit der Ausfolgung einer Urkunde, die zumindest den Namen und die Anschrift des Unternehmers, die zur Identifizierung des Vertrags notwendigen Angaben sowie eine Belehrung über das Rücktrittsrecht, die Rücktrittsfrist und die Vorgangsweise für die Ausübung des Rücktrittsrechts enthält, an den Verbraucher, frühestens jedoch mit dem Zustandekommen des Vertrags, bei Kaufverträgen über Waren mit dem Tag, an dem der Verbraucher den Besitz an der Ware erlangt. Ist die Ausfolgung einer solchen Urkunde unterblieben, so steht dem Verbraucher das Rücktrittsrecht für eine Frist von zwölf Monaten und 14 Tagen ab Vertragsabschluss bzw Warenlieferung zu.[5] Der Unternehmer muss den Verbraucher richtig und vollständig über das Rücktrittsrecht belehren.[6] In casu wurde zwar bei Warenlieferung die geforderte Urkunde (Durchschlag des Bestellformulars) übermittelt, allerdings ist die angeführte Rücktrittsbelehrung *„Rücktritt nur binnen einer Woche möglich"* gesetzwidrig, da anstelle der 14-tägigen Rücktrittsfrist nur eine Frist von einer Woche angeführt worden ist. Zudem ist die Belehrung auch unvollständig, da bei Darstellung der Rücktrittsfrist nicht auf

1) *Riedler,* Zivilrecht I Allgemeiner Teil[6] (2015) Rz 11/2; *Riedler,* Zivilrecht III Schuldrecht Besonderer Teil – Vertragliche Schuldverhältnisse[5] (2015) Rz 2/1 ff; *Koziol – Welser/Kletečka,* Bürgerliches Recht I[14] (2014) Rz 572; *P. Bydlinski,* Bürgerliches Recht I Allgemeiner Teil[6] (2013) Rz 6/1.
2) *Riedler,* ZR I AT[6] Rz 12/12.
3) *Riedler,* ZR I AT[6] Rz 12/31 ff; *P. Bydlinski,* AT[6] Rz 10/4.
4) Vgl OGH 1 Ob 76/09x.
5) *Riedler,* ZR I AT[6] Rz 12/32.
6) *Kosesnik-Wehrle* in *Kosesnik-Wehrle,* Konsumentenschutzgesetz (KSchG) und Fern- und Auswärtsgeschäfteg[4] (2015) § 3 KSchG Rz 12; *Apathy* in *Schwimann/Kodek,* ABGB Praxiskommentar[4] (2015) § 3 KSchG Rz 27.

✐ Meine Notizen:

deren Verlängerung bei unzureichender Belehrung eingegangen worden ist. Da weder richtig noch vollständig und daher nicht ordnungsgemäß über den Rücktritt belehrt wurde, verlängert sich die gesetzliche Rücktrittsfrist auf zwölf Monate und 14 Tage. Daher kann K sein Rücktrittsrecht innerhalb einer (verlängerten) Rücktrittsfrist von zwölf Monaten und 14 Tagen ab Warenlieferung (16. 9. 2015) geltend machen. Die Rücktrittsfrist war somit bei Rücksendung noch nicht abgelaufen und für den Fußabstreifer grundsätzlich auch wirksam.

Fraglich bleibt, ob das kommentarlose Zurücksenden der Ware durch K dem Schriftformgebot in Pkt 10 der AGB entspricht. Dazu muss geprüft werden, ob die Klausel überhaupt Inhalt des Vertrags zwischen K und CatCare geworden ist (= Einbeziehungskontrolle), ob sie der Geltungskontrolle nach § 864 a ABGB standhält und ob die Bestimmung auch der Inhaltskontrolle nach § 879 Abs 1 und Abs 3 ABGB bzw den speziellen Verbraucherschutzbestimmungen entspricht.[7)]

Zunächst ist zu prüfen, ob die gegenständlichen AGB in ihrer Gesamtheit zum Inhalt des Kaufvertrags zwischen CatCare und K erhoben wurden. Dies erfordert Willenseinigung der Parteien entsprechend dem „Vertragsschlussmechanismus" des § 861 ABGB, also das Angebot eines Partners zur **Einbeziehung** der (meist von ihm) aufgestellten AGB und die ausdrückliche oder konkludente Zustimmung des anderen Teils.[8)] Die Vereinbarung zwischen den Parteien über die Geltung der AGB kann ausdrücklich oder konkludent erfolgen. Ein ausdrückliches **Angebot des Verwenders** auf Einbeziehung der AGB kann in einem ausreichend deutlichen Hinweis liegen, dass er seine AGB in Geltung setzen will, wobei die AGB im Zeitpunkt des Vertragsschlusses nicht real vorliegen müssen. Sie sind dem Kunden jedoch auf Verlangen auszuhändigen.[9)] Laut Sachverhalt findet sich auf dem Bestellformular von CatCare jedoch kein Hinweis auf AGB (abgedruckt waren nur das Bestellraster samt Unterschriftenzeile, die pauschale Rücktrittsbelehrung und sonstige gesetzlich notwendige Angaben), die zudem nur über die Website bis Ende August 2015 abrufbar waren. Da die AGB im Vertragsschlusszeitpunkt nicht unmittelbar vorliegen müssen, würde ein Verweis auf eine Website reichen. Da ein solcher Verweis jedoch im Bestellformular fehlt, werden die AGB nicht Vertragsinhalt. Abgesehen davon war in casu die Website seit 1. 9. 2015 offline, sodass die AGB dem K auch nicht zugänglich waren. Die AGB wurden somit (in ihrer Gesamtheit) nicht Vertragsinhalt und Pkt 10 ist unwirksam. Die Klausel scheitert schon an der Einbeziehungskontrolle, sodass sich die Prüfung der Geltungs- und Inhaltskontrolle (insb der Verstoß der Klausel gegen § 2 Abs 2 KSchG) erübrigt.

Das Schriftformerfordernis der Rücktrittserklärung wurde nicht wirksam vereinbart und der Rücktritt bedarf gem § 3 Abs 4 KSchG zur Rechtswirksamkeit auch keiner bestimmten Form.[10)] Durch die Rücksendung gibt K klar zu erkennen, dass er an den Vertrag nicht gebunden sein will, sodass Rücksendung der Ware für den Rücktritt ausreichend ist.

Da K wirksam vom Vertrag über den Fußabstreifer zurückgetreten ist, **besteht nur ein Anspruch des Unternehmens CatCare gegen K auf Zahlung des Biotrockenfutters iHv € 21,50.**

II. Anspruch des V gegen K auf Zahlung von € 70,– gem § 1062 ABGB

Voraussetzung für diesen Anspruch ist das Vorliegen eines gültigen **Kaufvertrags** zwischen V und K. Da bei Vertragsabschluss für K sein Enkel E und für V dessen Gattin G gehandelt haben, sind die Voraussetzungen der **direkten Stellvertretung** auf beiden Seiten zu prüfen. Nur wenn alle drei Voraussetzungen der direkten Stellvertretung kumulativ erfüllt sind, kommt ein Vertrag zwischen V und K zustande. Es gilt zu untersuchen, ob E und G offengelegt haben, dass sie keine Eigengeschäfte tätigen (Offenlegungsgrundsatz), sie (zumindest beschränkt) geschäftsfähig waren, und ob sie hinreichende Vollmacht zum Abschluss des Vertrags über den Kratzbaum hatten.[11)]

7) *Riedler*, ZR I AT[6] Rz 13/1 ff; *Koziol – Welser/Kletečka*, BR I[14] Rz 426 ff; *P. Bydlinski*, AT[6] Rz 6/23 ff.
8) *Riedler*, ZR I AT[6] Rz 13/4; *Koziol – Welser/Kletečka*, BR I[14] Rz 430 f; *P. Bydlinski*, AT[6] Rz 6/24.
9) *Riedler*, ZR I AT[6] Rz 13/5.
10) *Riedler*, ZR I AT[6] Rz 12/34.
11) Zu den Voraussetzungen direkter Stellvertretung vgl *Riedler*, ZR I AT[6] Rz 26/7 ff; *Koziol – Welser/Kletečka*, BR I[14] Rz 626 ff; *P. Bydlinski*, AT[6] Rz 9/1 ff.

Meine Notizen:

A. Stellvertretung K – E

Voraussetzung ist, dass sich der Stellvertreter dem Dritten gegenüber „als Stellvertreter" des Geschäftsherrn zu erkennen gibt (= Handeln im fremden Namen). Der Vertreter muss also dem Dritten klarmachen – ihm gegenüber offenlegen –, dass er für einen anderen den Vertrag abschließt, also kein Eigengeschäft tätigt. Dem Sachverhalt ist nicht zu entnehmen, dass E beim Telefonat mit G bekannt gibt, dass er im Namen des K den Kratzbaum erwerben wolle. Grundsätzlich ist daher **im Zweifel** von einem **Eigengeschäft des Handelnden** (E) auszugehen, sodass – ohne Offenlegung (des Handelns in fremdem Namen) – der „Stellvertreter" selbst Vertragspartner des Dritten wird. Dies gilt jedoch nur, wenn nicht eine **Ausnahme** vom Offenlegungsgrundsatz besteht. In Frage kommt ein **Geschäft für den, den es angeht.** Ist der Dritte (V) an der Identität seines Vertragspartners nicht interessiert und ist ihm gleichgültig, mit wem er kontrahiert, so kann nach hA[12)] vom Offenlegungsprinzip abgegangen werden. In dieser Konstellation soll das Geschäft auch dann für die „materiell Beteiligten" wirken, wenn der Handelnde (E) nicht im fremden Namen abgeschlossen hat.[13)] Im gegenständlichen Fall ist V nicht an der Identität seines Vertragspartners interessiert gewesen. Er wollte lediglich seinen Kratzbaum verkaufen; mit wem er den Vertrag schließt, ist ihm gleichgültig gewesen. Es liegt somit ein Geschäft für denjenigen, den es angeht, und damit eine Ausnahme vom Offenlegungsgrundsatz vor.

Zweite Voraussetzung der direkten Stellvertretung ist die zumindest beschränkte Geschäftsfähigkeit des Vertreters. Beschränkt geschäftsfähig sind Kinder ab dem siebten Lebensjahr.[14)] Daher ist der 14-jährige E **zumindest beschränkt geschäftsfähig.**

Zu prüfen bleibt, ob E zureichende **Vollmacht** zum Abschluss des Rechtsgeschäfts besaß. Dem Sachverhalt zufolge hat K seinem Enkel E intern durch Willenserklärung Vollmacht erteilt, einen Kratzbaum für ihn zum Preis von max € 70,– zu kaufen. Es liegt eine entsprechende (rechtsgeschäftlich eingeräumte) Vollmacht des E zum Abschluss des Kaufvertrags vor.[15)]

B. Stellvertretung V – G

Im Stellvertretungsverhältnis V – G hat G im Rahmen des Telefonats mit E offengelegt, dass sie im Namen des V handelt. Da laut Sachverhalt keine gegenteiligen Hinweise bestehen, ist davon auszugehen, dass G jedenfalls älter als sieben Jahre und somit zumindest beschränkt geschäftsfähig ist. Die G wurde von V zum Abschluss des Vertrags laut Inserat bevollmächtigt, weshalb rechtsgeschäftliche Vertretungsmacht vorliegt.

Allerdings hat G ihre (betragliche) Vollmacht insofern überschritten, als sie den Kratzbaum um € 70,– (und nicht wie im Inserat *„Verkaufe Kratzbaum € 80,–. Vertrag laut Inserat."*) verkauft hat. Die von G im Namen des Geschäftsherrn V ohne (ausreichende) Vollmacht vorgenommene Rechtshandlung ist für V daher unverbindlich, dh **schwebend unwirksam.**[16)] V kann allerdings das schwebend unwirksame Geschäft **rückwirkend (auf den Vertragsschlusszeitpunkt) genehmigen,** wofür ihm grundsätzlich zwei Möglichkeiten zur Verfügung stehen. Zum einen ist die nachträgliche Genehmigung durch Willenserklärung nach § 863 ABGB denkbar, zum anderen die nachträgliche Genehmigung durch Vorteilszuwendung iSd § 1016 ABGB möglich.[17)] Nachdem G dem V vom Verkauf um € 70,– berichtete, hat V den Kratzbaum zu E gebracht. Darin ist eine nachträgliche Genehmigung durch **konkludente Willenserklärung** zu sehen und der Vertrag ist wirksam.

C. Vertragsanfechtung/-anpassung wegen Irrtums gem § 871 ABGB[18)]

Der Vertrag fällt jedoch rückwirkend mit dinglicher Ex-tunc-Wirkung weg, wenn K den Vertrag mit V wegen **Irrtums gem § 871 ABGB** anfechten kann. Bei Vertragsschluss durch einen Stellvertreter kommt es auf dessen Irrtum an; anfechtungsberech-

12) *Apathy* in *Schwimann/Kodek*[4] § 1017 Rz 9 mit Bsp; *Perner* in *Kletečka/Schauer*, ABGB-ON[1.01] § 1017 Rz 5; eher skeptisch *P. Bydlinski* in *Koziol/Bydlinski/Bollenberger*[4] (2011) § 1002 Rz 17.
13) *Riedler,* ZR I AT[6] Rz 26/11 und 28/4; *Koziol – Welser/Kletečka,* BR I[14] Rz 686; *P. Bydlinski,* AT[6] Rz 9/58.
14) *Riedler,* ZR I AT[6] Rz 26/17; *Koziol – Welser/Kletečka,* BR I[14] Rz 629; *P. Bydlinski,* AT[6] Rz 9/22.
15) Zur rechtsgeschäftlich eingeräumten Vertretungsmacht vgl *Riedler,* ZR I AT[6] Rz 26/24 ff; *Koziol – Welser/Kletečka,* BR I[14] Rz 639 ff; *P. Bydlinski,* AT[6] Rz 9/18 ff.
16) *Riedler,* ZR I AT[6] Rz 27/3; *Koziol – Welser/Kletečka,* BR I[14] Rz 671; *P. Bydlinski,* AT[6] Rz 9/65.
17) *Riedler,* ZR I AT[6] Rz 27/8 ff; *Koziol – Welser/Kletečka,* BR I[14] Rz 672; *P. Bydlinski,* AT[6] Rz 9/66 f.
18) *Riedler,* ZR I AT[6] Rz 21/1 ff; *Koziol – Welser/Kletečka,* BR I[14] Rz 467 ff; *P. Bydlinski,* AT[6] Rz 8/1 ff.

Meine Notizen:

tigt ist jedoch auch hier der Geschäftsherr als Vertragspartner.[19] Im gegenständlichen Fall ist E einem **beachtlichen Geschäftsirrtum** unterlegen, da er über eine geschäftsrelevante Eigenschaft des Vertragsgegenstands geirrt hat. Geschäftsrelevant (iSv „Vertragsinhalt geworden") sind jene Eigenschaften, die entweder nach der Verkehrsanschauung beim betreffenden Gegenstand gewöhnlich vorausgesetzt werden oder von den Parteien besonders bedungen worden sind.[20] Der Umstand, dass es sich um einen mit Natursisalfasern umwickelten Kratzstamm handelt, wurde auf Nachfrage des E von G zugesichert und daher zum Vertragsinhalt erhoben. Tatsächlich handelt es sich aber um Kunstsisalfasern, weshalb seitens des E ein Irrtum über eine geschäftsrelevante Eigenschaft des Kratzbaums vorliegt.

Der Irrtum muss für den Vertrag kausal sein. Der Irrtum war **kausal iS der Äquivalenztheorie,** wenn bei Kenntnis der wahren Sachlage im Vertragsschlusszeitpunkt der Irrende den Vertrag nicht in der konkreten Gestalt geschlossen hätte.[21] Nachdem E erkannte, dass die Kratzstämme mit Kunstsisalfasern umwickelt sind, hat er die Übernahme verweigert. Daraus ergibt sich, dass E den Vertrag bei Kenntnis der wahren Sachlage nicht geschlossen hätte und der Irrtum somit kausal war.

Das Vertrauen des Vertragspartners des Irrenden auf den gültigen Vertrag wird vom Gesetzgeber nur dann nicht geschützt, wenn der Irrende schutzwürdiger ist als sein Vertragspartner. Diese **Schutzwürdigkeit** des Irrenden ist gegeben, wenn zumindest eine der drei in § 871 Abs 1 ABGB angeführten Alternativen erfüllt ist, also entweder der Vertragspartner des Irrenden den Irrtum veranlasst hat, der Irrtum des Irrenden dem Vertragspartner offenbar auffallen musste oder der Irrtum gegenüber dem Vertragspartner rechtzeitig aufgeklärt worden ist.[22] Der Vertragspartner (oder eine ihm zurechenbare Person) hat den Irrtum **veranlasst,** wenn er für den Irrtum adäquat (angemessen) ursächlich war.[23] In casu ist der Irrtum durch die Stellvertreterin des V, also G, durch aktives Tun veranlasst worden, da sie dem E Eigenschaften des Kratzbaums zugesichert hat, von denen sie selbst nicht wusste, ob diese vorliegen. **Offenbar auffallen** muss der Irrtum, wenn er bei verkehrsüblicher Sorgfalt (= offenbar) erkennbar gewesen wäre oder der Partner wenigstens Verdacht hätte schöpfen müssen; wenn also der Erklärungsgegner den Irrtum fahrlässig nicht entdeckt hat.[24] Dafür finden sich im Sachverhalt jedoch keine Anhaltspunkte. **Rechtzeitig aufgeklärt** ist der Irrtum, wenn der **Gegner** des Irrenden noch keine rechtlichen oder wirtschaftlichen Dispositionen im Vertrauen auf die Gültigkeit der Erklärung getroffen oder die Gelegenheit zu solchen verabsäumt hat.[25] Eine rechtzeitige Aufklärung hat nicht stattgefunden, da V im Vertrauen auf die Gültigkeit des Vertrags den Kratzbaum geliefert hat und teilweise Vertragserfüllung die rechtzeitige Aufklärung ausschließt. V ist nicht schutzwürdig, da eine der drei Alternativen des § 871 ABGB vorliegt. Auf einen gemeinsamen Irrtum von K (E) und V (G) kommt es daher nicht mehr an.[26]

Ob dem Irrenden K ein Gestaltungsrecht zur Anfechtung (§ 871 ABGB) oder zur Anpassung (§ 872 ABGB) zukommt, hängt von der Wesentlichkeit oder Unwesentlichkeit des Irrtums ab. Ein Irrtum ist **wesentlich,** wenn ohne den Irrtum das Geschäft gar nicht abgeschlossen worden wäre. Ein Irrtum ist **unwesentlich,** wenn der Vertrag auch bei Kenntnis der wahren Sachlage abgeschlossen worden wäre, aber nur mit anderem Inhalt.[27] E hat die Annahme verweigert, da er nur einen Kratzbaum mit Naturfasern erwerben sollte, weshalb der Irrtum für K wesentlich ist. Für V ist der Irrtum ebenfalls wesentlich, da er laut Sachverhalt „seine € 70,–" verlangt hat. Da für beide Vertragsparteien der Irrtum wesentlich ist, kommt nur Anfechtung in Betracht. Selbst wenn man von einem unwesentlichen Irrtum des V ausgeht, kommt in casu ebenfalls nur Anfechtung in Betracht, da K an einem Kratzbaum mit Kunstsisalfasern und damit einer Anpassung des Vertrages nicht interessiert ist. Die **Anfechtung** hebt den Vertrag mit **dinglicher Ex-tunc-Wirkung** auf.[28]

19) *Riedler* in *Schwimann/Kodek*⁴ § 871 Rz 1; *Pletzer* in *Kletečka/Schauer,* ABGB-ON$^{1.01}$ § 871 Rz 5; *Bollenberger* in KBB^4 § 871 Rz 2; RS0016136.
20) *Riedler,* ZR I AT^6 Rz 21/15; *Koziol – Welser/Kletečka,* BR I^{14} Rz 475; *P. Bydlinski,* AT^6 Rz 8/9.
21) *Riedler,* ZR I AT^6 Rz 21/25; *Koziol – Welser/Kletečka,* BR I^{14} Rz 487; *P. Bydlinski,* AT^6 Rz 8/15.
22) *Riedler,* ZR I AT^6 Rz 21/26; *Koziol – Welser/Kletečka,* BR I^{14} Rz 495 ff; *P. Bydlinski,* AT^6 Rz 8/17 ff.
23) *Riedler,* ZR I AT^6 Rz 21/27 f; *Koziol – Welser/Kletečka,* BR I^{14} Rz 496; *P. Bydlinski,* AT^6 Rz 8/17.
24) *Riedler,* ZR I AT^6 Rz 21/30; *Koziol – Welser/Kletečka,* BR I^{14} Rz 497; *P. Bydlinski,* AT^6 Rz 8/18.
25) *Riedler,* ZR I AT^6 Rz 21/31; *Koziol – Welser/Kletečka,* BR I^{14} Rz 498; *P. Bydlinski,* AT^6 Rz 8/19.
26) *Riedler,* ZR I AT^6 Rz 21/33.
27) *Riedler,* ZR I AT^6 Rz 21/35 f; *Koziol – Welser/Kletečka,* BR I^{14} Rz 485 f; *P. Bydlinski,* AT^6 Rz 8/15, 8/25.
28) *Riedler,* ZR I AT^6 Rz 21/40; *Koziol – Welser/Kletečka,* BR I^{14} Rz 500; *P. Bydlinski,* AT^6 Rz 8/24.

D. Vertragsanfechtung wegen List gem § 870 ABGB[29)]

✐ Meine Notizen:

In casu ist der Irrtum durch die Stellvertreterin des V, also G, durch aktives Tun veranlasst worden, da sie dem E Eigenschaften des Kratzbaums zugesichert hat, von denen sie selbst nicht wusste, ob diese vorliegen. Obwohl dieses Verhalten als rechtswidrig anzusehen ist, liegt mangels Vorsatzes keine listige Irreführung durch G vor.

E. Vertragsanfechtung wegen laesio enormis gem § 934 ABGB[30)]

Auch wenn der Kaufvertrag K – V ein zweiseitig verbindliches, also entgeltliches Rechtsgeschäft darstellt, kommt eine Anfechtung wegen laesio enormis insofern nicht in Betracht, als keine Verkürzung *über* die Hälfte vorliegt. Ein Wertmissverhältnis von 50:100 (in casu € 35 : € 70) reicht nicht aus.

Der Anspruch besteht nicht.

III. Anspruch des E gegen S auf Herausgabe der Bengalkatze gem § 366 ABGB

Fraglich ist, ob der 14-jährige E zur Klagserhebung berechtigt und daher prozessfähig ist oder es der Stellvertretung durch seine gesetzlichen Vertreter bedarf. Die Prozessfähigkeit – also die Fähigkeit des Rechtssubjekts, Prozesse zu führen – ist das **prozessuale Pendant zur materiell-rechtlichen Geschäftsfähigkeit.** Nach § 1 ZPO sind alle Personen prozessfähig, die selbständig gültige Verpflichtungen eingehen können. Maßgebend sind daher jene Normen des bürgerlichen Rechts, in welchen geregelt wird, inwieweit eine Person sich selbstständig im eigenen Namen (berechtigen und) verpflichten kann.[31)] Als 14-Jähriger ist E ein mündig Minderjähriger und kann gem § 170 Abs 2 ABGB über die ihm zur freien Verfügung überlassenen Sachen [...] soweit frei verfügen und sich verpflichten, als dadurch nicht die Befriedigung seiner Lebensbedürfnisse gefährdet wird. Bei der Bengalkatze handelt es sich um „seine" Katze, sie ist ihm zur freien Verfügung überlassen. Er ist daher berechtigt, die Katze bei K in Verwahrung zu geben sowie diese – auch von einem Dritten – wieder herauszuverlangen.

Die **Eigentumsherausgabeklage (rei vindicatio)** ist die Klage des die Sache nicht innehabenden Eigentümers gegen den die Sache innehabenden Nichteigentümer.[32)]

ISd § 370 ABGB kann der Eigentümer nur **individuell bestimmbare Sachen** vindizieren. Individuell bestimmbar sind Sachen, die von Sachen gleicher Art und Güte abgrenzbar und somit identifizierbar sind.[33)] Zuerst ist zu klären, ob Katzen als Sachen iSd § 285 ABGB zu qualifizieren sind. § 285a ABGB normiert, dass Tiere zwar keine Sachen sind, allerdings die für Sachen geltenden Vorschriften auf Tiere insoweit anzuwenden sind, als keine abweichenden Regelungen bestehen.[34)] Aufgrund der besonderen Leopardenmusterung der Katze sowie deren örtlicher Lage (der Weg der Katze ist nachvollziehbar) ist die Katze individuell bestimmbar und daher von anderen (Bengal-)Katzen unterscheidbar.

E kann die Herausgabeklage nur gegen den Sachinhaber geltend machen. Laut Sachverhalt hat S die Bengalkatze inne, sie ist damit **passivlegitimiert.**[35)]

E muss entweder bereits zu Beginn des SV Eigentümer gewesen oder im Laufe des Sachverhalts Eigentümer geworden und bis zum Ende Eigentümer geblieben sein **(= Aktivlegitimation).**[36)] Der Kläger E ist zu Beginn des Sachverhalts Eigentümer der Bengalkatze gewesen. Er könnte jedoch im Laufe des Sachverhalts das Eigentum am Haustier verloren haben.

29) *Riedler,* ZR I AT^6 Rz 22/1 ff; *Koziol – Welser/Kletečka,* BR I^{14} Rz 522 ff; *P. Bydlinski,* AT^6 Rz 8/32 f.
30) *Riedler,* ZR I AT^6 Rz 24/1 ff; *P. Bydlinski,* AT^6 Rz 8/43 ff.
31) *Riedler,* ZR I AT^6 Rz 6/18; *Nunner-Krautgasser* in *Fasching/Konecny,* Kommentar zu den Zivilprozessgesetzen^3 (2015) II/1 § 1 ZPO Rz 3.
32) Zu den Voraussetzungen des § 366 ABGB vgl *Riedler,* ZR I AT^6 Rz 29/6 ff; *Koziol – Welser/Kletečka,* BR I^{14} Rz 1083 ff; *Iro,* Bürgerliches Recht IV^5 Sachenrecht (2013) Rz 7/1 ff.
33) *Riedler,* ZR I AT^6 Rz 29/9; *Koziol – Welser/Kletečka,* BR I^{14} Rz 1083; *Iro,* SachenR^5 Rz 7/2.
34) *Riedler,* ZR I AT^6 Rz 8/5; *Koziol – Welser/Kletečka,* BR I^{14} Rz 303, 764; *P. Bydlinski,* AT^6 Rz 2/6.
35) *Riedler,* ZR I AT^6 Rz 29/10 f; *Koziol – Welser/Kletečka,* BR I^{14} Rz 1083; *Iro,* SachenR^5 Rz 7/2.
36) *Riedler,* ZR I AT^6 Rz 29/12 ff; *Koziol – Welser/Kletečka,* BR I^{14} Rz 1083; *Iro,* SachenR^5 Rz 7/1.

Meine Notizen:

A. Transaktion E–K

E hat während seines Urlaubs seine Katze bei K in Verwahrung gegeben. Ein Verwahrungsvertrag ist nicht auf Eigentumsübertragung gerichtet, weshalb E sein Eigentum an der Bengalkatze nicht an K verloren hat.

B. Transaktion L–S

Die Voraussetzungen für einen gültigen **derivativen Eigentumserwerb** sind **Titel, Modus** und **Berechtigung der Vorperson.**[37]

Der **Titel (= Verpflichtungsgeschäft)** liegt hier in einem Kaufvertrag zwischen L und S. Unerheblich ist der Umstand, dass L nicht Eigentümerin der Katze gewesen ist, da auch ein Verkauf fremder Sachen wirksam ist (arg § 923 ABGB). Allerdings hat L der S die Katze nur unter der Abrede verkauft, dass S ihrer jüngeren Schwester X deren Drogenabhängigkeit niemals verzeihen dürfe. Diese Abrede ist als **Bedingung** iSd § 696 ABGB zu qualifizieren, da durch eine Bedingung Inkrafttreten oder Außerkrafttreten eines Rechts von einem zunächst noch ungewissen (künftigen) Ereignis abhängig gemacht wird.[38]

Im vorliegenden Fall handelt es sich um eine auflösende Bedingung, da der Kaufvertrag in dem Zeitpunkt wieder wegfallen soll, in dem S der X verzeiht. Fraglich ist allerdings, ob die Beisetzung einer derartigen Bedingung überhaupt erlaubt ist. Regelungen für **unmögliche und unerlaubte Bedingungen** finden sich in §§ 698 und 898 ABGB. Für Geschäfte unter Lebenden sollen nach der Anordnung des § 898 ABGB Verabredungen unter solchen Bedingungen, welche bei einem letzten Willen als nicht beigesetzt angesehen werden, (zur Gänze) ungültig sein. Nach § 698 ABGB sind letztwillige Verfügungen, denen eine unmögliche oder unerlaubte aufschiebende Bedingung beigesetzt wurde, ungültig. Wurde der letztwilligen Verfügung hingegen eine unerlaubte oder unmögliche auflösende Bedingung angefügt, so gilt diese als nicht beigesetzt.[39]

Unerlaubt ist eine Bedingung, wenn ihre Erfüllung – sei es durch den Begünstigten oder einen Dritten – verboten oder sittenwidrig ist.[40] Im gegenständlichen Fall liegt eine auflösende unerlaubte, weil sittenwidrige Bedingung vor. Die Bedingung der L, ihre Schwester S dürfe ihrer jüngeren Schwester X niemals ihre Drogenabhängigkeit verzeihen, stellt eine unzulässige Einschränkung der Handlungsfreiheit der S dar, was zur Sittenwidrigkeit iSd § 879 ABGB führt.[41] Zu prüfen ist, ob die gesamte Verabredung als ungültig anzusehen oder nur die unerlaubte Bedingung ungültig ist, der Restvertrag jedoch aufrechtbleibt. Dabei ist der **Zweck der Verbotsvorschrift** zu beachten, woraus sich ergeben kann, dass nur die unerlaubte Bedingung ungültig sein soll, der Restvertrag hingegen unberührt bleibt.[42] In casu verstößt nicht der gesamte Inhalt des Kaufvertrags gegen § 879 ABGB, sondern nur die unerlaubte Bedingung. Daher ist nur von Teilnichtigkeit der rechtsgeschäftlichen Vereinbarung auszugehen (Unwirksamkeit der unerlaubten auflösenden Bedingung), der Restvertrag bleibt aufrecht. Es liegt ein gültiger Titel vor.

Nach dem Prinzip der kausalen Tradition ist zur Übertragung des Eigentumsrechts zudem ein gültiger **Modus (= Verfügungsgeschäft)** erforderlich. Im gegenständlichen Fall ist die Katze an den Tierspediteur T und von diesem an S übergeben worden. Es liegt somit **Übergabe durch Versendung iSd § 429 ABGB** vor.[43]

L ist weder Eigentümerin gewesen, noch vom Eigentümer E zur Veräußerung der Bengalkatze ermächtigt worden, daher **nicht berechtigte Vorperson.** Ein derivativer Eigentumserwerb der S scheitert.

Zu prüfen bleibt, ob S **originär Eigentum nach § 367 ABGB** erworben hat. Auch für einen originären Eigentumserwerb müssen Titel und Modus vorliegen, lediglich die Berechtigung der Vorperson wird durch die Voraussetzungen des § 367 ABGB substituiert.[44]

---

37) Zum derivativen Eigentumserwerb vgl *Riedler,* ZR I AT⁶ Rz 30/3 ff; *Koziol – Welser/Kletečka,* BR I¹⁴ Rz 953 ff, 1008 ff; *Iro,* SachenR⁵ Rz 6/36 ff.
38) *Riedler,* ZR I AT⁶ Rz 14/3; *Koziol – Welser/Kletečka,* BR I¹⁴ Rz 601; *P. Bydlinski,* AT⁶ Rz 10/13.
39) *Riedler,* ZR I AT⁶ Rz 14/21; *Koziol – Welser/Kletečka,* BR I¹⁴ Rz 606; *P. Bydlinski,* AT⁶ Rz 10/14.
40) *Eccher* in *Schwimann/Kodek*⁴ § 698 Rz 4.
41) *Eccher* in *Schwimann/Kodek*⁴ § 698 Rz 5 sowie *Spruzina* in *Kletečka/Schauer,* ABGB-ON¹·⁰¹ § 698 Rz 4 mit Verweis auf GlU 1425.
42) *Riedler,* ZR I AT⁶ Rz 14/21; *Koziol – Welser/Kletečka,* BR I¹⁴ Rz 607.
43) *Riedler,* ZR I AT⁶ Rz 30/32 ff; *Koziol – Welser/Kletečka,* BR I¹⁴ Rz 857/1 ff; *P. Bydlinski,* AT⁶ Rz 2/41 f.
44) Zum originären Eigentumserwerb vgl *Riedler,* ZR I AT⁶ Rz 31/15 ff; *Koziol – Welser/Kletečka,* BR I¹⁴ Rz 1038 ff; *Iro,* SachenR⁵ Rz 6/46 ff.

Meine Notizen:

Erfasst vom originären Erwerb sind nur **bewegliche körperliche Sachen,** also jene Sachen, die ihrer Natur nach die Ausübung des Besitzes, der Innehabung oder der Verwahrung oder des Gebrauchs gestatten.[45] Unter diese Definition fällt auf jeden Fall die Bengalkatze (vgl § 285a ABGB). Der Erwerb muss auf einem **entgeltlichen Titel** beruhen. Entgeltlich ist ein Erwerb nach § 917 ABGB, wenn eine Sache um Erhalt einer Gegenleistung willen hingegeben wird.[46] Der Kaufvertrag S – L ist ein entgeltlicher Titel. Nach § 368 Abs 1 ABGB ist **redlich,** wer weder weiß noch vermuten muss, dass die Sache nicht dem Veräußerer gehört.[47] In casu gibt es keine Anhaltspunkte, dass S unredlich ist. Darüber hinaus greift die Zweifelsregel des § 328 Satz 2 ABGB, die die Redlichkeit des Erwerbers vermutet. Zuletzt muss eine der drei Alternativen des § 367 ABGB vorliegen.[48] Die Variante des **Erwerbs in einer öffentlichen Versteigerung** ist in casu auszuschließen, ebenso der **Erwerb vom Unternehmer im gewöhnlichen Betrieb seines Unternehmens.** Zu prüfen bleibt der Erwerb von der **Vertrauensperson** des Eigentümers. Vertrauensperson ist jede, welcher der Eigentümer die Sache freiwillig übergeben hat, in deren Hand die Sache mit Willen des Eigentümers gelangt ist. Die Sache muss in die **ausschließliche Gewahrsame** der Vertrauensperson gelangt sein, die Einräumung bloß einer Mitgewahrsame mit dem Eigentümer reicht dafür nicht aus.[49] E hat seine Bengalkatze in die Gewahrsame von K gegeben. K wäre somit Vertrauensperson, nicht jedoch dessen Lebensgefährtin L. Daran ändert auch der Umstand nichts, dass diese im gemeinsamen Haushalt leben und L eine Mitgewahrsame an der Katze gehabt hat. L ist somit nicht Vertrauensperson und ein originärer Erwerb scheitert. E ist weiterhin aktivlegitimiert.

Der Eigentümer kann die Herausgabeklage gegen einen Sachinhaber dann nicht durchsetzen, wenn der beklagte Sachinhaber dem Eigentümer eine **Einwendung aus einem Recht zur Innehabung** der Sache entgegensetzen kann.[50] Ein Recht zur Innehabung der S ist nicht ersichtlich.

Da alle Voraussetzungen erfüllt sind, besteht der Anspruch des E gegen S auf Herausgabe der Bengalkatze gem § 366 ABGB.

45) *Riedler,* ZR I AT[6] Rz 31/16; *Koziol – Welser/Kletečka,* BR I[14] Rz 1040; *Iro,* SachenR[5] Rz 6/46.
46) *Riedler,* ZR I AT[6] Rz 31/18f; *Koziol – Welser/Kletečka,* BR I[14] Rz 1041; *Iro,* SachenR[5] Rz 6/48.
47) *Riedler,* ZR I AT[6] Rz 31/20ff; *Koziol – Welser/Kletečka,* BR I[14] Rz 1038; *Iro,* SachenR[5] Rz 6/50.
48) *Riedler,* ZR I AT[6] Rz 31/26ff; *Koziol – Welser/Kletečka,* BR I[14] Rz 1042; *Iro,* SachenR[5] Rz 6/53ff.
49) *Riedler,* ZR I AT[6] Rz 31/30; *Koziol – Welser/Kletečka,* BR I[14] Rz 1045; *Iro,* SachenR[5] Rz 6/56.
50) *Riedler,* ZR I AT[6] Rz 29/16; *Koziol – Welser/Kletečka,* BR I[14] Rz 1084; *Iro,* SachenR[5] Rz 7/3.

Meine Notizen:

Prüfer: Constanze Fischer-Czermak und Helmut Ofner

FÜM II – Bürgerliches Recht

Wien, 30. 11. 2016

Schwerpunkte: Familienrecht (Adoption, Scheidung), Schadenersatz, Eigentumserwerb durch Verarbeitung, IPR

SACHVERHALT[1)]

Maria (österreichische Staatsbürgerin, 60) und ihr Ehemann **Viktor** (österreichischer und französischer Staatsbürger, 65) leben seit zehn Jahren mit der unverheirateten **Paula** (deutsche Staatsbürgerin, 40) im gemeinsamen Haushalt. **Paula** hatte **Maria** nach einem Unfall zwei Jahre lang gepflegt und blieb nach deren Genesung bei **Maria** und **Viktor** wohnen. Da das Ehepaar **Paula** wie die eigene Tochter **Tanja** (österreichische Staatsbürgerin, 40) ins Herz geschlossen hat, möchten sie **Paula** gemeinsam adoptieren. Als das Thema mit **Paula** und **Tanja** besprochen wird, ist **Paula** begeistert, **Tanja** jedoch schockiert. Sie sieht ihr Erbe gefährdet und möchte alles tun, um das Vorhaben zu verhindern. Davon unbeeindruckt verfassen **Maria, Viktor** und **Paula** einen Adoptionsvertrag.

Tanja möchte zumindest sichergehen, dass die ihr von **Maria** schon vor Jahren als Geschenk versprochenen Golddukaten (Wert € 2.000,–) nicht an **Paula** gelangen. Sie nimmt sie daher aus dem Schreibtisch der **Maria** mit und lässt sie von einem Goldschmied zu einem goldenen Armreifen (Wert € 2.500,–) verschmelzen, wofür sie € 300,– bezahlt.

Tanja ist auch in ihrer Ehe unglücklich: Sie hegt den Verdacht, dass ihr Ehemann **Michael** (Schweizer Staatsbürger, 40) ein Verhältnis mit seiner in Wien lebenden Arbeitskollegin **Karoline** (österreichische Staatsbürgerin) hat, mit der er seit Jahren auch privat intensiven Gesprächskontakt pflegt und in letzter Zeit häufig Geschäftsreisen in die Schweiz unternimmt. Als **Michael Karoline** von immer wiederkehrenden Eheproblemen berichtet, rät sie ihm, seine Ehe nicht vorschnell aufzugeben. In weiterer Folge erzählt **Michael Karoline** jedoch, dass er bereits anwaltlichen Rat zur Scheidung eingeholt habe und davon auszugehen sei, **Tanja** habe dasselbe getan, da sich die Eheleute trotz des weiterhin stattfindenden intimen Kontakts emotional entfremdet haben und die Ehe „nur noch auf dem Papier" bestehe. In der Annahme, die Scheidung sei eine reine Formsache, geht **Karoline** mit **Michael** ein Verhältnis ein.

Tanja ging in all den Jahren davon aus, die Eheprobleme wären noch lösbar. Durch das kühler werdende Verhalten und die zunehmenden Geschäftsreisen **Michaels** verunsichert, beauftragt sie im September 2016 den in Bern (Schweiz) ansässigen Detektiv **Daniel** mit der Observierung ihres Ehemanns, um dessen Verhalten auf Geschäftsreise in der Schweiz zu überprüfen. Gemeinsam mit den Observationsergebnissen, die ihren Verdacht bestätigen, erhält **Tanja** am 3. 10. 2016 eine Rechnung in Höhe von CHF 8.000,–. **Tanja** wundert sich über die Höhe der Rechnung, da der Kostenvoranschlag von CHF 7.000,– ausging. Da sich **Tanja** ein Zusammenleben mit **Michael** nicht mehr vorstellen kann, reicht sie noch in derselben Woche bei einem österreichischen Gericht die Scheidung ein. Da beide gut verdienen, will keiner der beiden Unterhaltsansprüche erheben. **Tanja** möchte aber eine Vermögensaufteilung beantragen. Vor allem möchte sie nicht aus der Villa in Wien ausziehen, in der die Eheleute seit Eheschließung gemeinsam wohnen und die **Michael** geerbt hat.

Wie ist die Rechtslage? Gehen Sie von der internationalen Zuständigkeit eines österreichischen Gerichts aus. Wenn Sie bei der kollisionsrechtlichen Prüfung zu dem Ergebnis gelangen, dass ausländisches Sachrecht anzuwenden ist, prüfen Sie die Rechtslage dennoch nach österreichischem Recht.

[Dem SV waren die Art 1 – 3 des Haager Adoptionsübereinkommens beigeschlossen.]

Univ.-Prof. Dr. *Constanze Fischer-Czermak* lehrt am Institut für Zivilrecht, Univ.-Prof. Dr. *Helmut Ofner,* LL. M., lehrt am Institut für Europarecht, Internationales Recht und Rechtsvergleichung der Universität Wien.

1) Im Folgenden SV.

MUSTERLÖSUNG[2)]

Von Stephanie Nitsch

✐ Meine Notizen:

I. Antrag auf Adoption

A. Anwendbares Recht

1) Grundlagen

Prüfung eines Auslandsbezuges: Nachdem die Parteien des geplanten Adoptionsvertrages unterschiedliche Staatsbürgerschaften haben, weist der SV einen Auslandsbezug auf.

Das **Haager Adoptionsübereinkommen von 1993** ist auf den vorliegenden SV nicht anwendbar, da dieses allein auf Adoptionen Minderjähriger zur Anwendung kommt.[3)]

Das auf eine Adoption anwendbare Recht ist demnach nach **§ 26 IPRG** zu bestimmen. Hierbei wird zwischen der Adoption Minderjähriger und der (hier vorliegenden) Erwachsenenadoption unterschieden.[4)]

2) Voraussetzungen, Zustandekommen

Im Falle einer Erwachsenenadoption sind die **Voraussetzungen** (hinsichtlich des Alters, Zustimmungserfordernisse etc) und das **Zustandekommen** (Vertrag, behördliche Genehmigung etc) nach dem **Personalstatut der Annehmenden** und nach dem **Personalstatut des (erwachsenen) Wahlkindes** zu prüfen (kumulative Prüfung im Zeitpunkt der gerichtlichen Beschlussfassung[5)]).[6)] Haben mehrere Annehmende verschiedene Personalstatute, müssen auch hier beide Personalstatute berücksichtigt werden. Die Verweisung ist als Gesamtverweisung einer Rück- und Weiterverweisung offen.[7)] Das Personalstatut einer natürlichen Person ist das Recht des Staates, dem die Person angehört (§ 9 Abs 1 IPRG). Im vorliegenden SV treffen die folgenden Personalstatute aufeinander:

- ➔ Maria: Österreicherin
- ➔ Viktor: Österreicher, Franzose (Mehrstaater, s sogleich)
- ➔ Paula: Deutsche

Hinsichtlich der doppelten Staatsangehörigkeit Viktors stehen zwei Argumentationswege offen. Es stellt sich die Frage nach dem **Verhältnis des § 9 Abs 1 Satz 2 IPRG zu § 26 Abs 1 IPRG,** der auf der sog verstärkten Adoption beruht: Einerseits ist mit *Lurger/Melcher* nach § 9 Abs 1 Satz 2 IPRG vorzugehen: Hat eine Person neben einer fremden Staatsangehörigkeit (hier Frankreich) auch die österreichische Staatsbürgerschaft, so ist diese maßgebend. Viktor wird durch die neben der französischen bestehende österreichische Staatsangehörigkeit als Österreicher behandelt. Sein Personalstatut ist Österreich, sodass die Annehmenden keine verschiedenen Personalstatute haben. Folglich ist die Adoption nach österreichischem (s unten) und deutschem Recht (wegen der Staatsbürgerschaft der Paula) zu prüfen. Hierfür spricht auch, dass § 26 Abs 1 IPRG von nur einem Personalstatut jedes Annehmenden spricht.[8)] Andererseits kann mit dem OGH vertreten werden, dass auch die französische Rechtsordnung zu beachten ist.[9)]

3) Wirkungen

Die Wirkungen der Adoption sind nach **§ 26 Abs 2 IPRG** anzuknüpfen. Die Wirkungen sind demnach nach dem Personalstatut des Annehmenden, bei Annahme durch Ehegatten nach dem für die persönlichen Rechtswirkungen der Ehe maßgebenden Recht (§ 18 IPRG gemeinsames Personalstatut: Österreich, je nach Anspruch jedoch vorrangig zB HUP),[10)] nach dem Tod eines der Ehegatten nach dem Personalstatut des

2) Die Musterlösung dient Übungszwecken. Von den Studierenden wurde eine derart umfassende Bearbeitung des SV nicht verlangt. Paragrafenzitate ohne Gesetzesangabe beziehen sich auf das ABGB.

Univ.-Ass. Dr. *Stephanie Nitsch* ist Universitätsassistentin am Institut für Europarecht, Internationales Recht und Rechtsvergleichung der Universität Wien.

3) *Zöchling-Jud/Aspöck,* Internationales Privatrecht[3] (2015) 59; *Lurger/Melcher,* Internationales Privatrecht[2] (2017) Rz 2/97; *Verschraegen,* Internationales Privatrecht (2012) Rz 169.
4) *Zöchling-Jud/Aspöck,* IPR[3] 58; *Lurger/Melcher,* IPR[2] Rz 2/96; *Verschraegen,* IPR Rz 193.
5) *Lurger/Melcher,* IPR[2] Rz 2/98; *Verschraegen,* IPR Rz 196.
6) *Zöchling-Jud/Aspöck,* IPR[3] 59; *Lurger/Melcher,* IPR[2] Rz 2/96; *Verschraegen,* IPR Rz 193.
7) *Zöchling-Jud/Aspöck,* IPR[3] 59; *Lurger/Melcher,* IPR[2] Rz 2/96; *Verschraegen,* IPR Rz 194.
8) *Lurger/Melcher,* IPR Rz 2/104 FN 213.
9) OGH 27. 2. 2007 1 Ob 253/06x; *Lurger/Melcher,* IPR Rz 2/104 FN 213.
10) *Zöchling-Jud/Aspöck,* IPR[3] 59; *Lurger/Melcher,* IPR[2] Rz 2/99; *Verschraegen,* IPR Rz 198.

Meine Notizen:

anderen Ehegatten zu beurteilen. Nachdem laut SV beide Ehegatten am Leben sind, ist nach § 18 IPRG vorzugehen, sodass hinsichtlich der Wirkungen (grundsätzlich, ein Vorrang von Staatsverträgen ist zu beachten) österreichisches Recht als anwendbar berufen ist.

4) Form

Hinsichtlich der Formvorschriften ist gem § 8 IPRG **(allg Formstatut)** anzuknüpfen.[11]

B. Prüfung nach österreichischem Recht

Die Annahme an Kindes statt (Adoption) kommt durch **schriftlichen Vertrag** zwischen den Annehmenden und der anzunehmenden Person zustande. Gem § 192 bedarf der Vertrag der gerichtlichen Bewilligung.[12] Die **gerichtliche Bewilligung** erfolgt auf Antrag eines Vertragsteiles. Gem § 191 Abs 2 dürfen **Ehegatten** in der Regel nur **gemeinsam** annehmen.[13] Ausnahmen sind zulässig, jedoch nicht zu prüfen, da die Ehegatten gemeinsam adoptieren möchten.

Auf Seite des Annehmenden sind folgende Voraussetzungen zu prüfen: Der Annehmende muss **voll geschäftsfähig** sein[14], gem § 193 **älter** als das Wahlkind sein und das **25. Lebensjahr** vollendet haben. Mangels gegenteiliger Hinweise im SV ist davon auszugehen, dass sowohl Maria als auch Viktor voll geschäftsfähig sind. Sie sind älter als Paula und beide über 25 Jahre alt. Das Erfordernis des Altersunterschiedes von 16 Jahren (§ 193 Abs 2, JGS Nr 946/1811, idF BGBl I 2013/15) wurde durch den Verfassungsgerichtshof als verfassungswidrig aufgehoben (BGBl I 2015/29).[15]

Ist das Wahlkind eigenberechtigt (sog Erwachsenenadoption, hier gegeben), ist die Annahme gem § 194 Abs 1 nur zu bewilligen, wenn die Antragsteller nachweisen, dass bereits ein **enges, der Beziehung zwischen leiblichen Eltern und Kindern entsprechendes Verhältnis** vorliegt. Dies ist insbesondere dann der Fall, wenn Wahlkind und Annehmender während fünf Jahren entweder in häuslicher Gemeinschaft gelebt oder einander in einer vergleichbar engen Gemeinschaft Beistand geleistet haben.[16] Nachdem Paula bereits seit acht Jahren (unabhängig von einer Anstellung als Pflegekraft) im gemeinsamen Haushalt mit Maria und Viktor lebt, ist davon auszugehen, dass ein enges, der Beziehung zwischen leiblichen Eltern und Kindern entsprechendes Verhältnis besteht.

Zustimmung: Die gerichtliche Bewilligung darf gem § 195 Abs 1 nur dann erteilt werden, wenn folgende Personen zustimmen: die Eltern des minderjährigen Wahlkindes (hier nicht erforderlich), der Ehegatte oder der eingetragene Partner des Annehmenden (die Ehegatten nehmen gemeinsam an), der Ehegatte oder der eingetragene Partner des Wahlkindes (Paula wird als unverheiratet beschrieben), das Wahlkind ab Vollendung des 14. Lebensjahres (Paula ist begeistert).[17] Von einer Zustimmung Tanjas hängt die Adoption folglich nicht ab.

Folgenden Personen kommt gem § 196 Abs 1 ein **Recht auf Anhörung** zu: das nicht eigenberechtigte Wahlkind ab dem vollendeten fünften Lebensjahr, außer es hat bereits seit diesem Zeitpunkt beim Annehmenden gelebt; die Eltern des volljährigen Wahlkindes; die Pflegeeltern oder der Leiter des Heimes, in dem sich das Wahlkind befindet; der Jugendwohlfahrtsträger.[18] Leibliche Kinder des Annehmenden/der Annehmenden haben nach dem Gesetzestext des § 196 kein Anhörungsrecht. Die Rsp[19] räumt diesen jedoch ein Anhörungsrecht und Rechtsmittelbefugnis ein.[20] Folglich hat Tanja ein Anhörungsrecht. Sie wird ihr Anliegen vorbringen können. Ob dies einen Versagungsgrund darstellt, bleibt zu prüfen:

Versagungsgründe: Ist die Voraussetzung nach § 194 Abs 1 erfüllt, ist die gerichtliche Bewilligung dann zu versagen, wenn ein überwiegendes Anliegen eines leiblichen Kindes des Annehmenden entgegensteht. Das Gesetz nennt hierfür in § 194 Abs 2 die Gefährdung des Unterhalts oder der Erziehung (beispielhaft, „insbeson-

11) *Lurger/Melcher*, IPR² Rz 2/96; *Verschraegen*, IPR Rz 194.
12) *Koziol – Welser/Kletečka*, Bürgerliches Recht I¹⁴ (2014) Rz 1805; *Kerschner/Sagerer-Forić*, Familienrecht⁶ (2017) Rz 6/3, 6/6.
13) *Koziol – Welser/Kletečka*, Bürgerliches Recht I¹⁴ Rz 1806; *Kerschner/Sagerer-Forić*, Familienrecht⁶ Rz 6/2.
14) *Koziol – Welser/Kletečka*, Bürgerliches Recht I¹⁴ Rz 1807; *Kerschner/Sagerer-Forić*, Familienrecht⁶ Rz 6/2.
15) *Koziol – Welser/Kletečka*, Bürgerliches Recht I¹⁴ Rz 1808; *Kerschner/Sagerer-Forić*, Familienrecht⁶ Rz 6/2.
16) *Koziol – Welser/Kletečka*, Bürgerliches Recht I¹⁴ Rz 1813; *Kerschner/Sagerer-Forić*, Familienrecht⁶ Rz 6/6.
17) *Koziol – Welser/Kletečka*, Bürgerliches Recht I¹⁴ Rz 1815; *Kerschner/Sagerer-Forić*, Familienrecht⁶ Rz 6/4.
18) *Koziol – Welser/Kletečka*, Bürgerliches Recht I¹⁴ Rz 1817; *Kerschner/Sagerer-Forić*, Familienrecht⁶ Rz 6/5.
19) RIS-Justiz RS0006910.
20) *Koziol – Welser/Kletečka*, Bürgerliches Recht I¹⁴ Rz 1817; *Kerschner/Sagerer-Forić*, Familienrecht⁶ Rz 6/6.

dere“). Im Übrigen sind wirtschaftliche Belange nicht zu beachten, es sei denn, der Annehmende handelt in der ausschließlichen oder überwiegenden Absicht, ein leibliches Kind zu schädigen (§ 194 Abs 2 letzter Satz). Die Schmälerung der Erbquote kann jedoch nicht herangezogen werden, um die gerichtliche Bewilligung zu versagen.[21]

Es liegen folglich alle Voraussetzungen für eine gerichtliche Bewilligung des Adoptionsvertrages vor, Versagungsgründe sind nicht gegeben.

Meine Notizen:

II. Daniel gegen Tanja auf Zahlung von CHF 8.000,–

A. Anwendbares Recht

1) Grundlagen

Prüfung eines Auslandsbezuges: Ein Auslandsbezug ist dann gegeben, wenn zumindest ein Element des SV in einem anderen Staat gelegen ist als die übrigen.[22] Nachdem Tanja in Österreich wohnt und der Detektiv in der Schweiz ansässig ist, weist der Vertrag einen Auslandsbezug auf.

2) UN-Kaufrecht – Anwendungsbereich

Bei einem Vertrag mit Auslandsbezug ist zunächst zu untersuchen, ob er einem **Einheitsprivatrecht** unterliegt.[23] So ist zu prüfen, ob der vorliegende Anspruch in den Anwendungsbereich des UN-Kaufrechts fällt. Gem Art 1 Abs 1 lit a ist das UN-Kaufrecht auf alle Kaufverträge über Waren zwischen Vertragsparteien, die ihre Niederlassung in verschiedenen Vertragsstaaten haben, anwendbar.[24] Der Anspruch stützt sich jedoch weder auf einen Kaufvertrag, noch unterliegt der Anspruch gem Art 3 der Anwendung des UN-Kaufrechts. Das UN-Kaufrecht kommt nicht zur Anwendung.

3) ROM I-VO – Anwendungsbereich

Prüfung des **sachlichen** Anwendungsbereichs: Gem Art 1 gilt die Rom I-VO für vertragliche Schuldverhältnisse in Zivil- und Handelssachen, die eine Verbindung zum Recht verschiedener Staaten aufweisen.[25] Bei dem Anspruch des Detektivs handelt es sich um einen Anspruch aus einem vertraglichen Schuldverhältnis, sodass er in den sachlichen Anwendungsbereich der Rom I-VO fällt. Es handelt sich auch um keinen der Ausnahmetatbestände des Art 1 Abs 2 Rom I-VO.

Prüfung des **räumlichen** Anwendungsbereichs: Die Rom I-VO ist in allen Mitgliedstaaten der Europäischen Union (Ausnahme: Dänemark) anwendbar.[26] Die Prüfungsangabe betont, dass von einer Anrufung eines zuständigen österreichischen Gerichts auszugehen ist, sodass auch der räumliche Anwendungsbereich der Rom I-VO erfüllt ist.

Prüfung des **zeitlichen** Anwendungsbereichs: Die Rom I-VO ist gem Art 28 auf alle Verträge anwendbar, die nach dem 17. 12. 2009 geschlossen wurden.[27] Die Beauftragung des Detektivs erfolgt im November 2016.

4) Subjektive Anknüpfung (Rechtswahl)

Eine Rechtswahl iSd Art 3 Rom I-VO ist stets zuerst zu beachten.[28] Dem SV kann eine solche jedoch nicht entnommen werden, sodass es zur objektiven Anknüpfung des Vertrages kommt:

5) Objektive Anknüpfung in Ermangelung einer Rechtswahl

Mangels Rechtswahl richtet sich die Anknüpfung grundsätzlich nach **Art 4 Rom I-VO.** Eine Sonderanknüpfung ist jedoch vorrangig zu prüfen. Der vorliegende SV macht deutlich, dass die Beauftragung des Detektivs privaten Zwecken dient, sodass eine Anknüpfung des Verbrauchervertrages iSd **Art 6 Rom I-VO** zu prüfen ist:[29]

21) *Koziol – Welser/Kletečka,* Bürgerliches Recht I[14] Rz 1809; *Kerschner/Sagerer-Forić,* Familienrecht[6] Rz 6/6.
22) *Zöchling-Jud/Aspöck,* IPR[3] 28; *Lurger/Melcher,* IPR[2] Rz 1/1; *Verschraegen,* IPR Rz 399.
23) *Zöchling-Jud/Aspöck,* IPR[3] 18; *Lurger/Melcher,* IPR[2] Rz 1/6; *Verschraegen,* IPR Rz 393.
24) *Welser/Zöchling-Jud,* Bürgerliches Recht II[14] (2015) Rz 817; *Zöchling-Jud/Aspöck,* IPR[3] 26; *Verschraegen,* IPR Rz 394.
25) *Zöchling-Jud/Aspöck,* IPR[3] 28; *Lurger/Melcher,* IPR[2] Rz 4/5 ff; *Verschraegen,* IPR Rz 360 ff.
26) *Zöchling-Jud/Aspöck,* IPR[3] 28; *Lurger/Melcher,* IPR[2] Rz 4/4; *Verschraegen,* IPR Rz 361.
27) *Zöchling-Jud/Aspöck,* IPR[3] 29; *Lurger/Melcher,* IPR[2] Rz 4/3; *Verschraegen,* IPR Rz 360.
28) *Zöchling-Jud/Aspöck,* IPR[3] 29; *Lurger/Melcher,* IPR[2] Rz 4/41; *Verschraegen,* IPR Rz 397.
29) *Zöchling-Jud/Aspöck,* IPR[3] 32; *Lurger/Melcher,* IPR[2] Rz 4/69 ff; *Verschraegen,* IPR Rz 432 ff.

Meine Notizen:

Um einen kollisionsrechtlichen **Verbraucherschutz** zu erreichen, beruft Art 6 Rom I-VO das Heimatrecht des Verbrauchers (= dessen gewöhnlicher Aufenthalt, hier Österreich) als anwendbares Recht. Der kollisionsrechtliche Verbraucherschutz findet jedoch nur dann Rechtfertigung, wenn neben dem persönlichen und sachlichen auch der situative Anwendungsbereich erfüllt ist.[30)]

Tanja ist Verbraucherin, Daniel ist Unternehmer, sodass der **persönliche** Anwendungsbereich des Art 6 Rom I-VO erfüllt ist. In **sachlicher** Hinsicht ist insbesondere zu prüfen, ob ein Ausnahmetatbestand des Art 6 Abs 4 Rom I-VO verwirklicht ist. Gem Art 6 Abs 4 lit a Rom I-VO unterliegen Verträge über die Erbringung von Dienstleistungen, wenn die dem Verbraucher geschuldeten Dienstleistungen ausschließlich in einem anderen als dem Staat erbracht werden müssen, in dem der Verbraucher seinen gewöhnlichen Aufenthalt hat, nicht der Sonderanknüpfung.[31)] Nachdem Daniel die Geschäftsreise in der Schweiz (also außerhalb Österreichs, wo Tanja ihren gewöhnlichen Aufenthalt hat) observieren soll, greift der Ausnahmetatbestand und die Anwendbarkeit des Art 6 Rom I-VO bleibt versperrt. (Auch der **situative Anwendungsbereich** des Art 6 Rom I-VO ist hier nicht erfüllt. Daniel übt seine Tätigkeit weder im Verbraucherstaat aus, noch richtet er sie auf den Verbraucherstaat aus.)

Es ist folglich nach allg Anknüpfung iSd Art 4 Rom I-VO vorzugehen: Die Anknüpfung nach **Art 4 Rom I-VO** basiert auf dem Prinzip der engsten Verbindung.[32)] Art 4 Abs 1 Rom I-VO übernimmt die Anknüpfung der gelisteten Verträge (lit a bis h), sodass hier kein Rückgriff auf Abs 2 (Prinzip der charakteristischen Leistung) notwendig wird.[33)]

Verträge über Dienstleistungen unterliegen dem Recht des Staates, in dem der Dienstleister seinen gewöhnlichen Aufenthalt hat (Art 4 Abs 1 lit b Rom I-VO).[34)] Demnach kann der bereits angesprochene Rückgriff auf das Prinzip der charakteristischen Leistung (Abs 2) entfallen.

Im vorliegenden SV ist Daniel Dienstleister iSd lit b.[35)] Wie im SV beschrieben, liegt sein Sitz in der Schweiz. Gem **Art 19 Abs 1 Rom I-VO** ist der Ort des gewöhnlichen Aufenthalts einer natürlichen Person, die im Rahmen der Ausübung ihrer beruflichen Tätigkeit handelt, der Ort ihrer Hauptniederlassung,[36)] sodass der gewöhnliche Aufenthalt Daniels in der Schweiz zu lokalisieren ist.

Auf den Vertrag ist Schweizer Recht anwendbar.

Als **loi uniforme** beansprucht die Rom I-VO universelle Geltung, sodass der Verweis auf die Rechtsordnung eines Nicht-Mitgliedstaates (hier Schweiz) nicht schadet.[37)]

B. Prüfung nach österreichischem Recht: Daniel gegen Tanja auf Zahlung des Werklohnes in Höhe von CHF 8.000,– gem § 1151 iVm § 1170

Daniel verpflichtet sich zur Observation des auf Geschäftsreise befindlichen Ehegatten und verpflichtet sich damit gegenüber Tanja zur Erbringung eines bestimmten tatsächlichen Erfolges. Der geschuldete Erfolg ist die lückenlose Überwachung, nicht das Ertappen des die Ehe brechenden Ehemannes. Es kommt ein **Werkvertrag** zustande.[38)] Das Werk ist vollendet, sodass die Zahlungspflicht entsteht (§ 1170).[39)] Fraglich ist jedoch, in welcher Höhe der Werklohn verlangt werden kann: Gem § 5 Abs 2 KSchG (Anwendungsbereich ist erfüllt: Tanja ist Verbraucherin, Daniel Unternehmer) gilt die Richtigkeit eines Kostenvoranschlags als gewährleistet, wenn nichts Gegenteiliges ausdrücklich erklärt wird.[40)] Mangels gegenteiliger Hinweise im SV ist hiervon jedoch nicht auszugehen, sodass Daniel nur CHF 7.000,– verlangen kann.

Der Anspruch besteht in Höhe von CHF 7.000,–.

30) *Zöchling-Jud/Aspöck,* IPR³ 32; *Lurger/Melcher,* IPR² Rz 4/72 ff; *Verschraegen,* IPR Rz 435 ff.
31) *Zöchling-Jud/Aspöck,* IPR³ 32; *Lurger/Melcher,* IPR² Rz 4/79; *Verschraegen,* IPR Rz 437.
32) *Zöchling-Jud/Aspöck,* IPR³ 30; *Lurger/Melcher,* IPR² Rz 4/50 ff; *Verschraegen,* IPR Rz 415.
33) *Zöchling-Jud/Aspöck,* IPR³ 30 f; *Lurger/Melcher,* IPR² Rz 4/53; *Verschraegen,* IPR Rz 415.
34) *Zöchling-Jud/Aspöck,* IPR³ 30; *Lurger/Melcher,* IPR² Rz 4/53; *Verschraegen,* IPR Rz 414.
35) Siehe FN 34.
36) *Zöchling-Jud/Aspöck,* IPR³ 30; *Lurger/Melcher,* IPR² Rz 4/53; *Verschraegen,* IPR Rz 1403.
37) *Zöchling-Jud/Aspöck,* IPR³ 28; *Lurger/Melcher,* IPR² Rz 4/12; *Verschraegen,* IPR Rz 364.
38) Zu dem jedoch aufgrund der betrieblichen Eingliederung anders gelagerten Fall eines Kaufhausdetektivvertrages, der als Dienstvertrag zu qualifizieren wäre, s 8 ObA 2347/96 x ecolex 1998, 345.
39) *Welser/Zöchling-Jud,* Bürgerliches Recht II¹⁴ Rz 1113; *Apathy/Riedler,* Schuldrecht BT⁵ (2015) Rz 3/10.
40) *Welser/Zöchling-Jud,* Bürgerliches Recht II¹⁴ Rz 1122; *Apathy/Riedler,* Schuldrecht BT⁵ Rz 3/12.

Meine Notizen:

III. Tanja gegen Michael auf Schadenersatz in Höhe von CHF 7.000,–

A. Anwendbares Recht

Der vorliegende Anspruch ist ein vertraglicher Anspruch, sodass die Anwendbarkeit der **Rom II-VO** zu verneinen ist. Der Anspruch kann jedoch gem **Art 1 Abs 2 lit b Rom I-VO** (Schuldverhältnisse aus einem Familienverhältnis) auch nicht nach der Rom I-VO angeknüpft werden.[41)]

Auch die Anwendbarkeit der **Rom III-VO** scheidet aus, da diese die Folgen der Scheidung nicht umfasst.[42)]

Es ist folglich nach **IPRG** (vorrangig nach **§ 18 IPRG**) vorzugehen. § 18 IPRG beruft auf einer ersten Stufe das gemeinsame (subsidiär das letzte gemeinsame) Personalstatut der Ehegatten (Z 1). Diese erste Anknüpfungsstufe kann im vorliegenden SV nicht genutzt werden. Tanja ist und war Österreicherin, Michael ist und war Schweizer. Subsidiär ist nach Z 2 nach dem gemeinsamen Aufenthalt anzuknüpfen.[43)] Demnach ist österreichisches Recht anwendbar. Arbeiten, die die ebenso zulässige Anknüpfung gem **§ 20 IPRG** (Scheidungsstatut) vornehmen, kommen durch den Verweis auf § 18 IPRG (beachtlicher Zeitpunkt: Ehescheidung, im vorliegenden SV ohne Auswirkung) zum selben Ergebnis.

B. Prüfung nach österreichischem Recht: Tanja gegen Michael auf Schadenersatz in Höhe von CHF 7.000,– gem §§ 1293 ff iVm § 90 ex contractu

Schaden: Tanja muss zur Aufdeckung des wahren Sachverhalts einen Detektiv einschalten. Die Kosten dieser Observation belaufen sich auf CHF 7.000,–und bilden als Folgeschaden des Ehebruchs einen ersatzfähigen Schaden.[44)]

Kausalität: Sodann ist die Ursächlichkeit Michaels zu prüfen. Es stellt sich hierbei die Frage, ob Michaels Handeln für den oben beschriebenen Schaden kausal war. Hierbei ist auf Basis der Äquivalenztheorie[45)] nach der Formel von der conditio sine qua non vorzugehen. Diese prüft, ob der Schaden ohne das zu untersuchende Verhalten eingetreten wäre:[46)] Ein Verhalten ist ursächlich für einen Schaden, wenn es nicht weggedacht werden kann, ohne dass dann der Schaden entfiele.[47)] Das hier zu prüfende Verhalten ist der Ehebruch. Obwohl der Detektiv nur auf Verdacht eingesetzt wird, sieht die Rsp die Kausalität als gegeben. Das Recht, sich durch Betrauung eines Detektives Gewissheit zu verschaffen, findet seine Grenze nämlich erst dort, wo die Überwachung offenkundig überflüssig, von vorneherein aussichtslos und erkennbar unzweckmäßig ist oder aber Rechtsmissbrauch vorliegt.[48)]

Adäquanz:[49)] Die „juristische Kausalität" wird jedoch durch die Adäquanztheorie eingeschränkt. Der Schädiger soll nur für jene Schäden ersatzpflichtig werden, die er adäquat verursacht hat. Adäquate Verursachung liegt vor, wenn die Ursache ihrer allgemeinen Natur nach für die Herbeiführung eines Erfolges wie des eingetretenen noch geeignet erscheint und der Erfolg nicht nur wegen einer ganz außergewöhnlichen Verkettung von Umständen eingetreten ist.[50)] Dass sich ein Ehegatte zur Aufklärung der Sachlage eines Detektivs bedient, liegt innerhalb der gewöhnlichen Lebensumstände und ist folglich adäquat.[51)]

Rechtswidrigkeit: In Österreich gilt die Verhaltensunrechtslehre. Die Rechtswidrigkeit bezieht sich nach dieser nicht auf einen Erfolg, sondern auf ein Verhalten. Der eingetretene nachteilige Erfolg ist demnach nie per se rechtswidrig,[52)] im Zentrum der

41) *Zöchling-Jud/Aspöck*, IPR³ 28; *Lurger/Melcher*, IPR² Rz 4/7; *Verschraegen*, IPR Rz 371.
42) *Zöchling-Jud/Aspöck*, IPR³ 54; *Lurger/Melcher*, IPR² Rz 2/64; *Verschraegen*, IPR Rz 121.
43) *Zöchling-Jud/Aspöck*, IPR³ 52; *Lurger/Melcher*, IPR² Rz 2/46; *Verschraegen*, IPR Rz 98.
44) Siehe auch *Maier* in *Maier/Nitsch/Reidinger*, Bürgerliches Recht II⁹ (2016) 14.
45) *Welser/Zöchling-Jud*, Bürgerliches Recht II¹⁴ Rz 1365; *Apathy/Riedler*, Schuldrecht BT⁵ Rz 13/10.
46) *Welser/Zöchling-Jud*, Bürgerliches Recht II¹⁴ Rz 1366; *Apathy/Riedler*, Schuldrecht BT⁵ Rz 13/10.
47) *Welser/Zöchling-Jud*, Bürgerliches Recht II¹⁴ Rz 1367; *Apathy/Riedler*, Schuldrecht BT⁵ Rz 13/10.
48) RIS-Justiz RS0022943; *Apathy/Riedler*, Schuldrecht BT⁵ Rz 13/27.
49) Von der Kausalität getrennt geprüft, da es sich eigentlich um keine Kausalitätsformel handelt: *Welser/Zöchling-Jud*, Bürgerliches Recht II¹⁴ Rz 1374; *Apathy/Riedler*, Schuldrecht BT⁵ Rz 13/11.
50) *Welser/Zöchling-Jud*, Bürgerliches Recht II¹⁴ Rz 1373; *Apathy/Riedler*, Schuldrecht BT⁵ Rz 13/10.
51) OGH 7 Ob 614/77 JBl 1978, 594; *Koziol – Welser/Kletečka*, Bürgerliches Recht I¹⁴ Rz 1405; *Apathy/Riedler*, Schuldrecht BT⁵ Rz 13/27, 14/2.
52) Auf das Indiz der Rechtswidrigkeit im Falle der Verletzung eines absolut geschützten Rechtsgutes sei hier nur hingewiesen. *Welser/Zöchling-Jud*, Bürgerliches Recht II¹⁴ Rz 1388; *Apathy/Riedler*, Schuldrecht BT⁵ Rz 13/15.

Meine Notizen:

Betrachtung steht das Verhalten, das diesen Erfolg herbeigeführt hat.[53] Im Falle der vertraglichen Haftung besteht die Rechtswidrigkeit in der Nichterfüllung einer (auch vor- oder nach-)vertraglichen Pflicht.[54] Es ist folglich zu untersuchen, welche Pflichten dem vorliegenden Vertrag zwischen Tanja und Michael (der Ehe) entspringen. Gem § 90 sind die Ehegatten einander zur umfassenden ehelichen Lebensgemeinschaft, besonders zum gemeinsamen Wohnen, sowie **zur Treue,** zur anständigen Begegnung und zum Beistand verpflichtet.[55] Wenn Michael mit Karoline ein Verhältnis eingeht, so verstößt er gegen die eheliche Treuepflicht und handelt rechtswidrig. Dass er vermutet, dass Tanja bereits einen Anwalt eingeschaltet hat, ändert hieran nichts. Die eheliche Treuepflicht besteht während der gesamten Dauer der Ehe und muss daher von den Ehegatten auch noch während eines anhängigen Scheidungsverfahrens beachtet werden.[56] Auch während des Scheidungsverfahrens begangene Eheverfehlungen sind demnach grundsätzlich zu berücksichtigen.[57] Folglich kann der reine Verdacht, dass Tanja bereits an eine Scheidung denke, die eheliche Treuepflicht nach Auffassung der Rsp keinesfalls entkräften.

Rechtswidrigkeitszusammenhang: Auch in der Vertragshaftung kommt es zur Prüfung des Rechtswidrigkeitszusammenhanges (des Schutzzwecks der vertraglichen Pflichten).[58] Es stellt sich die Frage, ob die eheliche Treuepflicht allein den sittlich-persönlichen Bereich oder auch das Vermögen schützen möchte. Die Rsp bejaht inzwischen den Schutz der Vermögenssphäre.[59]

Verschulden: Zuletzt ist das Verschulden zu prüfen. Verschulden ist die individuelle Vorwerfbarkeit eines rechtswidrigen Verhaltens.[60] Zu fragen ist, ob das Verhalten auch persönlich vorwerfbar ist.[61] Grundsätzlich obliegt die Beweislast hinsichtlich des Verschuldens dem Geschädigten (§ 1296).[62] Ein vertraglicher Schadenersatzanspruch genießt jedoch die Beweislastumkehr hinsichtlich des Verschuldens gem § 1298.[63] Michael könnte freilich versuchen, schuldloses Verhalten einzuwenden. Dies wird ihm mangels Hinweise im SV jedoch nicht gelingen.

Es sind folglich alle Voraussetzungen des Schadenersatzanspruches aus Vertrag gegeben, der Anspruch besteht.

IV. Tanja gegen Karoline auf Schadenersatz in Höhe von CHF 7.000,–

A. Anwendbares Recht

Der vorliegende Anspruch unterliegt als deliktischer Anspruch in sachlicher Hinsicht der Rom II-VO (im Gegensatz zum Anspruch gegen Michael ist hier kein Ausnahmetatbestand erfüllt).[64] Auch der räumliche (alle Mitgliedstaaten der EU mit Ausnahme Dänemarks) und zeitliche (11. 1. 2009) Anwendungsbereich sind erfüllt.[65]

In Ermangelung einer Rechtswahl ist das anwendbare Recht objektiv nach **Art 4 Rom II-VO** zu bestimmen. Art 4 Rom II-VO stellt in Abs 1 auf den Ort ab, an dem der Schaden eintritt. Haben jedoch die Person, deren Haftung geltend gemacht wird, und die Person, die geschädigt wurde, zum Zeitpunkt des Schadenseintritts ihren gewöhnlichen Aufenthalt (Art 23 Rom II-VO) in demselben Staat, ist das Recht des gewöhnlichen Aufenthalts anwendbar (Abs 2).[66] Tanja und Karoline leben beide in Österreich. Es kommt österreichisches Recht zur Anwendung.

53) *Welser/Zöchling-Jud,* Bürgerliches Recht II[14] Rz 1386; *Apathy/Riedler,* Schuldrecht BT[5] Rz 13/15.
54) *Welser/Zöchling-Jud,* Bürgerliches Recht II[14] Rz 1390; *Apathy/Riedler,* Schuldrecht BT[5] Rz 13/16.
55) *Koziol – Welser/Kletečka,* Bürgerliches Recht I[14] Rz 1405, 1493; *Kerschner/Sagerer-Forić,* Familienrecht[6] Rz 2/43.
56) RIS-Justiz RS0056332.
57) RIS-Justiz RS0056840.
58) *Welser/Zöchling-Jud,* Bürgerliches Recht II[14] Rz 1409; *Apathy/Riedler,* Schuldrecht BT[5] Rz 13/25.
59) RIS-Justiz RS0022943; *Koziol – Welser/Kletečka,* Bürgerliches Recht I[14] Rz 1405; *Apathy/Riedler,* Schuldrecht BT[5] Rz 13/27.
60) *Welser/Zöchling-Jud,* Bürgerliches Recht II[14] Rz 1412; *Apathy/Riedler,* Schuldrecht BT[5] Rz 13/31.
61) *Welser/Zöchling-Jud,* Bürgerliches Recht II[14] Rz 1413; *Apathy/Riedler,* Schuldrecht BT[5] Rz 13/31.
62) *Welser/Zöchling-Jud,* Bürgerliches Recht II[14] Rz 1423; *Apathy/Riedler,* Schuldrecht BT[5] Rz 13/36.
63) *Welser/Zöchling-Jud,* Bürgerliches Recht II[14] Rz 1423; *Apathy/Riedler,* Schuldrecht BT[5] Rz 13/37.
64) *Zöchling-Jud/Aspöck,* IPR[3] 37; *Lurger/Melcher,* IPR[2] Rz 5/5; *Verschraegen,* IPR Rz 607, 614.
65) *Zöchling-Jud/Aspöck,* IPR[3] 38; *Lurger/Melcher,* IPR[2] Rz 5/2, 4; *Verschraegen,* IPR Rz 598, 607, 614.
66) *Zöchling-Jud/Aspöck,* IPR[3] 39; *Lurger/Melcher,* IPR[2] Rz 5/20; *Verschraegen,* IPR Rz 664.

B. Prüfung nach österreichischem Recht: Tanja gegen Karoline auf Schadenersatz in Höhe von CHF 7.000,– gem §§ 1293ff ex delicto

Meine Notizen:

Schaden: Wie bereits beschrieben, bilden die Kosten der Observation als Folgeschaden des Ehebruchs (die Ehe als absolut geschütztes Rechtsgut) einen ersatzfähigen Schaden. Nach stRsp können Detektivkosten unabhängig von einem allenfalls gleichzeitig geführten Ehescheidungsprozess sowohl vom Ehegatten (Michael) als auch vom beteiligten Dritten (hier Karoline) eingeklagt werden. Dies wird mit dem Interesse des Ehegatten, dessen Ehe durch ehewidrige Beziehungen seines Partners zu einer dritten Person gestört wird, an Aufklärung des Sachverhalts begründet.[67)]

Kausalität: Hinsichtlich der Grundlagen der conditio sine qua non Formel s oben. Das Recht, durch detektivische Nachforschung Gewissheit zu erlangen, findet seine Grenze dort, wo die Überwachung offenkundig überflüssig, von vornherein aussichtslos und erkennbar unzweckmäßig ist oder rechtsmissbräuchlich erfolgt, da die Ehegatten bereits jedes Interesse an der Lebensgestaltung des anderen verloren hatten.[68)] Wäre Karoline kein Verhältnis mit Michael eingegangen, hätte er nicht (jedenfalls nicht mit ihr) treulos handeln können. Ihr Verhalten war folglich kausal.

Adäquanz:[69)] Die „juristische Kausalität" wird durch die Adäquanztheorie eingeschränkt. Der Schädiger soll nur für jene Schäden ersatzpflichtig werden, die er adäquat verursacht hat. Dass sich ein Ehegatte zur Aufklärung der Sachlage eines Detektivs bedient, liegt innerhalb der gewöhnlichen Lebensumstände und ist folglich adäquat.[70)]

Rechtswidrigkeit: Schon bei schuldrechtlichen Verträgen entspricht es stRsp, dass es Dritten zumutbar ist, diese zu respektieren.[71)] Die Ehe stellt nicht bloß einen schuldrechtlichen Vertrag zwischen den Eheleuten dar, sondern ist als absolut geschütztes Rechtsgut von jedermann zu respektieren.[72)]

Rechtswidrigkeitszusammenhang: Es stellt sich auch hier die Frage, ob die eheliche Treuepflicht und die Qualifikation der Ehe als absolut geschütztes Rechtsgut allein den sittlich-persönlichen Bereich oder auch das Vermögen schützen möchte. Wie bereits beschrieben, bejaht dies die Rsp[73)] inzwischen. Dies auch gegenüber dem ehestörenden Dritten.[74)]

Verschulden: Im außervertraglichen Bereich obliegt die Beweislast hinsichtlich des Verschuldens dem Geschädigten (§ 1296, beachte aber auch § 1297).[75)] Laut SV ist Karoline bekannt, dass Tanja und Michael verheiratet sind. Allfällige Nachforschungspflichten im Hinblick auf den Familienstand[76)] sind folglich nicht zu prüfen.

Sie handelt schuldhaft.

Es sind folglich alle Voraussetzungen des Schadenersatzanspruches gegeben, der Anspruch besteht.

V. Scheidung

A. Anwendbares Recht

Hinsichtlich des anwendbaren Rechts ist nach der Rom III-VO vorzugehen. Ihr **Anwendungsbereich** ist in sachlicher, örtlicher und zeitlicher Hinsicht zu prüfen:[77)]

In **sachlicher** Hinsicht ist die Rom III-VO auf Scheidungen anwendbar.[78)] Eine solche ist im vorliegenden Fall zu prüfen, der sachliche Anwendungsbereich folglich erfüllt.

In **örtlicher** Hinsicht ist die Rom III-VO als Ergebnis einer verstärkten Zusammenarbeit nicht in allen EU-Mitgliedstaaten anwendbar. Österreich hat an der verstärkten Zusammenarbeit teilgenommen.[79)] Die Prüfungsangabe betont, dass von ei-

---

67) RIS-Justiz RS0022959.
68) RIS-Justiz RS0022943.
69) Von der Kausalität getrennt geprüft, da es sich eigentlich um keine Kausalitätsformel handelt: *Welser/Zöchling-Jud,* Bürgerliches Recht II[14] Rz 1374; *Apathy/Riedler,* Schuldrecht BT[5] Rz 13/11.
70) OGH 7 Ob 614/77 JBl 1978, 594; *Koziol – Welser/Kletečka,* Bürgerliches Recht I[14] Rz 1405; *Apathy/Riedler,* Schuldrecht BT[5] Rz 13/27, 14/2.
71) RIS-Justiz RS0025920.
72) *Koziol – Welser/Kletečka,* Bürgerliches Recht I[14] Rz 1405; *Apathy/Riedler,* Schuldrecht BT[5] Rz 13/27. Die Interessenabwägung wird ergeben, dass Tanjas Interesse an einer ungestörten Ehe schwerer wiegt.
73) RIS-Justiz RS0022943.
74) *Koziol – Welser/Kletečka,* Bürgerliches Recht I[14] Rz 1405; *Apathy/Riedler,* Schuldrecht BT[5] Rz 13/27.
75) *Welser/Zöchling-Jud,* Bürgerliches Recht II[14] Rz 1423; *Apathy/Riedler,* Schuldrecht BT[5] Rz 13/36.
76) OGH 2 Ob 111/10b und 6 Ob 216/12a.
77) *Zöchling-Jud/Aspöck,* IPR[3] 54; *Lurger/Melcher,* IPR[2] Rz 2/64ff; *Verschraegen,* IPR Rz 113ff.
78) *Zöchling-Jud/Aspöck,* IPR[3] 54; *Lurger/Melcher,* IPR[2] Rz 2/68; *Verschraegen,* IPR Rz 121.
79) *Zöchling-Jud/Aspöck,* IPR[3] 54; *Lurger/Melcher,* IPR[2] Rz 2/64; *Verschraegen,* IPR Rz 113, 119.

Meine Notizen:

ner Anrufung eines zuständigen österreichischen Gerichts auszugehen ist, sodass auch der räumliche Anwendungsbereich erfüllt ist.

In **zeitlicher** Hinsicht ist die Rom III-VO auf Verfahren anzuwenden, die nach dem 21. 6. 2012 eingeleitet werden.[80] Auch dies ist erfüllt.

Die Rom III-VO ist folglich anwendbar.

Einleitend ist zu prüfen, ob überhaupt eine Ehe bestand. Hierbei ist nach §§ 16ff IPRG vorzugehen.[81] Zudem ist bei einer Verschuldensscheidung zu beurteilen, ob gegen eine eheliche Pflicht verstoßen wurde. Hierbei ist nach § 18 IPRG anzuknüpfen.[82]

Die Rom III-VO gibt den Parteien die Möglichkeit, das anwendbare Recht selbst zu wählen.[83] Dem vorliegenden SV kann eine **Rechtswahl** jedoch nicht entnommen werden, sodass **objektiv** anzuknüpfen ist. Gem **Art 8 lit a Rom III-VO** ist auf die Scheidung das Recht des Staates anzuwenden, in dem die Ehegatten zum Zeitpunkt der Anrufung des Gerichts ihren gewöhnlichen Aufenthalt hatten.[84] Der gemeinsame Aufenthalt der Ehegatten liegt in Österreich, sodass österreichisches Recht zur Anwendung gelangt.

B. Klage Tanjas auf Scheidung gem § 49 EheG

Nach **§ 49 EheG** kann der Partner die Scheidung verlangen, wenn der andere durch Setzen einer schweren Eheverfehlung oder durch ehrloses oder unsittliches Verhalten die Ehe schuldhaft so zerrüttet hat, dass die Wiederherstellung einer ihrem Wesen entsprechenden Lebensgemeinschaft nicht mehr erwartet werden kann. Wenn diese Scheidung auch auf dem Verschuldensprinzip basiert, spielt die Zerrüttung eine wichtige Rolle.[85]

Ist das Verhalten des Ehepartners mit dem Wesen der Ehe als einer in allen Lebensbereichen umfassenden Lebensgemeinschaft nicht vereinbar, ist eine **schwere Eheverfehlung** ieS zu bejahen.[86] Den **Ehebruch** nennt § 49 EheG selbst als schwere Eheverfehlung. Laut SV hat **Michael** ein Verhältnis mit **Karoline** und begeht damit eine solche.

Zudem muss die Eheverfehlung **schuldhaft** gesetzt werden.[87] Michael handelt schuldhaft.

Zuletzt ist die **Zerrüttungskausalität** zu prüfen. Die schuldhafte Eheverfehlung muss die Ursache für die Zerrüttung der Ehe sein. Hiervon ist im vorliegenden Fall auszugehen. Zwar hat Michael die Ehe als „Ehe auf dem Papier" bezeichnet, jedoch sah Tanja noch Hoffnung, dass die Differenzen aus der Welt geschafft werden können. Erst als Tanja die Observationsergebnisse vorliegen, kann sie sich ein Zusammenleben mit Michael nicht mehr vorstellen.

Es liegen keine das Scheidungsrecht ausschließenden Gründe (mangels Hinweise im SV nicht zu prüfen) vor, Tanja kann Scheidung nach § 49 EheG verlangen.

VI. Antrag Tanjas auf güterrechtliche Aufteilung des Gebrauchsvermögens und der ehelichen Ersparnisse

A. Anwendbares Recht

(Hinsichtlich des Bestehens der Ehe s oben.)

Einleitend ist die **kollisionsrechtliche Qualifikation** vorzunehmen: Die Aufteilung des Gebrauchsvermögens und der ehelichen Ersparnisse unterliegen nach *Verschraegen*[88] als ehebedingte Dauerregelung für Vermögensmassen dem Ehegüterrechtsstatut (§ 19 IPRG), nach Rsp[89], *Lurger/Melcher*[90] und *Zöchling-Jud/Aspöck*[91] dem Scheidungsstatut (§ 20 IPRG, da die Rom III-VO die Folgen der Scheidung nicht regelt).[92]

80) *Zöchling-Jud/Aspöck*, IPR³ 54; *Lurger/Melcher*, IPR² Rz 2/65; *Verschraegen*, IPR Rz 120.
81) *Zöchling-Jud/Aspöck*, IPR³ 54; *Lurger/Melcher*, IPR² Rz 2/41; *Verschraegen*, IPR Rz 123f.
82) *Zöchling-Jud/Aspöck*, IPR³ 54; *Lurger/Melcher*, IPR² Rz 2/46; *Verschraegen*, IPR Rz 95.
83) *Zöchling-Jud/Aspöck*, IPR³ 54; *Lurger/Melcher*, IPR² Rz 2/70; *Verschraegen*, IPR Rz 126ff.
84) *Zöchling-Jud/Aspöck*, IPR³ 54f; *Lurger/Melcher*, IPR² Rz 2/73; *Verschraegen*, IPR Rz 133.
85) *Koziol – Welser/Kletečka*, Bürgerliches Recht I¹⁴ Rz 1557; *Kerschner/Sagerer-Forić*, Familienrecht⁶ Rz 2/76.
86) *Koziol – Welser/Kletečka*, Bürgerliches Recht I¹⁴ Rz 1558; *Kerschner/Sagerer-Forić*, Familienrecht⁶ Rz 2/76.
87) *Koziol – Welser/Kletečka*, Bürgerliches Recht I¹⁴ Rz 1559; *Kerschner/Sagerer-Forić*, Familienrecht⁶ Rz 2/76.
88) *Verschraegen*, IPR Rz 104.
89) MwN *Lurger/Melcher*, IPR² Rz 2/54.
90) MwN *Lurger/Melcher*, IPR² Rz 2/54.
91) *Zöchling-Jud/Aspöck*, IPR³ 53.
92) *Ofner*, ZfRV 2006/13; *Lurger/Melcher*, IPR² Rz 2/54 mwN.

Meine Notizen:

Anknüpfung nach **§ 19 IPRG:** Die Parteien können gem § 19 IPRG (im Unterschied zu § 18 oder § 20 IPRG) eine Rechtswahl vereinbaren,[93] was im vorliegenden SV jedoch unterblieb, sodass auch dieser Anspruch objektiv anzuknüpfen ist: Die objektive Anknüpfung führt über einen Verweis in § 18 IPRG (beachtlicher Zeitpunkt: Eheschließung) zum gemeinsamen (subsidiär das letzte gemeinsame) Personalstatut der Ehegatten (Z 1). Diese erste Anknüpfungsstufe kann im vorliegenden SV nicht genutzt werden. Tanja ist und war Österreicherin, Michael ist und war Schweizer. Subsidiär ist nach Z 2 nach dem gemeinsamen Aufenthalt anzuknüpfen.[94] Demnach ist österreichisches Recht anwendbar.

Anknüpfung nach **§ 20 IPRG:** Auch diese Anknüpfung verweist auf § 18 (beachtlicher Zeitpunkt jedoch: Ehescheidung, hier ohne Auswirkungen, s daher oben).[95]

B. Aufteilung des Gebrauchsvermögens und der Ersparnisse nach österreichischem Recht nach §§ 81 ff EheG

Die Auflösung der Ehe basiert auf dem **Prinzip der ehelichen Güterteilhabe.**[96] Die vermögensrechtliche Auseinandersetzung im Falle der Scheidung nach den §§ 81 ff EheG ist von einem Schuldausspruch unabhängig.[97] Die Aufteilung des Vermögens erfolgt dann, wenn die Parteien dies einvernehmlich bestimmen oder wenn ein Ehepartner einen Antrag auf gerichtliche Entscheidung stellt.[98] Tanja beantragt die gerichtliche Teilung des Vermögens.

Gem § 81 Abs 1 EheG sind **„das eheliche Gebrauchsvermögen und die ehelichen Ersparnisse"** aufzuteilen. Gem § 81 Abs 2 EheG sind unter dem Begriff des ehelichen Gebrauchsvermögens die (beweglichen oder unbeweglichen) körperlichen Sachen zu verstehen, die während der Ehe dem Gebrauch beider Gatten gedient haben.[99]

Die **von der Aufteilung auszuklammernden Vermögenswerte** nennt § 82 Abs 1 EheG: Sachen, die

1. ein Ehegatte in die Ehe eingebracht, von Todes wegen erworben oder ihm ein Dritter geschenkt hat,
2. dem persönlichen Gebrauch eines Ehegatten allein oder der Ausübung seines Berufes dienen,
3. zu einem Unternehmen gehören oder
4. Anteile an einem Unternehmen sind, außer es handelt sich um bloße Wertanlagen.

Vom Begriff des ehelichen Gebrauchsvermögens sind auch der **Hausrat** und die **Ehewohnung** in Wien umfasst (§ 81 Abs 2 letzter Satz EheG).[100] Als Ehewohnung gilt die Wohnstätte, in der sich der Schwerpunkt der gemeinsamen Lebensführung befunden hat. Dies können auch mehrere Wohnungen sein,[101] wovon mangels gegenteiliger Hinweise im SV nicht auszugehen ist. Aus dem SV kann die Qualifikation der Eigentumswohnung in Wien als Ehewohnung entnommen werden.

Gem **§ 82 Abs 2 EheG** ist die Ehewohnung, die ein Ehegatte in die Ehe eingebracht oder von Todes wegen erworben oder die ihm ein Dritter geschenkt hat, jedoch grundsätzlich von der Aufteilung auszuschließen. Laut SV hat Michael die Eigentumswohnung geerbt. In einem ersten Schritt unterliegt sie demnach nicht der Aufteilung gem § 81 EheG.

Eine an sich von der Aufteilung ausgenommene Ehewohnung ist gem § 82 Abs 2 EheG nur dann in die Aufteilung (wieder)einzubeziehen, wenn dies vereinbart wurde, wenn der andere Ehegatte auf ihre Weiterbenützung zur Sicherung seiner Lebensbedürfnisse angewiesen ist oder wenn ein gemeinsames Kind an ihrer Weiterbenützung einen berücksichtigungswürdigen Bedarf hat. Gleich verhält es sich hinsichtlich des Hausrats, wenn der andere Ehegatte auf seine Weiterbenützung zur Sicherung

93) *Zöchling-Jud/Aspöck,* IPR³ 53; *Verschraegen,* IPR Rz 100 ff.
94) *Zöchling-Jud/Aspöck,* IPR³ 52; *Lurger/Melcher,* IPR² Rz 2/48; *Verschraegen,* IPR Rz 98.
95) *Lurger/Melcher,* IPR² Rz 2/79.
96) *Koziol – Welser/Kletečka,* Bürgerliches Recht I¹⁴ Rz 1608.
97) *Koziol – Welser/Kletečka,* Bürgerliches Recht I¹⁴ Rz 1609.
98) *Koziol – Welser/Kletečka,* Bürgerliches Recht I¹⁴ Rz 1610; *Kerschner/Sagerer-Forić,* Familienrecht⁶ Rz 2/110, 2/120.
99) *Koziol – Welser/Kletečka,* Bürgerliches Recht I¹⁴ Rz 1614; *Kerschner/Sagerer-Forić,* Familienrecht⁶ Rz 2/117.
100) *Koziol – Welser/Kletečka,* Bürgerliches Recht I¹⁴ Rz 1614; *Kerschner/Sagerer-Forić,* Familienrecht⁶ Rz 2/117.
101) *Koziol – Welser/Kletečka,* Bürgerliches Recht I¹⁴ Rz 1614; *Kerschner/Sagerer-Forić,* Familienrecht⁶ Rz 2/117.

Meine Notizen:

seiner Lebensbedürfnisse angewiesen ist. Tanja und Michael haben die Einbeziehung in die Aufteilung nicht vereinbart. Dem SV kann auch nicht entnommen werden, dass Tanja auf die Weiterbenützung zur Sicherung ihrer Lebensbedürfnisse (laut SV verdient sie genug) angewiesen ist.

VII. Maria gegen Tanja auf Herausgabe des Armreifens gem § 366

Die **rei vindicatio** ist die Klage des nicht besitzenden (hier erfüllt) Eigentümers (zu prüfen) gegen den Inhaber (Tanja) auf Herausgabe der Sache,[102] es sei denn, der Inhaber hat ein Recht zur Innehabung (hier nicht gegeben).[103]

Wenn die **Verarbeitung** nicht durch den Eigentümer erfolgt, die Sachen aber immerhin in ihren vorigen Stand zurückversetzt werden können, entstehen keine sachenrechtlichen Probleme, da die Eigentumsverhältnisse unverändert bleiben und jeder Eigentümer die (dann eben mögliche) Rückführung verlangen kann.[104] Im vorliegenden SV ist folglich einleitend zu prüfen, wer Eigentümer der Golddukaten ist und ob diese rückführbar sind.

Prüfung der Eigentumsverhältnisse an den Golddukaten vor Verarbeitung: Maria hat die Golddukaten zwar Tanja als Geschenk versprochen, jedoch nie übergeben. Ein Schenkungsvertrag bedarf des Notariatsaktes, wenn die Sache nicht sofort übergeben wird.[105] Folglich kann Tanja mangels Titel kein Eigentum erwerben. Die eigenmächtige Inbesitznahme kann keinesfalls als modus für den Eigentumserwerb herangezogen werden. Vor Verarbeitung ist Maria Eigentümerin der Golddukaten.

Prüfung der Rückführbarkeit: Die Golddukaten können nach Verarbeitung (= Herstellung einer nach der Verkehrsauffassung neuen Sache, indem durch Umgestaltung die Zweckbestimmung und Brauchbarkeit verändert wird;[106] hier Einschmelzen) nicht mehr zurückgeführt werden, sodass die bisherige Sache (die Golddukaten) untergeht und in eine neue Sache übergeht (Armreif). Folglich ist in Ermangelung einer rechtsgeschäftlichen Regelung zwischen den Beteiligten (Maria und Tanja)[107] gem § 415 Satz 2 vorzugehen.

Prüfung der Eigentumsverhältnisse an dem aus den Golddukaten hergestellten Armreifen: Gem § 415 erlangen der Eigentümer der ursprünglichen Sache und der Hersteller der neuen Sache (dass Tanja nicht selbst herstellt, sondern durch einen Goldschmied herstellen lässt, schadet ihrer Eigenschaft als Hersteller der neuen Sache nicht)[108] Miteigentum an der neuen Sache entsprechend dem wirtschaftlichen Wert ihrer Beiträge (Maria: Material; Tanja: Verarbeitung).[109] Laut SV hatten die Golddukaten einen Wert von € 2.000,–, der Armreif einen Wert von € 2.500,–. Die Verarbeitung hat folglich € 500,– zum Gesamtwert beigetragen. Es entsteht Miteigentum im Verhältnis von 4:1.

§ 415 gibt dem an der Verarbeitung unschuldigen Teil (Maria) gegenüber dem Schuldtragenden (Tanja, ihr ist bekannt, dass die Dukaten der Mutter gehören) ein **Wahlrecht.** Maria kann einerseits gegen Ersatz des ihr zuwachsenden Wertes die neue Sache übernehmen oder diese dem anderen (Tanja) gegen Vergütung überlassen.[110]

Der Schuld tragende Teil wird gem § 415 nach Beschaffenheit seiner redlichen oder unredlichen Absicht (§ 326) behandelt. Tanja handelt unredlich. Ihr ist bewusst, dass sie nicht Eigentümerin der Dukaten ist, sodass sie nicht € 500,– (Wertsteigerung durch Verarbeitung), sondern nur € 300,– (Kosten der Verarbeitung) verlangen kann.

Aktualisierungen

Zu **III. A.:** Erwogen werden könnte eine kollisionsrechtliche Anknüpfung des Schadenersatzanspruchs der Ehegattin gegen ihren untreuen Gatten (wegen Detektivkosten) nach der EuGüVO, die auf ab dem 29. 1. 2019 geschlossene Ehen anwendbar ist.

102) *Koziol – Welser/Kletečka,* Bürgerliches Recht I^{14} Rz 1083; *Iro,* Sachenrecht^{5} (2013) Rz 7/1.
103) *Koziol – Welser/Kletečka,* Bürgerliches Recht I^{14} Rz 1084; *Iro,* Sachenrecht^{5} Rz 7/3.
104) *Koziol – Welser/Kletečka,* Bürgerliches Recht I^{14} Rz 982; *Iro,* Sachenrecht^{5} Rz 6/19f.
105) *Welser/Zöchling-Jud,* Bürgerliches Recht II^{14} Rz 847; *Apathy/Riedler,* Schuldrecht BT^{5} Rz 2/5.
106) *Koziol – Welser/Kletečka,* Bürgerliches Recht I^{14} Rz 984; *Iro,* Sachenrecht^{5} Rz 6/17.
107) *Koziol – Welser/Kletečka,* Bürgerliches Recht I^{14} Rz 983; *Iro,* Sachenrecht^{5} Rz 6/18.
108) Siehe hierzu *Reidinger,* Bürgerliches Recht I^{9} (2016) 190.
109) *Koziol – Welser/Kletečka,* Bürgerliches Recht I^{14} Rz 986; *Iro,* Sachenrecht^{5} Rz 6/20.
110) *Koziol – Welser/Kletečka,* Bürgerliches Recht I^{14} Rz 987; *Iro,* Sachenrecht^{5} Rz 6/21.

Meine Notizen:

Deren sachlicher Anwendungsbereich erfasst unter dem (autonom auszulegenden) Begriff „Güterstand" die vermögensrechtlichen Regelungen, die zwischen den Ehegatten (und im Verhältnis zu Dritten) aufgrund (der Begründung bzw des Bestehens) der Ehe oder aufgrund der Auflösung der Ehe gelten (Art 3 Abs 1 lit a EuGüVO) und erstreckt sich damit zB auch auf die Aufteilung des Vermögens nach Scheidung iSd §§ 81 ff EheG, die Schlüsselgewalt (§ 96 ABGB) und die Abgeltung im Erwerb des anderen (§§ 98 ff ABGB).[1] Die Subsumtion scheitert hier aber wohl daran, dass ein Verstoß gegen *persönliche* Rechtwirkungen der Ehe wie die Treuepflicht – inklusive des daraus erwachsenden Schadenersatzanspruchs – eben *nicht* zum Bereich der *„vermögensrechtlichen* Regelungen" im Verhältnis der Ehegatten zueinander (iSd Art 3 EuGüVO) gehört und somit weiterhin nach § 18 IPRG anzuknüpfen ist.[2]

Zu **VI.**: Die güterrechtliche Aufteilung des Gebrauchsvermögens und der ehelichen Ersparnisse fällt dagegen eindeutig unter den sachlichen Anwendungsbereich der EuGüVO (s soeben). Auch in örtlicher Hinsicht ist die Anwendbarkeit gegeben, da der Forumstaat (laut SV Österreich) Teilnehmer an der Verstärkten Zusammenarbeit ist, die zur EuGüVO geführt hat. Sofern die Ehe von T und M nach dem 28. 1. 2019 geschlossen wurde, ist auch der zeitliche Anwendungsbereich der EuGüVO eröffnet (andernfalls bleibt es bei der Anknüpfung nach IPRG!). Gem Art 30 EuGüVO sind Eingriffsnormen noch *vor* der kollisionsrechtlichen Anknüpfung anzuwenden, was in unserem Fall für § 82 Abs 2 EheG interessant sein könnte: die Gegenausnahme, dass die von einem Gatten geerbte Ehewohnung dann doch in die Aufteilung einzubeziehen ist, wenn der andere Ehegatte auf die Weiterbenützung zur Sicherung seiner Lebensbedürfnisse angewiesen ist, wird zu Recht von manchen als Eingriffsnorm gesehen, da sie vor existenzbedrohendem Wohnungsverlust schützen soll.[3] Sie ist auf den SV jedoch nicht anwendbar (s Musterlösung). Daher ist mangels Rechtswahl gem Art 26 Abs 1 lit a EuGüVO das Recht des Staates, in dem die Ehegatten nach der Eheschließung ihren ersten gemeinsamen gewöhnlichen Aufenthalt haben, anzuwenden, also Österreich.

1) Vgl *Rudolf,* Die Europäischen Güterrechtsverordnungen: Anwendungsbereich und anwendbares Recht ab 29. 1. 2019, Zak 2019, 5 (6).
2) *Ehgartner/Uitz,* Scheinvaterregress im IPR, ZfRV 2021, 170 (185).
3) *Uitz,* Kontroversen im europäischen Güterkollisionsrecht, ZfRV 2019, 213 (223 ff).

✐ Meine Notizen:

Prüfer: Constanze Fischer-Czermak und Ernst Karner

Schriftliche Diplomprüfung aus Bürgerlichem Recht (FÜM II)

Wien, 28. 4. 2016

Schwerpunkte: Sachenrecht (Höchstbetragshypothek, Sicherungseigentum, Wohnungseigentum), Erbrecht

SACHVERHALT

Eva ist Betreiberin eines kleinen Flugplatzes samt Werkstätte. Zur Besicherung der laufenden Kerosinlieferungen hat **Eva** der **Petrol AG** eine Höchstbetragshypothek bis zu € 150.000,– an der Betriebsliegenschaft eingeräumt. Die **Petrol AG** hat ihrerseits eine Forderung gegen **Eva** iHv € 70.000,– an die **B-Bank** um € 60.000,– verkauft. Da **Eva** diese Forderung nicht begleichen kann, droht die **B-Bank** mit der Versteigerung der Liegenschaft.

Auf dem Flugplatz der **Eva** steht **Fabians** Sportflugzeug. An diesem hat er zur Besicherung eines Kredites iHv € 50.000,– das Eigentum an die **B-Bank** übertragen, indem er dieser das Flugzeug übergeben und alle Schlüssel sowie Papiere ausgehändigt hat. Auf seine Bitte hin durfte er das Flugzeug wenig später aber weiter verwenden, weil er im Cockpit eine 4x4 cm große Plakette *„Eigentum der B-Bank"* anbrachte. Vor kurzem ließ **Fabian** das Flugzeug von **Evas** Mechanikern um € 7.000,– warten. Da er die Rechnung bis heute nicht bezahlt hat, weigert sich **Eva,** das Flugzeug herauszugeben. Da **Fabian** den Kredit nicht zurückzahlen kann, will nun aber auch die **B-Bank** Zugriff auf das Flugzeug. **Eva** ist dazu aber nur bereit, wenn ihre Forderung beglichen wird.

Auch privat hat **Eva** Probleme. Ihr Ehemann, der Historiker **Adam,** von dem sie seit zwei Jahren getrennt gelebt hat, ist im Jänner 2016 verstorben. **Adam** und **Eva** waren gemeinsam Eigentümer einer Ferienwohnung in Velden am Wörthersee (Wert € 400.000,–). Das Ehepaar hat einen gemeinsamen Sohn, **Sigi.** Außerdem lebt noch **Adams** Mutter, **Maria,** sonst hatte er keine Verwandten mehr. **Adam** hinterlässt eine formgültige letztwillige Verfügung folgenden Inhalts: *„Sigi und Maria sollen je zur Hälfte mein Vermögen bekommen. Sigi erhält zudem meinen Anteil der Wohnung in Velden, ohne dafür etwas zahlen zu müssen. Adam."*

Sigi verschenkt ein historisches Buch, das er im Arbeitszimmer seines Vaters gefunden hat, an das **Stadtmuseum,** ohne zu erwähnen, dass es aus dem Nachlass stammt. Als das **Stadtmuseum** das von **Sigi** erhaltene Buch ausstellt, erkennt **Kurt,** ein alter Kollege **Adams,** dass es jenes Exemplar ist, das er **Adam** vor 31 Jahren geborgt hat. Wegen des schlechten Zustands des Buches ließ das **Stadtmuseum** dieses um € 1.000,– fachmännisch restaurieren, weshalb es nunmehr um € 900,– mehr wert ist als zuvor.

Maria schlägt die Erbschaft aus. Indes ist **Eva** unzufrieden, weil **Adam** sie übergangen hat. Der reine Nachlass beträgt € 600.000,–.

Wie ist die Rechtslage?

Die (acht Wochen vor der Prüfung angekündigten) Schwerpunkte waren Sachenrecht und Erbrecht. Im Fall sind hauptsächlich Probleme zu Höchstbetragshypothek, Sicherungseigentum, Eigentumserwerb, Wohnungseigentum im Todesfall, gewillkürter und gesetzlicher Erbfolge vorhanden.

Univ.-Prof. Dr. *Constanze Fischer-Czermak* und Univ.-Prof. Dr. *Ernst Karner* lehren am Institut für Zivilrecht der Universität Wien.

Meine Notizen:

MUSTERLÖSUNG

Von Joachim Pierer

I. Höchstbetragshypothek

A. B-Bank gegen Eva auf Zahlung von € 70.000,– gem § 1062 ABGB iVm §§ 1392 ff ABGB bei sonstiger Exekution in die Liegenschaft gem §§ 461 ff ABGB

Gem § 14 Abs 1 GBG kann das Pfandrecht nur für eine ziffernmäßig bestimmte Geldsumme im Grundbuch eingetragen werden. Davon macht § 14 Abs 2 GBG aber eine Ausnahme und lässt auch Höchstbetragshypotheken zu. Demnach können Forderungen aus einem Grundverhältnis (Kredit, übernommene Geschäftsführung [§§ 1002 ff ABGB], Gewährleistung, Schadenersatz) pfandrechtlich sichergestellt werden. In solchen Fällen ist ein Höchstbetrag anzugeben, bis zu dem die Haftung reichen soll. Eva konnte der Petrol AG zur Besicherung der laufenden Kerosinlieferungen eine Höchstbetragshypothek an der Liegenschaft einräumen, weil die Aufzählung möglicher Grundverhältnisse in § 14 Abs 2 GBG nicht taxativ ist.[1] Die aus dem Grundverhältnis entstandenen oder entstehenden Forderungen aus dem Kerosin-Liefervertrag sind daher ohne besondere Einverleibung im Grundbuch durch die Hypothek bis zum angegebenen Höchstbetrag besichert.

Lt SV kann Eva eine fällige Forderung iHv € 70.000,– nicht begleichen. Anstatt Evas Vertragspartner Petrol AG droht aber die B-Bank mit der Versteigerung der Liegenschaft. Nach den §§ 1392 ff ABGB kann die Petrol AG (Altgläubiger) die Forderung gegen Eva (Schuldnerin) an die B-Bank (Neugläubiger) gegen Entgelt abtreten (Zession). Die B-Bank wollte also dieselbe Stellung erlangen, wie sie die Petrol AG hatte. Problematisch ist, dass die Forderung hypothekarisch besichert ist.

Exkurs:[2] Das Pfandrecht ist akzessorisch, dient also der Sicherung einer Forderung und kann nicht für sich alleine bestehen. Daher nimmt die hA an, dass eine Hypothekarforderung mit Wirksamkeit gegen Dritte nur durch bücherliche Übertragung (§§ 445, 451 ABGB) wirksam abgetreten werden kann, weil ansonsten die Gefahr einer „Verdoppelung" der Forderung bestünde.[3] Dem hält *Iro*[4] entgegen, dass die Schuldnerin nur gegen Ausstellung einer Löschungsquittung[5] leisten muss, wozu nur die Hypothekargläubigerin (Petrol AG) in der Lage wäre, sodass die Schuldnerin gegen doppelte Inanspruchnahme geschützt sei, weil sie die Schuld nicht begleichen werde, ohne die Hypothek löschen zu können. Diese Überlegungen passen auf eine Festbetragshypothek, werden dem Charakter einer hier vorliegenden Höchstbetragshypothek aber nicht gerecht.

Die Höchstbetragshypothek ist nicht mit einer einzelnen Forderung verknüpft, für die sie ausschließlich haften würde. Das pfandrechtliche Spezialitätsprinzip ist hier abgeschwächt. Eine Höchstbetragshypothek ist nach hA zum Grundverhältnis (Kerosinlieferungen), nicht aber zu den einzelnen Forderungen (Lieferung iHv € 70.000,–) akzessorisch.[6] Aufgrund der abgeschwächten Spezialität und der mangelnden Akzessorietät zu den einzelnen Forderungen kann eine Forderung, die aus einem durch Höchstbetragshypothek gesicherten Grundverhältnis entspringt, anders als Festbetragshypotheken auch außerbücherlich übertragen werden.[7] Das hat dann aber zur Folge, dass die Forderung aus dem Sicherungsverband ausscheidet.[8] Die B-Bank konnte daher die Forderung von der Petrol AG erwerben, allerdings nur unbesichert.

Ein Teil der Lehre vertritt dagegen, dass mit der rechtsgeschäftlichen Übertragung einer durch Höchstbetragshypothek gesicherten Forderung der auf die übertragene Forderung entfallende Teil der Hypothek auf den Neugläubiger übergehe und mit Erlöschen der Forderung wieder der Höchstbetragshypothek zuwachse.[9] Folgt man

---

Dr. *Joachim Pierer* ist Universitätsassistent am Institut für Zivilrecht der Universität Wien.

1) *Koziol – Welser/Kletečka*, Bürgerliches Recht I[14] Rz 1265; *Iro*, Sachenrecht[6] Rz 13/1. OGH JAP 1996/1997, 249 (verst Senat; dazu Erl *Reidinger*); vgl auch *dens*, Bürgerliches Recht I[9] Frage 4 a AT u 81 SaR.
2) Die Exkurse dienen zum besseren Verständnis, sind aber kein essentieller Teil der Falllösung.
3) *Koziol – Welser/Kletečka*, Bürgerliches Recht I[14] Rz 1227; vgl auch die Nachweise bei *Iro*, Sachenrecht[6] Rz 10/34 f.
4) Sachenrecht[6] Rz 10/35.
5) Zustimmung des Pfandgläubigers, dass die Hypothek aus dem Grundbuch gelöscht werden kann.
6) *Koziol – Welser/Kletečka*, Bürgerliches Recht I[14] Rz 1227, 1265; *Iro*, Sachenrecht[6] Rz 13/4.
7) *Koziol – Welser/Kletečka*, Bürgerliches Recht I[14] Rz 1228; *Iro*, Sachenrecht[6] Rz 13/9.
8) *Koziol – Welser/Kletečka*, Bürgerliches Recht I[14] Rz 1227; RIS-Justiz RS0033415; vgl die Darstellung des Meinungsstands bei *Iro*, Sachenrecht[6] Rz 13/9.
9) *Iro*, Sachenrecht[6] Rz 13/9 mwN in FN 8.

✐ Meine Notizen:

dieser Meinung,[10] so kann die B-Bank auf die Sicherheit greifen und diese verwerten, weil die Schuldnerin Eva bei Fälligkeit nicht gezahlt hat.

B. B-Bank gegen Petrol AG auf Zahlung von € 70.000,– gem § 1435 ABGB iVm § 1397 ABGB

Die B-Bank hat gegen Entgelt eine Forderung erworben. Gem § 1397 ABGB haftet der Überträger (Petrol AG) dem Übernehmer (B-Bank) für die Einbringlichkeit. Hier handelt es sich um eine Gewährleistungsbestimmung. Da die Forderung nicht einbringlich ist (Eva kann die Forderung nicht begleichen),[11] kann die B-Bank den Vertrag wandeln. Da sie für die Forderung iHv € 70.000,– aber nur € 60.000,– bezahlt hat, bekommt die B-Bank auch nur den geleisteten Kaufpreis zurück (vgl § 1397 ABGB). Der Anspruch der B-Bank besteht daher iHv € 60.000,– zu Recht. Die B-Bank muss der Petrol AG aber Zug um Zug mit der Rückzahlung des Entgelts die (uneinbringliche) Forderung rückübertragen. Das Erfüllungsinteresse iHv € 10.000,– könnte die B-Bank unter Berufung auf § 933 a ABGB verlangen.

II. Sicherungseigentum

A. B-Bank gegen Fabian auf Zahlung von € 50.000,– gem §§ 983, 988 ABGB

Fabian und die B-Bank haben einen Kreditvertrag geschlossen, der zur Rückzahlung fällig ist. Der Anspruch besteht zu Recht. Fabian kann nicht zahlen, weshalb die B-Bank auf die Sicherheit greifen und diese verwerten will. Die Sicherheit (das Flugzeug) befindet sich bei Eva, weshalb die B-Bank auf ihr Sicherungseigentum verweisen und das Flugzeug lt SV von Eva herausverlangen wird.

B. B-Bank gegen Eva auf Herausgabe des Sportflugzeugs gem §§ 366, 372 ABGB

Um das Flugzeug erfolgreich herausverlangen zu können, müsste die B-Bank Eigentümerin und das Flugzeug bei Eva sein, die zudem kein Recht zur Innehabung haben darf. Fabian übereignet sein Sportflugzeug zur Besicherung eines Kredits an die B-Bank. Ziel einer solchen Sicherungsübereignung ist, dass die B-Bank Eigentümerin des Flugzeugs wird und dieses wie eine Pfandsache bei Fälligkeit und Nichtzahlung der besicherten Forderung verwerten darf.

Wie für jeden Eigentumserwerb sind auch hier Titel, Modus und dingliche Berechtigung des Vormannes notwendig. Die dingliche Berechtigung des Fabian ist gegeben, er ist lt SV Eigentümer des Flugzeugs. Titel ist die Sicherungsabrede, also dass der Kredit durch das Flugzeug besichert werden soll, was funktionell einem Pfandbestellungsvertrag entspricht.[12] Damit pfandrechtliche Grundsätze (insb das Publizitätsprinzip) nicht umgangen werden, sind (die meisten) pfandrechtlichen Vorschriften nach hA analog auf das Sicherungseigentum anzuwenden.[13] Das gilt insb für den Modus. Lt SV übergibt Fabian das Flugzeug der B-Bank und händigt alle Schlüssel und Papiere aus. An beweglichen Sachen wird das Pfandrecht gem § 451 ABGB durch Übergabe erworben, was gem § 426 ABGB eine körperliche Übergabe voraussetzt. Dass das Flugzeug weiterhin auf Evas Flugplatz steht, schadet nicht, weil der Pfandgläubiger die Pfandsache nicht mitnehmen muss, da sie dem Zugriff des Schuldners damit entzogen ist. Die B-Bank konnte daher Sicherungseigentum am Flugzeug erwerben, weil die pfandrechtlichen Publizitätsvorschriften (analog) eingehalten wurden.

Problematisch ist, dass die B-Bank das Flugzeug an Fabian zurückgibt, als dieser darum bittet. Nach den analog anzuwendenden pfandrechtlichen Publizitätsvorschriften (Faustpfandprinzip) erlischt nach der hL deshalb das Pfandrecht und somit

10) Studierende, die diese Meinung kannten und erklärten, konnten damit genauso viele Punkte erreichen wie jene, die stattdessen den Anspruch der Bank gegen Petrol AG gem § 1397 ABGB (sogleich I. B.) geprüft haben.

11) Die Uneinbringlichkeit wird im Regelfall erst nach Klage und erfolgloser Exekution feststehen. Da bei der Diplomprüfung aus Bürgerlichem Recht zivilprozessrechtliche Aspekte nicht geprüft werden, konnten die Studierenden annehmen, dass die Uneinbringlichkeit schon dadurch bewiesen ist, dass im Sachverhalt festgehalten ist, dass Eva die Forderung nicht begleichen kann.

12) *Iro*, Sachenrecht[6] Rz 14/10.

13) *Koziol – Welser/Kletečka*, Bürgerliches Recht I[14] Rz 559, 1298; *Iro*, Sachenrecht[6] Rz 14/11.

✐ Meine Notizen:

auch das Sicherungseigentum gem § 467 ABGB.[14] Die Rsp folgert aus der Formulierung des § 467 ABGB, wonach das Pfandrecht erlischt, wenn der Pfandgläubiger sie dem Schuldner ohne Vorbehalt zurückstellt, dass es möglich ist, dass der Schuldner (Fabian) die Pfandsache (Flugzeug) vorübergehend benützt, und dennoch das Pfandrecht (Sicherungseigentum) aufrechtbleibt, wenn der Pfandgläubiger (B-Bank) einen derartigen Vorbehalt äußert. Aber selbst die Rsp ist der Ansicht, dass das Sicherungseigentum erlischt, wenn der Gläubiger die ihm zur Sicherheit übereignete Sache dem Schuldner nicht bloß vorübergehend unter Vorbehalt, sondern auf unbestimmte Zeit zurückstellt.[15] Das heißt im konkreten Fall, dass das Sicherungseigentum der B-Bank jedenfalls erloschen ist.

Durch das Anbringen der Plakette „*Eigentum der B-Bank*" könnte aber neuerlich Sicherungseigentum begründet worden sein. Es handelt sich aber nur um eine Verpfändung bzw Begründung von Sicherungseigentum durch Zeichen gem § 452 ABGB. Eine solche kommt bei beweglichen Sachen, die eine körperliche Übergabe von Hand zu Hand zulassen, nicht in Frage. Selbst wenn dem so wäre, genügt die kleine Plakette nicht dem strengen Maßstab des § 452 ABGB, weil nicht jedermann die Verpfändung (Sicherungsübereignung) leicht erfahren kann, wenn man ein 4x4 cm kleines Schild im Inneren des Flugzeugs anbringt. Die Bank hat kein Sicherungseigentum mehr, ihr fehlt somit die gem § 366 ABGB für die Eigentumsklage notwendige Aktivlegitimation, sodass der Anspruch nicht zu Recht besteht.

Die Rückstellung kann nicht als konkludenter Verzicht auf das Sicherungseigentum gedeutet werden, weil die Bank die Anbringung der Plakette verlangt. Sie hat daher einen obligatorischen Anspruch auf neuerliche sicherungsweise Übereignung der Sache gegen Fabian.[16]

C. Eva gegen Fabian auf Zahlung des Werklohns gem §§ 1151, 1170 ABGB

Eva hat sich gegenüber Fabian zur Herstellung eines Erfolgs, nämlich der Wartung seines Flugzeugs durch ihre Mechaniker (§ 1165 ABGB), verpflichtet, also einen Werkvertrag geschlossen. Da das Werk vollendet ist, ist der Werklohn gem § 1170 ABGB fällig und der Anspruch besteht.

D. Fabian gegen Eva auf Herausgabe des Sportflugzeugs gem §§ 366, 372 ABGB

Wieder sind die Voraussetzungen für die Eigentumsklage gem § 366 ABGB zu prüfen. Aus dem Anspruch II.B. ergibt sich, dass das Eigentum an Fabian zurückgefallen ist. Lt SV ist das Flugzeug bei Eva, die sich weigert, es herauszugeben, weil sie für die Wartung des Flugzeugs im Auftrag Fabians noch eine fällige Forderung iHv € 7.000,– gegen Fabian hat (II.C.).

Weil Eva nicht Eigentümerin ist, müsste sie das Flugzeug grds dem Eigentümer Fabian herausgeben. Gem § 471 ABGB kann aber jeder, der zur Herausgabe einer Sache verpflichtet ist, zur Sicherung seiner fälligen Forderungen wegen des für die Sache gemachten Aufwands mit der Wirkung zurückbehalten, dass er zur Herausgabe nur gegen die Zug um Zug zu bewirkende Gegenleistung verurteilt werden kann. Eva hat das Flugzeug im Auftrag Fabians durch ihre Mechaniker warten lassen, wofür Kosten iHv € 7.000,– anfielen, was als Aufwand für die Sache zu qualifizieren ist. Der Anspruch auf Herausgabe besteht zwar prinzipiell zu Recht; Eva kann das Flugzeug aber solange zurückbehalten und die Herausgabe verweigern, bis Fabian die Forderung begleicht.

III. Eigentumserwerb

A. Kurt gegen Stadtmuseum auf Herausgabe des Buches gem §§ 366, 372 ABGB

1) Adam – Kurt

Beim Eigentumserwerb empfiehlt sich eine chronologische Prüfung. Aus dem SV geht hervor, dass Kurt dem Adam sein Buch lt SV „geborgt" hat. Die beiden kamen also

14) *Koziol – Welser/Kletečka*, Bürgerliches Recht I[14] Rz 1196; *Iro*, Sachenrecht[6] Rz 12/4.
15) RIS-Justiz RS0010363.
16) *Koziol – Welser/Kletečka*, Bürgerliches Recht I[14] Rz 1196; *Iro*, Sachenrecht[6] Rz 12/4.

Meine Notizen:

überein, dass Kurt dem Adam unentgeltlich den Gebrauch einer unverbrauchbaren Sache (historisches Buch) überlässt, was ein Leihvertrag iSd § 971 ABGB ist. Ein derivativer Eigentumserwerb Adams kommt nicht in Frage, weil ein Leihvertrag nie auf Übertragung von Eigentum gerichtet ist. Durch die viele Zeit, die seither vergangen ist (lt SV 31 Jahre), könnte man an eine Ersitzung denken. Dafür sind rechtmäßiger (§§ 1461 f ABGB), redlicher (§ 1463 ABGB) und echter (§ 1464 ABGB) Besitz einer ersitzungsfähigen Sache Voraussetzung. Für die bewegliche Sache „Buch" würden drei Jahre gem § 1466 ABGB im Rahmen einer eigentlichen Ersitzung ausreichen. Die eigentliche Ersitzung dient dazu, Eigentumserwerb zu ermöglichen, wenn der derivative und gutgläubige Erwerb gescheitert ist.[17] Eine sonstige Schwäche im Titel wird aber nicht „ausgeglichen". Die §§ 1461, 1462 ABGB stellen also auf die Rechtmäßigkeit des Besitzes ab und fordern einen Titel, der idR dazu geführt hätte, dass der jetzige Besitzer Eigentümer geworden wäre. Gem § 1462 ABGB können daher geliehene Sachen vom Entlehner (Adam) wegen des Fehlens eines entsprechenden Titels nicht ersessen werden.

Nun kann man an die uneigentliche Ersitzung iSd § 1477 ABGB denken, für die die Rechtmäßigkeit, also ein Titel, gerade nicht Voraussetzung ist. Im Gegenzug beträgt die Frist allerdings 30 Jahre. Der Besitz muss echt und der Besitzer redlich sein. Unredlich ist gem § 326 ABGB, wer weiß oder aus den Umständen vermuten muss, dass die in seinem Besitz befindliche Sache einem anderen gehört. Auch die uneigentliche Ersitzung scheitert an der Redlichkeit, weil Adam wusste, dass das Buch Kurt gehörte. Als Zwischenergebnis ist festzuhalten, dass Kurt auch 31 Jahre nach Abschluss des Leihvertrags (nach dem Tod des Adam) noch immer Eigentümer ist.

Exkurs: Denkbar wäre auch, das Verhältnis zwischen Adam und Kurt als Prekarium (Bittleihe) zu beurteilen und die Ersitzung daher nicht nur an der Redlichkeit, sondern auch an der Echtheit des Besitzes scheitern zu lassen.[18]

2) Sigi – Museum

Sigi verschenkt das Buch an das Stadtmuseum. Der derivative Erwerb des Museums scheitert an der fehlenden dinglichen Berechtigung des Sigi, weil das Buch nach wie vor Kurt gehört. Der gutgläubige originäre Erwerb gem § 367 ABGB scheitert an der fehlenden Entgeltlichkeit. Das Museum erwirbt kein Eigentum, beginnt aber eine eigentliche Ersitzung. Die dreijährige Frist ist aber noch nicht abgelaufen. Kurt ist am Ende des SV also noch immer Eigentümer des Buches, das Stadtmuseum ist daher grds zur Herausgabe verpflichtet.

Das Museum hat das Buch wegen seines schlechten Zustands um € 1.000,– fachmännisch restaurieren lassen, was dazu geführt hat, dass das Buch um € 900,– an Wert gewonnen hat. Gem § 331 ABGB sind dem redlichen Besitzer notwendige oder nützliche Aufwendungen zugunsten der Sache zu ersetzen. Der Aufwand ist wohl schon ein notwendiger, weil er zur fortdauernden Erhaltung der Substanz erforderlich war (Restaurierung eines historischen Buches, das in schlechtem Zustand ist). Die Einordnung als nützlicher Aufwand ist auch vertretbar. Kurt wird nun argumentieren, dass das Museum € 1.000,– verlangt, er im Gegenzug aber ein Buch zurückbekommt, das nur € 900,– mehr wert ist. Gem § 331 ABGB gebührt dem redlichen Besitzer der Ersatz seiner Aufwendungen nur nach dem gegenwärtigen Wert, sofern er den wirklich gemachten Aufwand nicht übersteigt. Das bedeutet, dass grds die aus den Aufwendungen resultierende Wertsteigerung zu ersetzen ist. Ist die Wertsteigerung aber höher als der tatsächlich gemachte Aufwand, so ist der Ersatzanspruch mit dem gemachten Aufwand begrenzt.[19]

Das Stadtmuseum ist redlich iSd § 326 ABGB, weil es sich für den Eigentümer des Buches infolge der Schenkung gehalten hat und keine Verdachtsmomente vorlagen. Die Redlichkeit wird gem § 328 ABGB auch vermutet. Gem § 471 muss das Museum das Buch daher nur herausgeben, wenn Kurt im Gegenzug die Wertsteigerung iHv € 900,– ersetzt.

17) *Koziol – Welser/Kletečka,* Bürgerliches Recht I[14] Rz 1059; *Iro,* Sachenrecht[6] Rz 6/85.
18) *Iro,* Sachenrecht[6] Rz 6/90; aA *Kodek,* Besitzstörung (2002) 511 ff.
19) *Koziol – Welser/Kletečka,* Bürgerliches Recht I[14] Rz 1089 f; *Iro,* Sachenrecht[6] Rz 7/8. Wenn zB das Buch um € 1.100,– mehr wert wäre, könnte das Museum dennoch nur den tatsächlich getätigten Aufwand iHv € 1.000,– verlangen.

Meine Notizen:

B. Folgeansprüche

1) Gewährleistung

Ein Gewährleistungsanspruch wegen eines Rechtsmangels (das Museum konnte kein Eigentum erwerben) gegen Sigi scheidet aber aus, weil das Buch dem Museum geschenkt wurde (§ 922 Abs 1 ABGB).

2) Stadtmuseum gegen Sigi auf Zahlung von € 100,– gem § 945 ABGB

Die Differenz zwischen Aufwand und Wertsteigerung iHv € 100,– ist ein Vertrauensschaden des Museums, der daraus resultiert, dass Sigi nicht über seine fehlende Eigentümerstellung aufgeklärt hat. Das Stadtmuseum könnte sich daher gem § 945 ABGB an Sigi wenden. Dieser haftet aber nur für die wissentliche Schenkung einer fremden Sache.

Mit entsprechender Begründung konnten die Studierenden die Haftung bejahen oder verneinen. Sigi könnte sich für den Erben gehalten oder gedacht haben, er verschenke etwas, was ohnehin bald ihm gehören würde. Das spricht aber auch gegen ihn, weil diese Überlegung voraussetzt, dass Sigi wusste, dass das Buch eben noch nicht ihm gehört.

Exkurs: Es handelt sich nicht um einen Erwerb vom Scheinerben (§ 824 ABGB), weil einerseits dem richtigen eingeantwortet werden wird und andererseits die Schenkung lt SV noch vor einer etwaigen Einantwortung stattfindet. Zudem substituiert auch § 824 ABGB nur das fehlende Erbrecht und nicht die fehlende dingliche Berechtigung des Erblassers, in dessen Rechtsposition der (Schein-)Erbe eintritt.

IV. Erbrecht[20)]

A. Erbfolge nach Adam

In der lt SV formgültigen letztwilligen Verfügung des Adam werden Sigi und Maria je zur Hälfte als Erben eingesetzt, es handelt sich daher um ein Testament iSd § 552 Abs 2 ABGB.

Maria schlägt die Erbschaft gem § 805 ABGB aus (Erbsentschlagung bzw negative Erbserklärung). Die Wirkung ist, dass die Erbschaft der Maria als nicht angefallen gilt, der Erbanfall wird somit rückwirkend beseitigt.[21)] Kann oder will ein Erbe von seinem Erbrecht keinen Gebrauch machen, so regeln die §§ 560 ff ABGB was mit dem freigewordenen Teil geschieht, wenn sich der letztwilligen Verfügung diesbezüglich nichts entnehmen lässt. Damit möchte das ABGB dem vermuteten Erblasserwillen entsprechen.[22)]

Für die Verteilung unterscheiden die §§ 560 ff ABGB idF **vor ErbRÄG 2015** danach, ob die Erben vom Erblasser unbestimmt oder bestimmt eingesetzt wurden. Lt SV sollen Sigi und Maria „je zur Hälfte“ das Vermögen des Adam bekommen. Eine bestimmte Einsetzung ist es, wenn der Erblasser eine genaue Quote nennt, hier „die Hälfte“ (50%).[23)] Der Gesetzgeber stellte 1811 (Stammfassung des ABGB) die Vermutung auf, dass der Erblasser den bestimmt eingesetzten Erben auch nur diesen Teil zuwenden wollte und sie nicht mehr bekommen sollten, selbst wenn nachträglich ein Erbteil frei wird.

Exkurs: Wer argumentiert, dass die Quote durch Adam bloß zur Verdeutlichung beigefügt wurde und nur eine in Worte gefasste Regelung des § 555 ABGB aF ist, wonach ohne Vorschrift einer Teilung eingesetzte Erben zu gleichen Teilen erben, hat überzeugend dargetan, dass die §§ 560 ff ABGB aF problematisch sind und man die Verfügung des Adam auch als eine unbestimmte Einsetzung (iS eines allgemeinen Ausdrucks gleicher Teilung gem § 560 ABGB aF) beurteilen kann. Damit wird man dem Erblasserwillen idR eher entsprechen als mit § 562 ABGB aF. Zur Neuregelung durch das ErbRÄG 2015 s am Ende des Anspruchs.

Sigi bleibt als einziger testamentarischer Erbe übrig. Da er bestimmt eingesetzt ist, gebührt ihm aber gem § 562 ABGB aF „in keinem Falle“ das Zuwachsrecht. Weiters

20) Zum Zeitpunkt der Diplomprüfung war das ErbRÄG 2015 noch nicht in Kraft. Damit der Fall zu Übungszwecken aktuell bleibt, wurde die Lösung an die Rechtslage **nach Inkrafttreten des ErbRÄG 2015** angepasst. Zu Vergleichszwecken wurde auch die alte Lösung abgedruckt. Wird auf erbrechtliche Bestimmungen vor dem ErbRÄG 2015 Bezug genommen, sind diese durch den Zusatz „aF“ („alte Fassung“) gekennzeichnet.

21) *Welser/Zöchling-Jud*, Bürgerliches Recht II[14] Rz 2401; *Eccher*, Erbrecht[6] Rz 2/31.

22) *Welser/Zöchling-Jud*, Bürgerliches Recht II[14] Rz 2218; *Eccher*, Erbrecht[6] Rz 4/76.

23) *Welser/Zöchling-Jud*, Bürgerliches Recht II[14] Rz 2218; zur Rechtslage vor dem ErbRÄG 2015 *Eccher*, Erbrecht[5] Rz 4/76 bzw nunmehr *Eccher*, Erbrecht[6] Rz 4/76 FN 96.

Meine Notizen:

bestimmt § 562 ABGB aF, dass, wenn kein unbestimmt eingesetzter Erbe übrig ist, der freie Teil dennoch nicht einem noch übrigen bestimmt eingesetzten, sondern den gesetzlichen Erben zuwächst.

Die gesetzlichen Erben sind der Ehegatte (§ 730 ABGB aF) und diejenigen, die mit dem Erblasser in nächster Linie verwandt sind. Zur ersten Linie (Parentel) gehören die Kinder (§ 731 Abs 1 ABGB aF), also Sigi. Die einzelnen Linien können nur nacheinander, nicht aber gleichzeitig erben (§§ 732, 735 ABGB aF). Daher ist Sigi gesetzlicher Erbe, ihm fällt gem § 732 ABGB aF die Erbschaft zu; nicht aber Adams Mutter aus der zweiten Linie (Parentel), was auch § 735 ABGB aF ausdrücklich sagt.

Auch der Ehegatte hat gem § 757 ABGB aF ein gesetzliches Erbrecht. Die Höhe hängt davon ab, mit welchen anderen Verwandten er „konkurriert". Neben den Kindern des Erblassers gebührt Eva gem § 757 Abs 1 ABGB aF daher 1/3 des Nachlasses. Dass Adam und Eva seit zwei Jahren getrennt leben, spielt keine Rolle, weil es gem § 757 ABGB aF darauf ankommt, dass der Erblasser im Todeszeitpunkt gültig verheiratet war.[24] Auch ist das Erbrecht der Eva nicht (§ 759 Abs 2 ABGB aF) erloschen, weil lt SV Adam (der Erblasser) keine Scheidungsklage eingebracht hat, sie leben bloß getrennt.

Für die Erbfolge bedeutet das: Sigi erbt die Hälfte des Nachlasses aufgrund des Testaments. Die Maria zugedachte Hälfte wächst den gesetzlichen Erben zu. Davon erhält Sigi 2/3 und Eva 1/3. Gesamt betrachtet erhält Eva daher 1/6 des Nachlasses (1/3 von 1/2) und Sigi die restlichen 5/6.

Exkurs: Obwohl bestimmt eingesetzte Erben nach § 562 ABGB aF gar nichts mehr bekommen sollen, regeln die §§ 560 ff ABGB aF nur das Verhältnis der eingesetzten Erben untereinander (jemand soll im Verhältnis zu seinem testamentarischen Miterben nicht mehr bekommen). Ein Nebeneinander zweier Berufungsgründe (Testament, gesetzliches Erbrecht, vgl § 534 ABGB aF) ist aber möglich.[25] Obwohl Sigi bestimmt eingesetzt ist, kann er daher nochmals erben.

Das **ErbRÄG 2015** hat die Zuwachsregeln deutlich verbessert, indem die Unterscheidung zwischen bestimmter und unbestimmter Einsetzung abgeschafft wurde. Nach § 560 Abs 1 ABGB idF ErbRÄG 2015 wächst der frei gewordene Teil im Zweifel den übrigen eingesetzten Erben im Verhältnis ihrer Erbteile an. Da Sigi alleine übrig bleibt und keine Anhaltspunkte für einen gegenteiligen Erblasserwillen erkennbar sind, wächst der für Maria bestimmte Teil Sigi zu.

B. Pflichtteil von Eva

Eva ist unzufrieden, weil Adam sie nicht bedacht hat. Die Nichterwähnung von Eva in Adams Testament könnte gem § 772 Abs 1 ABGB eine stillschweigende Enterbung sein.[26] Dafür bietet der SV aber keine Anhaltspunkte. Eva kann gem § 758 Abs 1 ABGB aber nur den Pflichtteil fordern, weil sie stillschweigend übergangen wurde. Gem § 757 ABGB ist die Ehegattin pflichtteilsberechtigt. Die Höhe bestimmt § 759 ABGB mit der Hälfte des gesetzlichen Erbteils, der für Eva neben Sohn Sigi 1/3 beträgt (§ 744 Abs 1 ABGB). Ihr Pflichtteil ist daher 1/6 des Nachlasses. Der Pflichtteil kann gem § 761 Abs 1 ABGB in Gestalt eines Erbteiles hinterlassen werden.

Im Anschluss an die obigen Ausführungen zur Rechtslage **vor ErbRÄG 2015** hat Eva gem § 562 ABGB aF schon 1/3 der freigewordenen Hälfte des Nachlasses, somit 1/6 des gesamten Nachlasses, erhalten (s IV.A.). Der reine Nachlass beträgt lt SV € 600.000,–, davon ist 1/6 € 100.000,–. Ihr Pflichtteil ist daher gedeckt, sie kann nicht mehr fordern.

Nach dem **ErbRÄG 2015** ist der Pflichtteil von Eva nicht gedeckt, weil sie keinen Erbteil bekommt, da alles an Sigi geht (IV.A.). Sie hat daher gem §§ 763, 764 Abs 1 ABGB einen Anspruch gegen die Verlassenschaft und nach Einantwortung gegen den Erben Sigi und kann den Pflichtteil in Geld fordern.

C. Eigentumswohnung am Wörthersee

Im Todesfall eines Wohnungseigentumspartners geht gem § 14 Abs 1 Z 1 WEG der Anteil des Verstorbenen unmittelbar von Gesetzes wegen in das Eigentum des überlebenden Partners über. Die Eigentumspartner können gem § 14 Abs 5 WEG durch

24) *Welser/Zöchling-Jud,* Bürgerliches Recht II[14] Rz 1959; *Eccher,* Erbrecht[6] Rz 3/14.
25) *Welser/Zöchling-Jud,* Bürgerliches Recht II[14] Rz 2221; zur Rechtslage vor dem ErbRÄG 2015 *Eccher,* Erbrecht[5] Rz 4/79 bzw nunmehr zu ähnlichen Fällen *Eccher,* Erbrecht[6] Rz 4/79.
26) *Welser/Zöchling-Jud,* Bürgerliches Recht II[14] Rz 2313; *Eccher,* Erbrecht[6] Rz 11/12.

eine vor einem Notar oder unter anwaltlicher Mitwirkung schriftlich geschlossenen Vereinbarung bestimmen, dass anstelle des gesetzlichen Eigentumsübergangs nach § 14 Abs 1 Z 1 WEG der Anteil des Verstorbenen einer anderen natürlichen Person zukommt. Da Adam mit Eva keine Vereinbarung geschlossen hat und ein sonstiger Erwerb von Todes wegen schon nach § 14 Abs 1 WEG ausgeschlossen ist, kann Sigi Adams Anteil nicht erwerben, obwohl dieser es so wollte. Dem anderen Partner soll kein Miteigentümer ohne seinen Willen aufgedrängt werden.[27] Sigi hat keinen Anspruch auf Übereignung des halben Mindestanteils.

Daher kommt es zur Anwachsung[28] bei Eva gem § 14 Abs 1 Z 1 WEG. Weil der Mindestanteil des Verstorbenen nicht in die Verlassenschaft fällt, muss der überlebende Partner im Gegenzug gem § 14 Abs 2 WEG die Hälfte des Verkehrswerts des Mindestanteils als Übernahmspreis an die Verlassenschaft zahlen. Die Zahlungspflicht kann vom Erblasser gem § 14 Abs 4, 5 WEG erlassen werden. Der Erlass hat sich jedoch nur auf Sigi und nicht auf Eva bezogen, sie muss daher zahlen.

§ 14 Abs 3 WEG enthält eine Sonderregelung (geringerer Übernahmspreis), falls der überlebende Wohnungseigentumspartner ein Pflichtteilsberechtigter des Verstorbenen war und andere Pflichtteilsberechtigte vorhanden sind. Das ist der Fall, weil die Ehegattin Eva und der Sohn Sigi pflichtteilsberechtigt sind (IV.A. und B.). Als weitere Voraussetzung muss Gegenstand des gemeinsamen Wohnungseigentums aber eine Wohnung gewesen sein, die der Überlebenden (Ehegattin Eva) zur Befriedigung ihres dringenden Wohnbedürfnisses dient. Das ist nicht der Fall, weil es sich hier um die Ferienwohnung in Kärnten handelt und Eva lt SV seit zwei Jahren von Adam getrennt lebt. Eva kann sich daher nicht auf diese Sonderregelung berufen, und der von ihr zu zahlende Übernahmspreis richtet sich nach § 14 Abs 2 WEG. Eva muss die Hälfte des Verkehrswerts des Mindestanteils an die Verlassenschaft nach Adam zahlen. Lt SV ist die Wohnung und damit der Mindestanteil (vgl § 2 Abs 9 WEG) € 400.000,– wert. Die Hälfte davon sind € 200.000,–. Für die Lösung der anderen erbrechtlichen Fragen (IV.A. und B.) spielt die Frage nach dem Übernahmspreis keine Rolle, weil er schon im reinen Nachlass enthalten ist.

Aktualisierungen

Zu **IV.** (Erbrecht): Die Prüfung wurde zwar vor dem Inkrafttreten des ErbRÄG 2015 (1. 1. 2017) abgehalten, die Musterlösung ist aber bereits an die dadurch herbeigeführte Rechtslage angepasst.

Zu Vergleichszwecken wird im Beitrag auch die alte Lösung dargestellt. (Sofern dabei auf Bestimmungen vor dem ErbRÄG 2015 Bezug genommen wird, sind diese mit dem Zusatz „aF“ für „alte Fassung“ bezeichnet.)

Zu **I.B.:** Seit Inkrafttreten des Gewährleistungsrichtlinien-Umsetzungsgesetzes (GRUG) mit 1. 1. 2022 heißt der sekundäre Gewährleistungsbehelf, mit dem der Gewährleistungsberechtigte sich vom gesamten Vertrag lösen kann, nicht mehr „Wandlung“, sondern „Auflösung des Vertrags“ (s § 932 ABGB). Heute würde man daher sagen, die B-Bank kann den Vertrag „auflösen“.

Meine Notizen:

27) *Welser/Zöchling-Jud,* Bürgerliches Recht II[14] Rz 1963f.
28) Nicht zu verwechseln mit der Anwachsung bzw dem Zuwachs iSd §§ 560ff ABGB (oben IV.A.).

Meine Notizen:

Prüfer: Andreas Kletečka und Friedrich Harrer

Klausur aus Bürgerlichem Recht

Salzburg, November 2016

Schwerpunkte: Gewährleistung; Irrtum; Schadenersatz

SACHVERHALT

A, ein selbständiger Versicherungsmakler, beabsichtigte, in zwei Räumen seines Büros neue Parkettböden zu verlegen. In dieser Wohnung (= Büro) hält A mehrere Katzen, die auf Holzböden Kratzspuren hinterlassen, weil sie Holz dazu benutzen, ihre Krallen zu schärfen. **A** wusste daher, dass nur Holzsorten in Betracht kamen, die einen hohen Härtegrad aufwiesen.

Am 27. Juni 2016 suchte A den **„Heimwerkermarkt B"** auf und erkundigte sich nach Parkettböden. Er zog den „Fertigparkett Bergahorn rustikal, lackiert" in die nähere Wahl. A erklärte dem Verkaufsberater **C**, einem Mitarbeiter des **B**, dass er diesen Fertigparkett nur erwerben werde, wenn das Holz einen hohen Härtegrad habe. **C** sagte zu, dass er bei **D**, dem Hersteller dieses Produkts (Fertigparkett Bergahorn rustikal, lackiert) nachfragen werde. **A** übergab **C** seine Visitenkarte.

Zwei Tage später langte bei **A** eine E-Mail des **B** ein: „Sehr geehrter Herr **A**, Fertigparkett Bergahorn rustikal, lackiert, der Firma D hat einen Brinellwert von 48. Es ist dies ein sehr hoher Härtegrad. Mit freundlichen Grüßen."

C hatte sich sogleich nach dem Gespräch mit **A** bei **D** über den Härtegrad des Produktes „Fertigparkett Bergahorn rustikal, lackiert" erkundigt. **C** erhielt folgende Auskunft: „Unser Bergahorn hat einen Brinellwert von 48, also sehr hart."

Mit dem Brinellwert gibt man den Härtegrad von Holz an. Ein Brinellwert von 48 ist in der Tat ein sehr hoher Wert. Die Auskunft, die C erhalten hatte, war allerdings falsch. Der Bergahorn hat einen Brinellwert von 27.

Nachdem **A** von **B** darüber informiert worden war, dass der Fertigparkett einen sehr hohen Brinellwert hat, entschloss er sich zum Kauf. Er erwarb bei **B** 40 m² Fertigparkett („Bergahorn rustikal, lackiert", der Firma **D**) zum Preis von € 2.000,– und verlegte den Boden sodann selbst.

Alsbald wies der Boden vielfältige Kratzspuren auf. Die Katzen ließen sich nicht davon abhalten, den Boden zum „Schärfen" der Krallen zu verwenden.

A hatte den Parkett nur erworben, weil ihm mitgeteilt worden war, dass das Holz einen sehr hohen Härtegrad aufweist. Auf Holz, das einen Brinellwert von 48 hat, können Katzen Kratzspuren nicht hinterlassen.

A informierte **B** am nächsten Tag über die Lage. Dieser lehnt „jede Verantwortlichkeit oder Haftung ab".

A verlangt von **B** 1. die Aufhebung und Rückabwicklung des Kaufvertrags und 2. eine „Entschädigung für den sinnlosen Verlegeaufwand" in Höhe von € 1.500,–. Gehen Sie von der Annahme aus, dass dies eine angemessene Vergütung der Arbeitsleistungen (Verlegen des Parkettbodens) wäre.

Schließlich fordert **A** von **B** die „Entfernung des unbrauchbaren Bodens bzw den Abtransport oder die Rücknahme des Parketts".

Wird A mit diesen Ansprüchen durchdringen?

Würde sich die Rechtslage ändern, wenn sich **A** (seit 31. 12. 2012) bereits im Ruhestand befände und die Wohnung privat nutzen würde?

Univ.-Prof. Dr. *Andreas Kletečka* lehrt am Fachbereich Privatrecht der Universität Salzburg. RA Univ.-Prof. Dr. *Friedrich Harrer* lehrt am Fachbereich Arbeits- und Wirtschaftsrecht der Universität Salzburg.

MUSTERLÖSUNG

Von Anna Lena Kronberger

Meine Notizen:

I. Aufhebung und Rückabwicklung des Kaufvertrags

A. A gegen B auf Aufhebung und Rückabwicklung des Vertrags gem §§ 932 Abs 4, § 1435 ABGB

A und B schließen einen Kaufvertrag gem § 1053 ABGB über 40 m² Fertigparkett (Bergahorn, rustikal, lackiert) zum Preis von € 2.000,– ab. Der Fertigparkett wurde übergeben, allerdings wies der Boden alsbald vielfältige Kratzspuren auf. Zu prüfen ist, ob A die Aufhebung des Kaufvertrags gem § 932 Abs 4 ABGB gegen B verlangen kann.

Die Geltendmachung von Gewährleistungsansprüchen setzt zunächst voraus, dass ein Mangel im Zeitpunkt der Übergabe vorliegt. Gem § 922 ABGB ist eine Sache mangelhaft, wenn sie qualitativ oder quantitativ hinter dem Geschuldeten, dh dem Vertragsinhalt, zurückbleibt[1)] (Sachmangel) oder wenn dem Käufer nicht die vertraglich geschuldete Rechtsposition verschaffen wird (Rechtsmangel). Der Übergeber haftet für bedungene, mit anderen Worten für besonders zugesicherte Eigenschaften. Es erhebt sich die Frage, ob der hohe Brinellwert des Bodens zum Vertragsinhalt wurde. A erklärte laut Sachverhalt, dass er „diesen Fertigparkett nur erwerben werde, wenn das Holz einen hohen Härtegrad habe". Er ist also zum Abschluss des Kaufvertrags nur dann bereit, wenn der Kaufgegenstand diese Eigenschaft aufweist. Die Mitteilung des B in seiner E-Mail an A, dass der Boden einen sehr hohen Härtegrad habe, stellt eine Zusicherung dieser Eigenschaft dar. Tatsächlich weist der Boden diesen Härtegrad jedoch nicht auf. Deshalb liegt ein Sachmangel vor. Der Mangel muss gem § 924 ABGB darüber hinaus bereits im Zeitpunkt der Übergabe vorhanden sein, was im vorliegenden Fall zutrifft.

Grundsätzlich stehen gem § 932 Abs 1 ABGB zunächst nur die primären Gewährleistungsbehelfe Verbesserung oder Austausch zur Verfügung (Prinzip der zweiten Chance).

A kann nach § 932 Abs 1 ABGB auf Grund eines Mangels vorerst nur Verbesserung oder Austausch der mangelhaften Sache fordern. Die sekundären Gewährleistungsbehelfe (Preisminderung und Wandlung) kommen nur dann in Betracht, wenn einer der Fälle des § 932 Abs 4 ABGB vorliegt. Verweigert demnach der Übergeber B die Verbesserung oder den Austausch, so kann A die sekundären Gewährleistungsbehelfe verlangen und Wandlung geltend machen (§ 932 Abs 4 Satz 2 ABGB). Die Verweigerung des Übergebers muss ernsthaft und endgültig sein.[2)] Laut Sachverhalt lehnt B „jede Verantwortlichkeit oder Haftung ab", was eine ernsthafte und endgültige Verweigerung iSd § 932 Abs 4 ABGB darstellt.

Zudem darf kein geringfügiger Mangel vorliegen, damit A Wandlung geltend machen kann. Hat der Übernehmer ein besonderes Interesse am Vorhandensein einer bestimmten Eigenschaft des Gegenstands deutlich gemacht und wurde diese Eigenschaft zugesichert, so stellt ihr Fehlen jedenfalls einen nicht geringfügigen Mangel iSd § 932 Abs 4 ABGB dar. Da A erklärte, den gewählten Boden nur dann zu erwerben, wenn das Holz einen hohen Härtegrad habe, brachte er ein besonderes Interesse am Vorhandensein dieser Eigenschaft zum Ausdruck. Er hätte den Vertrag in Kenntnis dieses Mangels keinesfalls abgeschlossen, auch nicht zu anderen Konditionen (Preisminderung).[3)] Dass der Fertigparkett diese Eigenschaft nicht aufweist, stellt somit einen erheblichen Mangel dar.

Zusätzlich ist § 377 UGB zu beachten, wenn der Kauf für beide Seiten ein unternehmensbezogenes Geschäft ist. Als unternehmensbezogen bezeichnet man ein Geschäft, das einen funktionalen Bezug zum Unternehmen besitzt.[4)] Der Käufer hat dem Verkäufer Mängel der Ware, die er bei ordnungsgemäßem Geschäftsgang nach Ablieferung durch Untersuchung festgestellt hat oder hätte feststellen müssen, binnen angemessener Frist anzuzeigen. Unterlässt der Käufer die Anzeige, so kann er Ansprüche auf Gewährleistung (§§ 922 ff ABGB), auf Schadenersatz wegen des Mangels

---

Anna Lena Kronberger war Studienassistentin am Fachbereich Arbeits- & Wirtschaftsrecht der Universität Salzburg.

1) *Welser/Zöchling-Jud*, Bürgerliches Recht II[14] (2015) Rz 315; vgl *Reischauer* in *Rummel* (Hrsg), ABGB[3] § 923 ABGB Rz 3.
2) *Welser/Zöchling-Jud*, Bürgerliches Recht II[14] Rz 350; vgl *Zöchling-Jud* in *Kletečka/Schauer* (Hrsg), ABGB-ON[1.02] § 932 Rz 51.
3) *Welser/Zöchling-Jud*, Bürgerliches Recht II[14] Rz 355; vgl *Zöchling-Jud* in *Kletečka/Schauer* (Hrsg), ABGB-ON[1.02] § 932 Rz 66.
4) *Welser/Zöchling-Jud*, Bürgerliches Recht II[14] Rz 1179; *Rauter* in *Straube/Ratka/Rauter*, UGB I[4] (2016) § 344 UGB Rz 41.

Meine Notizen:

selbst (§ 933 a Abs 2 ABGB) sowie aus einem Irrtum über die Mangelfreiheit der Sache (§§ 871 f ABGB) nicht mehr geltend machen. Zeigt sich ein solcher Mangel erst später, so muss er ebenfalls innerhalb angemessener Frist angezeigt werden.[5] Als selbständiger Versicherungsmakler ist A Unternehmer iSd § 1 UGB und da er den Boden für sein Büro erwarb, handelt es sich dabei um ein Geschäft, das einen funktionalen Bezug zu seinem Unternehmen besitzt. Laut Sachverhalt informiert A den B bereits am nächsten Tag über den Mangel, weshalb die Erhebung der Mängelrüge rechtzeitig stattgefunden hat.

A kann die Wandlung begehren. Sie wirkt schuldrechtlich ex tunc: Aufgrund des Vertrags vollzogene Übereignungsakte sind somit weiterhin wirksam, allerdings hat A schuldrechtliche Ansprüche auf Rückübertragung des Kaufpreises iHv € 2.000,– gem § 1435 ABGB. Der Anspruch des A besteht zu Recht.

B. A gegen B auf Aufhebung des Vertrags und Rückzahlung des Kaufpreises iHv € 2.000,– gem §§ 871, 877, 1053 ABGB

Des Weiteren ist zu prüfen, ob A gegen B (alternativ) ein Recht zur Irrtumsanfechtung gem § 871 ABGB hat. Einem Irrtum unterliegt, wer zum Zeitpunkt des Vertragsabschlusses eine falsche Vorstellung von der Wirklichkeit hat. Die Ansicht des A, einen Fertigparkett mit besonders hohem Härtegrad erworben zu haben, entspricht nicht der Wirklichkeit, da der Boden lediglich einen Brinellwert von 27 hat, was kein hoher Wert ist. Er unterliegt diesbezüglich einem Irrtum.

Im Gegensatz zur Gewährleistung, bei der die Verjährungsfrist bei beweglichen Gegenständen zwei Jahre ab Ablieferung der Sache beträgt, erlischt das Recht zur Irrtumsanfechtung erst nach drei Jahren ab Vertragsabschluss. Die Irrtumsanfechtung ist somit auch nach Ablauf der Gewährleistungsfrist möglich. Der Boden wies laut Sachverhalt „alsbald" vielfältige Kratzspuren auf, woraufhin A den B über die Lage informierte. Der Sachverhalt enthält keine Anhaltspunkte, wonach die Anfechtungsfrist von drei Jahren ab Vertragsschluss bereits abgelaufen wäre.

Damit die Berechtigung zur Anfechtung eines Vertrags wegen Irrtums gegeben ist, wird das Vorliegen eines wesentlichen Irrtums iSd § 871 ABGB vorausgesetzt. Dieser liegt vor, wenn A über eine wesentliche Beschaffenheit des Vertrags irrt und er den Vertrag ohne diesen Irrtum nicht geschlossen hätte. Würde sich der Irrtum lediglich auf einen außerhalb des Geschäfts gelegenen Umstand beziehen, so läge ein unbeachtlicher Motivirrtum vor. Zudem muss der Irrtum durch B veranlasst worden sein (Kausalität), er hätte ihm auffallen müssen oder A hätte B rechtzeitig von seinem Irrtum in Kenntnis setzen müssen.

A irrt über den Härtegrad des Fertigparketts (Eigenschaftsirrtum). Ob der Irrtum über diese Eigenschaft wesentlich iSd § 871 ABGB ist, richtet sich danach, ob es sich um eine bedungene Eigenschaft handelt. Wie oben bei Punkt I.A. bereits genauer ausgeführt, handelt es sich beim hohen Härtegrad um eine besonders bedungene Eigenschaft. A hätte den Vertrag ohne diesen Irrtum nicht geschlossen, er unterliegt somit einem wesentlichen Geschäftsirrtum.

Zudem wurde der Irrtum durch B veranlasst, weil er A in der E-Mail den hohen Härtegrad des gewählten Bodens zugesichert hat (§ 871 Abs 1 Fall 1 ABGB).

Der Anspruch des A besteht somit zu Recht. Der Vertrag wird in Folge der Irrtumsanfechtung sachenrechtlich und schuldrechtlich ex tunc aufgehoben. A kann die Rückzahlung des Kaufpreises fordern.

II. Entfernung und Abtransport des unbrauchbaren Bodens

Zu prüfen ist, ob A einen Anspruch gegen B auf Entfernung des unbrauchbaren Bodens hat bzw ob B zu dessen Entfernung verpflichtet ist.

A. A gegen B auf Entfernung und Abtransport des unbrauchbaren Bodens gem §§ 1435, 932 Abs 4 ABGB

Durch die Wandlung wird der Vertrag aufgehoben. Wie der Rücktritt vom Vertrag wirkt sie schuldrechtlich ex tunc, was bedeutet, dass sachenrechtliche Übereignungsakte weiterhin wirksam sind und schuldrechtliche Ansprüche auf Rückübertragung

5) *Rauter* in *Straube/Ratka/Rauter*, UGB I[4] § 377 UGB Rz 54.

Meine Notizen:

entstehen.[6] Folglich hätte B zwar einen Bereicherungsanspruch gem § 1435 ABGB auf Rückgabe der mangelhaften Sache, hieraus ergibt sich jedoch weder eine Ausbaupflicht noch eine Rücknahmepflicht des Verkäufers.

A hat somit im Zuge der Wandlung grundsätzlich keinen Anspruch gegen B auf Entfernung und Abtransport des unbrauchbaren Bodens. Eine gegenteilige Option wurde in Österreich bislang nicht diskutiert.

Obwohl im deutschen Recht[7] eine Verpflichtung des Verkäufers zur Rücknahme der Kaufsache ebenfalls nicht im Gesetz geregelt ist, wird diese allerdings von der hM[8] bejaht.

Bereits nach der alten Fassung des BGB, in der das Rechtsinstitut der Wandlung (in Deutschland „Wandelung") noch geregelt war, erschien eine Pflicht des Verkäufers zur Rücknahme der Kaufsache im Zuge der Wandlung als geboten.[9]

Auch nach der deutschen Schuldrechtsmodernisierung im Jahr 2002, bei der an die Stelle der Wandlung das Rechtsinstitut des Rücktritts trat, geht die hM[10] von einer Rücknahmepflicht des Verkäufers aus. Der Rücktrittsgegner ist demnach zur Rücknahme der Sache jedenfalls dann verpflichtet, wenn der Rücktrittsberechtigte ein schutzwürdiges Interesse an der Rücknahme hat.[11]

Eine Abhol- und Ausbaupflicht wird kontrovers diskutiert, wobei auch hier die hM[12] von einer solchen Pflicht des Verkäufers ausgeht. Danach besitzt der Käufer, der rechtmäßig Wandlung geltend gemacht hat, ein besonderes Interesse daran, möglichst weitgehend so gestellt zu werden, als hätte er sich nie auf den Vertrag eingelassen. Die Rücknahmepflicht des Verkäufers hat schließlich dort zu erfolgen, wo sich die Sache zur Zeit der Wandlung befindet, auch wenn diese bereits vom Verkäufer eingebaut wurde.[13]

Das deutsche Recht stützt diese Auffassung auf die spiegelbildliche Anwendung des § 433 Abs 2 BGB, wonach der Käufer durch den Kaufvertrag nicht nur zur Zahlung des Kaufpreises, sondern auch zur Abnahme der Kaufsache verpflichtet ist. Im Umkehrschluss zu § 433 Abs 2 BGB muss also dem Verkäufer bei der Rückabwicklung des Vertrags diese Verbindlichkeit ebenso auferlegt werden.[14] Das Gegenstück zur deutschen Bestimmung bildet im österreichischen Recht § 1062 ABGB, wo der Käufer ebenfalls zur Zahlung des Kaufpreises und Abnahme der Ware verpflichtet wird.

Fraglich ist, ob auch für das österreichische Recht entsprechende Überlegungen geboten erscheinen.

Nach der Wandlung erfolgt die bereicherungsrechtliche Rückabwicklung Zug um Zug. Möchte der Käufer demnach den Kaufpreis zurückerhalten, ist er zur Rückstellung der Sache verpflichtet, was wiederum zumindest eine Ausbau- und Abholpflicht des Verkäufers ausschließen würde. Im Gegensatz dazu, ist der Verkäufer zur Rückzahlung des Kaufpreises verpflichtet, woraufhin er das Recht hat, den Gegenstand zurückzuverlangen. Eine Pflicht zur Rücknahme entsteht dadurch allerdings nicht.

Zudem ist die analoge Anwendung des § 1062 ABGB unter den Andwendungsvoraussetzungen für eine Gesetzesanalogie iSd § 7 ABGB kritisch zu beurteilen. Diese setzt voraus, dass eine Regelungslücke vorliegt. Darunter wird eine planwidrige Unvollständigkeit des Gesetzes verstanden.[15] Ob die Nichtregelung der Rücknahmepflicht im Rahmen der Wandlung allerdings eine solche Unvollständigkeit darstellt, ist fraglich. In Folge der richtlinienkonformen Umsetzung der Verbrauchsgüterkauf-RL[16] hat sich der Gesetzgeber mit der Modifizierung des Gewährleistungsrechts auseinandergesetzt. Eine Pflicht zum Aus- und Einbau der mangelhaften Sache bzw die wahlweise Tragung der daraus entstehenden Kosten wurden jedoch lediglich im Rah-

6) *Welser/Zöchling-Jud,* Bürgerliches Recht II[14] Rz 357; vgl *Zöchling-Jud* in *Kletečka/Schauer,* ABGB-ON[1.02] § 932 Rz 39.
7) Die Kenntnis der deutschen Rechtslage wird von den Studierenden nicht verlangt.
8) Zur alten Rechtslage: *Honsell* in *Staudinger* (Hrsg), BGB 1995 § 467 Rz 36; zur aktuellen Rechtslage: *Kaiser* in *Staudinger,* BGB 2012 § 346 Rz 91 ff; BGH 9. 3. 1983, VIII ZR 211/07 BGHZ 87, 104 ff.
9) Zur alten Rechtslage: *Honsell* in *Staudinger,* BGB 1995 § 467 Rz 36.
10) *Kaiser* in *Staudinger,* BGB 2012 § 346 Rz 92; *Gaier,* Münchner Kommentar zum Bürgerlichen Gesetzbuch[7] (2016) § 346 Rz 16; *Grüneberg* in *Palandt,* Bürgerliches Gesetzbuch[74] (2015) § 346 Rz 5.
11) BGH 9. 3. 1983, VIII ZR 211/07 BGHZ 87, 104 ff.
12) *Terrahe,* Haftungs- und Deckungssituation für Aus- und Einbaukosten nach dem neuen Kaufrecht, VersR 2004, 686; *Faust* in *Bamberger/Roth,* Kommentar zum Bürgerlichen Gesetzbuch[2] (2007) § 437 Rz 45.
13) *Faust* in *Bamberger/Roth,* Kommentar zum Bürgerlichen Gesetzbuch[2] (2007) § 437 Rz 45.
14) *Kleinheinz,* Das Pflichtenprogramm des Verkäufers beim Rücktritt – der Dachziegelfall (BGHZ 87, 104), JURA 2008, 285.
15) *Welser/Zöchling-Jud,* Bürgerliches Recht II[14] Rz 106; vgl *Schauer* in *Kletečka/Schauer,* ABGB-ON[1.02] § 7 Rz 4.
16) Ausführlicher dazu unten bei „VI. Variante".

Meine Notizen:

men des primären Gewährleistungsbehelfs Austausch und nur für Verträge zwischen Verbrauchern und Unternehmern geregelt. Aus dieser Umsetzung, die sich ausschließlich auf den vom EuGH modifizierten Bereich beschränkt, könnte man schließen, dass eine Erweiterung dieser Pflicht auf die übrigen Gewährleistungsbehelfe vom Gesetzgeber gerade nicht gewollt wurde.

Unter den angeführten Aspekten besteht im Rahmen der Wandlung keine Verpflichtung des Verkäufers zur Rücknahme der Sache.[17]

Folglich ist der Anspruch des A auf Entfernung des Bodens durch B zu verneinen.

B. A gegen B auf Entfernung des unbrauchbaren Bodens gem § 523 ABGB

Auch ist es fraglich, ob A gegen B einen Beseitigungsanspruch in Form der actio negatoria (§ 523 ABGB) geltend machen kann. Diese Klage richtet sich auf die Beseitigung von Störungen. Die mangelhafte Ware wurde durch A allerdings selbst und insbesondere freiwillig eingebaut, weshalb das Tatbestandselement der Störung nicht erfüllt wird.[18]

Somit ist ein derartiger Anspruch des A zu verneinen.

Weitere Ansprüche des A gegen B auf Entfernung des unbrauchbaren Bodens kommen nicht in Betracht.[19]

III. Entschädigung für den sinnlosen Verlegeaufwand iHv € 1.500,–

A gegen B auf Schadenersatz für die Kosten des sinnlosen Verlegeaufwands iHv € 1.500,– gem § 1295 Abs 1 Fall 1 ABGB

1) Schaden

A erleidet einen Schaden iHv € 1.500,–, weil er einen sinnlosen Verlegeaufwand getätigt hat. Dabei handelt es sich um einen reinen Vermögensschaden, der jedoch im Rahmen eines Vertragsverhältnisses ersatzfähig ist. Die konkrete Schadenersatzhöhe wird anhand der Differenzmethode ermittelt. Dabei wird die Differenz im Vermögen des Geschädigten vor und nach dem schädigenden Ereignis berechnet.

2) Kausalität

Bs Verhalten ist für die Entstehung des Schadens kausal, weil er den unbrauchbaren Boden an A verkauft hat. Erst dadurch konnte A die sinnlose Verlegung des Bodens vornehmen. Es liegt nicht außerhalb der allgemeinen Lebenserfahrung, dass ein verkaufter Boden vom Erwerber verlegt wird.

3) Rechtswidrigkeit und Verschulden

§ 1295 ABGB setzt des Weiteren voraus, dass der Übergeber rechtswidrig und schuldhaft den Mangel verursacht hat. B handelt rechtswidrig, weil der Kaufgegenstand nicht die vertraglich vereinbarte Eigenschaft aufweist, womit er gegen die vertraglichen Pflichten verstößt. Schuldhaft handelt, wer ein Verhalten setzt, das er hätte vermeiden sollen und auch hätte vermeiden können (subjektive Vorwerfbarkeit).[20] Obwohl gem § 1298 ABGB Verschulden des Übergebers im Rahmen vertraglicher Schuldverhältnisse vermutet wird, kann B eine Außerachtlassung der gebotenen Sorgfalt nicht vorgeworfen werden, da er sich beim Hersteller des Fertigparketts über die Beschaffenheit des Bodens informiert hat und die ihm übermittelten (unrichtigen) Informationen an A richtig weitergeleitet hat. Außerdem finden sich im SV keine Anhaltspunkte, dass B den Mangel erkennen hätte können, geschweige denn erkennen hätte müssen. In seiner Entscheidung vom 18. 2. 2015,[21] deren Sachverhalt als

---

17) In Bezug auf die Klausurkorrektur wird von den Studierenden erwartet, dass sie die vorliegende Problematik erkennen, eine genauere Ausführung wird hingegen nicht verlangt.

18) *Faber,* OGH erstmals zur Aus- und Einbaukostentragung durch den Verkäufer nach EuGH verb Rs C-65/09 und C-87/09 (*Weber* und *Putz*), JBl 2013, 160.

19) Auch für den Fall, dass A den Ausbau selbst vornimmt, hat er keinen Anspruch gegen B auf Ersatz der Kosten dafür. Ein allfälliger Anspruch aus Geschäftsführung ohne Auftrag scheitert daran, dass A durch den Ausbau – mangels Verpflichtung des B – kein Geschäft des B geführt hat. Bereicherungsansprüche sind des Weiteren ebenfalls zu verneinen, da B sich durch den Ausbau des A keine Aufwendungen erspart oder sonst irgendeinen Vorteil erlangt hat.

20) *Welser/Zöchling-Jud,* Bürgerliches Recht II[14] Rz 1413f; vgl *Kodek* in *Kletečka/Schauer,* ABGB-ON[1.02] § 1294 Rz 56.

21) OGH 18. 2. 2015, 7 Ob 94/14w JBl 2016, 588.

Meine Notizen:

Vorlage für die vorliegende Klausur diente, führt der OGH diesbezüglich aus, dass der Händler nicht für jedes Verschulden des Produzenten haftet, weil dieser in der Regel nicht als Erfüllungsgehilfe anzusehen sei. *„Der Käufer kann vom Händler regelmäßig nicht erwarten, dass dieser eine eigene kostspielige technische Kontrolle der Kaufsache vornimmt. Der Händler muss sich insoweit regelmäßig auf die vom Produzenten erteilten Hinweise verlassen können. Es würde die Sorgfaltspflicht des Händlers überspannen, würde ihm die Verpflichtung auferlegt, die vom Erzeuger zugesicherten bestimmten Eigenschaften der vom Händler bloß vertriebenen Ware durch eigene Tests überprüfen zu lassen. Der Händler muss sich mangels besonderer Umstände oder konkreter Verdachtsmomente, insbesondere bei einer Massenware, auf die Auskünfte des Produzenten verlassen können.“*[22] Dieselbe Ansicht vertrat der OGH bereits in einer Entscheidung vom 8. 5. 1979,[23] in der er gleichfalls ausführte, dass der Händler dem Käufer gegenüber nur für die Erfüllung der ihn selbst treffenden Pflichten, aber nicht für jedes Verschulden des Produzenten hafte. Anders gestaltet sich jedoch die Lage, wenn UN-Kaufrecht anzuwenden ist. In seiner Entscheidung vom 24. 3. 1999 hielt der BGH fest, dass der Verkäufer für Mangelfolgeschäden unbeschränkt hafte, er muss also – im Gegensatz zum nationalen Recht – für das vertragswidrige Verhalten seines Vorlieferanten einstehen.[24] Im vorliegenden Fall gelangt jedoch das UN-Kaufrecht nicht zur Anwendung.

Mangels Verschulden des B besteht der Anspruch des A auf Schadenersatz für den sinnlosen Verlegeaufwand iHv € 1.500,– nicht zu Recht.

IV. Variante

A gegen B auf Entfernung des unbrauchbaren Bodens gem § 932 Abs 4 ABGB

Im Unterschied zum Grundsachverhalt ist A in der Variante Verbraucher iSd § 1 Abs 1 KSchG, weshalb die Umsetzungsbestimmungen zur Verbrauchsgüterkauf-RL[25] (hier § 932 ABGB) auf ihn Anwendung finden.

Mit seinem Urteil in den verbundenen Rs *Weber* und *Putz* hat der EuGH das System der Gewährleistungsbehelfe nach Art 3 Verbrauchsgüterkauf-RL und der entsprechenden Bestimmung zur Umsetzung dieser Richtlinie (§ 932 ABGB) umfangreich modifiziert.[26] Demnach ist der Verkäufer im Rahmen der Ersatzlieferung gem Art 3 Abs 2 und 3 VerbrGK-RL dazu verpflichtet, das mangelhafte Gut aus einer Sache auszubauen, in die es vom Verbraucher gutgläubig gemäß seiner Art und seinem Verwendungszweck eingebaut wurde[27] (Aus- und Einbaupflicht). Dem Verkäufer obliegt ein Wahlrecht zwischen der Aus- und Einbaupflicht und der Erstattung der Kosten, die für den Aus- und Einbau notwendig sind.[28]

Allerdings stellen die Aus- und Einbauaufwendungen nach österreichischem Verständnis Mangelfolgeschäden dar, die als solche nicht Gegenstand der Gewährleistung sind, sondern allenfalls im Rahmen des Schadenersatzrechts geltend gemacht werden können, wo Verschulden des Schädigers vorausgesetzt wird. In seiner jüngeren Rsp weitet der EuGH jedoch den Ersatz dieser Schäden auch auf den verschuldensunabhängigen primären Gewährleistungsbehelf Austausch aus.[29]

Dieser erweiterte Anspruch bezieht sich hingegen nicht auf die sekundären Gewährleistungsbehelfe. *Faber* führt dazu aus, dass die Erstattung von Aus- und Einbaukosten nach den Grundsätzen der EuGH-Rsp nicht in Betracht komme, wenn der Käufer (berechtigterweise) die Wandlung erklärte. *„Mit dieser gibt der Käufer den auf Austausch gerichteten Nacherfüllungsanspruch, der nach Ansicht des EuGH die Aus- und Einbaukosten umfasst, auf.“* Seiner Ansicht nach bestehe die wichtigste Lektion der einschlägigen Entscheidung darin, dass der Käufer seinen Kostenersatzanspruch weitgehend durchsetzen könnte, wenn er nicht „unbedacht“ die Wandlung erklären würde. Im vorliegenden Fall gibt somit der Käufer, der die Wandlung erklärt, den auf

22) OGH 18. 2. 2015, 7 Ob 94/14w JBl 2016, 590.
23) OGH 8. 5. 1979, 2 Ob 514/79 SZ 52, 74.
24) BGH 24. 3. 1999, VIII ZR 121–98 NJW 1999, 2440.
25) RL 1999/44/EG zu bestimmten Aspekten des Verbrauchsgüterkaufs und der Garantie für Verbrauchsgüter, ABl L 1999/171, 12.
26) *Faber*, JBl 2013, 151; EuGH 16. 6. 2011 verb Rs C-65/09 und C-87/09 (*Weber* und *Putz*); NdW 2011, 2269; s auch OGH 18. 2. 2015, 7 Ob 94/14w JBl 2016, 588; OGH 10. 2. 2017, 1 Ob 209/16s JBl 2017, 374f.
27) *Eder*, Kann der Austausch vertragswidriger Ware „unverhältnismäßig“ sein? JAP 2012/2013, 48.
28) *Faber*, JBl 2013, 151f.
29) *Reif*, Aus- und Einbaukosten im Verbraucherrecht, Zak 2014, 383.

✐ Meine Notizen:

Austausch gerichteten Nacherfüllungsanspruch, der dem EuGH folgend die Aus- und Einbaukostentragung umfasst, auf.[30)]

Wie zuvor bereits erwähnt, ist B auch im Rahmen der Wandlung zu einer Rücknahme des Bodens nicht verpflichtet.

Folglich hat A in der Variante ebenfalls keinen Anspruch auf Entfernung des unbrauchbaren Bodens.

Aktualisierungen

Zu **I.A.** und **II.A.**: Seit Inkrafttreten des Gewährleistungsrichtlinien-Umsetzungsgesetzes (GRUG) mit 1. 1. 2022 heißt der sekundäre Gewährleistungsbehelf, mit dem der Gewährleistungsberechtigte sich vom gesamten Vertrag lösen kann, nicht mehr „Wandlung", sondern „Auflösung des Vertrags" (s § 932 ABGB).

Zu **IV.**: Unter der Annahme, dass der Vertrag zwischen A und B nach dem 31. 12. 2021 geschlossen worden ist, kommt das **Gewährleistungsrecht des VGG** zur Anwendung. Dessen Verbraucherbegriff (§ 1 VGG) stimmt mit dem des § 1 KSchG überein. Das VGG ist (ua) auf den Kauf von Waren – somit auch in diesem Fall – anwendbar (§ 1 Abs 1 Z 1 VGG).

A gegen B auf Aufhebung und Rückabwicklung des Kaufvertrags aus Gewährleistung:

Der gekaufte Boden entspricht im Zeitpunkt der Übergabe nicht den vertraglich vereinbarten Eigenschaften iSd § 5 VGG (es fehlt die extra zugesicherte Eigenschaft des hohen Härtegrades) und weist somit einen Sachmangel auf. Grundsätzlich stehen auch nach VGG dem Käufer zunächst nur die primären Gewährleistungsbehelfe – Verbesserung oder Austausch – zu (§ 12 Abs 2 VGG, Prinzip der zweiten Chance). Gem § 12 Abs 4 VGG kann der Käufer freilich auf die sekundären Behelfe – Preisminderung oder Vertragsauflösung – umsteigen, wenn der Verkäufer die Herstellung des mangelfreien Zustands verweigert, wie im vorliegenden Fall. Der Rücktritt vom gesamten Vertrag ist nur möglich, wenn – wie hier (s Musterlösung unter I.A.) – kein geringfügiger Mangel vorliegt (§ 12 Abs 5 VGG). A kann die Vertragsauflösung durch formfreie Erklärung herbeiführen (§ 15 Abs 1 VGG) und erwirbt dadurch einen schuldrechtlichen Anspruch auf Rückzahlung des Kaufpreises (§ 15 Abs 3 VGG iVm § 1435 ABGB). Der Unternehmer kann gem § 15 Abs 3 VGG die Rückzahlung verweigern, bis der Verbraucher ihm entweder die Ware zurückgegeben oder einen Nachweis über die Rücksendung der Ware erbracht hat, womit eine nicht gerade verbraucherfreundliche **Vorleistungspflicht des Konsumenten** eingeführt wird[1)] (im Ggs zum früher nach hL bei Rückabwicklung synallagmatischer Verträge generell anwendbaren Zug-um-Zug-Prinzip!). Im vorliegenden Fall ist die Rückgabe des Holzes jedoch aufgrund dessen Verbauung mE nicht mehr tunlich (die Verlegung kommt einem Sachuntergang gleich).

A geg. B auf Entfernung und Abtransport des unbrauchbaren Bodens aus Gewährleistung:

Die in der Musterlösung unter IV. beschriebene **Rechtsprechung des EuGH zur Aus- und Einbaupflicht** (wahlweise Kostenersatz dafür) des Verkäufers im Rahmen des Austauschanspruchs des Käufers (in Verbrauchergeschäften) wurde durch das Inkrafttreten des VGG (in Umsetzung von Art 14 Abs 3 WKRL) inzwischen **positiviert**[2)]: Gem § 13 Abs 3 VGG umfasst die Pflicht des Unternehmers zur Herstellung des mangelfreien Zustands einer bereits montierten oder installierten Ware fortan auch **den allenfalls erforderlichen Ausbau und den Einbau der Ersatzware oder verbesserten Ware** (dies nicht etwa als Teil einer Schadenersatzpflicht, sondern als Teil der *verschuldensunabhängigen Gewährleistungspflicht!*). Da § 13 allerdings nur die primären Gewährleistungsbehelfe Verbesserung und Austausch regelt, ist die Aus- und Einbaupflicht *nach* einer – laut SV bereits erfolgten – *Rücktrittserklärung* des A nicht mehr anwendbar: § 15 VGG, der die Auflösung des Vertrags regelt, enthält keine vergleichbare Aus- und Einbaupflicht des Unternehmers. Ebenso fehlt in § 15 VGG eine dem § 13 Abs 2 VGG vergleichbare Pflicht des Unternehmers zur Rücknahme der Ware. Folglich hat A in der Variante auch nach Inkrafttreten des VGG keinen Anspruch auf Entfernung des mangelhaften Bodens.

30) *Faber,* JBl 2013, 159.
1) Erläut RV 949 BlgNR 27. GP 30f; *Stabentheiner,* Was ist neu am neuen Gewährleistungsrecht? ÖJZ 2021, 965 (975).
2) Erläut RV 949 BlgNR 27. GP 29.

A gegen B auf Schadenersatz für den sinnlosen Verlege-Aufwand:

Der Anspruch auf Vergütung des sinnlosen Verlege-Aufwands stellt einen Schadenersatzanspruch dar. Dieser unterliegt auch nach Inkrafttreten des Gewährleistungsrichtlinien-Umsetzungsgesetzes (GRUG; mit 1. 1. 2022) dem SE-Recht des ABGB, da das VGG nur die Gewährleistungsrechte selbst, nicht aber den ggf. parallel zustehenden SE-Anspruch neu geregelt hat.

✐ Meine Notizen:

Meine Notizen:

Prüfer: Ernst Karner und Christian Rabl

Fächerübergreifende Modulprüfung – Teil Bürgerliches Recht

Wien, 29. 1. 2016

Schwerpunkte: Pfandrecht (Grundpfand, Pfandrechtserwerb); Eigentumserwerb; Schadenersatz (Vertragshaftung, Deliktshaftung, Haftung nach EKHG)

SACHVERHALT

Felix möchte seinen Tischlereibetrieb modernisieren. Bei der **Holzprofi-GmbH** kauft er im Oktober 2014 eine neue Schleifmaschine um € 75.000,– (Verkehrswert € 70.000,–), die in der Tischlerei frei aufgestellt wird. Da er aufgrund finanzieller Schwierigkeiten nicht sofort bezahlen kann, kreditiert die **Holzprofi-GmbH** für zwölf Monate den Kaufpreis und behält sich das Eigentum bis zu dessen vollständiger Bezahlung vor.

Im Jänner 2015 nimmt **Felix** bei der **B-Bank** einen Kredit über € 150.000,– auf, der in jeweils zum Jahresende fälligen Raten iHv € 50.000,– (zzgl Zinsen) rückzuführen ist. Zur Besicherung soll eine Hypothek an der in **Felix'** Eigentum stehenden Betriebsliegenschaft samt Gebäude begründet werden. Nach Abschluss der Verträge bringt ein Mitarbeiter der **B-Bank** die Dokumente in die Tischlerei. Dort bemerkt er einen auf der Schleifmaschine angebrachten Zettel, der auf das Eigentum der **Holzprofi-GmbH** hinweist, den er aber nicht weiter kommentiert. Die Hypothek zugunsten der **B-Bank** wird kurz darauf einverleibt.

Im Dezember 2015 kann **Felix** die erste Rate des Bankkredits nicht bezahlen. Die **B-Bank** droht daraufhin mit der Zwangsversteigerung der Liegenschaft samt Schleifmaschine. **Felix** möchte seine Tischlerei und die Schleifmaschine unter allen Umständen vor der **B-Bank** „schützen" und gibt sie deshalb schweren Herzens seinem leitenden Mitarbeiter **Klaus** zu einem geringen monatlichen Zins iHv € 200,– für fünfzehn Jahre in Bestand. Der Vertrag wird im Grundbuch einverleibt.

Um die erste Rate des Bankkredits doch noch zu begleichen, entfernt **Felix** den an der Schleifmaschine angebrachten Zettel und verkauft diese um € 50.000,– an seinen Konkurrenten **Stefan**, dem er erklärt, dass er seinen Maschinenpark modernisiere. Da **Stefan** die Schleifmaschine zum vereinbarten Termin nicht selbst abholen kann, bestellt er die **Umzugs-GmbH** für den Transport seiner „neuesten Anschaffung" und informiert **Felix** darüber. **Albert,** der Fahrer der **Umzugs-GmbH,** verursacht während des Transports jedoch einen Unfall, weil er die Geschwindigkeitsbeschränkung versehentlich nicht einhält. Die Schleifmaschine wird zerstört (Restwert € 2.000,–).

Als **Stefan** von dem Unfall verständigt wird, verlangt er umgehend von **Felix** den gesamten Kaufpreis zurück. Für eine wertlose Maschine habe er weder Verwendung, noch wolle er dafür bezahlen. **Felix** hat jedoch andere Sorgen: Die **Holzprofi-GmbH** lässt sich nicht länger vertrösten. Da **Felix** den seit Oktober 2015 fälligen Kaufpreis trotz wiederholter Zahlungsaufforderungen noch immer nicht beglichen hat, verlangt sie ihre Schleifmaschine zurück. Aber auch die **B-Bank** ist nicht glücklich: Bei einer Kontrolle des Grundbuchs hat sie die Einverleibung des zwischen **Klaus** und **Felix** geschlossenen Vertrags bemerkt. Umgehend verlangt sie von den beiden die Löschung des verbücherten Bestandrechts.

Wie ist die Rechtslage?

Dr. *Ernst Karner* und Dr. *Christian Rabl* sind Universitätsprofessoren am Institut für Zivilrecht der Universität Wien.

MUSTERLÖSUNG

Von Béatrice Blümel und Beatrix Schima

Meine Notizen:

I. Hypothek

A. B-Bank gegen Felix auf Auflösung des Pachtvertrags gem § 458 1. Fall ABGB

Felix hat der B-Bank ein rechtsgeschäftliches Grundpfand (Hypothek) an seiner Betriebsliegenschaft zur Besicherung des Kredits iHv € 150.000,– eingeräumt und im Grundbuch einverleiben lassen.

Für den Pfandrechtserwerb erforderlich sind grundsätzlich ein gültiger **Pfandbestellungsvertrag (Verpflichtungsgeschäft)** zwischen Pfandgläubiger und Pfandbesteller, ein **Verfügungsgeschäft** und die Setzung eines **Modus.**[1)] Beim Pfandrechtserwerb an einer verbücherten Liegenschaft bildet die **Aufsandungserklärung** des Liegenschaftseigentümers das **Verfügungsgeschäft**[2)] und die **Einverleibung** der Hypothek im Grundbuch den notwendigen **Modus**[3)] (§ 451 ABGB). Diese Voraussetzungen für den Pfandrechtserwerb der B-Bank sind laut Sachverhalt erfüllt.

Da Felix die fällige Rate aus dem Kreditvertrag nicht bezahlt, droht die B-Bank mit der Versteigerung der Liegenschaft samt Schleifmaschine. Dieser schließt daraufhin mit Klaus einen Bestandvertrag über die Tischlerei gegen einen geringen monatlichen Zins für fünfzehn Jahre ab, der auch im Grundbuch einverleibt wird. In einem nächsten Schritt sind die Auswirkungen dieses Vertrags auf das Pfandrecht der B-Bank zu prüfen:

Der zwischen Felix und Klaus abgeschlossene **Bestandvertrag** ist als Pachtvertrag zu **qualifizieren.** Miete ist die entgeltliche Überlassung einer Sache zum bloßen Gebrauch, Pacht die entgeltliche Überlassung einer Sache zu Gebrauch und Nutzung im Sinne von Fruchtziehung (§ 1091 ABGB).[4)] Bei der Überlassung eines Unternehmens, wie im vorliegenden Fall der Tischlerei, handelt es sich um **Pacht.**[5)]

Die Verpfändung der Liegenschaft hindert den Liegenschaftseigentümer grundsätzlich nicht, diese im Rahmen der ordentlichen Wirtschaftsführung in Bestand zu geben.[6)] Unter gewissen Umständen kann eine Inbestandgabe jedoch eine Verschlechterung des Pfandrechts bedeuten: Sieht der Bestandvertrag nämlich unüblich günstige Konditionen für den Bestandnehmer (niedriger Miet- oder Pachtzins, lange Befristungsdauer, eingeschränkte Kündigungsmöglichkeiten etc) vor und ist ein etwaiger späterer Erwerber der Liegenschaft an diesen gebunden, so **mindert** der ungünstige Bestandvertrag den **Verkehrswert** der Liegenschaft.[7)]

Felix räumt Klaus das Bestandrecht zu unüblich günstigen Konditionen ein und lässt es überdies gem § 9 GBG im Grundbuch einverleiben. Das hat zur Folge,[8)] dass der Bestandvertrag nicht nur gegenüber dem Vertragspartner wirkt, sondern auch jeder spätere Eigentümer der Bestandsache (§§ 1095 iVm 1120 ABGB) ihn gegen sich gelten lassen muss.[9)] Im Ergebnis liegt daher eine rechtswidrige Pfandverschlechterung vor (§ 458 ABGB).[10)]

Mag. *Béatrice Blümel* und Mag. *Beatrix Schima* waren bis Sommer 2017 als Universitätsassistentinnen am Institut für Zivilrecht der Universität Wien tätig.

1) *Iro,* Sachenrecht[6] Rz 10/1 f; *Koziol – Welser/Kletečka* I[14] Rz 1190 f; *Perner/Spitzer/Kodek,* Bürgerliches Recht[5] 476 f.

2) *Iro,* Sachenrecht[6] Rz 10/2; *Koziol – Welser/Kletečka* I[14] Rz 1130; *Perner/Spitzer/Kodek,* Bürgerliches Recht[5] 468.

3) *Iro,* Sachenrecht[6] Rz 10/7; *Koziol – Welser/Kletečka* I[14] Rz 1199; *Perner/Spitzer/Kodek,* Bürgerliches Recht[5] 465.

4) *Rabl/Riedler,* Schuldrecht Besonderer Teil[6] Rz 8/3; *Perner/Spitzer/Kodek,* Bürgerliches Recht[5] 245; *Welser/Zöchling-Jud* II[14] Rz 981 f.

5) *Rabl/Riedler,* Schuldrecht Besonderer Teil[6] Rz 8/3; *Perner/Spitzer/Kodek,* Bürgerliches Recht[5] 245; *Welser/Zöchling-Jud* II[14] Rz 983 f.

6) *Iro,* Sachenrecht[6] Rz 9/25 mit dem Hinweis, die Verfügungsfreiheit des Liegenschaftseigentümers dürfe ohne schutzwürdiges Interesse des Pfandgläubigers nicht eingeschränkt werden; *Koziol – Welser/Kletečka* I[14] Rz 1199.

7) *Iro,* Sachenrecht[6] Rz 11/4; *Koziol – Welser/Kletečka* I[14] Rz 1237; *Perner/Spitzer/Kodek,* Bürgerliches Recht[5] 483.

8) Fällt ein Bestandvertrag in den Vollanwendungsbereich des MRG, so ist der Erwerber an ihn auch dann gebunden, wenn der Bestandvertrag zwar nicht einverleibt, der Mietgegenstand jedoch bereits an den Bestandnehmer übergeben wurde, vgl § 2 Abs 1 Satz 4 MRG.

9) *Rabl/Riedler,* Schuldrecht Besonderer Teil[6] Rz 8/80; *Perner/Spitzer/Kodek,* Bürgerliches Recht[5] 254 f; *Welser/Zöchling-Jud* II[14] Rz 1066.

10) Alternativ konnte auch Sittenwidrigkeit des Pachtvertrags geprüft werden: Bei Zusammenwirken von Bestandgeber und Bestandnehmer kann die Beeinträchtigung des dinglichen Pfandrechts als absolut geschütztes Rechtsgut sittenwidrig sein; weiterführend dazu *Reidinger,* Inbestandgabe und Liegenschaftsexekution. Rechte der Hypothekargläubiger und der Betreibenden, wobl 1990, 122 (128).

✐ Meine Notizen:

§ 458 ABGB sieht neben einem verschuldensunabhängigen Gewährleistungsanspruch einen (verschuldensabhängigen) **Schadenersatzanspruch des Pfandgläubigers gegen den Pfandbesteller** für den Fall der nachträglichen Pfandwertminderung vor.[11] Die B-Bank hat zwar keine Rechte aus der Gewährleistung, weil diese einen Mangel des Pfandobjekts im Zeitpunkt der Pfandbestellung erfordern, sie kann jedoch, falls der Wert des Pfandes zur Deckung der Schuld nicht mehr ausreicht, von Felix uU Schadenersatz begehren.

Der Schadenersatzanspruch gegen den Pfandbesteller Felix gem § 458 1. Fall ABGB setzt voraus, dass dieser die Wertminderung rechtswidrig und schuldhaft verursacht hat.[12] Rechtswidrig ist jeder Verstoß gegen die Regeln ordentlicher Wirtschaftsführung.[13] Dieser muss dem Pfandbesteller auch subjektiv vorwerfbar sein (Verschulden).[14] Beide Voraussetzungen liegen im gegebenen Fall vor: Die Inbestandgabe der Tischlerei zu einem monatlichen Pachtzins von € 200,– entspricht nicht den Regeln der ordentlichen Wirtschaftsführung. Felix handelt überdies schuldhaft, sogar vorsätzlich, weil er den Pachtvertrag gerade zur Verhinderung der Zwangsversteigerung abschließt. Der Schadenersatzanspruch der B-Bank ist somit zu bejahen. Er ist primär auf Naturalrestitution iSd § 1323 ABGB gerichtet.[15]

Ergebnis: Die B-Bank kann daher Auflösung[16] des Pachtvertrages verlangen.

B. B-Bank gegen Felix auf Auflösung des Pachtvertrags gem §§ 1295 ff ABGB ex delicto

Alternativ zum Anspruch nach § 458 1. Fall ABGB aus dem Pfandbestellungsvertrag kann die B-Bank als Pfandgläubigerin gegen Felix auch einen deliktischen Schadenersatzanspruch geltend machen, weil der Eingriff in das Pfandrecht ein Eingriff in ein absolut geschütztes Recht ist.[17] Wie unter 1. bereits behandelt, ist die Verpachtung gegen die Regeln der ordentlichen Wirtschaftsführung ein rechtswidriges Verhalten. Dieses ist Felix auch subjektiv vorwerfbar, weil er die Pfandverschlechterung billigend in Kauf nimmt. Er handelt somit schuldhaft. Die B-Bank kann von Felix somit auch deliktisch die Auflösung des Pachtvertrags verlangen.

C. B-Bank gegen Klaus auf Auflösung des Pachtvertrags gem §§ 1295 ff ABGB ex delicto

Die B-Bank kann schadenersatzrechtlich auch von Klaus die Auflösung des Pachtvertrages verlangen:[18] Durch die Verpachtung gegen die Regeln der ordentlichen Wirtschaftsführung greift Klaus rechtswidrig in das absolut geschützte Pfandrecht der B-Bank ein. Die ungünstige Verpachtung ist ihm auch subjektiv vorwerfbar, weil er hätte erkennen können, dass sie zu einer Pfandverschlechterung führt. Er handelt somit schuldhaft. Der Schadenersatzanspruch der B-Bank richtet sich wiederum auf Auflösung des Pachtvertrags.

D. B-Bank gegen Klaus bzw Felix auf Auflösung des Pachtvertrags gem §§ 447, 458, 523 ABGB

Die absolute Wirkung des Pfandrechts hat zur Folge, dass der Pfandgläubiger gegen jedermann Anspruch auf **Unterlassung** (Devastationsklage) bzw **Beseitigung** rechtswidriger Einwirkungen hat.[19] Diese negatorischen Ansprüche des Pfandgläubigers werden aus den §§ 447, 458 und 523 ABGB abgeleitet.[20] Bei Inbestandgabe einer Liegenschaft wird, wie erwähnt, eine rechtswidrige Beeinträchtigung des Pfandrechts

11) *Iro,* Sachenrecht⁶ Rz 9/30 ff; *Koziol – Welser/Kletečka* I¹⁴ Rz 1236; *Perner/Spitzer/Kodek,* Bürgerliches Recht⁵ 477.
12) *Iro,* Sachenrecht⁶ Rz 9/31; *Koziol – Welser/Kletečka* I¹⁴ Rz 1236; *Perner/Spitzer/Kodek,* Bürgerliches Recht⁵ 477.
13) *Iro,* Sachenrecht⁶ Rz 9/32; *Hofmann* in *Rummel,* ABGB³ § 458 ABGB Rz 2.
14) Vgl nur den Wortlaut des § 458 ABGB 1. Fall: *„Wenn der Wert eines Pfandes durch Verschulden des Pfandgebers [. . .] zur Bedeckung der Schuld nicht mehr zureichend befunden wird."*
15) *Koziol – Welser/Kletečka* I¹⁴ Rz 1236; *Iro,* Sachenrecht⁶ Rz 9/32; *Perner/Spitzer/Kodek,* Bürgerliches Recht⁵ 477.
16) Genau genommen ist der Anspruch auf Zustimmung zur Auflösung des Pachtvertrages gerichtet. Diese kann, falls vom Beklagten verweigert, durch das Gericht ersetzt werden, vgl *Iro,* Sachenrecht⁶ Rz 11/4.
17) Dazu weiterführend *Reidinger,* wobl 1990, 122 (131).
18) Dazu weiterführend *Reidinger,* wobl 1990, 122 (131).
19) *Koziol – Welser/Kletečka* I¹⁴ Rz 1237; *Iro,* Sachenrecht⁶ Rz 11/3; *Perner/Spitzer/Kodek,* Bürgerliches Recht⁵ 483.
20) *Iro,* Sachenrecht⁶ Rz 11/3.

Meine Notizen:

dann angenommen, wenn die Vermietung nicht den Regeln der ordentlichen Wirtschaftsführung entspricht.[21)]

Sowohl der Unterlassungs- als auch der Beseitigungsanspruch, gerichtet auf Auflösung des Bestandvertrags **gegen den Pfandbesteller** als Bestandgeber, erfordern nach hA kein Verschulden.[22)] Im vorliegenden Fall verstößt Felix mit der Verpachtung der Tischlerei zu einem geringen monatlichen Zins iHv € 200,– für fünfzehn Jahre an Klaus gegen die Regeln der ordentlichen Wirtschaftsführung und handelt somit rechtswidrig. Die Ansprüche auf Unterlassung und Beseitigung würden gegen Felix somit grundsätzlich zu Recht bestehen.

Gegen den Bestandnehmer verlangt die Rechtsprechung[23)] hingen für den Beseitigungs- und zum Teil auch für den Unterlassungsanspruch ein **Verschulden,**[24)] weil ansonsten auch ein Mieter zur Räumung verpflichtet werden könnte, der von der Beeinträchtigung der Rechtsposition des Pfandgläubigers durch den Mietvertrag gar nichts wissen konnte.[25)] Laut Sachverhalt wollte Felix die Tischlerei vor dem Zugriff der B-Bank schützen. Ob diese Beweggründe Klaus als leitendem Mitarbeiter positiv bekannt waren, ist aus dem Sachverhalt nicht ersichtlich. Die Verschlechterung des Pfandrechts an der Tischlerei durch Abschluss des Bestandvertrages hätte er aber bedenken müssen. Klaus handelt somit schuldhaft, weil jedenfalls fahrlässig.

Ergebnis: Ein Beseitigungsanspruch auf Auflösung des Bestandvertrages ist daher sowohl gegen Felix als auch gegen Klaus zu bejahen.

E. Holzprofi-GmbH gegen Felix auf Schadenersatz wegen Verpfändung einer fremden Sache gem §§ 1293 ff, 1298 ABGB ex contractu

In Betracht kommt auch ein Schadenersatzanspruch der Holzprofi-GmbH: Wurde die Schleifmaschine nämlich mit der Liegenschaft wirksam mitverpfändet, so ist der Holzprofi-GmbH durch die Verpfändung ein Schaden entstanden. Zu prüfen ist daher, ob das Pfandrecht der B-Bank an der Liegenschaft die Schleifmaschine mitumfasst:

1) Derivativer Erwerb eines Pfandrechts an der Schleifmaschine durch die B-Bank gem § 451 ABGB?

Selbstverständliche Voraussetzung für den Erwerb des Pfandrechts an der Schleifmaschine ist, dass sich der Titel – dh der Pfandbestellungsvertrag – auch auf diese erstreckt.[26)] Laut Sachverhalt ist Gegenstand des Pfandrechts die „Betriebsliegenschaft samt Gebäude“, die Schleifmaschine wurde nicht gesondert thematisiert.

Zu prüfen ist daher die Anwendbarkeit der dispositiven Bestimmung des § 457 ABGB: Im Zweifel umfasst das Pfandrecht an der Hauptsache auch Zubehörstücke und selbständige Bestandteile.[27)] Ist die Hauptsache unbeweglich, so gilt das Zubehör im rechtlichen Sinne ebenfalls als unbeweglich (§ 293 Satz 2 ABGB, „Unbeweglichkeitsfiktion“), was zur Folge hat, dass Rechte am Zubehör mit Setzung des für die Hauptsache tauglichen Modus ebenfalls übergehen, ein gesonderter Übertragungsakt ist nicht notwendig.[28)]

Zubehör sind diejenigen Nebensachen, die zwar nicht Teil der Hauptsache sind, aber ihrer objektiven Zweckbestimmung nach dem Gebrauch der Hauptsache dienen: Sie müssen dafür **durch ihren Eigentümer auf Dauer gewidmet** sein und mit der Hauptsache in einem **ausreichenden örtlichen Naheverhältnis** stehen.[29)] Ein Teil der Lehre und die ältere Rechtsprechung verlangen für die Qualifikation als Zubehör darüber hinaus Eigentümeridentität zwischen dem Eigentümer der Hauptsache und

21) Vgl dazu ausführlich *Reidinger,* wobl 1990, 122; *Reidinger,* Inbestandgabe zur Erschwerung von Liegenschaftsexekutionen. Rechte des Erstehers, wobl 1994, 110.
22) *Koziol – Welser/Kletečka* I[14] Rz 1237; *Iro,* Sachenrecht[6] Rz 11/3; *Perner/Spitzer/Kodek,* Bürgerliches Recht[5] 483.
23) RIS-Justiz RS0113350, zB OGH 3 Ob 66/06m.
24) *Koziol – Welser/Kletečka* I[14] Rz 1237; *Iro,* Sachenrecht[6] Rz 11/3; *Perner/Spitzer/Kodek,* Bürgerliches Recht[5] 483.
25) In der Lehre wird die These vom verschuldensabhängigen Beseitigungsanspruch zwar kritisiert, das Ergebnis jedoch als sinnvoll erachtet; vgl ausführlich zum Diskussionsstand *Oberhammer/Domej* in *Kletečka/Schauer,* ABGB-ON[1.03] § 447 Rz 19 ff.
26) *Koziol – Welser/Kletečka* I[14] Rz 1188; *Iro,* Sachenrecht[6] 10/1; *Perner/Spitzer/Kodek,* Bürgerliches Recht[5] 476.
27) *Koziol – Welser/Kletečka* I[14] Rz 1185; *Iro,* Sachenrecht[6] 9/35; *Perner/Spitzer/Kodek,* Bürgerliches Recht[5] 475.
28) *Koziol – Welser/Kletečka* I[14] Rz 794; *Iro,* Sachenrecht[6] 1/15; *Perner/Spitzer/Kodek,* Bürgerliches Recht[5] 415.
29) *Koziol – Welser/Kletečka* I[14] Rz 788; *Iro,* Sachenrecht[6] 1/23; *Perner/Spitzer/Kodek,* Bürgerliches Recht[5] 415.

Meine Notizen:

dem Eigentümer der Nebensache. Diese ist jedoch nur für die Erstreckung des Rechtserwerbs an der Hauptsache auf das Zubehör erforderlich (dazu sogleich im Anschluss).[30)]

Da die Schleifmaschine nicht (selbständiger oder unselbständiger) Bestandteil der Hauptsache (Tischlerei), jedoch ihrem Gebrauch gewidmet ist, ist sie zunächst – unabhängig von der Eigentümeridentität – als Zubehör zu qualifizieren. Der Pfandrechtserwerb an der Schleifmaschine ist daher vom Pfandbestellungsvertrag gedeckt.

Die Rechtsfolgen des § 293 Satz 2 ABGB („Unbeweglichkeitsfiktion") greifen allerdings nur, sofern der Eigentümer der Hauptsache auch Eigentümer des Zubehörs ist:[31)] Nur im Fall einer solchen Eigentümeridentität gehen die Rechte am Zubehör mit der Setzung des für die Hauptsache tauglichen Modus über. Da laut Sachverhalt die Tischlerei im Eigentum des Felix, die Schleifmaschine aufgrund des Eigentumsvorbehalts im Zeitpunkt der Verpfändung aber im Eigentum der Holzprofi-GmbH steht, führt die Einverleibung der Hypothek im Grundbuch grundsätzlich auch nicht zum Pfandrechtserwerb der B-Bank an der Schleifmaschine.

2) Gutgläubiger Pfandrechtserwerb der B-Bank gem § 297 a ABGB?

Zu „retten" wäre der Pfandrechtserwerb an der Schleifmaschine uU noch mittels der für Maschinen geltenden **Gutglaubensvorschrift des § 297 a ABGB:**[32)] Sind Maschinen selbständige Bestandteile oder Zubehör einer Liegenschaft, so bewirkt die Einverleibung im Grundbuch trotz fehlender Eigentümeridentität den Pfandrechtserwerb an den Maschinen, wenn nicht im Grundbuch angemerkt wurde, dass die Maschinen Eigentum eines anderen sind. Aufgrund der Zubehöreigenschaft der Schleifmaschine zur Tischlerei fände die Bestimmung auf den vorliegenden Fall zunächst Anwendung.

Der Mitarbeiter der B-Bank wurde durch den angebrachten Hinweis auf das Eigentum der Holzprofi-GmbH an der Schleifmaschine aufmerksam. Fraglich ist, ob sich die B-Bank diese Kenntnis zurechnen lassen muss: Als juristische Person wird ihr **jedes Wissen** der **zuständigen Machthaber** gem § 337 ABGB (Personen mit Leitungsfunktion und selbständigem Wirkungsbereich) zugerechnet, handelt es sich jedoch um **nicht zuständige Machthaber oder andere Hilfspersonen,** finden nur **dienstliche Kenntnisse** Berücksichtigung.[33)] Über die Funktion des Mitarbeiters der B-Bank gibt der Sachverhalt zwar keine genauere Auskunft, dieser hat das fehlende Eigentum des Felix an der Schleifmaschine aber im Rahmen der Übergabe der Bankpapiere bemerkt. Da somit dienstliches Wissen vorliegt, muss sich die B-Bank dieses zurechnen lassen.[34)]

Ergebnis: Aufgrund der Wissenszurechnung des Mitarbeiters zur B-Bank ist diese im Zeitpunkt der Einverleibung[35)] nicht gutgläubig[36)] und erwirbt somit kein Pfandrecht an der Maschine gem § 297 a.[37)]

3) Gutgläubiger Pfandrechtserwerb der B-Bank gem § 456 ABGB?

Auch ein gutgläubiger Pfandrechtserwerb an der Maschine gem § 456 ABGB scheidet aus: Zwar greift die Unbeweglichkeitsfiktion des § 293 Satz 2 ABGB aufgrund fehlender Eigentümeridentität nicht, weshalb die Maschine als bewegliche Sache zu behandeln und § 456 ABGB somit grundsätzlich anwendbar ist. Der Vorbehaltskäufer Felix ist auch als Vertrauensmann der Holzprofi-GmbH iSd § 367 ABGB anzusehen.[38)]

---

30) *Koziol – Welser/Kletečka* I[14] Rz 790; *Iro,* Sachenrecht[6] 1/24; *Perner/Spitzer/Kodek,* Bürgerliches Recht[5] 415.
31) *Koziol – Welser/Kletečka* I[14] Rz 790; *Iro,* Sachenrecht[6] 1/15; *Perner/Spitzer/Kodek,* Bürgerliches Recht[5] 415.
32) *Koziol – Welser/Kletečka* I[14] Rz 800 ff; *Iro,* Sachenrecht[6] 1/40; *Perner/Spitzer/Kodek,* Bürgerliches Recht[5] 415 f.
33) *Koziol – Welser/Kletečka* I[14] Rz 254; *P. Bydlinski,* Allgemeiner Teil[7] 2/47.
34) Weiterführend zur Wissenszurechnung siehe *Iro,* Banken und Wissenszurechnung, ÖBA 2001, 3.
35) Auf den nach hA für die Beurteilung der Gutgläubigkeit abzustellen ist, vgl *Helmich* in *Kletečka/Schauer,* ABGB-ON[1.03] § 297 a Rz 23.
36) Dem Meinungsstreit, ob dem gutgläubigen Pfandrechtserwerb nach § 297 a ABGB bereits leichte Fahrlässigkeit des Hypothekargläubigers entgegensteht oder erst grobe Fahrlässigkeit oder gar positive Kenntnis den Erwerb hindert, kommt für den vorliegenden Fall somit keine Bedeutung zu, vgl die Nachweise bei *Koziol – Welser/Kletečka* I[14] Rz 803 FN 66 f.
37) Alternativ wurde auch die Verneinung der Wissenszurechnung des Mitarbeiters zur B-Bank gewertet: Die B-Bank wäre gutgläubig und an der Schleifmaschine wäre ein Pfandrecht nach § 297 a ABGB begründet. Bei II.A.2 wäre in der Folge ein gutgläubiger, lastenfreier Erwerb nach § 367 Abs 2 ABGB zu prüfen.
38) Dies ist Voraussetzung für den gutgläubigen Erwerb des Pfandrechts vom Nichtberechtigten, weil § 456 auf § 367 verweist, die anderen beiden Alternativvoraussetzungen des § 367 auf den Pfandrechtserwerb jedoch nicht passen (öffentliche Versteigerung) bzw umstritten und hier nicht einschlägig sind (Erwerb vom

Meine Notizen:

Da es sich bei der Maschine um eine bewegliche Sache handelt, muss die Übertragung jedoch grundsätzlich den §§ 426 ff ABGB entsprechen.[39] Erforderlich wäre daher eine körperliche Übergabe gem § 451 ABGB (ein Besitzkonstitut kommt wegen des Faustpfandprinzips nicht in Frage), die aber nicht erfolgt ist.[40] Zu beachten ist hier, dass der gutgläubige Pfandgläubiger keine Übergabe der Maschine verlangen wird, weil er sie ja für Zubehör hält und dementsprechend davon ausgeht, dass ihre Verpfändung uno actu im Wege der Einverleibung der Hypothek im Grundbuch erfolgt. Bestehen diesbezüglich Verdachtsmomente, die den Pfandgläubiger dazu veranlassen, eine Übergabe iSd §§ 426 ff ABGB zu fordern, wird es in aller Regel an der Voraussetzung der Gutgläubigkeit mangeln.

Im vorliegenden Fall scheitert der Pfandrechtserwerb der B-Bank an ihrer fehlenden Gutgläubigkeit, weil sie weiß, dass die Schleifmaschine der Holzprofi-GmbH gehört (vgl oben).

Zwischenergebnis: Mangels guten Glaubens in Bezug auf die Eigentümeridentität konnte die B-Bank kein Pfandrecht an der Schleifmaschine gem § 456 ABGB erwerben.

Endergebnis: Mangels gutgläubigen Pfandrechtserwerbs an der Schleifmaschine durch die B-Bank hat die Holzprofi-GmbH keinen Schaden erlitten. Ihr Anspruch auf Schadenersatz gem §§ 1293 ff ABGB ex contractu besteht daher nicht.

II. Schleifmaschine

A. Dingliche Ansprüche der Holzprofi-GmbH

1) Holzprofi-GmbH gegen Felix auf Herausgabe der Schleifmaschine gem §§ 366, 372 ABGB

Die Holzprofi-GmbH hat sich bis zur vollständigen Kaufpreiszahlung durch Felix das Eigentum an der Schleifmaschine vorbehalten. Da diese noch nicht erfolgt ist, ist das Eigentum auch noch nicht auf Felix übergegangen. Felix hat jedoch den auf der Schleifmaschine angebrachten Hinweis über den Eigentumsvorbehalt der Holzprofi-GmbH eigenmächtig entfernt. Vorab sind die Auswirkungen dieser Handlung auf das Fortbestehen des Eigentumsvorbehalts zu klären:

Anders als die Sicherungsübereignung, auf die das Faustpfandprinzip (§ 451 ABGB) analog anzuwenden ist, bedarf der Eigentumsvorbehalt keines besonderen Publizitätsaktes.[41] Die Entfernung des Zettels von der Schleifmaschine durch Felix hat daher keine Auswirkungen und der Eigentumsvorbehalt der Holzprofi-GmbH besteht weiter.

Nach Rücktritt vom Kaufvertrag wegen subjektiven Schuldnerverzugs (siehe dazu unten II.B.2) kann die Holzprofi-GmbH die Schleifmaschine daher grundsätzlich mit der Eigentumsklage (§ 366 ABGB) oder der actio Publiciana (§ 372 ABGB) von Felix herausverlangen: Die Eigentumsklage ist die Klage des nicht besitzenden Eigentümers gegen den Inhaber auf Herausgabe der Sache;[42] die actio Publiciana knüpft hingegen an das Recht zum Besitz an und steht dem rechtmäßigen, redlichen und echten (= rechtlichen) Besitzer zu. Mit dieser dringt er gegen jeden schlechter Berechtigten durch.[43]

Aus dem Sachverhalt ergibt sich jedoch, dass Felix die Schleifmaschine an Stefan verkauft und auch bereits der Umzugs-GmbH übergeben hat. Felix ist somit nicht (mehr) Inhaber der Maschine und daher nach §§ 366, 372 ABGB nicht (mehr) passiv legitimiert.

Ergebnis: Da Felix nicht mehr Inhaber der Maschine und somit nicht passivlegitimiert ist, besteht der Herausgabeanspruch nicht.

Unternehmer im gewöhnlichen Betrieb), vgl dazu *Koziol – Welser/Kletečka* I[14] Rz 1212; *Perner/Spitzer/Kodek,* Bürgerliches Recht[5] 481; *Iro,* Sachenrecht[6] Rz 10/18.

39) *Iro,* Sachenrecht[6] 10/32; *Koziol – Welser/Kletečka* I[14] Rz 1194; *Perner/Spitzer/Kodek,* Bürgerliches Recht[5] 412.

40) Nach einem Teil der Lehre soll in diesem Fall aber die Einverleibung für den gutgläubigen Pfandrechtserwerb am „Scheinzubehör" ausreichen, vgl *Holzner,* JBl 1994, 511 (516 ff); s auch *Perner/Spitzer/Kodek,* Bürgerliches Recht[5] 415.

41) *Iro,* Sachenrecht[6] Rz 8/2; *Koziol – Welser/Kletečka* I[14] Rz 1317; *Perner/Spitzer/Kodek,* Bürgerliches Recht[5] 456 ff.

42) *Iro,* Sachenrecht[6] Rz 7/1; *Koziol – Welser/Kletečka* I[14] Rz 1083; *Perner/Spitzer/Kodek,* Bürgerliches Recht[5] 434 f.

43) *Iro,* Sachenrecht[6] Rz 2/68 ff; *Koziol – Welser/Kletečka* I[14] Rz 883 ff; *Perner/Spitzer/Kodek,* Bürgerliches Recht[5] 430 f.

Meine Notizen:

2) Holzprofi-GmbH gegen Stefan auf Herausgabe der Schleifmaschine gem §§ 366, 372 ABGB

Die Holzprofi-GmbH hat sich das Eigentum an der Schleifmaschine bis zur vollständigen Bezahlung des Kaufpreises durch Felix vorbehalten. Dieser Eigentumsvorbehalt ist auch nicht durch Entfernung des angebrachten Hinweises an der Maschine erloschen (siehe II.A.1). Es ist jedoch zu prüfen, ob die Holzprofi-GmbH ihr Eigentum durch den Verkauf der Schleifmaschine von Felix an Stefan verloren hat, weil sie dann mit der rei vindicatio nicht durchdringt.

a) Derivativer Eigentumserwerb an der Schleifmaschine durch Stefan?

Der Erwerb des Eigentums bedarf eines gültigen, auf die Eigentumsverschaffung gerichteten Rechtsgeschäfts gem §§ 380, 424 ABGB **(Titel)**[44] und eines nach außen erkennbaren Übertragungsaktes gem §§ 426 ff ABGB **(Modus).**[45] Der **Übergeber** kann überdies nur dann Eigentum verschaffen, wenn er selbst **über dieses Recht verfügt** (§ 442 Satz 3 ABGB) oder der wahre Eigentümer ihm eine diesbezügliche **Verfügungsbefugnis** erteilt hat.[46]

Stefan und Felix haben einen – laut Sachverhalt gültigen und auf die Verschaffung von Eigentum gerichteten – Kaufvertrag über eine Schleifmaschine um € 50.000,– abgeschlossen. Ein **gültiger Titel** liegt somit vor. Für die derivative Verschaffung des Eigentums fehlt es jedoch an der **dinglichen Berechtigung des Vormannes:** Da Felix die Kaufpreisforderung der Holzprofi-GmbH noch nicht beglichen hat, ist er aufgrund des **Eigentumsvorbehaltes** noch nicht Eigentümer geworden. Darüber hinaus ergeben sich aus dem Sachverhalt keine Anhaltspunkte, dass Felix zur Weiterveräußerung und Übertragung des Eigentums durch die Holzprofi-GmbH ermächtigt wurde. Aufgrund fehlenden Eigentums und fehlender Verfügungsbefugnis kann der Eigentumsvorbehaltskäufer Felix derivativ daher kein Eigentum an der Schleifmaschine, sondern nur sein **Anwartschaftsrecht** auf Stefan übertragen.

Ergebnis: Ein derivativer Erwerb des Eigentums durch Stefan scheitert an der fehlenden Berechtigung des Felix.

b) Originärer Eigentumserwerb an der Schleifmaschine durch Stefan nach § 367 ABGB

Zu prüfen ist nun, ob Stefan gutgläubig Eigentum nach § 367 ABGB erwerben konnte: Voraussetzungen sind ein **gültiger, entgeltlicher Titel** über eine **bewegliche, körperliche Sache,** die **übergeben** wurde,[47] sowie **Redlichkeit des Erwerbers.**[48] Außerdem muss eine der drei in § 367 Abs 1 ABGB genannten **Alternativvoraussetzungen** vorliegen: Erwerb vom Vertrauensmann, in einer öffentlichen Versteigerung oder von einem Unternehmer im Betrieb dessen Unternehmens.[49]

Zwischen Felix und Stefan liegt ein gültiger, entgeltlicher Titel über eine bewegliche, körperliche Sache vor, nämlich ein **Kaufvertrag** über die **Schleifmaschine** um € 50.000,–.

Die Schleifmaschine wurde laut Sachverhalt durch Albert (für die Umzugs-GmbH) in Stefans Auftrag abgeholt,[50] jedoch nicht bei ihm abgeliefert. Zu prüfen ist, ob das Erfordernis der **Übergabe** für einen gutgläubigen Eigentumserwerb an der Schleifmaschine durch Stefan mit der Übergabe an Albert erfüllt ist: Um Besitz zu begründen, muss der Erwerber zum einen **Besitzwillen** haben und zum anderen die **Gewahrsame** über die Sache erlangen.[51]

---

44) *Iro,* Sachenrecht[6] Rz 6/36 ff; *Koziol – Welser/Kletečka* I[14] Rz 955 f, 1016 ff; *Perner/Spitzer/Kodek,* Bürgerliches Recht[5] 445 f.

45) *Iro,* Sachenrecht[6] Rz 6/39, 6/42; *Koziol – Welser/Kletečka* I[14] Rz 957, 1012; *Perner/Spitzer/Kodek,* Bürgerliches Recht[5] 445 f; zusätzlich ist die dingliche Einigung zwischen Überträger und Übernehmer, dass das Eigentum übergehen soll (§§ 380, 425 ABGB), notwendig.

46) *Iro,* Sachenrecht[6] Rz 6/44; *Koziol – Welser/Kletečka* I[14] Rz 1015; *Perner/Spitzer/Kodek,* Bürgerliches Recht[5] 446.

47) *Iro,* Sachenrecht[6] Rz 6/46 ff; *Koziol – Welser/Kletečka* I[14] Rz 1040 f; *Perner/Spitzer/Kodek,* Bürgerliches Recht[5] 448.

48) *Iro,* Sachenrecht[6] Rz 6/50; *Koziol – Welser/Kletečka* I[14] Rz 1038; *Perner/Spitzer/Kodek,* Bürgerliches Recht[5] 448.

49) *Iro,* Sachenrecht[6] Rz 6/53 ff; *Koziol – Welser/Kletečka* I[14] Rz 1042 ff; *Perner/Spitzer/Kodek,* Bürgerliches Recht[5] 448 f.

50) Da im Zweifel eine Holschuld vorliegt (§ 905 Abs 1 ABGB) und der Sachverhalt keinen Hinweis auf eine besondere Vereinbarung zwischen Felix und Stefan enthält, ist für die Erfüllung jener Ort maßgeblich, an dem Felix als Schuldner zur Zeit der Entstehung der Verbindlichkeit seine Geschäftsniederlassung hatte.

51) *Iro,* Sachenrecht[6] 2/30, 2/34 ff, 2/43 f; *Koziol – Welser/Kletečka* I[14] Rz 813, 834, 837 ff, 858 ff; *Perner/Spitzer/Kodek,* Bürgerliches Recht[5] 419.

Meine Notizen:

Da Stefan die Umzugs-GmbH mit der Abholung der Schleifmaschine beauftragt, wird ihm die Sachherrschaft durch diese vermittelt.[52] Besitzwillen hat Stefan bereits selbst gefasst; das wird dadurch erkennbar, dass er Felix anruft und ihn über die Beauftragung der Umzugs-GmbH mit dem Transport informiert.[53] Stefan hat somit Besitz an der Maschine erworben.[54]

Mit Blick auf die drei Alternativvoraussetzungen des § 367 Abs 1 ABGB ist hier der Erwerb vom **Vertrauensmann** zu prüfen:[55] Vertrauensmann ist, wem der Eigentümer freiwillig die ausschließliche Gewahrsame an der Sache übertragen hat.[56] Der Vorbehaltskäufer ist Vertrauensmann des Vorbehaltsverkäufers,[57] somit ist Felix Vertrauensmann der Holzprofi-GmbH.

Die für den gutgläubigen Eigentumserwerb geforderte **Redlichkeit** muss bei Abschluss des Titelgeschäfts und bis zum Abschluss des Erwerbsvorgangs vorliegen. Nach § 368 Abs 1 ABGB darf dem Erwerber nicht einmal leichte Fahrlässigkeit zur Last fallen.[58] Stefan ist in Bezug auf Felix' Eigentum an der Schleifmaschine redlich; er hätte nicht erkennen können, dass die Schleifmaschine im Eigentum eines anderen steht, weil Felix den Hinweis auf den Eigentumsvorbehalt entfernt hat. Überdies hat er Stefan die Schleifmaschine wegen „Modernisierung des Betriebs" verkauft, was bei Stefan keinen Verdacht erregen musste. Da die Umzugs-GmbH bzw Albert von Stefan bloß zur Erlangung der Gewahrsame eingesetzt werden, kommt es auf ihre Redlichkeit nicht an.[59] Diese wäre jedoch ohnehin gegeben, weil Albert die Schleifmaschine für Stefan als dessen „neue Errungenschaft" transportiert und nichts im Sachverhalt darauf hindeutet, dass Albert bei der Übergabe etwas hätte auffallen müssen.

Ergebnis: Stefan hat gem § 367 ABGB originär Eigentum an der Schleifmaschine erworben, die Holzprofi-GmbH ist nicht mehr Eigentümerin der Schleifmaschine. Der Anspruch der Holzprofi-GmbH auf Herausgabe der Schleifmaschine gem §§ 366, 372 ABGB scheitert somit am Gutglaubenserwerb des Stefan.

B. Vertragliche Ansprüche zwischen Felix – Holzprofi-GmbH

1) Holzprofi-GmbH gegen Felix auf Herausgabe der Schleifmaschine (Wertersatz) gem § 921 Satz 2, § 1435 iVm § 918 ABGB

Felix hat vereinbarungswidrig im Jänner 2016 immer noch nicht bezahlt und daher nicht zur gehörigen Zeit erfüllt. Er befindet sich mit seiner Leistung im **(subjektiven) Schuldnerverzug.**[60] Dies führt zu einem **Wahlrecht des Gläubigers:** Er kann entweder am Vertrag festhalten oder zurücktreten.[61] Darüber hinaus löst der vom Schuldner verschuldete Verzug **Schadenersatzpflichten** aus (II.B.2 und 3).[62]

Die Holzprofi-GmbH hat Felix laut Sachverhalt mehrmals erfolglos gemahnt und fordert im Jänner 2016 die Schleifmaschine zurück. Da der Vorbehaltskäufer erst mit vollständiger Kaufpreiszahlung Eigentümer wird, kann der Vorbehaltsverkäufer die Sache zurückfordern, wenn der Schuldner mit der Zahlung säumig wird. Die Rück-

52) Genau genommen fungiert die Umzugs-GmbH als Besitzmittler für Stefan und setzt wiederum ihren Arbeitnehmer Albert als (abhängigen) Besitzdiener ein, vgl *Iro,* Sachenrecht[6] 2/47; *Koziol – Welser/Kletečka* I[14] Rz 813, 861; *Perner/Spitzer/Kodek,* Bürgerliches Recht[5] 420.

53) Die Umzugs-GmbH hat somit hinsichtlich des Besitzwillens nicht einmal Botenfunktion, die Übernahme der Schleifmaschine durch sie dient bloß der Herstellung des für die Innehabung erforderlichen Naheverhältnisses, vgl *Iro,* Besitzerwerb durch Gehilfen (1982) 54 ff, 57.

54) Hier liegt kein Fall des Versendungskaufs gem § 429 ABGB vor: Dieser regelt die Übergabe bei Übersendung einer Sache mit Willen des Übernehmers an einen anderen Ort als den Erfüllungsort. Laut Sachverhalt wird die Schleifmaschine aber nicht durch Felix übersendet, sondern Stefan beauftragt die Umzugs-GmbH mit der Abholung.

55) Wurde zudem der Erwerb von einem Unternehmer im Betrieb dessen Unternehmens geprüft, war zu beachten, dass der Erwerb im **gewöhnlichen** Betrieb des Unternehmens erfolgen muss: Daher können nur solche Sachen gutgläubig erworben werden, deren Veräußerung zum Unternehmensgegenstand gehört, während betriebsuntypische oder betriebsfremde Geschäfte nicht erfasst sind (vgl *Koziol – Welser/Kletečka* I[14] Rz 1044; *Iro,* Sachenrecht[6] Rz 6/55). Aus diesem Grund war diese Alternativvoraussetzung des § 367 ABGB zu verneinen.

56) *Iro,* Sachenrecht[6] 6/56; *Koziol – Welser/Kletečka* I[14] Rz 1045; *Perner/Spitzer/Kodek,* Bürgerliches Recht[5] 449.

57) *Koziol – Welser/Kletečka* I[14] Rz 1327; *Perner/Spitzer/Kodek,* Bürgerliches Recht[5] 459.

58) *Iro,* Sachenrecht[6] 6/50; *Koziol – Welser/Kletečka* I[14] Rz 1038; *Perner/Spitzer/Kodek,* Bürgerliches Recht[5] 448.

59) HA, vgl *Schey – Klang* in *Klang* II[2] (1950) 94; s auch *Iro,* Besitzerwerb durch Gehilfen (1982) 160 und die dortigen Nw.

60) Die Geldschuld ist eine Gattungsschuld mit gewissen Besonderheiten: Geldmangel ist keine Unmöglichkeit der Leistung, weil der Schuldner persönlich mit seinem ganzen Vermögen für die Schuld haftet, *Dullinger,* Schuldrecht Allgemeiner Teil[6] Rz 2/26; *Welser/Zöchling-Jud* II[14] Rz 159.

61) Vgl *Dullinger,* Schuldrecht Allgemeiner Teil[6] Rz 3/9 ff, 3/13 ff; *Perner/Spitzer/Kodek,* Bürgerliches Recht[5] 171 ff; *Welser/Zöchling-Jud* II[14] Rz 245, 249 ff.

62) Vgl *Dullinger,* Schuldrecht Allgemeiner Teil[6] Rz 3/19 ff; *Perner/Spitzer/Kodek,* Bürgerliches Recht[5] 173; *Welser/Zöchling-Jud* II[14] Rz 257 f.

Meine Notizen:

forderung der Sache ist idR als Rücktritt anzusehen, wobei vertraglich anderes vereinbart werden kann.[63] Die Rückforderung der Schleifmaschine ist somit als Rücktritt der Holzprofi-GmbH vom Kaufvertrag zu qualifizieren, weil laut Sachverhalt keine abweichende Vereinbarung zwischen ihr und Felix getroffen wurde. Für die Wirksamkeit des Rücktritts ist grundsätzlich die Setzung einer angemessenen Nachfrist und deren fruchtloser Ablauf notwendig (§ 918 Abs 1 ABGB), weil der Schuldner die Chance erhalten soll, den Vertrag – und folglich seinen Anspruch auf die Gegenleistung – trotz seines Verzugs zu retten.[64]

Die Holzprofi-GmbH gewährt Felix in ihrer Rücktrittserklärung keine Nachfrist. Eine solche kann unterbleiben, wenn der Schuldner von vorneherein die Leistung ernstlich und endgültig verweigert oder offensichtlich nicht in der Lage ist, die Erfüllung innerhalb angemessener Frist nachzuholen.[65] Da die Holzprofi-GmbH bereits zwei Monate zuvor Felix mehrmals erfolglos gemahnt hat, ist dieser offensichtlich nicht in der Lage, die Bezahlung der € 75.000,– in angemessener Frist nachzuholen. Der Rücktritt ist somit wirksam geworden. Die Holzprofi-GmbH hat damit auch keinen Erfüllungsanspruch mehr.[66]

Der Rücktritt führt zum **Wegfall des Vertrags.** Bereits **erbrachte Leistungen sind** bereicherungsrechtlich nach § 921 bzw § 1435 ABGB wechselseitig **zurückzustellen.**[67] Die Holzprofi-GmbH könnte daher die Schleifmaschine (zunächst) bereicherungsrechtlich zurückverlangen, doch ist die Herausgabe nicht mehr möglich, weil Felix die Schleifmaschine an Stefan weiterverkauft hat.

Ist die **Rückgabe der Sache in natura unmöglich oder untunlich,** muss der Bereicherungsschuldner **Wertersatz** leisten. Er muss daher die aus der Sache erlangten Vorteile herausgeben.[68] Die Rückgabe der Schleifmaschine kommt nicht in Betracht, weil Felix diese bereits an Stefan veräußert hat, der daran gutgläubig Eigentum erworben hat.

Für die **Berechnung** der Höhe des Wertersatzes sind nach § 1437 die Vorschriften über den redlichen und unredlichen Besitzer (§§ 329 ff ABGB) heranzuziehen. Der redliche Bereicherungsschuldner hat den konkreten Nutzen, höchstens jedoch den Verkehrswert der Sache herauszugeben, der unredliche Bereicherungsschuldner den konkreten Nutzen, mindestens aber den Verkehrswert zu ersetzen. Besteht die Nutzung in einer bestimmungsgemäßen Verwendung, so hat der redliche Bereicherungsschuldner den Marktwert, der Unredliche den höchsten am Markt erzielbaren Wert herauszugeben (§ 417 ABGB analog).[69]

Felix weiß, dass er die Raten an die Holzprofi-GmbH noch nicht beglichen und damit noch nicht Eigentum erworben hat. Er ist daher jedenfalls als **unredlicher Bereicherungsschuldner** anzusehen und hat **mindestens den Verkehrswert** der Sache zu ersetzen, selbst wenn der konkrete Nutzen (Erlös aus der Weiterveräußerung) darunterliegt. Felix muss daher den Verkehrswert der Maschine iHv € 70.000,– ersetzen, obwohl er von Stefan nur € 50.000,– als Kaufpreis erhalten hat.

Ergebnis: Der Anspruch der Holzprofi-GmbH besteht iHv € 70.000,– zu Recht.

2) Holzprofi-GmbH gegen Felix auf Schadenersatz iHv € 70.000,– gem §§ 1295 ff, 1298 ABGB

Alternativ zum Bereicherungsrecht kann die Holzprofi-GmbH den Wert der Schleifmaschine auch schadenersatzrechtlich von Felix verlangen:

Ein Schaden liegt vor, weil die Holzprofi-GmbH durch die Veräußerung der Schleifmaschine und den gutgläubigen Eigentumserwerb des Stefan ihr **Eigentum** an der Schleifmaschine **verloren** hat. Für diesen Eigentumsverlust war Felix' Verhalten kausal iSd csqn: Hätte er die Schleifmaschine nicht an Stefan weiterveräußert, ohne auf das vorbehaltene Eigentum der Holzprofi-GmbH hinzuweisen, hätte Stefan nicht gutgläubig Eigentum erworben und die Holzprofi-GmbH ihr Eigentum nicht

63) Vgl *Koziol – Welser/Kletečka* I[14] Rz 1315; *Perner/Spitzer/Kodek,* Bürgerliches Recht[5] 457; s auch *Iro,* Sachenrecht[6] 8/8.
64) Vgl *Dullinger,* Schuldrecht Allgemeiner Teil[6] Rz 3/14; *Perner/Spitzer/Kodek,* Bürgerliches Recht[5] 171; *Welser/Zöchling-Jud* II[14] Rz 249 ff.
65) Vgl *Dullinger,* Schuldrecht Allgemeiner Teil[6] Rz 3/14; *Welser/Zöchling-Jud* II[14] Rz 250.
66) Vgl *Dullinger,* Schuldrecht Allgemeiner Teil[6] Rz 3/17; *Perner/Spitzer/Kodek,* Bürgerliches Recht[5] 172; *Welser/Zöchling-Jud* II[14] Rz 256.
67) Vgl *Dullinger,* Schuldrecht Allgemeiner Teil[6] Rz 3/18; *Perner/Spitzer/Kodek,* Bürgerliches Recht[5] 172; *Welser/Zöchling-Jud* II[14] Rz 270 ff.
68) Vgl *Rabl/Riedler,* Schuldrecht Besonderer Teil[6] Rz 15/27; *Perner/Spitzer/Kodek,* Bürgerliches Recht[5] 385; *Welser/Zöchling-Jud* II[14] Rz 1754 ff.
69) Vgl *Rabl/Riedler,* Schuldrecht Besonderer Teil[6] Rz 15/28 ff; *Perner/Spitzer/Kodek,* Bürgerliches Recht[5] 386; *Welser/Zöchling-Jud* II[14] Rz 1756 ff.

Meine Notizen:

verloren. Die Rechtswidrigkeit liegt in einem Verstoß gegen die vertragliche **Sicherungsabrede:** Felix muss der Holzprofi-GmbH bis zur vollständigen Kaufpreiszahlung die dingliche Sicherung erhalten. Der eingetretene Schaden liegt deshalb jedenfalls auch innerhalb des Schutzzwecks der Vertragspflicht. Felix handelt vorsätzlich, weil er den Zettel, der auf das Eigentum der Holzprofi-GmbH hinweist, vor Verkauf der Schleifmaschine entfernt.

Ergebnis: Die Holzprofi-GmbH kann € 70.000,– alternativ zum Bereicherungsanspruch aus dem Titel des Schadenersatzes verlangen.

3) Holzprofi-GmbH gegen Felix auf Schadenersatz wegen Nichterfüllung iHv € 5.000,– gem § 921 Satz 1 ABGB

Da Felix sich im subjektiven Schuldnerverzug befindet, kann die Holzprofi-GmbH auch Schadenersatz wegen Nichterfüllung des Kaufvertrags verlangen.[70]

Im vorliegenden Fall ergibt der Wert der Gegenleistung (€ 75.000,–) minus dem Wert der eigenen Leistung (€ 70.000,–) den Schaden der Holzprofi-GmbH (€ 5.000,–).[71] Für diesen Schaden war Felix' Verhalten kausal iSd conditio sine qua non (csqn): Hätte er den Kaufpreis gezahlt, wäre die Holzprofi-GmbH nicht vom Vertrag zurückgetreten und hätte den Kaufpreis iHv € 75.000,– für eine Maschine mit einem Verkehrswert iHv € 70.000,– lukriert. Die Rechtswidrigkeit ergibt sich aus der objektiv-sorgfaltswidrigen **Verletzung der vertraglichen Hauptleistungspflicht,**[72] weil Felix aus dem Kaufvertrag verpflichtet war, den Kaufpreis iHv € 75.000,– zu bezahlen. Der eingetretene Schaden liegt somit auch innerhalb des Schutzzwecks der verletzten Vertragspflicht. Das Verhalten von Felix ist überdies als schuldhaft zu qualifizieren.

Ergebnis: Tritt die Holzprofi-GmbH vom Vertrag zurück, kann sie den Nichterfüllungsschaden iHv € 5.000,– geltend machen. Der Anspruch besteht zu Recht.

C. Vertragliche Ansprüche zwischen Stefan – Felix

Stefan gegen Felix auf Rückzahlung des Kaufpreises iHv € 50.000,– gem § 1447 ABGB

Da Stefan im Zeitpunkt der bedungenen Übergabe nicht selbst vor Ort sein kann, setzt er die Umzugs-GmbH zur Abholung der Schleifmaschine ein. Diese vermittelt ihm über ihren Fahrer Albert die Sachherrschaft, Besitzwillen hat Stefan bereits gefasst und auch gegenüber Felix geäußert (vgl II.A.2.b). Im Zeitpunkt der Übergabe an Albert gehen somit das **Eigentum** und die **Gefahr** auf Stefan **über.** Im Übrigen wurde die Schleifmaschine durch Unachtsamkeit seines eigenen Gehilfen Albert zerstört.

Ergebnis: Der Anspruch besteht nicht.

D. Schadenersatz für die Beschädigung der Schleifmaschine

1) Stefan gegen Umzugs-GmbH auf Schadenersatz gem §§ 1295, 1298, 1313a ABGB ex contractu

Der „Transportvertrag" zwischen Stefan und der Umzugs-GmbH ist als Werkvertrag zu qualifizieren:[73] Die Umzugs-GmbH schuldet nicht nur redliches Bemühen, sondern einen Erfolg, nämlich die unbeschadete Ankunft der Schleifmaschine am vereinbarten Ort.

Da die Maschine vor dem Unfall einen Verkehrswert von € 70.000,– hatte und ihr Schrottwert nur noch € 2.000,– beträgt, hat Stefan einen Schaden in Höhe von € 68.000,–, obwohl er für die Maschine nur einen Kaufpreis von € 50.000,– bezahlt hat.

Die Umzugs-GmbH setzt Albert als Fahrer ein. Die Auslegung des Werkvertrags wird zu dem Schluss führen, dass die Umzugs-GmbH die Pflicht trifft, den Transport unter ihrer persönlichen Verantwortung auszuführen (vgl § 1165 ABGB). Personen,

70) Der Nichterfüllungsschaden kann abstrakt oder konkret berechnet werden. Bei abstrakter Berechnung – wie im vorliegenden Fall – ergibt sich der Schaden aus der Differenz zwischen dem Wert der Gegenleistung und dem Wert der eigenen Leistung des Gläubigers. Hat der Gläubiger ein Deckungsgeschäft abgeschlossen, ist der Differenzanspruch konkret zu berechnen; der Gläubiger erhält jenen Betrag, um den das Deckungsgeschäft für ihn ungünstiger war, vgl *Dullinger,* Schuldrecht Allgemeiner Teil[6] Rz 3/21; *Perner/Spitzer/Kodek,* Bürgerliches Recht[5] 167 f; *Welser/Zöchling-Jud* II[14] Rz 215.

71) Ein darüber hinausgehender entgangener Gewinn ist bei grobem Verschulden oder im Anwendungsbereich des § 349 UGB ersatzfähig. Für einen solchen gibt es jedoch im Sachverhalt keinen Anhaltspunkt.

72) Vgl *Rabl/Riedler,* Schuldrecht Besonderer Teil[6] Rz 13/16; *Perner/Spitzer/Kodek,* Bürgerliches Recht[5] 310; *Welser/Zöchling-Jud* II[14] Rz 1390, 1398.

73) Vgl für Beförderungsverträge insg *Krejci* in *Rummel,* ABGB[3] § 1166 ABGB Rz 26.

✐ Meine Notizen:

derer sie sich zur Erfüllung ihrer vertraglichen Pflichten bedient, sind ihr daher als Gehilfen gem § 1313a so zuzurechnen, als hätte sie selbst gehandelt. Die schadenersatzrechtliche Prüfung ist daher so durchzuführen, als wäre die Umzugs-GmbH selbst gefahren.[74)]

Albert, der zu schnell gefahren ist, hat den Schaden, der ohne dieses Verhalten nicht eingetreten wäre, unzweifelhaft verursacht (csqn). Die Rechtswidrigkeit ergibt sich aus der objektiv-sorgfaltswidrigen **Verletzung der vertraglichen Hauptleistungspflicht,** weil die Umzugs-GmbH aus dem Werkvertrag verpflichtet ist, die Schleifmaschine unbeschadet zu Stefan zu transportieren. Der eingetretene Schaden liegt auch innerhalb des Schutzzwecks der vertraglichen Pflichten. Das rechtswidrige Verhalten ist der Umzugs-GmbH überdies subjektiv vorwerfbar, weil sie **Sachverständige iSd § 1299 ABGB** ist, sich demnach an einem objektivierten Verschuldensmaßstab messen lassen muss und die erforderlichen (Fahr-)Kenntnisse[75)] zu vertreten hat. Im vertraglichen Bereich werden das Verschulden[76)] und die objektive Sorgfaltswidrigkeit[77)] überdies gem **§ 1298 ABGB** vermutet. Ob Albert leicht oder grob fahrlässig gehandelt hat, ist aus dem Sachverhalt nicht ersichtlich, für die Beurteilung des Falles jedoch auch irrelevant: Zum einen hat die Umzugs-GmbH für jegliches Verschulden ihrer Gehilfen einzustehen, zum anderen ist der Schaden an der Maschine ein positiver Schaden, der bereits bei leichter Fahrlässigkeit zu ersetzen ist. Überdies ist der Vertrag zwischen Stefan und der Umzugs-GmbH ein beidseitig unternehmensbezogenes Geschäft, sodass gem § 349 UGB auch ein etwaiger entgangener Gewinn schon bei leichter Fahrlässigkeit ersatzfähig ist.

Der Schaden an der Maschine ist laut Sachverhalt irreparabel, eine Reparatur scheidet daher aus. Da **Naturalrestitution** (§ 1323 ABGB) die Herstellung eines gleichartigen, gleichwertigen Zustands bedeutet, ist sie auch bei Zerstörung einer gebrauchten Sache möglich, wenn solche gebrauchten Sachen am Markt erhältlich sind. Gibt es einen Markt für gebrauchte Schleifmaschinen, dann hat die Umzugs-GmbH Stefan daher eine gebrauchte Schleifmaschine gegen Herausgabe der beschädigten zu verschaffen oder Stefan die Kosten einer gebrauchten Schleifmaschine (Aufwendungen zur Schadensbeseitigung) gegen Herausgabe des Schrottes zu ersetzen.[78)] Sollte ein Markt für gebrauchte Schleifmaschinen nicht existieren, ist Naturalrestitution unmöglich und Stefan kann (nur) **Geldersatz,** somit den Verkehrswert der gebrauchten Maschine (dazu keine Angaben im Sachverhalt) gemindert um den Restwert des Schrotts, verlangen.[79)]

Ergebnis: Stefan kann von der Umzugs-GmbH Ersatz für den Schaden an der Maschine aus dem Werkvertrag verlangen.

2) Stefan gegen Albert auf Schadenersatz gem § 1295 ex delicto

Alternativ kann Stefan auch gegen Albert selbst vorgehen. Da den Erfüllungsgehilfen die vertraglichen Pflichten nicht in eigener Person treffen,[80)] kommt nur ein deliktischer Schadenersatzanspruch in Betracht. Der Schaden liegt, wie bereits unter dem vorherigen Anspruch ausgeführt, in der Beschädigung des Eigentums des Stefan. Die Kausalität von Alberts Verhalten für den eingetretenen Schaden ist ebenfalls gegeben. Die Rechtswidrigkeit ergibt sich hier aus der objektiv-sorgfaltswidrigen Verletzung der Geschwindigkeitsbeschränkung der StVO, die ein **Schutzgesetz iSd § 1311 ABGB** ist.[81)] Die Geschwindigkeitsbeschränkungen der StVO sollen andere Verkehrsteilnehmer vor Unfällen schützen (personaler Schutzbereich), und zwar nicht nur vor

74) Vgl *Rabl/Riedler,* Schuldrecht Besonderer Teil[6] Rz 13/44 ff, 13/47; *Perner/Spitzer/Kodek,* Bürgerliches Recht[5] 327 ff; *Welser/Zöchling-Jud* II[14] Rz 1524 ff, 1529.

75) Mind Führerscheinniveau, bei Berufskraftfahrern werden strengere Anforderungen gestellt, s *Reischauer* in *Rummel*[3] § 1299 ABGB Rz 33; vgl zur Sachverständigenhaftung allg *Rabl/Riedler,* Schuldrecht Besonderer Teil[6] Rz 13/15, 13/34 aE; *Perner/Spitzer/Kodek,* Bürgerliches Recht[5] 323; *Welser/Zöchling-Jud* II[14] Rz 1516 ff.

76) *Perner/Spitzer/Kodek,* Bürgerliches Recht[5] 326.

77) Strittig; siehe *Rabl/Riedler,* Schuldrecht Besonderer Teil[6] Rz 13/37, 13/47; dagegen *Welser/Zöchling-Jud* II[14] Rz 1423.

78) Vgl *Rabl/Riedler,* Schuldrecht Besonderer Teil[6] Rz 13/49 ff, 13/51 aE; weiterführend *Koziol,* Haftpflichtrecht I[3] (1997) Rz 9/1 ff, 9/10, 9/28 ff.

79) Vgl *Rabl/Riedler,* Schuldrecht Besonderer Teil[6] Rz 13/49 ff; *Perner/Spitzer/Kodek,* Bürgerliches Recht[5] 290 f; *Welser/Zöchling-Jud* II[14] Rz 1426 ff; weiterführend *Koziol,* Haftpflichtrecht I[3] (1997) Rz 10/13 ff, 10/20 ff.

80) Der Vertrag zwischen Geschäftsherrn und Gehilfen entfaltet nach hA keine Schutzwirkungen zugunsten der Vertragspartner des Geschäftsherrn. Da der Geschäftsherr sich den Gehilfen gegenüber dem Vertragspartner idR nach § 1313a zurechnen lassen muss, besteht insofern keine Schutzlücke, so etwa OGH 2 Ob 133/78 JBl 1980, 39 *(Koziol);* s auch *Karner* in KBB[5] § 1295 Rz 19 aE mwN.

81) Vgl *Rabl/Riedler,* Schuldrecht Besonderer Teil[6] Rz 13/16; *Perner/Spitzer/Kodek,* Bürgerliches Recht[5] 310 f; *Welser/Zöchling-Jud* II[14] Rz 1392 f.

Personen-, sondern auch vor Sachschäden (sachlicher Schutzbereich). Der Schaden an der Schleifmaschine liegt somit innerhalb des Schutzzwecks der verletzten Norm. Bei Verletzung eines Schutzgesetzes muss sich das Verschulden nach hA[82] nur auf die Übertretung der betreffenden Norm, nicht wie sonst auch auf den eingetretenen Schaden beziehen. Ob für Albert der Unfall vorhersehbar war, ist daher irrelevant. Als Kraftfahrzeuglenker ist er **Sachverständiger iSd § 1299 ABGB** und kann sich selbst durch den Nachweis etwaiger unterdurchschnittlicher Fähigkeiten nicht von der Haftung befreien. Im deliktischen Bereich hat zwar grundsätzlich der Geschädigte Stefan das Verschulden des Schädigers Albert gem **§ 1296 ABGB** zu beweisen, die Rechtsprechung und Teile der Lehre wenden jedoch die Beweislastumkehr des § 1298 auch auf Schutzgesetzverletzungen an.[83]

Hinsichtlich des Schadensumfangs sei auf den vorherigen Anspruch verwiesen.

Ergebnis: Stefan kann auch von Albert Ersatz für den Schaden an der Maschine verlangen.

✐ Meine Notizen:

3) Umzugs-GmbH gegen Albert/Albert gegen Umzugs-GmbH auf Regress nach DHG

Die Umzugs-GmbH und Albert haften Stefan **solidarisch,** das bedeutet, dieser kann von jedem der beiden den gesamten Schaden ersetzt verlangen, insgesamt jedoch nur einmal. Wird die Umzugs-GmbH von Stefan in Anspruch genommen, richtet sich ihr Regress gegen den Gehilfen Albert grundsätzlich nach **§ 1313 ABGB.**[84] Da Albert jedoch Dienstnehmer der Umzugs-GmbH iSd § 1 DHG ist, kommt **§ 4 DHG** zur Anwendung, der eine **Modifikation des Regresses** vorsieht: Gem § 4 DHG kann das Gericht den Rückgriffsanspruch des Dienstgebers gegen den Dienstnehmer **aus Billigkeitsgründen** mindern, wenn der Schaden vom Dienstnehmer bloß fahrlässig herbeigeführt wurde. Bei leichter Fahrlässigkeit ist sogar ein völliger Entfall des Regressanspruchs möglich. Für eine entschuldbare Fehlleistung haftet der Dienstnehmer dem Dienstgeber nicht. Eine solche liegt hier jedoch nicht vor. Die **Kriterien,** aufgrund derer die Bemessung des Umfangs des Rückgriffsanspruchs zu erfolgen hat, finden sich in **§ 2 Abs 2 DHG.**[85]

Wird umgekehrt Albert von Stefan auf Ersatz des Schadens in Anspruch genommen, richtet sich sein Regress nach **§ 3 DHG,** der für den Fall, dass der Dienstnehmer anstelle des Dienstgebers vom Geschädigten belangt wird, eine spiegelbildliche Abänderung des Regresses vorsieht, weil der Umfang der (endgültigen) Schadenersatzzahlung des Dienstnehmers nicht davon abhängen soll, ob der Geschädigte den Dienstgeber oder den Dienstnehmer belangt. Wird daher der Dienstnehmer Albert in Anspruch genommen, kann er sich entsprechend den vorherigen Ausführungen bei fahrlässiger Schädigung einen Teil des an Stefan Geleisteten von der Umzugs-GmbH zurückholen, bei leichter Fahrlässigkeit ist sogar ein voller Regress möglich.[86] Liegt eine entschuldbare Fehlleistung vor, besteht der Regressanspruch des Dienstnehmers von vornherein in voller Höhe.

Ergebnis: Die Umzugs-GmbH und Albert haften solidarisch für den Schaden des Stefan. Wird die Umzugs-GmbH belangt, kann sie bei Albert teilweisen Regress gem § 4 DHG nehmen, weil dieser fahrlässig gehandelt hat. Wird Albert in Anspruch genommen, kann er dementsprechend teilweisen Rückgriff bei der Umzugs-GmbH gem § 3 DHG nehmen.

4) Stefan gegen die Umzugs-GmbH auf Schadenersatz gem §§ 1, 5 EKHG

Alternativ zur Haftung aus Verschulden kommt ein Schadenersatzanspruch nach EKHG in Betracht: Laut Sachverhalt verursacht Albert einen **Unfall beim Betrieb des Kfz,** weshalb der Anwendungsbereich des EKHG gem § 1 eröffnet ist. Nach **§ 5 EKHG** haftet für einen Schaden beim Betrieb eines Kfz der **Halter** desselben, das ist derjenige, der die Verfügungsgewalt über das Kfz hat und es auf eigene Rechnung betreibt. Entscheidend sind für die Haltereigenschaft nicht die Eigentumsver-

82) Vgl *Rabl/Riedler,* Schuldrecht Besonderer Teil⁶ Rz 13/31 aE; *Perner/Spitzer/Kodek,* Bürgerliches Recht⁵ 311; *Welser/Zöchling-Jud* II¹⁴ Rz 1393.

83) Vgl *Rabl/Riedler,* Schuldrecht Besonderer Teil⁶ Rz 13/37; *Welser/Zöchling-Jud* II¹⁴ Rz 1425.

84) Vgl *Rabl/Riedler,* Schuldrecht Besonderer Teil⁶ Rz 13/39, 13/48; *Perner/Spitzer/Kodek,* Bürgerliches Recht⁵ 332; *Welser/Zöchling-Jud* II¹⁴ Rz 1543.

85) Vgl *Rabl/Riedler,* Schuldrecht Besonderer Teil⁶ Rz 13/48, 14/25; *Perner/Spitzer/Kodek,* Bürgerliches Recht⁵ 332 f; *Welser/Zöchling-Jud* II¹⁴ Rz 1544 ff.

86) Vgl *Rabl/Riedler,* Schuldrecht Besonderer Teil⁶ Rz 13/48, 14/25; *Perner/Spitzer/Kodek,* Bürgerliches Recht⁵ 332; *Welser/Zöchling-Jud* II¹⁴ Rz 1544 ff.

Meine Notizen:

hältnisse, sondern wer bestimmt, wann und wo das Kfz gefahren wird, und die Kosten der Steuer und Versicherung trägt.[87)] Mangels anderer Anhaltspunkte im Sachverhalt ist davon auszugehen, dass die Umzugs-GmbH und nicht Albert Halter des Kfz ist, weil Letzterer bloß als Fahrer bei der Umzugs-GmbH angestellt ist. Der Ersatzanspruch für den Schaden an der Schleifmaschine scheitert jedoch am **Haftungsausschluss gem § 4 EKHG:** Nach dieser Bestimmung greift eine Haftung für Sachschäden nach EKHG nur insofern, als die beschädigte Sache zur Zeit des Unfalls von einem Fahrgast als Handgepäck mitgeführt oder am Körper getragen wurde.[88)] Da dies auf die Schleifmaschine nicht zutrifft, scheidet eine Haftung nach EKHG aus.

Ergebnis: Ein Ersatzanspruch für den Schaden an der Schleifmaschine nach EKHG besteht nicht.

87) Vgl *Rabl/Riedler,* Schuldrecht Besonderer Teil[6] Rz 14/39; *Perner/Spitzer/Kodek,* Bürgerliches Recht[5] 364 f; *Welser/Zöchling-Jud* II[14] Rz 1596 ff.

88) Vgl *Rabl/Riedler,* Schuldrecht Besonderer Teil[6] Rz 14/42; *Perner/Spitzer/Kodek,* Bürgerliches Recht[5] 364; *Welser/Zöchling-Jud* II[14] Rz 1595.

Prüfer: Michael Ganner, Bernhard Rudisch und Andreas Schwartze

✐ Meine Notizen:

Zwei Pferde und doch kein Turnier – Diplomprüfung aus Bürgerlichem Recht einschließlich IPR

Innsbruck, 2. 3. 2015

Schwerpunkte: Internationales Privatrecht, Irrtumsanfechtung, Gewährleistung, Schadenersatz, Pfandrecht

SACHVERHALT

Die in Seefeld (Österreich) wohnhafte Amanda (A) war im vergangenen Herbst Reitschülerin des Christian (C) und bei ihm im Reitstall in Leutasch (Österreich) teilbeschäftigt. Sie war Eigentümerin des bei C eingestellten dreijährigen Wallachs „Hatatitla", konnte dieses Pferd jedoch auf Grund seines Alters und der noch mangelhaften Ausbildung nicht auf Turnieren vorstellen. C erklärte ihr, wenn sie reiterisch weiterkommen wolle, benötige sie ein für Dressur ausgebildetes Pferd für die erfolgreiche Teilnahme an Turnieren. A, die ein solches Pferd kaufen wollte, reiste sodann mit C zum Gestüt Beste-Pferde-GmbH (B-GmbH) nach Stuttgart (Deutschland), mit dem C bereits einige Jahre in ständiger Geschäftsbeziehung stand.

A und C besichtigten dort mehrere Dressurpferde, darunter „Rih"; diesen ritt A auch zur Probe. Rih war leicht zu reiten, Mängel waren nicht ersichtlich. Nachdem C dieses Pferd als für A geeignet beurteilt hatte, entschloss sich A zum Kauf. Über Empfehlung des C ließ sie das Pferd durch einen Tierarzt untersuchen. Dafür zahlte sie € 300,–. Diese (tier)klinische und röntgenologische Untersuchung hatte die Extremitäten des Pferdes zum Gegenstand, nicht jedoch dessen Rücken und Nacken. Danach schloss C am 26. 10. „als Treuhänder für A" – sie hatte ihn dazu mündlich beauftragt – mit der B-GmbH, vertreten durch deren Geschäftsführer Toni (T), einen schriftlichen Kaufvertrag über Rih. Am 8. 11. lieferte T das Pferd nach Leutasch. In Abstattung des Kaufpreises von € 35.500,– für Rih übernahm T vereinbarungsgemäß das bisherige Pferd der A, Hatatitla, und € 25.500,– in bar, die von Maria, A's Mutter, übergeben wurden.

Nach dem Abladen wurde Rih an der Longe bewegt, wobei keine Transportschäden feststellbar waren. Beim ersten Springreiten zwei Tage später allerdings machte Rih Schwierigkeiten, worauf ihn A am 21. 11. erneut von einem Tierarzt untersuchen ließ. Dabei wurden eine Schmerzhaftigkeit an der linken Kruppe im Bereich der Wirbelsäule und eine Schrittverkürzung der linken Hinterhand im Bereich des Ischiasnervs festgestellt. Der Tierarzt behandelte das Pferd mit Akupunktur und homöopathischen Mitteln; eine Röntgenuntersuchung erfolgte nicht. A zahlte dafür € 120,–. In der Folge ließ sie das Pferd vom Vertrauenstierarzt des C untersuchen und nach Grundsätzen alternativer Medizin behandeln. Die Kosten dafür beliefen sich auf rund € 360,–. Im darauf folgenden Jänner stellte A Rih in einem anderen Stall ein. Rund einen Monat später, am 22. 2. wurde das Pferd schließlich an der veterinärmedizinischen Universität in Wien untersucht, wofür der A insgesamt € 1.174,– an Kosten aufliefen (€ 654,– Honorar plus € 520,– Transportkosten). Dabei wurden Veränderungen an den Dornfortsätzen der Brustwirbel und Verkalkungen im Ansatzbereich des Nackenbandes diagnostiziert. Diese Symptome können durch intensives Training oder schlechte reiterliche Einwirkung im Laufe der Ausbildung entstehen und lassen sich medikamentös durch die Verabreichung schmerzstillender und entzündungshemmender Medikamente behandeln; eine Teilnahme des Pferdes an Turnieren

---

Univ.-Prof. Dr. *Michael Ganner,* ao. Univ.-Prof. Dr. *Bernhard Rudisch* (Fallersteller) und Univ.-Prof. Dr. *Andreas Schwartze* lehren am Institut für Zivilrecht der Leopold Franzens Universität Innsbruck.

Meine Notizen:

scheidet jedoch aus. Laut Gutachten der veterinärmedizinischen Universität waren diese krankhaften Veränderungen bei Rih jedenfalls schon mindestens acht Monate vorhanden; die bisherigen von A veranlassten Behandlungen waren zweckmäßig, die dafür bezahlten Honorare angemessen. Hätte A davon gewusst, hätte sie Rih nicht gekauft.

A begehrt nun von der B-GmbH die Zahlung von € 35.500,–, die Rücknahme des Rih und die Rückstellung von Hatatitla; sowie von der B-GmbH und C „zur ungeteilten Hand" die Zahlung von € 1.654,– für notwendige tierärztliche Untersuchungen und Behandlungen.

→ Welche Rechtsordnung(en) hätte ein österreichisches Gericht für die Beurteilung dieses Falles heranzuziehen?

→ Prüfen Sie die Begehren der A unter Zugrundelegung österreichischen materiellen Rechts!

→ Angenommen, C würde einen Kredit bei der örtlichen R-Bank aufnehmen:
- Könnte er als Sicherheit dafür ein Pferd verpfänden?
- Falls ja: Wie müsste das aus sachenrechtlicher Sicht erfolgen und wer müsste für das Futter aufkommen?

→ Begründen Sie Ihre Meinung unter Einbeziehung der relevanten Vorschriften!

MUSTERLÖSUNG

Von Simon Laimer und Tuba Veziroglu

I. Kollisionsrechtliche Beurteilung

A. Kaufvertrag

Da sich der gewöhnliche Aufenthalt der Käuferin A einerseits (Österreich) und des Verkäufers B andererseits (Deutschland) in unterschiedlichen Staaten befindet, weist der vorliegende Fall Bezugspunkte zu mehreren Rechtsordnungen auf. Gem § 4 IPRG hat das laut Fragestellung befasste österreichische Gericht deshalb von Amts wegen das anzuwendende Recht zu ermitteln.[1)]

Die Parteien schließen einen Kaufvertrag über eine Ware[2)] und haben ihren gewöhnlichen Aufenthalt in zwei verschiedenen Vertragsstaaten des UN-Kaufrechtsübereinkommens[3)] (Art 1 Abs 1 lit a UN-KaufR). Das Pferd wurde jedoch „für den persönlichen Gebrauch" der A gekauft, weshalb das Übereinkommen gem Art 2 lit a UN-KaufR hier keine Anwendung findet.[4)]

A kauft das Reitpferd somit für private Zwecke von der B-GmbH; es liegt demnach ein Vertrag zwischen der deutschen B als Unternehmerin und der Österreicherin A als Konsumentin, mithin ein (grenzüberschreitendes) Verbrauchergeschäft iSd § 1 Abs 1 KSchG vor. Da jedoch weder eine Rechtswahl von den Parteien getroffen wird, noch eine auf die Schließung derartiger Verträge gerichtete Tätigkeit der B in Österreich vorliegt, ist der Anwendungsbereich von § 13 a KSchG nicht eröffnet.[5)]

Für die Bestimmung des auf ein grenzüberschreitendes vertragliches Schuldverhältnis anzuwendenden Rechts ist die Rom I-VO[6)] heranzuziehen (Art 1 Abs 1 Rom I-VO), zumal auch deren zeitlicher Anwendungsbereich eröffnet ist, da der Vertrag nach dem 17. 12. 2009 geschlossen wurde (Art 28 Rom I-VO).[7)]

Im Sachverhalt ist kein Hinweis auf eine ausdrücklich oder schlüssig von den Parteien getroffene Rechtswahl vorhanden (Art 3 Rom I-VO), weshalb das Schuldverhältnis objektiv anzuknüpfen ist.[8)] Nachdem die Sonderanknüpfungen für Beförderungs-, Versicherungs- oder Arbeitsverträge der Art 5, 7, 8 Rom I-VO hier nicht

---

Dr. *Simon Laimer* ist assoziierter Professor und Mag. *Tuba Veziroglu* ist Projektmitarbeiterin am Institut für Zivilrecht/Europäisches, Vergleichendes und Internationales Privatrecht der Leopold Franzens Universität Innsbruck.

1) *Lurger/Melcher,* Internationales Privatrecht² (2017) Rz 1/53 f; *Verschraegen* in *Rummel,* ABGB³ (2004) § 2 IPRG Rz 2.
2) Der Begriff „Waren" umfasst nach dem UN-Kaufrecht auch lebende Tiere, vgl *Lohman,* Parteiautonomie und UN-Kaufrecht (2005) FN 2.
3) Übereinkommen der Vereinten Nationen über Verträge über den Internationalen Warenkauf; Originalfassung: United Nations Convention on Contracts for the International Sale of Goods (CISG).
4) *Kerschner/Wagner,* ZR VIII⁴ (2015) 65.
5) *Krejci* in *Rummel,* ABGB³ § 13 a KSchG Rz 2, 5; *Apathy* in *Schwimann/Kodek,* ABGB Praxiskommentar Va (2015) § 13 a KSchG Rz 2, 7.
6) Verordnung (EG) 593/2008 vom 17. 6. 2008 über das auf vertragliche Schuldverhältnisse anzuwendende Recht, ABl L 2008/177, 6, berichtigt in ABl L 2009/309, 87.
7) *Kerschner/Wagner,* ZR VIII⁴ 99; *Zöchling-Jud/Aspöck,* Internationales Privatrecht³ (2015) 29.
8) *Perner/Spitzer/Kodek,* Bürgerliches Recht⁵ (2016) 702.

Meine Notizen:

einschlägig sind,[9] und wegen des Fehlens der situativen Voraussetzungen nach Art 6 Abs 1 Rom I-VO auch kein relevantes Verbraucherverhältnis vorliegt,[10] ist Art 4 Rom I-VO heranzuziehen. Da es sich beim Kaufgegenstand um eine bewegliche Sache handelt, ist gem Art 4 Abs 1 lit a Rom I-VO das Recht des Staates anzuwenden, in dem der Verkäufer seinen gewöhnlichen Aufenthalt hat (Art 19 Rom I-VO). Es gelangt damit deutsches Recht zur Anwendung und zwar sowohl für Fragen des Zustandekommens und der Wirksamkeit des Vertrages (Art 10 Abs 1 Rom I-VO)[11] als auch für seine Auslegung, Erfüllung[12] sowie etwa für die Folgen der vollständigen oder teilweisen Nichterfüllung der vertraglichen Verpflichtungen (Art 12 Rom I-VO), wobei eine Rück- oder Weiterverweisung gem Art 20 Rom I-VO ausgeschlossen ist. Eine offensichtlich engere Verbindung zum Recht eines anderen Staates ist nicht ersichtlich (Art 4 Abs 3 Rom-I-VO).[13]

B. Stellvertretung

Nicht vom sachlichen Anwendungsbereich der Rom I-VO ist jedoch die Frage erfasst, ob ein Vertreter die Person, für deren Rechnung er zu handeln vorgibt, Dritten gegenüber verpflichten kann (Art 1 Abs 2 lit g), weshalb das darauf anzuwendende Recht nach § 49 IPRG zu bestimmen ist.

Da A kein anwendbares Recht für den Dritten, hier B, erkennbar bestimmt hat, ist nach § 49 Abs 2 IPRG das Recht des Staates maßgeblich, in dem der Stellvertreter, hier C, handeln soll.[14] Somit ist das deutsche Recht anzuwenden.[15]

Es liegt eine Gesamtverweisung gem § 5 IPRG vor, weshalb in der Praxis deutsches IPR weiter zu prüfen ist.[16]

C. Sachenrechtliche Aspekte

Die Kaufabwicklung umfasst neben schuld- auch sachenrechtliche Komponenten, die nicht von der Rom I-VO erfasst sind. Dabei ist der Erwerb bzw Verlust dinglicher Rechte an körperlichen Sachen gem § 31 Abs 1 IPRG nach dem Recht des Staates zu beurteilen, in dem sich die Sachen bei Vollendung des dem Erwerb oder Verlust zugrunde liegenden Sachverhalts, hier der Übergabe der Sache in Leutasch (Österreich), befinden. Somit sind die rechtliche Gattung der Sache und der Inhalt des Eigentumsrechts gem § 31 Abs 2 IPRG nach dem Recht der Belegenheit, mithin nach österreichischem Recht, zu beurteilen.[17] Die Gesamtverweisung gem § 5 IPRG wird vom österreichischen Recht „angenommen", womit das ABGB zur Anwendung gelangt.[18]

II. Ansprüche der A

A. A gegen B auf Rückzahlung von € 35.500,–, Rücknahme von Pferd R und Rückstellung von Pferd H gem § 877 iVm § 871 Abs 1 ABGB

A hat, vertreten durch C, mit B, vertreten durch T, am 26. 10. einen Vertrag über den Erwerb des Dressurspringpferds R geschlossen. Es liegt ein gemischter Vertrag vor, weil die Gegenleistung für das verkaufte Pferd R iHv € 35.000,– zum Teil in barem Geld und zum Teil durch die Übergabe des Pferdes H entrichtet wurde. Da der bar bezahlte Teil überwiegt (€ 25.500,–), sind gem § 1055 ABGB die kaufrechtlichen Regelungen heranzuziehen.[19] Da keine gegenteiligen Anhaltspunkte ersichtlich sind, ist ein gültiger Kaufvertrag zustande gekommen. Die gegenseitigen Leistungen wurden bereits erbracht.

Laut Gutachten der veterinärmedizinischen Universität sind bei R jedoch schon seit mindestens acht Monaten krankhafte Symptome vorhanden, weshalb das Pferd

9) Vgl *Lurger/Melcher,* IPR Rz 4/38 ff; *Kerschner/Wagner,* ZR VIII⁴ 99.
10) *Perner/Spitzer/Kodek,* Bürgerliches Recht⁵ 703; *Zöchling-Jud/Aspöck,* IPR³ 32 f.
11) Besondere Umstände iSd Art 10 Abs 2 Rom I-VO sind nicht ersichtlich, s hierzu etwa *Kerschner/Wagner,* ZR VIII⁴ 112.
12) Das Recht des Staates, in dem die Erfüllung erfolgt, ist nach Art 12 Abs 2 Rom I-VO jedoch in Bezug auf die Art und Weise der Erfüllung und die vom Gläubiger im Falle mangelhafter Erfüllung zu treffenden Maßnahmen zu berücksichtigen, vgl *Lurger/Melcher,* IPR² Rz 4/18.
13) *Lurger/Melcher,* IPR² Rz 4/63.
14) *Verschraegen* in *Rummel,* ABGB³ § 49 IPRG Rz 8 ff.
15) Die organschaftliche Vertretung des T ist hingegen nach Art 10 IPRG anzuknüpfen, *Neumayr* in *Koziol/Bydlinski/Bollenberger,* Kurzkommentar zum ABGB⁵ (2017) § 10 IPRG Rz 2.
16) *Zöchling-Jud/Aspöck,* IPR³ 14.
17) *Kerschner/Wagner,* ZR VIII⁴ 132.
18) *Lurger/Melcher,* IPR² Rz 1/64.
19) Vgl *Schwartze/Laimer* in *Fenyves/Kerschner/Vonkilch,* Klang³ (geplant für 2018) § 1045 Rz 10.

Meine Notizen:

nicht an Turnieren teilnehmen kann. A könnte gem § 877 ABGB Rückabwicklung der erbrachten Leistungen verlangen, wenn sie den Kaufvertrag zunächst nach Maßgabe der Voraussetzungen des § 871 Abs 1 ABGB wegen eines beachtlichen Irrtums anfechten kann. Bei entgeltlichen Geschäften sind grundsätzlich nur Erklärungs- und Geschäftsirrtümer beachtlich, nicht aber Motivirrtümer.[20] Im vorliegenden Fall bleibt nur der Geschäftsirrtum zu prüfen, da keine Anhaltspunkte für einen Erklärungsirrtum gegeben sind. A war über die wesentliche Beschaffenheit der Hauptsache zum Zeitpunkt des Vertragsabschlusses im Irrtum (§ 871 ABGB). Sie hatte insofern eine falsche Vorstellung von der Wirklichkeit. Hätte A von der krankhaften Veränderung des Pferdes gewusst, hätte sie R nicht gekauft. Somit handelt es sich um einen wesentlichen Irrtum.[21]

Die fehlende Turniersprungeigenschaft war beim Proberitt nicht feststellbar. Fraglich ist, ob B den Irrtum der A iSd § 871 ABGB veranlasst hat, indem er die Aufklärung über diese seit mindestens acht Monaten vorhandene, medikamentös zu behandelnde Negativbeschaffenheit des Pferdes unterlassen hat.[22] Zumindest hätte B als Dressurpferdverkäuferin der Irrtum der A offenbar auffallen müssen, wusste T doch, dass R für die Teilnahme an Turnieren gekauft wurde. Dieses Verhalten war ursächlich für den Irrtum der A. Da die Voraussetzungen des § 871 Abs 1 ABGB erfüllt sind und es sich um einen wesentlichen Geschäftsirrtum handelt, kann der Kaufvertrag angefochten werden.[23] Die Anfechtung führt zur Aufhebung des Vertrages ex tunc,[24] weshalb beide Parteien ihre Leistungen nach § 877 ABGB Zug um Zug zurückzustellen haben.[25] In diesem Fall ist ein Pferderücktausch vorzunehmen und die B-GmbH hat zudem € 25.500,– zurückzuzahlen. Das Mehrbegehren von € 10.000,– ist abzuweisen. Der Irrtum ist nach § 1478 ABGB innerhalb von drei Jahren geltend zu machen.[26]

B. A gegen B auf Rückzahlung von € 35.500,–, Rücknahme von Pferd R und Rückstellung von Pferd H gem § 877 iVm § 870 ABGB

A könnte den Vertrag wegen List anfechten, wenn sie von ihrem Vertragspartner über eine wesentliche Eigenschaft der Sache (Pferd, das für Turniere geeignet ist) listig in die Irre geführt worden ist und das Geschäft ansonsten nicht in der konkreten Gestalt geschlossen hätte.[27] Fraglich ist allerdings, ob T den Irrtum vorsätzlich bewirkt hat. Vorsatz ist zu bejahen, wenn der Täuschende den Getäuschten wissentlich und willentlich überlistet hat.[28] Die Sprungbehinderung des Pferdes kann durch schmerzstillende und entzündungshemmende Medikamente behandelt werden. Es könnte deshalb sein, dass R beim Proberitt unter Einwirkung der Medikamente stand und die Sprungbehinderung deshalb dabei nicht auffiel. Allerdings sind im Sachverhalt keine Anhaltspunkte dafür gegeben. Die Beweislast liegt bei A. Beim medizinischen Ankaufstest wurde jedenfalls nichts Derartiges festgestellt, der im Übrigen von C empfohlen worden war.[29]

C. A gegen B auf Rückzahlung von € 35.500,–, Rücknahme von Pferd R und Rückstellung von Pferd H gem § 1435 iVm § 932 Abs 4 Fall 2 ABGB

A könnte Rückabwicklung der erbrachten Leistungen nach § 1435 ABGB verlangen, wenn sie den Vertrag gem § 932 Abs 4 Fall 2 ABGB wandeln kann. Nach der Parteienvereinbarung wurde R als Dressurpferd, mit der Fähigkeit an Turnieren teilzunehmen, verkauft, wobei das Pferd diese Eigenschaften aufgrund der krankhaften Symptome nicht aufweist, weshalb es mit einem Sachmangel iSd § 922 Abs 1 ABGB behaftet ist.[30] Laut den Zeitangaben im Gutachten der veterinärmedizinischen Universität war dieser Mangel schon bei Übergabe der Sache vorhanden (§ 924 Satz 1

20) *P. Bydlinski*, AT[7] (2016) Rz 8/11; *Perner/Spitzer/Kodek*, Bürgerliches Recht[5] 91.
21) *Koziol – Welser/Kletečka*, Bürgerliches Recht I[14] (2014) Rz 485.
22) *Perner/Spitzer/Kodek*, Bürgerliches Recht[5] 94.
23) *Riedler*, ZR I[6] (2015) 288; beim unwesentlichen Irrtum wäre der Vertrag anzupassen, vgl *Koziol – Welser/Kletečka*, Bürgerliches Recht I[14] (2014) Rz 503.
24) Womit der Veräußerer einer Sache aber auch wieder als ihr Eigentümer zu behandeln ist (dingliche Rückwirkung), *Bydlinski*, AT[7] Rz 8/24.
25) *Perner/Spitzer/Kodek*, Bürgerliches Recht[5] 100.
26) *Koziol – Welser/Kletečka*, Bürgerliches Recht I[14] Rz 507.
27) *Riedler*, ZR I[6] 299f.
28) *Koziol – Welser/Kletečka*, Bürgerliches Recht I[14] Rz 523.
29) Vgl dazu *P. Bydlinski*, AT[7] Rz 8/32f.
30) *Riedler*, ZR II[5] 115.

Meine Notizen:

ABGB).[31] Es handelte sich nicht um einen offensichtlichen Mangel (§ 928 Satz 1 ABGB),[32] da beim Probereiten keine Probleme auftraten. R war leicht zu reiten und Mängel waren nicht ersichtlich. Auch bei der Ankaufsuntersuchung waren keine Mängel erkennbar.

Es liegt ein Konsumentengeschäft vor, da die B-GmbH das Pferd als Unternehmerin verkauft, während es von A als Nicht-Unternehmerin erworben wird (vgl § 1 Abs 1 KSchG).[33] Auf Verbraucherverträge ist § 925 ABGB gem § 9 Abs 2 KSchG nicht anwendbar.[34] Es kann deshalb dahinstehen, ob hier ggf eine Krankheit nach der TiermängelVO vorliegt.

Nach § 932 Abs 2 ABGB kann A zunächst grundsätzlich Verbesserung oder Austausch der mangelhaften Sache verlangen.[35] Da laut Vetmed-Gutachten eine Teilnahme an Turnieren für R ausgeschlossen ist, kommt eine Verbesserung jedoch nicht in Betracht. Ein Austausch könnte hingegen auch bei einem Dressurpferd nicht von vorneherein als unmöglich einzustufen sein. Fraglich ist jedoch, ob es A zumutbar ist, ein anderes Pferd von demselben Verkäufer zu übernehmen, wenn dieser ihr trotz fachmännischer Kenntnis von der Sprungbehinderung das Tier als Turnierpferd verkauft hatte. In diesem Fall ist ihr der Austausch des Pferdes aus triftigen in der Person des Übergebers liegenden Gründen unzumutbar, weshalb sie den Vertrag gem § 932 Abs 4 ABGB binnen zwei Jahren ab Übergabe der mangelhaften Sache – mit obligatorischer, nicht aber dinglicher Wirkung – wandeln kann (§ 933 Abs 1, 3 ABGB)[36], da es sich bei der fehlenden Turniereigenschaft des R auch nicht um einen bloß geringfügigen Mangel handelt.[37] Die bereits erbrachten Leistungen sind daraufhin gem § 1435 ABGB gegenseitig zurückzustellen, sodass A die Rückzahlung von € 25.500,– sowie die Rückstellung von H gegen Rückgabe von R verlangen kann, während das Mehrbegehren von € 10.000,– abzuweisen ist.[38]

D. A gegen B auf Ersatz des Mangelschadens statt Gewährleistung gem § 933a ABGB

Bejaht man die Kenntnis des Mangels durch T, der den Mangel vor der Übergabe schuldhaft[39] nicht beseitigt bzw über den Mangel schuldhaft nicht aufgeklärt hat,[40] dann kann A gem § 933a ABGB alternativ Schadenersatz statt Gewährleistung gegen B geltend machen. Durch die Erbringung einer mangelhaften Leistung verletzt der Übergeber seine Vertragspflichten.[41] R ist aufgrund des Mangels nicht € 35.000,– wert, da das Pferd krankhafte Symptome aufweist und deshalb nicht mehr an Turnieren teilnehmen kann. Da sowohl die Verbesserung als auch der Austausch des Pferdes bereits oben ausgeschlossen wurden, kann A gem § 933a Abs 2 ABGB Geldersatz verlangen.[42] A hat grundsätzlich Anspruch auf Ersatz des Nichterfüllungsschadens. Durch den Geldersatz ist sie vermögensrechtlich so zu stellen, wie sie bei ordnungsmäßiger Vertragserfüllung stünde.[43] Bei bereits anfänglich unbehebbaren Mängeln kommt Ersatz des Vertrauensschadens wegen Verletzung vorvertraglicher Aufklärungspflichten in Betracht. Allerdings ist nicht an die Verletzung der Erfüllungspflicht, sondern an das Leistungsversprechen des Übergebers anzuknüpfen. Die B-GmbH verkauft Dressurpferde und somit darf angenommen werden, dass diese Tiere fähig sind, an Turnieren teilzunehmen.[44] Nach dieser Sichtweise stünde der Ersatz des Nichterfüllungsschadens zu, da der Verkäufer die Mangelfreiheit stillschweigend garantiert hat.[45] A kommt auch die Beweislastumkehr nach § 1298 iVm § 933a Abs 3 ABGB zugute.[46] Ein Mitverschulden nach § 1304 ABGB ist aus dem Sachverhalt nicht ersichtlich, zumal R zur Probe geritten und ein medizinischer

31) *Dullinger*, Schuldrecht AT[6] (2017) Rz 3/82.
32) *Koziol – Welser/Kletečka*, Bürgerliches Recht I[14] Rz 386.
33) *Perner/Spitzer/Kodek*, Bürgerliches Recht[5] 42.
34) *Riedler*, ZR II[5] 120f.
35) *Dullinger*, SchR AT[6] Rz 3/86f.
36) *Dullinger*, SchR AT[6] Rz 3/117.
37) *Koziol – Welser/Kletečka*, Bürgerliches Recht I[14] Rz 351.
38) *Dullinger*, SchR AT[6] Rz 3/106; vgl rechtsvergleichend *Laimer*, Durchführung und Rechtsfolgen der Vertragsaufhebung bei nachträglichen Erfüllungsstörungen (2009) 123ff.
39) Hier genügt – im Gegensatz zur Arglist bei § 870 ABGB (s oben II.B.) – Fahrlässigkeit, vgl etwa *Perner/Spitzer/Kodek*, Bürgerliches Recht[5] 192f, 323.
40) *Zöchling-Jud* in *Kletečka/Schauer*, ABGB-ON[1.02] § 933a Rz 2.
41) *Koziol – Welser/Kletečka*, Bürgerliches Recht I[14] Rz 426.
42) *Dullinger*, SchR AT[6] Rz 3/149.
43) *Zöchling-Jud* in *Kletečka/Schauer*, ABGB-ON[1.02] § 933a Rz 15.
44) *Hödl* in *Schwimann*, ABGB Taschenkommentar[3] (2015) § 933a Rz 8.
45) *Zöchling-Jud* in *Kletečka/Schauer*, ABGB-ON[1.02] § 933a Rz 16.
46) *Riedler*, ZR II[5] 141.

Meine Notizen:

Ankaufstest vorgenommen wurde. Der Ersatzanspruch verjährt in drei Jahren ab Kenntnis von Schaden und Schädiger, spätestens nach 30 Jahren (§ 1489 ABGB).[47] Demnach sind, im Sinne einer schadenersatzrechtlichen Wandlung, € 25.500,– zurückzuzahlen und R gegen H auszutauschen (§ 1323 ABGB: Naturalrestitution).

E. A gegen B auf Rückzahlung von € 35.500,–, Rücknahme von Pferd R und Rückstellung von Pferd H gem § 877 analog iVm § 934 ABGB

Im vorliegenden Fall liegt ein zweiseitig verbindliches (entgeltliches) Geschäft vor. Nach den Angaben im Sachverhalt wäre ein nicht dressursprungfähiges Pferd nur € 10.000,– wert. A hat jedoch € 35.500,– bezahlt und erhält damit nicht einmal die Hälfte dessen, was sie als Gegenleistung entrichtet, weshalb eine Verkürzung vorliegt.[48] Nach § 934 Satz 3 ABGB muss das Missverhältnis zum Zeitpunkt des Vertragsabschlusses vorhanden sein, was hier der Fall ist, da R laut Gutachten bereits seit mindestens acht Monaten krankhafte Symptome aufweist. Ausnahmen nach § 935 ABGB sind nicht ersichtlich.[49] Allerdings könnte die B-GmbH nach § 934 Satz 2 ABGB das Geschäft aufrechterhalten, wenn sie eine Aufzahlung bis zum gemeinen Wert vornimmt (facultas alternativa).[50] Macht B davon keinen Gebrauch, dann sind die gegenseitigen Leistungen zurückzustellen (§ 877 analog), während das Mehrbegehren von € 10.000,– auch auf dieser Grundlage abzuweisen ist.

F. A gegen B und C „zur ungeteilten Hand" auf Zahlung von € 1.654,–

1) A gegen B auf Zahlung von Schadenersatz iHv € 1.654,– gem § 1295 Abs 1 Fall 1 ABGB

A hat durch notwendige Untersuchungen und Behandlungen des mangelhaften Pferdes einen Vermögensschaden iHv € 1.654,– erlitten. Dieser Mangelfolgeschaden[51] wäre nicht aufgetreten, wenn R vertragsgemäße Eigenschaften aufgewiesen hätte.[52] Durch die Erbringung einer mangelhaften Leistung hat B in rechtswidriger Weise gegen ihre Vertragspflichten verstoßen.[53] Laut Gutachten der veterinärmedizinischen Universität waren die krankhaften, durch Medikamente behandelbaren Veränderungen des Pferdes schon seit mindestens acht Monaten vorhanden. Beim Proberitt war R leicht zu reiten und Mängel waren nicht ersichtlich. Es steht deshalb im Raum, dass R zur Verkaufszeit Medikamente mit dem Vorsatz verabreicht wurden, ihn als Dressurpferd zu verkaufen, obwohl der Verkäuferin klar sein musste, dass das Tier nicht an Turnieren teilnehmen kann.[54] Verneint man Vorsatz, so ist ihr zumindest grobe Fahrlässigkeit vorzuwerfen, da B als gewerblicher Pferdeverkäuferin (§ 1299 ABGB) der Zustand des R bekannt sein musste.[55]

Fraglich ist, ob eine Untersuchung im weit entfernten Wien, die Transportkosten iHv € 520,– verursachte und somit 1/3 des geforderten Ersatzes ausmacht, überhaupt erforderlich war. Da A aber bereits bei mehreren Tierärzten war und diese keine Lösung für R gefunden haben, ist es nachvollziehbar, dass A ein Gutachten der veterinärmedizinischen Universität in Wien einholt. Somit hat sie nicht gegen ihre Schadensminderungsobliegenheit verstoßen (§ 1304 ABGB).[56]

Der Anspruch verjährt nach drei Jahren ab Kenntnis von Schaden und Schädiger.[57]

2) A gegen C auf Zahlung von Schadenersatz iHv € 1.654,– gem § 1300 Satz 2 ABGB

C berät A beim Kauf des Dressurpferdes und beurteilt R als „geeignet". C ist als Reitlehrer und Reitstallbesitzer als Sachverständiger gem § 1299 ABGB einzustufen. Nach § 1300 Satz 1 ist ein Sachverständiger verantwortlich, wenn er gegen Belohnung in Angelegenheiten seiner Kunst oder Wissenschaft aus Versehen einen nachteiligen Rat erteilt. Dem Sachverhalt ist aber nicht zu entnehmen, dass C gegen Entgelt für A tätig

47) *Dullinger*, SchR AT⁶ Rz 3/149.
48) *Perner/Spitzer/Kodek*, Bürgerliches Recht⁵ 200.
49) *Riedler*, ZR I⁶ 322.
50) *Koziol – Welser/Kletečka*, Bürgerliches Recht I¹⁴ Rz 447.
51) *Perner/Spitzer/Kodek*, Bürgerliches Recht⁵ 194 f.
52) *Welser/Zöchling-Jud*, Bürgerliches Recht II¹⁴ (2015) Rz 1365 ff.
53) *Rabl/Riedler*, SchR BT⁶ (2017) Rz 13/16.
54) Vgl oben II.B.
55) *Riedler*, ZR IV⁴ 47 f.
56) *Welser/Zöchling-Jud*, Bürgerliches Recht II¹⁴ Rz 1444 ff.
57) *Dullinger*, SchR AT⁶ Rz 3/149.

geworden ist. Damit kann C jedoch gem § 1300 Satz 2 ABGB nur dann zur Verantwortung gezogen werden, wenn er wissentlich durch Erteilung eines falschen Rates den Schaden verursacht hat. Das von A zu behauptende und zu beweisende qualifizierte Verschulden dürfte im konkreten Fall aufgrund der Empfehlung des C, zum Tierarzt zu gehen, freilich zu verneinen sein.[58]

Meine Notizen:

3) Solidarhaftung nach §§ 1301 f ABGB

Eine Solidarhaftung nach § 1301 ABGB ist bei gemeinschaftlicher vorsätzlicher Zufügung als Mit- oder Bestimmungstäter, aber auch bei Unterlassung einer besonderen Schutzverbindlichkeit vorgesehen. Gem § 1302 Fall 2 ABGB besteht bei fahrlässigem Handeln eine solidarische Haftung dann, wenn sich die Anteile der Nebentäter nicht bestimmen lassen.[59] Nachdem C im vorliegenden Fall, wie dargelegt, nicht neben B haftpflichtig ist, scheidet eine Solidarhaftung jedoch von vorne herein aus.

III. Verpfändung des Pferdes

A. Verpfändungsmöglichkeit

Wird das Pferd als Sicherheit für den Kredit verpfändet, handelt es sich hierbei um ein Faustpfand nach § 448 ABGB, da das Pferd eine im Verkehr stehende bewegliche Sache ist.[60] Obwohl es sich bei Tieren um keine Sachen handelt (§ 285 a ABGB), werden diese dennoch als solche behandelt.[61] Titel ist der Pfandbestellungsvertrag (§ 449 ABGB).[62]

B. Modus und Futterkosten

Bei einem Pferd besteht die Möglichkeit der körperlichen Übergabe. Es kann somit dem Einfluss des Pfandbestellers entzogen werden, indem das Tier etwa in einem anderen Stall untergestellt wird. Der Modus liegt somit in der Übergabe der beweglichen Sache an den Gläubiger (§ 451 ABGB). Dies hat den Zweck, dass das Pfand für jeden ersichtlich ist.[63] Die Gläubigerin, hier also die R-Bank, ist verpflichtet, das Pferd sorgfältig zu verwahren und nach Begleichung der Forderung zurückzustellen.[64] Auf bewegliche körperliche Sachen ist § 452 ABGB nur ausnahmsweise dann anzuwenden, wenn eine physische Übergabe nicht gerade unmöglich, nach der objektiven Beschaffenheit der Sache aber untunlich ist. Ein Tier kann daher grundsätzlich nicht etwa durch das Anbringen von Tafeln an dessen Stall verpfändet werden.[65]

Die Kosten für das Futter könnten primär vertraglich geregelt werden. Ansonsten sind die sachenrechtlichen Bestimmungen maßgeblich. Der Pfandnehmer ist als redlicher Besitzer anzusehen.[66] Die R-Bank hat das Pferd in Gewahrsam und somit die tatsächliche Verfügungsmacht darüber (corpus). Auch der Besitzwille (animus) ist gegeben. Der Besitz ist redlich, weil die R-Bank glauben darf, dass sie zum Besitz berechtigt ist. Der Pfandnehmer hat ein Recht auf Ersatz des nützlichen Aufwandes (§ 331 ABGB).[67] Daraus folgt, dass C im konkreten Fall die Futterkosten ersetzen muss. Sollte er diese Kosten nicht begleichen, kann die R-Bank das Zurückbehaltungsrecht ausüben, bis der Aufwand beglichen wird (§ 471 Abs 1 ABGB).[68]

Aktualisierungen

Zu **II.C.**: Seit Inkrafttreten des Gewährleistungsrichtlinien-Umsetzungsgesetzes (GRUG) mit 1. 1. 2022 heißt der sekundäre Gewährleistungsbehelf, mit dem der Gewährleistungsberechtigte sich vom gesamten Vertrag löst, nicht mehr „Wandlung", sondern „Auflösung des Vertrags" (s § 932 ABGB). (Auch der bisher in Lehre und Rsp geläufige Ausdruck der „schadenersatzrechtlichen Wandlung" – siehe II.D. –

58) *Rabl/Riedler,* SchR BT[6] Rz 14/21.
59) *Perner/Spitzer/Kodek,* Bürgerliches Recht[5] 305 f.
60) *Iro,* Sachenrecht[6] (2016) Rz 9/10.
61) Mehr hierzu etwa bei *Holzner* in *Rummel/Lukas,* ABGB[4] § 285 a Rz 2; *Koziol – Welser/Kletečka,* Bürgerliches Recht I[14] Rz 303.
62) *Riedler,* ZR V[4] 195.
63) *Perner/Spitzer/Kodek,* Bürgerliches Recht[5] 478.
64) *Iro,* Sachenrecht[6] Rz 9/27.
65) OGH 14. 12. 1979, 1 Ob 646/79 JBl 1980, 435.
66) *Riedler,* ZR V[4] 226.
67) *Koziol – Welser/Kletečka,* Bürgerliches Recht I[14] Rz 1087 f.
68) *Iro,* Sachenrecht[6] Rz 7/8 und 7/10.

✎ Meine Notizen:

wird künftig demnach wohl durch „schadenersatzrechtliche Vertragsauflösung" oÄ ersetzt werden.)

Obwohl der Kaufvertrag zwischen A und B ein Verbrauchergeschäft iSd KSchG ist, ist das VGG darauf selbst dann nicht anwendbar, wenn der Vertrag nach dessen Inkrafttreten geschlossen worden wäre. Denn gem § 1 Abs 2 Z 1 VGG gilt dieses nicht für Verträge über den „Kauf lebender Tiere". Seit 1. 1. 2022 ist außerdem § 9 Abs 2 KSchG aufgehoben, der die §§ 925 bis 927 und 933 Abs 2 ABGB über Viehmängel für unanwendbar auf Verbrauchergeschäfte erklärt hatte. Seit Inkrafttreten des GRUG gibt es somit **überhaupt keine verbraucherrechtlichen Sonderbestimmungen mehr für Viehmängel:** Für die Gewährleistung beim Kauf lebender Tiere kommen vielmehr nun immer die Regeln des ABGB zur Anwendung, ganz gleich, ob es sich um ein Verbrauchergeschäft handelt oder nicht.[1] Nach Ablauf der sechswöchigen Gewährleistungsfrist gem § 933 Abs 2 ABGB iVm § 925 ABGB, falls eine Krankheit nach der TiermangelVO vorliegt, steht A seit 1. 1. 2022 daran anschließend noch die dreimonatige Verjährungsfrist gem § 933 Abs 3 ABGB offen, um ihre Gewährleistungsrechte (hier der Anspruch auf Rückstellung der von ihr erbrachten Leistungen gem § 1435 ABGB nach Auflösung des Vertrags) geltend zu machen.[2]

(Anmerkung: Unter II. könnte als alternativer Anspruch der A gegen B auf Herausgabe des Pferdes H nach einer Anfechtung des Vertrags, zB wegen Irrtums, auch die Eigentumsklage gem § 366 ABGB bejaht werden, da eine Anfechtung sachenrechtliche ex-tunc-Wirkung entfaltet, wodurch das Eigentum mangels gültigen Titels an A „zurückfällt"; s dazu auch FN 24!)

1) *Stabentheiner,* Was ist neu am neuen Gewährleistungsrecht? ÖJZ 2021, 965 (977).
2) Das GRUG brachte für Sachmängel sowohl im VGG-, als auch im ABGB-Gewährleistungsrecht eine **klare Trennung von Gewährleistungsfristen** (innerhalb derer der Mangel hervorkommen muss) **und Verjährungsfristen** (innerhalb derer er notfalls gerichtlich geltend gemacht werden muss).

Prüfer: Andreas Riedler

✐ Meine Notizen:

Fachprüfung/ Abschlussklausur Bürgerliches Recht

Linz, 14. 6. 2017

Schwerpunkte: Gewährleistung, Schadenersatz (ex contractu, ex delicto, EKHG, PHG), Erbrecht

SACHVERHALT

Der Biobauer **B** kaufte und übernahm am 5. 1. 2017 vom Schafzüchter **S** 30 Schafe gegen Barzahlung von € 200,–/Schaf. Am 10. 1. 2017 bemerkte **B**, dass sich die Schafe kratzten; der von **B** verständigte Amtstierarzt diagnostizierte Räude bei den 30 Tieren. **B** ließ den Tierarzt sofort mit der Behandlung beginnen. Die Krankheit war vor dem 10. 1. 2017 (auch bei gründlicher Untersuchung) noch nicht erkennbar. Am 15. 1. 2017 kam hervor, dass durch die neuen Tiere 10 weitere Schafe des **B** angesteckt worden waren, die nun auch behandelt wurden. Die von **B** bezahlten Behandlungskosten betrugen (veterinärbranchenübliche) € 50,–/Tier.

Als **B** im Februar 2017 mit seinem Firmen-Lkw vor einer roten Ampel stand, fuhr der von **A** gelenkte Lkw des Installateurs **D** auf **B**s Lkw auf. Das Bremssystem von **D**s Lkw hatte plötzlich wegen eines vom Hersteller **H** fehlerfrei produzierten und vom Hersteller des Lkw **P** verbauten, aber für dessen Bremsdruck zu gering dimensionierten Bremsschlauchs versagt; ein Ausweichen war nicht mehr möglich. Der bei **D** angestellte **A** war, als es zur Kollision kam, auf dem Rückweg von einer Baustelle einen Umweg gefahren, um seine Freundin zu besuchen, obwohl im Dienstvertrag „jegliche Privatnutzung des Lkw strikt verboten" worden war. **B** erlitt ein Schleudertrauma, sein Lkw einen Schaden iHv € 2.000,–.

Prüfen Sie die Ansprüche des B gegen S, D, A und P.

Mit eigenhändig geschriebener und unterschriebener letztwilliger Verfügung vom 24. 1. 2017 bestimmte **E**, dass ihre Kinder **S** und **T** „nichts bekommen" sollen. Am 1. 3. 2017 errichtete **E** eine PC-geschriebene Verfügung, in der sie den Lebensgefährten **L**, mit dem sie in dessen Wohnung seit 5 Jahren (bis zu ihrem Tod) zusammenlebte, und den **G** jeweils zur Hälfte als Erben einsetzte. **E** unterschrieb eigenhändig und erklärte mündlich vor drei anwesenden Zeugen, dass die Urkunde ihren letzten Willen enthalte. Die Zeugen unterschrieben darauf namentlich; jeweils mit eigenhändig geschriebenem Zusatz „als Zeuge". **E** starb im Mai 2017 und hinterlässt an Verwandten **S** und **T**. Im Verlassenschaftsverfahren (Wert der reinen Verlassenschaft: € 300.000,–) gaben **S**, **T**, **L** und **G** Erbantrittserklärungen jeweils zur gesamten Verlassenschaft ab. 2011 hatte **E** dem **S** € 100.000,– geschenkt.

Wie ist die Rechtslage?

Problemschwerpunkte: Gewährleistung; Tiermängel; Selbstverbesserung; Schadenersatz ex contractu und ex delicto; EKHG; „angestellter Schwarzfahrer"; PHG; außerordentliches Erbrecht des Lebensgefährten; Schenkungsanrechnung

Univ.-Prof. Mag. Dr. *Andreas Riedler* ist Universitätsprofessor für Zivilrecht am Institut für Multimediale Linzer Rechtsstudien, Abteilung für Multimediales Zivilrecht, und am Institut für Zivilrecht sowie Vorstand des Instituts für Multimediale Linzer Rechtsstudien der Johannes Kepler Universität Linz.

Meine Notizen:

MUSTERLÖSUNG

Von Thomas Aigner

I. Anspruch B gegen S auf Rückzahlung von € 1.500,– (€ 50,–/Schaf, 30 Schafe) gem §§ 922, 932, 1435 ABGB

Nach der Rsp und hL[1] ist die **Abgrenzung zwischen Nichterfüllung und Gewährleistung** dahin vorzunehmen, dass bis zur vorbehaltlosen Übernahme der Sache Verzugs- und Unmöglichkeitsregeln, ab diesem Zeitpunkt hingegen Gewährleistungsregeln zur Anwendung kommen. Da in casu die Schafe[2] laut Sachverhalt[3] am 5. 1. 2017 von B (mangels anderer Anhaltspunkte im SV vorbehaltlos) übernommen wurden, ist nicht Unmöglichkeits- oder Verzugsrecht, sondern nur mehr Gewährleistungsrecht anzuwenden.

Gewährleistung ist das Einstehenmüssen des Schuldners für Mängel seiner Leistung im Zeitpunkt ihrer Erbringung. Eine **Leistung ist mangelhaft,** wenn sie vom Geschuldeten abweicht. Dies kann durch qualitative oder quantitative Abweichung der übergebenen von der vertraglich geschuldeten Sache geschehen (Sachmangel) oder dadurch, dass dem Gläubiger nicht die vertraglich geschuldete Rechtsposition verschafft wird (Rechtsmangel). Einzustehen ist für die bedungenen bzw die im Verkehr gewöhnlich vorausgesetzten Eigenschaften (vgl § 922 ABGB).[4] Nach dem SV schlossen B und S einen Kaufvertrag über 30 Schafe, wobei mangelfreie Schafe Vertragsinhalt wurden: Die Gesundheit der Schafe ist dabei eine gewöhnlich vorausgesetzte Eigenschaft iSd § 922 ABGB. Da alle übernommenen Schafe jedoch – jedenfalls am 10. 1. 2017 – an Räude litten, könnte ein Mangel im Zeitpunkt der Übergabe bestanden haben. Schließlich waren gesunde Schafe geschuldet, sodass die Erkrankung einen **Mangel** darstellt, wenn – abweichend vom Vertragsinhalt – kranke bzw infizierte Schafe übergeben wurden. Um Gewährleistung geltend machen zu können, muss der Mangel bereits **im Zeitpunkt der Übergabe** vorgelegen haben (§ 924 Satz 1 ABGB). Gem § 924 Satz 2 ABGB wird grundsätzlich vermutet, dass der Mangel bereits im Zeitpunkt der Übergabe des Leistungsgegenstandes vorlag, wenn der Mangel innerhalb von sechs Monaten nach der Übergabe hervorgekommen ist. Bei Tiermängeln ist jedoch gem **§ 925 ABGB** die **TiermängelVO** zu beachten, wonach die Vermutung, dass ein Tier schon vor der Übergabe krank gewesen ist, eintritt, wenn innerhalb bestimmter Fristen gewisse Krankheiten hervorkommen (§ 925 ABGB und § 1 TiermängelVO). Gem § 2 Abs 2 TiermängelVO beträgt diese Frist bei Schafräude **sieben Tage.** In casu ist bei den am 5. 1. 2017 übergebenen Schafen am 10. 1. 2017, also innerhalb der siebentägigen Frist, Räude diagnostiziert worden, sodass vermutet wird, dass der Mangel schon im Zeitpunkt der Übergabe der Schafe vorlag.

Nach § 926 ABGB kann der Übernehmer von der Vermutung nur Gebrauch machen, wenn er den Übergeber sogleich vom bemerkten Mangel verständigt oder das Tier durch einen Sachverständigen untersuchen lässt oder die gerichtliche Beweisaufnahme zur Sicherung des Beweises beantragt. In unserem Fall erfüllte B **§ 926 zweiter Fall ABGB,** da er sogleich den Amtstierarzt beizog, der die Krankheit feststellte. Da zwei Unternehmer iSd § 1 UGB am Geschäft beteiligt sind (für beide gehört das Geschäft zum Betrieb ihres Unternehmens – vgl § 344 UGB), wäre prinzipiell auch die Rügeobliegenheit nach § 377 UGB zu prüfen.[5] Gem § 377 Abs 5 UGB besteht jedoch **keine Rügeobliegenheit nach UGB bei Tiermängeln.**

Gem § 932 Abs 1 ABGB kann der Übernehmer wegen eines Mangels Verbesserung, Austausch der Sache, Preisminderung oder Wandlung fordern. Diesbezüglich ist zwischen **primären und sekundären Gewährleistungsbehelfen** zu unterscheiden. Zunächst kann der Übernehmer nur Verbesserung oder Austausch der Sache verlangen (primäre Gewährleistungsbehelfe). Wenn die primären Gewährleistungs-

---

Ass.-Prof. Mag. Dr. *Thomas Aigner* ist Assistenzprofessor am Institut für Multimediale Linzer Rechtsstudien, Abteilung für Multimediales Zivilrecht, der Johannes Kepler Universität Linz.

1) Siehe nur *Dullinger,* Bürgerliches Recht II Schuldrecht Allgemeiner Teil[6] (2017) Rz 3/68 mwN; *Perner/Spitzer/Kodek,* Bürgerliches Recht[5] (2016) 181 ff; *Riedler,* Zivilrecht II Schuldrecht Allgemeiner Teil[5] (2015) Rz 7/5 mwN.
2) Tiere sind gem § 285 a ABGB keine Sachen, sondern werden durch besondere Gesetze geschützt. Die für Sachen geltenden Vorschriften sind auf Tiere aber insoweit anzuwenden, als keine abweichenden Regelungen bestehen.
3) Im Folgenden SV.
4) *Dullinger,* BR II SchRAT[6] Rz 3/66, 3/72 ff; *Perner/Spitzer/Kodek,* BR[5] 182; *Riedler,* ZR II SchRAT[5] Rz 7/9 ff.
5) Die Ausnahme des § 4 UGB gilt nur für das erste Buch des UGB.

✎ Meine Notizen:

behelfe unmöglich oder untunlich[6)] sind, eröffnet sich die Möglichkeit einer Anwendung der sekundären Gewährleistungsbehelfe (Preisminderung, Wandlung). In casu wäre eine Verbesserung möglich (Behandlung der Schafe). Allerdings nahm B eine **voreilige Selbstverbesserung** vor, indem er den herbeigerufenen Tierarzt sofort mit der Behandlung beginnen ließ. Die **Verbesserung** durch den Übergeber wurde somit durch den Übernehmer **vereitelt.** Dadurch sind einerseits die primären Gewährleistungsbehelfe (Verbesserung, Austausch) obsolet geworden und ist andererseits – entsprechend dem Zweck des § 932 ABGB, dem Übergeber eine „zweite Chance" zur Erbringung der vertragsgemäßen Leistung einzuräumen[7)] – dem Übernehmer B auch die **Berufung auf sekundäre Gewährleistungsbehelfe** (Preisminderung) **verwehrt.** Ergänzend sei nur auf den Umstand hingewiesen, dass der Anspruch zudem auch bereits verjährt wäre (dazu unten III.). Der Anspruch besteht daher nicht (mehr).

II. Anspruch B gegen S auf Zahlung von € 2.000,– (€ 50,–/Schaf, 40 Schafe) gem §§ 933 a, 1295 ff ABGB

Nach § 933 a Abs 1 ABGB kann der Übernehmer auch Schadenersatz fordern, sofern der Übergeber den Mangel verschuldet hat. Dabei ist zu beachten, dass entsprechend dem **Vorrang der Verbesserung** wegen des Mangels selbst **(Mangelschaden)** auch als Schadenersatz zunächst nur Verbesserung oder Austausch begehrt werden und der Übernehmer nur nach Maßgabe der in § 933 a Abs 2 ABGB angeführten Voraussetzungen Geldersatz verlangen kann.[8)] Aus den bereits bei Anspruch I. angeführten Gründen schließt die **voreilige Selbstverbesserung** auch den Anspruch auf Ersatz der Mangelbehebungskosten (€ 50,–/Schaf, 30 Schafe = € 1.500,–) aus.[9)]

B erlitt aber auch einen **Mangelfolgeschaden** dadurch, dass zehn weitere Schafe aus seiner Herde durch die kranken (mangelhaften) Schafe angesteckt wurden. Der Vermögensschaden ist mit den Behandlungskosten für die Wiederherstellung der Gesundheit der Schafe zu beziffern, wobei sich bei den bezahlten, veterinärbranchenüblichen € 50,– pro Tier insgesamt **€ 500,–** ergeben. Haftungsansatzpunkte im Rahmen der objektiven Sorgfaltswidrigkeit **(Rechtswidrigkeit)** könnten einerseits die Verletzung des absolut geschützten Rechtsguts Eigentum, andererseits eine **Vertragsverletzung** sein. S hat als Schafzüchter den Sorgfaltsmaßstab eines Sachverständigen iSd **§ 1299 ABGB**[10)] zu prästieren. Da eine vertragliche Erfolgsverbindlichkeit verletzt wurde (Übergabe gesunder Schafe) und diese Verletzung zum Vermögensschaden des B führte, gilt für die Beweislast **§ 1298 ABGB.**[11)] Nach dem SV hätte aber auch ein ordnungsgemäßer Schafzüchter die Erkrankung vor Übergabe und darüber hinaus sogar bis 10. 1. 2017 (auch bei gründlicher Untersuchung) nicht erkennen können, sodass S von der Erkrankung der Schafe nicht hätte wissen können bzw wissen müssen; S kann sich daher entlasten. Der Anspruch besteht mangels Rechtswidrigkeit nicht.[12)]

---

6) Siehe § 932 ABGB. Dazu im Einzelnen *Dullinger,* BR II SchRAT[6] Rz 3/97 ff; *Perner/Spitzer/Kodek,* BR[5] 186 f; *Riedler,* ZR II SchRAT[5] Rz 7/33 ff.

7) *Dullinger,* BR II SchRAT[6] Rz 3/87; *Perner/Spitzer/Kodek,* BR[5] 184, 189; *Riedler,* ZR II SchRAT[5] Rz 7/29.

8) *Dullinger,* BR II SchRAT[6] Rz 3/151 ff; *Perner/Spitzer/Kodek,* BR[5] 194; *Riedler,* ZR II SchRAT[5] Rz 7/73.

9) Siehe auch *Zöchling-Jud* in *Kletečka/Schauer,* ABGB-ON[1.02] § 933 a Rz 24.

10) Die Tätigkeit als Schafzüchter erfordert besondere Kenntnisse und Fähigkeiten. Zu § 1299 ABGB s *Rabl/Riedler,* Bürgerliches Recht III Schuldrecht Besonderer Teil[6] (2017) Rz 13/15; *Perner/Spitzer/Kodek,* BR[5] 323; *Riedler,* Zivilrecht IV Schuldrecht Besonderer Teil – Gesetzliche Schuldverhältnisse[4] (2015) Rz 2/35.

11) Dazu *Rabl/Riedler,* BR III SchRBT[6] Rz 13/37; *Perner/Spitzer/Kodek,* BR[5] 326; *Riedler,* ZR IV SchRBT GesSch[4] Rz 2/91 ff.

12) Im Übrigen kommt eine Anfechtung des KV zwischen B und S wegen Irrtums nicht in Betracht, weil eine Gattungsschuld vorliegt und es keine Hinweise auf einen Irrtum über die gesamte Gattung gibt (s dazu etwa *P. Bydlinski,* Bürgerliches Recht I Allgemeiner Teil[7] [2016] Rz 8/9; *Koziol/Welser/Kletečka,* Bürgerliches Recht I[14] [2014] Rz 475). Ergänzend sei auf einen allfälligen Schadenersatzanspruch des B gegen S nach PHG hinsichtlich der zehn weiteren Schafe (vom Produkt verschieden) hingewiesen: Bejaht man die Produkteigenschaft von Tieren (s dazu *Posch/Terlitza* in *Schwimann/Kodek*[4] § 4 PHG Rz 17), bleibt die Fehlerhaftigkeit fraglich, zumal eine bloße Abweichung vom Geschuldeten nicht eo ipso einen Fehler iSd PHG bedeutet, sondern es bei einem Produkt iSd PHG auf jene Sicherheitsmaßnahmen ankommt, die nach dem im Zeitpunkt des Inverkehrbringens vorhandenen neuesten Stand der Wissenschaft und Technik konstruktiv möglich sind und als geeignet und genügend erscheinen, um Schäden zu verhindern (*Posch/Terlitza* in *Schwimann/Kodek*[4] § 5 PHG Rz 19 mwN). Vor diesem Hintergrund ist nach dem SV fraglich, ob den S eine Haftung nach PHG treffen soll, da aus dem SV nicht etwa hervorgeht, dass der Stand der Wissenschaft und Technik in der Schafzüchtung bzw anerkannte Standards nicht eingehalten worden wären bzw ein konkreter Fehler in der „Konstruktion" oder der „Produktion" unterlaufen wäre. Überdies kommt ohnehin der Ausschluss des Ersatzes nach PHG für Schäden an überwiegend unternehmerisch genutzten Sachen zum Tragen (§ 2 Z 1 PHG – s dazu bei Anspruch VI.).

Meine Notizen:

III. Anspruch B gegen S auf Zahlung der Selbstverbesserungskosten iHv € 1.500,– gem § 1155 iVm § 1168 ABGB analog (bzw § 1042 ABGB analog bzw § 1097 ABGB analog)

Zur Frage, ob und auf welcher Grundlage der Gewährleistungsberechtigte vom Gewährleistungspflichtigen den Ersatz desjenigen Aufwands verlangen kann, den sich der Gewährleistungspflichtige durch die Nichtvornahme der Verbesserung erspart hat, werden verschiedene Meinungen vertreten.[13] Als Anspruchsgrundlage wird einerseits etwa § 1042 ABGB analog herangezogen, andererseits mit § 1097 ABGB analog argumentiert. Die Rsp stützt einen Anspruch des Übernehmers gegen den Übergeber auf den vom Übergeber ersparten Aufwand auf eine **Analogie zu** den Anrechnungsregelungen beim Werk- und Dienstleistungsvertrag, also zu den **§§ 1155, 1168 ABGB.** B kann dabei **jene Kosten begehren, die S selbst hätte aufwenden müssen,** wenn ihm die im Gesetz grundsätzlich vorgesehene „Chance zur zweiten Andienung" eingeräumt worden wäre. In casu ist davon auszugehen, dass S mangels anderer Anhaltspunkte im SV nicht über die Möglichkeiten verfügte, die Verbesserung (Behandlung der Schafe) selbst vorzunehmen, sodass auch S einen Tierarzt beiziehen hätte müssen. Da die von B an den Tierarzt bezahlten Behandlungskosten iHv € 50,– pro Tier laut SV veterinärbranchenüblich waren und auch S im Rahmen seiner Verbesserungspflicht einen Tierarzt zu den gleichen Kosten hätte beauftragen müssen, welche Kosten er sich durch die Eigenverbesserung des B erspart hat, **hätte B gegen S grundsätzlich einen Anspruch auf Ersatz des ersparten Aufwands iHv insgesamt € 1.500,–.**[14] Nach hA[15] gilt die Verjährungsfrist des § 933 Abs 2 ABGB allerdings auch für den geprüften Anspruch. Ausgehend vom Prüfungszeitpunkt (Juni 2017) ist zu beachten, dass nach § 933 Abs 2 ABGB bei Viehmängeln bereits sechs Wochen nach Ablauf der (in casu 7-tägigen) Vermutungsfrist Verjährung eintritt, sodass die Frist zur Geltendmachung dieses Anspruchs am 23. 2. 2017 abgelaufen ist (Übergabe 5. 1. 2017; Vermutungsfrist 7 Tage – 12. 1. 2017; Gewährleistungsfrist 6 Wochen – 23. 2. 2017). Der Anspruch ist in casu daher bereits verjährt.

IV. Anspruch B gegen D auf Zahlung von € 2.000,– und angemessenes Schmerzengeld gem §§ 1, 5 EKHG

Voraussetzung für diesen Anspruch ist, dass B einen (ersatzfähigen) Schaden durch einen Unfall beim Betrieb eines Kfz oder einer Eisenbahn erlitten hat. Der eingetretene **Schaden**[16] besteht zunächst in einem **Sachschaden** am Firmen-Lkw, also einer Beeinträchtigung des absolut geschützten Rechtsguts Eigentum, die sich in einem rechnerischen Vermögensschaden in Höhe der Reparaturkosten von **€ 2.000,–** niederschlägt. Außerdem wurde B in seiner körperlichen Integrität beeinträchtigt, also **am Körper verletzt,** womit ihm grundsätzlich die Heilungskosten und ein allfälliger Verdienstentgang zu ersetzen sind und überdies ein angemessenes Schmerzengeld zu leisten ist (vgl § 13 EKHG). Allerdings gibt es für einen Verdienstentgang im SV keine Anhaltspunkte und geht der Anspruch auf Ersatz der Heilungskosten gem **§ 332 ASVG** im Zeitpunkt der Schädigung auf den Sozialversicherungsträger über, soweit eine kongruente Deckungspflicht besteht. Zu prüfen bleibt daher der **Ersatz des Sachschadens** und die Leistung **angemessenen Schmerzengeldes.**

Das Auffahren des Fahrzeugs des D auf das Fahrzeug des B ist ein unmittelbar von außen (mit mechanischer Kraft) einwirkendes, plötzliches Ereignis, also ein **Unfall** beim Betrieb des Kfz iSd EKHG.[17] Der Unfall muss sich **beim Betrieb** eines Kraftfahrzeugs oder einer Eisenbahn ereignet haben (sog Betriebsunfall). Dabei ist zu beachten, dass nach dem sog verkehrstechnischen Ansatz auch dann ein Betrieb iSd EKHG vorliegt, wenn sich das Fahrzeug zwar nicht selbst bewegt, aber dennoch „am Verkehr im weitesten Sinne teilnimmt".[18] Der Lkw des D war sowohl nach dem verkehrstechnischen als auch nach dem maschinentechnischen Ansatz jedenfalls in Betrieb iSd EKHG und ist

13) Siehe *Dullinger,* BR II SchRAT[6] Rz 3/96 mwN; *Perner/Spitzer/Kodek,* BR[5] 189; *Riedler,* ZR II SchRAT[5] Rz 7/40 mwN.
14) Sofern S aus besonderen Gründen geringere Kosten erwachsen wären, wäre er gehalten, dies zu behaupten und unter Beweis zu stellen (s RIS-Justiz RS0123969).
15) *Dullinger,* BR II SchRAT[6] Rz 3/96; *Riedler,* ZR II SchRAT[5] Rz 7/40.
16) Zu Haftungshöchstgrenzen s §§ 15 f EKHG.
17) Dazu *Rabl/Riedler,* BR III SchRBT[6] Rz 14/37; *Perner/Spitzer/Kodek,* BR[5] 363; *Riedler,* ZR IV SchRBT GesSch[4] Rz 7/3.
18) *Rabl/Riedler,* BR III SchRBT[6] Rz 14/38 (iZm Betriebsgefahr); *Perner/Spitzer/Kodek,* BR[5] 364; *Riedler,* ZR IV SchRBT GesSch[4] Rz 7/4.

Meine Notizen:

auch zweifelsfrei als **Kraftfahrzeug** iSd § 2 Abs 2 EKHG zu beurteilen. Weiters muss **Kausalität** iS der Äquivalenztheorie zwischen dem Betrieb des Kraftfahrzeugs und dem eingetretenen Schaden vorliegen.[19] Bei der Prüfung des Kausalzusammenhangs zwischen dem Betrieb und dem eingetretenen Schaden ist die Frage zu beantworten, ob der Schaden auch ohne Betrieb des Kraftfahrzeugs eingetreten wäre. Der Kausalzusammenhang zwischen dem Betrieb und dem Schaden ist in casu zu bejahen, da der Betrieb des Lkw nicht weggedacht werden kann, ohne dass der konkrete Schaden am Fahrzeug des B entfiele. Ebenso wie beim Rechtswidrigkeitszusammenhang im Rahmen der Verschuldenshaftung ist auch im Bereich des EKHG auf den Schutzzweck der Norm abzustellen. Daher hat sich ein Unfall dann beim Betrieb ereignet, wenn sich eine für den Betrieb des Kraftfahrzeugs typische Gefahr verwirklicht hat. Zwischen dem Betrieb und dem Schaden muss also ein adäquat kausaler **Gefährdungszusammenhang** in dem Sinne bestehen, dass der Unfall mit einem Umstand zusammenhängt, welcher die Gefährlichkeit des Kraftfahrzeugs ausmacht.[20] In casu wurde eine typische Betriebsgefahr aufgrund des Auffahrens auf den Lkw des B infolge des Versagens des Bremssystems verwirklicht. Der Eintritt eines Sachschadens am Fahrzeug des B ist kein atypischer Schaden, mit dessen Eintritt nach der allgemeinen Lebenserfahrung nicht gerechnet werden konnte. Vielmehr ist der eingetretene Schaden als innerhalb des **Adäquanzzusammenhangs** befindlich zu qualifizieren, da der eingetretene Schaden nicht außerhalb der allgemeinen Lebenserfahrung liegt und keine Folge einer außergewöhnlichen Verkettung unglücklicher Umstände darstellt.

Haftpflichtig ist nach § 5 EKHG grundsätzlich der **Halter** des Kraftfahrzeugs. Halter ist, wer das Kraftfahrzeug auf eigene Rechnung betreibt und in seiner freien Verfügungsgewalt hat, unabhängig davon, ob diese Person auch zB Eigentümer, Leasingnehmer oder Mieter des Kraftfahrzeugs ist. **Betrieb auf eigene Rechnung** liegt vor, wenn jemand einerseits den Nutzen und andererseits aber auch die Kosten aus der Verwendung des Kraftfahrzeugs trägt. **Verfügungsgewalt** hat, wer bestimmt, von wem, wann und wo das Kraftfahrzeug gefahren wird.[21] Nicht der Lenker A, sondern D ist Halter iS der genannten Definition, da er die Verfügungsgewalt über den Lkw hat und dessen Kosten und Nutzen trägt.

Gem **§ 6 Abs 1 EKHG** kann aber uU die Haftung des Halters nach EKHG entfallen, wenn ein „Schwarzfahrer" das Kraftfahrzeug ohne Willen des Halters benutzte (bei schuldhafter Ermöglichung der Schwarzfahrt kommt es nach § 6 Abs 1 Satz 2 EKHG zur Solidarhaftung). A ist jedoch als **„angestellter Schwarzfahrer" iSd § 6 Abs 2 EKHG** zu qualifizieren:[22] A war für den Betrieb des Lkw (zum Zweck des Verrichtens von Arbeiten an verschiedenen Orten) **angestellt;** jedenfalls wurde ihm der Lkw vom Halter D **überlassen.**[23] A fuhr auf der Rückfahrt von einer Baustelle einen Umweg, obwohl „jegliche Privatnutzung des Lkw strikt verboten" worden war, sodass er im Zeitpunkt des Unfalls den Lkw **ohne Willen des Halters D (zweckwidrig) benutzte.** Nach § 6 Abs 2 Satz 1 EKHG haftet damit der Schwarzfahrer A zwar allenfalls nach ABGB, nicht aber nach EKHG, für welches der Halter D Haftungsadressat bleibt und auch haftet, sofern nicht ein Haftungsausschlussgrund vorliegt.[24]

Nach **§ 9 Abs 1 EKHG** ist eine Haftung grundsätzlich ausgeschlossen, wenn der Unfall aus einem unabwendbaren Ereignis resultierte.[25] Unabwendbar ist ein Ereignis insb dann, wenn es auf das Verhalten des Geschädigten, eines nicht beim Betrieb tätigen Dritten oder eines Tieres zurückzuführen ist, wenn es trotz aller erdenklichen Sorgfalt und Vorsicht nicht abgewendet werden konnte und auch nicht auf eine außergewöhnliche Betriebsgefahr zurückzuführen ist, die durch das Verhalten eines nicht beim Betrieb tätigen Dritten oder eines Tieres ausgelöst wurde (§ 9 Abs 2 EKHG). Beruhte das unabwendbare Ereignis jedoch auf einem Fehler in der Beschaffenheit oder auf einem Versagen der Verrichtungen des Kraftfahrzeugs, so ist eine Haftungsbefreiung jedenfalls nicht möglich. In casu wurde zwar jede erdenkliche Sorgfalt eingehalten (plötzliches Versagen des Bremssystems, Ausweichen nicht mehr

19) Dazu *Rabl/Riedler,* BR III SchRBT[6] Rz 14/38; *Riedler,* ZR IV SchRBT GesSch[4] Rz 7/7.

20) *Rabl/Riedler,* BR III SchRBT[6] Rz 14/38; *Riedler,* ZR IV SchRBT GesSch[4] Rz 7/7; vgl *Perner/Spitzer/Kodek,* BR[5] 363 f.

21) *Rabl/Riedler,* BR III SchRBT[6] Rz 14/39; *Riedler,* ZR IV SchRBT GesSch[4] Rz 7/11.

22) Siehe dazu *Rabl/Riedler,* BR III SchRBT[6] Rz 14/40; *Perner/Spitzer/Kodek,* BR[5] 365; *Riedler,* ZR IV SchRBT GesSch[4] Rz 7/15.

23) Zur Anstellung beim Betrieb und zur Überlassung des Fahrzeugs s im Einzelnen *Schauer* in *Schwimann/Kodek*[4] § 6 EKHG Rz 27 ff mwN.

24) Für Unanwendbarkeit iSd §§ 3, 4 EKHG bestehen keinerlei Anhaltspunkte.

25) Dazu *Rabl/Riedler,* BR III SchRBT[6] Rz 14/43; *Perner/Spitzer/Kodek,* BR[5] 365 f; *Riedler,* ZR IV SchRBT GesSch[4] Rz 7/21 f.

Meine Notizen:

möglich), doch bedeutet das plötzliche Versagen des Hydraulik-Bremssystems des Lkw ein **Versagen der Verrichtungen** bzw liegt durch die verwendeten, zu gering dimensionierten Schläuche schon ein **Fehler in der Beschaffenheit** vor, sodass ein Haftungsausschluss nach § 9 EKHG nicht in Betracht kommt. Der Anspruch auf Zahlung von € 2.000,– und angemessenes Schmerzengeld besteht.[26)]

V. Anspruch B gegen A auf Zahlung von € 2.000,– und angemessenes Schmerzengeld gem §§ 1295 ff, 1325, 1331 f ABGB

Wie bereits bei Anspruch IV. ausgeführt, erlitt B einen Sachschaden iHv € 2.000,– und eine Körperverletzung, sodass für ihn der **Ersatz des Sachschadens** und die Leistung **angemessenen Schmerzengeldes** in Betracht kommen. Haftungsansatzpunkt im Rahmen der objektiven Sorgfaltswidrigkeit **(Rechtswidrigkeit)** ist eine Verletzung der **absolut geschützten Rechtsgüter Eigentum und körperliche Integrität.** Als Sorgfaltsmaßstab ist der Maßstab eines durchschnittlichen Sachverständigen iSd **§ 1299 ABGB**[27)] zu prästieren, sodass es darauf ankommt, wie sich ein ordnungsgemäßer Lkw-Fahrer verhalten hätte. Für die Beweislast gilt im deliktischen Bereich grundsätzlich § 1296 ABGB.[28)] In casu ist allerdings **§ 6 Abs 2 Satz 2 EKHG** anwendbar, sodass sich A infolge der Beweislastumkehr freibeweisen muss. Dies wird ihm aber auch gelingen: Auch ein ordnungsgemäßer Lkw-Lenker hätte den Unfall nicht abwenden und nicht anders reagieren können (plötzliches Versagen des Bremssystems, Ausweichen nicht mehr möglich). Der Anspruch besteht daher mangels Rechtswidrigkeit nicht. Damit scheitert auch ein allfälliger Regress von D gegen A, sodass sich die Frage der Mäßigung nach DHG nicht mehr stellt.

VI. Anspruch B gegen P auf Schadenersatz und angemessenes Schmerzengeld gem §§ 1 ff PHG

Voraussetzung für diesen Anspruch ist, dass ein **Schaden durch den Fehler eines Produkts** verursacht wurde, das schon **im Zeitpunkt des Inverkehrbringens fehlerhaft** war. Wie bereits bei Anspruch IV. ausgeführt, erlitt B einen Sachschaden iHv € 2.000,– und eine Körperverletzung, sodass grundsätzlich Ersatz des Sachschadens und Leistung angemessenen Schmerzengeldes in Betracht kommen. Allerdings ist im Rahmen des PHG zu beachten, dass einerseits gem § 2 Z 2 PHG bei Vorliegen eines Sachschadens nur eine Haftung für den € 500,– übersteigenden Schaden vorgesehen ist („Selbstbehalt") und andererseits gem **§ 2 Z 1 PHG** der Sachschaden eines Unternehmers, der die **Sache überwiegend in seinem Unternehmen verwendet** hat, nicht zu ersetzen ist. Da B einen Sachschaden (nur) am Firmen-Lkw erlitten hat, kann er keinen Ersatz des Schadens an dieser überwiegend unternehmerisch genutzten Sache nach PHG erlangen. Übrig bleibt daher die allfällige Leistung **angemessenen Schmerzengeldes.** Im Rahmen des PHG ist zu beachten, dass nach § 1 Abs 1 PHG nur für den Schaden durch den Fehler eines Produkts gehaftet wird. Das Bremssystem ist ein **Produkt** iSd § 4 PHG, da es sich um eine bewegliche körperliche Sache handelt, auch wenn diese durch Einbau in den Lkw (als Endprodukt) Teil einer anderen beweglichen Sache geworden ist. Ein Produkt ist nach § 5 PHG **fehlerhaft,** wenn es nicht die Sicherheit bietet, die man unter Berücksichtigung aller Umstände erwarten darf. Der Schlauchhersteller H (als Hersteller der Teilprodukte) lieferte laut SV fehlerfreie Schläuche, sodass daher mangels Fehlerhaftigkeit des Schlauchs B nicht gegen H vorgehen kann (§ 8 Z 3 PHG). Dem Hersteller P, der das Bremssystem und den gesamten Lkw produzierte, ist jedoch ein **Konstruktionsfehler**[29)] unterlaufen, da er für den zu erwartenden Druck andere Schläuche mit dickerer Wand einbauen hätte müssen. Von einem Bremssystem kann erwartet werden, dass es nicht aufgrund des Einbaus von Schläuchen, die dem Bremsdruck nicht standhalten, versagt.

---

26) Dabei ist freilich § 18 EKHG zu beachten. Ein allfälliger Regress von D gegen A scheitert daran, dass A bzgl des Unfalls kein sorgfaltswidriges Verhalten zur Last gelegt werden kann (s dazu beim nächsten Anspruch V.). Ein Anspruch des D gegen A nach EKHG wegen der Schäden am Firmen-Lkw kommt nicht in Betracht, da das EKHG Schäden an der gefährlichen Sache selbst nicht erfasst und A zudem nicht Halter iSd § 5 EKHG, sondern nur Fahrer ist.

27) Die Tätigkeit als Lenker eines Lkw erfordert besondere Kenntnisse und Fähigkeiten. Vgl dazu *Rabl/Riedler,* BR III SchRBT[6] Rz 13/15; *Perner/Spitzer/Kodek,* BR[5] 323; *Riedler,* ZR IV SchRBT GesSch[4] Rz 2/35.

28) *Rabl/Riedler,* BR III SchRBT[6] Rz 13/36; *Perner/Spitzer/Kodek,* BR[5] 325 f; *Riedler,* ZR IV SchRBT GesSch[4] Rz 2/90.

29) Zu den möglichen Arten von Fehlern s *Rabl/Riedler,* BR III SchRBT[6] Rz 14/53; *Perner/Spitzer/Kodek,* BR[5] 359; *Riedler,* ZR IV SchRBT GesSch[4] Rz 8/8.

Meine Notizen:

Der Fehler war **adäquat kausal** für den Schaden, da dieser ohne die Fehlerhaftigkeit des Bremssystems nicht eingetreten wäre und keine Folge einer außergewöhnlichen Verkettung unglücklicher Umstände darstellt. Vom **Inverkehrbringen** des Produkts iSd § 6 PHG durch P ist nach der Lage des Falls auszugehen, sodass der Anspruch auf angemessenes Schmerzengeld besteht.[30)]

VII. Anspruch B gegen P auf Zahlung von € 2.000,– und angemessenes Schmerzengeld gem §§ 1295 ff, 1325, 1331 f ABGB

Wie bereits bei Anspruch IV. ausgeführt, erlitt B einen Sachschaden iHv € 2.000,– und eine Körperverletzung, sodass für ihn der **Ersatz des Sachschadens** und die Leistung **angemessenen Schmerzengeldes** in Betracht kommen. Deliktischer Haftungsansatzpunkt im Rahmen der objektiven Sorgfaltswidrigkeit **(Rechtswidrigkeit)** ist eine Verletzung der **absolut geschützten Rechtsgüter Eigentum und körperliche Integrität.** Als Sorgfaltsmaßstab ist der Maßstab eines durchschnittlichen Sachverständigen iSd **§ 1299 ABGB**[31)] zu prästieren, sodass es darauf ankommt, wie sich ein ordnungsgemäßer Lkw-Produzent verhalten hätte (und sich P daher grundsätzlich mit fehlenden Fachkenntnissen nicht entlasten kann). Für die Beweislast gilt im deliktischen Bereich prinzipiell **§ 1296 ABGB.**[32)] Geht man (streng nach dem SV, mangels anderer Anhaltspunkte) davon aus, dass P keine Gehilfen einsetzte, sondern selbst den Lkw herstellte, so kommt es auf eine Zurechnung nach § 1315 ABGB nicht an. Es stellt sich nun die Frage, ob sich P **objektiv sorgfaltswidrig** und damit nicht wie ein maßgerechter Lkw-Produzent verhalten hat. Nach dem SV steht fest, dass ein für den Bremsdruck zu gering dimensionierter Bremsschlauch verbaut wurde (daher liegt schließlich ein Fehler iSd PHG vor – s oben bei Anspruch VI.). Darüber, ob ein maßgerechter Lkw-Produzent die zu geringe Dimensionierung erkennen hätte müssen, gibt der SV keine konkrete Auskunft. Wer von einer objektiv sorgfaltswidrigen Handlung ausgeht (was nach § 1296 ABGB vom Geschädigten B zu beweisen und am Maßstab des § 1299 ABGB zu messen ist – s oben), kann in der Folge **Kausalität, Adäquanz- und Rechtswidrigkeitszusammenhang** problemlos bejahen, da das sorgfaltswidrige Verhalten des P nicht weggedacht werden kann, ohne dass der Schaden bei B entfiele; da es innerhalb der Lebenserfahrung liegt, dass die zu geringe Dimensionierung eines Bremsschlauchs zum Bremsversagen führen und schließlich die eingetretenen Schäden herbeiführen kann; und weil die gebotene Beachtung der absolut geschützten Rechtsgüter Eigentum und körperliche Integrität freilich eine Verletzung dieser Rechtsgüter bei B vermeiden soll. In der Folge kann mangels anderer Anhaltspunkte auch von subjektiver Vorwerfbarkeit (**Verschulden** des P, § 1299 ABGB, zumindest leichte Fahrlässigkeit) und vom Bestehen des Anspruchs ausgegangen werden.

VIII. Erbrechtliche Positionen der Beteiligten – Verlassenschaftsverfahren nach E

Bei widerstreitenden Erbantrittserklärungen hat das Gericht gem **§ 161 AußStrG** über das Erbrecht zu entscheiden: Dabei hat es das Erbrecht der Berechtigten festzustellen und die übrigen Erbantrittserklärungen abzuweisen. Mit BGBl I 2015/87 wurde das Erbrechts-Änderungsgesetz 2015 kundgemacht, wobei die neuen Bestimmungen grundsätzlich mit 1. 1. 2017 in Kraft gesetzt wurden. In casu gelten (auch etwa für die Form der letztwilligen Verfügungen – s § 1503 Abs 7 Z 5 ABGB) bereits die neuen Vorschriften.

Nach dem SV haben S, T, L und G im Verlassenschaftsverfahren nach E Erbantrittserklärungen abgegeben. S, T und L werden sich dabei auf ein allfälliges gesetzliches Erbrecht stützen, L zudem auf die letztwillige Verfügung von März 2017 und G ausschließlich auf diese. Zunächst ist die **letztwillige Verfügung von Jänner 2017** zu untersuchen. Nach dem SV hat E das Dokument eigenhändig geschrieben und unterschrieben, wodurch die Formvorschrift für das Verfassen einer **eigenhändigen (holographen) Verfügung**[33)] nach **§ 578 ABGB** erfüllt ist. Die Beifügung eines Datums ist nicht Formvoraus-

30) Insbesondere auch für den nach PHG nicht ersatzfähigen Sachschaden am Firmen-Lkw könnte auch ein Anspruch des B gegen P aus einem Vertrag mit Schutzwirkung zugunsten Dritter (VmSzD) erwogen werden, doch erwähnt der SV keinen Händler, mit dem P einen (Absatz-)Vertrag geschlossen hat.
31) Vgl FN 27.
32) Siehe FN 28.
33) Dazu *Apathy*, Zivilrecht VII Erbrecht[5] (2016) Rz 3/22; *Eccher*, Bürgerliches Recht VI Erbrecht[6] (2016) Rz 4/41 ff; *Perner/Spitzer/Kodek*, BR[5] 593.

✐ Meine Notizen:

setzung, sondern wird vom Gesetz bloß angeraten (§ 578 ABGB). Inhaltlich resultiert aus der Erklärung ein Ausschluss von S und T von der gesetzlichen Erbfolge.[34)]

Die **letztwillige Verfügung von März 2017** wurde mittels PC verfasst, sodass das Einhalten der Form nach **§ 579 ABGB** für eine **fremdhändige (allographe) Verfügung**[35)] zu prüfen ist. Zwar wurde das Dokument von E eigenhändig unterschrieben und auch mündlich vor drei anwesenden Zeugen erklärt, dass die Urkunde den letzten Willen der E enthalte (nuncupatio), woraufhin die Zeugen auch mit einem eigenhändig geschriebenen, auf ihre Zeugeneigenschaft hinweisenden Zusatz unterschrieben. Allerdings erfolgte die nuncupatio eben mündlich, was zwar nach § 579 ABGB idF vor dem ErbRÄG 2015 genügte, jedoch nicht mehr nach der geltenden Fassung: Nunmehr muss die **nuncupatio schriftlich** erfolgen; der Verfügende muss die Urkunde mit dem eigenhändig geschriebenen Zusatz versehen, dass sie seinen letzten Willen enthält. Die Verfügung von März 2017 ist daher formungültig und geht somit der letztwilligen Verfügung von Jänner 2017 nicht (iSd § 713 ABGB) vor.

Da S und T aufgrund des (zulässigen) „Entzugs" des gesetzlichen Erbrechts kein solches zusteht, würde die Verlassenschaft letztlich an den Staat fallen, wenn nicht (neu nach dem ErbRÄG 2015) noch der Lebensgefährte L zum Zug käme. Gem **§ 748 Abs 1 ABGB** kann sich der **Lebensgefährte** des Verstorbenen auf ein **außerordentliches Erbrecht** stützen, sofern er mit dem Erblasser „als dessen Lebensgefährte zumindest in den letzten drei Jahren vor dem Tod des Verstorbenen im gemeinsamen Haushalt gelebt hat". E lebte bis zu ihrem Tod (die Lebensgemeinschaft war beim Tod der E also noch aufrecht[36)]) mit L in dessen Wohnung bereits seit über fünf Jahren zusammen, sodass das Erfordernis des § 748 Abs 1 ABGB erfüllt ist. Daher ist **L einzuantworten;** die übrigen Erbantrittserklärungen sind abzuweisen.

IX. Ansprüche von S und T gegen die (ruhende) Verlassenschaft (bzw nach Einantwortung gegen L) auf den Pflichtteil gem §§ 757 ff ABGB

In der Anordnung der E, dass S und T nichts erhalten sollen, ist nur ein Ausschluss von der gesetzlichen Erbfolge durch negative letztwillige Verfügung, also eine Enterbung im untechnischen Sinne zu sehen; diese ist an keine speziellen Gründe gebunden.[37)] S und T sind daher auf allfällige Pflichtteilsansprüche beschränkt. Voraussetzung für Pflichtteils(ergänzungs)ansprüche ist, dass eine pflichtteilsberechtigte Person nicht oder nur unzureichend bedacht wurde. S und T gehören als Kinder der E zum Kreis der (abstrakt) pflichtteilsberechtigten Personen.[38)] Als Pflichtteil gebührt ihnen prinzipiell die Hälfte dessen, was sie nach gesetzlichem Erbrecht erlangt hätten (§ 759 ABGB). Nach gesetzlichem Erbrecht hätten S und T jeweils die Hälfte der Verlassenschaft bekommen (§ 732 ABGB), sodass der **auf Geldzahlung gerichtete Pflichtteilsanspruch** in casu **grundsätzlich jeweils in Höhe eines Viertels** des Wertes der reinen Verlassenschaft (€ 75.000,–) bestünde. Allerdings bekam S noch zu Lebzeiten der E von dieser ein Sparbuch mit einer Einlage von € 100.000,– geschenkt. Aus diesem Grund kann T eine Berücksichtigung dieser Schenkung in Form einer **Schenkungsanrechnung** verlangen **(§ 783 ABGB).** Der Umstand, dass die **Schenkung bereits 2011** erfolgte, steht einer Anrechnung nicht entgegen: Die Einschränkung der Anrechnung auf zwei Jahre vor dem Tod gemachte Schenkungen gem § 782 ABGB gilt nur für Schenkungen an nicht Pflichtteilsberechtigte;[39)] S ist aber eine pflichtteilsberechtigte Person, sodass die Schenkung aus 2011 **anzurechnen** ist. Die **Berechnungsmethode** ergibt sich aus **§ 787 ABGB:** Zunächst wird der Wert der Schenkung dem Wert der reinen Verlassenschaft hinzugeschlagen.[40)] Von diesem erhöhten Ausgangswert (in casu € 400.000,–) werden die Pflichtteile berechnet (in casu jeweils € 100.000,–). Der Beschenkte muss sich alsdann den Wert der Schenkung – nach dem ErbRÄG 2015 nunmehr – vom gesamten erhöhten Pflichtteil abziehen lassen (§ 787 Abs 2 ABGB). **T** kommt daher ein **Pflichtteilsanspruch iHv € 100.000,–** zu, während **S keinen Pflichtteilsanspruch** mehr geltend machen kann.

34) „Enterbung im untechnischen Sinne" – s dazu näher bei IX.

35) Dazu *Apathy,* ZR VII ErbR[5] Rz 3/23 f; *Eccher,* BR VI ErbR[6] Rz 4/44 ff; *Perner/Spitzer/Kodek,* BR[5] 593 f.

36) Dies ist grundsätzlich Voraussetzung für das außerordentliche Erbrecht des Lebensgefährten (*Apathy,* ZR VII ErbR[5] Rz 2/20; *Eccher,* BR VI ErbR[6] Rz 3/17; *Perner/Spitzer/Kodek,* BR[5] 581).

37) Im Gegensatz zur Enterbung im technischen Sinne, die einen Entzug des Pflichtteils ermöglicht. Siehe *Apathy,* ZR VII ErbR[5] Rz 10/4; *Eccher,* BR VI ErbR[6] Rz 4/80; *Perner/Spitzer/Kodek,* BR[5] 619.

38) Siehe dazu *Apathy,* ZR VII ErbR[5] Rz 4/4; *Eccher,* BR VI ErbR[6] Rz 11/2; *Perner/Spitzer/Kodek,* BR[5] 615.

39) *Apathy,* ZR VII ErbR[5] Rz 11/7; *Eccher,* BR VI ErbR[6] Rz 12/17; *Perner/Spitzer/Kodek,* BR[5] 626.

40) In praxi wäre auch § 788 ABGB (Aufwertung nach Verbraucherpreisindex) zu beachten. In unserem SV gibt es dazu keine Angaben.

Aktualisierungen

Meine Notizen:

Zu **I.**: Seit Inkrafttreten des Gewährleistungsrichtlinien-Umsetzungsgesetzes (GRUG) mit 1. 1. 2022 heißt der sekundäre Gewährleistungsbehelf, mit dem der Gewährleistungsberechtigte sich vom gesamten Vertrag lösen kann, nicht mehr „Wandlung", sondern „Auflösung des Vertrags" (s § 932 ABGB).

Zu **I.** und **III.**: Durch das GRUG (in Kraft seit 1. 1. 2022) wurde nicht nur im Rahmen des VGG, sondern auch im Gewährleistungsrecht des ABGB, für Sachmängel eine klare Unterscheidung zwischen Gewährleistungsfrist – innerhalb derer ein Mangel hervorkommen muss – und Verjährungsfrist – innerhalb derer die Gewährleistungsrechte notfalls gerichtlich geltend gemacht werden müssen – eingeführt. Die 6-Wochen-Frist des § 933 Abs 2 ABGB für Viehmängel ist seither keine Verjährungsfrist, sondern eine Gewährleistungsfrist, mit deren Ablauf noch die (neue) dreimonatige Verjährungsfrist des § 933 Abs 3 ABGB zu laufen beginnt. Die Ansprüche aus Gewährleistung (I.) und den verschiedenen Anspruchsgrundlagen für Ersatz der Selbstverbesserungskosten (III.) wären allerdings auch nach aktuellem Gewährleistungsrecht bereits verjährt gewesen, da zwischen Ablauf der 6-Wochenfrist und dem Tag der Prüfung mehr als drei Monate vergingen.

Meine Notizen:

Prüfer: Peter Bydlinski

Fachprüfung aus Bürgerlichem Recht einschließlich IPR[1)]

Graz, 26. 1. 2018

Schwerpunkte: Leistungsstörungen, Schadenersatz, Trauerschaden, Verzug (Gläubiger-, Schuldner- und Teilverzug)

SACHVERHALT

Teil 1

In **Bertrams** Wiener Weinhandlung ist viel los; auch am Freitag, dem 13. Oktober 2017. Dass an diesem Tag nicht alles glatt geht, verwundert zumindest abergläubische Menschen nicht.

Der Feinschmecker **Alois,** der zum Wochenende zu einer Party eingeladen hat, schaut gleich in der Früh vorbei und bestellt eine Kiste (= zwölf Flaschen) „Golser Trockenbeerenauslese 2011" zum Preis v € 40,– je Flasche, nachdem er sich vergewissert hat, dass Bertram diesen sehr gefragten und daher schon selten gewordenen Jahrgang liefern kann. Für das Fest hat Alois mit maximal fünf Flaschen kalkuliert; er nützt aber die Gelegenheit, um sich zugleich mit einem kleinen Vorrat für spätere Anlässe einzudecken.

Alois und Bertram kommen überein, dass die Kiste bereits am Samstagvormittag im Geschäft zur Abholung bereit stehen wird. Über den Grund des Weinkaufs wird nicht gesprochen. Noch am Freitag schickt Bertram seinen Lehrling **Ludwig** zu seinem Weinlager ins Burgenland, um eine Kiste „Golser Trockenbeerenauslese 2011" in das Verkaufslokal in Wien zu schaffen. Alois, der die Party wegen einer Erkrankung kurzfristig absagen musste, erscheint erst am Dienstag, um den Wein abzuholen. In der Nacht auf Sonntag sind aber – wie die Polizei später feststellen kann – zwei unbekannt bleibende Obdachlose in Bertrams Geschäft eingedrungen. Vier der zwölf in der Kiste befindlichen Flaschen haben sie an Ort und Stelle geleert, die übrigen acht haben sie mitgenommen. Als Alois eine der leeren Flaschen näher betrachtet, fällt ihm auf, dass es sich dem Etikett nach um eine Trockenbeerenauslese aus 2012 handelt. Eine Überprüfung der Weinbestände ergibt, dass Ludwig wegen der im Weinlager herrschenden schlechten Lichtverhältnisse und der gebotenen Eile die Kiste irrtümlich mit sechs Flaschen Jahrgang 2011 und sechs Flaschen des weniger berühmten Jahrgangs 2012 befüllt hat.

A. Welche Ansprüche bestehen zwischen Alois und Bertram?

B. Was würde sich ändern, wenn die Kiste richtig befüllt gewesen wäre?

C. Kommt nach dem Grundsachverhalt eine Schadenersatzpflicht von Ludwig gegenüber Bertram in Betracht?

Auch der Restaurantbetreiber **Roman** kauft an diesem Tag ein. Fünf Flaschen teuren französischen Rotweins nimmt er gleich „auf Lieferschein" mit. Drei Kisten Sauvignon Blanc und eine Kiste Gelber Muskateller sollen noch am selben Tag in sein Lokal geliefert werden. Diese Lieferung unterbleibt jedoch. Roman, der sich nicht früher um Nachschub gekümmert hat, sitzt daher am Abend weißweinmäßig nahezu auf dem Trockenen. Zwei Abendgesellschaften, die anlässlich ihrer Getränkebestellung über dieses Manko informiert werden, verlassen gleich wieder das Lokal, wodurch Roman etwa € 200,– Gewinn entgeht.

---

o. Univ.-Prof. Dr. *Peter Bydlinski* lehrt am Institut für Zivilrecht, Ausländisches und Internationales Privatrecht der Karl-Franzens-Universität Graz.

1) Die Aufgabenstellung dieser am 26. 1. 2018 an der Universität Graz zu absolvierenden vierstündigen Fachprüfung stammt von o. Univ.-Prof. Dr. *Peter Bydlinski.* Die Musterlösung wurde von Dr. *Matthias Pendl* (ehemals Univ.-Ass.) entworfen und von Univ.-Ass. Mag. *Marielena Plieseis* sowie Prof. *Bydlinski* weiterbearbeitet.

Meine Notizen:

Aber es kommt noch schlimmer. **Hilde,** die in Gesellschaft ihrer Freundinnen nach Bestellung einer Flasche des französischen Rotweins auf ihren nur wenige Tage zurückliegenden 50. Geburtstag anstößt, stürzt schon bald nach dem ersten Schluck mit Krämpfen zu Boden. Sie verstirbt nach dreistündigem höchst schmerzhaftem Todeskampf im Krankenhaus. Eine Analyse ergibt, dass die von Roman kredenzte Flasche Rotwein mit einem starken Gift versetzt war. Genaueres finden die Kriminalbehörden erst viel später heraus: Der französische Winzer **Gerard,** von dem Bertram den Wein gekauft hat, war schon länger in einen massiven Streit mit seinem Nachbarn und Konkurrenten **Charles** verwickelt. Diesem war es gelungen, zwei Flaschen von Gerards Wein mit geschmacklosem Gift zu versetzen, das er mit Hilfe einer extrem dünnen Injektionsnadel durch den Korken in die Flasche spritzte; zumindest eine dieser Flaschen hat den Weg in Romans Restaurant gefunden.

Hilde, die in einer Bank arbeitete und als Witwe allein für ihre Kinder sorgte, hinterlässt die 16-jährige **Tina,** eine Schülerin, sowie den 22-jährigen **Max,** der schon länger einen gut bezahlten Beruf ausübt. Als Tina vom Tod ihrer Mutter erfährt, bricht sie weinend zusammen. Allerdings erholt sie sich rasch und durchlebt anschließend eine längere, nicht unübliche Trauerphase.

Roman wird die ganze Nacht zu diesem Vorfall verhört. Als er am nächsten Tag müde ins Lokal kommt und dort von Bertram mit den vier Kisten Weißwein erwartet wird, jagt er diesen laut schimpfend davon. Die Rechnung über die am 13. 10. gekauften Weine (€ 250,– für die fünf Flaschen Rotwein sowie € 420,– für die vier Kisten Weißwein), die Roman am 17. 10. erhält, bleibt gänzlich unbeglichen.

D. Welche Ansprüche bestehen zwischen Roman und Bertram?

E. Stehen Tina Schadenersatzansprüche zu? Wenn ja, gegen wen und worauf sind sie gerichtet? (Beurteilung nach österr Recht)

F. Nach welcher Rechtsordnung ist eine etwaige Schadenersatzhaftung von Charles und Gerard zu beurteilen?

Teil 2

Nach Hildes Tod findet sich eine von ihr handschriftlich verfasste Verfügung, die das Datum ihres 50. Geburtstags trägt. Sie trägt die Überschrift „*TESTAMENT*" und lautet: „*Liebe Kinder! Da ich außer meiner Eigentumswohnung praktisch nichts habe und Du, Max, gut verdienst und woanders wohnst, soll Tina die Wohnung allein erben. Eure Mama*"

Tatsächlich gibt es ansonsten neben dem gebrauchten Hausrat, Kleidung und etwas Schmuck nur ein kleines Guthaben auf Hildes Girokonto, das gerade zur Abdeckung der Begräbniskosten reicht.

A. Ist Tina Alleinerbin oder Vermächtnisnehmerin?

B. Welche Rechte hat Max? (Legen Sie Ihren Überlegungen konsequenterweise das zu **A.** erzielte Ergebnis zugrunde.)

C. Steht der Erbin oder den Erben der Schmerzengeldanspruch zu, der aus Hildes qualvollen letzten Stunden resultiert?

D. Ändert sich etwas, wenn Tina ihrer Mutter im letzten Jahr, ohne zu fragen, dreimal kleinere Beträge aus der Geldbörse genommen hat, was Tina ihrem Bruder aber erst nach Hildes Tod beichtet?[2)]

E. Ändert sich etwas, wenn sich herausstellt, dass Tina nicht die Tochter von Hildes verstorbenem Ehemann ist, sondern einem Seitensprung der Mutter entstammt?

Achtung! Formulieren Sie bei Anspruchsprüfungen immer ein konkretes Begehren als „Überschrift" und schließen Sie die Behandlung jeder Frage mit einer klaren Antwort ab.

2) Bei der Prüfung wurden den Kandidatinnen und Kandidaten die Texte der §§ 127 und 166 StGB als Anhang zur Verfügung gestellt.

Meine Notizen:

MUSTERLÖSUNG

Von Peter Bydlinski, Matthias Pendl und Marielena Plieseis

Teil 1

A. Welche Ansprüche bestehen zwischen Alois und Bertram?

1) Bertram gegen Alois auf Zahlung des Kaufpreises v € 480,– gem § 1062 ABGB und auf Verzugszinsen iHv 4% pa v € 480,– gem § 1333 Abs 1 iVm § 1000 Abs 1 ABGB

Da Kaufverträge formfrei geschlossen werden können, besteht zwischen Alois und Bertram ein gültiger **Kaufvertrag.** Die gegenseitigen Leistungspflichten sind mit € 480,– gegen zwölf Flaschen „Golser Trockenbeerenauslese 2011" festgelegt. Als **Fälligkeitstermin** für Leistung und die Zug um Zug zu erbringende Gegenleistung (s § 1062 ABGB: „zugleich") ist Samstagvormittag vereinbart. Leistungsort ist Bertrams Geschäft, sodass in Bezug auf den Wein eine **Holschuld** besteht.

Alois ist zum Fälligkeitstermin nicht erschienen; dadurch gehen die vertraglichen Leistungs- und Gegenleistungspflichten jedoch nicht unter. Problematisch ist hier, dass der von Bertram bereitgestellte Wein von Obdachlosen „vernichtet" bzw gestohlen wurde. Fraglich ist daher, ob Alois bezahlen muss, obwohl er keine Gegenleistung erhalten hat. Die Antwort hängt davon ab, wie **Leistungs- und Preisgefahr** verteilt sind.

Da der Einbruchsdiebstahl **weder Alois noch Bertram zur Last gelegt werden** kann, ist der Wein in Bezug auf deren Vertragsverhältnis durch **Zufall** untergegangen. Die Lieferung von zwölf Flaschen „Golser Trockenbeerenauslese 2011" stellt, trotz des Umstands, dass die Sorte selten geworden ist, eine **Gattungsschuld** dar. Dafür gilt der Grundsatz ***„genus non perit"***, dh, der Schuldner wird durch Untergang einzelner Stücke der Gattung nicht von seiner Leistungspflicht befreit. Anderes gilt jedoch, wenn entweder die **gesamte Gattung untergeht** oder es zur **Konzentration** durch Aussonderung bestimmter Stücke und deren gehörigem Anbot gekommen ist.

Dem ersten Anschein nach kam es am Samstagvormittag zur **Konzentration.** Bertram bzw seinem Gehilfen Ludwig ist jedoch bei der Auswahl der Weinflaschen ein Fehler unterlaufen. Nur die Hälfte der Kiste war mit Wein des vereinbarten Jahrgangs befüllt. Damit hat er zum Fälligkeitstermin nicht vollständig in der bedungenen Art und Weise angeboten, denn es ist evident, dass es Alois gerade auf den Jahrgang 2011 ankam. Schließlich hat er sich über die Lieferbarkeit genau dieses Jahrgangs vergewissert und besteht offenbar ein erheblicher Qualitäts- und Preisunterschied zwischen den Jahrgängen 2011 und 2012. Folglich war Bertram jedenfalls „zur Hälfte" in **subjektivem Schuldnerverzug** (die fahrlässige Falschauswahl durch Ludwig ist ihm ja gem § 1313 a ABGB zuzurechnen). Denn diesbezüglich **fehlt** es ohne Zweifel an einer **Konzentration** und es besteht bloß ein **vorübergehendes** Leistungshindernis.

Es ist jedoch fraglich, ob das tw richtige Angebot wirklich bloß Teilverzug auslöst, denn gem **§ 1415 ABGB** ist der Gläubiger grundsätzlich **nicht schuldig,** eine Teilleistung anzunehmen. Die Antwort hängt davon ab, ob die Leistung **teilbar ist oder nicht.** Hierfür kommt es nicht auf einen objektiven Maßstab, sondern auf den **Parteiwillen** an. Teilbar ist die Leistung, wenn Alois und Bertram den Vertrag auch über bloß sechs Flaschen gegen Zahlung des halben Kaufpreises unter sonst gleichen Bedingungen geschlossen hätten. Sie ist unteilbar, wenn einer der beiden nicht zugestimmt hätte. Dies muss durch **Auslegung** (§§ 914 f ABGB) geklärt werden. Hier geht aus dem Sachverhalt klar hervor, dass Alois auch bloß sechs Flaschen gekauft bzw die sechs richtigen Flaschen als Teilerfüllung entgegengenommen hätte (er kalkuliert mit maximal fünf Flaschen für das Fest), wenn er am Samstag zur Abholung erschienen wäre. Somit ist von Teilbarkeit auszugehen.

Bertram war daher nur hinsichtlich der **„halben Kiste"** in **Schuldnerverzug.** Die sechs Flaschen des Jahrgangs 2011 hat er zur rechten Zeit am rechten Ort angeboten und **konzentriert.** Insofern hat Alois seine **Annahmeobliegenheit** verletzt und ist in **Gläubigerverzug.** Der Untergang der sechs richtigen Flaschen führt insofern zu **nachträglicher Unmöglichkeit.** Da die widrigen Folgen des Annahmeverzugs Alois treffen **(§ 1419 ABGB),** trägt er neben der Leistungs- auch die **Preisgefahr,** die bei

Dr. *Matthias Pendl* war Assistent am Institut für Zivilrecht, Ausländisches und Internationales Privatrecht der Karl-Franzens-Universität Graz. Mag. *Marielena Plieseis* ist Univ.-Ass. am Institut für Zivilrecht, Ausländisches und Internationales Privatrecht der Karl-Franzens-Universität Graz.

Fälligkeit auf ihn übergegangen ist. In Hinblick auf den halben Kaufpreis besteht der Anspruch des Bertram zu Recht.

Da Alois mit der Geldforderung in Verzug ist, besteht zudem ein Anspruch von Bertram auf Zahlung von Verzugszinsen iHv 4% pa v € 240,– gem § 1333 Abs 1 iVm § 1000 Abs 1 ABGB.

Ergebnisse: Alois muss € 240,– zuzüglich 4% Verzugszinsen leisten, obwohl er dafür keine Gegenleistung erhält. Die restlichen € 240,– Kaufpreis muss Alois nur Zug um Zug gegen Übergabe von sechs Flaschen Jahrgang 2011 bezahlen.

Meine Notizen:

2) Alois gegen Bertram auf Lieferung von sechs Flaschen „Golser Trockenbeerenauslese 2011" gem § 1061 ABGB

Dieser **Anspruch besteht** unzweifelhaft und ist Zug um Zug gegen Zahlung v € 240,– zu erfüllen. Leistet Bertram nicht, kann Alois gem § 918 ABGB unter Setzung einer Nachfrist vom (Teil-)Vertrag über diese sechs Flaschen zurücktreten.

3) Alois gegen Bertram auf Zahlung von Schadenersatz iHv € 240,– gem §§ 1295 ff ABGB *ex contractu*

Da Alois den Verlust der halben Weinkiste zu tragen hat, entsteht ihm ein **Vermögensnachteil** iHv € 240,–. Es wurde jedoch bereits festgestellt, dass der Untergang des Weines *inter partes* als Zufall zu qualifizieren ist, weshalb ein Ersatzanspruch jedenfalls am **fehlenden Verschulden** Bertrams scheitert.

B. Was würde sich ändern, wenn die Kiste richtig befüllt gewesen wäre?

Bertram gegen Alois auf Zahlung des Kaufpreises v € 480,– gem § 1062 ABGB und auf Verzugszinsen iHv 4% pa v € 480,– gem § 1333 Abs 1 iVm § 1000 Abs 1 ABGB

Wäre bei der Befüllung der Kiste kein Fehler unterlaufen, hätte Bertram vollständig und obligationsgemäß angeboten und es hätte eine korrekte **Konzentration der gesamten Schuld** stattgefunden. Durch sein Nichterscheinen wäre Alois in **Gläubigerverzug** geraten und hätte deshalb gem **§ 1419 ABGB** alle widrigen Folgen zu tragen, die daraus resultieren. Ab Verstreichen des Fälligkeitstermins hätte er für das zufällige Unmöglichwerden der ganzen Schuld sowohl **Leistungs- als auch Preisgefahr** getragen. Alois müsste demnach den gesamten Kaufpreis bezahlen, erhielte jedoch keine Gegenleistung. Bertrams Anspruch bestünde inklusive der Verzugszinsen zu Recht.

C. Kommt nach dem Grundsachverhalt eine Schadenersatzpflicht von Ludwig gegenüber Bertram in Betracht?

1) Bertram gegen Ludwig auf Zahlung v € 240,– gem §§ 1295 ff, 1332 ABGB *ex contractu*

Nach allem Bisherigen hat Bertram durch Ludwigs Fehlverhalten € 240,– eingebüßt, also einen **Schaden** in dieser Höhe erlitten: Hätte Ludwig die Kiste richtig befüllt, hätte Alois ja den gesamten Kaufpreis und nicht nur die Hälfte bezahlen müssen.

Die **Kausalität** der Falschbefüllung ist somit zu bejahen. Dies gilt auch für die **Adäquanz,** denn es liegt nach **objektiven Kriterien** wohl keine außergewöhnliche Verkettung von Umständen vor, die letztlich zum Schaden geführt hat. Ein Einbruch muss zwar nicht unbedingt vorhergesehen werden, ist jedoch auch keineswegs auszuschließen.

Die **Rechtswidrigkeit** des für den Schaden kausalen Handelns ist aus dem Verstoß gegen den **Lehrvertrag** von Ludwig abzuleiten, der ihn zu sorgfältigem Tätigwerden verpflichtet. Zwar mögen im Weinkeller schlechte Lichtverhältnisse geherrscht haben. Gerade diesen Umstand hätte Ludwig jedoch zum Anlass nehmen müssen, seine Auswahl vor dem Verladen bei Tageslicht noch einmal zu kontrollieren.

Das rechtswidrige Verhalten ist Ludwig auch **subjektiv vorwerfbar.** Zwar ist der strenge Maßstab des § 1299 ABGB auf einen Lehrling noch nicht anwendbar; es ist jedoch nicht erkennbar, warum Ludwig die Aufmerksamkeit eines Menschen mit **gewöhnlichen Fähigkeiten** fehlen sollte, die zur Identifizierung der richtigen Flaschen erforderlich war. Auch sein **Verschulden** kann demnach bejaht werden. Ludwig hat wohl **leicht fahrlässig** gehandelt. Der **Anspruch** Bertrams **besteht** demnach grundsätzlich zu Recht.

Allerdings sind noch die Vorschriften des **DHG** zu beachten, die gem § 1 DHG ausdrücklich **auf Lehrverhältnisse anzuwenden** sind. Ludwig hat gem **§ 2 DHG** sei-

Meine Notizen:

nem DG bei Erbringung seiner Dienstleistung durch ein Versehen einen Schaden zugefügt. Das Gericht kann daher aus Gründen der **Billigkeit** die Ersatzpflicht Ludwigs **mäßigen** oder im Fall eines **minderen Grades des Versehens** auch ganz erlassen. Für eine **entschuldbare Fehlleistung** *(culpa levissima)* haftet der DN gar nicht. *Hier besteht Argumentationsspielraum.*

2) Bertram gegen Ludwig auf Zahlung v € 480,– gem §§ 1295 ff, 1332 ABGB *ex delicto*

Eine deliktische Haftung **scheidet aus,** da Ludwig durch die Falschauswahl weder ein Schutzgesetz verletzt hat noch selbst in ein absolut geschütztes Rechtsgut von Bertram eingegriffen hat. Ohne entsprechende Vertragspflicht fehlt es an der Rechtswidrigkeit.

D. Welche Ansprüche bestehen zwischen Roman und Bertram?

Vorbemerkungen

Zwischen Bertram und Roman ist ein gültiger Kaufvertrag zustande gekommen. Der Rotwein wird „auf Lieferschein" mitgenommen. Daraus folgt, dass Bertram hinsichtlich des Rotweins zur Vorleistung verpflichtet ist. Der Gesamtkaufpreis v € 670,– soll nach Rechnungslegung am 17.10. gezahlt werden. Die vier Kisten **Weißwein** sind **Bringschuld** des Bertram, die „noch am selben Tag" fällig ist.

Bertrams Anspruch auf Zahlung des Kaufpreises hängt davon ab, ob er selbst obligationsgemäß geleistet hat und seiner synallagmatischen Vertragspflicht nachgekommen ist. Roman ist offensichtlich nicht dieser Ansicht – einerseits wegen des vergifteten Rotweins, andererseits wegen der verspäteten Weißweinlieferung. Zur rechtlichen Beurteilung bietet es sich an, den Kauf des Rotweins um € 250,– und den Kauf des Weißweins um € 420,– **gesondert zu untersuchen,** da Ersterer bereits übergeben wurde, während Roman die Annahme des später angebotenen Weißweins verweigert hat. Darüber hinaus zeigt der Umstand, dass Roman zunächst nur den Rotwein mitgenommen hat, dass die Leistungen „Rotwein" und „Weißwein" für ihn und Bertram **teilbar** sind.

1) Rotwein (5 x € 50,– = € 250,–)
Bertram gegen Roman auf Zahlung v € 250,– gem § 1062 ABGB

a) Roman hat die fünf Flaschen Rotwein **als Erfüllung angenommen.** Bertram hat insofern rechtzeitig die vereinbarte Ware geleistet. Nichterfüllungsrecht **scheidet aus.** Aufgrund des im Rotwein entdeckten Giftes stellt sich jedoch die Frage, ob es sich um eine Schlechtleistung handelt, für die Bertram Gewähr leisten muss. Wenn dem so ist, könnte Roman dem Kaufpreiszahlungsbegehren uU ganz oder tw eine **Einrede** entgegenhalten. Steht ihm **Verbesserung** zu, wäre das die **Einrede des nicht gehörig erfüllten Vertrags** (§§ 1052, 1062 ABGB analog). Das **Wandlungsrecht** würde den Anspruch hingegen **ganz** beseitigen, die Geltendmachung der **Preisminderung** bloß **zum Teil.**

b) Damit ist nunmehr zu klären, ob und welche Gewährleistungsbehelfe des § 932 ABGB Roman tatsächlich zustehen. Bertram hat den Wein **gegen Entgelt** übergeben, weshalb er nach § 922 ABGB **verschuldensunabhängig** dafür Gewähr zu leisten hat, dass der Wein die bedungenen oder gewöhnlich vorausgesetzten Eigenschaften aufweist und der getroffenen Verabredung gemäß verwendet werden kann. Dass eine Flasche vergifteten Rotwein enthielt, ist unzweifelhaft ein negatives Abweichen vom Geschuldeten und somit ein **Mangel.** Laut Sachverhalt steht fest, dass dieser bereits **im Zeitpunkt der Übergabe** vorhanden war (vgl **§ 924 Satz 1 ABGB**).

Bertram und Roman sind Unternehmer gem § 1 UGB und es handelt sich für beide um ein unternehmensbezogenes Geschäft (§ 343 Abs 2 UGB). Roman muss daher nach § 377 UGB den Mangel binnen angemessener Frist anzeigen **(Mängelrüge).** Im Sachverhalt ist kein ungenutztes Verstreichen dieser Frist erkennbar.

Entsprechend der Zweistufigkeit der Gewährleistungsrechte stehen Roman zunächst nur die **primären Behelfe** zu, welche Ansprüche auf Verbesserung oder Austausch der mangelhaften Sache gewähren. Verbesserung scheidet aus, ein **Austausch** der vergifteten Flasche gegen eine Flasche mit vertragsgemäßem Rotwein ist jedoch möglich.

Dem *gesamten* Kaufpreisanspruch für den Rotwein wird Roman die Einrede des nicht gehörig erfüllten Vertrags jedoch nicht entgegenhalten können. Die in Quantitäten teilbare Leistung wurde von Bertram ja **überwiegend (zu 4/5) korrekt** erbracht;

Meine Notizen:

auszutauschen ist nur **eine von fünf Flaschen.** Daher bleibt der **Teilanspruch** Bertrams iHv € 200,– einredefrei **durchsetzbar,** wenn Roman der Kaufpreisforderung nur seinen Verbesserungsanspruch entgegenhält.

c) Roman wird aber vermutlich gar nicht primär an einem Austausch der einen Flasche interessiert sein. Vielmehr wird er den gesamten von Bertram erworbenen Rotwein so schnell wie möglich loswerden wollen: Nach Hildes Tod, über den bestimmt auch in den Medien berichtet wurde, wird eine neue Flasche des Rotweins ebenso wie die bereits erstandenen und noch nicht geöffneten Flaschen kaum noch verkäuflich sein; abgesehen davon ist ohne Untersuchung offen, ob nicht auch der restliche Rotwein vergiftet wurde. Roman wird sich daher **ganz** vom Vertrag über den Rotwein **lösen wollen,** was – nach einer Kaufpreisklage – auch durch Erhebung einer **Wandlungseinrede (§ 932 Abs 4 ABGB)** geschehen könnte.

Angesichts der entstandenen Unannehmlichkeiten und der zu erwartenden Unverkäuflichkeit der Ware sind Roman die **primären Gewährleistungsbehelfe unzumutbar** und er kann auf die sekundären umsteigen. Das Recht auf Wandlung gewährt § 932 Abs 4 ABGB nur, wenn der vorhandene Mangel **nicht bloß geringfügig** ist. Das ist vergifteter Wein ganz offensichtlich nicht und die Angst der Gäste macht **auch die restlichen Flaschen** für Roman unbrauchbar. Roman kann folglich die Erbringung der Gegenleistung unter Berufung auf sein Wandlungsrecht **verweigern;** wird er auf Zahlung geklagt, kann und muss er sein **Gestaltungsrecht** (Wandlung) einredeweise ausüben (vgl § 933 ABGB), wenn er den Prozess gewinnen will.

d) Eine **Aufrechnungseinrede** mit etwaigen Ersatzansprüchen wegen des Mangelschadens (§ 933 a ABGB) kann Roman nicht erheben, da Bertram den Mangel nachweislich (vgl § 1298 Abs 1 ABGB) **nicht verschuldet** hat.

e) Eine Irrtumsanfechtung nach § 871 ABGB kommt nicht in Betracht. Da eine Gattungsschuld vorliegt, bestand bei Vertragsschluss allerdings kein beachtlicher Irrtum (allenfalls Fehlerwartung für die Zukunft).

2) Weißwein (€ 420,–) Bertram gegen Roman auf Zahlung v € 420,– gem § 1062 ABGB und Verzugszinsen iHv 9,2 Prozentpunkten über dem Basiszinssatz pa v € 420,– gem § 1333 Abs 1 ABGB iVm § 456 UGB

Hinsichtlich des Weißweins war Bertram in **Schuldnerverzug.** Am Samstag bietet er jedoch obligationsgemäß an, womit der Verzug **endet.** Roman könnte dem Anspruch auf € 420,– entgegenhalten, dass der Vertrag wegen des Schuldnerverzugs aufgelöst wurde. **Es fehlt** allerdings an der erforderlichen **Rücktrittserklärung** während des Verzugs. Diese könnte nur bei einem Fixgeschäft entfallen; ein solches liegt jedoch nicht vor, denn Roman benötigt den Wein für das laufende Geschäft.

Eine weitere Abwehrmöglichkeit läge in einem **Rücktritt aus wichtigem Grund,** weil Roman das Festhalten am Vertrag wegen Umständen auf Seiten seines Vertragspartners unzumutbar geworden ist. Solche Umstände sind jedoch in Hinblick auf die Weißweinlieferung **nicht zu erkennen.** Da Bertram ebenso wenig für das Gift in der Rotweinflasche kann wie Roman, besteht kein Grund, die grundsätzliche Ungiftigkeit der Bestände in Bertrams Weinlager anzuzweifeln. Der **Anspruch** des Bertram auf Zahlung v € 420,– **besteht zu Recht.**

Weil Roman mit dieser Geldforderung in Verzug ist, besteht zudem ein Anspruch von Bertram auf **Verzugszinsen gem** § 1333 Abs 1 ABGB. Beide Vertragspartner sind Unternehmer und Roman ist für die Verzögerung verantwortlich. Daher kommt der **erhöhte Zinssatz des § 456 Satz 1 UGB** zur Anwendung und Bertrams Anspruch auf die Zinsen in der Höhe von 9,2 Prozentpunkten über dem Basiszinssatz[3)] pa v € 420,– **besteht.**

Etwaige Gegenforderungen Romans könnten gleich hier im Rahmen einer Aufrechnungseinrede geprüft werden. Der Übersichtlichkeit halber erfolgt das jedoch getrennt.

3) Roman gegen Bertram auf Zahlung v € 200,– gem § 918 Abs 1 (iVm §§ 1295 ff) ABGB *ex contractu*

Roman kann wegen des nunmehrigen Erfüllungsangebots Bertrams zwar **nicht mehr vom Vertrag zurücktreten.** Er kann aber unter Umständen Ersatz des **Verspätungsschadens** verlangen, da ihm mangels Weißwein einige Gäste „abgesprungen" sind (s

3) Im Jänner 2018 lag der Basiszinssatz bei −0,62%, was zu einem Verzugszinssatz von 8,58% führt.

Meine Notizen:

§ 918 Abs 1 ABGB). Die wegen der Verspätung erlittene Einbuße v € 200,– ist ein **reiner Vermögensschaden,** der im Rahmen der **vertraglichen Haftung** ersetzt werden kann.

Bertrams Verhalten war **adäquat kausal** für den Verspätungsschaden. Hätte er rechtzeitig geliefert, hätten die Gäste bewirtet werden können. Dass sein Schuldnerverzug zu einem solchen Schaden führen kann, ist keineswegs atypisch, sondern erwartbar.

Da Bertram gegen seine vertragliche Pflicht zur Leistung am Freitag verstoßen hat, kann auch die **Rechtswidrigkeit** seines Verhaltens bejaht werden.

Über die Gründe, die zum Schuldnerverzug geführt haben, gibt der Sachverhalt keine Auskunft. Gem **§ 1298 Satz 2 ABGB** wird bei vertraglichem Schadenersatz jedoch vermutet, dass die verspätete Lieferung Bertrams auf sein Verschulden zurückgeht, wobei bloß **leichte Fahrlässigkeit** vermutet wird. Da der Sachverhalt ein *non liquet* hinterlässt, ist somit **subjektiver Schuldnerverzug** anzunehmen.

Der Verlust des „Gewinns" iHv € 200,– zählt zum **positiven Schaden.** Die Gäste waren ja schon im Lokal und wollten offenbar Weißwein bestellen, haben mithin ein Angebot abgegeben, sodass eine **rechtlich gesicherte Position** bestand. Der eingetretene Verspätungsschaden ist somit schon bei leichter Fahrlässigkeit zu ersetzen (§§ 1323 f ABGB). Romans **Anspruch besteht** demnach zu Recht. *(Selbst bei einer Beurteilung als entgangener Gewinn, der grundsätzlich nur bei grobem Verschulden zu ersetzen wäre, greift hier § 349 UGB, der den Ersatz zwischen Unternehmern unabhängig vom Verschuldensgrad zuspricht.)*

Bertram könnte einwenden, dass Roman ein **Mitverschulden (§ 1304 ABGB)** trifft. Immerhin hat sich Roman, für den der Sachverständigenmaßstab des **§ 1299 ABGB** gilt, erst sehr knapp vor Versiegen der Weißweinbestände um Nachschub bemüht. Eine Sorglosigkeit in eigenen (Geschäfts-)Angelegenheiten, die als **Obliegenheitsverletzung** zur **Schadensteilung** führt, erscheint zumindest vertretbar.

E. Stehen Tina Schadenersatzansprüche zu? Wenn ja, gegen wen und worauf sind sie gerichtet? (Beurteilung nach österr Recht)

1) Tina gegen Charles auf Zahlung eines angemessenen Schmerzengeldes gem §§ 1295 ff, 1325 ABGB[4] *ex delicto*

Tina könnte ein Anspruch auf angemessenes Schmerzengeld wegen der erlittenen psychischen Belastung zustehen. Immerhin bricht Tina aufgrund der Nachricht vom Tod ihrer Mutter im ersten Moment zusammen. Nach rascher Erholung durchlebt sie dann nur noch eine „normale Trauerphase".

Voraussetzung für den Schadenersatzanspruch ist zuallererst ein **Schaden.** Schmerzengeld gem **§ 1325 ABGB** gebührt als Genugtuung für alles Ungemach, das der Verletzte infolge seiner Verletzung erdulden musste. Sowohl körperliche als auch seelische Schmerzen sind ersatzfähig. Hier liegt bei Tina offenbar eine normale Trauersituation ohne Krankheitswert vor. Nach dem OGH[5] können **nahe Angehörige** jedoch auch dann, wenn keine Gesundheitsschädigung vorliegt, **Trauerschmerzengeld** verlangen. Dies setzt nach hA[6] jedoch **grobes Verschulden** beim Schädiger voraus. Für die **Bemessung** kommt es auf die familiäre Beziehung zwischen dem Hinterbliebenen und dem Opfer sowie das Alter und das Bestehen oder Nichtbestehen einer Haushaltsgemeinschaft an. Da Hildes Tochter Tina erst 16 Jahre alt ist und als Schülerin wohl bei ihrer Mutter gelebt hat, gehört sie grundsätzlich zum Kreis der Anspruchsberechtigten und könnte auf einen vergleichsweise hohen Schmerzengeldbetrag hoffen.

Der Schadenersatzanspruch hängt indes noch von der Erfüllung weiterer Tatbestandsmerkmale ab. Ohne weiteres kann bejaht werden, dass das Verhalten des Charles **adäquat kausal** für Hildes Tod und die anschließende Trauer Tinas war.

Charles hat definitiv auch **rechtswidrig** gehandelt. Dies indiziert bereits die Beeinträchtigung eines absolut geschützten Rechtsgutes – der Gesundheit und des Lebens Hildes. Charles hat jedoch auch einen Mord gem **§ 75 StGB** begangen, der im Übrigen sicherlich auch in Frankreich strafbar ist. Damit hat er ein **Schutzgesetz** iSd

4) Für den Anspruch auf Trauerschmerzengeld sowie dessen Beschränkung auf grobes Verschulden des Täters zieht die Rsp als Anspruchsgrundlage die §§ 1331, 1328 und 1329 ABGB sowie § 213 a ASVG analog heran (2 Ob 84/01 v SZ 74/90; RIS-Justiz RS0115190). Diese Präzision kann bei einer Prüfung aber selbstverständlich nicht erwartet werden.

5) 2 Ob 84/01 v SZ 74/90; RIS-Justiz RS0115189.

6) Siehe nur *Danzl* in KBB[5] § 1325 Rz 29.

Meine Notizen:

§ 1311 ABGB verletzt, welches offensichtlich gerade dem Schutz von Leben und Gesundheit verpflichtet ist.

Schließlich ist Charles sein rechtswidriges Verhalten auch subjektiv (massiv) vorwerfbar. Das **Verschulden** als das vierte und letzte Tatbestandsmerkmal eines Schadenersatzanspruchs kann somit ebenfalls eindeutig bejaht werden. Charles hat nicht nur fahrlässig, sondern **vorsätzlich** gehandelt. Die Rechtswidrigkeit seines Verhaltens war ihm sicherlich bewusst; er musste den schädlichen Erfolg vorhersehen und hat seinen Eintritt billigend in Kauf genommen. Ihm ist wohl sogar **Absicht** zu unterstellen, denn es kam ihm ja gerade darauf an, dass der vergiftete Wein getrunken wird; andernfalls wäre der Ruf des Gerard ja nicht geschädigt worden.

Damit sind aber zunächst nur Rechtswidrigkeit und (grobes) Verschulden in Bezug auf die Schädigung (Vergiftung und Tötung) Hildes unbestreitbar. Die **Rechtswidrigkeit gegenüber der Tochter Tina** ist hingegen viel schwieriger zu begründen: Tina wurde auf den ersten Blick ja allenfalls mittelbar geschädigt und der „normale" Trauerschmerz ist nicht Folge einer bei ihr eingetretenen Körperverletzung iS des § 1325 ABGB. Zum einen könnte man meinen, dass die Gefühlssphäre naher Angehöriger des Getöteten quasi automatisch mitgeschützt wird (vgl den Unterhaltsschadenersatzanspruch der Hinterbliebenen nach § 1327 ABGB). Zum anderen könnte man an die Verletzung eines Persönlichkeitsrechts von Tina selbst denken (§ 16 ABGB).[7]

Da Charles **schweres Verschulden** vorgeworfen werden kann, ist er zum **Ersatz des Trauerschmerzengeldes** verpflichtet. Tinas **Anspruch besteht** (in hier nicht zu klärender Höhe) zu Recht.

2) Tina gegen Charles auf Ersatz des entgangenen Unterhalts und der Begräbniskosten gem §§ 1295 ff, 1327 ABGB *ex delicto*

Gem § 1327 ABGB haftet der Schädiger für die durch die Tötung verursachten Kosten sowie für den entgangenen bzw in Zukunft entgehenden Unterhalt jener Personen, denen der bzw die Getötete gesetzlich zu Unterhalt verpflichtet war. Aufgrund des Todes von Hilde entgehen Tina jene **Unterhaltsleistungen,** zu denen § 231 ABGB ihre Mutter verpflichtete. Das Verhalten von Charles war für diesen Schaden **adäquat kausal;** für **Rechtswidrigkeit** und **Verschulden** ist auf 1) zu verweisen. Gleiches gilt für die **Kosten des Begräbnisses** von Hilde, falls Tina diese übernommen hat. Der **Anspruch** auf Ersatz des entgangenen Unterhalts und der Begräbniskosten **besteht** daher.

3) Tina gegen Gerard auf Zahlung eines angemessenen Schmerzengeldes sowie auf Ersatz des entgangenen Unterhalts und der Begräbniskosten gem § 1 PHG

Ein weiterer möglicher Anspruchsgegner – zum Anspruchsinhalt s schon unter 1) und 2) – könnte der Weinproduzent Gerard sein. Als Hersteller des Weins kommt bei ihm zunächst eine Haftung nach dem **Produkthaftungsgesetz (PHG)** in Betracht.

Gem § 1 Abs 1 Z 1 PHG hat der Unternehmer, der ein Produkt hergestellt und in Verkehr gebracht hat, dafür zu haften, wenn durch den Fehler dieses Produkts ein Mensch getötet, am Körper verletzt oder an der Gesundheit geschädigt wird. Auf ein Verschulden kommt es nicht an **(verschuldensunabhängige Haftung).** Gerard ist **Hersteller** gem **§ 3 PHG,** da er das Endprodukt erzeugt hat. Er hat den Rotwein **in den Verkehr gebracht,** weil er ihn an Bertram verkauft und somit in dessen Verfügungsmacht übergeben hat. Die Versendung an Bertram genügt gem **§ 6 Satz 2 PHG** für die Bejahung dieses Tatbestandsmerkmals. Der in Flaschen abgefüllte Rotwein ist als **bewegliche körperliche Sache** Produkt iSd **§ 4 PHG.** Da jene Flasche, aus der Hilde getrunken hat, vergiftet war, war das Produkt **fehlerhaft** iSd **§ 5 PHG.** Unter Berücksichtigung aller Umstände ist nämlich zu erwarten, dass eine verschlossene Flasche Wein kein Gift enthält. Schließlich muss der Hersteller von Rotwein damit rechnen, dass dieser getrunken wird. Es **fehlte** somit an der **Sicherheit,** die im Verkehr zu erwarten ist. Gerade dieser Fehler war **kausal** für den Tod Hildes und die anschließende Trauer Tinas sowie für den entgangenen Unterhalt und die entstandenen Begräbniskosten.

Gerard kann auch nicht den Nachweis führen, dass der Produktfehler erst nach Inverkehrbringen entstanden ist (§ 7 PHG). Vielmehr hat Charles die Flaschen bereits **da-**

7) Dieses Problem wird in Rspr und L nur ganz selten angesprochen. Schon deshalb kann in einer Klausur dazu kaum etwas erwartet werden. Ausführliche Diskussion der Rechtswidrigkeitsproblematik bei *Beisteiner,* Angehörigenschmerzengeld (2009) 74 ff.

Meine Notizen:

vor vergiftet. Dass die Ursache für den Produktfehler der Sabotageakt von Charles war, **entlastet** Gerard nach hM **nicht** (s etwa *Fitz/Purtscheller* in *Fitz/Purtscheller/Reindl* [Hrsg], Produkthaftung [2004] § 7 Rz 16; *Rabl,* Produkthaftungsgesetz [2017] § 1 Rz 229, § 3 Rz 8). Der **Schutzzweck** des PHG erfasst demnach auch solche Produkte, die durch das strafbare Verhalten Dritter – wie hier – vor dem Inverkehrbringen durch den Produzenten fehlerhaft wurden. Hier greift offenbar der **Garantiegedanke** der verschuldensunabhängigen Produkthaftung durch (vgl *Koziol,* VersRdSch 2002, 225 [230]). Vor dem Inverkehrbringen kann und soll eine Ausgangskontrolle erfolgen; das **Risiko,** dabei etwas zu übersehen, soll den Produzenten und nicht einen später durch den Produktfehler Geschädigten treffen. Da keiner der in **§ 8 PHG** genannten **Haftungsausschlussgründe** besteht und weder die Produkthaftungsrichtlinie noch das PHG darüber hinausgehende Haftungsausschlüsse, etwa wegen höherer Gewalt, kennen, **haftet** Gerard für Schäden, die aus dem Konsum des vergifteten Weins resultieren. (Anderes gilt bloß nach einer Mindermeinung, die eine Haftung des Herstellers verneint, wenn der Sabotageakt nicht von einem Mitarbeiter stammt, sondern – wie hier – „von außen kommt" [s die Nw bei *Rabl,* Produkthaftungsgesetz § 1 Rz 229 FN 368 sowie bei *Wagner* in MünchKomm[7] § 6 ProdHaftG Rz 9 Fn 20].) Tinas **Anspruch auf Unterhalt und die Begräbniskosten besteht** somit auch nach dem PHG zu Recht.

Ihr Anspruch auf Trauerschmerzengeld ist hingegen auf Ersatz eines **immateriellen Schadens** gerichtet. Aufgrund des in **§ 14 PHG** enthaltenen Verweises auf das ABGB gelangen hinsichtlich des Umfangs der Ersatzpflicht die **zu § 1325 ABGB entwickelten Grundsätze** zur Anwendung. Folglich erstreckt sich der Ersatzanspruch auch auf ein **angemessenes Schmerzengeld.** Dies ist jedoch auf den (möglicherweise) erlittenen Schockschaden (Beeinträchtigung mit Krankheitswert) einzuschränken, denn der Ersatz von **Trauerschmerzengeld** setzt nach der Rsp grobes Verschulden voraus. Auf Ebene der verschuldensunabhängigen Produkthaftung **scheidet** ein Schmerzengeld für bloße Trauer ohne Krankheitswert daher **aus** (*Rabl,* Produkthaftungsgesetz § 1 Rz 149 mwN). Ein **Anspruch** Tinas **auf Trauerschmerzengeld besteht** nach dem PHG somit **nicht.**

4) Tina gegen Gerard auf Zahlung eines angemessenen Schmerzengeldes gem §§ 1295 ff, 1325 ABGB *ex delicto* sowie auf Ersatz des entgangenen Unterhalts und der Begräbniskosten gem §§ 1295 ff, 1327 ABGB *ex delicto*

Zum Schaden s schon unter 1) und 2). Das Verhalten von Gerard (Verkauf des Weins ohne vorherige Aussonderung der vergifteten Flaschen) war *conditio sine qua non* für Tinas Schaden. **Es fehlt jedoch an Rechtswidrigkeit und Verschulden.** So war Gerard eine lückenlose Kontrolle jeder Flasche vor Versendung weder geboten noch zumutbar und technisch wohl auch nicht machbar. Überdies war die – ganz unerwartete – Manipulation („extrem dünne Nadel") offenbar sogar bei intensivster Kontrolle kaum oder gar nicht zu erkennen. Eine Zurechnung von Charles Verhalten zu Gerard wäre im deliktischen Bereich lediglich im Rahmen des **§ 1315 ABGB** möglich, da Gerard selbst keine Schutzgesetzverletzung anzulasten ist. Er hat Charles jedoch **nicht als Besorgungsgehilfen eingesetzt,** sodass auch diese Möglichkeit ausscheidet. Tina hat somit **keinen Anspruch aus deliktischer Verschuldenshaftung.**

5) Tina gegen Gerard auf Zahlung eines angemessenen Schmerzengeldes sowie auf Ersatz des entgangenen Unterhalts und der Begräbniskosten gem §§ 1295 ff ABGB iVm Vertrag (zwischen ihm und Bertram) mit Schutzwirkungen zugunsten Dritter

Der Vertrag mit Schutzwirkungen zugunsten Dritter diente vor dem PHG als Vehikel, um Schutzlücken zu vermeiden. Dieser Weg ist nun aber nicht mehr erforderlich und aufgrund der **Subsidiarität** des Vertrags mit Schutzwirkungen zugunsten Dritter versperrt.

6) Tina gegen Bertram auf Zahlung eines angemessenen Schmerzengeldes sowie auf Ersatz des entgangenen Unterhalts und der Begräbniskosten gem §§ 1295 ff ABGB iVm Vertrag (zwischen ihm und Roman) mit Schutzwirkungen zugunsten Dritter oder *ex delicto*

Ein Ersatzanspruch gegen Bertram könnte aus dem Vertrag zwischen ihm und Roman abzuleiten sein. Es **fehlt** aber offensichtlich an einem **rechtswidrigen und schuldhaften Verhalten** Bertrams. Der Anspruch besteht daher **nicht.**

Meine Notizen:

7) Tina gegen Roman auf Zahlung eines angemessenen Schmerzengeldes sowie auf Ersatz des entgangenen Unterhalts und der Begräbniskosten gem §§ 1295 ff ABGB iV mit Vertrag (zwischen ihm und Hilde) mit Schutzwirkungen zugunsten Dritter oder *ex delicto*

Denkbar wäre die Ableitung eines Schadenersatzanspruchs aus dem Bewirtungsvertrag zwischen Roman und Hilde. Doch auch Roman hat sich **nicht rechtswidrig und schuldhaft** verhalten. Der Anspruch besteht daher **nicht.**

F. Nach welcher Rechtsordnung ist eine etwaige Schadenersatzhaftung von Charles und Gerard zu beurteilen?

1) Etwaige Schadenersatzhaftung von Charles

Die Österreicherin Tina fordert Schadenersatz von Charles, der französischer Staatsangehöriger ist, seinen Wohnsitz in Frankreich hat und auch dort die schädigende Handlung gesetzt hat, während der Schaden in Österreich eingetreten ist. Es liegt also ein Sachverhalt mit **Auslandsberührung** vor. Außerdem handelt es sich beim deliktischen Schadenersatzanspruch um ein **außervertragliches Schuldverhältnis.** Die Bestimmung des anzuwendenden Rechts ergibt sich damit aus der **Rom II-VO.**

Die von Art 1 Abs 1 Rom II-VO geforderte **Verbindung zum Recht verschiedener Staaten** ist gegeben (Österreich und Frankreich sind Mitgliedsstaaten der EU; s Art 1 Abs 4 Rom II-VO). Der deliktische Schadenersatzanspruch ist Folge einer **unerlaubten Handlung** iSd Art 2 Abs 1 Rom II-VO. Da keine der Ausnahmen in Art 1 Abs 2 Rom II-VO erfüllt ist, ist der Anwendungsbereich der Rom II-VO eröffnet.

Eine **Rechtswahl** wurde **nicht getroffen.** Für das auf die Folgen unerlaubter Handlungen anwendbare Recht sind demnach die Art 4 ff Rom II-VO einschlägig. Da **keine besonderen Anknüpfungen** nach den Art 5 ff Rom II-VO anwendbar sind, regelt die **allgemeine Kollisionsnorm** des **Art 4 Rom II-VO,** welches Recht hier maßgeblich ist. Abs 1 leg cit erklärt das Recht jenes Staats für anwendbar, in dem der **Schaden eingetreten** ist; dies gilt unabhängig vom Ort, an dem das schadensbegründende Ereignis gesetzt wurde. Damit wäre **österr Recht** anzuwenden.

Abweichendes könnte nur nach den Abs 2 und 3 des Art 4 Rom II-VO gelten. Abs 2 setzt jedoch voraus, dass Schädiger und Geschädigter zum Zeitpunkt des Schadenseintritts ihren gewöhnlichen Aufenthalt in demselben Staat hatten. Das ist hier nicht der Fall. Abs 3 verweist auf das Recht jenes Staats, zu dem unter Berücksichtigung der Gesamtheit der Umstände eine engere Verbindung als zu – hier – Österreich besteht. Auch das ist nicht der Fall. Damit bleibt es bei der Beurteilung nach **österr Recht.**

2) Etwaige Schadenersatzhaftung von Gerard

Zwischen Tina und Gerard besteht ebenfalls keine rechtliche Sonderbeziehung, insb kein Vertrag. Auch bei einem etwaigen verschuldensunabhängigen Schadenersatzanspruch nach Produkthaftungsrecht handelt es sich um eine Haftung aus einem **außervertraglichen Schuldverhältnis.** Da wiederum die Österreicherin Tina ihren Wohnsitz in Österreich hat, während der Franzose Gerard in Frankreich wohnt und dort seinen Wein herstellt, besteht ein **Sachverhalt mit Auslandsberührung.** Mit Frankreich und Österreich sind schließlich dieselben zwei Mitgliedstaaten der EU betroffen und ist die Verbindung zum Recht verschiedener Staaten vorhanden.

Die Verantwortlichkeit Gerards fällt wiederum unter den Begriff der **unerlaubten Handlung.** Mangels Rechtswahl ist daher erneut Kapitel II der Rom II-VO zur Ermittlung des anwendbaren Rechts einschlägig. Mit **Art 5 Rom II-VO** besteht eine ***lex specialis* für die Produkthaftung,** die der allgemeinen Kollisionsnorm des Art 4 Abs 1 Rom II-VO vorgeht. Die darin enthaltene **Anknüpfungsleiter** muss Sprosse für Sprosse abgeschritten werden.

Art 4 Abs 2 Rom II-VO kann – wie oben – ausgeschlossen werden. Nach **Art 5 Abs 1 lit a Rom II-VO** ist im Falle eines Schadens durch ein Produkt das Recht jenes Staats anzuwenden, in dem die geschädigte Person beim Eintritt des Schadens ihren gewöhnlichen Aufenthalt hatte, sofern das Produkt in diesem Staat in Verkehr gebracht wurde. Das **Inverkehrbringen** erfolgte durch Versendung an Bertram, dessen Geschäft sich **in Österreich** befindet. Tinas **gewöhnlicher Aufenthalt** liegt ebenfalls **in Österreich.** Da kein engerer Bezug zum Recht eines anderen Staats vorliegt (Art 5 Abs 2 Rom II-VO), kommt **österr Recht** zur Anwendung (auch lit b – Erwerbsort – und lit c – Schadenseintritt – würden zu österr Recht führen).

Meine Notizen:

Teil 2

A. Ist Tina Alleinerbin oder Vermächtnisnehmerin?

Je nachdem, ob Tina zur Erbin oder zur Vermächtnisnehmerin bestimmt ist, wird sie entweder **Gesamt- oder Einzelrechtsnachfolgerin.** Das Erbrecht, als absolutes Recht die ganze Verlassenschaft oder einen Teil davon zu erwerben (§ 532 ABGB), gründet auf einem **Erbrechtstitel.** In Betracht kommen ein Erbvertrag, eine letztwillige Verfügung des Verstorbenen oder das Gesetz (§ 533 ABGB). Auch ein Vermächtnis gründet auf einem dieser Berufungsgründe (§ 647 ABGB).

Laut Sachverhalt hat Hilde eine **letztwillige Verfügung** errichtet, mit der sie das Schicksal ihrer künftigen Verlassenschaft regeln wollte (vgl § 552 ABGB). Letztwillige Verfügungen müssen bestimmten Formvorschriften (§§ 577 ff ABGB) entsprechen, damit sie gültig sind. Da Hilde schriftlich ohne Beiziehung von Zeugen verfügt hat, setzt die Formgültigkeit ihrer Erklärung gem **§ 578 ABGB** voraus, dass diese eigenhändig geschrieben und eigenhändig mit Namen unterschrieben wurde *(holographes Testament).* Das von Hilde angefertigte Schriftstück entspricht diesen Anforderungen. So hat sie dieses handschriftlich, somit **eigenhändig, verfasst** und mit „eure Mama" **eigenhändig am Ende der Verfügung** unterschrieben. Dass die Unterschrift nicht „Hilde + Nachname" lautet, schadet nicht. Zweck der eigenhändigen Unterschrift ist eine verlässliche **Echtheitsprüfung und Identifizierung** des Erblassers. Dem ist nach hM sowohl durch Unterschrift bloß mit Vor- oder Nachnamen, aber auch mit einem eindeutigen Spitznamen, mit den Initialen oder eben wie hier mit der **Bezeichnung der Familienzugehörigkeit** Genüge getan.

Die letztwillige Verfügung ist also **formgültig;** Bedenken hinsichtlich Testierfähigkeit, Bestimmtheit oder sonstiger Mangelhaftigkeit (vgl §§ 565 ff) bestehen nicht. Ob es sich nun wirklich um ein Testament handelt, hängt davon ab, ob Hilde **über die Erbfolge verfügt** hat (§ 552 Abs 2 ABGB). Falls dagegen nur ein Vermächtnis der Wohnung vorliegt, handelt es sich um eine **letztwillige Verfügung ohne Erbeinsetzung** (vgl auch § 535 ABGB).

Den meisten Personen, die eine letztwillige Verfügung verfassen, ist die Unterscheidung fremd. Daher muss die Qualifikation der letztwilligen Verfügung durch **Auslegung** geklärt werden, für die **§ 553 ABGB** eine vorrangige Orientierung am **wahren Willen des Verstorbenen** vorgibt, welcher im Wortlaut der Verfügung **zumindest angedeutet** sein muss *(Andeutungstheorie).* Die Auslegung soll so erfolgen, dass der angestrebte Erfolg möglichst eintritt. Maßgeblich für die Beurteilung ist der **Zeitpunkt der Erklärung.** L und Rsp haben diesbezüglich einen Kriterienkatalog entwickelt (dazu etwa *Eccher,* Erbrecht[6] [2016] Rz 4/74 mwN).

Problematisch ist gerade jener Fall, in dem mit der **Aufzählung bestimmter Sachen** und Rechte über das **gesamte Vermögen bzw dessen wesentliche Teile** verfügt wurde. Im Grundsatz weist die Zuwendung eines **bestimmten Stücks** auf ein **Vermächtnis** hin. Die Wohnung wäre demnach Gegenstand eines **Speziesvermächtnisses.** Allerdings ist in solchen Fällen häufig eine **Erbeinsetzung gewollt** und dem wahren Willen des Erblassers entsprechend ein Testament anzunehmen. Laut RIS-Justiz RS0012245 besteht gar eine **Zweifelsregel,** wonach dann, wenn einer oder mehreren Personen alle wesentlichen Stücke des Vermögens hinterlassen werden, eine Erbeinsetzung und kein Vermächtnis anzunehmen ist. Tatsächlich sah Hilde ihre Eigentumswohnung offenbar als einzig werthaltigen Verlassenschaftsbestandteil an, den Tina allein „erben" sollte. Ihr Wille scheint daher darauf gerichtet gewesen zu sein, Tina das gesamte Hab und Gut zuzuwenden, was für eine **Einsetzung als Alleinerbin** spricht. Zudem **indiziert** die Überschrift „Testament" auf Hildes Verfügung eine Berufung der Tina zur Erbin. *(Auch die Vermächtnislösung verdient bei guter Begründung eine positive Bewertung, überzeugt im Ergebnis aber wohl nicht.)*

B. Welche Rechte hat Max? (Legen Sie Ihren Überlegungen konsequenterweise das zu A. erzielte Ergebnis zugrunde!)

Lösung unter der Prämisse „Tina ist Alleinerbin"

1) Max gegen Verlassenschaft/Tina auf den Geldpflichtteil gem §§ 757, 758 ABGB

Wenn Tina allein erben soll, wird **Max nicht Erbe;** ihm könnte aber ein **Pflichtteilsanspruch** zustehen. Voraussetzung ist, dass er zur in **§ 757 ABGB** genannten Personengruppe gehört, er bei **gesetzlicher Erbfolge** (§§ 727 ff ABGB) zum Zug käme, nicht rechtsgültig enterbt wurde und auch nicht auf den Pflichtteil verzichtet hat.

Meine Notizen:

Als Hildes **Kind** ist Max **Nachkomme** der Verstorbenen iSd § 757 ABGB. Gesetzliche Erben sind gem **§ 730 ABGB** die in nächster Linie mit der Verstorbenen Verwandten und ein allenfalls vorhandener Ehegatte bzw eingetragener Partner. Hildes **Ehemann** ist bereits **vorverstorben** und daher in der Erbfolge nicht zu berücksichtigen. Geerbt hätte somit allein die **erste Linie,** da mit Tina und Max Kinder der Verstorbenen vorhanden sind. Ihnen fiele die gesamte Verlassenschaft **zu gleichen Teilen** zu (§ 731 Abs 1, § 732 ABGB). Für Erbunwürdigkeits- bzw Enterbungsgründe fehlt im Grundsachverhalt jeder Anhaltspunkt. Max wäre demnach bei gesetzlicher Erbfolge **Erbe der halben Verlassenschaft** geworden. Nun hat Hilde Max in ihrem Testament übergangen, ihn dadurch aber nur mit einer Begründung enterbt, die keinen Enterbungsgrund nach § 770 ABGB darstellt. Gem **§ 775 Abs 1 ABGB** wurde Max daher bloß **auf den Pflichtteil gesetzt.**

Gem **§ 759 ABGB** gebührt Max die **Hälfte** dessen, was ihm nach der gesetzlichen Erbfolge zustünde. Anstatt der Hälfte des Nachlasses hat er daher lediglich einen Anspruch auf **ein Viertel.** Da keine andere Art der Zuwendung erfolgt ist, ist der Pflichtteil gem § 761 Abs 1 ABGB **in Geld** zu leisten. **Pflichtteilsschuldner** sind vor der Einantwortung die Verlassenschaft, danach die Erben – hier die Alleinerbin Tina.

Tina muss die Geldforderung von Max jedoch nicht sofort begleichen. Zwar **erwirbt** dieser den Pflichtteilsanspruch bereits mit dem Tod von Hilde (§ 765 Abs 1 ABGB). Er kann den Geldpflichtteil aber erst **ein Jahr nach ihrem Ableben** fordern (§ 765 Abs 2 ABGB). Darin liegt eine **reine Stundung** (*Musger* in KBB[5] § 765 Rz 2); der Pflichtteilsbetrag ist daher gem § 1000 Abs 1 ABGB mit 4% zu verzinsen.

Gemäß § 804 ABGB kann ein Pflichtteilsberechtigter die **Errichtung des Inventars** verlangen. Dies hat den Zweck, den Pflichtteilsanspruch berechnen zu können (*Sailer* in KBB[5] § 804 Rz 2) und wäre hier angesichts der notwendigen Bewertung der Wohnung sinnvoll.

Lösung unter der Prämisse „Tina ist Vermächtnisnehmerin"

Enthält die letztwillige Verfügung keine Erbeinsetzung und ist im Übrigen keine Anordnung für die Erbfolge getroffen worden, kommt es gem § 727 ABGB zur **gesetzlichen Erbfolge.** Gesetzliche Erben sind gem **§ 730 ABGB** die in nächster Linie mit dem Verstorbenen Verwandten und ein allenfalls vorhandener Ehegatte bzw eingetragener Partner. Hildes Ehemann ist bereits **vorverstorben** und daher in der Erbfolge nicht zu berücksichtigen. Es erbt somit allein die **erste Linie,** da mit Tina und Max Kinder der Verstorbenen vorhanden sind. Ihnen fällt die Verlassenschaft **zu gleichen Teilen** zu (§ 731 Abs 1, § 732 ABGB). Damit wird **Max** neben Tina **(Mit-)Erbe mit einer Quote von 1/2.**

Hilde hat jedoch in ihrer letztwilligen Verfügung ein umfangreiches Vermächtnis zugunsten **Tinas** angeordnet, die auch als (gesetzliche) Erbin **Vermächtnisnehmerin sein kann** (§ 648 Abs 1 ABGB). Im Zweifel handelt es sich in einem solchen Fall um ein **Vorausvermächtnis,** dh, es wird nicht bloß auf den Erbteil des begünstigten Erben angerechnet, sondern belastet alle Erben nach ihrer Erbquote (§ 648 Abs 1 Satz 3 ABGB).

Tina hat das Vermächtnis mit Hildes Tod erworben (§ 684 Abs 1 ABGB). Damit verfügt sie jedoch erst über den erforderlichen Erwerbs**titel (Damnationsvermächtnis).** Für den Eigentumserwerb bedarf es nach allgemeinen Regeln (vgl § 684 Abs 2 ABGB) noch des **Modus.** Da es sich beim Legat um eine Eigentumswohnung, also um eine unbewegliche Sache handelt, bedarf es noch der grundbücherlichen Durchführung (**Intabulation,** § 431 ABGB). **Schuldner** des Vermächtnisses sind vor Einantwortung die Verlassenschaft, danach die Erben – also Tina und Max zu gleichen Teilen (§ 649 ABGB).

2) Max gegen Verlassenschaft/Tina auf Ergänzung des Pflichtteils gem §§ 757, 758, 763 ABGB

Da das Vermächtnis beinahe den gesamten Nachlass aufzehrt, erhält Max **weniger,** als ihm als gem §§ 757, 758 ABGB Pflichtteilsberechtigtem zustünde. Er kann sich jedoch gem **§ 758 Abs 3 ABGB** auch auf seine Pflichtteilsberechtigung stützen. Dabei muss sich Max gem **§ 761 Abs 1, §§ 763, 780 Abs 1 ABGB** anrechnen lassen, was er als Erbe erhält. Sein Pflichtteil beträgt gem **§ 759 ABGB ein Viertel** des Wertes der Verlassenschaft. Das Vermächtnis ist von diesem für die Berechnung **nicht abzuziehen** (§ 779 Abs 2 ABGB). Soweit der Pflichtteil nicht schon durch das Erbe gedeckt ist, besteht ein Ergänzungsanspruch in **Geld.** Er richtet sich zunächst **gegen** die Verlas-

✐ Meine Notizen:

senschaft, nach Einantwortung gegen die Erbin **Tina.** Auch Vermächtnisnehmer haben gem **§ 764 Abs 2 ABGB** verhältnismäßig zur Pflichtteilsdeckung beizutragen. Sie können grundsätzlich nicht direkt hierzu herangezogen werden, sondern schulden nur Ausgleich im **Innenverhältnis** zu den Erben; da Max jedoch zugleich verkürzter Pflichtteilsberechtigter und Erbe ist, könnte er auch direkt gegen Tina als Vermächtnisnehmerin vorgehen (OGH 6 Ob 666/95 SZ 69/155; *Eccher,* Erbrecht[6] Rz 10/11), was hier im Ergebnis keinen Unterschied macht.

C. Steht der Erbin oder den Erben der Schmerzengeldanspruch zu, der aus Hildes qualvollen letzten Stunden resultiert?

1) Tina (und Max) gegen Gerard bzw Charles auf Zahlung eines angemessenen Schmerzengeldes gem §§ 1295, 1325 ABGB bzw § 1 Abs 1 Z 1 PHG iVm § 1325 ABGB

Gerard bzw Charles kommen nicht nur als Haftpflichtige gegenüber Tina in Betracht; vielmehr haben sie auch und erst recht dem unmittelbaren Opfer Hilde für erlittene Schäden einzustehen. Da **Hildes Schmerzen auch** im Rahmen der verschuldensunabhängigen Haftung nach PHG ersetzt werden, ist der Anspruch nicht nur gegenüber Charles, sondern auch **gegenüber Gerard** zu prüfen. *(Die weitere Anspruchsprüfung unterscheidet sich nicht weiter von E. in Teil 1 – s daher oben!)*

Die Fallfrage richtet sich allein auf die **Aktivlegitimation der Erben.** Sie werden mit der Einantwortung **Gesamtrechtsnachfolger** der ruhenden Verlassenschaft und damit indirekt der Verstorbenen Hilde. Lange Zeit war es stRsp, dass Ansprüche des Verstorbenen auf Schmerzengeld nicht ohne weiteres auf die Erben übergehen. Da § 1325 ABGB normiert, dass Schmerzengeld bloß „auf Verlangen" des Geschädigten zu bezahlen ist, sei ein Anerkenntnis des Schädigers oder die gerichtliche Geltendmachung durch den Verletzten – also vor seinem Tod – erforderlich. Mit seiner Entscheidung aus dem Jahr 1996 hat der OGH (6 Ob 2068/96b SZ 69/217) seine Meinung unter Hinweis auf einen zwischenzeitig eingetretenen **Funktionswandel** jedoch geändert. Seitdem werden **Schmerzengeldansprüche** unabhängig von ihrer Geltendmachung durch den Verletzten einhellig als **vererblich angesehen** (s nur *Danzl* in KBB[5] § 1325 Rz 35; missverständliche Darstellung in RIS-Justiz RS0031340). Die Erbin/Erben kann/können als Gesamtrechtsnachfolgerin/nen Hildes somit für die im Todeskampf erlittenen Schmerzen ein angemessenes Schmerzengeld verlangen.

D. Ändert sich etwas, wenn Tina ihrer Mutter im letzten Jahr ohne zu fragen dreimal kleinere Beträge aus der Geldbörse genommen hat, was Tina ihrem Bruder aber erst nach Hildes Tod beichtet?

Die von Tina wider ihre Mutter begangenen Diebstähle lassen an ihrer **Erbfähigkeit zweifeln** (diese Voraussetzung ist gem § 647 Abs 2 ABGB auch für den Vermächtnisnehmer relevant). Gem **§ 538 ABGB** ist erbfähig, wer rechtsfähig und erbwürdig ist. Während die Rechtsfähigkeit außer Zweifel steht, könnte bei Tina ein **Erbunwürdigkeitsgrund** vorliegen. In Betracht kommt **§ 539 ABGB,** wonach erbunwürdig ist, wer gegen den Verstorbenen oder die Verlassenschaft eine **gerichtlich strafbare Handlung** begangen hat, die nur **vorsätzlich** begangen werden kann und mit mehr als **einjähriger Freiheitsstrafe** bedroht ist.

Strafrechtlich einschlägig ist der **Diebstahl** gem § 127 StGB als Grunddelikt, welcher nur vorsätzlich begangen werden kann. Die Strafdrohung bleibt mit Freiheitsstrafe bis zu sechs Monaten **unter der „Bagatellschwelle"** des § 539 ABGB. Eine Qualifikation (etwa als gewerbsmäßiger Diebstahl gem § 130 StGB) ist bei drei kleineren Geldbeträgen offensichtlich nicht erfüllt. Da die Strafdrohung gem **§ 166 StGB** auch noch auf eine dreimonatige Freiheitsstrafe reduziert wird, ist Tina jedenfalls **erbwürdig geblieben** und es ändert sich **nichts.**

E. Ändert sich etwas, wenn sich herausstellt, dass Tina nicht die Tochter von Hildes verstorbenem Ehemann ist, sondern einem Seitensprung der Mutter entstammt?

Nein. Die Erbfähigkeit, dh die erbrechtliche Erwerbsfähigkeit, hängt weder in Hinblick auf die testamentarische Erbfolge noch in Bezug auf die gesetzliche Erbfolge von der Verwandtschaft zum Ehepartner der Verstorbenen ab (vgl nur § 731 ABGB, der auf die Abstammung vom Verstorbenen abstellt).

✐ Meine Notizen:

Aktualisierungen

Zu **Teil 1, A.2.:** Seit 1. 1. 2022 (Inkrafttreten des GRUG) gibt es nicht nur neue verbraucherrechtliche Gewährleistungsregeln in Gestalt des VGG, sondern es wurde auch eine andere Leistungsstörung im Verbrauchergeschäft, nämlich der **Schuldnerverzug des Unternehmers,** in § 7c KSchG eigens geregelt. Demnach erfolgt die Nachfristsetzung und der Teilrücktritt des A (Verbraucher iSd § 1 KSchG) vom Vertrag mit B (Unternehmer iSd § 1 KSchG) nicht mehr gemäß § 918 ABGB, sondern gemäß § 7c KSchG, der grundsätzlich **zwei zeitlich getrennte Erklärungen des Verbrauchers,** nämlich einerseits die Nachfristsetzung und andererseits (bei Versäumen der Nachfrist durch den Unternehmer) die Rücktrittserklärung, vorsieht. Nach den Materialien[1] genügt es allerdings (ähnlich wie nach der bisherigen Rsp zu § 918 ABGB), wenn er zunächst die Nachfrist bloß *gewährt* und nach ungenutztem Verstreichen der Zeit seinen Rücktritt erklärt. ME muss es auch umgekehrt ausreichen, wenn der Verbraucher (ähnlich wie es § 918 ABGB vorsieht) schon bei Setzen der Nachfrist *in derselben Erklärung* unmissverständlich seinen Rücktritt – aufschiebend bedingt – für den Fall erklärt, dass der Unternehmer die Frist nicht einhält, wodurch der Rücktritt dann (ohne zweite Erklärung) nach Versäumen der Frist automatisch wirksam wird.

Zu **Teil 1.D.1.a)–c)**: Seit Inkrafttreten des Gewährleistungsrichtlinien-Umsetzungsgesetzes (GRUG; mit 1. 1. 2022) heißt der sekundäre Gewährleistungsbehelf, mit dem der Gewährleistungsberechtigte sich vom gesamten Vertrag löst, nicht mehr „Wandlung“, sondern **„Auflösung des Vertrags“** (s § 932 ABGB).

1) Erläut RV 949 BlgNR 27. GP 46.

Meine Notizen:

Prüfer: Erwin Bernat

Fachprüfung aus Bürgerlichem Recht – „Freitag, der 13."

Graz, 1. 12. 2017

Schwerpunkte: Schadenersatz im Fall der Tötung (§§ 1, 5, 7 Abs 2, 12 EKHG, §§ 1327, 1304 ABGB); solidarische Haftung mehrerer Täter (§ 1302 Satz 2 Fall 2 ABGB); Adäquanzzusammenhang; Ersatzfähigkeit des Trauerschadens; Ersatzansprüche auf Grundlage des § 1037 bzw des § 1042 ABGB sowie die kollisionsrechtliche Beurteilung der GoA und des Verwendungsanspruchs; das Kollisionsrecht der Arzthaftung; Höhe des Unterhaltsanspruchs des Ehegatten (§ 94 ABGB) und des Kindes (§ 231 ABGB) des Unterhaltsverpflichteten; Grundfragen des Erb- und Pflichtteilsrechts

SACHVERHALT

I. Grundsachverhalt

Der Hofrat im Ruhestand Dr. Hofbauer **(H)**, geb 1942, wohnhaft in Graz, war seit 1987 mit Erika **(E)**, geb 1962, verheiratet. Er kam am Freitag, den 13. 1. 2017 ums Leben. An diesem Tag wollte H mit dem 11.26-Uhr-Zug nach Wien fahren, um seinen in der Bundeshauptstadt wohnhaften Bruder Bruno **(B)** zu besuchen. Auf dem Weg zum Hauptbahnhof Graz betrat H bei Grün die Fahrbahn einer ampelgeregelten Kreuzung und wurde in der Mitte der Fahrbahn von einem Ulrich **(U)** gehörigen und von U gelenkten Personenkraftwagen erfasst und zu Boden geschleudert (Aufprallgeschwindigkeit: 15 km/h), weil U das für ihn auf Rot geschaltete Ampellicht übersah.

Passanten begleiteten den leicht benommenen H, der aus einer Kopfwunde stark blutete, in die nahe gelegene Ordination des deutschen Staatsangehörigen Dr. Adler **(A)**, eines Arztes für Allgemeinmedizin, der seit 2010 in Graz als Wahlarzt[1] niedergelassen ist. A nähte Hs Wunde, nachdem ihm der Unfallhergang geschildert worden war, empfahl einen Tag Bettruhe und entließ H mit den Worten „Da haben wir ja noch einmal Glück gehabt!" H befolgte As Rat, ging nach Hause und legte sich ins Bett. Ab 17.00 Uhr des Unfalltags verschlechterte sich sein gesundheitlicher Zustand rapide: Er begann zu erbrechen und verlor um 18.00 Uhr das Bewusstsein. Um 18.30 Uhr konnte der von E herbeigerufene Notarzt nur mehr seinen Tod feststellen.

Die gerichtsmedizinische Leichenschau lieferte folgende Erkenntnis: Der Zusammenstoß mit dem Pkw des U hatte eine massive Hirnblutung zur Folge gehabt, die zum Tod des H führte.

Hätte sich A entsprechend den Standards, die ein Arzt für Allgemeinmedizin beachten muss, verhalten, hätte er H unverzüglich mit der Rettung zur Abklärung möglicher Unfallfolgen in ein Krankenhaus bringen lassen. Wäre H am 13. 1. 2017 in ein Krankenhaus gebracht worden, wäre die massive Hirnblutung befundet und H noch am selben Tag operiert worden. Durch solche Maßnahmen wären Hs Leben gerettet und seine Gesundheit voll wiederhergestellt worden.

Ein Österreicher, der im Jahr 2017 seinen 75. Geburtstag feiert, hat eine Lebenserwartung von ca elf Jahren, wird also im Schnitt 86 Jahre alt. Eine Österreicherin, die im Jahr 2017 ihren 55. Geburtstag feiert, hat eine Lebenserwartung von ca 30 Jahren, wird also im Schnitt 85 Jahre alt (Quelle: Statistik Austria).

ao. Univ.-Prof. Dr. *Erwin Bernat* lehrt am Institut für Zivilrecht, Ausländisches und Internationales Privatrecht der Karl-Franzens-Universität Graz.

1) Wahlärzte haben keine Kassenverträge mit den Krankenversicherungsträgern. Der Wahlarzt verrechnet seine Dienstleistungen daher nicht „der Kasse", sondern dem Patienten, § 131 ASVG.

Meine Notizen:

Die sterblichen Überreste des H, der zeit seines Lebens keine gröberen gesundheitlichen Probleme hatte, wurden am 27. 1. 2017 bestattet. Die Ausrichtung des Begräbnisses wurde von E bei der **Pax GmbH** „in Auftrag gegeben". Allerdings war E nicht ausreichend liquide, um die am 1. 2. 2017 ausgestellte Rechnung der Pax GmbH (€ 5.000,–) zu bezahlen. Es Halbbruder Salvatore **(S)**, ein italienischer Staatsangehöriger, der von Geburt an in der norditalienischen Stadt La Spezia lebt, war all das bekannt. Da er E „aus der Patsche helfen wollte", ließ er ohne ihr Wissen am 8. 2. 2017 von seinem italienischen Bankkonto auf das österreichische Geschäftskonto der Pax GmbH € 5.000,– überweisen („Zahlungsgrund: Begräbnis Dr. Hofbauer"). Dabei dachte S: „E wird mir wohl schon bald die € 5.000,– erstatten können." Am 15. 2. 2017 wurde S die auf E ausgestellte Rechnung der Pax GmbH mit dem Vermerk „Betrag idH von € 5.000,– dankend erhalten" in La Spezia zugestellt.

H hatte im Jahr 2012 eine kurze außereheliche Beziehung mit der bekannten Opernsängerin **Olga** (O), die im Jänner 2013 zur Geburt von Tosca **(T)** führte. Die Vaterschaft des H wurde 2013 gerichtlich festgestellt. H mied den persönlichen Kontakt mit T, die im Haushalt von O betreut wird, zeitlebens, weil er an ihr kein persönliches Interesse hatte, kam aber seinen Unterhaltsverpflichtungen nach.

H flossen in den letzten fünf Jahren vor seinem Tod Nettoeinkünfte (dh Einkünfte nach Abzug von Steuern und Sozialversicherungsbeiträgen) in der Höhe von durchschnittlich € 50.000,– pro Jahr zu.

Kurz vor seinem Tod, am 5. 1. 2017, errichtete H folgende eigenhändig geschriebene und unterschriebene letztwillige Verfügung:

„Meine Tochter, Tosca, die nach ihrer Mutter Olga ein großes Vermögen erben wird, soll aus meiner Verlassenschaft keinen Euro bekommen! Dr. Hofbauer."

H hinterlässt ein beträchtliches Vermögen. Neben seiner Witwe, E, wird er von seinem Bruder, B, und seiner Tochter, T, überlebt. Sonstige Verwandte sind im Zeitpunkt seines Todes nicht mehr am Leben.

E ist vermögenslos und hatte zu Lebzeiten des H keine eigenen Einkünfte. Nach ihrer Heirat kümmerte sie sich im Einvernehmen mit ihrem Ehemann ausschließlich um den gemeinsamen ehelichen Haushalt. Das Eheleben der Hofbauers verlief bis zu Hs Tod harmonisch. E wusste zwar von der kurzzeitigen Beziehung ihres Ehemannes zu O, verzieh ihm aber den „Seitensprung". Als Folge des Todes des H erlebte E eine massive Trauerreaktion, die als psychologisch normal zu betrachten ist.

Aufgabenstellung 1: Beurteilen Sie die Rechtsstellung der E!

Aufgabenstellung 2: Beurteilen Sie die Rechtsstellung der T!

Aufgabenstellung 3: Beurteilen Sie die Rechtsstellung des S!

Aufgabenstellung 4: Beurteilen Sie die Rechtsstellung des B!

II. Sachverhaltsvariante

Auf dem Weg zum Hauptbahnhof Graz betrat Dr. Hofbauer (H), der schon recht spät dran war, um 11.16 Uhr nicht bei Grün, sondern bei Rot die Fahrbahn einer ampelgeregelten Kreuzung, um auf die gegenüberliegende Straßenseite zu gelangen. Als Folge dieses Verhaltens wurde H von einem Ulrich (U) gehörigen und von U gelenkten Pkw, der zwar grünes Licht hatte, aber mit einer Geschwindigkeit von 75 km/h (zulässige Höchstgeschwindigkeit: 50 km/h) daherkam, zu Boden gestoßen (Aufprallgeschwindigkeit: 55 km/h). – H war augenblicklich tot. Hätte U die zulässige Höchstgeschwindigkeit von 50 km/h nicht überschritten, wäre es zu keinem Verkehrsunfall gekommen, weil H die gegenüberliegende Straßenseite (trotz der für ihn auf Rot geschalteten Ampel) unversehrt erreicht hätte (ansonsten wie Grundsachverhalt).

Aufgabenstellung 5: Beurteilen Sie die Rechtsstellung der E im Lichte der Sachverhaltsvariante!

Hinweis: Sollten Sie zur Anwendbarkeit ausländischen Rechts kommen, unterstellen Sie, dass die maßgeblichen Normen denen des österreichischen Rechts entsprechen!

Meine Notizen:

MUSTERLÖSUNG

Von Erwin Bernat

I. Aufgabenstellung 1

A. E gegen U auf Leistung von Schadenersatz für entgangenen Unterhalt (€ 15.000,– pro Jahr bis 2028) – AGL: §§ 1, 5 iVm § 12 Abs 2 EKHG; § 1327 ABGB

1) Die Haftungsbegründung

U, der Lenker und Halter des Unfall-Pkw ist, hat ein Schutzgesetz (§ 1311 Satz 2 ABGB) übertreten, weil er das für ihn auf Rot geschaltete Ampelsignal missachtet hat (s § 38 Abs 5 StVO). Dieses Fehlverhalten **(Rechtswidrigkeit)** wird U auch subjektiv zugerechnet. Kraftfahrzeuglenker sind ja Sachverständige iSd § 1299 ABGB[2] und haben daher den Mangel der objektiv gebotenen Sorgfalt stets zu vertreten **(Verschulden ieS)**. Das pflichtwidrig-schuldhafte Verhalten des U war eine notwendige Bedingung (also eine Ursache) für den Tod des H – und somit auch für den Vermögensschaden der E (Entzug von Unterhaltszahlungen): Hätte sich U rechtstreu verhalten, wäre H noch am Leben – und folglich wäre seiner Ehefrau (E) das Recht auf Unterhalt (§ 94 Abs 2 ABGB) nicht entzogen worden **(Kausal- oder Ursachenzusammenhang)**.

Allerdings stellt sich die Frage, ob es in casu durch das Verhalten des A zu einer „Unterbrechung des Kausalzusammenhangs" gekommen ist. Die Redeweise von der „Unterbrechung des Kausalzusammenhangs" ist nicht sonderlich glücklich,[3] weil sie die eigentliche Problemstellung verdeckt. Die Frage, die sich in Fällen wie dem vorliegenden stellt, ist nämlich nicht, ob das Fehlverhalten des Ersttäters kausal für den Schaden des Geschädigten ist (diese Frage ist im vorliegenden Fall ohne Zweifel zu bejahen), sondern ausschließlich, ob das Verhalten des Zweittäters und der sich daran anknüpfende Schaden des Geschädigten als adäquate Folge des rechtswidrig-schuldhaften Verhaltens des Ersttäters begriffen werden darf **(Adäquanzzusammenhang)**. Das heißt konkret: Liegt es innerhalb oder außerhalb jeder Wahrscheinlichkeit, dass H, der von einem sorgfaltswidrigen Verkehrsteilnehmer (U) verletzt wird und aufgrund seiner Verletzungen die Praxis eines Arztes für Allgemeinmedizin (A) aufsucht, nur deshalb den Tod findet, weil A Verhaltensregeln missachtet (Nichtüberweisung des H an ein Krankenhaus), die aus dem *Deliktsrecht,*[4] aber auch aus dem *Vertragsrecht* abgeleitet werden können? Die Wertung, die der sog Adäquanztheorie zugrundeliegt, geht dahin, dass nur solche Schadensfolgen, die durch den haftungsbegründenden Vorgang (pflichtwidrig-schuldhaftes Verhalten des U) ausgelöst werden, dem Verantwortungsbereich des Schädigers (U) zuzurechnen sind, „deren Eintritt im Augenblick dieses Ereignisses vom Standpunkt eines erfahrenen Beobachters aus als nicht völlig unwahrscheinlich erscheinen konnte".[5] Oder, um mit dem (deutschen) BGH zu sprechen: Außerhalb des adäquaten Zusammenhangs liegen Folgen, „für die ein Täter [in casu: U] nicht einzustehen braucht, [weil sie] nur unter besonders eigenartigen, ganz unwahrscheinlichen und nach dem regelmäßigen Geschehensablauf außer Betracht zu lassenden Umständen eintreten könnten".[6] Im Hinblick auf den vorliegenden Fall wäre es zweifelsohne verfehlt, das sorgfaltswidrige Verhalten des A als inadäquate Folge des ebenfalls sorgfaltswidrigen Verhaltens des U zu begreifen. Denn es liegt nicht völlig außerhalb jeder Lebenserfahrung, dass ein Verkehrsunfallsopfer nur deshalb stirbt, weil ein Arzt, der den Verletzten behandelt, die berufsständische Sorgfalt, zu deren Einhaltung er sowohl auf der Grundlage des Deliktsrechts als auch auf der Grundlage des mit dem Patienten abgeschlossenen Behandlungsvertrags verpflichtet ist, außer Acht lässt. Solche Fälle haben nicht gerade Seltenheitswert.[7] Anders lägen die Dinge – um ein Lehrbuchbeispiel zu zitieren – freilich dann, wenn der

2) *Welser/Zöchling-Jud,* Grundriss des bürgerlichen Rechts II[14] (2015) Rz 1517. – Entgegen § 1297 ABGB lässt § 1299 ABGB keinen Verschuldens-Freibeweis zu.

3) Richtig gesehen bei *Perner/Spitzer/Kodek,* Bürgerliches Recht[5] (2016) 316.

4) Siehe § 49 Abs 1 Satz 1 ÄrzteG: „Ein Arzt ist verpflichtet, jeden von ihm in ärztliche Beratung oder Behandlung übernommenen Gesunden und Kranken ohne Unterschied der Person gewissenhaft zu betreuen."

5) *Larenz,* Lehrbuch des Schuldrechts I. Allgemeiner Teil[14] (1987) 435 f.

6) BGH 11. 4. 1951, II ZR 68/50 BGHZ 1, 383 (387) = NJW 1951, 798; ähnlich *Welser/Zöchling-Jud,* Grundriss des bürgerlichen Rechts II[14] (2015) Rz 1373; *Rabl/Riedler,* Bürgerliches Recht III[6] (2017) Rz 13/11; *Perner/Spitzer/Kodek,* Bürgerliches Recht[5] (2016) 304 f.

7) Siehe jüngst OGH 25. 2. 2016, 9 Ob 76/15i JBl 2016, 328: Bei der notärztlichen Versorgung eines Verkehrsunfallopfers unterläuft dem beklagten Notarzt ein Behandlungsfehler, der zum Tod des Verletzten führt.

Meine Notizen:

von einem Verkehrsteilnehmer Verletzte ins Spital gebracht und dort von einem mit ihm verfeindeten Arzt vorsätzlich getötet wird.[8)]

Zu guter Letzt ist zu prüfen, ob die Norm, die U verletzt hat (§ 38 Abs 5 StVO), überhaupt bezweckt, das Auftreten von Straßenverkehrsunfällen zu verhindern **(Rechtswidrigkeitszusammenhang).** Bei auf Rot geschalteter Ampel haben die Lenker von Fahrzeugen grds anzuhalten (§ 38 Abs 5 StVO). Diese Norm hat ohne Zweifel – wie die meisten Normen der StVO – den Zweck, Personen- und Sachschäden zu verhindern. Der Schaden, dessen Ersatz E begehrt, liegt somit eindeutig im Rechtswidrigkeitszusammenhang.

Ergebnis: E hat gegen U grds Anspruch auf Ersatz des Unterhaltsentgangs. Da U den Unfall durch Übertretung eines Schutzgesetzes (§ 1311 Satz 2 ABGB) verschuldet hat, kann dieser Anspruch nicht nur auf §§ 1, 5 iVm § 12 Abs 2 EKHG, sondern auch auf § 1327 ABGB gestützt werden.

2) Das Ausmaß der Ersatzleistung

Die mit H verheiratete 55-jährige vermögenslose E führte mit H eine sog „Hausfrauenehe". Aus diesem Grund war sie gegenüber H unterhaltsberechtigt (§ 94 Abs 2 ABGB). Nach der Rsp hat der nicht erwerbstätige Ehegatte gegen den erwerbstätigen Ehegatten Anspruch auf 33% aller Nettoeinkünfte (Einkünfte aus selbständiger oder unselbständiger Erwerbsarbeit, aus Kapitalvermögen, Vermietung und Verpachtung etc), die dieser erzielt,[9)] abzüglich 3% bei Vorhandensein eines ebenfalls unterhaltsberechtigten Kindes.[10)] Daher hatte E in den letzten fünf Jahren vor dem Tod des H pro Jahr einen Anspruch auf 30% von durchschnittlich € 50.000,– (i.e. € 15.000,– pro Jahr), wobei es keine Rolle spielt, ob dieser Unterhaltsanspruch in Form von Natural- und/oder Geldunterhalt befriedigt worden ist.

E soll durch die Tötung des H, der ihr kraft Gesetzes Unterhalt schuldete, keinen Vermögensnachteil erleiden. Deshalb hat E das Recht, so gestellt zu werden, wie sie stünde, wenn H nicht getötet worden wäre (§ 12 Abs 2 EKHG; § 1327 ABGB).[11)] Es stellt sich allerdings die Frage, für welchen Zeitraum der E ein Anspruch auf Ersatz des Unterhaltsentgangs gebührt. Gem § 12 Abs 2 Satz 1 EKHG hat der Schädiger dem Geschädigten insoweit Ersatz des Unterhaltsentgangs zu leisten, „als der Getötete während der mutmaßlichen Dauer seines Lebens zur Gewährung des Unterhalts verpflichtet gewesen wäre". Denkt man sich die Tötung des H am 13. 1. 2017 weg, wäre H zweifelsohne verpflichtet gewesen, seiner Ehefrau E bis zum mutmaßlichen Zeitpunkt seines natürlichen Todes Unterhalt gem § 94 Abs 2 ABGB zu leisten, weil E und H ihrer ehelichen Lebensgemeinschaft das Modell „Hausfrauenehe" zugrunde gelegt hatten. Und wäre H nicht am 13. 1. 2017 durch einen Verkehrsunfall ums Leben gekommen, hätte er mutmaßlich noch elf Jahre zu leben gehabt. E stehen somit Schadenersatzleistungen für entgangenen Unterhalt nur für den Zeitraum Mitte Jänner 2017 bis 2028 (in dem E ihr 66. Lebensjahr vollendet) zu. Pro Jahr hat sie Anspruch auf Zahlung von € 15.000,–, weil angenommen werden kann, dass sich die Einkommensverhältnisse des H, wäre er 2017 nicht getötet worden, bis zum mutmaßlichen Zeitpunkt seines natürlichen Todes nicht merklich verändert hätten (arg: Hofratspension).

Ergebnis: E hat gegen U einen Anspruch auf Ersatz des Unterhaltsentgangs in der Höhe von 30% der jährlichen Nettoeinkünfte des H, das sind laut Sachverhalt € 15.000,– pro Jahr. Dieser Ersatzanspruch steht E allerdings nicht bis zu ihrem mutmaßlichen Lebensende (im Jahr 2047), sondern nur insoweit zu, als H „während der mutmaßlichen Dauer seines Lebens zur Gewährung des Unterhalts verpflichtet gewesen wäre" (§ 12 Abs 2 EKHG). Laut Sachverhalt hatte H eine Lebenserwartung von elf Jahren, so dass der E Ersatz für entgangenen Unterhalt nur für den Zeitraum Mitte Jänner 2017 bis 2028 gebührt. Zu keinem anderen Ergebnis gelangt man auf der Grundlage des § 1327 ABGB, weil § 12 EKHG eine Fortbildung des § 1327 ABGB darstellt und daher für die Auslegung des § 1327 ABGB herangezogen werden kann.[12)]

8) So *Perner/Spitzer/Kodek,* Bürgerliches Recht[5] 316.
9) Siehe die Nachweise bei *Koziol – Welser/Kletečka,* Grundriss des bürgerlichen Rechts I[14] (2014) Rz 1518; *Hinteregger/Ferrari,* Familienrecht[7] (2015) 62 f; *Perner/Spitzer/Kodek,* Bürgerliches Recht[5] 512.
10) *Koch* in KBB[5] § 94 Rz 18. – Zum Unterhaltsanspruch der T s die Musterlösung zu Aufgabenstellung 2 unter A.2.
11) *Reischauer* in *Rummel*[3] § 1327 Rz 27.
12) OGH 17. 6. 1971, 2 Ob 58/71 SZ 44/95; s auch OGH 6. 7. 1972, 2 Ob 124/72 SZ 45/78; *Apathy,* Kommentar zum EKHG (1992) § 12 Rz 1.

Meine Notizen:

B. E gegen U auf Zahlung von € 12.000,– (Ersatz des Trauerschadens) – AGL: §§ 1331, 1328, 1329 ABGB; § 213 a ASVG, jeweils entsprechend

Der OGH vertritt seit einer Entscheidung aus dem Jahre 2001[13] in stRsp die im Ergebnis zutreffende Auffassung, dass bei grob fahrlässiger oder vorsätzlicher Tötung eines Menschen dessen nahen Angehörigen ein Anspruch auf Ersatz ihres dadurch hervorgerufenen Seelenschmerzes selbst dann gebührt, wenn der Verlust dieses Menschen zu keiner eigenen Gesundheitsschädigung iSd § 1325 ABGB geführt hat.[14] Der Anspruch auf Ersatz des Trauerschadens setzt des Weiteren voraus, dass zwischen dem Hinterbliebenen und dem Getöteten eine intensive Gefühlsbeziehung bestanden hat.[15] Ist die Tötung Folge von bloß leicht fahrlässigem Verhalten des Schädigers oder beruht sie nur auf der fehlerfreien Inbetriebnahme eines Kfz (Gefährdungshaftung, § 1 EKHG), so fehle es, meint der OGH, an der erforderlichen Schwere des Zurechnungsgrundes. Gestützt wird diese – in der Lehre nicht unkritisch aufgenommene[16] – Rsp auf eine Analogie zu §§ 1331, 1328, 1329 ABGB und § 213 a ASVG (Integritätsabgeltung). In diesen Bestimmungen kommt der im österreichischen Schadenersatzrecht allgemein anerkannte Grundsatz zum Ausdruck, dass der Umfang der Ersatzpflicht bei grobem Verschulden des Schädigers ausgeweitet sein soll (Basiswertung: § 1324 ABGB).

E, die Witwe des H, zählt zweifelsohne zum Kreis seiner nächsten Angehörigen, so dass ihr gegen U ein Anspruch auf Ersatz des Trauerschadens gebührt, sofern das Fehlverhalten des U in die Rubrik „grobe Fahrlässigkeit" fällt. Grob fahrlässig handelt der Schädiger, wenn er ungewöhnlich und auffallend sorgfaltswidrig handelt (§ 1324 ABGB; § 6 Abs 3 StGB), wenn sich sein Verhalten „aus der Menge der sich auch für den Sorgsamsten nie ganz vermeidbaren Fahrlässigkeitshandlungen des täglichen Lebens als eine auffallende Sorglosigkeit heraushebt" und er wusste oder wissen musste, dass es „geeignet ist, den Eintritt eines Schadens zu fördern".[17] Die Missachtung der in § 38 Abs 5 StVO verankerten Verhaltensnorm erfüllt ohne Zweifel den Tatbestand der groben Fahrlässigkeit. Denn einerseits ist die Gefahr, dass dadurch Personen oder Sachen zu Schaden kommen, extrem hoch, und andererseits kann der Straßenverkehrsteilnehmer, der Adressat des § 38 Abs 5 StVO ist, diese Gefahr durch Einhaltung der erforderlichen Sorgfalt leicht vermeiden.

Ergebnis: H ist durch grob fahrlässiges Verhalten des Straßenverkehrsteilnehmers U zu Tode gekommen. Nach zutreffender (wenngleich nicht unbestrittener) Rsp des OGH hat E, die Witwe des Getöteten, Anspruch auf Wiedergutmachung ihres Trauerschadens in Geld, wenn zwischen den Eheleuten eine intensive Gefühlsbeziehung bestand. Da die Ehe zwischen H und E bis zu Hs Tod harmonisch verlief, ist zu vermuten, dass eine solche intensive Gefühlsbeziehung auch tatsächlich bestand. Die Ersatzleistung, die E begehrt (einmalige Zahlung von € 12.000,–), ist nicht unangemessen hoch, sondern hält sich innerhalb der Grenzen, die von der Trauerschaden-Rsp anerkannt werden.[18]

C. E gegen A auf Leistung von Schadenersatz für entgangenen Unterhalt (€ 15.000,– pro Jahr bis 2028)

1) Kollisionsrechtliche Beurteilung

a) Vertragsstatut

Da A Staatsangehöriger der Bundesrepublik Deutschland ist, weist das Schuldverhältnis, das als Folge der Tötung des H zwischen E und A begründet worden ist (dazu unter C.2.), eine Verbindung zum Recht verschiedener Staaten auf. Folglich muss

13) OGH 16. 5. 2001, 2 Ob 84/01 v SZ 74/90.

14) Siehe dazu die Leitentscheidung des OGH v 21. 12. 1995, 2 Ob 99/95 ZVR 1997/75: „Erleidet der Verletzte aufgrund eines Unfalls nicht etwa nur seelische Schmerzen, sondern eine behandlungsbedürftige psychische Erkrankung (hier: wegen der Verletzung und des Krankenhausaufenthalts der Mutter und des Todes mitfahrender Angehöriger), so steht ihm ein Schmerzengeld [§ 1325 ABGB] für die durch den Unfall hervorgerufene Krankheit zu."

15) OGH 1. 7. 2004, 2 Ob 141/04 f ZVR 2004/86.

16) Vgl *Welser/Zöchling-Jud,* Grundriss des bürgerlichen Rechts II[14] Rz 1472 (Anspruchsberechtigung sei „zweifelhaft"); *Helmich,* ecolex 2001, 668 (Gesetzeslücke könne nicht angenommen werden); *Kerschner,* Wissenschaftliche Arbeitstechnik und Methodenlehre für Juristen[6] (2014) 52 (FN 143); *Reischauer* in *Rummel*[3] § 1325 Rz 5 a (Haftung schon bei leichter Fahrlässigkeit des Täters – Anknüpfung an § 31 e Abs 3 KSchG [Schadenersatz wegen „entgangener Urlaubsfreude"]).

17) OGH 28. 2. 2001, 7 Ob 37/01 v VR 2001, 197.

18) Siehe etwa OGH 1. 7. 2004, 2 Ob 141/04 f ZVR 2004/86 (€ 13.000,–).

geprüft werden, nach welchem Sachrecht zu beurteilen ist, ob E gegen A ein Anspruch auf Leistung von Schadenersatz für entgangenen Unterhalt zusteht. Zwischen H und A wurde (zumindest stillschweigend) ein medizinischer Behandlungsvertrag abgeschlossen, der A verpflichtete, das nach dem Stand von medizinischer Wissenschaft und Erfahrung (vgl § 49 Abs 1 ÄrzteG) Richtige zu tun. Da H und A keine Rechtswahl (Art 3 Rom I-VO) getroffen haben, unterliegt As Haftung für eine Vertragsverletzung nach Art 12 Abs 1 lit c Rom I-VO dem Vertragsstatut, für dessen Bestimmung die Art 4 und 6 dieser VO maßgeblich sind.[19)] Art 4 Abs 1 lit b Rom I-VO verweist für Dienstleistungsverträge, zu denen auch der medizinische Behandlungsvertrag gehört,[20)] auf den gewöhnlichen Aufenthalt des Dienstleisters. Da A in Ausübung seiner beruflichen Tätigkeit gehandelt hat, wird der gewöhnliche Aufenthalt durch die Niederlassung ersetzt (Art 19 Abs 1 Satz 2 Rom I-VO). Nach Art 4 Abs 1 lit b Rom I-VO ist demzufolge österreichisches Sachrecht anwendbar, weil A seit 2010 in Graz als Wahlarzt niedergelassen ist.

Allerdings ist in casu neben dem Anwendungsbereich von Art 4 Abs 1 lit b Rom I-VO sowohl der persönliche als auch der räumliche Anwendungsbereich von Art 6 Rom I-VO eröffnet: Einerseits stehen Patienten und Ärzte einander regelmäßig als Verbraucher und Unternehmer gegenüber[21)] und andererseits übt A seine Tätigkeit im Aufenthaltsstaat des H (Österreich) aus (Art 6 Abs 1 lit a Rom I-VO). Die kollisionsrechtliche Beurteilung auf der Grundlage des Art 6 Abs 1 lit a Rom I-VO entspricht freilich im Ergebnis der kollisionsrechtlichen Beurteilung auf der Grundlage des Art 4 Abs 1 lit b Rom I-VO. Die Frage, ob E gegen A auf der Grundlage der Rom I-VO einen Anspruch auf Leistung von Schadenersatz für entgangenen Unterhalt hat, ist daher jedenfalls nach österreichischem Sachrecht zu beurteilen.

b) Deliktsstatut

Besteht, wie im vorliegenden Fall, zwischen Arzt und Patient ein medizinischer Behandlungsvertrag, so wird die schuldhafte Schädigung des Patienten in den meisten Rechtsordnungen sowohl als Verletzung vertraglicher als auch deliktischer Pflichten beurteilt.[22)] Eine „funktionelle" (autonome) (also nicht nur einem bestimmten Sachrecht „verpflichtete") Qualifikation[23)] des Anknüpfungsbegriffs „Delikt" führt demzufolge auch zur Anwendung von Art 4 Abs 1 Rom II-VO (allgemeines Deliktsstatut): Auf ein außervertragliches Schuldverhältnis, das als Folge einer unerlaubten Handlung („Delikt") entsteht, „ist das Recht des Staates anzuwenden, in dem der Schaden eintritt, unabhängig davon, in welchem Staat das schadensbegründende Ereignis oder indirekte Schadensfolgen eingetreten sind". Auf der Grundlage des Art 4 Abs 1 Rom II-VO ist somit die Frage, ob E gegen A einen Anspruch auf Leistung von Schadenersatz für entgangenen Unterhalt hat, nach österreichischem Sachrecht zu beurteilen.

Da sowohl das Vertragsstatut als auch das Deliktsstatut im Hinblick auf den Anspruch der E gegen A auf Leistung von Schadenersatz für entgangenen Unterhalt zum selben Ergebnis führen (anwendbar ist österreichisches Sachrecht), kann offen bleiben, ob das eine oder das andere Statut zur Anwendung gelangt.

2) Prüfung des Anspruchs nach österreichischem Sachrecht – AGL: § 1327 ABGB

A hat eine konkrete Verhaltensregel verletzt, die sowohl aus dem Berufsrecht (§ 49 Abs 1 ÄrzteG) als auch aus dem mit H abgeschlossenen Behandlungsvertrag abgeleitet werden kann **(Rechtswidrigkeit).** Da Ärzte Sachverständige iSd § 1299 ABGB sind, wird A sein objektiv fehlerhaftes Verhalten auch unwiderleglich zugerechnet **(Verschulden ieS).**[24)] Das pflichtwidrig-schuldhafte Verhalten des A war eine notwendige Bedingung (conditio sine qua non) für den Tod des H: Hätte sich A rechtstreu verhalten, wäre H noch am Tag seines Unfalls operiert und voll wiederhergestellt worden. Rechtstreues Verhalten des A hätte somit das Entstehen des Vermögensscha-

Meine Notizen:

19) Vgl dazu ausführlich *G. Fischer,* Zum Stand des Internationalen Arzthaftungsrechts nach den Verordnungen Rom I und Rom II, MedR 2014, 712.
20) Vgl dazu *Bernat,* Einführung in das österreichische Medizinrecht, in *Wenzel* (Hrsg), Handbuch des Fachanwalts Medizinrecht³ (2013) Rz 21 f.
21) Zutreffend *G. Fischer,* MedR 2014, 712 (713).
22) Einlässlich dazu *G. Fischer/Lilie,* Ärztliche Verantwortung im europäischen Rechtsvergleich (1999).
23) Siehe dazu *Lurger/Melcher,* Internationales Privatrecht² (2017) Rz 1/91 ff.
24) Siehe *Welser/Zöchling-Jud,* Grundriss des bürgerlichen Rechts II¹⁴ Rz 1517. – Entgegen § 1297 ABGB lässt § 1299 ABGB keinen Verschuldens-Freibeweis zu.

Meine Notizen:

dens der E (Entzug von Unterhaltsleistungen) verhindert **(Kausalität).** Dass dieser Schaden keine inadäquate Folge von As Fehlverhalten ist **(Adäquanzzusammenhang),** bedarf ebenso keiner näheren Begründung wie die Erkenntnis, dass die berufsspezifischen Regeln, die ein Arzt beachten muss, dem Gesundheits- und Lebensschutz seines Patienten dienen **(Rechtswidrigkeitszusammenhang).**

Ergebnis: A hat eine berufsspezifische Rechtspflicht verletzt, die sowohl deliktsrechtlich als auch vertragsrechtlich begründet werden kann. Diese Pflichtverletzung hat zum Tod des H und in weiterer Folge zum Unterhaltsentzug der E geführt. A ist folglich verpflichtet, den Vermögensschaden der E (Entgang von Unterhaltsleistungen) zu ersetzen. Anspruchsgrundlage ist (nur) § 1327 ABGB. Für die Haftungsbegrenzung (€ 15.000,– pro Jahr bis 2028) kann zwar nicht § 12 Abs 2 EKHG ins Treffen geführt werden (arg: der Anwendungsbereich des EKHG ist nicht eröffnet), allerdings gelangt die in dieser Vorschrift ausdrücklich verankerte Regel, dass der Schädiger nur bis zu jenem Zeitpunkt ersatzpflichtig ist, in dem der Unterhaltsverpflichtete vermutlich „sowieso" verstorben wäre, im Anwendungsbereich des § 1327 ABGB entsprechend zur Anwendung.[25] Mit der Ausgleichsfunktion des Schadenersatzrechts ist ja auch der Gedanke verknüpft, dass der Geschädigte nicht mehr ersetzt bekommen darf als den Schaden, den er erlitten hat. Er soll aus seinem Schaden keinen „Gewinn" erzielen **(Bereicherungsverbot).**[26]

E hat sowohl gegen U als auch gegen A einen Anspruch auf Schadenersatz für entgangenen Unterhalt. U und A haften der E als Solidarschuldner. Es liegt ein Fall des § 1302 Satz 2 Fall 2 ABGB vor: U und A haben – je für sich – den Schaden durch fahrlässiges Verhalten verursacht, die konkreten Anteile der Schadenszufügung lassen sich aber nicht bestimmen.

D. E gegen A auf Zahlung von € 12.000,– (Ersatz des Trauerschadens)

1) Kollisionsrechtliche Beurteilung

Siehe dazu die Musterlösung zu Aufgabenstellung 1 unter C.1.

2) Prüfung des Anspruchs nach österreichischem Sachrecht – AGL: §§ 1331, 1328, 1329 ABGB; § 213a ASVG, jeweils entsprechend

Die Frage, ob E gegen A einen Anspruch auf Ersatz des Trauerschadens hat, hängt davon ab, ob das Fehlverhalten des A (Unterlassen von Maßnahmen, die geeignet waren, H das Leben zu retten) als leicht oder grob fahrlässig zu qualifizieren ist. Angesichts der Umstände des vorliegenden Falls ist wohl eindeutig von grob fahrlässigem Fehlverhalten des A auszugehen, weil es nicht mehr verständlich und verantwortbar erscheint, dem H bloß Bettruhe zu verordnen, obwohl es der ärztliche Standard geboten hatte, H unverzüglich mit der Rettung zur Abklärung möglicher Unfallfolgen in ein Krankenhaus bringen zu lassen.

Ergebnis: E hat nicht nur gegen U, sondern auch gegen A einen Anspruch auf Ersatz des Trauerschadens (Zahlung von € 12.000,–). U und A haften der E als Solidarschuldner. Es liegt ein Fall des § 1302 Satz 2 Fall 2 ABGB vor: U und A haben – je für sich – den Schaden durch fahrlässiges Verhalten verursacht, die konkreten Anteile der Schadenszufügung lassen sich aber nicht bestimmen.

E. Die erbrechtliche Stellung der E nach dem Tod des H

H hat mit einem sog negativen Testament[27] seine Tochter, T, von der gesetzlichen Erbfolge ausgeschlossen. Diese letztwillige Verfügung ist rechtswirksam zustandegekommen, weil H laut Sachverhalt den in § 578 ABGB verankerten Formgeboten (eigenhändig schreiben und unterschreiben) entsprochen hat. Folglich ist die Erbfolge nach H nach den „allgemeinen Regeln der gesetzlichen Erbfolge unter Ausklammerung des Ausgeschlossenen [in casu: T] zu bestimmen".[28]

H hinterlässt neben T seine Ehefrau, E, und seinen Bruder, B. Da T durch letztwillige Verfügung vom gesetzlichen Erbrecht ausgeschlossen worden ist, kommen nur E und B (Repräsentant der 2. Parentel) als gesetzliche Erben in Frage. Während B vor

25) *Reischauer* in *Rummel*³ § 1327 Rz 37 mwN.
26) *Koziol*, Grundfragen des Schadenersatzrechts (2010) Rz 1/6.
27) *Eccher*, Erbrecht⁶ (2016) Rz 4/80; *Welser/Zöchling-Jud*, Grundriss des bürgerlichen Rechts II¹⁴ Rz 2065; *Perner/Spitzer/Kodek*, Bürgerliches Recht⁵ 592.
28) *Perner/Spitzer/Kodek*, Bürgerliches Recht⁵ 592.

Inkrafttreten des ErbRÄG 2015[29] neben E ein gesetzliches Erbrecht zustand,[30] hat das ErbRÄG 2015 dieses Erbrecht beseitigt: Der Ehegatte des kinder- und elternlos verstorbenen Erblassers verdrängt dessen Geschwister und Großeltern und erhält die gesamte Verlassenschaft.[31] Aus diesem Grund ist E Alleinerbin nach H (§ 744 Abs 1 ABGB).

Ergebnis: Gem § 744 Abs 1 ABGB ist E Alleinerbin nach H.

✐ Meine Notizen:

II. Aufgabenstellung 2

A. T gegen U und A auf Leistung von Schadenersatz für entgangenen Unterhalt (durchschnittlich € 7.500,– pro Jahr bis 2028) – AGL: §§ 1, 5 iVm § 12 Abs 2 EKHG; § 1327 ABGB

1) Die Haftungsbegründung

Es gilt das, was in der Musterlösung zu Aufgabenstellung 1 unter A.1. und C.1. ausgeführt worden ist, mutatis mutandis. Folglich hat T gegen U und A dem Grunde nach einen Anspruch auf Leistung von Schadenersatz für entgangenen Unterhalt, weil T gegenüber ihrem Vater (H) unterhaltsberechtigt war (§ 231 ABGB). U und A haften ihr als Solidarschuldner (§ 1302 Satz 2 Fall 2 ABGB).

2) Das Ausmaß der Ersatzleistung

Für das Ausmaß der Unterhaltspflicht eines Elternteils wendet die Rsp va die sog Prozentsatzmethode an. Danach stehen einem Kind bis zum 15. Lebensjahr durchschnittlich 18% des Nettoeinkommens des Unterhaltsschuldners zu, wobei der Elternteil, der den Haushalt führt, in dem das Kind betreut wird (im vorliegenden Fall: O), dadurch seinen Beitrag leistet (§ 231 Abs 2 ABGB). Unterhaltspflichten gegenüber dem Ehegatten des Unterhaltsschuldners (im vorliegenden Fall: E) werden mit einem Abzug von bis zu 3% veranschlagt.[32] T hatte demzufolge gegen H einen Geldunterhaltsanspruch iHv durchschnittlich ca 15% seines jährlichen Nettoeinkommens (€ 50.000,–), das sind durchschnittlich € 7.500,– pro Jahr.

T ist im Zeitpunkt des Todes ihres Vaters vier Jahre alt. Unterhalt steht einem Kind bis zur Selbsterhaltungsfähigkeit zu. Wäre H am 13. 1. 2017 nicht getötet worden, hätte er mutmaßlich noch elf Jahre (also bis 2028) zu leben gehabt. In aller Regel ist ein Kind mit Vollendung seines 15. Lebensjahrs jedoch noch nicht selbsterhaltungsfähig. Dessen ungeachtet stehen T Schadenersatzansprüche für entgangenen Unterhalt gegen U und A nur für den Zeitraum Mitte Jänner 2017 bis 2028 zu (unter der Annahme, dass T bis 2028 noch nicht selbsterhaltungsfähig geworden ist). Siehe dazu genauer die Musterlösung zu Aufgabenstellung 1 unter A.2.

Ergebnis: T stehen gegen U und A Schadenersatzleistungen für entgangenen Unterhalt zu. U und A haften als Solidarschuldner (§ 1302 Satz 2 Fall 2 ABGB). Die Leistungspflicht von U und A (durchschnittlich € 7.500,– pro Jahr) endet spätestens in dem Zeitpunkt, in dem H mutmaßlich eines natürlichen Todes gestorben wäre (§ 12 Abs 2 EKHG; § 1327 ABGB), also im Jahr 2028.

B. T gegen E (als Rechtsnachfolgerin von H) auf den Pflichtteil – AGL: §§ 756 ff ABGB

T ist nach H abstrakt pflichtteilsberechtigt, weil sie bei Wegdenken des negativen Testaments vom 5. 1. 2017 ein gesetzliches Erbrecht gehabt hätte (§§ 757 f ABGB). Durch dieses Testament wurde T allerdings nicht wirksam enterbt (§ 769 ABGB), weil sie sich keines der in §§ 770 f ABGB genannten Enterbungsgründe schuldig gemacht hat. Als Pflichtteilsrecht gebührt T „die Hälfte dessen, was ihr nach der gesetzlichen Erbfolge zustünde" (§ 759 ABGB). Neben der E stünden T bei gesetzlicher Erbfolge zwei Drittel der Verlassenschaft zu (§ 732 iVm § 744 Abs 1 ABGB), ihr Pflichtteil beträgt demzufolge ein Drittel der Verlassenschaft. Der von H beabsichtigte Erfolg, der T aus seiner Verlassenschaft gar nichts zukommen zu lassen, lässt sich im vorliegenden Fall nicht erzielen. Zwar kommt § 775 Abs 1 ABGB nicht zur Anwendung, weil H seine Tochter nicht „wegen eines bestimmten Verhaltens", sondern ausschließlich aus Gründen, die in seiner Sphäre angesiedelt sind (arg: kein persönliches

29) BGBl I 2015/87.
30) Vgl *Welser/Zöchling-Jud,* Grundriss des bürgerlichen Rechts II[14] Rz 1944.
31) ErläutRV ErbRÄG 2015, 688 BlgNR 25. GP 21.
32) *Hinteregger/Ferrari,* Familienrecht[7] 211.

Meine Notizen:

Interesse an T), „enterbt" hat. Es stellt sich allerdings die Frage, ob sich der Pflichtteil der T kraft des § 776 ABGB um die Hälfte (also auf $^1/_6$ des Verlassenschaftsvermögens) mindert. Ein Testator „kann den Pflichtteil letztwillig auf die Hälfte mindern, wenn er und der Pflichtteilsberechtigte zu keiner Zeit [...] vor dem Tod des Verfügenden in einem Naheverhältnis standen" (§ 776 Abs 1 ABGB). Dieses Recht steht ihm allerdings dann nicht zu, wenn er „den Kontakt [zum Pflichtteilsberechtigten] *grundlos* gemieden [...] hat" (§ 776 Abs 2 ABGB). Ein solcher Fall liegt hier vor (arg: kein persönliches Interesse an T), so dass T ihren Pflichtteilsanspruch in voller Höhe (also iHv einem Drittel des Verlassenschaftsvermögens) behält. Pflichtteilsschuldner ist E (arg: Alleinerbin des H) (§ 764 ABGB), der Anspruch der T geht auf Geldleistung (§ 763 ABGB).

Ergebnis: T hat gegen E einen Anspruch auf Geldleistung in der Höhe eines Drittels des reinen Nachlasses.

C. T gegen E (als Rechtsnachfolgerin des H) auf Leistung von Unterhalt – AGL: § 233 ABGB

T steht gegen U und A ein Anspruch auf Schadenersatz wegen entgangenen Unterhalts nur für den Zeitraum 2017 bis (längstens) 2028 zu (s dazu die Musterlösung zu Aufgabenstellung 2 unter A.2.). Dieser Anspruch geht dem Anspruch der T aus § 233 Satz 1 ABGB vor,[33] so dass T ihre „Unterhaltsansprüche" erst nach 2028 gegen E richten kann, vorausgesetzt sie ist im Jahr 2028 noch nicht selbsterhaltungsfähig. Die passive Klagslegitimation der E ergibt sich aus deren erbrechtlicher Stellung: Nach § 233 Satz 1 ABGB geht die „Schuld eines Elternteils [in casu: H], dem Kind [in casu: T] Unterhalt zu leisten, [...] bis zum Wert der Verlassenschaft auf seine Erben [in casu: E]" über. T muss sich auf ihren gegen E gerichteten Anspruch, der als „privilegiertes Vermächtnis" bezeichnet wird,[34] allerdings alles anrechnen lassen, was sie als Pflichtteilsberechtigte von E bereits erhalten hat (ein Drittel des reinen Verlassenschaftsvermögens des H) (§ 233 Satz 2 ABGB). Der Anspruch aus § 233 Satz 1 ABGB wird also (weit) geringer sein als der Unterhaltsanspruch, der T gegenüber H zustand, vielleicht wird er aufgrund des Pflichtteils, den E befriedigen musste, auch gar nicht gebühren.

III. Aufgabenstellung 3

A. S gegen U auf Zahlung von € 5.000,– (Begräbniskosten)

1) Kollisionsrechtliche Beurteilung

S ist italienischer Staatsangehöriger und hat eine vertraglich begründete Schuld seiner Halbschwester (E) (Begräbniskosten), die als Folge der Tötung des H begründet worden ist, von Italien aus beglichen. Folglich liegt ein Sachverhalt mit Auslandsberührung vor. Die Begräbniskosten, deren Ersatz S von U begehrt, sind die Folge einer unerlaubten Handlung **(Delikt)**, die U begangen hat (s dazu die Musterlösung zu Aufgabenstellung 1 unter A.1.). Folglich ist der Anwendungsbereich der Rom II-VO eröffnet. Mangels Rechtswahl (Art 3 Rom II-VO) kommt Art 4 Rom II-VO („Allgemeine Kollisionsnorm") zur Anwendung. Nach dessen Abs 1 ist maßgebend das Recht des Staates, „in dem der Schaden eintritt, unabhängig davon, in welchem Staat das schadensbegründende Ereignis oder indirekte Schadensfolgen eingetreten sind". Fraglich ist allerdings, in welchem Staat der Schaden im vorliegenden Fall eingetreten ist. Ist dies der Staat, in dem die Tötung stattfand (in casu: Österreich), oder der Staat, in dem der Vermögensschaden, der Folge der Tötung ist, auftrat (in casu: Italien)? In Erwägungsgrund 17 Rom II-VO wurde mit Wirkung zum 29. 11. 2012[35] klargestellt, dass mit dem Ort des Schadenseintritts jener Staat gemeint ist, an dem der Verletzungserfolg eintritt (Ort der Rechtsgutsverletzung = „Staat [...], in dem die *Verletzung erlitten* beziehungsweise die Sache beschädigt wurde").[36] Folglich ist der An-

33) Grds aA *Reischauer* in *Rummel*³ § 1327 Rz 15. – Wäre H 2017 nicht getötet worden, wäre er mutmaßlich 2028 eines natürlichen Todes gestorben, so dass seine Tochter (T) bis 2028 aus dem laufenden Einkommen ihres Vaters (Pensionszahlungen) versorgt worden wäre. Ein Vorrang des § 233 ABGB gegenüber § 1327 ABGB (so auch SZ 48/32) lässt sich daher – jedenfalls in Fällen wie dem vorliegenden – aus Gründen des Schutzes des Pflichtteilsberechtigten nicht gut begründen, weil ein solcher Vorrang seinen Pflichtteil potentiell verkürzte.

34) *Stabentheiner/Reiter* in *Rummel/Lukas*⁴ § 233 Rz 4.

35) ABl L 310 vom 9. 11. 2012, 52.

36) Hervorhebung E. B.; weiterführend *Junker* in MüKo BGB Art 4 Rom II-VO Rz 20.

spruch des S gegen U auf Ersatz der Begräbniskosten nicht nach italienischem, sondern nach österreichischem Sachrecht zu beurteilen.

Meine Notizen:

2) Prüfung des Anspruchs nach österreichischem Sachrecht – AGL: § 12 Abs 1 Z 5 EKHG

Nach § 12 Abs 1 Z 5 EKHG hat im Fall der Tötung durch einen Unfall beim Betrieb eines Kfz derjenige Anspruch auf Ersatz der Begräbniskosten, der sie zu tragen verpflichtet ist oder der sie tatsächlich getragen hat. Die Verpflichtung zur Tragung der Begräbniskosten hatte die Verlassenschaft nach H (§ 549 ABGB) bzw nach deren Einantwortung E. Dabei handelt es sich nicht um eine Erblasser-, sondern um eine Erbgangsschuld.[37)] Da S seine Halbschwester E von der Tragung dieser Kosten zur Gänze befreit hat, ist allein er berechtigt, von U Kostenersatz zu begehren.

Ergebnis: S ist nach § 12 Abs 1 Z 5 EKHG berechtigt, vom Schädiger U Ersatz der für das Begräbnis des H entstandenen Kosten iHv € 5.000,– zu verlangen.

B. S gegen A auf Zahlung von € 5.000,– (Begräbniskosten)

1) Kollisionsrechtliche Beurteilung

a) Vertragsstatut

Siehe dazu die Musterlösung zu Aufgabenstellung 1 unter C.1.a).

b) Deliktsstatut

Siehe dazu die Musterlösung zu Aufgabenstellung 1 unter C.1.b).

2) Beurteilung nach österreichischem Sachrecht – AGL: § 1327 ABGB

Die Haftungsbegründung kann nur auf § 1327 ABGB gestützt werden (arg: A hat den Schaden – die Begräbniskosten – nicht durch einen Unfall beim Betrieb eines Kfz ausgelöst), wo von „alle Kosten", die eine widerrechtliche Tötung nach sich zieht, die Rede ist. Da Begräbniskosten unzweifelhaft dem Begriff „alle Kosten" zugeordnet werden können, hat S gegen A einen Anspruch auf Zahlung der Begräbniskosten iHv € 5.000,–.

Ergebnis: S ist nach § 1327 ABGB berechtigt, vom Schädiger A Ersatz der für das Begräbnis des H entstandenen Kosten iHv € 5.000,– zu verlangen.

C. S gegen E auf Zahlung von € 5.000,– (Verwendungsanspruch/ Geschäftsführung ohne Auftrag)

1) Kollisionsrechtliche Beurteilung

S hat die vertraglich begründete Schuld seiner Halbschwester E (Begräbniskosten iHv € 5.000,–) bezahlt, obwohl er dafür nicht haftete. Der Sachverhalt weist eine Auslandsberührung auf (S ist italienischer Staatsangehöriger und befriedigt die Pax GmbH von Italien aus), so dass untersucht werden muss, nach welchem nationalen Recht der gegen E gerichtete Rückgriffsanspruch des S zu beurteilen ist. Es erscheint vor dem Hintergrund der Rom II-VO vertretbar zu sein, den Anspruch des S gegen die E auf Rückzahlung von € 5.000,– sowohl als Anspruch aus Geschäftsführung ohne Auftrag (GoA) als auch als bereicherungsrechtlichen Anspruch zu qualifizieren. Kollisionsrechtlich wird die GoA in Art 11 Rom II-VO, die ungerechtfertigte Bereicherung in Art 10 Rom II-VO geregelt. Dementsprechend gelangt man in casu zu zwei mE gleichwertigen Lösungen:

a) Lösungsvorschlag 1 (Qualifikation als GoA)

Weder Abs 1 noch Abs 2 des Art 11 der Rom II-VO ist einschlägig: Zum einen liegt zwischen S und E kein Rechtsverhältnis vor, das eine enge Verbindung zur Geschäftsführung des S aufweist (Abs 1), zum anderen haben S und E ihren gewöhnlichen Aufenthalt nicht in ein und demselben Staat (Abs 2). Es kommt daher das Sachrecht zur Anwendung, „in dem die Geschäftsführung erfolgt ist" (Abs 3 des Art 11 der Rom II-VO). Das ist unzweifelhaft das Sachrecht der Republik Italien, weil S die an E gerichtete Rechnung in La Spezia (Italien) **(Vornahmeort)** bezahlt hat.

37) *Eccher,* Erbrecht[6] Rz 8/4.

Meine Notizen:

b) Lösungsvorschlag 2 (Bereicherungsrechtliche Qualifikation)

Weder Abs 1 noch Abs 2 des Art 10 der Rom II-VO ist einschlägig: Zum einen liegt zwischen S und E kein Rechtsverhältnis vor, das eine enge Verbindung zur ungerechtfertigten Bereicherung der E aufweist (Abs 1), zum anderen haben S und E ihren gewöhnlichen Aufenthalt nicht in ein und demselben Staat (Abs 2). Es kommt daher das Sachrecht des Staates zur Anwendung, in dem die ungerechtfertigte Bereicherung eingetreten ist (Abs 3 des Art 10 der Rom II-VO). Das ist unzweifelhaft das Sachrecht der Republik Österreich (arg: E wurde in Österreich von der Leistungspflicht gegenüber der Pax GmbH entbunden).

2) Beurteilung nach österreichischem Sachrecht

Es ist vertretbar, den Anspruch des S gegen E auf Rückersatz seiner der Pax GmbH erbrachten Leistung (Zahlung von € 5.000,–) entweder auf § 1037 oder aber auf § 1042 ABGB zu stützen – nicht hingegen (iS von alternativer Anspruchskonkurrenz) auf beide Bestimmungen gemeinsam. Die richtige Lösung hängt, wie so oft im Zivilrecht, davon ab, wie man die Argumente gewichtet.

a) Lösungsvorschlag 1 (Anspruch besteht nur auf der Grundlage des § 1037 ABGB)

S hat eine Schuld seiner Halbschwester E, für die er nicht haftet, bezahlt. Der Sachverhalt lässt nicht den Schluss zu, dass dies in Schenkungsabsicht **(donandi causa)** geschah. Es ist daher zu prüfen, ob im vorliegenden Fall die Voraussetzungen vorliegen, die zu einem Anspruch des S nach § 1037 ABGB (nützliche Geschäftsführung) führen. Ein Geschäftsführungswille („animus rem alteri gerendi") des S liegt deshalb vor, weil er E durch seine Zahlung von einer Schuld befreien wollte – und auch tatsächlich befreit hat (arg: Gläubiger Pax GmbH hat Zahlung des S auf Rechnung der E akzeptiert, § 1423 ABGB). Dies geschah wohl zum klaren und überwiegenden Vorteil der E, weil die Zahlung des S die E vor sämtlichen Folgen schützt, die ihr bei Schuldnerverzug drohen (Zahlung von Zinsen, klagsweise Geltendmachung des Anspruchs). Aus diesem Grund hat S gegen E einen Anspruch auf Zahlung von € 5.000,– auf der Grundlage des § 1037 ABGB erworben.

Ergebnis: Der Anspruch des S gegen E auf Rückersatz der der Pax GmbH erbrachten Leistung wird auf der Grundlage des § 1037 ABGB (GoA) bejaht. Weil das Gesetz den Verwendungsanspruch gegenüber dem Anspruch aus GoA bloß als subsidiären Rechtsbehelf begreift,[38] steht dem S gegen die E kein mit dem Anspruch aus § 1037 ABGB konkurrierender Anspruch aus § 1042 ABGB zu.

b) Lösungsvorschlag 2 (Anspruch besteht nur auf Grundlage des § 1042 ABGB)

S steht gegen E kein Anspruch auf der Grundlage des § 1037 ABGB zu. Zwar schützt E die Zahlung des S vor sämtlichen Folgen, die ihr bei Schuldnerverzug drohen (Zahlung von Zinsen, klagsweise Geltendmachung des Anspruchs), allerdings gereicht ihr dies nicht zum klaren und überwiegenden Vorteil: Wäre S Geschäftsführer nach § 1037 ABGB, hätte E ja nur den Vorteil, nicht einem Bestattungsunternehmer, sondern einem Familienangehörigen (S) € 5.000,– zu schulden. Im bloßen „Austausch" des Gläubigers kann selbst unter der Annahme, S werde E länger „schonen", als dies die Pax GmbH getan hätte, kein klarer und überwiegender Vorteil gesehen werden. Allerdings kann der Rückgriffsanspruch des S auf § 1042 ABGB (Verwendungsanspruch) gestützt werden. Zwar spricht § 1042 ABGB von einem Aufwand, den der Verpflichtete (in casu: E) „nach dem *Gesetz* selbst hätte machen müssen", doch genügt nach heute hA „jede vom Gesetz anerkannte Verpflichtung, also auch eine vertraglich begründete".[39]

Ergebnis: Der Anspruch des S gegen E auf Rückersatz der der Pax GmbH erbrachten Leistung wird auf der Grundlage des § 1037 ABGB (Geschäftsführung ohne Auftrag) verneint, auf der Grundlage des § 1042 ABGB (Verwendungsanspruch) wird er hingegen bejaht.

Unabhängig davon, ob der Studierende Lösungsvorschlag 1 oder Lösungsvorschlag 2 für überzeugender hält, gilt: S hat gegen U, gegen A und gegen E einen An-

38) *Welser/Zöchling-Jud,* Grundriss des bürgerlichen Rechts II[14] Rz 1732; *Perner/Spitzer/Kodek,* Bürgerliches Recht[5] 382.

39) *Koziol/Spitzer* in KBB[5] § 1042 Rz 2; so im Ergebnis auch *Welser/Zöchling-Jud,* Grundriss des bürgerlichen Rechts II[14] Rz 1746; *Rabl/Riedler,* Bürgerliches Recht III[6] (2017) Rz 15/22; *Perner/Spitzer/Kodek,* Bürgerliches Recht[5] 208.

spruch auf Zahlung von € 5.000,–. U, A und E haften als Solidarschuldner (AGL vis à vis U: § 12 Abs 1 Z 5 EKHG, AGL vis à vis A: § 1327 ABGB, AGL vis à vis E: § 1037 ABGB [Lösungsvorschlag 1] / § 1042 ABGB [Lösungsvorschlag 2]).

✐ Meine Notizen:

IV. Aufgabenstellung 4

Zur Rechtsstellung des B s schon die Musterlösung zu Aufgabenstellung 1 unter E: Da E nach H Alleinerbin ist und Geschwister nach österreichischem Erbrecht nicht pflichtteilsberechtigt sind, geht B nach dem Tod seines Bruders H „völlig leer“ aus.

Ergebnis: B ist nach H weder erb- noch pflichtteilsberechtigt (§ 757 ABGB).

V. Aufgabenstellung 5

A. E gegen U auf Leistung von Schadenersatz für entgangenen Unterhalt (€ 15.000,– pro Jahr bis 2028) sowie auf Ersatz des Trauerschadens (€ 12.000,–) – AGL: §§ 1, 5 iVm § 12 Abs 2 EKHG; §§ 1327, 1328, 1329, 1331 ABGB; § 213a ASVG (Integritätsabgeltung), jeweils entsprechend; EGL: § 7 Abs 2 EKHG; § 1304 ABGB

Das rechtswidrig-schuldhafte Verhalten des Kfz-Lenkers U konkurriert in der Sachverhaltsvariante mit dem Fehlverhalten des H **(Mitverschulden, Obliegenheitsverletzung).** Beider Verhalten war kausal für den Eintritt des Schadens (Entzug von Unterhalt, Trauerschmerz). Daher wirkt sich das Mitverschulden des H auf die Rechtsstellung der E negativ aus: „Dem Verschulden des Geschädigten steht im Falle der Tötung das Verschulden des Getöteten [...] gleich“ (§ 7 Abs 2 EKHG). Kraft Verweisung des § 7 Abs 1 EKHG kommt es zur Anwendung der allgemeinen Mitverschuldensregel des § 1304 ABGB. Fraglich ist bloß, welches Verschulden – das des Schädigers (U) oder das des getöteten Verkehrsunfallopfers (H) – schwerwiegender erscheint. Eine Überschreitung der zulässigen Höchstgeschwindigkeit im Ortsgebiet (50 km/h) um 50% ist wohl (mindestens) ebenso vorwerfbar wie das Bei-Rot-über-die-Ampel-Gehen. Da sich das Verhältnis des Verschuldens des Schädigers zum Mitverschulden des Verkehrsunfallopfers nicht genau bestimmen lässt, wird der Schaden dem Schädiger (U) und Geschädigtem (E) zu je 50% zugerechnet.

Ergebnis: E hat gegen U Anspruch auf Leistung von Schadenersatz für entgangenen Unterhalt sowie auf Ersatz des Trauerschadens, sie muss sich allerdings 50% des Schadens aufgrund des Mitverschuldens des H (§ 7 Abs 2 EKHG; § 1304 ABGB) zurechnen lassen. Daher bekommt sie von U lediglich € 7.500,– pro Jahr für den Zeitraum Mitte Jänner 2017 bis 2028 als Schadenersatz für entgangenen Unterhalt sowie € 6.000,– Trauerschmerzengeld. – Zur erbrechtlichen Stellung der E nach dem Tod des H s die Musterlösung zu Aufgabenstellung 1 unter E.

Meine Notizen:

Prüferinnen: Constanze Fischer-Czermak und Brigitta Zöchling-Jud

FÜM II – Bürgerliches Recht

Wien, Juni 2017

Schwerpunkte: Schuldrecht BT; Erbrecht; familienrechtliche Bezüge des Erbrechts

SACHVERHALT

Ariane verliebte sich kurz nach ihrem 18. Geburtstag Hals über Kopf in **Viktor,** ihren Tanzpartner vom Abschlussball, und die beiden haben bald darauf geheiratet. Doch das junge Glück hielt nicht lange an und kurze Zeit später trennten sie sich wieder. Zu einer offiziellen Scheidung ist es jedoch nie gekommen, da beide „den Ausrutscher" so schnell wie möglich vergessen wollten.

Inzwischen sind schon über 10 Jahre vergangen und **Ariane** lernt im Dezember 2014 **Nico** kennen. Die beiden verlieben sich und beschließen sogleich zusammenzuziehen. Deshalb schließt **Nico** mit der **I-GmbH** als Vermieterin und Eigentümerin einen unbefristeten Mietvertrag über eine nette Altbauwohnung ab. Das mehrstöckige Zinshaus, in dem die Wohnung gelegen ist, wurde um 1900 errichtet. In dem von der **I-GmbH** verwendeten, vorgedruckten Mietvertragsformblatt ist die Anwendbarkeit des MRG ausgeschlossen.

Nico und **Ariane** ziehen am 1. 1. 2015 gemeinsam in die Wohnung. Am 15. 6. 2016 bekommen die beiden ein Kind, das sie **Kevin** nennen. Heiraten finden **Nico** und **Ariane** zu „spießig", aber dennoch will **Nico** Verantwortung übernehmen. Zum einen ist es für ihn eine Selbstverständlichkeit, dass er für **Arianes** und **Kevins** Unterhalt in großzügiger Weise aufkommt, zum anderen schreibt er im Mai 2017 seinem Anwalt einen eigenhändig geschriebenen und unterschriebenen Brief mit folgendem Inhalt: *„Können Sie bitte ein Testament für mich vorbereiten, in welchem ich Ariane und Kevin zu meinen Erben erkläre. Ich komme dann nächste Woche in die Kanzlei zur Unterschrift. Nico".*

Nico kann diesen Termin jedoch nicht mehr wahrnehmen. Am 20. 5. 2017 wollen **Nico** und **Ariane** einen Sommerspaziergang machen. Beim Überqueren der Straße wird **Nico** am Zebrastreifen vom Pkw des **Rudi** erfasst und ist auf der Stelle tot. **Rudi** war mit seinem Auto mit überhöhter Geschwindigkeit und unter Alkoholeinfluss unterwegs.

Einen Monat nach **Nicos** Tod wartet auf die immer noch trauernde **Ariane** bereits die nächste Überraschung. Sie erfährt, dass auch **Viktor** kürzlich verstorben ist. Zu allem Überfluss fordert die **I-GmbH Ariane** auf, die Wohnung mit Ablauf des Monats geräumt zu übergeben, da sie nach dem Tod des Mieters **Nico** kein Recht habe, sich weiterhin dort aufzuhalten.

Viktor hinterlässt neben einer reinen Verlassenschaft von € 120.000,– ein kurz vor seinem Tod errichtetes, formgültiges Testament, in dem er seine Schwester **Simina** zur Alleinerbin eingesetzt hat.

Die reine Verlassenschaft nach **Nico** hat einen Wert von € 300.000,–, darin enthalten die Wohnungseinrichtung im Wert von € 20.000,–. **Ariane** findet heraus, dass **Nico** im Juli 2015 seinem Bruder **Franz** € 400.000,– geschenkt hat, um ihm aus einer schwierigen finanziellen Lage zu helfen. Außerdem legt **Franz** eine formgültige letztwillige Verfügung aus 2013 vor, in der ihn **Nico** mit den Worten: *„... weil ich sonst keine Erben habe ..."* zum Alleinerben eingesetzt hat.

Wie ist die Rechtslage?

Univ.-Prof. Dr. *Constanze Fischer-Czermak* und Univ.-Prof. Dr. *Brigitta Zöchling-Jud* lehren am Institut für Zivilrecht der Universität Wien.

MUSTERLÖSUNG

Von Herbert Weißensteiner

Meine Notizen:

I. Mietvertrag

I-GmbH gegen Ariane auf Räumung gem § 366 ABGB (alternativ § 372 ABGB)

Die Voraussetzung der Eigentumsklage ist die Aktivlegitimation des Klägers. Die I-GmbH ist der nicht besitzende Eigentümer. Ariane ist hingegen die innehabende Nichteigentümerin. Dass Ariane die Wohnung „innehat", geht aus dem Sachverhalt hervor, da sie in der Wohnung wohnt. Es muss sich um eine individuell bestimmbare Sache handeln (§ 370 ABGB), was bei dem Mietobjekt der Fall ist.

Weiters darf der Inhaber kein Recht zum Besitz haben. Ein solches hat aber zB der Mieter. Er wird aufgrund des Mietvertrages Rechtsbesitzer. Laut Sachverhalt hat Nico mit der I-GmbH einen unbefristeten Mietvertrag abgeschlossen. Nico ist aber gestorben und es stellt sich die Frage, ob Ariane in diesen Mietvertrag gem § 14 Abs 3 MRG eintreten konnte. Voraussetzung dafür ist zunächst, dass das MRG auf diesen Mietvertrag anzuwenden ist. Das MRG ist gem § 1 MRG grundsätzlich auf die Miete von Wohnungen anzuwenden. Eine Ausnahme gem § 1 Abs 2 MRG liegt nicht vor. Da das Haus um 1900 errichtet wurde, fällt es auch nicht in den Teilanwendungsbereich nach § 1 Abs 4 MRG.[1)]

Der gegenständliche Mietvertrag würde daher in den Vollanwendungsbereich des MRG fallen. Allerdings wird im Mietvertragsformblatt die Anwendung des MRG ausgeschlossen. Es ist daher zu prüfen, ob der Ausschluss des MRG wirksam vereinbart wurde. Der vorgedruckte Mietvertrag ist als Vertragsformblatt [bzw als Allgemeine Geschäftsbedingungen] zu qualifizieren.[2)] Bei diesen ist zunächst eine Einbeziehungs- sowie eine Geltungskontrolle und anschließend eine Inhaltskontrolle durchzuführen.[3)]

Einbeziehungskontrolle: In casu wurde die Bestimmung ausdrücklich vereinbart, da diese im Vertragstext enthalten ist. Nico hatte auch die Möglichkeit, den Text zu lesen.

Geltungskontrolle: Kein Hinweis im Sachverhalt deutet darauf hin, dass es sich um eine „versteckte" Klausel handelt, mit der Nico nach dem äußeren Erscheinungsbild der Urkunde nicht zu rechnen brauchte.[4)]

Inhaltskontrolle: Der gänzliche Ausschluss des MRG ist aber ungültig, da es sich beim MRG um relativ zwingende Normen handelt. Dies bedeutet, dass nur zugunsten des Mieters von den Normen des MRG abgewichen werden darf.[5)] Ein gänzlicher Ausschluss ist daher unwirksam.

Zwischenergebnis: Nico hat mit der I-GmbH einen unbefristeten Mietvertrag abgeschlossen, der dem MRG unterliegt und durch seinen Tod nicht aufgehoben wird (§ 14 Abs 1 MRG). Das Mietrecht fällt aber nicht in den Nachlass, wenn gem § 14 MRG eine dazu berechtigte Person in das Mietverhältnis eintritt (gesetzliche Vertragsübernahme[6)]).

Zu prüfen ist daher, ob Ariane in den Mietvertrag eingetreten ist.[7)] Gem § 14 Abs 2 MRG treten beim Tod des Hauptmieters einer Wohnung mit Ausschluss anderer zur Erbfolge berufener Personen bestimmte Angehörige ein, wenn sie nicht dem Vermieter binnen 14 Tagen die Unterlassung des Eintritts bekannt geben. Zu einer solchen Bekanntgabe ist es laut Sachverhalt nicht gekommen. Ariane ist als Lebensgefährtin eintrittsberechtigt. Sie ist Lebensgefährtin im Sinn des § 14 Abs 3 MRG, weil sie mit Nico in einer Haushaltsgemeinschaft gelebt hat, die wirtschaftlich einer Ehe gleichkommt.[8)] Auch kann man ein dringendes Wohnbedürfnis der Ariane annehmen, da sich aus dem Sachverhalt keine andere Wohngelegenheit für sie und ihr Kind ergibt. Grundsätzlich ist Voraussetzung, dass die Haushaltsgemeinschaft des Lebensgefähr-

---

Mag. *Herbert Weißensteiner* ist Universitätsassistent am Institut für Zivilrecht der Universität Wien.

1) *Welser/Zöchling-Jud*, Bürgerliches Recht II[14] Rz 992; *Rabl/Riedler*, Schuldrecht Besonderer Teil[6] Rz 8/6 ff.
2) *Welser/Kletečka*, Bürgerliches Recht I[15] Rz 427.
3) *Welser/Kletečka*, Bürgerliches Recht I[15] Rz 431 ff; *P. Bydlinski*, Allgemeiner Teil[7] Rz 6/23.
4) *Welser/Kletečka*, Bürgerliches Recht I[15] Rz 432; *P. Bydlinski*, Allgemeiner Teil[7] Rz 6/26.
5) *Welser/Zöchling-Jud*, Bürgerliches Recht II[14] Rz 986 sprechen davon, dass die Bestimmungen weitgehend zwingend sind.
6) *Welser/Zöchling-Jud*, Bürgerliches Recht II[14] Rz 614; nicht so deutlich *Rabl/Riedler*, Schuldrecht Besonderer Teil[6] Rz 8/40.
7) *Welser/Zöchling-Jud*, Bürgerliches Recht II[14] Rz 1059; *Rabl/Riedler*, Schuldrecht Besonderer Teil[6] Rz 8/40.
8) *Welser/Zöchling-Jud*, Bürgerliches Recht II[14] Rz 1059.

Meine Notizen:

ten mit dem Mieter mindestens drei Jahre bis zu dessen Tod gedauert hat. Dies entfällt jedoch beim gemeinsamen Bezug der Wohnung wie im gegenständlichen Fall. Dass Ariane (noch) verheiratet ist, ist für die Qualifizierung als Lebensgefährtin unerheblich.[9)]

Ariane ist daher in den Mietvertrag gem § 14 MRG eingetreten und kann der Räumungsklage ihr Recht zum Besitz entgegenhalten.

(Auch Kevin wäre eintrittsberechtigt. Dazu müsste aber erst die Abstammung von Nico festgestellt werden; dazu unten II. Außerdem ist ein Eintritt des minderjährigen Kevin in den Mietvertrag praktisch nicht sehr relevant, weil es sich dabei wohl um eine Angelegenheit des außerordentlichen Wirtschaftsbetriebes handelt, zu der die als gesetzliche Vertreterin handelnde Ariane gem § 167 Abs 3 ABGB der Zustimmung des Pflegschaftsgerichtes bedürfte.)

II. Unfall

A. Vorfrage Abstammung

Da nach Nicos Tod auch Kevin Schadenersatzansprüche haben könnte, ist als Vorfrage die Abstammung zu klären:

Ariane war im Zeitpunkt der Geburt des Kevin mit Viktor verheiratet (und ist es noch immer). Gem § 144 Abs 1 Z 1 ABGB ist daher Viktor der rechtliche Vater des Kevin, solange nicht festgestellt ist, dass Kevin nicht von ihm abstammt (§ 140 ABGB). Umgekehrt muss die Vaterschaft des Nico erst festgestellt werden, auch wenn er der leibliche Vater des Kevin ist. Nach Nicos Tod kann die Feststellung der Abstammung gem § 142 ABGB gegen seine Rechtsnachfolger, also zunächst gegen den ruhenden Nachlass, bewirkt werden.

1) Kevin gegen Nachlass nach Nico auf Feststellung der Abstammung gem § 150 iVm § 142 ABGB

Kevin könnte zunächst gem § 151 ABGB den Antrag stellen, dass er nicht von Viktor abstammt, und anschließend gem § 148 ABGB den Antrag auf Feststellung der Vaterschaft des Nico einbringen. Um zu verhindern, dass das Kind in der Zwischenzeit rechtlich vaterlos ist, ermöglicht ihm § 150 ABGB den sogenannten „Vätertausch".[10)] Obwohl Kevin einen rechtlichen Vater hat (Viktor), kann er die Feststellung der Vaterschaft des Nico gegen dessen Nachlass beantragen. Mit Stattgebung dieses Antrags wird zugleich die Nichtabstammung von Viktor festgestellt.

2) Nachlass nach Viktor gegen Kevin auf Feststellung der Nichtabstammung gem § 151 iVm § 142 ABGB

Auch der Nachlass nach Viktor könnte gem § 151 iVm § 142 ABGB die Feststellung der Nichtabstammung des Kevin von Viktor beantragen. Gerade das wird auch im Interesse der Erbin Simina liegen, um nicht mit einem Pflichtteil des Kevin belastet zu sein. Als Erbin ist sie unter den Voraussetzungen des § 810 ABGB zur Antragstellung für den Nachlass befugt.

B. Schadenersatzansprüche

1) Ariane gegen Rudi

a) auf Ersatz des Trauerschadens[11)] gem §§ 1293 ff ABGB ex delicto

Schaden: Die „trauernde" Ariane könnte versuchen, von Rudi für die erlittene Trauer Ersatz zu erhalten. Dabei handelt es sich um einen immateriellen Schaden, da bloße Trauer im Gegensatz zum Schock keine psychische Beeinträchtigung bedeutet und somit keinen Krankheitswert hat.[12)]

Ariane als Lebensgefährtin ist zur Geltendmachung des Trauerschadens auch berechtigt,[13)] da sie mit dem Verstorbenen im gemeinsamen Haushalt lebte.[14)]

Kausalität: Das Verhalten des Rudi war kausal im Sinne der Conditio-sine-qua-non-Formel, denn denkt man sich sein Verhalten weg (Anfahren des Nico), wäre

9) *Würth* in *Rummel*³ § 14 MRG Rz 7 (Stand 1. 1. 2003, rdb.at).
10) *Welser/Kletečka*, Bürgerliches Recht I¹⁵ Rz 1696; *Hinteregger*, Familienrecht⁶ 169.
11) *Rabl/Riedler*, Schuldrecht Besonderer Teil⁶ Rz 13/57.
12) *Welser/Zöchling-Jud*, Bürgerliches Recht II¹⁴ Rz 1471.
13) *Rabl/Riedler*, Schuldrecht Besonderer Teil⁶ Rz 13/57.
14) *Welser/Zöchling-Jud*, Bürgerliches Recht II¹⁴ Rz 1472.

Meine Notizen:

Nico nicht getötet worden und bei Ariane keine Trauer eingetreten. Auch ist Rudis Verhalten geeignet, derartige Folgen auszulösen (Adäquanz liegt vor).

Rechtswidrigkeit: Rudis Verhalten war rechtswidrig gem § 1311 Satz 2 ABGB, weil er gegen ein Schutzgesetz, die StVO, verstoßen hat, indem er mit überhöhter Geschwindigkeit und unter Alkoholeinfluss den Pkw gefahren hat. Da diese Normen der StVO die Verletzung/Tötung anderer Verkehrsteilnehmer verhindern wollen, ist auch der Rechtswidrigkeitszusammenhang gegeben.

Verschulden: Der Trauerschaden wird nach gefestigter Rsp des OGH nur bei grobem Verschulden des Schädigers ersetzt.[15] Der Umstand, dass Rudi mit überhöhter Geschwindigkeit und unter Alkoholeinfluss unterwegs war, deutet auf ein grob fahrlässiges Verhalten hin, wodurch das grobe Verschulden des Schädigers gegeben ist. Der Anspruch besteht daher zu Recht.

b) auf Ersatz des entgangenen Unterhalts gem § 1327 ABGB

Nach § 1327 ABGB können die Hinterbliebenen des Getöteten den ihnen entgangenen Unterhalt verlangen. Anspruchsberechtigt sind aber nur die gesetzlich Unterhaltsberechtigten. Laut Sachverhalt kommt Nico zwar für Arianes Unterhalt auf, sie hat aber als Lebensgefährtin keinen gesetzlichen Unterhaltsanspruch.[16] Der Anspruch besteht nicht zu Recht.

c) auf Ersatz des Trauerschadens gem §§ 1, 5 EKHG

Der Unfall hat sich beim Betrieb eines Kfz ereignet, sodass das EKHG anwendbar ist (§ 1 EKHG). Nach EKHG haftet grundsätzlich gem § 5 EKHG der Halter eines Kfz. Rudi ist nach dem Sachverhalt auch als Halter des Kfz zu qualifizieren („Pkw des Rudi", „mit seinem Auto"). Bei der Haftung nach EKHG handelt es sich um eine verschuldensunabhängige Gefährdungshaftung. Aus diesem Grund fehlt es an der erforderlichen Schwere der Zurechnungsgründe, weshalb ein Ersatz des Trauerschadens nach EKHG nicht in Betracht kommt.[17]

d) auf Ersatz des entgangenen Unterhalts gem § 12 Abs 2 EKHG

Der Anspruch besteht nicht, da Nico gegenüber Ariane als seiner Lebensgefährtin nicht zur Unterhaltsgewährung verpflichtet war.[18]

2) Nachlass nach Nico gegen Rudi auf Ersatz der Begräbniskosten gem §§ 1293 ff, 1327 ABGB ex delicto

Schaden: Der Ersatz der Begräbniskosten ergibt sich aus § 1327 ABGB, wonach bei Tötung eines Menschen alle dadurch entstandenen Kosten ersetzt werden müssen.[19]

Zu Kausalität, Rechtswidrigkeit und Verschulden des Rudi s oben unter 1. a).

Die Anspruchsberechtigung der Verlassenschaft folgt aus § 549 ABGB.[20] Da Nico nach dem Sachverhalt „auf der Stelle" tot war, braucht ein Schmerzengeldanspruch nicht thematisiert werden.

3) Nachlass nach Nico gegen Rudi auf Ersatz der Begräbniskosten gem §§ 1, 5 EKHG iVm § 12 Abs 1 Z 4 und 5 EKHG

Zur Anwendung des EKHG und zur Haftung des Rudi s oben unter 1. c). Der Ersatz der Begräbniskosten folgt aus § 12 Abs 1 Z 5 EKHG. Zur Anspruchsberechtigung des Nachlasses s bereits oben 2.

4) Kevin gegen Rudi auf Ersatz des entgangenen Unterhalts gem §§ 1293 ff iVm 1327 ABGB

Schaden: Aus § 1327 ABGB ergibt sich bei Tötung eines Menschen das Recht der Hinterbliebenen auf Ersatz des dadurch entgangenen Unterhalts. Anspruchsberech-

15) *Welser/Zöchling-Jud,* Bürgerliches Recht II[14] Rz 1472; *Rabl/Riedler,* Schuldrecht Besonderer Teil[6] Rz 13/57.
16) *Welser/Zöchling-Jud,* Bürgerliches Recht II[14] Rz 1490; *Rabl/Riedler,* Schuldrecht Besonderer Teil[6] Rz 14/13.
17) *Welser/Zöchling-Jud,* Bürgerliches Recht II[14] Rz 1472; *Rabl/Riedler,* Schuldrecht Besonderer Teil[6] Rz 13/57 erwähnt lediglich die Voraussetzung des groben Verschuldens für den Ersatz des Trauerschadens, geht aber auf die Problematik des Ersatzes im Rahmen des EKHG nicht explizit ein.
18) *Welser/Zöchling-Jud,* Bürgerliches Recht II[14] Rz 1490; *Rabl/Riedler,* Schuldrecht Besonderer Teil[6] Rz 14/13.
19) *Welser/Zöchling-Jud,* Bürgerliches Recht II[14] Rz 1489; *Rabl/Riedler,* Schuldrecht Besonderer Teil[6] Rz 14/12.
20) *Welser/Zöchling-Jud,* Bürgerliches Recht II[14] Rz 2417; *Eccher,* Erbrecht[6] Rz 8/4.

Meine Notizen:

tigt sind die gesetzlich Unterhaltsberechtigten. Nach erfolgtem Vätertausch ist Kevin als Kind des Nico gesetzlich unterhaltsberechtigt.[21)] Der Ersatz wird grds in Form einer Rente geleistet. Im Rahmen der Verschuldenshaftung kann auch ein tatsächlich geleisteter, höherer als der gesetzliche Unterhalt geltend gemacht werden. Dass tatsächlich ein höherer als der gesetzlich geschuldete Unterhalt geleistet wird, ist deshalb naheliegend, da Nico laut Sachverhalt „in großzügiger Weise“ für den Unterhalt des Kevin aufkommt. Zu Kausalität, Rechtswidrigkeit und Verschulden s oben bei 1. a). Der Anspruch besteht daher zu Recht.

5) Kevin gegen Rudi auf Ersatz des entgangenen Unterhalts gem §§ 1, 5 iVm § 12 Abs 2 EKHG

Zur Anwendbarkeit des EKHG und zur Haftung des Rudi s oben unter 1. c).

Auch der entgangene Unterhalt stellt einen nach dem EKHG ersatzfähigen Schaden dar. Dieser ist jedoch im Bereich des EKHG mit dem gesetzlichen Unterhaltsanspruch begrenzt[22)] (vgl § 12 Abs 2 EKHG). Der Anspruch besteht somit großteils zu Recht.

III. Erbrecht

A. Verlassenschaft nach Viktor

1) Anwendbares Recht

Da Viktor nach dem 1. 1. 2017 verstorben ist, kommt gem § 1503 Abs 7 Z 1 und 2 ABGB, von einigen Ausnahmen abgesehen, das Erbrecht idF ErbRÄG 2015 zur Anwendung. Das gilt nach § 1503 Abs 7 Z 5 ABGB allerdings nicht für letztwillige Verfügungen, die vor dem 1. 1. 2017 errichtet wurden. Da der Sachverhalt festlegt, dass die letztwillige Verfügung des Viktor formgültig ist, ist unerheblich, ob auf diese das „neue“ oder das „alte“ Erbrecht anwendbar ist. Weiters spricht die Wendung „kurz vor seinem Tod errichtetes“ dafür, dass das Testament nach dem 1. 1. 2017 errichtet wurde.

2) Erben nach Viktor

Viktor hinterlässt eine nach dem Sachverhalt formgültige letztwillige Verfügung zugunsten seiner Schwester Simina. Diese ist also Alleinerbin. Zu prüfen ist aber ein Pflichtteilsanspruch seiner Ehefrau Ariane sowie ein allfälliger Unterhaltsanspruch. Ein Pflichtteilsanspruch des Kindes Kevin kann durch den Antrag auf Feststellung der Nichtabstammung gem § 151 iVm § 142 ABGB abgewendet werden (s II. A.).

Da die Ehe zwischen Viktor und Ariane nie geschieden wurde, bleibt Ariane trotz der lang zurückliegenden Trennung gesetzliche Erbin (§ 746 Abs 1 ABGB e contrario). Sie ist daher als Ehegattin pflichtteilsberechtigt nach § 757 ABGB. Die Pflichtteilsquote des Ehegatten richtet sich nach seiner hypothetischen gesetzlichen Erbquote.

Gem § 744 ABGB gebührt dem Ehegatten bei Zusammentreffen mit der ersten Parentel 1/3 der reinen Verlassenschaft. Bei Zusammentreffen mit den Eltern des verstorbenen Ehegatten erbt der Ehegatte 2/3. Auch die auf vorverstorbene Elternteile entfallenden Erbquoten gehen auf den Ehegatten über. Da Viktor weder Kinder (s oben II. A.) noch Eltern hinterlässt, würde Ariane als Ehegattin alles erben (1/1),[23)] weil der Ehegatte seit dem ErbRÄG 2015 Geschwister des Erblassers verdrängt.

Gem § 759 ABGB beträgt die Pflichtteilsquote die Hälfte dessen, was dem Pflichtteilsberechtigten nach der gesetzlichen Erbfolge zustünde. Dies würde im konkreten Fall zu einer Pflichtteilsquote von 1/2 zugunsten der Ariane führen (RNL iHv € 120.000,–/2 = PT iHv € 60.000,–).

Da Ariane und Viktor aber schon seit mehr als 10 Jahren keinen Kontakt mehr hatten, ist eine Pflichtteilsminderung nach § 776 ABGB zu prüfen. Danach kann der Erblasser den Pflichtteil eines Pflichtteilsberechtigten um die Hälfte mindern.[24)] Nun hat Viktor nicht ausdrücklich eine solche Pflichtteilsminderung hinsichtlich Ariane verfügt. Doch ist eine solche Pflichtteilsminderung um die Hälfte auch stillschwei-

21) *Welser/Zöchling-Jud*, Bürgerliches Recht II[14] Rz 1490; *Rabl/Riedler*, Schuldrecht Besonderer Teil[6] Rz 14/13.
22) *Welser/Zöchling-Jud*, Bürgerliches Recht II[14] Rz 1608; weniger genau *Rabl/Riedler*, Schuldrecht Besonderer Teil[6] Rz 14/13 und 14/46.
23) Vgl dazu *Eccher*, Erbrecht[6] Rz 3/15.
24) *Eccher*, Erbrecht[6] Rz 11/22.

Meine Notizen:

gend durch Übergehung möglich (vgl § 776 Abs 3 ABGB). Viktor hat eine letztwillige Verfügung erstellt und Ariane darin übergangen. Darin kann und wird eine stillschweigende Pflichtteilsminderung durch Übergehung zu sehen sein.[25] Voraussetzung dafür ist, dass der Verstorbene und der Pflichtteilsberechtigte zumindest über einen längeren Zeitraum vor dem Tod des Verfügenden nicht in einem Naheverhältnis standen, wie es zwischen solchen Familienangehörigen gewöhnlich besteht.[26] Fraglich ist, was unter dem vom Gesetz geforderten „längeren Zeitraum" zu verstehen ist. Die Materialien sprechen diesbezüglich von etwa 20 Jahren.[27] In der Lehre werden aber auch kürzere Zeiträume vertreten.[28]

Im gegenständlichen Fall kann durchaus vertreten werden, dass Ehegatten, die über zehn Jahre vor dem Tod keinerlei Kontakt miteinander hatten, diesen Voraussetzungen entsprechen. Dass der Erblasser den Kontakt grundlos gemieden oder berechtigten Anlass für den fehlenden Kontakt gegeben hat (§ 776 Abs 2 ABGB), ist dem Sachverhalt nicht zu entnehmen. Im Gegenteil haben sich die Ehegatten vor über zehn Jahren einvernehmlich getrennt. Im Hinblick auf die Materialien ist aber ebenso die gegenteilige Ansicht vertretbar. Bejaht man die Pflichtteilsminderung, erhält Ariane € 30.000,–; andernfalls beläuft sich ihr Pflichtteil auf € 60.000,–.

Der Ehegattenunterhalt steht nach dem Tod des Unterhaltspflichtigen gegen die Verlassenschaft/die Erben zu (§ 747 ABGB).[29] Es handelt sich dabei nicht um eine eigentliche Vererbung der Schuld, sondern um eine Erbgangsschuld, die mit dem Tod des Verpflichteten neu entsteht. Obergrenze ist jedenfalls die reine Verlassenschaft. Der Berechtigte muss sich dabei alle vom Verstorbenen herrührenden Zuwendungen (hier den Pflichtteil) einrechnen lassen. Weiters auch eigenes Vermögen bzw tatsächliche oder zumutbare Erwerbseinkünfte. Dieser Unterhalt nach § 747 ABGB bestimmt sich sinngemäß nach den Grundsätzen des § 94 ABGB.

Nach dieser Bestimmung haben beide Ehegatten nach ihren Kräften zur Deckung der ihren Lebensverhältnissen angemessenen Bedürfnisse gemeinsam beizutragen.[30] Die Unterhaltsberechtigung des haushaltsführenden Ehegatten würde grundsätzlich auch bei Aufhebung der Haushaltsgemeinschaft aufrechtbleiben (§ 94 Abs 2 ABGB),[31] jedoch deutet im Sachverhalt nichts darauf hin, dass eine solche jemals bestanden hat. All dies spricht gegen einen Unterhaltsanspruch der Ariane gegen Viktor. Man könnte auch argumentieren, dass durch die einvernehmliche Trennung auf gegenseitige Unterhaltsansprüche verzichtet wurde.

3) Verlassenschaft nach Nico

a) Anwendbares Recht

Da Nico im Mai 2017 gestorben ist, kommt gem § 1503 Abs 7 Z 1 und 2 ABGB, von einigen Ausnahmen abgesehen, das Erbrecht idF ErbRÄG 2015 zur Anwendung. Das gilt nach § 1503 Abs 7 Z 5 ABGB allerdings nicht für letztwillige Verfügungen, die vor dem 1. 1. 2017 errichtet wurden, somit für das Testament aus 2013. Dieses ist daher nach alter Rechtslage zu beurteilen, wobei es nach dem Sachverhalt ohnedies formgültig ist.

b) Erben nach Nico

aa) Letztwillige Verfügungen

Zunächst ist zu klären, ob es letztwillig berufene Erben gibt. Es findet sich ein formgültiges Testament aus 2013 zugunsten des Franz. Im Mai 2017 wollte Nico aber ein neues Testament zugunsten von Ariane und Kevin errichten, das gem § 713 ABGB das ältere aufheben würde. Da es nicht mehr zur Unterschriftsleistung beim Anwalt gekommen ist, ist zu prüfen, ob bereits das Schreiben an den Anwalt als gültiges Testament beurteilt werden kann.

Schreiben an den Rechtsanwalt

Nico hat den Brief eigenhändig geschrieben und unterschrieben, sodass die Form des § 578 ABGB erfüllt wäre. Fraglich ist aber, ob Nico Testierwillen hatte, dh das Be-

25) *Eccher,* Erbrecht⁶ Rz 11/22.
26) *Eccher,* Erbrecht⁶ Rz 11/23.
27) ErlRV 688 BlgNR 25. GP 31.
28) *Rabl,* Erbrechtsreform 2015 – Pflichtteilsrecht neu, NZ 2015, 329f; krit *Zöchling-Jud* in *Rabl/Zöchling-Jud,* Das neue Erbrecht. Erbrechts-Änderungsgesetz 2015 (2015) 87f.
29) *Eccher,* Erbrecht⁶ Rz 1/15.
30) *Welser/Kletečka,* Bürgerliches Recht I¹⁵ Rz 1514.
31) *Welser/Kletečka,* Bürgerliches Recht I¹⁵ Rz 1519.

Meine Notizen:

wusstsein und die Absicht, jetzt eine letztwillige Verfügung zu errichten.[32] Da Nico mit dem Brief an den Rechtsanwalt noch nicht seinen letzten Willen erklären wollte, sondern den Anwalt nur bat, eine letztwillige Verfügung vorzubereiten, fehlt der Wille, bereits mit diesem Schreiben letztwillig zu verfügen. Das Schreiben an den Anwalt ist daher keine letztwillige Verfügung zugunsten von Kevin und Ariane, da der animus testandi fehlt.

Testament aus 2013

In der letztwilligen Verfügung aus 2013 setzte Nico seinen Bruder Franz mit der Begründung zum Alleinerben ein, „weil ich sonst keine Erben habe", was damals auch stimmte. Diese letztwillige Verfügung ist als Testament zu qualifizieren, da Nico über die Erbfolge verfügt (§ 552 Abs 2 ABGB). Nach dem Sachverhalt kann von einem formgültigen Testament ausgegangen werden. Am 15. 6. 2016 wurde allerdings Kevin geboren, der, wenn die Vaterschaft des Nico festgestellt wird (dazu oben II. A.), als Kind des Nico gesetzlicher Erbe ist. Kevin ist zudem der einzige Nachkomme des Nico. Es stellt sich daher die Frage, ob durch die spätere Geburt des Kevin das Testament aus 2013 entkräftet wird.

§ 778 aF ABGB enthielt für den Agnationsfall die eindeutige Regelung, dass die letztwillige Verfügung eines kinderlosen Erblassers durch die spätere Geburt eines Nachkommen, für den keine Vorsorge getroffen wurde, aufgehoben wird (testamentum ruptum). Die Nachfolgebestimmung, nämlich § 775 Abs 2 ABGB, ist demgegenüber unklar. Der Wortlaut scheint dafür zu sprechen, dass die Bestimmung nur die irrtümliche Übergehung bereits vorhandener Nachkommen regelt. Es ist daher fraglich, ob der „Agnationsfall" überhaupt noch mitumfasst ist.[33] *Eccher* thematisiert dieses Problem allerdings nicht, sondern bezieht § 775 Abs 2 ABGB auch auf die spätere Geburt eines Kindes.[34] Wenn man *Eccher* folgt, stellt § 775 Abs 2 ABGB die gesetzliche Vermutung auf, dass durch die Geburt des Kevin im Jahr 2016 die letztwillige Verfügung aus 2013 als widerrufen gilt (testamentum ruptum).[35]

Wenn man *Eccher* nicht folgt,[36] wird dasselbe Ergebnis über § 572 ABGB erreicht, weil § 775 Abs 2 ABGB nur einen Spezialfall der Anfechtung wegen eines Motivirrtums regelt und dem Anfechtenden den Kausalitätsbeweis erspart. Zur Anfechtung wegen eines Motivirrtums gem § 572 ABGB ist Kevin berechtigt, weil er durch den Wegfall der Verfügung begünstigt würde. Nico irrt darüber, dass er einen Nachkommen erhält, und das Fehlen von gesetzlichen Erben war offensichtlich sein einziges Motiv für die Berufung des Franz. Damit wären sogar die strengen Voraussetzungen, die die Judikatur für eine Anfechtung nach § 572 ABGB verlangt, erfüllt.

bb) Gesetzliche Erbfolge

Nico hinterlässt daher keine gültige letztwillige Verfügung. Es kommt zur gesetzlichen Erbfolge. Die reine Verlassenschaft nach Nico ist im Sachverhalt mit € 300.000,– angegeben. Nico hinterlässt seine Lebensgefährtin Ariane und das Kind Kevin. Die gesetzliche Erbfolge des ABGB folgt dem Parentelensystem.[37] Zur ersten Parentel zählen die Nachkommen des Verstorbenen (§§ 731 ff ABGB). Kevin ist der einzige Nachkomme des Nico. Die Parentelen kommen nacheinander zum Zug, sodass ein Vertreter der zweiten Parentel (in casu der Bruder Franz) nur erben kann, wenn niemand aus der ersten Parentel zur Erbschaft gelangt.[38]

Kevin ist das einzige Kind des Nico und daher gem § 732 ABGB Alleinerbe. Ein „außerordentliches" Erbrecht der Lebensgefährtin Ariane (§ 748 ABGB) scheitert am Vorhandensein gesetzlicher Erben.[39]

Hinzurechnung der Schenkung an Franz

Nico hat im Juli 2015 seinem Bruder Franz € 400.000,– geschenkt. Wäre die Schenkung an Franz nicht erfolgt, würde der reine Nachlass € 700.000,– betragen und Kevins Pflichtteil würde € 350.000,– ausmachen. Als gesetzlicher Erbe erhält er aber nur € 300.000,–, sodass sein Pflichtteil mit seinem gesetzlichen Erbteil nicht gedeckt

32) *Welser/Zöchling-Jud,* Bürgerliches Recht II[14] Rz 2008; weniger klar *Eccher,* Erbrecht[6] Rz 4/14, 4/15.
33) Vgl *Musger* in KBB[5] § 775 Rz 3. So gehen *Barth/Pesendorfer,* Erbrechtreform 2015 (2015) 112, davon aus, dass § 775 Abs 2 ABGB den Agnationsfall nicht erfasst.
34) *Eccher,* Erbrecht[6] Rz 4/29.
35) *Eccher,* Erbrecht[6] Rz 4/29.
36) So *Barth/Pesendorfer,* Erbrechtreform 2015, 112.
37) *Eccher,* Erbrecht[6] Rz 3/6.
38) *Eccher,* Erbrecht[6] Rz 3/6.
39) *Eccher,* Erbrecht[6] Rz 3/17.

erscheint. Es ist daher eine Hinzurechnung der Schenkung an Franz gem § 782 ABGB zu prüfen.

Gem § 782 ABGB können Schenkungen iSd § 781 ABGB an nicht abstrakt pflichtteilsberechtigte Personen auf Verlangen eines konkret Pflichtteilsberechtigten nur dann bei der Berechnung des Pflichtteils hinzugerechnet werden, wenn die Schenkung in den letzten beiden Jahren vor dem Tod des Geschenkgebers wirklich gemacht wurde.[40] Franz gehört als Bruder nicht zum Kreis der Pflichtteilsberechtigten (vgl § 757 ABGB). Die Schenkung an ihn erfolgte aber im Juli 2015 und somit innerhalb der Frist von 2 Jahren. Nachkommen können das Hinzurechnungsbegehren allerdings nur stellen, wenn der Verstorbene die Schenkung zu einer Zeit gemacht hat, zu der er bereits Nachkommen hatte (§ 782 Abs 2 ABGB). Dies ist laut Sachverhalt nicht gegeben, da Kevin erst am 15. 6. 2016 geboren wurde. Somit war Kevin zum Zeitpunkt der Schenkung noch nicht einmal gezeugt. Kevin kann daher keine Anrechnung der Schenkung verlangen.

Gesetzliches Vorausvermächtnis der Lebensgefährtin

Hinsichtlich der Wohnungseinrichtung stellt sich die Frage eines gesetzlichen Vorausvermächtnisses der Lebensgefährtin gem § 745 Abs 2 ABGB.[41] Danach gebühren dem Lebensgefährten die zum Haushalt gehörenden beweglichen Sachen. Dies allerdings nur befristet auf ein Jahr, was bedeutet, dass sie die Sachen nach einem Jahr herausgeben müsste. Damit es zum gesetzlichen Vorausvermächtnis des Lebensgefährten kommt, muss der Lebensgefährte die letzten drei Jahre vor dem Tod des Verstorbenen im gemeinsamen Haushalt gelebt haben.[42] Die beiden wohnen noch nicht drei Jahre zusammen (Dezember 2014 bis Juni 2017). Ein gesetzliches Vorausvermächtnis des Lebensgefährten kommt daher nicht in Betracht. Kevin bleiben als Alleinerben daher € 300.000,–.

Meine Notizen:

40) *Eccher*, Erbrecht^6 Rz 12/15.
41) *Eccher*, Erbrecht^6 Rz 9/27.
42) *Eccher*, Erbrecht^6 Rz 9/27.

Meine Notizen:

PrüferInnen: Constanze Fischer-Czermak und Martin Schauer

FÜM II – Bürgerliches Recht

Wien, 31. 1. 2018

Schwerpunkte: Familienrecht (Aufhebung, Scheidung, Aufteilung des ehelichen Gebrauchsvermögens), Schuldrecht (Geschäftsraummiete – Unternehmenspacht, drittfinanzierter Kauf, Bürgschaft, Interzessionsschutz)

SACHVERHALT

Nach ihrer Hochzeit im September 2012 ziehen **Johanna** und **Pius** in ein Haus, das **Johanna** von ihrer Mutter geerbt hat. Bereits im Herbst 2013 verschlechtert sich das Verhältnis zwischen den Eheleuten, als **Johanna** herausfindet, dass **Pius** zwei Kinder aus einer vorehelichen Beziehung hat, deren Existenz er ihr aber verschwiegen hat. Daraufhin sprechen die beiden nicht mehr miteinander und **Pius** zieht in die separat begehbare Single-Wohnung im Kellergeschoss des Hauses, weil er keine andere Wohnmöglichkeit hat. Ihr Kontakt ist auf das Notwendigste reduziert. Vier Jahre später, im Oktober 2017, ist dieser Zustand für **Johanna** nicht mehr tragbar. Sie will, dass **Pius** sofort auszieht und möchte die Ehe beenden. **Pius** will unabhängig vom Fortbestand der Ehe auf jeden Fall im Haus bleiben.

Nachdem **Johanna** jahrelang in einer Tischlerei gearbeitet hat, möchte sie sich Anfang 2017 selbständig machen. Sie verhandelt mit **Michael,** einem pensionierten Tischler, der für die Nutzung der Räumlichkeiten seiner Werkstatt, die im Erdgeschoß eines dreistöckigen Hauses liegen, eine Interessentin sucht. Sie vereinbaren, dass **Michael** der **Johanna** diese Räumlichkeiten samt Inventar auf unbestimmte Zeit um € 2.000,– pro Monat überlässt.

Noch bevor **Johanna** in der Werkstatt den Betrieb aufnimmt, möchte sie eine neue Holzverarbeitungsmaschine von der **M-AG** kaufen, die derartige Maschinen herstellt. Da **Johanna** den Kaufpreis in der Höhe von € 12.000,– nicht auf einmal aufbringen kann, schlägt ihr die **M-AG** die Finanzierung durch die **F-Bank** vor, mit der die **M-AG** regelmäßig zusammenarbeitet. **Johanna** unterschreibt daher einen Kaufvertrag mit der **M-AG,** in dem sich diese bis zur vollständigen Bezahlung des Kaufpreises das Eigentum an der Maschine vorbehält. Gleichzeitig unterschreibt **Johanna** einen von der **M-AG** vorgelegten Antrag an die **F-Bank** über einen Kredit in Höhe von € 12.000,–, der mit Zinsen und Gebühren in 13 Monatsraten zu je € 1.000,– zurückzuzahlen ist. Die **F-Bank** soll die Valuta direkt an die **M-AG** auszahlen und die Kaufpreisforderung samt dem sie sichernden vorbehaltenen Eigentum erwerben. Die **M-AG** leitet den Kreditantrag an die **F-Bank** weiter, die aber eine weitere Sicherheit verlangt, weil eine Bonitätsprüfung ergibt, dass sich **Johanna** in einer wirtschaftlich schwierigen Lage befindet. Nachdem die **F-Bank** diese Bedenken der **Johanna** mitteilt, gelingt es **Johanna,** ihren Bruder **Paul** zur Übernahme einer Bürgschaft zu bewegen. Daraufhin nimmt die **F-Bank** zufrieden den Kreditantrag an. **Paul** unterschreibt die Bürgschaftserklärung, scannt diese ein und schickt sie schließlich per E-Mail an die **F-Bank.** Über die schlechte wirtschaftliche Situation **Johannas** weiß **Paul** nicht Bescheid, auch klärt die **F-Bank** ihn nicht darüber auf.

Kurz darauf liefert die **M-AG** die neue Maschine und erhält von der **F-Bank** den Kaufpreis. **Johanna** nimmt die Maschine sofort in Betrieb. Ab Anfang November 2017 kann die Holzverarbeitungsmaschine aber nicht mehr benutzt werden. Dies ist auf einen seltenen, aber erkennbaren Produktionsfehler seitens der **M-AG** zurückzuführen, der aber behoben werden kann. **Johanna** verlangt daher von der **M-AG** die Reparatur und ist nicht bereit, während der Unbenutzbarkeit der Maschine die ausstehenden Raten an die **F-Bank** zu zahlen. Diese verlangt weiterhin Zahlung und wendet sich diesbezüglich auch an **Paul.** Zu allem Überfluss möchte **Michael** die Werkstatt dem Betreiber eines Fitnessstudios überlassen, weil dieser für die Räumlichkeiten mehr zahlen würde.

Wie ist die Rechtslage?

Univ.-Prof. Dr. *Constanze Fischer-Czermak* und Univ.-Prof. Dr. *Martin Schauer* lehren am Institut für Zivilrecht der Universität Wien.

Prüfungsergebnisse: Die Teile I (Familienrecht) und III (Holzverarbeitungsmaschine) bildeten den Schwerpunkt der Prüfung und gaben jeweils gut 40% der Punkte; die Teile II (Werkstatt) und IV (Bürgschaft) jeweils ca 10%. Die Prüfungszeit betrug drei Stunden. Ein Drittel der Arbeiten war negativ.

Hinweise zur Musterlösung: Die Musterlösung ist ausführlicher, als dies von den Studierenden verlangt wurde. Informationen, die sich in den Fußnoten befinden, dienen dem besseren Verständnis, deren Kenntnis wurde bei der Prüfung aber nicht verlangt wie auch die zitierte Literatur, ausgenommen die Lehrbücher. Ausführungen, die nur als Zusatzpunkt bewertet wurden, sind mit [ZP] markiert.

Meine Notizen:

MUSTERLÖSUNG

Von Clemens Nigsch

I. Familienrecht

A. Johanna gegen Pius auf Aufhebung der Ehe wegen Irrtums/Täuschung gem § 37/§ 38 EheG

Pius hat bei Eingehen der Ehe verschwiegen, dass er zwei Kinder aus einer vorherigen Beziehung hat. Im Verschweigen vorehelicher Kinder liegt ein Charaktermangel (Unehrlichkeit). Pius führt Johanna in einen Irrtum über einen Umstand, der seine Person betrifft und nach § 37 EheG relevant ist.[1] Aus Johannas Verhalten ist zu schließen, dass sie bei Kenntnis der Sachlage und Würdigung des Wesens der Ehe diese nicht geschlossen hätte. Der Irrtum ist daher kausal.

Im Verschweigen vorehelicher Kinder liegt zudem eine bewusste Irreführung über einen für die Ehe wesentlichen Umstand, sodass Johanna auch arglistige Täuschung gem § 38 EheG geltend machen könnte.[2]

Einwand des Pius: Gem § 40 EheG beginnt die Frist zur Geltendmachung mit Kenntnis des Irrtums/der Täuschung und beträgt ein Jahr. Diese Frist beginnt im Herbst 2013, als Johanna von den Kindern erfahren hat, und ist daher bereits abgelaufen.

Ergebnis: Johanna kann keine Aufhebung der Ehe verlangen.

B. Johanna gegen Pius auf Scheidung gem § 55 EheG

Die Scheidung nach § 55 EheG (Heimtrennungsklage) setzt die (1) Aufhebung der häuslichen Gemeinschaft seit drei Jahren und die (2) unheilbare Zerrüttung der Ehe voraus.

Die häusliche Gemeinschaft wird als Wohn-, Wirtschafts- und Geschlechtsgemeinschaft verstanden. Die Wohngemeinschaft gilt auch als aufgehoben, wenn die Ehegatten in einer Wohnung getrennt leben und den gemeinsamen Kontakt meiden, wobei gelegentlicher Kontakt nicht schadet.[3] Pius zieht im Herbst 2013 in eine separate Wohneinheit (Single-Wohnung im Kellergeschoss), wodurch die Wohngemeinschaft aufgehoben ist. Da lt Sachverhalt auch keine Wirtschafts- und Geschlechtsgemeinschaft mehr besteht, ist die häusliche Gemeinschaft aufgehoben. Die Frist von drei Jahren beginnt mit dem Umzug im Herbst 2013 und ist somit abgelaufen. Unheilbar zerrüttet ist eine Ehe, wenn die Gemeinschaft der Ehepartner objektiv beendet ist und dies mindestens einem von ihnen bewusst ist.[4] Da Johanna und Pius kaum noch Kontakt haben und getrennt leben, ist Zerrüttung der Ehe gegeben. Ein Härtefall (§ 55 Abs 2 EheG) ist nicht ersichtlich.

Ergebnis: Johanna kann daher auf Scheidung nach § 55 EheG klagen.

Univ.-Ass. Mag. *Clemens Nigsch* ist Universitätsassistent am Institut für Zivilrecht der Universität Wien.

1) *Welser/Kletečka*, Bürgerliches Recht I[15] (2018) Rz 1474; *Kerschner/Sagerer-Forić*, Familienrecht[6] (2017) Rz 2/14.
2) Als Beispiel genannt in *Kerschner/Sagerer-Forić*, Familienrecht[6] Rz 2/15; *Koziol – Welser/Kletečka*, Bürgerliches Recht I[14] (2014) Rz 1477.
3) *Welser/Kletečka*, Bürgerliches Recht I[15] Rz 1572 mwN in FN 49; *Kerschner/Sagerer-Forić*, Familienrecht[6] Rz 2/89.
4) *Welser/Kletečka*, Bürgerliches Recht I[15] Rz 1555; *Kerschner/Sagerer-Forić*, Familienrecht[6] Rz 2/75.

Meine Notizen:

C. Johanna gegen Pius auf Scheidung gem § 49 EheG

Voraussetzungen der Verschuldensscheidung sind (1) die schuldhafte schwere Eheverfehlung und (2) die Herbeiführung der tiefgreifenden Zerrüttung der Ehe.

1) Aufhebung der Hausgemeinschaft als schwere Eheverfehlung? [ZP]

Eine einseitige getrennte Wohnungsnahme ist zwar nur aus bestimmten Gründen zulässig (vgl § 92 ABGB), im vorliegenden Fall erfolgte die Aufhebung der Hausgemeinschaft aber offenbar einvernehmlich.[5] Es liegt daher keine ungerechtfertigte gesonderte Wohnungsnahme vor.

2) Fortgesetztes Verschweigen von Kindern als schwere Eheverfehlung?

Eine schwere Eheverfehlung liegt ua vor, wenn gegen die ehelichen Treuepflichten verstoßen wird,[6] die sich auf alles beziehen, was das Vertrauensverhältnis zwischen den Ehegatten empfindlich stört.[7] Das fortlaufende Verschweigen von wesentlichen Umständen über die Person, die einen Zeitraum vor Eingehen der Ehe betreffen, wie in diesem Fall, dass Pius Vater von zwei Kindern ist, ist ein Verstoß gegen das Vertrauensverhältnis zwischen den Ehegatten und somit eine schwere Eheverfehlung iSd § 49.[8]

Ein Verschulden von Pius liegt vor, weil er von den Kindern wusste. Ebenso ist die Ehe tiefgreifend und unheilbar zerrüttet (s oben I. B.). Durch das fortlaufende Verschweigen unterlässt Pius die Aufklärung über bedeutende Umstände für das Bestehen einer funktionierenden ehelichen Gemeinschaft, was letztlich ursächlich für die Zerrüttung der Ehe ist.

Die Frist zur Geltendmachung beträgt gem § 57 EheG sechs Monate. Sie beginnt mit Kenntnis, ist aber gehemmt, wenn die häusliche Gemeinschaft aufgehoben ist.[9] Mit Umzug des Pius in die Single-Wohnung ist diese häusliche Gemeinschaft aufgehoben. Die Frist ist ab dem Zeitpunkt des Umzugs gehemmt und aufgrund fehlender Wiederaufnahme der häuslichen Gemeinschaft noch nicht abgelaufen.

Ergebnis: Johanna kann ihr Scheidungsbegehren auch auf § 49 EheG stützen.

D. Johanna gegen Pius auf Räumung der Single-Wohnung gem § 366 ABGB

Die Eigentumsklage (rei vindicatio; § 366) besteht zu Recht, wenn der Kläger Eigentümer ist (1. Aktivlegitimation); der Beklagte die Sache inne hat (2. Passivlegitimation) und der Beklagte weder ein vertragliches oder dingliches Recht hat, die Sache zu besitzen (3. kein Recht zum Besitz).[10]

Johanna ist als Eigentümerin des Hauses, in dem sich die Single-Wohnung befindet, aktivlegitimiert. Pius bewohnt die Single-Wohnung und ist daher als Inhaber passivlegitimiert.

Fraglich ist, ob Pius ein Recht zum Besitz hat. § 97 ABGB gewährt dem Ehegatten, der ein dringendes Wohnbedürfnis hat, einen Anspruch, dass der verfügungsberechtigte Ehegatte alles unterlässt, damit der angewiesene Ehegatte die Wohnung nicht verliert.[11]

Da Pius keine andere Wohnmöglichkeit hat, kann durchaus von einem dringenden Wohnbedürfnis ausgegangen werden. Während aufrechter Ehe kann er sich deshalb auf den Wohnungserhaltungsanspruch nach § 97 ABGB stützen, weil dieser Teil der ehelichen Beistandspflicht und von einer Unterhaltspflicht unabhängig ist.

Nach der Scheidung kann § 97 ABGB nicht (mehr) eingewendet werden. Mit Ende der Ehe bestehen keine Beistandspflichten mehr. Würde man den Anspruch nach § 97 ABGB als Teil des Unterhalts ansehen, wäre die Einwendung nicht einschlägig, da der Scheidungsunterhalt in Geld zu leisten ist (§ 70 EheG).[12]

5) *Kerschner/Sagerer-Forić*, Familienrecht[6] Rz 2/37; *Welser/Kletečka*, Bürgerliches Recht I[15] Rz 1500.
6) *Welser/Kletečka*, Bürgerliches Recht I[15] Rz 1558.
7) *Welser/Kletečka*, Bürgerliches Recht I[15] Rz 1493.
8) Häufiger Fehler: Der bloße Umstand, dass Pius voreheliche Kinder hat, ist keine schwere Eheverfehlung, da Kinder keine schwere Eheverfehlung sind. Vielmehr ist das Schweigen darüber eine schwere Eheverfehlung.
9) Vgl zu § 57 EheG: *Welser/Kletečka*, Bürgerliches Recht I[15] Rz 1564; *Kerschner/Sagerer-Forić*, Familienrecht[6] Rz 2/82.
10) Vgl *Welser/Kletečka*, Bürgerliches Recht I[15] Rz 1083 f; *Iro/Riss*, Sachenrecht[7] (2019) Rz 7/1 ff.
11) Vgl zu § 97 ABGB: *Welser/Kletečka*, Bürgerliches Recht I[15] Rz 1522 f; *Kerschner/Sagerer-Forić*, Familienrecht[6] Rz 2/41; *Hinteregger*, Familienrecht[8] (2017) 71 f.
12) Der Wohnungserhaltungsanspruch kann im Aufteilungsverfahren nach §§ 81 ff EheG fortwirken (vgl *Welser/Kletečka*, Bürgerliches Recht I[15] Rz 1522).

Ergebnis: Nach Aufhebung/Scheidung der Ehe besteht der Anspruch zu Recht. Vor Aufhebung/Scheidung besteht er nicht zu Recht.

✐ Meine Notizen:

E. Antrag des Pius auf Aufteilung des ehelichen Gebrauchsvermögens nach §§ 81 ff EheG

Gem § 81 EheG sind bei der Scheidung das eheliche Gebrauchsvermögen und die ehelichen Ersparnisse aufzuteilen.[13)] Die Antragsfrist gem § 95 EheG von einem Jahr ist hier unproblematisch. Eheliches Gebrauchsvermögen sind die beweglichen oder unbeweglichen körperlichen Sachen, die während aufrechter ehelicher Lebensgemeinschaft dem Gebrauch beider Ehegatten gedient haben; hierzu gehören auch der Hausrat und die Ehewohnung (§ 81 Abs 2 EheG).

Nach dem Sachverhalt ist nur die Aufteilung des Hauses zu prüfen, da sonst kein relevantes Vermögen angegeben ist. Maßgebender Zeitpunkt für die Beurteilung ist die Aufhebung der ehelichen Gemeinschaft, nicht der Zeitpunkt der Scheidung,[14)] somit ist auf den Zeitpunkt des Streits zwischen Johanna und Pius abzustellen. Damals diente das Haus dem Gebrauch beider Ehegatten, womit das ganze Haus als eheliches Gebrauchsvermögen zu qualifizieren ist.

Einwand der Johanna: Das Haus wurde von Johanna in die Ehe eingebracht, da sie es von ihrer Mutter geerbt hat, weshalb es gem § 82 Abs 1 Z 1 EheG von der Aufteilung ausgenommen ist.

Gegeneinwand des Pius: Pius könnte sich auf die „Gegenausnahme" des § 82 Abs 2 EheG berufen, da er keine andere Wohnmöglichkeit hat und somit auf das Haus angewiesen ist.

Gegen die Berufung des Pius auf § 82 Abs 2 EheG könnte Johanna wiederum Folgendes vorbringen:

1. Pius ist nicht auf das ganze Haus angewiesen, um seine Lebensbedürfnisse zu sichern, allenfalls auf die Single-Wohnung, da er nach dem Streit nur diese bewohnt hat und sie seine Lebensbedürfnisse offenbar gedeckt hat.

2. § 82 Abs 2 EheG erwähnt nur die Ehewohnung. Eine solche ist definiert als eine Wohnstätte, in der sich der Schwerpunkt der gemeinsamen Lebensführung befindet.[15)] Die Single-Wohnung hat nie der Lebensführung gedient und war nicht Lebensmittelpunkt der Ehegatten. Sie ist daher nicht Ehewohnung. Ehewohnung von Johanna und Pius war daher nur jener Teil des Hauses, in dem Johanna und Pius vor dem Streit gewohnt haben.

3. Die Single-Wohnung ist somit nicht Ehewohnung, sondern nur sonstiges Gebrauchsvermögen, das in die Ehe eingebracht wurde und gem § 82 Abs 1 EheG nicht der Aufteilung unterliegt.

4. Zweifelhaft ist auch, ob Pius auf die Weiterbenutzung dringend[16)] angewiesen ist. Die Judikatur ist streng und verlangt für das „Angewiesensein" drohende Obdachlosigkeit.[17)]

Gegen eine allfällige Einräumung von Nutzungsrechten (§§ 86 f EheG) spricht auch, dass sich die Lebensbereiche der Ehegatten nach der Aufteilung möglichst wenig berühren sollen (§ 84 EheG). [ZP]

Ergebnis: Weder das Haus als Ganzes noch die Single-Wohnung können mE Pius zugeteilt werden.

[Hinweis: Entscheidend sind hier die Argumentation und das Erkennen der maßgebenden Gesichtspunkte. Was stellt eheliches Gebrauchsvermögen dar? Was bedeutet Ehewohnung? Ist das ganze Haus Ehewohnung oder nur der Teil des Hauses ohne Single-Wohnung? Worauf ist Pius angewiesen? ...]

F. Johanna gegen Pius auf Unterhalt gem § 66 EheG [ZP]

Grundsätzlich ist gem § 66 EheG nach der Scheidung der allein oder überwiegend schuldige Ehegatte, also Pius, dem anderen zu Unterhalt verpflichtet. Der Sachverhalt enthält keine Angaben zur Beurteilung einer Unterhaltspflicht (Einkommensverhältnisse, mögliche Erwerbstätigkeiten), weshalb es ausreicht, den Anspruch zu erwähnen.

---

13) Gilt gem § 42 EheG auch bei Aufhebung der Ehe.
14) *Welser/Kletečka*, Bürgerliches Recht I[15] Rz 1613; *Kerschner/Sagerer-Forić*, Familienrecht[6] Rz 2/117.
15) *Welser/Kletečka*, Bürgerliches Recht I[15] Rz 1614; *Kerschner/Sagerer-Forić*, Familienrecht[6] Rz 2/117.
16) *Welser/Kletečka*, Bürgerliches Recht I[15] Rz 1618; *Kerschner/Sagerer-Forić*, Familienrecht[6] Rz 2/118.
17) *Kerschner/Sagerer-Forić*, Familienrecht[6] Rz 2/118.

Meine Notizen:

II. Werkstatt

Michael gegen Johanna auf Räumung der Werkstatt gem § 366 ABGB

Zu den Voraussetzungen der rei vindicatio s oben I. D. Michael ist als Eigentümer aktivlegitimiert; Johanna als innehabende Nichteigentümerin passivlegitimiert. Zu prüfen ist, ob Johanna ein Recht zum Besitz hat und wenn ja, ob dies beseitigt werden kann.

Recht zum Besitz: Vereinbart wurde, dass Johanna die Werkstatt überlassen wird, was als Bestandsertrag zu qualifizieren ist. Ein solcher räumt Johanna ein Recht zum Besitz ein.

Beseitigung des Rechts zum Besitz durch Kündigung: Ein Bestandvertrag kann als Dauerschuldverhältnis durch Kündigung einseitig beendet werden. Unterliegt das Vertragsverhältnis dem MRG, sind die Kündigungsbeschränkungen des § 30 MRG zu beachten. Zunächst ist daher zu prüfen, ob eine Geschäftsraummiete oder eine Unternehmenspacht vorliegt, da nur Miet-, nicht aber Pachtverträge dem MRG unterliegen (§ 1 Abs 1 MRG). Eine Unternehmenspacht liegt vor, wenn eine fruchtbringende Gesamtsache (eine sogenannte „lebende Organisation") überlassen wird. Von einer Geschäftsraummiete ist zu sprechen, wenn nur Räumlichkeiten zum Gebrauch überlassen werden. Ob eine Geschäftsraummiete oder Unternehmenspacht vorliegt, ist nicht immer leicht festzustellen. Für eine Pacht spricht zB eine auferlegte Betriebspflicht, die Überlassung einer Konzession oder die Übernahme des Kundenstocks.[18] Im vorliegenden Fall handelt es sich um eine Geschäftsraummiete, da lt Sachverhalt nur Räumlichkeiten samt Inventar[19] überlassen werden. Zudem ist Michael schon pensioniert, weshalb nicht von einer Überlassung eines Unternehmens samt Kundenstock, Unternehmensruf etc auszugehen ist.

Weil also eine Geschäftsraummiete vorliegt, ist gem § 1 Abs 1 das MRG anwendbar. Es ist auch keiner der Ausnahmetatbestände des § 1 Abs 2 MRG erfüllt (unbefristeter Mietvertrag und mehrstöckiges Haus, daher weder Z 3 noch Z 5). Ob der Mietvertrag dem Voll- oder Teilanwendungsbereich gem § 1 Abs 4 MRG unterliegt, spielt keine Rolle, weil auch im zweiten Fall der Kündigungsschutz des § 30 MRG gilt. Eine gewinnbringendere Vermietung an den Betreiber eines Fitnessstudios ist jedenfalls kein wichtiger Grund iSd § 30 MRG.

Ergebnis: Dem Räumungsbegehren des Michael steht ein Recht zum Besitz der Johanna entgegen, das Michael nicht durch Kündigung beseitigen kann.

III. Holzverarbeitungsmaschine

A. Ansprüche der Johanna

1) Johanna gegen M-AG[20] auf Verbesserung/Austausch der Holzverarbeitungsmaschine gem §§ 922 ff, 932 ABGB

Dass die Maschine unbenutzbar ist, entspricht nicht dem vertraglich Geschuldeten. Sie ist daher mangelhaft (§ 922 ABGB). Da der Mangel auf einen Produktionsfehler zurückzuführen ist, ist er bereits zum Zeitpunkt der Übergabe vorgelegen.

Primär kann Verbesserung oder Austausch verlangt werden (§ 932 ABGB). Da die Behebung des Fehlers lt Sachverhalt möglich ist, kommt Verbesserung in Betracht. Die Gewährleistungsfrist beträgt bei beweglichen Sachen zwei Jahre ab Ablieferung der Sache (§ 933 ABGB). Da die Maschine frühestens Anfang 2017 übergeben wurde, ist die Frist noch nicht abgelaufen.

Johanna tätigt den Kauf im Rahmen eines unternehmerischen Vorbereitungsgeschäfts (Sachverhalt: „noch bevor Johanna in der Werkstatt den Betrieb aufnimmt"). Es handelt sich daher nicht um ein unternehmensbezogenes Geschäft (§ 343 Abs 3 UGB). Eine Mängelrüge gem § 377 UGB ist nicht erforderlich. [ZP]

Ergebnis: Der Anspruch auf Verbesserung besteht zu Recht.

18) *Welser/Zöchling-Jud,* Bürgerliches Recht II[14] (2015) Rz 988; *Rabl/Riedler,* Schuldrecht Besonderer Teil[6] (2017) Rz 8/3.

19) Häufiger Fehler: Dass auch das Inventar überlassen wird, ändert nichts an dieser Qualifikation.

20) Die Gewährleistungsbehelfe stehen gegen die Vertragspartnerin M-AG, nicht gegen den Zessionar F-Bank zu (zur Zession s unten III. B.). Durch die Zession kommt es nur zu einem Gläubigerwechsel hinsichtlich der Kaufpreisforderung. Die Stellung des Schuldners hinsichtlich der Erfüllungspflicht (somit auch der Gewährleistung) wird nicht geändert.

Meine Notizen:

2) Johanna gegen M-AG auf Verbesserung/Austausch der Holzverarbeitungsmaschine gem §§ 933 a ff ABGB

Der Schaden liegt in der Mangelhaftigkeit der Sache. Kausalität liegt vor, da bei ordnungsgemäßer vertragskonformer Erfüllung kein Schaden/Mangel entstanden wäre. Die Rechtswidrigkeit ergibt sich aus der vertragswidrigen – weil mangelhaften – Lieferung der Maschine. Lt Sachverhalt ist dies erkennbar, daher ist dies der M-AG auch schuldhaft vorzuwerfen. Das Verschulden der M-AG wird gem § 1298 ABGB sogar vermutet. Auch nach § 933 a ist primär Verbesserung/Austausch zu leisten.

Ergebnis: Der Anspruch auf Verbesserung besteht zu Recht.

3) Johanna gegen M-AG auf (teilweise) Rückzahlung des Kaufpreises gem § 877 iVm § 871 [ZP]

Die Maschine hat lt Sachverhalt einen seltenen Produktionsfehler. Der Fehler betrifft aber nicht die ganze Gattung, weshalb ein unbeachtlicher Irrtum über Zukünftiges vorliegt.[21)]

Ergebnis: Der Anspruch besteht nicht zu Recht.

4) Johanna gegen M-AG auf Schadenersatz gem § 1 PHG

Nach § 1 PHG sind nur Schäden ersatzfähig, die an einer vom Produkt **verschiedenen** körperlichen Sache eintreten. Die Holzverarbeitungsmaschine ist zwar ein fehlerhaftes Produkt, an ihr ist aber auch der Schaden eingetreten. Ein allfälliger Schaden ist nach dem PHG nicht ersatzfähig.

Ergebnis: Der Anspruch besteht **nicht** zu Recht.

B. Ansprüche der F-Bank

Vorüberlegungen zur Anspruchsübersicht:

Der Sachverhalt ist als drittfinanzierter Kaufvertrag in Gestalt der Darlehenskonstruktion/Konsumfinanzierung zu beurteilen: Kreditnehmerin ist die Käuferin Johanna, die einen Kredit von der finanzierenden F-Bank erhält, um die Kaufpreisforderung gegenüber der M-AG zu begleichen. Die kreditgewährende F-Bank steht mit der M-AG in einer engen geschäftlichen Beziehung.[22)]

Johanna und M-AG schließen einen Kaufvertrag ab. Den zwischen Johanna und der F-Bank vereinbarten „Kreditvertrag" qualifiziert die hM[23)] als Auftrag, kann aber auch als Kreditvertrag iSd §§ 983, 988 ABGB betrachtet werden.

Nimmt man mit der hM einen Auftragsvertrag an, so ist die Auszahlung der Valuta an die M-AG eine Einlösung der Forderung (§ 1422; s sogleich) im Auftrag der Johanna und die Zahlung der „Zinsen und Gebühren" der Aufwandersatz für die Einlösung (§ 1004 ABGB).[24)] Qualifiziert man die Vereinbarung als Kreditvertrag iSd §§ 983, 988 ABGB, erfüllt die F-Bank durch die Auszahlung der Valuta an die M-AG ihre vertragliche Verpflichtung gegenüber Johanna. Die Raten sind gem §§ 983, 988 ABGB von der Vertragspartnerin Johanna zurückzuzahlen.[25)]

Die F-Bank erwirbt neben Aufwandersatz/Zinsen, durch Einlösung der Forderung beim Verkäufer (notwendige Zession), auch die Kaufpreisforderung gegen die Käuferin Johanna.[26)] Nach § 1422 ABGB geht die Forderung mit Zahlung an die M-AG und dem Begehren auf Abtretung – was beides lt Sachverhalt schon geschehen ist – auf die F-Bank über. Durchaus vertretbar ist auch eine rechtsgeschäftliche Abtretung an die F-Bank (§ 1392 ABGB). In beiden Varianten geht das die Kaufpreisforderung sichernde vorbehaltene Eigentum auf die F-Bank über (s unten III. B. 3.).

---

21) *Koziol – Welser/Kletečka,* Bürgerliches Recht I[14] Rz 475; *P. Bydlinski,* Allgemeiner Teil[8] (2018) Rz 8/9.

22) Vgl zur Darlehenskonstruktion/Konsumfinanzierung: *Welser/Zöchling-Jud,* Bürgerliches Recht II[14] Rz 799; *Rabl/Riedler,* Schuldrecht Besonderer Teil[6] (2017) 1/41. Eine ausführliche und anschauliche Darstellung der Drittfinanzierung findet sich bei *Maier/Nitsch/Reidinger,* Bürgerliches Recht II[9] (2016) 225–232 (Fragen 144–151 ASR).

23) Vgl *Welser/Zöchling-Jud,* Bürgerliches Recht II[14] Rz 799 und *Rabl/Riedler,* Schuldrecht Besonderer Teil[6] 1/41 mwN.

24) Bei der Drittfinanzierung wird der Auftragsvertrag dahingehend modifiziert, dass das geschuldete Entgelt nicht auf einmal fällig ist, sondern in Raten zu bezahlen ist.

25) Die hM gibt der Auftragskonzeption bei der Drittfinanzierung den Vorzug, da es mit Auszahlung der Kreditvaluta zu einer Schuldbefreiung hinsichtlich der Kaufpreisforderung und somit zu einem Erlöschen des Eigentumsvorbehaltes kommt (Akzessorietät der Sicherungsrechte) (vgl dazu die Nachweise in FN 21). Gegen einen Auftrag und für einen Kreditvertrag spricht aber, dass die F-Bank nicht im fremden Interesse tätig wird, sondern im eigenen (vgl dazu und zur Vertiefung *Reidinger,* Drittfinanzierung – Die Lösung eines Rechtsproblems im Stammgesetz oder durch Sondernormen? in FS 200 Jahre ABGB I (2011) 553 [562 ff]).

26) Vgl *Welser/Zöchling-Jud,* Bürgerliches Recht II[14] Rz 571; *Dullinger,* Schuldrecht Allgemeiner Teil[6] (2017) 5/59.

Meine Notizen:

[Hinweis: Bei der Prüfung wurde die Qualifikation des Vertragsverhältnisses Johanna – F-Bank sowohl als Auftrag oder als Kreditvertrag als richtig gewertet. Selbiges gilt für den Erwerb der Kaufpreisforderung mittels notwendiger oder rechtsgeschäftlicher Zession.]

1) F-Bank gegen Johanna auf Zahlung der Raten gem § 1062 iVm § 1422/§ 1392 ABGB

Stützt die F-Bank ihren Anspruch auf die durch Zession erworbene Kaufpreisforderung, kann ihr Johanna als debitor cessus gem § 1396 ABGB alle Einwendungen entgegenhalten, die ihr gegen den Zedenten (= M-AG) zustünden. Dazu gehört auch die Einrede des nicht gehörig erfüllten Vertrages gem § 1052 iVm § 932 ABGB,[27] da Johanna gegen die M-AG einen Anspruch auf Verbesserung hat (s oben III. A.). Weil bei einer Drittfinanzierung für gewöhnlich auch ein Ratengeschäft vereinbart wird,[28] könnte die F-Bank auch nur die ausstehenden Raten verlangen, nicht den ganzen Kaufpreis auf einmal.

Ergebnis: Die F-Bank wird mit ihrem Anspruch derzeit nicht durchdringen.

2) F-Bank gegen Johanna auf Zahlung der Raten gem §§ 1014 *oder* 983, 988 ABGB

Die F-Bank könnte sich auch auf ihren Vertrag (Auftrag/Kreditvertrag) mit Johanna stützen, sodass diese keine Einwendungen nach § 1396 ABGB hat.

Der drittfinanzierte Kauf würde dadurch zu einem Aufspaltungsrisiko für Johanna führen, weil sie kein Druckmittel (Zurückhaltung der Zahlung) zur Bewirkung der Verbesserung hätte.[29]

Abhilfe verschafft allerdings der Einwendungsdurchgriff nach § 13 Abs 2 VKrG.[30] Die Anwendung des VKrG ist gem § 4 Abs 1 VKrG zu bejahen: Die F-Bank ist Unternehmerin iSd § 2 Abs 1 VKrG iVm § 1 Abs 1 Z 1 KSchG. Johanna ist nach § 2 Abs 2 VKrG iVm § 1 Abs 1 Z 2 und Abs 3 KSchG Verbraucherin, weil sie den Erwerb der Maschine und deren Finanzierung im Rahmen eines Vorbereitungsgeschäfts getätigt hat. Lt Sachverhalt macht sie sich selbständig und tätigt den Kauf, bevor sie den Betrieb aufnimmt.

Der zwischen der F-Bank und Johanna bestehende Vertrag, der entweder als Kreditvertrag gem § 988 oder als Auftrag gem §§ 1002 ff zu qualifizieren ist, stellt unabhängig von seiner dogmatischen Qualifikation einen Verbraucherkreditvertrag iSd § 2 Abs 3 VKrG dar, auch wenn der Wortlaut des § 13 VKrG nur einen Kreditvertrag iSd § 988 ABGB nennt.[31] Weiters ist keine Ausnahme nach § 4 Abs 2 VKrG ersichtlich und der Gesamtkreditbetrag liegt über € 200,–.

Gem § 13 Abs 2 VKrG kann der Verbraucher bei einem verbundenen Kreditvertrag die Befriedigung des Kreditgebers verweigern, wenn ihm aus dem Rechtsverhältnis zum Lieferanten Einwendungen zustehen und er die Einwendungen erfolglos geltend gemacht hat.

Ein verbundener Kreditvertrag liegt gem § 13 Abs 1 VKrG vor, weil der „Kreditvertrag“ von Johanna mit der F-Bank der Finanzierung des Erwerbs der Maschine dient und er mit dem Kaufvertrag eine wirtschaftliche Einheit bildet. Denn die F-Bank bedient sich der M-AG bei der Vorbereitung des Kreditvertrags (§ 13 Abs 1 Z 2 lit b). Darüber hinaus stehen beide laut Sachverhalt in ständiger Geschäftsbeziehung (auch konkrete Rechtsbeziehung anlässlich dieses Geschäfts), sodass der Tatbestand des § 13 Abs 1 Z 2 lit d (wahrscheinlich auch lit c: Bezugnahme auf die Maschine im Kreditvertrag) ebenfalls erfüllt ist.

Fraglich ist, ob Johanna die Einwendung „erfolglos“ iSd § 13 Abs 2 VKrG geltend gemacht hat. Dabei reicht es aus, wenn der Verbraucher an den Verkäufer herangetreten ist und die Ansprüche nicht in angemessener Frist erfüllt werden.[32] Lt Sachverhalt hat Johanna den Mangel bei der M-AG urgiert. Dies wird man als ausreichend ansehen können.

---

27) *Welser/Zöchling-Jud*, Bürgerliches Recht II[14] Rz 183 ff; *Dullinger*, Schuldrecht Allgemeiner Teil[6] 2/44.
28) Vgl *Bollenberger* in *Apathy/Iro/Koziol* (Hrsg), Bankvertragsrecht[2] IV (2012) Rz 1/237.
29) *Welser/Zöchling-Jud*, Bürgerliches Recht II[14] Rz 800; *Rabl/Riedler*, Schuldrecht Besonderer Teil[6] 1/42.
30) *Welser/Zöchling-Jud*, Bürgerliches Recht II[14] Rz 801; *Rabl/Riedler*, Schuldrecht Besonderer Teil[6] 1/43.
31) Das VKrG beruht auf der Umsetzung der Verbraucherkredit-RL, deren sachlicher Anwendungsbereich gem Art 2 Abs 1 „Kreditverträge“ sind. Dieser europarechtliche Begriff ist autonom auszulegen und ist weiter als der österreichische Begriff des Kreditvertrags iSd §§ 983, 988 ABGB. Er umfasst auch die auftragsrechtliche Konzeption bei der Drittfinanzierung (vgl *Bollenberger* in *Apathy/Iro/Koziol*, Bankvertragsrecht[2] IV Rz 1/238).
32) *Welser/Zöchling-Jud*, Bürgerliches Recht II[14] Rz 804.

Meine Notizen:

Stützt die F-Bank ihr Zahlungsbegehren auf den Auftrag/Kreditvertrag, so kann Johanna der F-Bank gem § 13 Abs 2 VKrG auch die Einrede der mangelhaften Erfüllung gem § 1052 iVm § 932 ABGB entgegenhalten. Durch die Bonitätsprüfung der F-Bank kann Johanna der F-Bank auch keinen Verstoß gegen § 7 VKrG vorwerfen, wodurch sie keine Möglichkeit hat, sich vom (Kredit-)Vertrag zu lösen.[33]

Ergebnis: Die F-Bank wird daher mit ihrem Anspruch derzeit nicht durchdringen.

3) F-Bank gegen Johanna auf Herausgabe der Holzverarbeitungsmaschine gem § 366 ABGB [ZP]

Fraglich ist, ob das vorbehaltene Eigentum an der Maschine von der M-AG auf die F-Bank übergegangen ist. Für die F-Bank wäre es wirtschaftlich vorteilhafter, wenn sie Eigentum an der Maschine hat, weil sie ihre Forderung besichern will. Wie für jede Eigentumsübertragung ist auch für die Übertragung von vorbehaltenem Eigentum bei der Drittfinanzierung ein Modus notwendig.[34] Im vorliegenden Fall besteht der Modus in einer Besitzanweisung. Laut der Vereinbarung zwischen F-Bank, M-AG und Johanna wird Johanna in Kenntnis gesetzt, dass sie die Sache nun für die F-Bank innehat. Nach der Rsp[35] und einem Teil der Lehre[36] geht das vorbehaltene Eigentum ipso iure mit der Zession der besicherten Forderung (§ 1422/§ 1392) auf den Finanzierer über, wobei diese Ansicht verkennt, dass Eigentum kein bloßes Sicherungsrecht wie zB das Pfandrecht ist. Unabhängig davon, welche Variante man vorzieht, hat die F-Bank Eigentum an der Maschine erworben und ist deshalb aktivlegitimiert.

Johanna hat die Sache inne, sie ist deshalb passivlegitimiert. Der Kaufvertrag räumt ihr ein Recht zum Besitz gegen ihre Vertragspartnerin M-AG ein. Gegenüber Dritten (F-Bank) wirkt das vertraglich durch die M-AG eingeräumte Recht zum Besitz grundsätzlich nicht, da ein Recht zum Besitz aus einem Vertrag nur relativ (dh gegen den Vertragspartner) und nicht absolut wirkt. Da eine Besitzanweisung vorliegt, darf sich die Stellung der angewiesenen Johanna nicht verschlechtern, weshalb sie ihr Recht zum Besitz auch gegen die neue Eigentümerin einwenden kann.[37] Die F-Bank kann das Recht zum Besitz auch nicht beseitigen, da Johanna die Raten rechtmäßig zurückhält (s oben III. A.) und somit nicht in Verzug ist.

Ergebnis: Der Anspruch besteht daher **nicht** zu Recht.

[Hinweis: Der Anspruch wurde als Zusatzpunkt gewertet, da der Sachverhalt keinen Hinweis enthält, dass die F-Bank auf die Maschine zugreifen will.]

IV. Bürgschaft

F-Bank gegen Paul auf Bezahlung von € 3.000,– gem § 1346 ABGB

Die F-Bank und Paul vereinbaren für den Fall, dass Johanna die Raten nicht bezahlen kann, eine Bürgschaft, die sowohl den Anspruch aus dem Kreditvertrag als auch aus dem zessionsrechtlich erworbenen Kaufpreisanspruch besichert. Eine gültige Bürgschaft erfordert neben der vertraglichen Vereinbarung zwischen Gläubiger und Bürgen zusätzlich eine schriftliche Bürgschaftserklärung des Verpflichteten (§ 1346 Abs 2 ABGB). Die unterschriebene Bürgschaftserklärung muss jedoch nicht im Original zugesendet werden. Nach der Rsp ist das Schriftformgebot auch erfüllt, wenn die Bürgschaftserklärung per Fax übermittelt wird. Dasselbe muss gelten, wenn die unterschriebene Bürgschaftserklärung eingescannt und per E-Mail zugesendet wird.[38]

Ergebnis: Die Bürgschaft ist somit formgültig zustande gekommen. Da Johanna die fälligen Raten nicht begleicht, könnte die F-Bank grundsätzlich auf den Bürgen zugreifen, aber es sind auch folgende Einwendungen des Paul zu prüfen.

33) ZB durch Anfechtung des Vertrages wegen Irrtum; vgl *Welser/Zöchling-Jud,* Bürgerliches Recht II[14] Rz 937.
34) *Welser/Kletečka,* Bürgerliches Recht I[15] Rz 1323; *Iro/Riss,* Sachenrecht[7] (2019) Rz 8/7; *Binder/Spitzer* in *Schwimann/Kodek*[4] (2014) § 1063 ABGB Rz 53; *F. Bydlinski* in *Klang* IV/2[2] 653.
35) RIS-Justiz RS0000781; zuletzt 20. 4. 1988 3 Ob 2/87; anders 3 Ob 43/86 ÖBA 1987, 51 *(Iro);* offenlassend OGH 1 Ob 543/87 EvBl 1987/175; vgl die Ausführungen bei *Welser/Kletečka,* Bürgerliches Recht I[15] Rz 1323.
36) *W. Faber* in *Schwimann/Kodek*[4] § 1358 ABGB Rz 17; *Gamerith* in *Rummel*[3] (2007) § 1358 ABGB Rz 5 lit a; *Reischauer* in *Rummel*[3] § 1422 ABGB Rz 21; *Stabentheiner* in *Kletečka/Schauer,* ABGB-ON[1.04] § 1422 Rz 11.
37) *Koziol – Welser/Kletečka,* Bürgerliches Recht I[14] Rz 856; *Klicka/Reidinger* in *Schwimann/Kodek*[4] § 428 ABGB Rz 12.
38) Vgl *Welser/Zöchling-Jud,* Bürgerliches Recht II[14] Rz 661; *Dullinger,* Schuldrecht Allgemeiner Teil[6] 6/22.

Meine Notizen:

1) Unwirksamkeit der Bürgschaft/Interzession gem § 25 c KSchG

Anwendungsbereich des KSchG (§ 1 KSchG): Die F-Bank ist Unternehmerin. Paul ist Verbraucher, da er kein Unternehmer ist. Paul tritt durch die Bürgschaft einer materiell fremden Schuld iSd § 25 c KSchG bei. Er ist bezüglich der Kreditforderung der F-Bank gegen Johanna Interzedent. Die F-Bank treffen daher gem § 25 c KSchG Aufklärungspflichten. Sie hat Paul auf die wirtschaftliche Lage der Schuldnerin Johanna hinzuweisen, wenn sie erkennt oder erkennen muss, dass Johanna die Verbindlichkeit voraussichtlich nicht oder nicht vollständig erfüllen kann. Aus dem Sachverhalt geht hervor, dass die F-Bank über die schwierige finanzielle Lage von Johanna Bescheid wusste (Bonitätsprüfung). Daher musste sie zumindest erkennen, dass die Verbindlichkeiten voraussichtlich nicht oder nicht vollständig erfüllt werden können. Da sie Paul nicht auf diesen Umstand hinwies, verletzte sie die Aufklärungspflicht nach § 25 c KSchG.

Bei Verletzung dieser Aufklärungspflicht haftet der Verbraucher nur dann, wenn er die Interzession – wenn auch in geringerem Umfang – auch nach vollständiger Information übernommen hätte. Aus dem Sachverhalt geht nicht hervor, ob Paul bei ausreichenden Informationen über die wirtschaftliche Lage der Johanna die Bürgschaft eingegangen wäre.

Der Aufklärungspflicht nach § 25 c KSchG steht die Verschwiegenheitspflicht des § 38 BWG entgegen. Nach der Rsp tritt die Verschwiegenheitspflicht hinter die Aufklärungspflicht zurück.[39)] Die Bank kann sich daher nicht auf § 38 BWG berufen, um ihre fehlende Aufklärung zu rechtfertigen. [ZP]

Bei ruinösen Interzessionen im Familienverhältnis greift die Rechtsprechung oft auf die Wuchervorschriften (§ 879 Abs 2 Z 4) zurück. Aus dem Sachverhalt geht jedoch weder hervor, dass Paul wirtschaftlich überfordert ist, noch, dass er in einer Zwangslage ausgenutzt worden ist.

Ergebnis: Hätte Paul bei ausreichender Information die Bürgschaft nicht übernommen, besteht die Einwendung zu Recht.

2) Verbraucherrechtliche Rücktrittsrechte [ZP]

Rücktrittsrecht nach § 3 KSchG: Grundsätzlich kann man von einer unter Verwendung eines Fernkommunikationsmittels – hier E-Mail – abgegebenen Erklärung nach § 3 KSchG zurücktreten.[40)] Aus dem Sachverhalt geht hervor, dass Johanna den Paul zur Übernahme der Bürgschaft bewegt hat. Er wird daher das Geschäft iSd § 3 Abs 3 Z 1 KSchG selbst angebahnt haben, da die Initiative zum Abschluss der Bürgschaft von ihm und nicht von der F-Bank ausgegangen ist. Um die Frage abschließend beurteilen zu können, fehlen jedoch genauere Angaben im SV.

Rücktrittsrechte nach FAGG: Fraglich ist, ob das FAGG sachlich überhaupt auf Bürgschaftsverträge/Bürgschaftserklärungen anwendbar ist.[41)] Nimmt man dies an, ist der Anwendungsbereich in concreto dennoch zu verneinen: 1. Ein außerhalb von Geschäftsräumen geschlossener Vertrag (§ 1 iVm § 3 Z 1 FAGG) liegt nicht vor, da der SV keine Hinweise enthält, dass es zu einem Vertragsabschluss unter gleichzeitiger körperlicher Anwesenheit außerhalb der Geschäftsräume der F-Bank gekommen ist (lit a) 2. Aus dem Sachverhalt ergeben sich auch keine Hinweise darauf, dass der Bürgschaftsvertrag ausschließlich mittels Fernkommunikationsmittel zustande gekommen ist. Fraglich ist auch, ob der Vertrag/die Erklärung im Rahmen eines für den Fernabsatz organisierten Vertriebs- oder Dienstleistungssystems geschlossen wurde. Es liegt daher kein Fernabsatzvertrag vor (§ 3 Z 2 FAGG). Das FAGG ist nicht anwendbar.

Ergebnis: Die Einwendung besteht nicht zu Recht.

3) Akzessorietät der Bürgschaft

Die Forderung des Gläubigers gegen den Bürgen ist vom Schicksal der Forderung gegen den Schuldner abhängig. Der Bürge haftet somit nicht anders als der Hauptschuldner und hat gegen den Gläubiger alle Einwendungen, die auch der Schuldner hat (Akzessorietät; § 1351 ABGB).[42)]

Da Johanna die Zahlung der Raten rechtmäßig zurückbehalten kann (s oben III. A. 1. und 2.), kann auch Paul diese Einwendungen geltend machen.

Ergebnis: Die Einwendung besteht zu Recht.

---

39) *G. Neumayer/Th. Rabl* in *Kletečka/Schauer,* ABGB-ON[1.04] § 1364 Rz 6.
40) *Kathrein/Schoditsch* in KBB[5] (2017) § 3 KSchG Rz 3.
41) *Dehn* in *Schwimann/Kodek*[4] § 1 FAGG Rz 31, 35.
42) *Welser/Zöchling-Jud,* Bürgerliches Recht II[14] Rz 663, 666; *Dullinger,* Schuldrecht Allgemeiner Teil[6] 6/24 f.

4) Mäßigungsrecht nach § 25 d KSchG [ZP]

Interzessionen eines Verbrauchers unterliegen einem richterlichen Mäßigungsrecht nach § 25 d KSchG. Die Schuld des Verbrauchers kann gerichtlich gemäßigt oder ganz erlassen werden, wenn zwischen Schuld und Leistungsfähigkeit des Verbrauchers ein unbilliges Missverhältnis besteht.

Da Paul von der F-Bank nicht in Anspruch genommen werden kann, besteht (noch) kein Bedürfnis, die Schuld zu mäßigen.

Ergebnis: Die Einwendung besteht nicht.

Meine Notizen:

Aktualisierungen

Zu **III. A. 1.:** Unter der Annahme, dass der Vertrag zwischen J und M-AG nach dem 31. 12. 2021 geschlossen worden ist, beruht der Anspruch der J auf Verbesserung nunmehr auf §§ 12 f VGG, da der Verbraucherbegriff des § 1 VGG mit jenem gem § 1 KSchG übereinstimmt, wonach J ihr Vorbereitungsgeschäft noch als Verbraucherin abschließt (s § 1 Abs 3 KSchG iVm § 1 Abs 1 Z 2 KSchG). Der sachliche Anwendungsbereich des VGG erfasst gem § 1 Abs 1 Z 1 VGG den Kauf von Waren, „einschließlich solcher, die noch herzustellen sind", und geht damit über den KV-Begriff des ABGB hinaus.[1]

Eine durch einen Produktionsfehler unbrauchbare Maschine entspricht zum Zeitpunkt der Übergabe weder den vertraglich vereinbarten Eigenschaften iSd § 5 VGG (insb Funktionalität), noch den objektiv erforderlichen Eigenschaften iSd § 6 VGG (insb Eignung für die übliche Verwendung) und ist damit eindeutig mangelhaft. Primär steht J gem § 12 Abs 2 VGG Verbesserung oder Austausch zu. Sofern der Mangel innerhalb der Gewährleistungsfrist von zwei Jahren (gem § 10 Abs 1 VGG) aufgetreten ist, hat J noch bis 3 Monate nach Ende dieser Frist Zeit, den Anspruch gerichtlich geltend zu machen (Verjährungsfrist gem § 28 Abs 1 VGG).[2] Da im Sachverhalt zwischen Übergabe und Hervorkommen des Mangels noch kein Jahr verstrichen ist, kommt J zudem die im VGG auf ein Jahr verlängerte Vermutung zugute, dass der Mangel schon bei Übergabe vorlag (Beweislastumkehr; durch die Angabe im SV, es handle sich um einen Produktionsfehler, bestehen diesbezüglich freilich ohnedies keine Zweifel).

Gem § 13 VGG hat die M-AG die Verbesserung innerhalb einer angemessenen Frist und ohne Kosten für J vorzunehmen. Gem § 8 Abs 2 KSchG hat J der M-AG die Maschine zu diesem Zweck zur Verfügung zu stellen.

Zu **III. A. 2.:** Der Schadenersatzanspruch der J wegen verschuldeter Mangelhaftigkeit der Maschine beruht auch nach Inkrafttreten des Gewährleistungsrichtlinien-Umsetzungsgesetzes (GRUG; mit 1. 1. 2022) weiterhin auf § 933 a ABGB, da das VGG nur die Gewährleistungsrechte, nicht aber den ggf. parallel zustehenden SE-Anspruch neu geregelt hat.

Zu **III. B. 1. und 2.:** Die Einrede des nicht gehörig erfüllten Vertrages gem § 1052 ABGB steht J aufgrund der Anwendbarkeit des VGG (s oben!) nunmehr iVm §§ 12 f VGG (Verbesserungsanspruch nach VGG) zu.

1) Erläut RV 949 BlgNR 27. GP 12.
2) Diese „Zweistufigkeit" der Fristen hat übrigens auch das Gewährleistungsrecht des ABGB mit 1. 1. 2022 übernommen, s § 933 Abs 1 und 3 ABGB.

Meine Notizen:

Prüfer: Friedrich Harrer und Andreas Kletečka

Fachprüfung aus Bürgerlichem Recht

Salzburg, Juni 2019

Schwerpunkte: Vertrag mit Schutzwirkung zu Gunsten Dritter, objektivrechtliche Sorgfaltspflichten, Werkuntergang, Schadenersatz, Instandhaltungspflichten

SACHVERHALT

Teil I

A, der schon länger auf der Suche nach einem Gebrauchtwagen ist, möchte Ks (kürzlich geerbten) drei Jahre alten Kombi erwerben. K holt für diesen Zweck von Ö ein Gutachten ein, mit dem Hinweis, dieses dem potenziellen Käufer vorlegen zu wollen. Der darin bestimmte Wert soll als Kaufpreis für den Kombi dienen. Ö, der auf seiner Homepage damit wirbt, nicht nur die Betriebs- und Verkehrssicherheit von Kfz feststellen zu können, sondern insbesondere Vorschäden der Karosserie, Bremsen, Motor, Lenkung etc aufzudecken, lässt von einem Mitarbeiter (M) ein Gutachten über das Fahrzeug erstellen. Laut diesem weist das Kfz keine Vorschäden auf und hat einen Wert von etwa € 10.000,–. Auf der Grundlage dieser Expertise schließen A und K am 20. 1. 2019 einen Kaufvertrag über den Kombi zum Preis von € 10.000,–.

Am 4. 5. 2019 bringt A den Kombi auf Grund eines Parkschadens an Stoßstange und rechtem Kotflügel sowie Hagelschäden am Dach zu B, der einen Betrieb für Kfz-Dellen-Behebung führt. Beim Entfernen der beschädigten Karosserieteile stellt B fest, dass der Fahrzeugrahmen bereits erhebliche Vorschäden aufweist, die offensichtlich nicht sachgerecht behoben wurden. Angesichts der unsachgemäßen Reparatur wäre der Kombi zum Zeitpunkt des Kaufabschlusses nur € 6.000,– wert gewesen. Über das Untersuchungsergebnis informiert B seinen Vertragspartner A noch am selben Tag. Verärgert möchte sich A an K wenden, dieser scheint jedoch unauffindbar.

Da K nicht mehr greifbar ist, sollen nur Ansprüche gegen Ö geprüft werden.

Teil II

Die Blechschäden soll B bis zum 14. 5. 2019 sanieren. Als Werklohn werden € 2.000,– (€ 1.000,– Parkschaden, € 1.000,– Hagelschäden am Dach) vereinbart. B stellt das Fahrzeug (Zeitwert: € 4.500,–) in einer von ihm für diese Zwecke angemieteten Halle ab und behebt die Schäden bis zum 10. 5. A wird über die vorzeitige Fertigstellung nicht informiert. Am 12. 5. tobt ein heftiger Sturm. Durch das Unwetter bricht ein altes Fenster der Lagerhalle und landet auf dem Dach von As Kombi. Das Schadensbild im Dachbereich des Kombis entspricht weitgehend jener Lage, die vor der Reparatur (Behebung der Hagelschäden) bestanden hat. Die Kosten für die Behebung des Schadens würden € 1.000,– betragen.

Ursächlich für den Einsturz des Fensters war eine zu dünne Verglasung, die nicht dem Stand der Technik entsprach. Die mangelhafte Verglasung führte zu einer zu hohen Spannung und Durchbiegung des Glases und hatte das Hinunterbrechen des Fensters zur Folge. Da die nicht ordnungsgemäße Verglasung jedoch nicht ersichtlich war, kannte B den Mangel nicht.

Die Lagerhalle hat B von C angemietet. Bereits im letzten Frühjahr, als die Halle noch unvermietet leer stand, brachen bei einem ähnlich starken Sturm zwei der insgesamt acht Fenster der Lagerhalle herunter. Diese ließ C durch zwei neue, dem Stand der Technik entsprechende Fenster ersetzen. Die anderen sechs Fenster wurden nicht ersetzt.

Zu prüfen sind mögliche Ansprüche des A und B.

RA o. Univ.-Prof. Dr. *Friedrich Harrer* lehrt am Fachbereich Arbeits- und Wirtschaftsrecht und Univ.-Prof. Dr. *Andreas Kletečka* lehrt am Fachbereich Privatrecht der Universität Salzburg.

MUSTERLÖSUNG

Von Julia Schöler

Meine Notizen:

Teil I

A. Klausurtechnische Vorbemerkungen

Nach der Vorgabe des Falls sollen nur die Ansprüche des A gegen Ö geprüft werden (K ist nicht mehr „greifbar"). Daher erscheint es prima vista naheliegend, die Lösung mit der Analyse der Ansprüche des A gegen Ö zu beginnen. Bereits eine erste Durchsicht des Sachverhalts zeigt indes, dass vertragliche Ansprüche zwischen A und Ö nicht bestehen. Ein Ersatz von Vermögensschäden setzt aber im Allgemeinen das Bestehen vertraglicher Beziehungen voraus. Bei der Prüfung der Ansprüche des A gegen Ö könnte das Vertragsverhältnis K–Ö Bedeutung erlangen (etwa: Entfaltung von Schutzwirkungen des Vertrags K–Ö zugunsten des A).

Vor diesem Hintergrund erscheint es zweckmäßig, zunächst – trotz der Vorgabe, nur die Ansprüche gegen Ö zu prüfen – die Rechtsbeziehung zwischen K und Ö zu analysieren. An diese Ergebnisse kann bei Untersuchung der Ansprüche, die A gegen Ö zustehen, angeknüpft werden.[1]

B. Rechtsverhältnis K–Ö

In casu ließ K von Ö ein Gutachten zur Wertbestimmung seines Kfz erstellen. Der zwischen K und Ö geschlossene Vertrag ist als Werkvertrag iSd § 1151 Abs 1[2] zu qualifizieren.[3] Ö schuldete die sorgfältige, den Regeln seines Fachgebiets entsprechende Erstellung eines Gutachtens über den Zustand und Wert des Kombis zum Zeitpunkt der Untersuchung. Als Gegenleistung war K zur Erstattung eines angemessenen Entgelts verpflichtet.[4]

Laut Sachverhalt entsprachen die im Gutachten angeführten Eigenschaften nicht der tatsächlichen Beschaffenheit des Kombis. Eine Fehlbeurteilung über den Zustand des Kfz – insb das Übersehen erheblicher Vorschäden – stellt einen wesentlichen Mangel dar. Gewährleistungsansprüche wegen der Mangelhaftigkeit einer vertraglich geschuldeten Leistung gem §§ 922 ff sind denkbar.

Die Erstellung eines objektiv unrichtigen Gutachtens kann ferner schadenersatzrechtliche Folgen haben. Es ist nicht auszuschließen, dass K infolge der falschen Expertise ein Schaden entsteht.[5] Dementsprechend kommen auch Schadenersatzansprüche nach §§ 1295, 1300 in Betracht.

C. Ansprüche A gegen Ö

1) A gegen Ö auf Ersatz der Mehrkosten von € 4.000,– gem §§ 1295, 1299, 1300

§ 1300 regelt die Haftpflicht des Sachverständigen für die Erteilung eines falschen Rates. Nach hA schließt *Raterteilung* auch die Erstellung eines Gutachtens mit ein.[6]

Grundsätzlich haften auch Sachverständige nur ihrem Vertragspartner.[7] Eine Haftung gegenüber Dritten wäre nach deliktischen Grundsätzen bei Schädigung in absichtlicher und sittenwidriger Weise möglich. Etwa dann, wenn der Sachverstän-

---

Julia Schöler ist Studienassistentin am Fachbereich Arbeits- und Wirtschaftsrecht der Universität Salzburg.

1) Eine vergleichbare Lage kann sich bei der Verfolgung der Ansprüche aus einer Bürgschaft ergeben. Auch wenn die Vorgabe dahin lautet, dass nur die Ansprüche gegen den Bürgen zu klären sind, ist es geboten, einleitend zur Rechtsbeziehung zwischen dem Gläubiger und dem Hauptschuldner zu sondieren. Die Bürgschaft ist ein akzessorisches Rechtsgeschäft. Ansprüche aus einer Bürgschaft setzen das Bestehen der Hauptschuld voraus. Diese Rechtsbeziehung ist daher vorweg zu prüfen.

2) Paragraphen ohne nähere Angabe sind solche des ABGB.

3) *Krejci* in *Rummel,* ABGB[3] § 1166 Rz 57.

4) Nähere Angaben über den vereinbarten Werklohn fehlen im Sachverhalt. Gem § 1152 wird Entgeltlichkeit im Zweifel vermutet (*Attlmayr* in *Attlmayr/Walzel von Wiesentreu,* Sachverständigenrecht[2] [2015] Rz 4.027).

5) Disponiert ein Dritter – etwa der Käufer des Kfz – auf der Grundlage eines falschen Gutachtens, setzt sich der Gutachtenbesteller nicht selten selbst gewährleistungs- und schadenersatzrechtlichen Ansprüchen aus. Folgeschäden des Bestellers könnten im Allgemeinen die ihn treffenden Prozesskosten darstellen.

6) *Rabl/Riedler,* Schuldrecht Besonderer Teil[6] (2017) Rz 14/21; *Welser/Zöchling-Jud,* Bürgerliches Recht II[14] (2015) Rz 1519; *Reischauer* in *Rummel,* ABGB[3] § 1300 Rz 1; *Attlmayr* in *Attlmayr/Walzel von Wiesentreu,* Sachverständigenrecht[2] (2015) Rz 9.025; *Harrer/Wagner* in *Schwimann/Kodek,* ABGB VI[4] (2016) § 1300 Rz 1; *Karner* in KBB[5] (2017) § 1300 Rz 1; ausführlich dazu *Völkl,* ÖJZ 2006, 97: Für eine Subsumtion unter § 1300 sei der Empfehlungscharakter einer Information maßgeblich. Sofern sie zur Verhaltenssteuerung geeignet ist, könne jede Information prognostischen Inhalts ein Rat iSd § 1300 sein. Dies gelte auch für Gutachten, die dem Empfänger als Entscheidungsgrundlage für seine Disposition dienen sollen.

7) *Reischauer* in *Rummel,* ABGB[3] § 1300 Rz 9; *Schacherreiter* in *Kletečka/Schauer,* ABGB-ON[1.06] § 1300 Rz 12.

Meine Notizen:

dige wissentlich[8] oder im Einverständnis mit dem Auftraggeber[9] ein falsches Gutachten erstellt.[10]

Handelt der Sachverständige fahrlässig, ist eine *Haftung gegenüber Dritten* nur unter strengen Voraussetzungen denkbar.

Namentlich die Rechtsfigur des *Vertrages mit Schutzwirkung zugunsten Dritter* kann dem geschädigten Dritten einen Anspruch aus fremdem Vertrag einräumen (Ersatzansprüche aufgrund der Verletzung einer rechtlichen Sonderverbindung).[11] Der Dritte erwirbt vertragliche Ansprüche gegen den Schuldner, der nach § 1313a für seine Erfüllungsgehilfen einzustehen hat.[12]

Das Erstrecken der Schutzwirkung setzt insb voraus, dass der Dritte der Interessensphäre einer Vertragspartei angehört.[13] Eine Haftung ist möglich, sofern dem Sachverständigen erkennbar war, dass der Besteller bei Einholung des Gutachtens gerade auch die Interessen Dritter mitverfolgte.[14]

Speziell bei der Bestellung von Gutachten werden vom Auftraggeber im Allgemeinen nicht die Interessen Dritter mitverfolgt. Insb bei Schätzungsgutachten im Zuge eines angestrebten Verkaufs divergieren die Interessen von Käufer und Verkäufer. Der Verkäufer möchte einen möglichst hohen Wert erzielen, der Käufer zu einem möglichst geringen Preis erwerben. Die Annahme, der Käufer verfolge die Interessen des Verkäufers mit, erscheint geradezu konstruiert und lebensfern. Dementsprechend verneint die hM die Schutzwirkung zugunsten Dritter bei konträrer Interessenlage.[15]

Vor diesem Hintergrund kann nicht angenommen werden, dass K bei Bestellung des Gutachtens die Interessen des potenziellen Käufers A mitverfolgte. Nach dem typischen Verkehrszweck sollte das vom Verkäufer bestellte Schätzungsgutachten den – innerhalb des vertretbaren Bewertungsspielraums – höchstmöglichen Wert des Kfz ausweisen.[16] Ein möglichst hoch bemessener Preis lag indes nicht im Interesse des A.

Auch die Tatsache, dass die Interessen eines Dritten mit der Gutachtenbestellung erkennbar berührt werden, kann einen Vertrag mit Schutzwirkung zugunsten Dritter nicht begründen. Haftungsvoraussetzung ist, dass die Interessen Dritter ersichtlich mitverfolgt werden.[17] Derartiges kann K nicht unterstellt werden. Zwar sollte das Gutachten A als Entscheidungsgrundlage dienen. Daraus lässt sich jedoch nicht schließen, dass K ein besonderes Interesse am Schutz des A hatte und ihn insb in den Schutzbereich seines Vertrags einbeziehen wollte. Vielmehr war K am eigenen wirtschaftlichen Vorteil interessiert.

Aufgrund der gegensätzlichen Interessen kann die Haftung des Ö gegenüber A nicht auf einen Vertrag mit Schutzwirkung zugunsten Dritter gestützt werden.[18]

---

8) § 1300 Satz 2.

9) § 1295 Abs 2.

10) OGH 2. 12. 1964, 6 Ob 313, 314/64 JBl 1965, 319.

11) OGH 19. 12. 2013, 2 Ob 229/13k ZVR 2014,318; *Schacherreiter* in *Kletečka/Schauer,* ABGB-ON[1.06] § 1300 Rz 14; *Reischauer* in *Rummel,* ABGB[3] § 1295 Rz 30f.

12) *Schacherreiter* in *Kletečka/Schauer,* ABGB-ON[1.06] § 1313a Rz 12.

13) *Rabl/Riedler,* Schuldrecht Besonderer Teil[6] (2017) Rz 14/21; s auch *Koziol,* Österreichisches Haftpflichtrecht II[3] (2018) Rz A/2/361, A/6/32.

14) Vgl etwa OGH 11. 7. 1985, 8 Ob 542/85 RdW 1985, 306; *Welser,* Die Haftung für Rat, Auskunft und Gutachten (1983) 85: Dass der Gutachter damit rechnen musste, dass sein Gutachten Außenstehenden zur Kenntnis gelangt, begründet noch keine Haftung gegenüber Dritten.

15) Vgl insb *Welser,* Die Haftung für Rat, Auskunft und Gutachten (1983) 85f; *Koziol,* Österreichisches Haftpflichtrecht II[3] (2018) Rz A/6/32; *Harrer* in *Aicher/Funk,* Der Sachverständige im Wirtschaftsleben (1990) 181f; *ders* in *Schwimann,* ABGB VI[3] (2006) § 1300 Rz 9; *Kletečka* in FS Reischauer (2010) 296; *P. Bydlinski/Jeremias,* RdW 2018, 343; *Schmaranzer,* Der Vertrag mit Schutzwirkung zugunsten Dritter (2006) 129ff; *Honsell* in FS Medicus (1999) 228: Es sei „gerade bei gegenläufigen Interessen evident, daß der Dritte seine Interessen selbst in der gebotenen Weise wahrnehmen muss".

16) Darin kann selbst noch kein sittenwidriges Verhalten gesehen werden. So etwa *Koziol,* Österreichisches Haftpflichtrecht II[3] (2018) Rz A/2/368: „Auch der Sachverständige kann [. . .] innerhalb des durch die objektiven Bewertungskriterien gegebenen Spielraums die Interessen seines Auftraggebers fördern, so dass die Interessen des Kaufinteressenten nicht voll gewahrt sind." Vgl dazu auch *Welser,* Die Haftung für Rat, Auskunft und Gutachten (1983) 83 FN 12.

17) OGH 11. 7. 1985, 8 Ob 542/85 RdW 1985, 306.

18) Nur eine exzessive Vertragsauslegung könnte zu einem anderen Ergebnis führen: Vereinzelt wird argumentiert, dass der Verkäufer – den eine besondere Schutzpflicht gegenüber dem Käufer trifft – kein Interesse hat, sich allfälligen Gewährleistungs- und Schadenersatzansprüchen infolge eines falschen Gutachtens auszusetzen. Dementsprechend habe er – wie auch der Käufer – ein Interesse an einem objektiv richtigen Gutachten. Die besonderen Schutz- und Sorgfaltspflichten, die ihn gegenüber seinem Vertragspartner treffen, würden den Verkäufer zudem geradezu verpflichten, ein Interesse am Schutz des Dritten zu haben. So etwa *Reich,* wobl 2019, 117; ähnlich schon *F. Bydlinski,* JBl 1960, 359; kritisch *Karner/Koziol,* JBl 2012, 141; *Kletečka* in FS Reischauer (2010) 296: Damit werde „jede am Willen der Parteien angesetzte Begründung zur Fiktion"; eine exzessive Vertragsauslegung stößt ferner dort an ihre Grenzen, wo der Sachverständige in seiner Annahmeerklärung explizit die Haftung gegenüber Dritten ausgeschlossen hat. Die Annahme, die Vertragsparteien hätten ein besonderes Interesse am Schutz des Dritten, lässt sich dann nur schwer aufrechterhalten.

Meine Notizen:

Die Rsp begründet die Haftung des Gutachters gegenüber Dritten insb mit *objektiv-rechtlichen Sorgfaltspflichten.*[19] Der Dritte soll bereits geschützt sein, wenn der Sachverständige damit rechnen musste, dass sein Gutachten einem Dritten zur Kenntnis gelangen und die Grundlage für dessen Disposition bilden wird. Haftungsvoraussetzung sei, dass das Gutachten für den Dritten eine geeignete Vertrauensgrundlage darstellt.[20]

In diesem Fall leiten sich die Ansprüche des Dritten nicht aus der Rechtstellung des Gutachtenbestellers ab. Vielmehr erwirbt der Dritte einen selbständigen, vom Vertrag unabhängigen Anspruch gegen den Gutachter.[21] Dementsprechend kommt es nicht auf ein Drittschutzinteresse bei Vertragsabschluss an. Maßgeblich ist der vom Gutachter geschaffene Vertrauenstatbestand, nicht der Wille der Parteien, den Dritten in den Schutzbereich ihres Vertrags miteinzubeziehen.[22]

Folgt man dieser Argumentationslinie des OGH, kann ein Drittschutz bereits angenommen werden, wenn das Gutachten A erkennbar als Vertrauensgrundlage diente.

In casu hat K das Gutachten bei Ö für den Zweck der Veräußerung seines Kombis erstellen lassen. Derartige Kaufüberprüfungen werden gerade mit dem Vorsatz einer späteren, zeitnahen Kaufabwicklung in Auftrag gegeben. Das Gutachten des Ö sollte als Entscheidungsgrundlage und insb als Grundlage für die Bestimmung des Kaufpreises dienen. K hat Ö bei Bestellung des Gutachtens darauf hingewiesen, dass dieses dem potenziellen Käufer vorgelegt werden sollte. Damit musste Ö klar sein, dass ein Dritter auf die Richtigkeit des Gutachtens vertrauen wird und es die Grundlage seiner Disposition bilden wird. Dass A dem Ö möglicherweise nicht namentlich bekannt war, schadet nicht.[23]

Ö treffen folglich objektiv-rechtliche Sorgfaltspflichten gegenüber A. Ihm haftet er nicht nur für wissentliche Schädigung, sondern auch für fahrlässige Erteilung eines falschen Rates.

Gem § 1299 müssen Sachverständige den durchschnittlichen Fähigkeiten und dem Leistungsstandard ihrer jeweiligen Berufsgruppe entsprechen.[24] Es ist zu fragen, wie sich der maßgerechte Fachmann in der konkreten Situation des Betroffenen verhalten hätte.[25] Da die Position des Gläubigers durch Heranziehung von Hilfspersonen nicht schlechter gestellt werden soll, ist die erhöhte Sorgfaltspflicht des Sachverständigen auch für das Verhalten seiner Gehilfen ausschlaggebend.[26] Ein allfälliges Fehlverhalten der Gehilfen ist folglich am Sorgfaltsmaßstab des Sachverständigen zu prüfen.[27]

Nach dem geschilderten Sachverhalt ist Ö Sachverständiger. Das Verhalten seines Erfüllungsgehilfen M ist Ö nach § 1313 a zuzurechnen. M hätte als Mitarbeiter in einem Gutachterbüro erkennen müssen, dass der Kombi bereits Vorschäden aufwies. Sollte M nach seinen fachlichen Fähigkeiten zu einer selbständigen Prüfung nicht befähigt sein, so wäre es die Aufgabe des Ö gewesen, entsprechende Kontrollen vorzunehmen. Die Ausstellung eines falschen Gutachtens war jedenfalls fahrlässig. Sein fahrlässiges Verhalten war kausal für den um € 4.000,– überhöhten Kaufpreis. A hätte den Kombi nicht um € 10.000,– erworben, hätte er nicht auf Grundlage des falschen Gutachtens angenommen, dass dieser Betrag dem Wert des Gebrauchtwagens entspricht. Die Gutachtenerstellung erfolgte insb zum Zweck der Wertbestimmung des Kaufgegenstandes. Eine Überzahlung sollte der Vertrag gerade verhindern.

Sodann ist anzumerken, dass Ansprüche wegen der Verletzung objektiv-rechtlicher Pflichten nur subsidiär bestehen.[28] Hat der Dritte einen deckungsgleichen An-

19) OGH 20. 11. 1996, 7 Ob 513/96 SZ 69/258: gestützt auf die Ausführungen *Welsers* (Die Haftung für Rat, Auskunft und Gutachten [1983] 86 f); ähnlich *Canaris* (JZ 1995, 441 und JZ 1998, 603), der die erweiterte Schutzpflicht auf das Rechtsinstrument der culpa in contrahendo stützt.
20) Ausführlich *Koziol,* Österreichisches Haftpflichtrecht II³ (2018) Rz A/6/34 f; *Welser,* Die Haftung für Rat, Auskunft und Gutachten (1983) 87 f: Die Ausweitung des Schutzbereichs begründet *Welser* mit einem dringenden Bedürfnis im geschäftlichen Verkehr.
21) *Schacherreiter* in *Kletečka/Schauer,* ABGB-ON[1.06] § 1300 Rz 16; vgl dazu schon *Canaris,* JZ 1998, 603.
22) Es ist folglich auch nicht erforderlich, dass sich die Interessen des Gutachtenbestellers mit jenen des zu schützenden Dritten decken (*Reischauer* in *Rummel,* ABGB³ § 1300 Rz 9).
23) Mögliche Kreditgeber oder Käufer genügen; so etwa OGH 5. 9. 2000, 6 Ob 81/01 g JBl 2001, 227; *Koziol,* Österreichisches Haftpflichtrecht II³ (2018) Rz A/6/37.
24) *Welser/Zöchling-Jud,* Bürgerliches Recht II[14] (2015) Rz 1517; *Schacherreiter* in *Kletečka/Schauer,* ABGB-ON[1.06] § 1299 Rz 1 ff; *Koziol,* Österreichisches Haftpflichtrecht II³ (2018) Rz A/6/1 f.
25) *Reischauer* in *Rummel,* ABGB³ § 1299 Rz 2.
26) *Schacherreiter* in *Kletečka/Schauer,* ABGB-ON[1.06] § 1313 a Rz 77.
27) Näher dazu *Attlmayr* in *Attlmayr/Walzel von Wiesentreu,* Sachverständigenrecht² (2015) Rz 9.123; *Wagner* in *Schwimann/Kodek,* ABGB VI⁴ (2016) § 1313 a Rz 1.
28) *Schacherreiter* in *Kletečka/Schauer,* ABGB-ON[1.06] § 1300 Rz 17/1.

✐ Meine Notizen:

spruch kraft eigener rechtlicher Sonderverbindung gegen seinen Vertragspartner, fehlt ihm das schutzwürdige Interesse. Ein Rechtsschutzdefizit besteht nicht, sofern sich der Dritte aufgrund eigener Vertragsverbindung schadlos halten kann.[29)]

In casu ist K für A nicht mehr greifbar. Schadenersatzansprüche gegen ihn sind nicht durchsetzbar. In Fällen einer faktischen Uneinbringlichkeit der Forderung erscheint es naheliegend, ein Rechtsschutzbedürfnis anzunehmen.[30)] Dementsprechend kann A seinen Schadenersatzanspruch gegen Ö geltend machen.

Nach stRsp[31)] hat Ö für den Schaden des A wegen objektiv-rechtlicher Sorgfaltspflichten einzustehen.[32)]

Gleichwohl soll nicht unerwähnt bleiben, dass die Haftungsbegründung aufgrund objektiv-rechtlicher Sorgfaltspflichten in der Literatur auf Kritik gestoßen ist.[33)] Die Gegenmeinung stützt sich insb auf § 1300 Satz 2, der eine Haftung des Sachverständigen gegenüber Dritten nur bei vorsätzlicher Erteilung einer falschen Auskunft vorsieht. Eine Haftung für bloße Fahrlässigkeit bestehe – bei fehlendem Vertragsverhältnis – gerade nicht. Diese Regelung sei auch kein Zufall, sondern eine vom Gesetzgeber gewollte Haftungsbeschränkung.[34)]

Können infolge gegensätzlicher Interessen vertragliche Schutzwirkungen nicht begründet werden, müsse eine Haftung des Sachverständigen verneint werden. Anderes – etwa die Begründung objektiv-rechtlicher Pflichten – vermag auch der Hinweis eines bestehenden Haftungsbedürfnisses nicht rechtfertigen.[35)]

Teil II

A. Ansprüche A gegen B

1) A gegen B auf Reparatur des Autodachs gem § 1165

Der zwischen A und B geschlossene Reparaturvertrag ist ein Werkvertrag iSd § 1151 Abs 1 und § 1165. Der Werkunternehmer schuldet nicht nur redliches Bemühen, sondern einen Erfolg.[36)]

Geht ein Werk vor Übergabe an den Besteller unter, ist fraglich, ob der Werkunternehmer zur neuerlichen Herstellung des Werks verpflichtet ist. Eine Leistungspflicht des Werkunternehmers ist jedenfalls ausgeschlossen, wenn die Neuherstellung unmöglich ist. Den Werkbesteller trifft in diesem Fall die Leistungsgefahr.[37)]

---

29) OGH 20. 12. 2017, 7 Ob 38/17i ecolex 2018, 628; krit dazu *Vonkilch/Scharmer,* Zak 2018, 164.

30) Zu allgemein wohl *Kodek* (*Kletečka/Schauer,* ABGB-ON[1.03] § 1295 Rz 64), der ausführt, dass es auf die Einbringlichkeit der Forderung nicht ankommt. *Kodek* bezieht sich hier offenbar auf Fälle einer allfälligen unmittelbaren Haftung von Gehilfen. Für die vorliegende Fallkonstellation würde eine solche Einschränkung zu weit gehen. So gewährt der OGH etwa dem Gläubiger einen Schadenersatzanspruch gegen den Sachverständigen, wenn seine vom Schuldner bestellte Liegenschaftsbewertung objektiv unrichtig war und die Voraussetzungen eines Drittschutzes erfüllt sind. Dass die Forderung des Gläubigers gegen den nunmehr insolventen Schuldner dem Grunde nach besteht, ist offenkundig. Eine vergleichbare Lage ergibt sich auch in der Problematik der Abschlussprüferhaftung (näher dazu *Völkl* in *Straube/Ratka/Rauter,* UGB II/RLG[3] § 275 Rz 104 ff). Selbstverständlich hat der Gläubiger einer AG einen Anspruch gegen die insolvente Gesellschaft. Dieser ist jedoch nicht durchsetzbar.

31) In den Fällen falscher Gutachtenerstattung stützt der OGH den Drittschutz regelmäßig auf objektiv-rechtliche Sorgfaltspflichten. Indes ist festzuhalten, dass der OGH seiner Argumentationslinie nicht einheitlich folgt. Namentlich in der Parallelproblematik der Abschlussprüferhaftung hält er an der Lösung des Vertrags mit Schutzwirkung zugunsten Dritter trotz fehlender Interessenharmonie fest (OGH 23. 1. 2013, 3 Ob 230/12p ÖBA 2013, 606).

32) In einer ähnlich gelagerten E (OGH 23. 3. 2007, 2 Ob 191/06m JBl 2007, 518) verneinte der OGH den Drittschutz. Im Unterschied zu dem hier erörterten Sachverhalt veranlasste der potenzielle Käufer die Durchführung der „Kaufüberprüfung" für ein Kfz. Da der Verkäufer das Kfz bereits zu von ihm festgelegten Konditionen anbot, diente ihm das Gutachten nicht als Entscheidungsgrundlage. Er kannte den Zustand des Kfz und hatte bereits eine konkrete Preisvorstellung. Das Gutachten bildete folglich nicht die Grundlage seiner Disposition.

33) *Harrer,* JBl 1997, 674; *ders* in *Schwimann,* ABGB VI[3] (2006) § 1300 Rz 10; *Reischauer* in *Rummel,* ABGB[3] § 1295 Rz 30e; *Honsell* in FS Medicus (1999) 221; zur Rechtfertigung einer Haftung aufgrund des geschaffenen Vertrauenstatbestands insb *Picker* in FS Medicus (1999) 419 f: Allein das Kriterium des Vertrauens sei kein ausreichendes Argument, um die Erweiterung der vertraglichen Haftung zu legitimieren. Das Vertrauen sei sozusagen Vorbedingung jeder Schadenszufügung und könne keine über die gewöhnliche Einstandspflicht hinausgehende Haftung begründen. Ähnlich auch *Schmaranzer,* Der Vertrag mit Schutzwirkung zu Gunsten Dritter (2006) 146 ff: „Eine Haftung einzig aufgrund des Vertrauens vermag aufgrund der Vagheit und Unbestimmtheit dieses Begriffs weder im Allgemeinen noch im Speziellen zu überzeugen."

34) So insb *Harrer,* JBl 1997, 674: Die Verantwortlichkeit des Sachverständigen sei reduziert und dürfe nicht durch judizielle Beliebigkeit ausgeweitet werden. Ähnlich schon *Honsell* (JuS 1976, 621), der in der Ausdehnung des vertraglichen Haftungskonzepts eine nicht vorhersehbare und unkalkulierbare Risikohäufung sieht; *ders* in FS Medicus (1999) 211.

35) *Harrer,* JBl 1997, 674.

36) *Rabl/Riedler,* Schuldrecht Besonderer Teil[6] (2017) Rz 3/1; *Welser/Zöchling-Jud,* Bürgerliches Recht II[14] (2015) Rz 1105.

37) *Welser/Zöchling-Jud,* Bürgerliches Recht II[14] (2015) Rz 222 f; *Krejci* in *Rummel,* ABGB[3] § 1168a Rz 38.

Meine Notizen:

In casu schuldet B als Erfolg – neben der Behebung des Parkschadens – die Reparatur des Kfz-Daches. B sollte die Schäden am Fahrzeug bis 14. 5. sanieren. Zwar konnte B die Reparaturarbeiten bereits am 10. 5. abschließen, eine vorzeitige Übergabe (Abnahme) fand indes nicht statt. Vielmehr wurde das Dach vor der bedungenen Übergabe schwer beschädigt.

Durch den Fenstersturz erscheinen die Reparaturarbeiten am Dach des Kombis gleichsam als „frustrierter Aufwand". Das Schadensbild am Dach entspricht in etwa jenem vor der Reparatur der Hagelschäden. Bezüglich der Dachsanierung kann man folglich von einem Werkuntergang sprechen.

Fraglich bleibt, ob B zur erneuten Reparaturarbeit verpflichtet ist.[38)]

Das Schrifttum bejaht grundsätzlich die Pflicht des Werkunternehmers zur Neuherstellung eines bereits vollständig errichteten und vor Übergabe untergegangenen Werks.[39)] Sofern die Neuherstellung möglich und nicht unverhältnismäßig ist, sei der Unternehmer zur neuerlichen Leistung verpflichtet.[40)]

Im Sachverhalt finden sich keine Hinweise darauf, dass eine neuerliche Reparatur des Daches nicht möglich bzw unverhältnismäßig wäre. B trifft folglich die Leistungsgefahr. Gem § 1165 schuldet er weiterhin die Behebung der Schäden am Dach aus dem Reparaturvertrag.

Da durch den Fenstersturz das Autodach des A beschädigt wurde, liegt der Gedanke einer schadenersatzrechtlichen Prüfung nicht fern. Namentlich die Prüfung auf Schadenersatz aufgrund der Verletzung einer vertraglichen Nebenverpflichtung sowie eine mögliche Haftung nach § 1319 kämen in Betracht. In casu erübrigt sich wegen des Primats der Naturalrestitution eine schadenersatzrechtliche Prüfung gegen B, weil nämlich das Ergebnis bereits aus dem unter 1. geprüften Anspruch erfolgt.[41)]

B. Ansprüche B gegen A

1) B gegen A auf Zahlung von € 2.000,– gem § 1170

Gem § 1170 Satz 1 ist das Entgelt grundsätzlich nach Vollendung des Werks zu entrichten. Ist ein Übergabetermin vereinbart, umfasst die Pflicht des Unternehmers auch die Übergabe des Werks an den Besteller. Allein die Fertigstellung des Werks löst in diesem Fall nicht die Fälligkeit des Werklohns aus. Vielmehr muss der Unternehmer das Werk auch übergeben.[42)] Geht das Werk vor Abnahme unter, verliert der Unternehmer den Entgeltanspruch. Ihn trifft bis zur bedungenen Übergabe die Preisgefahr.[43)]

In casu wurde zwischen A und B ein Werklohn in Höhe von € 2.000,– vereinbart. B schuldet sowohl die Sanierung des Parkschadens an Stoßstange und rechtem Kotflügel als auch die Behebung der Hagelschäden am Dach. Beide Schäden konnte B bereits am 10. 5. beheben. Allerdings wurde das Dach durch den Fenstereinsturz am 12. 5. (zwei Tage vor der bedungenen Übergabe) schwer beschädigt und gleicht in etwa jenem Zustand vor der Reparatur der Hagelschäden.

Da B die Leistungsgefahr trifft,[44)] hat er – sofern er vertragsgemäß erfüllt – Anspruch auf Werklohn. Dieser wird jedoch erst mit Vollendung des Werks fällig. Da ein Teil des geschuldeten Werks (die Reparatur der Hagelschäden am Dach) untergegangen ist – folglich noch nicht erfüllt ist –, kann B die Entrichtung des Entgelts nicht verlangen.

38) Zur Leistungsgefahr s *Welser/Zöchling-Jud,* Bürgerliches Recht II^{14} (2015) Rz 222 f; *Rabl/Riedler,* Schuldrecht Besonderer Teil^{6} (2017) Rz 3/14.

39) *Kletečka* in *Kletečka/Schauer,* ABGB-ON$^{1.03}$ § 1168 a Rz 4; *Rebhahn/Kietaibl* in *Schwimann/Kodek,* ABGB V^{4} (2014) § 1168 Rz 9; *Krejci* in *Rummel,* ABGB^{3} § 1168 a Rz 39.

40) *Rebhahn/Kietaibl* in *Schwimann/Kodek,* ABGB V^{4} (2014) § 1168 Rz 9; s auch *M. Bydlinski* in KBB^{5} (2017) § 1168 a Rz 2; nach *Krejci* (*Rummel,* ABGB^{3} § 1168 a Rz 39) sei der Aufwand des Unternehmers für eine neuerliche Werkherstellung meist als unverhältnismäßiger Aufwand zu werten. Jedoch sind hier wohl Fälle des gänzlichen zufälligen Sachuntergangs gemeint.

41) A hat keinen vermögensrechtlichen Nachteil erlitten. Die Kosten für die Dachsanierung betragen nach wie vor € 1.000,–. Für die bereits erbrachte, aber „untergegangene" Reparaturleistung schuldet A dem B keinen Werklohn (s dazu unten). Zusätzliche Reparaturkosten treffen A folglich nicht. (Ein Zuspruch schadenersatzrechtlicher Ansprüche – etwa Ersatz des am Autodach entstandenen Schadens iHv € 1.000,– gegen C nach § 1319 – hätte zur Folge, dass A um den Betrag von € 1.000,– bereichert wäre. Zu diesem unbilligen Ergebnis käme man auch, wenn A – aus naheliegenden Gründen – keine neuerliche Reparatur durch B wünscht: Unterbleibt die Dachsanierung durch B, schuldet A dem B keinen Werklohn. Ein Ersatz der Reparaturkosten durch C [oder B] hätte zur Folge, dass A besser gestellt wäre als vor der Beschädigung seines Autodachs infolge des Fenstereinsturzes.)

42) *Krejci* in *Rummel,* ABGB^{3} § 1170 Rz 4; *Kletečka* in *Kletečka/Schauer,* ABGB-ON$^{1.03}$ § 1170 Rz 9.

43) *Welser/Zöchling-Jud,* Grundriss des bürgerlichen Rechts II^{14} (2015) Rz 1139.

44) Siehe dazu bereits II.A.1.

Meine Notizen:

Solange A die Einrede des nicht oder nicht ordnungsgemäß erfüllten Vertrags hat, wird der Werklohn nicht fällig.[45]

2) B gegen A auf Zahlung von € 1.000,– gem § 1170 Satz 2

Fraglich bleibt, ob B den Werklohn für die Reparatur des Parkschadens fordern kann. Diese ist laut Sachverhalt bereits erbracht. Es finden sich auch keine Hinweise, dass sie durch den Fenstersturz Schaden genommen hat.

Wird das Werk in Abteilungen verrichtet, kann der Werkunternehmer bei Vollendung des Teilwerks gem § 1170 Satz 2 einen verhältnismäßigen Teil des Werklohns vor Vollendung des gesamten Werks verlangen.[46] Ob ein Werk in Abteilungen verrichtet werden kann – also auch einzelne Werkteile als selbständiges Werk bestehen können[47] bzw für den Besteller einen eigenen wirtschaftlichen Wert haben[48] –, richtet sich regelmäßig nach dem Vertrag oder der Verkehrsauffassung.

Laut Sachverhalt schuldet B aus dem Werkvertrag die Behebung der Park- und Hagelschäden am Kombi. Die Parkschäden an Stoßstange und rechtem Kotflügel hat B behoben.

Allerdings ist der Werklohn generell nach der Vollendung der gesamten geschuldeten Reparaturarbeit am Kfz zu entrichten. Dies entspricht der Verkehrsübung. Die Aufspaltung der Reparaturleistung in einzelne Elemente erscheint lebensfern und entspricht wohl nicht dem Willen der Parteien beim Vertragsabschluss. Derartiges lässt sich jedenfalls nicht aus dem Sachverhalt entnehmen.

B kann den Werklohn folglich erst bei Vollendung des gesamten Werks verlangen.

C. Ansprüche B gegen C

Folgt man der Lösungsskizze, ist festzustellen, dass B ein nicht unerheblicher Schaden aufgrund des Fenstereinsturzes entstanden ist. Die erste Reparatur am Autodach muss A nicht vergüten. Vielmehr ist B zur neuerlichen Dachsanierung verpflichtet. Als entstandener Schaden ist der zusätzliche Reparaturaufwand zu bewerten, für den B – neben dem ursprünglich vereinbarten Werklohn – kein zusätzliches Entgelt gebührt.

Schadensrechtliche Ansprüche gegen C sind naheliegend und sollen in weiterer Folge geprüft werden. In Betracht kommt insb eine Haftung aus dem Bestandvertrag.

Da B ein Schaden infolge der mangelhaften Beschaffenheit der Lagerhalle entstanden ist, liegt auch die Prüfung einer deliktischen Haftung nach § 1319 nahe. Der neuerliche Reparaturaufwand – für den B kein zusätzliches Entgelt verlangen kann – ist jedoch ein reiner/bloßer Vermögensschaden.[49] Derartige Schäden sind nicht im Wege einer deliktischen Haftung nach § 1319 zu ersetzen. Schadenersatzansprüche nach § 1319 sind daher nicht zu prüfen.

1) B gegen C auf Ersatz des entstandenen Schadens aus Vertrag gem § 1096 iVm § 1295

In casu hat B aufgrund des neuerlichen Reparaturaufwandes einen vermögensrechtlichen Nachteil erlitten. Dieser trifft ihn nicht erst nach erneuter Reparatur des Daches, sondern schon mit Entstehung der Verbindlichkeit gegen A.[50]

Das Verhalten des C war für den Eintritt des Schadens ursächlich. Wegen der mangelhaften Instandhaltung der Halle ist ein Fenster heruntergebrochen. Dieses hat einen Teil der Werkleistung des B zerstört und eine erneute Reparatur erforderlich gemacht. Es ist nicht außergewöhnlich, dass bei Verletzung der gebotenen Erhaltungspflicht einer Bestandsache dem Bestandnehmer ein Schaden entstehen kann.

C war B gem § 1096 zur Übergabe und Erhaltung der Bestandsache in brauchbarem Zustand verpflichtet. Das Nichtaustauschen der mangelhaften Fenster stellte neben der Gefährdung von Sachgütern auch eine erhebliche Gefahr für Leib und

---

45) *Rebhahn/Kietaibl* in *Schwimann/Kodek,* ABGB V[4] (2014) § 1170 Rz 6.
46) *Rebhahn/Kietaibl* in *Schwimann/Kodek,* ABGB V[4] (2014) § 1170 Rz 11.
47) *Kletečka* in *Kletečka/Schauer,* ABGB-ON[1.03] § 1170 Rz 13 f; s auch *Krejci* in *Rummel,* ABGB[3] § 1170 Rz 9 ff.
48) *M. Bydlinski* in KBB[5] (2017) § 1170 Rz 4.
49) Zwar ist er Folge eines Eingriffs in ein absolut geschütztes Rechtsgut (Kombi des A). Als Folgeschäden sind Vermögensschäden indes nur zu ersetzen, wenn sie der Träger des Rechtsguts (hier: A) erleidet (*Reischauer* in *Rummel,* ABGB[3] § 1295 Rz 9). Treten primäre Vermögensschäden bei anderen Personen (hier: B) ein, werden sie im deliktischen Bereich im Allgemeinen nicht ersetzt (*Koziol,* Österreichisches Haftpflichtrecht I[3] [1997] Rz 4/42; vgl auch *Welser/Zöchling-Jud,* Grundriss des bürgerlichen Rechts II[14] [2015] Rz 1342).
50) *Reischauer* in *Rummel,* ABGB[3] § 1293 Rz 5 a.

Meine Notizen:

Leben dar.[51] Damit verletzte C jedenfalls seine vertraglichen Pflichten aus dem Bestandvertrag.[52]

Hervorzuheben ist auch ein gravierender Verstoß gegen Informationspflichten. Ein seriöser Vermieter hätte den Vorfall (Herabstürzen eines großen Fensters durch Windeinwirkung) im Gespräch mit einem Mietinteressenten nicht stillschweigend übergehen dürfen. Die Rechtswidrigkeit seines Verhaltens ist folglich zu bejahen.

Erhaltungspflichten sowie Informationspflichten bezwecken gerade derartige Schäden zu verhindern, sodass der Rechtswidrigkeitszusammenhang gegeben ist.

C trifft ferner auch ein Verschulden am Schaden des B. Laut Sachverhalt wusste C von den mangelhaften Fenstern und der von diesen ausgehenden potenziellen Gefahr. Dennoch hat er es unterlassen, diese vollständig zu ersetzen. C handelte somit offenkundig fahrlässig.

Dem folgend hat B gegen C einen Anspruch auf Ersatz des entstandenen Schadens.

2) B gegen C auf Austausch der mangelhaften Fenster gem § 3 Abs 2 Z 1 MRG

Der zwischen C und B geschlossene Mietvertrag[53] über die Lagerhalle (Raummiete zu Geschäftszwecken) fällt zur Gänze unter den Anwendungsbereich des MRG.[54]

§ 3 MRG normiert die Erhaltungspflicht des Vermieters.[55] Nach § 3 Abs 2 Z 1 MRG ist dieser insb zur Durchführung von Arbeiten verpflichtet, die zur Erhaltung des allgemeinen Teiles des Hauses erforderlich sind. Zu den allgemeinen Teilen des Hauses zählt alles, was sich außerhalb eines Mietgegenstands befindet (Fassaden, Dach, Außentüren, Außen- und Verbundfenster etc).[56]

Nach den Angaben im Sachverhalt ist eines der insgesamt acht Fenster der Lagerhalle heruntergebrochen. Weitere fünf Fenster entsprechen nicht dem Stand der Technik und sind damit potenziell gefährlich. Es kann kein Zweifel darüber bestehen, dass diese sechs Fenster erneuerungsbedürftig sind. Ihr Ersatz ist als dem Vermieter obliegende Erhaltungsarbeit am allgemeinen Teil des Hauses iSd § 3 Abs 2 Z 1 MRG anzusehen.

B kann folglich von C den Austausch der mangelhaften Fenster verlangen.

3) B gegen C auf Rückerstattung des zu viel geleisteten Mietzinses gem §§ 1431 iVm 1096 Abs 1 Satz 2

§ 1096 Abs 1 Satz 2 sieht – auch im Vollanwendungsbereich des MRG[57] – Zinsbefreiung/-minderung bei Unbrauchbarkeit des Bestandobjekts vor.[58] Da der Mangel an der Lagerhalle und die damit verbundene Gebrauchsbeeinträchtigung[59] bereits im Zeitpunkt der Übergabe bestand, erhebt sich die Frage, ob B den bereits geleisteten Mietzins zur Gänze bzw teilweise gem § 1431 zurückverlangen kann.[60]

Grundsätzlich tritt Zinsminderung im Ausmaß der Unbrauchbarkeit ex lege mit Beginn der Gebrauchsbeeinträchtigung ein.[61] Auf die subjektive Wahrnehmbarkeit des Mangels kommt es nach hA[62] nicht an. Die objektive Gebrauchsbeeinträchtigung

51) Das Herabstürzen großer Fenster einer Lagerhalle kann zweifellos lebensbedrohlich sein.

52) C schuldet die Übergabe der Lagerhalle in brauchbarem Zustand. Das schließt offenkundig auch die für Leib und Leben gefahrlose Nutzbarkeit der Halle ein.

53) Nach hA ist die Bestandnahme eines „lebenden Unternehmens" (dh einschließlich Betriebsmittel, Kundenstock, Gewerbeberechtigung etc) als Pacht zu qualifizieren. Werden hingegen leere Geschäftsräume vermietet, liegt ein Mietvertrag vor (s dazu zB *Höllwerth* in GeKo Wohnrecht I § 1091 Rz 8 f). In casu ist anzunehmen – da gegenteilige Anhaltspunkte im Sachverhalt fehlen –, dass der bzgl der Lagerhalle geschlossene Bestandvertrag ein Mietvertrag ist.

54) § 1 Abs 1 MRG; Hinweise, die auf eine Vollausnahme oder Teilanwendung des MRG gem § 1 Abs 2 bzw 4 MRG schließen würden, fehlen im Sachverhalt.

55) Näher dazu *Rabl/Riedler*, Schuldrecht Besonderer Teil[6] (2017) Rz 8/24; § 3 MRG regelt die Erhaltungspflichten des Vermieters abschließend und verdrängt damit die umfassende Instandhaltungspflicht nach § 1096 Abs 1 Satz 1 ABGB (*Würth/Zingher/Kovanyi*, Miet- und Wohnrecht[23] MRG § 3 Rz 2; *Welser/Zöchling-Jud*, Grundriss des bürgerlichen Rechts II[14] [2015] Rz 1006).

56) *Pletzer* in GeKo Wohnrecht I § 3 MRG Rz 41; s zu Außen- und Verbundfenstern: OGH 31. 8. 2010, 5 Ob 123/10 i wobl 2011, 113.

57) Siehe etwa *Würth/Zingher/Kovanyi*, Miet- und Wohnrecht[23] MRG § 3 Rz 2 f.

58) Die Zinsminderung ist nach hA ein Gewährleistungsanspruch eigener Art (s etwa *Prader*, MRG[5.11] § 1096 ABGB E 96; *Würth/Zingher/Kovanyi*, Miet- und Wohnrecht[23] § 1096 ABGB Rz 11).

59) Unbenutzbarkeit wegen Gefährlichkeit der Lagerhalle: Eine Gebrauchsbeeinträchtigung liegt auch dann vor, wenn das Bestandsobjekt nur unter der Gefahr eines Schadens für die Rechtsgüter des Bestandnehmers genutzt werden kann (*Pletzer* in GeKo Wohnrecht I § 1096 Rz 38).

60) Zahlt der Bestandnehmer irrtümlich eine Nichtschuld, kann er diese bereicherungsrechtlich nach § 1431 zurückfordern.

61) *Pletzer* in GeKo Wohnrecht I § 1096 Rz 114, 120.

62) *Pletzer* in GeKo Wohnrecht I § 1096 Rz 16; *Würth/Zingher/Kovanyi*, Miet- und Wohnrecht[23] § 1096 ABGB Rz 11; *Prader*, MRG[5.11] § 1096 ABGB E 122; *Riss* in *Kletečka/Schauer*, ABGB-ON[1.02] § 1096 Rz 26/1; *Lindinger*, immolex 2016, 107.

Meine Notizen:

genügt.[63] Die Zinsminderung greift folglich auch für den Zeitraum, in dem der Mieter – in Unkenntnis der Gefährlichkeit – das Bestandobjekt faktisch ohne Einschränkung benutzt hat.[64]

In casu bestand die Gebrauchsbeeinträchtigung bereits ab Beginn des Mietverhältnisses. Sechs Fenster der Lagerhalle entsprachen nicht dem Stand der Technik und waren potenziell gefährlich. Die Lagerhalle war objektiv nicht für die sichere Unterbringung von Kundenfahrzeugen geeignet. Dass B erst am 12. 5. 2019 Kenntnis von der Untauglichkeit erhalten hat, schadet nicht. In der Mangelhaftigkeit der Fenster bestand eine objektive Abweichung vom vertraglich Geschuldeten (gefahrlose Benutzung der Lagerhalle). Zinsminderung trat somit bereits bei Übergabe der Lagerhalle im Ausmaß der Beeinträchtigung ein.

Da C von der Gebrauchsbeeinträchtigung wusste[65], ist nicht näher zu erörtern, ob die Zinsminderung eine Anzeige des Bestandnehmers nach § 1097 voraussetzt.[66]

B hat im Umfang der eingetretenen Zinsminderung ab Beginn des Mietverhältnisses irrtümlich eine nicht bestehende Schuld bezahlt. Diese Überzahlung kann er von C nach § 1431 zurückverlangen.[67]

63) Es ist nicht erforderlich, dass der Bestandnehmer den Mangel kannte und die Beeinträchtigung subjektiv auch wahrnahm (*Pletzer* in GeKo Wohnrecht I § 1096 Rz 16).

64) *Pletzer,* Zak 2011, 83.

65) Hat der Vermieter Kenntnis von der Beeinträchtigung, entfällt die Anzeigepflicht des Mieters (*Lovrek* in *Rummel/Lukas,* ABGB⁴ § 1097 Rz 2); s auch OGH 13. 3. 2013, 3 Ob 234/12a SZ 2013/28.

66) Nach neuer Rsp soll Zinsbefreiung/-minderung erst ab der Anzeige des Mangels durch den Bestandnehmer eintreten (OGH 16. 3. 2011, 6 Ob 38/11y immolex 2011, 147); krit dazu *Riss* in *Kletečka/Schauer,* ABGB-ON¹·⁰² § 1096 Rz 29/1; *Lovrek* in *Rummel/Lukas,* ABGB⁴ § 1096 Rz 106.

67) Der von B geleistete Mietzins kann auch auf schadenersatzrechtlichem Wege nach § 933a zurückverlangt werden. Maßgeblich ist, dass den Vermieter an der Gebrauchsbeeinträchtigung ein Verschulden trifft (näher dazu insb *Pesek,* Zak 2019, 24; *ders,* wobl 2017, 31).

Von Christian Rabl und Martin Schauer

✐ Meine Notizen:

FÜM II – Bürgerliches Recht

Wien, 7. 3. 2019

Schwerpunkte: Erbrecht; Internationales Privatrecht; Sachenrecht

SACHVERHALT[1)]

Der pensionierte Kunstsammler **David** hat die Kälte seiner Heimatstadt Bregenz in Vorarlberg satt. Ihn hält dort nichts mehr. Sogar sein einziger Sohn **Samuel** lebt in Paris, nachdem er ein Kunststudium gegen den Willen von **David** abgebrochen hat. Als Italien-Liebhaber beschließt **David,** mindestens acht Monate des Jahres am Comer See in Italien zu verbringen. Deshalb kauft er im Juli 2018 eine laut Grundbuchsauszug lastenfreie Liegenschaft mit Seezugang im idyllischen Ort Como. Für mehr italienisches Lebensgefühl möchte sich **David** noch einen Ferrari zulegen. Mangels ausreichender liquider Rücklagen „borgt" er sich vor seiner Abreise im Juli in Bregenz bei **Ferdinand** zinsfrei € 50.000,–, rückzahlbar bis 30. 11. 2018. Zur Besicherung verpfändet und übergibt **David** in seiner Wohnung in Bregenz **Ferdinand** das Gemälde „Heimkehr nach Como" des Malers Matteo Martinelli (gemeiner Wert: € 50.000,–). Im Zuge der Übergabe händigt **Ferdinand David** einen Zettel aus, laut dem das Gemälde bei Nichtbezahlung **Ferdinand** gehören soll. **David** nimmt das kopfnickend zur Kenntnis.

In Italien eingelebt, lernt **David** alsbald die italienische Kunsthändlerin **Kiara** kennen: That's Amore! Er lädt sie auf ein Wochenende in seine Wohnung in Bregenz ein. Da er ihr Faible für Werke des Malers Martinelli kennt, bittet er **Ferdinand,** ihm das Gemälde „Heimkehr nach Como" für einige Tage zu überlassen, um es wieder in seiner Wohnung in Bregenz aufzuhängen. **Ferdinand** willigt ein, allerdings nur unter der ausdrücklichen Bedingung der Rückstellung nach dem Wochenende (zwei Tage).

Nach dem gemeinsamen Wochenende schwebt **David** im siebten Himmel und möchte **Kiara** einen Heiratsantrag machen. Um sich so spontan einen Verlobungsring leisten zu können, entschließt sich **David,** das Gemälde nicht mehr an **Ferdinand** zurückzustellen, sondern verkauft und übergibt es in Bregenz dem Vorarlberger Galeristen **Anton. Anton** konnte von der Abmachung zwischen **Ferdinand** und **David** nichts wissen. Die Schulden bei **Ferdinand** hat **David** am 30. 11. 2018 nicht beglichen. Deshalb verlangt **Ferdinand** von **David** die Herausgabe des Gemäldes „Heimkehr nach Como" unter Berufung darauf, dass es nun ihm gehöre.

Auch in Italien kehrt für **David** keine Ruhe ein. Grund dafür ist das Verhalten von **Davids** Nachbar **Giorgio Amare,** einem exzentrischen Modedesigner. Es ärgert **David,** dass **Giorgio Amare** und dessen Gäste regelmäßig durch **Davids** Garten spazieren, um sich an **Davids** hauseigenem Steg zu Yachtausflügen abholen zu lassen. Während der eingehenden Besichtigung bei Kauf der Liegenschaft war **David** zwar ein Trampelpfad aufgefallen, allerdings hatte er diesem keine weitere Beachtung geschenkt. Als er **Giorgio Amare** zur Rede stellt, entgegnet dieser ihm lapidar, dass das bereits seine Eltern seit deren Einzug in die Villa vor 35 Jahren so gehandhabt hätten, da sein Grundstück ja keinen eigenen Steg habe. **David** möchte endlich etwas gegen diese Belästigung unternehmen.

Während der Hochzeitsvorbereitungen verstirbt **David** im Januar 2019 in seinem Haus in Como. Im Zuge dessen erfährt **Kiara,** dass **David** am 1. 1. 2018 die nicht gemeinnützige **Michelangelo Privatstiftung** errichtet hatte, in die er seine Skulpturensammlung (Wert zum Zeitpunkt der Einbringung € 300.000,–) einbrachte. Der zwischenzeitliche Tod des Bildhauers der Skulpturen trug dazu bei, dass sich der Wert der Skulpturensammlung zum Zeitpunkt von **Davids** Tod verdoppelt hat. Zudem findet **Kiara** eine von **David** eigenhändig geschriebene und unterschriebene, sowie mit November 2018 datierte, Verfügung mit folgenden Zeilen: *„**Kiara**, die Liebe mei-*

Univ.-Prof. Dr. *Christian Rabl* und Univ.-Prof. Dr. *Martin Schauer* lehren am Institut für Zivilrecht der Universität Wien.

1) Dem Sachverhalt war ein Auszug (Vertragsparteien, Artikel 1 und 6) des Haager Testamentsübereinkommens beigelegt.

Meine Notizen:

nes Lebens, soll alles bekommen. Der Abbruch des Kunststudiums meines einzigen Kindes **Samuel** *hat mich so enttäuscht, dass er gar nichts bekommen soll. Grüße, Euer* **David**". Die reine Verlassenschaft beträgt € 2.000.000,–.

Wie ist die Rechtslage?

Gehen Sie von der Zuständigkeit österreichischer Gerichte aus. Wenn Sie bei der kollisionsrechtlichen Prüfung zum Ergebnis der Anwendbarkeit ausländischen Sachrechts gelangen sollten, prüfen Sie die Rechtslage trotzdem nach österreichischem Recht.

Soweit es für die Falllösung erforderlich ist, fingieren Sie, dass sich der Verbraucherpreisindex im maßgeblichen Zeitraum nicht verändert hat.

MUSTERLÖSUNG

Von Sarah Lorraine Wild

I. Pfandgegenstand[2]

A. Anwendbares Recht

Da das Gemälde in Österreich verpfändet, übergeben, rückgestellt und verkauft wurde, liegt ein innerstaatlicher Sachverhalt vor. Die Frage der Anknüpfung im internationalen Privatrecht entfällt.

B. Materiellrechtliche Prüfung der sachenrechtlichen Ansprüche

Laut Sachverhalt verstirbt einer der zentralen Akteure, nämlich David. Die Verlassenschaft als juristische Person mit eigener Rechtspersönlichkeit übernimmt mit Erbfall als Gesamtrechtsnachfolgerin die Rechtspositionen des Verstorbenen (§ 546), sofern sie vererblich sind.[3] Die Ansprüche sind daher für und gegen die Verlassenschaft nach David zu prüfen.

1) Ferdinand gegen Anton auf Herausgabe des Gemäldes gem § 366 (rei vindicatio)

Zunächst ist zu prüfen, ob Ferdinand das Gemälde von Anton mit der rei vindicatio gem § 366 herausverlangen kann. Die eigentliche Eigentumsklage ist die Klage des (Mit)Eigentümers gegen den Inhaber auf Herausgabe der beweglichen Sache bzw auf Räumung der Liegenschaft.[4] Das Gemälde ist individualisierbar (§ 370).

Zu prüfen ist, ob Ferdinand Eigentümer des Gemäldes und damit aktivlegitimiert ist. Er stützt sich auf die Vereinbarung, dass das Gemälde bei Nichtbezahlung durch David ihm gehören soll. Dabei handelt es sich aber um eine ungültige Verfallsklausel gem § 1371, die zu einer Eigentumsverschaffung nicht geeignet ist.[5] Ferdinand ist nicht Eigentümer des Gemäldes geworden und damit zur Erhebung der rei vindicatio nicht aktivlegitimiert.

Anton kauft das Gemälde und erhält es von David übergeben. Er ist Inhaber und damit passivlegitimiert.

Ergebnis: Der Anspruch Ferdinands gegen Anton auf Herausgabe des Gemäldes gem § 366 besteht nicht zu Recht.

2) Ferdinand gegen Verlassenschaft nach David auf Herausgabe des Gemäldes gem § 366 (rei vindicatio)

Bezüglich der allgemeinen Ausführungen und der fehlenden Aktivlegitimation des Ferdinand kann auf Anspruch B.1.) verwiesen werden.

Zudem ist die Verlassenschaft nach David aufgrund des Verkaufs und der Übergabe des Gemäldes an Anton keine Inhaberin, womit keine Passivlegitimation gegeben ist.

Ergebnis: Der Anspruch Ferdinands gegen die Verlassenschaft nach David auf Herausgabe des Gemäldes gem § 366 besteht nicht zu Recht.

MMag. *Sarah Lorraine Wild* ist Universitätsassistentin am Institut für Zivilrecht der Universität Wien.

2) Sofern nicht anders angegeben, beziehen sich Paragrafen auf das ABGB.
3) *Eccher,* Erbrecht[6] (2016) Rz 1/5.
4) *Iro,* Sachenrecht[6] (2016) Rz 7/1; *Welser/Kletečka,* Bürgerliches Recht I[15] (2018) Rz 1083.
5) *Iro,* Sachenrecht[6] Rz 9/22; *Welser/Kletečka,* Bürgerliches Recht I[15] Rz 1255.

3) Ferdinand gegen Anton auf Herausgabe des Gemäldes gem § 366 analog (Pfandklage)

Meine Notizen:

Als Gegenstück zur rei vindicatio des Eigentümers ist die Pfandklage des Faustpfandgläubigers auf Herausgabe der beweglichen körperlichen Pfandsache gerichtet.[6] Zu prüfen ist, ob das Pfandrecht wirksam begründet wurde und Ferdinand nicht innehabender dinglicher Pfandberechtigter ist. Das Pfandrecht ist das beschränkte dingliche Recht, sich aus einer Sache zu befriedigen, wenn die gesicherte Forderung bei Fälligkeit nicht erfüllt wird (§ 447).

Das Pfandrecht am Gemälde besichert den Anspruch in Höhe von € 50.000,– aus dem Darlehensvertrag zwischen David und Ferdinand, die Akzessorietät[7] ist gegeben, die Forderung objektiv gültig.[8] Auch besteht das Pfandrecht an einer für Ferdinand fremden Sache.[9] Für den rechtsgeschäftlichen Erwerb des Pfandrechts bedarf es eines Titel- und Verfügungsgeschäfts und eines Modus.[10] David übergibt Ferdinand in seiner Wohnung in Bregenz das Gemälde ausdrücklich zum Zweck der Besicherung der Darlehensforderung über € 50.000,–, die der Finanzierung des Ferraris dient. Mangels näherer Angaben im Sachverhalt kann davon ausgegangen werden, dass ein nicht formpflichtiger Pfandbestellungsvertrag oder ein Pfandvertrag als Realkontrakt gem § 1368 zustande gekommen ist. Auch das Verfügungsgeschäft, nämlich die Einigung zwischen Ferdinand und David, dass hiermit ein Pfandrecht begründet wird, wird gleichzeitig mit Abschluss des Titelgeschäfts und Übergabe der Pfandsache erfüllt. Zudem wird der Modus, der bei beweglichen Sachen in der Übergabe der Sache liegt, durch Übergabe des Gemäldes in Verwirklichung des Faustpfandprinzips eingehalten.

Zwischenergebnis: Das Pfandrecht zugunsten von Ferdinand wurde wirksam begründet.

Nun ist zu prüfen, ob das Pfandrecht zugunsten von Ferdinand am Gemälde aufgrund der freiwilligen, vorübergehenden (zwei Tage) Rückstellung unter Vorbehalt an David erloschen oder (noch) aufrecht ist. Gem § 467 erlischt das Pfand an einer beweglichen Sache nicht, wenn der Pfandnehmer diese nur „unter Vorbehalt" zurückstellt. Die Rückstellung des Faustpfandes wird in Lehre und Rechtsprechung unterschiedlich beurteilt.[11]

Die **hL** geht davon aus, dass jede Rückstellung, außer einem Abhandenkommen der Pfandsache gegen den Willen des Pfandgläubigers[12], zum Erlöschen des Pfandrechts führt, widrigenfalls ein Verstoß gegen das Faustpfandprinzip vorläge. Der Vorbehalt entfaltet nur die Wirkung, dass der Pfandgläubiger den **obligatorischen Anspruch auf (neuerliche) Einräumung** des Pfandrechts behält.[13] Ferdinand ist demzufolge kein nicht innehabender dinglicher Pfandberechtigter.

Ergebnis (hL): Der Anspruch des Ferdinand auf Herausgabe des Gemäldes als Pfandsache gegen Anton (Pfandklage)[14] gem § 366 analog besteht nicht zu Recht.

Die **Rechtsprechung** nimmt einen auch sachenrechtlich wirksamen Vorbehalt, insbesondere bei vorübergehender, zeitweiliger Überlassung der Pfandsache an den Pfandbesteller, an. Eine Rückstellung über das Wochenende wäre eine vorübergehende, das Pfandrecht bliebe aufrecht.[15]

Folgt man der Rechtsprechung, ist anschließend ein **gutgläubig lastenfreier Eigentumserwerb** gem § 367 Abs 2 von Anton zu prüfen.

Beim Gemälde handelt es sich um eine bewegliche körperliche Sache, der Kaufvertrag zwischen David und Anton bildet einen objektiv gültigen, entgeltlichen Titel. Dass das Entgelt bereits gezahlt wurde, ist dem Sachverhalt zwar nicht zu entnehmen, aber nach hA nicht Voraussetzung für den gutgläubigen (lastenfreien) Eigentumser-

6) *Iro*, Sachenrecht[6] Rz 11/1; *Welser/Kletečka*, Bürgerliches Recht I[15] Rz 1288.
7) *Iro*, Sachenrecht[6] Rz 9/2; *Welser/Kletečka*, Bürgerliches Recht I[15] Rz 1168.
8) *Iro*, Sachenrecht[6] Rz 9/3.
9) *Iro*, Sachenrecht[6] Rz 9/6; *Welser/Kletečka*, Bürgerliches Recht I[15] Rz 1171.
10) *Iro*, Sachenrecht[6] Rz 10/1 ff; *Welser/Kletečka*, Bürgerliches Recht I[15] Rz 1188 ff.
11) Die Musterlösung folgt der hL, gibt aber auch die Lösung und den weiteren Lösungsweg auf Basis der Rsp wieder. Bei der Prüfung wurde das Aufzeigen der unterschiedlichen Meinungen erwartet; die Wahl der jeweiligen Lösung und des daran anschließenden Lösungsweges wurden gleichwertig bepunktet; zu dieser Thematik eingehend *Markl/Niedermayr*, Zur Rückgabe des Mobiliarpfands unter Vorbehalt, ÖJZ 1994, 185.
12) *Iro*, Sachenrecht[6] Rz 12/4; *Welser/Kletečka*, Bürgerliches Recht I[15] Rz 1196 mwN zur jüngeren Meinung, wonach auch in diesem Fall das Pfandrecht erlöschen soll; krit *Oberhammer/Domej* in *Kletečka/Schauer*, ABGB-ON[1.03] § 467 Rz 9 (Stand 1. 5. 2017, rdb.at).
13) *Iro*, Sachenrecht[6] Rz 12/4; *Welser/Kletečka*, Bürgerliches Recht I[15] Rz 1196.
14) *Reidinger*, Bürgerliches Recht Teil I[9] (2016) 217 (Frage 66).
15) *Iro*, Sachenrecht[6] Rz 12/4; *Welser/Kletečka*, Bürgerliches Recht I[15] Rz 1196.

Meine Notizen:

werb.[16] Das Bild wurde Anton übergeben. Anton ist redlich (arg „Anton konnte von der Abmachung zwischen Ferdinand und David nichts wissen"). Abschließend ist zu prüfen, ob eine der drei Alternativvoraussetzungen des **§ 367 Abs 1** vorliegt[17]: entgeltlicher Erwerb in einer öffentlichen Versteigerung, von einem Unternehmer im gewöhnlichen Betrieb seines Unternehmens oder vom Vertrauensmann. Aufgrund der kurzfristigen, freiwilligen und bewussten Herausgabe des Gemäldes an David handelt es sich bei David um den Vertrauensmann Ferdinands, sodass eine der drei Alternativvoraussetzungen des § 367 Abs 1 gegeben ist.[18]

Alternativergebnis (Rsp): Anton hat gutgläubig **lastenfrei** Eigentum am Gemälde erworben. Der Anspruch des Ferdinand auf Herausgabe des Gemäldes als Pfandsache gegen Anton gem § 366 analog besteht **nicht** zu Recht.

C. Materiellrechtliche Prüfung der obligatorischen Ansprüche

1) Ferdinand gegen Verlassenschaft nach David auf Übergabe des Gemäldes aus dem bei der Rückstellung vereinbarten Vorbehalt gem § 467

Aufgrund des Vorbehaltes hat Ferdinand nach dem Wochenende einen Anspruch auf Rückgabe des Gemäldes (hL).

Dieses Gemälde ist aber an Anton verkauft und übergeben worden, sodass es die Verlassenschaft nach David als Beklagte nicht mehr übergeben **kann.** Wenn sich Anton weigert, den Gemäldekauf rückgängig zu machen – wozu er als Eigentümer natürlich berechtigt ist –, ist der Anspruch des Ferdinand wegen Unmöglichkeit (§ 920) erloschen.

2) Ferdinand gegen Verlassenschaft nach David auf Bestellung von Ersatzsicherheiten gem § 458 analog

Das Pfandrecht von Ferdinand ist erloschen.[19] § 458 sieht eine Ersatzpfandbestellung in zwei Fällen vor, nämlich bei Verschlechterung des Pfandes aus Verschulden des Pfandschuldners und bei Offenbarwerden eines Mangels. Eine analoge Anwendung des Falles der Verschlechterung des Pfandes könnte bei einem treuwidrig verkauften Pfandgegenstand angedacht werden.

Ergebnis: Der Anspruch des Ferdinand auf Bestellung von Ersatzsicherheiten zur Besicherung seiner Forderung gegen David/die Verlassenschaft nach David im Wert von € 50.000,– besteht aufgrund § 458 Fall 1 (analog) zu Recht.

3) Anspruch auf Schadenersatz

a) Herrschende Lehre

Der Verkauf der Pfandsache ist ein schuldhafter Verstoß gegen die vertragliche Verpflichtung, das Gemälde nach dem Wochenende zurückzustellen. Nämliches Ergebnis folgt auch aus § 921 (verschuldete Unmöglichkeit siehe oben C.1.). Jeder Schadenersatzanspruch ist primär auf Naturalrestitution gerichtet, diese ist jedoch unmöglich (vergleiche wiederum C.1.), weshalb es zum Geldersatz[20] kommt.

b) Rechtsprechung

Nach dieser bleibt das Pfandrecht bestehen. Der Verkauf des Gemäldes ist ein rechtswidriges schuldhaftes Zuwiderhandeln, welches das dingliche Recht beeinträchtigt. Daher ist Schadenersatz wie zu C.3.a.) zu bejahen.

Ergebnis: Ferdinand hat Anspruch auf Bestellung von Ersatzsicherheiten zur Besicherung seiner Forderung gegen (die Verlassenschaft von) David, subsidiär auf Geldersatz iHv € 50.000,– zzgl 4% pa gem §§ 1293 ff (ex contractu), gem § 921 oder wegen eines Verstoßes gegen ein dingliches Recht.

4) Ferdinand gegen Verlassenschaft auf Zahlung von € 50.000,– gem § 983

David „borgt" sich von Ferdinand zinsfrei € 50.000,–, rückzahlbar bis 30. 11. 2018. Zwischen Ferdinand und David ist damit ein gültiger Darlehensvertrag über eine zinsfreie Darlehenssumme von € 50.000,– mit einem vereinbarten Fälligkeitszeit-

16) *Iro,* Sachenrecht[6] Rz 6/48; *Welser/Kletečka,* Bürgerliches Recht I[15] Rz 1041.
17) *Iro,* Sachenrecht[6] Rz 6/63; *Welser/Kletečka,* Bürgerliches Recht I[15] Rz 1165.
18) *Klicka/Reidinger* in *Schwimann/Kodek,* ABGB Praxiskommentar[4] (2012) § 367 Rz 26.
19) Jedenfalls, egal ob man der hL oder der Rsp bei Anspruch I.B.3. folgt.
20) Zur Schadensberechnung ausführlich *Berger,* Verkauf einer verpfändeten Liegenschaft und Schadenersatz wegen mangelhafter Vertragserfüllung, JBl 1982, 464 f.

Meine Notizen:

punkt zum 30. 11. 2018 zustande gekommen.[21] David hat bis zum Fälligkeitszeitpunkt keine Rückzahlung vorgenommen und ist daher in Verzug.

Ergebnis: Der Anspruch des Ferdinand gegen die Verlassenschaft nach David auf Zahlung von € 50.000,– gem § 983 besteht zu Recht.

5) Ferdinand gegen Verlassenschaft auf Zahlung von 4% Zinsen aus € 50.000,– pa seit 1. 12. 2018 gem § 983 iVm §§ 1000, 1333 Abs 1

Zwar ist die Darlehenssumme in Höhe von € 50.000,– ausdrücklich zinsfrei gestellt worden, entsprechende Verzugszinsen sind allerdings separat zu prüfen. Ferdinand und David haben keine Vereinbarung über Verzugszinsen getroffen. David befindet sich mangels rechtzeitiger Zahlung zum 30. 11. 2018 in Verzug, weshalb Ferdinand gesetzliche Verzugszinsen in Höhe von 4% aus der Darlehenssumme zustehen.[22]

Ergebnis: Der Anspruch des Ferdinand gegen die Verlassenschaft nach David auf Zahlung von 4% Zinsen aus € 50.000,– seit 1. 12. 2018, somit iHv ca € 520,–, besteht zu Recht.

II. Dienstbarkeit

A. Anwendbares Recht

Da die betroffenen Grundstücke in Como, Italien belegen sind, liegt ein Auslandsbezug vor. Eine Rechtswahl ist im Sachenrecht ausnahmslos ausgeschlossen.[23] Anwendbar sind die §§ 31 – 33 a IPRG. In die IPRG Qualifikation „Sachenrecht" fällt auch das Recht der Dienstbarkeiten.[24] Dingliche Rechte an körperlichen Sachen einschließlich des Besitzes sind nach § 31 IPRG immer nach dem Recht am Belegenheitsort (lex rei sitae) zu beurteilen, also nach dem Ort, an dem sich die Sache befindet.[25]

Ergebnis: Da die Liegenschaft in Italien belegen ist, ist italienisches Recht anwendbar.

B. Materiellrechtliche Prüfung

1) Verlassenschaft nach David gegen Giorgio Amare auf Unterlassung des Gehens über das Grundstück gem § 523

David fühlt sich durch das Verhalten seines Nachbarn Giorgio Amare und dessen Gäste gestört. Diese spazieren regelmäßig durch Davids Garten, um sich aufgrund des fehlenden Stegs beim Grundstück von Giorgio Amare, an Davids hauseigenem Steg zu Yachtausflügen abholen zu lassen. Zu prüfen sind die Tatbestandsvoraussetzungen der Eigentumsfreiheitsklage (actio negatoria) gem § 523. Die Voraussetzungen sind:

Aktivlegitimation des besitzenden Eigentümers: David bzw die Verlassenschaft ist Eigentümer/in des Grundstücks, über das Giorgio Amare und seine Gäste regelmäßig spazieren, um zum Steg zu gelangen. Die Verlassenschaft ist aktivlegitimiert.[26]

Passivlegitimation des Störers: Giorgio Amare maßt sich durch seine Handlungen die Dienstbarkeit des Gehens an. Darüber hinaus hat er für das Handeln seiner Gäste als mittelbare Störer einzustehen, da er deren Handeln durch Unterlassungen veranlasst hat bzw er die Möglichkeit gehabt hätte, das Handeln seiner Gäste zu verhindern bzw zu beenden.[27]

Störung und Wiederholungsgefahr: Die Störung liegt im (nicht erlaubten) regelmäßigen Spazieren über den Grund des David bzw dessen Verlassenschaft. Giorgio Amare zeigt sich auch uneinsichtig, als David ihn darauf anspricht, was auf Wiederholungsgefahr schließen lässt.

Zwischenergebnis: Die Verlassenschaft nach David hat einen Anspruch auf Unterlassung des Gehens/Überquerens seines Grundstücks gem § 523, allenfalls auf Beseitigung von nachteiligen Folgen der Störung, die in natura wieder rückgängig gemacht werden können (Wiederherstellung des vorherigen Zustandes) und Schadenersatz bei Verschulden des Giorgio Amare.

---

21) *Welser/Zöchling-Jud,* Bürgerliches Recht II[14] (2015) Rz 918 ff.
22) *Welser/Zöchling-Jud,* Bürgerliches Recht II[14] Rz 174 ff.
23) *Zöchling-Jud/Aspöck,* Internationales Privatrecht[3] (2015) 44; *Lurger/Melcher,* Internationales Privatrecht[2] (2017) Rz 6/1.
24) *Lurger/Melcher,* Internationales Privatrecht[2] Rz 6/2; *Zöchling-Jud/Aspöck,* Internationales Privatrecht[3] 45.
25) *Lurger/Melcher,* Internationales Privatrecht[2] Rz 6/3; *Zöchling-Jud/Aspöck,* Internationales Privatrecht[3] 44.
26) *Iro,* Sachenrecht[6] Rz 7/12.
27) *Iro,* Sachenrecht[6] Rz 7/13; *Welser/Zöchling-Jud,* Bürgerliches Recht II[14] Rz 1099.

Meine Notizen:

Zu prüfen sind in der Folge Einwände des Giorgio Amare hinsichtlich einer möglichen Berechtigung zum Gehen über das Grundstück von David aufgrund einer bestehenden Grunddienstbarkeit. Der wiederum könnte ein gutgläubig lastenfreier Erwerb von David entgegenstehen.

Zu prüfen sind gem § 480 die Begründung einer Servitut durch Rechtsgeschäft unter Lebenden (II.B.2.) und die Ersitzung einer Servitut durch Giorgio Amare bzw seine Vorfahren (II.B.3.).

2) Einwand des Giorgio Amare: Begründung einer Servitut des Gehens durch Rechtsgeschäft unter Lebenden?

Für die (derivative) Begründung einer Servitut bedarf es eines Titels (Servitutsbestellungsvertrag, letztwillige Verfügung) und Modus (bei Liegenschaften die Einverleibung im C-Blatt der dienenden Liegenschaft bzw im A-2-Blatt der herrschenden Liegenschaft).[28)] Aus dem Grundbuch ist laut Sachverhalt keine Dienstbarkeit des Gehens über Davids Grundstück ersichtlich. Auch kommt zwischen Giorgio Amare und David weder ausdrücklich noch konkludent ein Servitutsbestellungsvertrag zustande.

Ergebnis: Giorgio Amare kann sich nicht auf eine Servitutsbegründung aufgrund eines Rechtsgeschäfts stützen, es liegen weder Titel noch Modus vor.

3) Einwand des Giorgio Amare: Begründung einer Servitut aufgrund des Gesetzes durch Ersitzung?

Es handelt sich um eine Grunddienstbarkeit gem § 492, zugunsten von Giorgio Amare als Eigentümer des herrschenden Grundstücks und zulasten von David bzw der Verlassenschaft nach ihm als Eigentümer/in des dienenden Grundstücks, die gem § 1455 ersitzungsfähig ist.[29)] Zur Ersitzung einer Grunddienstbarkeit bedarf es gem § 1460 der qualifizierten Besitzausübung während der gesamten dreißigjährigen Ersitzungszeit.

Dreißigjährige Ersitzungszeit: Im Sachverhalt meint Giorgio Amare, dass „das bereits seine Eltern seit dem Einzug in die Villa vor 35 Jahren so gehandhabt hätten". Es ist daher von einer kontinuierlichen Besitzausübung durch die Eltern des Giorgio Amare über mindestens 35 Jahre auszugehen.

Weiters ist der qualifizierte Besitz (rechtmäßig, redlich, echt) zu prüfen.

Rechtmäßiger Besitz (§ 316): Laut Sachverhalt liegt zwischen David und Giorgio Amare als Eigentümer der betroffenen Grundstücke kein tauglicher Rechtsgrund vor. Ob die Eltern Giorgio Amares sich hinsichtlich des Voreigentümers von Davids Grundstück auf einen tauglichen Rechtsgrund stützen konnten, ist aus dem Sachverhalt nicht erkenntlich. Die Rechtmäßigkeit gem § 316 ist nur für die Ersitzungszeit von Bedeutung. Diese liegt aber ohnehin sowohl bei der eigentlichen als auch der uneigentlichen Ersitzung von Dienstbarkeiten an Grundstücken zwischen Privatpersonen bei 30 Jahren.[30)]

Redlicher Besitz (§ 326): Dem Sachverhalt sind keine Gründe zu entnehmen, aus denen auf eine Unredlichkeit der Eltern des Giorgio Amare zu schließen wäre. Im Zweifel ist gem § 328 Satz 2 von Redlichkeit auszugehen.

Echter Besitz (§ 345): Aus dem Sachverhalt gehen auch keine Anhaltspunkte hervor, die auf einen unechten Besitz von Giorgio Amares Eltern schließen lassen.

Die Eltern des Giorgio Amare haben durch mindestens 35-jährige, kontinuierliche, redliche und echte Besitzausübung die Ersitzung vollendet. Einer Anrechnung der Ersitzungszeit der Eltern zur Besitzausübung des Giorgio Amare bedarf es nicht.

Zwischenergebnis: Die Voraussetzungen für eine Ersitzung sind erfüllt. Als Gesamtrechtsnachfolger hat Giorgio Amare das Recht von seinen Eltern erworben.

Als nächster Schritt ist ein gutgläubiger lastenfreier Erwerb durch David zu prüfen: Um zu verhindern, dass das an Liegenschaften ersessene Recht wieder verloren geht, indem ein Dritter das dienende Grundstück gutgläubig lastenfrei erwirbt, muss es der Berechtigte im Grundbuch eintragen lassen, widrigenfalls regelmäßig § 1500 gilt.[31)] Obwohl die ersessene Dienstbarkeit zugunsten des herrschenden Grundstücks des Giorgio Amare nicht grundbücherlich sichergestellt ist, ist ein Verlust ausgeschlossen, da sie offenkundig, dh jedermann erkennbar, ist. Die Offenkundigkeit verhindert den guten Glauben des David als Liegenschaftserwerber auf den Buchstand. Laut Sach-

28) *Iro*, Sachenrecht[6] Rz 15/14 ff; *Welser/Kletečka*, Bürgerliches Recht I[15] Rz 1366.
29) *Iro*, Sachenrecht[6] Rz 6/86; *Welser/Kletečka*, Bürgerliches Recht I[15] Rz 1054.
30) *Iro*, Sachenrecht[6] Rz 6/88 ff; *Welser/Kletečka*, Bürgerliches Recht I[15] Rz 1060 ff.
31) *Iro*, Sachenrecht[6] Rz 15/18; *Welser/Kletečka*, Bürgerliches Recht I[15] Rz 1369.

verhalt war ihm bei Besichtigung der Liegenschaft ein Trampelpfad aufgefallen. Er wäre zu Nachforschungen verpflichtet gewesen.[32]

Ergebnis: Der Liegenschaftseigentümer des herrschenden Grundstücks (= die Eltern des Giorgio Amare und Giorgio Amare als deren Rechtsnachfolger) hat die Dienstbarkeit des Gehens/Überquerens über das dienende Grundstück (= David und die Verlassenschaft nach ihm) durch kontinuierliche Besitzausübung über die gesamte Ersitzungszeit ersessen. Aufgrund der Offenkundigkeit der Servitut kann sich David trotz fehlender grundbücherlicher Sicherstellung der Servitut nicht auf einen gutgläubigen lastenfreien Erwerb berufen.

Meine Notizen:

4) Giorgio Amare auf Einverleibung der Servitut (§ 136 GBG) aufgrund von Ersitzung gem § 1498

Giorgio Amare hat die Dienstbarkeit des Gehens über Davids Grundstück bis zum Steg ersessen und kann die grundbücherliche Eintragung derselben verlangen. Die Verbücherung von Rechten, die in Durchbrechung des Eintragungsgrundsatzes erworben wurden (wie hier die Ersitzung der Dienstbarkeit durch Giorgio Amare), erfolgt durch Einverleibung, die diesfalls allerdings keine rechtsbegründende Wirkung hat, sondern nur der Berichtigung des Grundbuchs dient.[33]

5) Verlassenschaft nach David gegen Giorgio Amare auf Unterlassung des Gehens/Überquerens des Grundstücks gem §§ 339 und 454ff ZPO

Die Störung des Besitzes muss eigenmächtig, dh weder vom Gesetz, durch eine Anordnung der Behörde oder durch Erlaubnis des Besitzers (David) gedeckt, erfolgen.[34] Diese Voraussetzung ist nicht erfüllt, da Giorgio Amare aufgrund des Gesetzes/einer Ersitzung erlaubt handelt.

Ergebnis: Der Anspruch der Verlassenschaft gegen Giorgio Amare auf Unterlassung gem §§ 339 und 454ff ZPO besteht nicht zu Recht.

6) Freiheitsersitzung (usucapio libertatis § 1488)[35]

Als Sonderfall der Verjährung setzt die Freiheitsersitzung gem § 1488 voraus, dass sich der Verpflichtete (David bzw die Verlassenschaft) der Ausübung der Dienstbarkeit mit aktiven, objektiv wahrnehmbaren Handlungen widersetzt und es der Berechtigte (Giorgio Amare) durch drei aufeinanderfolgende Jahre dabei bewenden lässt.[36] Aus dem Sachverhalt ergeben sich keinerlei Anhaltpunkte dafür.

Ergebnis: David kann sich nicht auf eine Freiheitsersitzung gem § 1488 stützen.

7) Begründung einer Servitut kraft behördlicher Verfügung (Notwegerecht)[37]

Bei fehlender oder unzulänglicher Wegverbindung einer Liegenschaft mit dem öffentlichen Wegenetz hat der Eigentümer auf Grund des Notwegegesetzes Anspruch auf Einräumung eines Notwegerechts im außerstreitigen Verfahren. Dabei ist möglichst restriktiv vorzugehen.[38] Aus dem Sachverhalt ergeben sich keine Anhaltspunkte, die auf einen fehlenden oder unzulänglichen Zugang zum öffentlichen Wegenetz schließen lassen. Giorgio Amare lässt sich mit seinen Gästen am Steg nämlich zu privaten „Yachtausflügen" abholen.

Ergebnis: Ein Anspruch auf Einräumung eines Notweges aufgrund des NWG zugunsten des Grundstückes von Giorgio Amare besteht nicht.

III. Erbrecht

A. Anwendbares Recht

1) Rechtsnachfolge von Todes wegen und Schenkungsanrechnung

Der Österreicher David verstirbt in Italien, sodass aufgrund des Auslandsbezugs die Anwendbarkeit der Europäischen Erbrechtsverordnung (EuErbVO)[39] zu prüfen ist.

32) *Iro*, Sachenrecht⁶ Rz 15/18; *Welser/Kletečka*, Bürgerliches Recht I¹⁵ Rz 1369.
33) *Iro*, Sachenrecht⁶ Rz 3/22; *Kodek* in *Kodek*, Grundbuchsrecht² § 136 GBG Rz 11f (Stand 1. 9. 2016, rdb.at); OGH RIS-Justiz RS0116154.
34) *Iro*, Sachenrecht⁶ Rz 2/62.
35) Dieser Anspruch wurde als Zusatzpunkt bewertet und war nicht Teil der regulären Bepunktung.
36) *Iro*, Sachenrecht⁶ Rz 15/48; *Welser/Kletečka*, Bürgerliches Recht I¹⁵ Rz 1376.
37) Dieser Anspruch wurde als Zusatzpunkt bewertet und war nicht Teil der regulären Bepunktung.
38) *Iro*, Sachenrecht⁶ Rz 15/21.
39) VO (EU) 650/2012.

✐ Meine Notizen:

Die EuErbVO ist auf die Rechtsnachfolge von Todes wegen (Art 1 Abs 1 EuErbVO) von Personen anwendbar, die am 17. 8. 2015 oder danach (Art 83 Abs 1 EuErbVO) verstorben sind. David verstirbt im Januar 2019, sachlicher und zeitlicher Anwendungsbereich der EuErbVO sind eröffnet. Österreich als Mitgliedstaat der Europäischen Union unterfällt dem räumlichen Anwendungsbereich der EuErbVO. Eine Rechtswahl gem Art 22 EuErbVO ist dem Sachverhalt nicht zu entnehmen, weshalb eine objektive Anknüpfung nach Art 21 EuErbVO vorzunehmen ist, die am gewöhnlichen Aufenthalt des Erblassers im Zeitpunkt des Todes anknüpft. Dieser liegt nach Abwägung aller Umstände in Italien, da David zwar noch eine Liegenschaft in Bregenz besitzt, allerdings jedenfalls mindestens acht Monate des Jahres in Italien verbringen möchte, bereits nach Como umgezogen und dort eine Liegenschaft erworben hat und seine sozialen Beziehungen, insbesondere aufgrund der bevorstehenden Heirat seiner italienischen Lebensgefährtin und seines in Paris wohnhaften Sohnes, viel stärker sind.

Auch die Frage der Schenkungsanrechnung ist gem Art 23 Abs 2 lit i EuErbVO nach dieser zu beurteilen. Die Frage der Anrechnung unterliegt dem Erbstatut, somit ebenfalls italienischem Recht.

Ergebnis: Auf die Rechtsnachfolge von Todes wegen und die Frage der Schenkungsanrechnung ist italienisches Recht anzuwenden.

2) Testament des David

Ein Testament ist gem Art 3 Abs 1 lit d EuErbVO eine Verfügung von Todes wegen iSd EuErbVO. Die Anknüpfung bezüglich Zulässigkeit und materieller Wirksamkeit der letztwilligen Verfügung richtet sich gem Art 24 EuErbVO nach dem Recht, das auf die Rechtsnachfolge von Todes wegen anzuwenden wäre, wenn der Erblasser zum Errichtungszeitpunkt verstorben wäre. Dieses hypothetische Erbstatut kann sich aus einer Rechtswahl (zugunsten der Staatsangehörigkeit) im Zeitpunkt der Testamentserrichtung, aus einer Rechtswahl hinsichtlich des Erbstatuts im Rahmen des Testaments oder aus einer objektiven Anknüpfung ergeben.[40]

Ergebnis: Mangels Rechtswahl gelangt bezüglich Zulässigkeit und materieller Wirksamkeit aufgrund der objektiven Anknüpfung (Errichtungszeitpunkt Testament im November 2018, damals bereits gewöhnlicher Aufenthalt in Italien) italienisches Recht zur Anwendung.

Fragen betreffend die Form schriftlicher einseitiger letztwilliger Verfügungen richten sich nach dem Haager Testamentsform-Übereinkommen (HTFÜ). Dieses geht gem Art 75 EuErbVO vor.[41] Italien ist kein Vertragsstaat des HTFÜ. Die Sachnormverweisungen des HTFÜ sind aber auch dann anzuwenden, wenn sie auf das Recht eines Nicht-Vertragsstaates des Abkommens verweisen oder die beteiligten Parteien aus Nicht-Vertragsstaaten kommen (universelle Anwendung, Art 6 HTFÜ). Im Sinne des Favorprinzips (favor testamenti) sieht Art 1 HTFÜ eine Vielzahl möglicher alternativer Anknüpfungspunkte vor. So ist gem Art 1 lit b HTFÜ eine letztwillige Verfügung hinsichtlich ihrer Form gültig, wenn diese dem Recht des Staates, dessen Staatsangehörigkeit der Erblasser im Zeitpunkt, in dem er letztwillig verfügt hat oder im Zeitpunkt seines Todes besessen hat, entspricht.

Ergebnis: David war zum Zeitpunkt seines Todes Österreicher, weshalb österreichisches Recht als sein Heimatrecht bei der Anknüpfung der Frage der Form seines Testaments zur Anwendung gelangt.

B. Materiellrechtliche Prüfung

1) Eigenhändiges Testament gem § 578

David hinterlässt eine Verfügung, die als eigenhändiges schriftliches (holographes) Testament gem § 578 zu qualifizieren ist. Sie wurde vom Erblasser David eigenhändig geschrieben und unter dem Text unterschrieben, sodass die Formvoraussetzungen erfüllt sind.[42] Die Beisetzung von Ort und Datum ist bloß empfohlen (§ 578).[43]

40) *Lurger/Melcher*, Internationales Privatrecht² Rz 3/39; *Zöchling-Jud/Aspöck*, Internationales Privatrecht³ 67 f.
41) *Lurger/Melcher*, Internationales Privatrecht² Rz 3/32; *Zöchling-Jud/Aspöck*, Internationales Privatrecht³ 69.
42) *Eccher*, Erbrecht⁶ Rz 4/41; *Zankl*, Erbrecht⁸ (2017) Rz 32.
43) *Eccher*, Erbrecht⁶ Rz 4/41; *Zankl*, Erbrecht⁸ Rz 32.

Meine Notizen:

2) Kiara

David verstirbt während der Hochzeitsvorbereitungen. Eine gültige Heirat zwischen David und Kiara liegt nicht vor. Kiara ist als Verlobte keine gesetzliche Erbin und nicht pflichtteilsberechtigt. Das außerordentliche Erbrecht als Lebensgefährtin gem § 748 scheitert am Vorhandensein des gesetzlichen Erben Samuel. Zudem hat Kiara nicht zumindest in den letzten drei Jahren vor Davids Tod mit ihm im gemeinsamen Haushalt gelebt.

Allerdings gibt es eine formgültige letzte Verfügung von David, in der Kiara als Universalerbin eingesetzt wird. Das bedeutet, dass Kiara die gesamte Verlassenschaft als Gesamtrechtsnachfolgerin erhält. Zu berücksichtigen ist allerdings der Pflichtteilsanspruch des Samuel, der folglich dem Grunde und der Höhe nach zu prüfen ist.

3) Samuel

Samuel gehört als Davids einziges Kind der ersten Parentel an und ist somit gesetzlicher Erbe und pflichtteilsberechtigt.[44] David verfügt, dass Samuel „nichts bekommen soll", weil er von dessen Abbruch des Kunststudiums so enttäuscht ist. Es könnte sich hier um die ausdrückliche Anordnung einer Entziehung des Pflichtteils durch letztwillige Verfügung (§ 769) handeln. Für die Entziehung des Erbrechts sind keine Gründe erforderlich; für die Entziehung des Pflichtteils mittels Enterbung muss ein taxativ in § 770 oder § 771 genannter Enterbungsgrund vorliegen.[45] Bei dem von David angegebenen Grund der Enttäuschung wegen des Abbruchs eines Studiums handelt es sich um keinen Enterbungsgrund im Sinne des Gesetzes. Der Entzug des Pflichtteils ist unwirksam. Mangels Vorliegens eines Enterbungsgrundes steht Samuel sein Pflichtteil zu.

Läge keine letztwillige Verfügung von David vor, würde Samuel Alleinerbe werden. Seine Pflichtteilsquote beträgt daher 1/2 (§ 732 iVm § 759).

4) Hinzurechnung gem § 782 iVm § 781 Abs 2 Z 4

Bei der Einbringung der Skulpturensammlung in die Michelangelo Privatstiftung handelt es sich um eine Schenkung an eine nicht pflichtteilsberechtigte Person (§ 781 Abs 2 Z 4), deren Hinzurechnung Samuel als Pflichtteilsberechtigter verlangen kann (§ 782). Mangels gegenteiliger Sachverhaltsangaben ist davon auszugehen, dass David die Schenkung am 1. 1. 2018 zwar wirklich gemacht hat,[46] allerdings ist eine Hinzurechnung möglich, da die Schenkung innerhalb der Zweijahresfrist vor Davids Tod liegt. Samuel war als Pflichtteilsberechtigter auch bereits auf der Welt (§ 782 Abs 2).

Zwischenergebnis: Samuel kann die Hinzurechnung der Schenkung an die Michelangelo Privatstiftung gem § 782 iVm § 781 verlangen.

Zu prüfen ist folglich, mit welchem Wert die Skulpturensammlung der Verlassenschaft hinzugerechnet wird.

Die Skulpturensammlung hatte zum Zeitpunkt der Einbringung in die Michelangelo Privatstiftung einen Wert von € 300.000,–. Zum Todeszeitpunkt Davids hat sich deren Wert verdoppelt, er lag bei € 600.000,–. Eine Änderung des Verbraucherpreisindexes hat nicht stattgefunden. Die geschenkte Sache ist auf den Zeitpunkt zu bewerten, in dem die Schenkung wirklich gemacht wurde (§ 788). Dieser Wert ist sodann auf den Todeszeitpunkt nach einem von der Statistik Austria verlautbarten Verbraucherpreisindex anzupassen.[47] Die Schenkung wurde am 1. 1. 2018 gemacht, sodass der Wert der Skulpturensammlung zu diesem Zeitpunkt zu veranschlagen ist. Unter Außerachtlassung der nach dem VPI bemessenen Geldentwertung ist die Schenkung der Skulpturensammlung an die Michelangelo Privatstiftung mit € 300.000,– zu bewerten.

Ergebnis: Samuel kann die Hinzurechnung der Schenkung an die Michelangelo Privatstiftung iHv € 300.000,– gem § 782 iVm § 781 verlangen.

5) Berechnung des (erhöhten) Pflichtteils des Samuel

Die Höhe der Verlassenschaft beträgt € 2.000.000,–. Hinzuzurechnen ist gem § 782 iVm § 781 Abs 1 und 2 Z 4 die Schenkung an die Privatstiftung Michelangelo, somit

44) *Eccher,* Erbrecht[6] Rz 3/6.
45) *Eccher,* Erbrecht[6] Rz 11/12; *Zankl,* Erbrecht[8] Rz 98.
46) Zur Vermögensopfertheorie iZm einer Privatstiftung *Welser,* Erbrecht (2019) 214.
47) *Eccher,* Erbrecht[6] Rz 12/23; *Zankl,* Erbrecht[8] Rz 114.

✐ Meine Notizen:

€ 300.000,–. Die um die Schenkung erhöhte Verlassenschaft beträgt demnach € 2.300.000,–. Samuels Pflichtteil beträgt 1/2 davon, das sind € 1.150.000,–.

Ergebnis: Der Pflichtteilsanspruch von Samuel beläuft sich auf € 1.150.000,–.

6) Samuel gegen die ruhende Verlassenschaft auf den Pflichtteil iHv € 1.150.000,– gem § 764

Samuel ist weder zu Lebzeiten noch letztwillig bedacht worden. Er kann seinen Pflichtteilsanspruch gem § 764 (iVm § 763) als Geldanspruch zunächst gegen die Verlassenschaft geltend machen (§ 789). Diese hat einen Wert von € 2.000.000,– und kann den Pflichtteil des Samuel daher zur Gänze decken.

Ergebnis: Samuel bekommt als pflichtteilsberechtigte Person € 1.150.000,–, gedeckt durch die Verlassenschaft.

Ergebnis: Kiara erhält die gesamte Verlassenschaft als Gesamtrechtsnachfolgerin, die nach Abzug der Pflichtteilslast zugunsten von Samuel iHv € 1.150.000,– noch einen Wert von € 850.000,– hat.

Prüfer: Constanze Fischer-Czermak und Martin Schauer

✐ Meine Notizen:

FÜM II – Bürgerliches Recht

Wien, Oktober 2019

Schwerpunkte: Allgemeiner Teil; Schuldrecht Allgemeiner Teil; Recht des Kauf- und Werkvertrages; Internationales Privatrecht.

SACHVERHALT

Sabine betreibt seit mehreren Jahren in Wien ein Innenarchitekturstudio in Form eines Einzelunternehmens. Anfang März 2019 wird sie auf die neue Möbelkollektion des zypriotischen Designunternehmens **Attika Limited,** das seine Produkte laut Homepage weltweit versendet, aufmerksam. Besonders angetan ist sie von der Tischauswahl, bei der das Unternehmen in aufwendiger Handarbeit Olivenholz zu repräsentativen Bürotischen weiterverarbeitet. **Sabine** nimmt mit **Attika** Kontakt auf und beauftragt das Unternehmen mit der Herstellung eines Besprechungstisches für ihr Büro um € 2.000,–, die sie umgehend überweist. **Attika** sichert sogleich die Herstellung des Tisches bis Ende September zu.

Große Sorgen bereitet **Sabine** die Zahlungsbereitschaft ihres Kunden **Harald,** für den sie bereits im Herbst 2018 umfangreiche Pläne und Modellarbeiten (Honorar: € 30.000,–) zur Neugestaltung seiner Dachgeschosswohnung erstellte. Da **Harald** schon länger mit finanziellen Engpässen zu kämpfen hatte, gewährte **Sabine** ihm bereits damals einen Fälligkeitsaufschub bis 15. 9. 2019. Umso überraschter ist **Sabine,** als sie von **Harald** im April 2019 zu „Vergleichsverhandlungen" eingeladen wird, um die leidige Angelegenheit zu einem Ende zu bringen. Dabei eröffnet er **Sabine,** dass er auch den Zahlungstermin im September nicht einhalten werden könne, und bittet sie darum, die Schulden auf seine beim Gespräch ebenfalls anwesende Lebensgefährtin **Viktoria** übertragen zu dürfen. Für **Sabine** wäre dies laut **Harald** völlig risikofrei, zumal diese ohnedies weiterhin durch die Haftung von **Haralds** Hausbank, der **Dritte Bank AG,** abgesichert sei, die im Herbst 2018 für das Auftragshonorar eine Haftungserklärung als Bürge und Zahler abgegeben hatte. Zwei Wochen später unterfertigen **Viktoria** und **Sabine** eine Vereinbarung, gemäß derer nach *„§ 1 **Viktoria** die Honorarschuld iHv € 30.000,– anstelle von **Harald** übernimmt"* und nach *„§ 2 die Haftung **der Dritte Bank AG** als Bürge und Zahler unberührt bleibt".* **Harald,** der diese Vereinbarung bereits für die Vergleichsverhandlungen aufgesetzt hatte, wird in der Vereinbarung nicht als Vertragspartei angeführt und unterschreibt sie auch nicht. Als **Viktoria** infolge von eigenen Zahlungsschwierigkeiten das Honorar nicht bis zum 15. 9. 2019 an **Sabine** entrichtet, verliert diese endgültig ihre Geduld. Unter Berufung auf die Bürgschaftserklärung tritt **Sabine** an die **Dritte Bank AG** heran und fordert die Auszahlung der € 30.000,– zzgl der gesetzlichen Zinsen für den Zeitraum seit Herbst 2018. Die **Dritte Bank-AG,** die nun zum ersten Mal von der Vereinbarung zwischen **Viktoria** und **Sabine** erfährt, lehnt dies ab.

Angesichts fehlender Zahlungsmittel und schlechter Auftragslage sieht sich **Sabine** nunmehr gezwungen, ihren Geschäftsbetrieb mit Ende des Jahres 2019 einzustellen. Da sie den bestellten Bürotisch in ihrer Privatwohnung nicht nutzen kann, erklärte sie bereits im Juli per Mail *„den Widerruf ihres Angebotes vom 5. 3. 2019 und ihren Rücktritt nach den Vorschriften des Fernabsatzrechts"* gegenüber **Attika** und forderte die Rückzahlung des Kaufpreises. **Attika** ignoriert **Sabines** Schreiben und übergibt den Tisch – wie ursprünglich vereinbart – an ein internationales Beförderungsunternehmen. Als der Tisch Ende September bei **Sabine** ankommt, muss sie feststellen, dass dessen Oberfläche infolge des unsachgemäßen Transports durch das Beförderungsunternehmen an mehreren Stellen beschädigt wurde. In einem weiteren Schreiben an **Attika** erneuert **Sabine** ihre Forderung auf Rückzahlung des Kaufpreises und fordert von **Attika** die Bezahlung der vertraglich festgelegten Strafzahlung für mangelhafte Lieferungen iHv € 200,–.

Wie ist die Rechtslage?

Univ.-Prof. Dr. *Constanze Fischer-Czermak* und Univ.-Prof. Dr. *Martin Schauer* lehren am Institut für Zivilrecht der Universität Wien.

Meine Notizen:

Gehen Sie von der Zuständigkeit österreichischer Gerichte aus. Wenn Sie bei der kollisionsrechtlichen Prüfung zum Ergebnis der Anwendbarkeit ausländischen Sachrechts gelangen sollten, prüfen Sie die Rechtslage trotzdem nach österreichischem Recht.

Punkteverteilung: Im gesamten ersten Problemkreis (Tisch) konnten insgesamt 17 Punkte erreicht werden, auf den zweiten Problemkreis (Schuldübernahme) entfielen insgesamt 20 Punkte und die restlichen 3 der 40 Gesamtpunkte wurden nach dem Gesamteindruck der Arbeit vergeben.

Hinweis zur angegebenen Literatur und zu häufigen Fehlern: In den Fußnoten wird neben den herkömmlichen Lehrbüchern vereinzelt auch weiterführende Literatur berücksichtigt, deren Kenntnis im Rahmen der Prüfung jedoch nicht verlangt wurde. Überdies finden sich in den Fußnoten Hinweise auf vermehrt aufgetretene Fehler in den Prüfungsarbeiten.

MUSTERLÖSUNG

Von Markus Weichbold

I. Problemkreis: Tisch

A. Sabine gegen Attika auf Rückzahlung des Kaufpreises iHv € 2.000,– gem Art 81 Abs 2 UN-K iVm Art 16 Abs 1 UN-K

1) Ermittlung des anzuwendenden Rechts

Dem vorliegenden Fall liegt zweifelsfrei ein Auslandsbezug zugrunde, zumal die beiden Vertragsparteien ihren Sitz in unterschiedlichen Staaten haben. Bei der Ermittlung des anzuwendenden Rechts ist zunächst die Anwendbarkeit von Einheitsprivatrecht zu prüfen, da dieses dem Kollisionsrecht vorgeht. Im vorliegenden Fall käme die Anwendung des UN-Kaufrechts in Betracht. Der örtliche Anwendungsbereich des Abkommens ist erfüllt, da sowohl **Sabine** (Österreich) als auch **Attika Ltd** (Zypern) ihre Niederlassung in einem Vertragsstaat haben (Art 1 Abs 1 lit a UN-K).[1] Auch der sachliche Anwendungsbereich des Abkommens ist erfüllt: Inhalt des Vertrages ist die Herstellung einer beweglichen, körperlichen Sache (Werklieferungsvertrag), wobei ausschließlich der Hersteller die zu erzeugenden Stoffe zur Verfügung stellt und seine Pflichten auch nicht überwiegend in der Ausführung von Arbeiten oder Durchführung bestimmter Dienstleistungen bestehen (vgl Art 3 UN-K).[2] Der Ausnahmetatbestand des Art 2 lit a UN-K ist unzweifelhaft nicht gegeben, zumal **Sabine** im Zeitpunkt des Vertragsabschlusses den Tisch erkennbar für ihr Büro, und somit für geschäftliche Zwecke, nutzen möchte.[3] Dass **Sabine** später die Entscheidung trifft, ihre unternehmerische Tätigkeit einzustellen, ist unerheblich. Der Anwendungsbereich des UN-K ist somit erfüllt und das Abkommen gelangt zur Anwendung.

2) Prüfung nach UN-K

Sabine erklärt im Juli den Widerruf ihres Angebotes von März 2019, womit ein Widerruf im Sinne des Art 16 UN-K gemeint sein könnte. Diese Bestimmung erlaubt den Angebotswiderruf jedoch nur bis zum Abschluss des Vertrages, wenn der Widerruf dem Empfänger zugeht, bevor dieser eine Annahmeerklärung abgesendet hat.[4] Im vorliegenden Fall sichert **Attika** jedoch bereits im März die Herstellung des Tisches zu und nimmt dadurch **Sabines** Angebot an. Da der Vertrag somit bereits im März 2019 zustande kam, ist **Sabines** Widerruf im Juli jedenfalls verspätet und damit unwirksam.[5]

Der Anspruch besteht nicht zu Recht.

Mag. *Markus Weichbold* ist Universitätsassistent am Institut für Zivilrecht der Universität Wien.

1) *Welser/Zöchling-Jud,* Bürgerliches Recht II[14] (2015) Rz 817; *Rabl/Riedler,* Schuldrecht Besonderer Teil[6] (2017) Rz 1/59.
2) *Welser/Zöchling-Jud,* Bürgerliches Recht II[14] Rz 818; *Rabl/Riedler,* Schuldrecht Besonderer Teil[6] Rz 1/60. In mehreren Prüfungsarbeiten wurde das Vorliegen des Ausnahmetatbestandes iSd Art 3 Abs 2 UN-K angenommen. Dafür besteht jedoch lt SV kein überzeugender Anhaltspunkt: Insbesondere genügt die Tatsache, dass Attika den Tisch selbst hergestellt hat, nicht für die Erfüllung des Ausnahmetatbestandes, zumal dies gerade das Charakteristikum eines Werklieferungsvertrages ist.
3) *Welser/Zöchling-Jud,* Bürgerliches Recht II[14] Rz 818; *Rabl/Riedler,* Schuldrecht Besonderer Teil[6] Rz 1/60.
4) *Welser/Zöchling-Jud,* Bürgerliches Recht II[14] Rz 820; *Rabl/Riedler,* Schuldrecht Besonderer Teil[6] Rz 1/66.
5) Ähnlich auch das Beispiel bei: *Maier/Nitsch/Reidinger,* Bürgerliches Recht II[9] (2016) 249 Frage 6.6.

B. Sabine gegen Attika auf Rückzahlung des Kaufpreises iHv € 2.000,– gem Art 81 Abs 2 UN-K iVm Art 49 Abs 1 lit a UN-K

Meine Notizen:

1) Ermittlung des anzuwendenden Rechts

Hinsichtlich der Anwendbarkeit des UN-K kann auf die Bearbeitung des ersten Anspruches in A.1. verwiesen werden.

2) Prüfung nach UN-K

Um den Kaufpreis zurückfordern zu können, muss **Sabine** zunächst die Beseitigung des Vertrages erreichen. Voraussetzung für eine Vertragsaufhebung durch den Käufer ist nach Art 49 Abs 1 lit a UN-K eine wesentliche Vertragsverletzung durch den Verkäufer.[6] Eine solche könnte im vorliegenden Fall darin bestehen, dass der Tisch bei der Ablieferung bei Sabine mehrere Beschädigungen aufwies. Da diese Schäden jedoch erst durch den Transport des Tisches zu **Sabine** entstanden sind, ist für die Frage der Vertragsverletzung entscheidend, wer die Gefahr während des Transportes zu tragen hatte. Das UN-Kaufrecht regelt den Übergang der Gefahr in Art 66 ff.[7] Bei Versendungskäufen geht die Gefahr nach Art 67 Satz 1 UN-K mit der Übergabe der Ware an den (ersten) Beförderer vom Verkäufer auf den Käufer über.[8] Im vorliegenden Fall ging die Gefahr daher bereits durch die Übergabe des Tisches an das Beförderungsunternehmen auf **Sabine** über, weshalb keine Vertragsverletzung seitens **Attika** vorliegt.[9]

Der Anspruch besteht nicht zu Recht.

Da es im vorliegenden Fall bereits an einer Vertragsverletzung des Verkäufers fehlt, müssen allenfalls mit der Vertragsaufhebung konkurrierende Rechtsbehelfe (zB Verbesserung/Ersatzlieferung oder Preisherabsetzung) nicht geprüft werden.

C. Sabine gegen Attika auf Rückzahlung des Kaufpreises iHv € 2.000,– gem § 14 iVm § 11 FAGG

1) Ermittlung des anzuwendenden Rechts

Das UN-K regelt lediglich den Abschluss von Kaufverträgen, die daraus entstehenden Rechte und Pflichten sowie die Rechtsbehelfe bei Verletzung dieser Pflichten. Vom UN-K ungeregelte Fragen sind daher nach dem (kollisionsrechtlich zu ermittelnden) innerstaatlichen Recht zu beurteilen.[10] Da der Vertragsrücktritt bei Fernabsatzgeschäften vom UN-K nicht geregelt wird, ist das anzuwendende Recht nach den Regeln des Internationalen Privatrechts zu ermitteln.

Hinsichtlich der kollisionsrechtlichen Beurteilung ist zunächst der Anwendungsbereich der ROM I-VO zu prüfen: Der zeitliche Anwendungsbereich ist gegeben, da der Vertrag zwischen **Sabine** und **Attika** nach dem 17. 12. 2009 geschlossen wurde. Der räumliche Anwendungsbereich ist ebenfalls erfüllt, da von der Zuständigkeit österreichischer Gerichte ausgegangen wird. Der sachliche Anwendungsbereich ist ebenfalls zweifelsfrei verwirklicht, da es sich beim Kauf des Tisches um ein vertragliches Schuldverhältnis in Zivil- und Handelssachen handelt und der Verbraucherrücktritt nach dem Vertragsstatut anzuknüpfen ist.[11]

Da die Parteien keine Rechtswahl getroffen haben, ist das anzuwendende Recht durch objektive Anknüpfung zu ermitteln; zumal **Sabine** den Vertrag zu einem ihrer beruflichen Tätigkeit zuzuordnenden Zweck abschließt und daher nicht als Verbraucherin agiert, scheidet eine Anknüpfung nach Art 6 ROM I-VO aus.[12] Somit ist das anwendbare Recht nach den allgemeinen Regeln in Art 4 ROM I-VO zu bestimmen. Da das Material für die Herstellung des Tisches von **Attika** bereitgestellt wird („Werklieferungsvertrag") und die Sache nicht den speziellen Wünschen **Sabines** entspre-

6) *Welser/Zöchling-Jud,* Bürgerliches Recht II[14] Rz 822, 825; *Rabl/Riedler,* Schuldrecht Besonderer Teil[6] Rz 1/77.
7) *Welser/Zöchling-Jud,* Bürgerliches Recht II[14] Rz 824.
8) *Rabl/Riedler,* Schuldrecht Besonderer Teil[6] Rz 1/82.
9) Der Übergang der Gefahr beim Versendungskauf im UN-K entspricht im Ergebnis weitgehend der Rechtslage des ABGB: Nach § 905 Abs 3 iVm § 429 geht die Gefahr beim Versendungskauf auf den Käufer über, sofern die Art der Versendung der Vereinbarung bzw bei Fehlen einer Vereinbarung der Verkehrsübung entspricht. Kandidaten, die von der Nichtanwendbarkeit des UN-K ausgegangen sind, den Übergang der Gefahr jedoch zutreffend nach dem ABGB geprüft haben, wurden ebenfalls die Punkte für den Anspruch zuerkannt.
10) *Welser/Zöchling-Jud,* Bürgerliches Recht II[14] Rz 819; *Rabl/Riedler,* Schuldrecht Besonderer Teil[6] Rz 1/61.
11) *Zöchling-Jud/Aspöck,* Internationales Privatrecht[3] (2015) 28 f; *Lurger/Melcher,* Internationales Privatrecht[2] (2017) Rz 4/3 ff.
12) *Zöchling-Jud/Aspöck,* Internationales Privatrecht[3] 32; *Lurger/Melcher,* Internationales Privatrecht[2] Rz 4/69 f.

Meine Notizen:

chend gefertigt wird, wäre der Vertrag nach österreichischem Verständnis wohl als Kaufvertrag zu behandeln. Für die kollisionsrechtliche Anknüpfung ist es jedoch unerheblich, ob die Vereinbarung als Kaufvertrag (Art 4 Abs 1 lit a ROM I-VO)[13] oder als Dienstleistungsvertrag (Art 4 Abs 1 lit b ROM I-VO)[14] behandelt wird, da in beiden Fällen der gewöhnliche Aufenthalt **Attikas** (Zypern) das anzuwendende Recht bestimmt.

2) Prüfung nach österreichischem Recht

Beim vorliegenden Vertrag handelt es sich zwar um einen Fernabsatzvertrag iSd FAGG, für die Anwendbarkeit des Gesetzes ist jedoch das Vorliegen eines Verbrauchergeschäfts iSd § 1 Abs 1 KSchG erforderlich.[15] Da **Sabine** den Tisch im Zusammenhang mit ihrer unternehmerischen Tätigkeit bestellt, gelangt das FAGG nicht zur Anwendung. Dass **Sabine** sich im Herbst entschließt, ihre unternehmerische Tätigkeit einzustellen, ist für die Einordnung des Vertrages wiederum irrelevant.[16]

Der Anspruch besteht daher nicht zu Recht.

D. Sabine gegen Attika auf Zahlung der Konventionalstrafe iHv € 200,– gem § 1336[17]

1) Ermittlung des anzuwendenden Rechts

Bei der vereinbarten Strafzahlung für die mangelhafte Lieferung handelt es sich um eine Vertragsstrafe. Die Zulässigkeit der Vereinbarung einer Vertragsstrafe unterliegt ebenfalls nicht dem UN-K,[18] sondern ist nach dem gem Art 4 Abs 1 ROM I-VO zu ermittelnden Vertragsstatut zu beurteilen. Hinsichtlich der Ermittlung des anzuwendenden Rechts kann folglich auf die Erläuterungen zum dritten Anspruch in C.1 verwiesen werden.

2) Prüfung nach österreichischem Recht

§ 1336 erlaubt die Vereinbarung eines pauschalierten Schadenersatzes für den Fall, dass eine Vertragspartei ihre Leistung gar nicht, nicht gehörig oder nicht rechtzeitig erfüllt.[19] Eine solche Vertragsverletzung seitens **Attika** könnte wiederum in der Lieferung des beschädigten Tisches bestehen. Wie bereits unter B.2 festgehalten, ging die Gefahr nach den anwendbaren Gefahrtragungsregeln des UN-K bereits im Zeitpunkt der Übergabe an den Beförderer auf **Sabine** über, weshalb **Attika** keine Vertragsverletzung anzulasten ist.

Der Anspruch besteht nicht zu Recht.

II. Problemkreis Schuldübernahme

Vorbemerkung: Zur besseren Übersicht wurden in der Lösungsskizze die Ansprüche gegen Harald und die Dritte Bank AG jeweils doppelt geprüft, nämlich vor **und** nach der irrtumsrechtlichen Beseitigung der Schuldübernahme. Zwingend ist dieses Vorgehen selbstverständlich nicht. Kandidaten, die die Ansprüche Sabines gegen Harald und die Dritte Bank AG jeweils im Rahmen eines Anspruches geprüft haben, ist allein daraus kein Punktenachteil erwachsen.

A. Sabine gegen Harald auf Zahlung des Werklohns iHv € 30.000,– gem § 1151 zzgl 4% Zinsen gem § 1333 iVm § 1000

Bei der Vereinbarung zwischen **Sabine** und **Harald** im Herbst 2018 handelt es sich um einen Werkvertrag, zumal **Sabine** sich zur Herstellung eines bestimmten faktischen Erfolges, der Erstellung von Plänen und Modellarbeiten, verpflichtet hat.[20] Der Werkunternehmer kann die Zahlung des Werklohnes grundsätzlich mit Vollendung des Werkes fordern (§ 1170 Satz 1), im konkreten Fall wurde überdies ein Fälligkeitsaufschub bis 15. 9. 2019 vereinbart (näher dazu nachfolgend unter B).

13) In diese Richtung: *Lurger/Melcher,* Internationales Privatrecht² Rz 4/52.
14) *Zöchling-Jud/Aspöck,* Internationales Privatrecht³ 30.
15) *Welser/Zöchling-Jud,* Bürgerliches Recht II¹⁴ Rz 1261; *P. Bydlinski,* Allgemeiner Teil⁸ (2018) Rz 6/34, 10/6.
16) Vgl *Welser/Zöchling-Jud,* Bürgerliches Recht II¹⁴ Rz 1176.
17) Paragraphenverweise im Fließtext ohne Angabe einer Rechtsquelle beziehen sich auf das ABGB.
18) *Welser/Zöchling-Jud,* Bürgerliches Recht II¹⁴ Rz 819; *Rabl/Riedler,* Schuldrecht Besonderer Teil⁶ Rz 1/61; *Posch* in *Schwimann/Kodek* (Hrsg), ABGB Praxiskommentar IV⁴ (2014) zu Art 4 CISG Rz 11.
19) *Welser/Zöchling-Jud,* Bürgerliches Recht II¹⁴ Rz 89; *P. Bydlinski,* Allgemeiner Teil⁸ Rz 10/27.
20) *Welser/Zöchling-Jud,* Bürgerliches Recht II¹⁴ Rz 1101 ff; *Rabl/Riedler,* Schuldrecht Besonderer Teil⁶ Rz 3/1.

Meine Notizen:

Der Zahlungspflicht **Haralds** könnte jedoch die im April 2019 geschlossene Vereinbarung zwischen **Sabine** und **Viktoria** entgegenstehen. Bei dieser handelt es sich um eine Schuldübernahme. Für ihre Wirksamkeit reicht – wie im vorliegenden Fall – eine Vereinbarung zwischen dem Gläubiger **(Sabine)** und der Neuschuldnerin **(Viktoria)** aus.[21)] Für die Haftung **Haralds** ist entscheidend, ob es sich bei der Vereinbarung um eine befreiende Schuldübernahme (Schuldeintritt) oder um eine kumulative Schuldübernahme (Schuldbeitritt) handelt.[22)] Das Gesetz vermutet zwar das Vorliegen eines Schuldbeitritts (§ 1406 Abs 2),[23)] im konkreten Sachverhalt sprechen jedoch sowohl der Wortlaut der Vereinbarung (arg „anstelle von“) als auch die Absicht der Parteien eindeutig für eine befreiende Schuldübernahme. Die Vereinbarung bewirkt somit, dass die Neuschuldnerin **(Viktoria)** an die Stelle des Altschuldners **(Harald)** tritt, womit dessen Haftung entfällt.

Der Anspruch besteht nicht zu Recht.

B. Sabine gegen Viktoria auf Zahlung des Werklohns iHv € 30.000,– gem § 1151 iVm § 1407 zzgl 4% Zinsen gem § 1333 iVm § 1000

Hinsichtlich der Vereinbarung im April 2019 und deren Einordnung als befreiende Schuldübernahme kann auf die Ausführungen unter A verwiesen werden.

Der Werklohnanspruch besteht zur Gänze zu Recht.

Einzugehen ist noch auf die Berechnung der Zinsen. In Ermangelung einer privatautonomen Vereinbarung ist von den gesetzlichen Zinsen auszugehen. Da es sich beim Geschäft lediglich um ein einseitig unternehmensbezogenes Geschäft handelt, ist § 456 UGB nicht anzuwenden[24)] und der Zinssatz beträgt gem § 1000 4% per anno. Grundsätzlich ist der Werklohn zwar mit Vollendung des Werkes fällig, sodass Zinsen bereits für den Zeitraum seit Herbst 2018 gefordert werden könnten. Zwischen **Sabine** und **Harald** wurde jedoch ein Fälligkeitsaufschub (volle Stundung) bis 15. 9. 2019 vereinbart.[25)] Da sich das Schuldverhältnis durch die Schuldübernahme nicht verändert (§ 1407 Abs 1 Satz 1),[26)] wirkt dieser Fälligkeitsaufschub auch zugunsten von **Viktoria.**

Sabine kann daher 4% Zinsen per anno erst für den Zeitraum ab 15. 9. 2019 fordern.

C. Sabine gegen Dritte Bank AG auf Zahlung des Werklohns iHv € 30.000,– gem § 1357 iVm § 1151 zzgl 4% Zinsen gem § 1333 iVm § 1000

Da die **Dritte Bank AG** eine Haftungserklärung als Bürge und Zahler abgegeben hat, haftet sie mit dem Hauptschuldner **(Harald)** solidarisch und kann von der Gläubigerin **(Sabine)** in Anspruch genommen werden, ohne dass es einer Mahnung des Hauptschuldners bedarf.[27)]

Da Bürgen durch einen Schuldnerwechsel keinem neuen Haftungsrisiko ausgesetzt werden sollen, haften sie bei einer befreienden Schuldübernahme nur weiter, sofern sie der Schuldübernahme zugestimmt haben (§ 1407 Abs 2).[28)] Eine derartige Zustimmungserklärung hat die Bank im vorliegenden Sachverhalt jedoch nicht erteilt, zumal sie von der Schuldübernahme erst gar nicht in Kenntnis gesetzt wurde. Die Haftung der **Dritte Bank AG** als Bürge und Zahler ist durch die privative Schuldübernahme somit entfallen.

Am Haftungsentfall ändert auch die entgegenstehende Vereinbarung zwischen **Viktoria** und **Sabine** („§ 2 die Haftung **der Dritte Bank AG** als Bürge und Zahler bleibt unberührt“) nichts. Diese ist als Vertrag zu Lasten Dritter unwirksam.[29)]

Der Anspruch besteht nicht zu Recht.

21) *Welser/Zöchling-Jud,* Bürgerliches Recht II[14] Rz 587; *Dullinger,* Schuldrecht Allgemeiner Teil[6] (2018) 5/80. In vielen Prüfungsarbeiten wurde für die Vereinbarung zu Unrecht eine Formpflicht angenommen. Da eine privative Schuldübernahme – anders als mitunter der Schuldbeitritt – keinen Sicherungszweck verfolgt, kommt eine analoge Anwendung des Schriftlichkeitserfordernisses für Bürgschaftserklärungen (§ 1346 Abs 2) nicht in Betracht.

22) Zur Abgrenzung zwischen privativer und kumulativer Schuldübernahme siehe auch *Maier/Nitsch/Reidinger,* Bürgerliches Recht II[9] (2016) 208f Frage 125.

23) *Welser/Zöchling-Jud,* Bürgerliches Recht II[14] Rz 592; *Dullinger,* Schuldrecht Allgemeiner Teil[6] 5/83.

24) *Welser/Zöchling-Jud,* Bürgerliches Recht II[14] Rz 176; *Dullinger,* Schuldrecht Allgemeiner Teil[6] 2/33.

25) Zu dessen Auswirkung auf die Zinszahlungspflicht: *Welser/Zöchling-Jud,* Bürgerliches Recht II[14] Rz 142; *Dullinger,* Schuldrecht Allgemeiner Teil[6] 2/342.

26) *Welser/Zöchling-Jud,* Bürgerliches Recht II[14] Rz 588; *Dullinger,* Schuldrecht Allgemeiner Teil[6] 5/81.

27) *Welser/Zöchling-Jud,* Bürgerliches Recht II[14] Rz 668; *Dullinger,* Schuldrecht Allgemeiner Teil[6] 6/32.

28) *Welser/Zöchling-Jud,* Bürgerliches Recht II[14] Rz 589; *Dullinger,* Schuldrecht Allgemeiner Teil[6] 5/82.

29) *Welser/Zöchling-Jud,* Bürgerliches Recht II[14] Rz 636; *Dullinger,* Schuldrecht Allgemeiner Teil[6] 6/20.

Meine Notizen:

D. Sabine gegen Harald auf Zahlung des Werklohns iHv € 30.000,– gem § 1151 zzgl 4% Zinsen gem § 1333 iVm § 1000 nach Anfechtung der Schuldübernahme gem §§ 871 iVm 1313 a, 875

Damit **Sabine Harald** hinsichtlich des Werklohns in Anspruch nehmen kann, muss sie die Vereinbarung über die befreiende Schuldübernahme beseitigen, weil diese einer Haftung **Haralds** entgegensteht. **Sabine** ging bei Abschluss der Schuldübernahme davon aus, dass die Haftung der **Dritte Bank AG** aufrecht bleibe und unterlag daher einer Fehlvorstellung von der Wirklichkeit.[30] Zu prüfen ist daher eine Anfechtung der Schuldübernahme nach den Regeln des Irrtumsrechts.

(1) Beachtlichkeit des Irrtums: Der Irrtum ist als Rechtsfolgenirrtum zu qualifizieren, weil **Sabine** über die Rechtsfolgen der befreienden Schuldübernahme irrt. Die Einordnung des Rechtsfolgenirrtums ist umstritten: Die Rsp und Teile der Lehre qualifizieren den Rechtsfolgenirrtum grundsätzlich als unbeachtlichen Motivirrtum, wohingegen andere Teile der Lehre diese Einordnung kritisieren.[31] Im vorliegenden Fall wurde die Fehlvorstellung **Sabines** jedoch Geschäftsinhalt der befreienden Schuldübernahme, indem die Haftung der **Dritte Bank AG** ausdrücklich in den Vertragstext der Schuldübernahme aufgenommen wurde. („§ 2 die Haftung **der Dritte Bank AG** als Bürge und Zahler bleibt unberührt").[32] Selbst wenn man der grundsätzlichen Einordnung des Rechtsfolgenirrtums als unbeachtlichen Motivirrtum folgen möchte, wird man davon ausgehen müssen, dass dieser durch die Aufnahme der irrigen Rechtsvorstellung in den Vertragstext zum beachtlichen Geschäftsirrtum wurde.[33]

(2) Wesentlichkeit des Irrtums: Da die Haftung der **Dritte Bank AG** explizit in die Vertragsurkunde aufgenommen wurde und nicht unterstellt werden kann, dass **Sabine** bei Kenntnis der wahren Sach- und Rechtslage dem Haftungsentfall der Bank zugestimmt hätte, ist der Irrtum jedenfalls als wesentlich zu qualifizieren.[34]

(3) Vorliegen einer Anfechtungsvoraussetzung: Für die erfolgreiche Anfechtung der Schuldübernahme muss schließlich eine der drei Alternativvoraussetzungen in § 871 gegeben sein. Im vorliegenden Fall wurde der Irrtum zweifelsfrei von **Harald** veranlasst, da dieser **Sabine** den weiteren Bestand der Haftung der Bank zugesichert hat und auch die Vertragsurkunde der Schuldübernahme aufgesetzt hat. Die Schuldübernahme wurde jedoch zwischen **Viktoria** und **Sabine** vereinbart, **Harald** ist hingegen nicht Vertragspartei der Schuldübernahme. Damit **Sabine** den Vertrag anfechten kann, muss das Verhalten **Haralds Viktoria** zugerechnet werden können. Dies wäre einerseits nach dem Grundgedanken des § 1313 a denkbar, sofern argumentiert wird, dass Harald bei den Verhandlungen und der Vertragsaufsetzung als Verhandlungsgehilfe **Viktorias** tätig wurde.[35]

Verneint man hingegen die Geschäftsgehilfeneigenschaft **Haralds,** wäre er als Dritter zu behandeln und **Sabine** könnte eine Anfechtung nur nach den Regeln des § 875 geltend machen. § 875 regelt die Voraussetzungen, unter welchen eine Vertragspartei für den von einem Dritten veranlassten Willensmangel (Drohung, List oder – wie im gegenständlichen Fall – Irrtum) einzustehen hat. Da **Viktoria** bei den Gesprächen zwischen **Harald** und **Sabine** anwesend war und daher von den Irreführungshandlungen **Haralds** wusste, liegen jedoch auch die Voraussetzungen einer Zurechnung nach § 875 vor.[36] Im Ergebnis kann **Haralds** Verhalten – entweder nach dem Gedanken des § 1313 a oder nach § 875 – **Viktoria** zugerechnet werden und **Sabine** kann die befreiende Schuldübernahme nach den Regeln des Irrtumsrechts beseitigen. Mit der erfolgreichen Anfechtung der Schuldübernahme entfällt der Rechtsgrund für die Haftungsbefreiung **Haralds** und er kann daher von **Sabine** wieder in Anspruch genommen werden.

Bezüglich der Werklohnes besteht der Anspruch zur Gänze zu Recht.

30) *Welser/Kletečka,* Bürgerliches Recht I[15] (2018) Rz 467; *P. Bydlinski,* Allgemeiner Teil[8] Rz 8/6.
31) Zur strittigen Einordnung des Rechtsfolgenirrtums siehe *Welser/Kletečka,* Bürgerliches Recht I[15] Rz 484; *P. Bydlinski,* Allgemeiner Teil[8] Rz 8/14; ausf siehe auch *Rummel* in *Rummel/Lukas,* ABGB[4] § 871 ABGB (2014) Rz 18.
32) *Welser/Kletečka,* Bürgerliches Recht I[15] Rz 489; *P. Bydlinski,* Allgemeiner Teil[8] Rz 8/27.
33) So im Ergebnis auch die Rsp, die in dieser Fallkonstellation vom Vorliegen eines (ebenfalls beachtlichen) Erklärungsirrtums ausgeht. Zuletzt etwa: OGH 22. 6. 2010, 5 Ob 195/09 a.
34) *Welser/Kletečka,* Bürgerliches Recht I[15] Rz 485; *P. Bydlinski,* Allgemeiner Teil[8] Rz 8/15.
35) *Welser/Kletečka,* Bürgerliches Recht I[15] Rz 534; *P. Bydlinski,* Allgemeiner Teil[8] Rz 8/38; grundlegend: *Iro,* Zurechnung von Gehilfen im Recht der Willensmängel, JBl, 1982, 470 und 510.
36) *Welser/Kletečka,* Bürgerliches Recht I[15] Rz 535; *P. Bydlinski,* Allgemeiner Teil[8] Rz 8/37; ausf *Geroldinger,* Die Zurechnung Dritter nach § 875 ABGB – zugleich ein Beitrag zum Übermittlungsfehler des Erklärungsboten, JBl 2012, 29 und 94.

Bezüglich der Zinsen besteht der Anspruch insoweit zu Recht, dass Zinsen iHv 4% per anno ab 15. 9. 2019 zu leisten sind.

Meine Notizen:

E. Sabine gegen Dritte Bank AG auf Zahlung von € 30.000,– gem §§ 1357 iVm 1151 zzgl 4% Zinsen gem § 1333 iVm § 1000 nach Anfechtung der Schuldübernahme gem §§ 871 iVm 1313 a, 875

Durch den Wegfall der Schuldübernahme entfällt auch der Einwand der Bank nach § 1407 Abs 2. Die **Dritte Bank AG** haftet nunmehr wiederum solidarisch mit **Harald.**

Bezüglich der Werklohns besteht der Anspruch zur Gänze zu Recht.

Zinsen iHv 4% per anno können erst ab 15. 9. 2019 gefordert werden.

Meine Notizen:

Prüfer: Erwin Bernat

Fachprüfung aus Bürgerlichem Recht

Graz, 8. 5. 2020

Schwerpunkte: Schadenersatz im Fall der Tötung; Haftung des Schwarzfahrers nach § 6 Abs 1 Satz 1 und des Halters nach § 6 Abs 1 Satz 2 EKHG; Haftung des Zweittäters im Fall von „überholender Kausalität"; Einstandspflicht des Kfz-Haftpflichtversicherers und Regressrecht des Kaskoversicherers; Nottestament; Auslegung letztwilliger Verfügungen

SACHVERHALT[1)]

I. Fall 1 – „Fahrerflucht"

Ludwig (L), der Lenker eines Nissan Juke, übersah aufgrund überhöhter Fahrgeschwindigkeit am 15. 10. 2019 um 23.00 Uhr auf der Wechsel Straße B 54, dass **Gerhard (G),** ein Fußgänger, einen Schutzweg überquerte. Das hatte eine Kollision zwischen dem Nissan Juke und G, der schwer verletzt auf der Straße liegen blieb, zur Folge. Hätte sich L verkehrsrichtig verhalten, wäre es zu keinem Verkehrsunfall gekommen. Noch bevor Passanten dem G Erste Hilfe leisten konnten, näherte sich **Christian (C)** der Unfallstelle um 23.10 Uhr mit einem Opel Insignia mit ebenfalls überhöhter Fahrgeschwindigkeit, so dass er dem auf der Straße liegenden G nicht mehr ausweichen konnte. G wurde vom Opel Insignia überrollt, was seinen augenblicklichen Tod zur Folge hatte. Hätte C die zulässige Höchstgeschwindigkeit eingehalten, hätte er den Opel Insignia fünf Meter vor der Unfallstelle zum Stehen gebracht. Wäre G allerdings nicht vom Opel Insignia überrollt worden, wäre er aufgrund seiner schweren Verletzungen, die er bereits durch die Kollision mit dem Nissan Juke erlitten hatte, selbst bei bester medizinischer Betreuung eine Woche nach dem Unfall gestorben.

L beging Fahrerflucht. Um 23.20 Uhr kam er aufgrund eines Fahrfehlers in einer Kurve von der Straße ab. Der sechs Monate alte Nissan Juke (Verkehrswert vor dem Unfall: € 20.000,–) wurde dadurch massiv beschädigt.

Eigentümer des Nissan Juke ist **Dieter (D),** der diesen Wagen auf eigene Rechnung und Gefahr betreibt. Er machte in der Zeit zwischen 9. und 16. 10. 2019 mit seiner Familie Urlaub auf einer griechischen Ferieninsel. Am Abend vor Antritt der Urlaubsreise stellte er den Nissan Juke unter dem im Garten seines Wohnhauses gelegenen Carport ab und versperrte ihn.

L war am 15. 10. 2019 gegen 22.00 Uhr in das Wohnhaus des D eingebrochen und hatte dort den Zündschlüssel zu D's Wagen in einer unversperrten Lade einer Wohn-

---

ao. Univ.-Prof. Dr. *Erwin Bernat* lehrt am Institut für Zivilrecht, Ausländisches und Internationales Privatrecht der Karl-Franzens-Universität Graz.

1) Die beiden Fälle, die nachstehend samt Musterlösung abgedruckt werden, sind von mir im Winter 2019/20 für eine Fachprüfung aus Bürgerlichem Recht, die für 20. 3. 2020 anberaumt war, zusammengestellt worden. Durch die Ausbreitung des Coronavirus (Covid-19) im Jänner/Februar 2020 sah sich die Österreichische Bundesregierung allerdings dazu veranlasst, das öffentliche Leben ab 9. 3. 2020 stark einzuschränken, so dass im universitären Bereich Präsenzlehrveranstaltungen und Präsenzprüfungen nicht (bzw kaum) mehr durchgeführt werden durften. Die Fachprüfung, die für 20. 3. 2020 anberaumt war, fiel der Coronakrise daher gänzlich zum Opfer, weil es nicht möglich war, das Prüfungswesen innerhalb weniger Tage auf einen Distanzmodus umzustellen. Sie wurde erst drei Wochen nach Ende der Osterferien, am 8. 5. 2020, als Online-Prüfung unter Zuhilfenahme der Software „Perception" abgehalten (siehe §§ 9, 11 der VO des Rektorats der Karl-Franzens-Universität Graz v 7. 5. 2020 über studienrechtliche Sondervorschriften aufgrund von Covid-19, Mitteilungsblatt der Karl-Franzens-Universität Graz v. 11. 5. 2020, Stück 28.b.). Den Studierenden, die an diesem Tag zur Fachprüfung aus Bürgerlichem Recht antraten, wurde ein Zeitrahmen von vier Stunden vorgegeben. Es wurde ihnen aufgrund der vorliegenden Umstände – entgegen bisheriger Usance – auch nicht untersagt, sämtliche für sie verfügbaren Quellen (Literatur, Rechtsprechung, Datenbanken etc) zu nutzen („open book exam"). Der ersten Grazer Open-Book-Fachprüfung aus Bürgerlichem Recht, die nicht im Hörsaal unter Aufsicht von Assistentinnen oder Assistenten stattgefunden hat, stellten sich 89 Studierende. Eine Prüfungsarbeit wurde mit „Sehr Gut" (1%), 6 Prüfungsarbeiten wurden mit „Gut" (7%), 28 mit „Befriedigend" (31%), 34 mit „Genügend" (38%) und (nur) 20 mit „Nicht Genügend" (23%) beurteilt.

Meine Notizen:

zimmerkommode gefunden, so dass es ihm ein Leichtes war, ihn unbefugt in Betrieb zu nehmen.

Am 17. 10. 2019 wurde L von der Polizei verhaftet. Daraufhin stellte L D's Wagen sowie die anderen in D's Wohnung gestohlenen Wertgegenstände zurück. Der Nissan Juke wurde von D bei der **X-AG** haftpflicht- und kaskoversichert. (Anmerkung: Die Kaskoversicherung der X-AG umfasst ua die Versicherung des Fahrzeugs gegen Beschädigung durch Unfall.) Seine fachmännische Reparatur, die auf Rechnung der X-AG erfolgte, kostete € 5.000,–. Zudem minderte sich sein Wert aufgrund des Schadens, den L am 15. 10. 2019 verursacht hatte, um € 1.000,–.

Der Opel Insignia gehört **Irene (I)**, der Ehefrau des C, die diesen Wagen auf eigene Rechnung und Gefahr betreibt und bei der **Y-AG** haftpflichtversichern ließ. Allerdings besteht zwischen I und C Einvernehmen darüber, dass C den Wagen der I, wann immer er ihn benötigt, verwenden darf. C besuchte am 15. 10. 2019 einen alten Studienkollegen und befand sich mit dem Wagen seiner Frau am Nachhauseweg, als sich der Unfall, der G das Leben kostete, ereignete.

Olga (O), eine frühere Lebensgefährtin des G, der hoch überschuldet verstarb, bezahlte dessen Begräbnis (Kosten: € 4.000,–), weil **Willi (W)**, der einzige Erbprätendent, eine negative Erbantrittserklärung abgab.

Frage 1: Hat Olga Anspruch auf Erstattung der Begräbniskosten? Wenn ja: Wer ist (sind) ihr(e) Anspruchsgegner? (Beachten Sie auch §§ 1, 2, 26 KHVG [Kodex Bürgerliches Recht unter Nr 33/1]).

Frage 2: Ändert sich etwas an der von Ihnen zu Frage 1 erzielten Falllösung, wenn G schon durch die Kollision mit dem Nissan Juke, also schon um 23.00 Uhr des Unfalltages, den Tod fand?

Frage 3: Wem ist der Sachschaden (Nissan Juke) zuzurechnen?

Ausgewählte Gesetzesbestimmungen

§ 2 Abs 1 Z 12 StVO lautet: Schutzweg ist „ein durch gleichmäßige Längsstreifen (sogenannte ‚Zebrastreifen') gekennzeichneter, für die Überquerung der Fahrbahn durch Fußgänger bestimmter Fahrbahnteil."

§ 9 Abs 2 StVO lautet: „Der Lenker eines Fahrzeuges [...] hat einem Fußgänger [...] der sich auf einem Schutzweg befindet oder diesen erkennbar benützen will, das unbehinderte und ungefährdete Überqueren der Fahrbahn zu ermöglichen. Zu diesem Zweck darf sich der Lenker eines solchen Fahrzeuges einem Schutzweg nur mit einer solchen Geschwindigkeit nähern, dass er das Fahrzeug vor dem Schutzweg anhalten kann, und er hat, falls erforderlich, vor dem Schutzweg anzuhalten."

§ 20 Abs 1 Satz 1 StVO lautet: „Der Lenker eines Fahrzeuges hat die Fahrgeschwindigkeit den gegebenen oder durch Straßenverkehrszeichen angekündigten Umständen, insbesondere den Straßen-, Verkehrs- und Sichtverhältnissen, sowie den Eigenschaften von Fahrzeug und Ladung anzupassen."

§ 102 Abs 6 KFG lautet: „Entfernt sich der Lenker so weit oder so lange von seinem Kraftfahrzeug, dass er es nicht mehr überwachen kann, so hat er [...] dafür zu sorgen, dass das Fahrzeug von Unbefugten nur durch Überwindung eines beträchtlichen Hindernisses in Betrieb genommen werden kann."

II. Fall 2 – „Ein tödlicher Bergunfall"

Der 51-jährige Klagenfurter Unfallchirurg **Erhard (E)** unternahm am 10. 9. 2019 eine Bergtour in den Karnischen Alpen. Dabei wurde er von drei Personen begleitet. Das sind: Erhards 23-jährige Nichte **Nena (N)**, Erhards Freund **Fritz (F)** sowie Fritz' 17-jähriger Sohn **Sigi (S)**. Gegen 13.00 Uhr rutschte Erhard auf einer Felsplatte aus und stürzte rund 10 Höhenmeter durch sehr steiles Gelände ab. Er erlitt mehrere offene Knochenbrüche, die zu starkem Blutverlust führten, war aber trotz seiner schweren Verletzungen gut kontaktierbar und geistig voll orientiert. Aufgrund seiner langjährigen Erfahrung als Unfallchirurg war sich Erhard der Todesgefahr, in der er sich befand, freilich durchaus bewusst, so dass er es für angezeigt hielt, seine Rechtsnachfolge im Wege einer letztwilligen Verfügung abschließend zu regeln. Erhard war kaum mehr in der Lage, sich zu bewegen. Deshalb bat er seinen Freund Fritz, der

Meine Notizen:

Richter am BG Villach ist, folgende Erklärung auf eine Seite eines Notizblocks, der sich in Fritz' Wanderrucksack fand, zu schreiben:

„Ich, Erhard, treffe für den Fall meines Todes folgende Anordnung: Nenas Mutter, meine geliebte Schwester Hannelore, soll ²/₃ meines Vermögens erben. Gemeinde Dellach, 10. 9. 2019."

Erhard war gerade noch in der Lage, am Ende dieses Texts seine Unterschrift sowie die Erklärung „Mein letzter Wille" hinzuzufügen. Fritz, Nena und Sigi, die das aufmerksam beobachteten, unterfertigten Erhards letztwillige Verfügung und setzten neben ihre Namensunterschrift ihr Geburtsdatum und ihre Wohnadresse sowie den Vermerk „als Zeuge". Als die Bergrettung am Unfallsort um 15.00 Uhr eintraf, konnte sie für Erhard, der eine Stunde nach Erklärung seines letzten Willens verstorben war, nichts mehr tun.

Erhard war weder verheiratet noch hatte er Kinder. Neben Nena und deren Mutter Hannelore wird er nur von seinem Bruder, **Bernd (B),** und **Anna (A),** einer Adoptivtochter seiner 2014 verstorbenen Schwester **Vici (V),** überlebt. Erhards, Hannelores, Bernds und Vicis gemeinsame Eltern verstarben schon einige Jahre zuvor.

Im Jahre 2015 hatte Erhard folgende eigenhändig geschriebene und unterschriebene letztwillige Verfügung errichtet:

„Mein letzter Wille. Der Österreichische Alpenverein soll nach meinem Tod die mir gehörige Liegenschaft Akademiestraße 1, 9020 Klagenfurt, erben. Darüber hinaus gilt meine letztwillige Verfügung vom 15. 5. 2013. Sie ist auf meinem Computer unter ‚Daten D / Persönliches / Erblasserische Verfügung' abgespeichert."

Tatsächlich findet sich nach Erhards Tod auf dessen Computer unter diesem Dateinamen folgender Text:

*„Nach meinem Tod sollen meine alten Freunde, die Brüder: Milan (*1961), Karl (*1963) und Hans Kovač (*1965), alle drei wohnhaft in 9170 Ferlach, je € 10.000,– bekommen."*

Es ist zweifelhaft, ob Erhard, der als reicher Mann verstarb (er hinterließ neben mehreren Zinshäusern und einem ansehnlichen Bestand an Wertpapieren auch Anteile an zwei Unternehmen), die letztwillige Verfügung aus dem Jahre 2015 durch seine Anordnung vom 10. 9. 2019 aufheben wollte.

Frage 4: Wer beerbt Erhard?

Frage 5: Wie beurteilen Sie die Rechtsstellung des Österreichischen Alpenvereins?

MUSTERLÖSUNG

Von Erwin Bernat und Peter Schwarzenegger

I. Fall 1 – „Fahrerflucht"

A. Frage 1: Hat Olga Anspruch auf Erstattung der Begräbniskosten? Wenn ja: Wer ist (sind) ihr(e) Anspruchsgegner? (Beachten Sie auch §§ 1, 2, 26 KHVG [Kodex Bürgerliches Recht unter Nr 33/1]).

1) Olga gegen Ludwig auf Ersatz der Begräbniskosten (€ 4.000,–)

AGL: § 1327 ABGB; § 6 Abs 1 Satz 1 iVm § 19 Abs 1 Fall 2, § 12 Abs 1 Z 5 EKHG

G kommt bei einem Straßenverkehrsunfall ums Leben, der von L verschuldet worden ist. Daher ist zu prüfen, ob der Schaden der O dem L sowohl nach dem ABGB als auch nach dem EKHG zugerechnet werden kann. Ist der Anwendungsbereich des EKHG eröffnet (§ 1 leg cit), so bedeutet dies freilich nicht, dass dieses Gesetz nur in jenen Fällen zur Anwendung gelangt, bei denen der Kfz-Lenker den Unfall nicht verschuldet hat. Das EKHG „will vielmehr die Haftung" auf Ersatz von Schäden, die durch den Unfall beim Betrieb eines Kfz verursacht werden, „im allgemeinen regeln"[2] (siehe auch § 19 Abs 1 EKHG). Die Gefährdungshaftung des Halters (§ 5 EKHG) und des eigenmächtigen Schwarzfahrers (§ 6 Abs 1 Satz 1 EKHG) hat in der Praxis geringe Bedeutung, „weil das Straßenverkehrsrecht ein dichtes Geflecht von Schutzge-

Ass.-Prof. Dr. Peter Schwarzenegger lehrt am Institut für Zivilrecht, Ausländisches und Internationales Privatrecht der Karl-Franzens-Universität Graz.

2) RV EKHG, 470 BlgNR 8. GP 7.

Meine Notizen:

setzen bereithält, deren Übertretung in der Regel mit einem Verschuldensvorwurf verknüpft ist".[3] Welche Bestimmungen des EKHG ausschließlich für die Gefährdungshaftung des Kfz-Halters und des eigenmächtigen Schwarzfahrers Bedeutung haben (siehe etwa §§ 3,[4] 4,[5] 15 EKHG), ist durch Auslegung zu ermitteln.

a) G musste sterben, weil L die im Straßenverkehr erforderliche Sorgfalt (Einhaltung der zulässigen Höchstgeschwindigkeit) außer Acht gelassen hatte (*Rechtswidrigkeit* als Folge einer Schutzgesetzverletzung, § 1311 Satz 2 ABGB iVm § 9 Abs 2 und § 20 Abs 1 Satz 1 StVO). Diese Pflichtverletzung ist L auch subjektiv zuzurechnen, weil für Fahrzeuglenker der objektive Fahrlässigkeitsmaßstab des § 1299 ABGB gilt *(Verschulden ieS)*.[6] Hätte L das Fahrzeug nicht eigenmächtig in Betrieb genommen, hätte sich der Verkehrsunfall nicht ereignet. Der Verkehrsunfall hätte sich aber auch dann nicht ereignet, wenn L § 9 Abs 2, § 20 Abs 1 Satz 1 StVO beachtet hätte *(Kausalität)*. Die Tatsache, dass der Tod des G durch das Verhalten des C schon am 15. 10. – und nicht erst am 22. 10. – eintrat, ist unerheblich, weil dies an den Kosten des Begräbnisses, die O getragen hat (€ 4.000,–), nichts geändert hätte. Diese Kosten wären bei hypothetisch rechtstreuem Verhalten des C ja in gleicher Höhe angefallen.

Da im vorliegenden Fall sämtliche Zurechnungsgründe, die für eine Schadensüberwälzung im Rahmen der Verschuldenshaftung erforderlich sind, verwirklicht sind, kommt § 1327 ABGB zur Anwendung. Nach dieser Bestimmung müssen „alle Kosten", die die Tötung des Erstgeschädigten nach sich zieht, „ersetzt werden". Dazu zählen nach völlig unbestrittener Auffassung auch die Kosten eines dem Stand und dem Vermögen des Verstorbenen angemessenen Begräbnisses.[7] Fraglich ist indes, wer nach § 1327 ABGB anspruchsberechtigt ist. Begräbniskosten gehören zu den Erbfallsschulden, so dass sie an sich von der Verlassenschaft (den eingeantworteten Erben) getragen werden müssen (§ 549 ABGB).[8] Folglich ist die Verlassenschaft (sind die eingeantworteten Erben) nach § 1327 ABGB anspruchsberechtigt, wenn sie für die Kosten des Begräbnisses des Erstgeschädigten tatsächlich aufkommt (aufkommen). Nicht gerade selten wird die Forderung des Bestattungsunternehmers allerdings von dritter Seite bezahlt. Ist die Tötung in einem solchen Fall einem haftpflichtigen Schädiger (in casu: L) zuzurechnen, dann macht der Dritte (in casu: O) einen Aufwand, den der Schädiger (kraft seiner Verpflichtung zum Schadenersatz, § 1327 ABGB) selbst hätte machen müssen (§ 1042 ABGB).[9] Zu denken ist in solchen Fällen aber auch an eine analoge Anwendung des § 12 Abs 1 Z 5 EKHG (dazu unter I.A.1.b).

Ergebnis: O hat gegen L auf der Grundlage des § 1042 iVm § 1327 ABGB Anspruch auf Ersatz der Begräbniskosten idH von € 4.000,–.

b) Dass O berechtigt ist, die von ihr übernommenen Begräbniskosten auf L zu überwälzen, lässt sich auch mit den Haftungsregeln des EKHG begründen. G kam durch einen Unfall, der durch die Inbetriebnahme eines Kfz verursacht worden ist, ums Leben, so dass der Anwendungsbereich dieses Gesetzes eröffnet ist (§ 1 EKHG). L ist zwar – im Gegensatz zu D – nicht Halter des Nissan Juke, er ist aber dennoch passiv klagslegitimiert, weil er dieses Fahrzeug zur Zeit des Unfalls ohne Willen des D benutzt hat (§ 6 Abs 1 Satz 1 EKHG). Der eigenmächtige Schwarzfahrer (§ 6 Abs 1 Satz 1 EKHG) tritt in die Fußstapfen des Halters, was insbesondere dann von praktischer Bedeutung ist, wenn er sich – anders als im vorliegenden Fall – verkehrsrichtig verhalten hat, es aber dessen ungeachtet zum Unfallgeschehen gekommen ist. In einem solchen Fall haftet der eigenmächtige Schwarzfahrer – gleich wie der Halter – also losgelöst vom Verschulden. Nach hA kann § 6 Abs 1 Satz 1 EKHG allerdings auch dann zur Begründung der Haftung des eigenmächtigen Schwarzfahrers herangezogen werden, wenn dieser den Unfall – wie im vorliegenden Fall – verschuldet hat.

§ 12 EKHG ist das Pendant zu § 1327 ABGB, regelt die Ansprüche des Zweitgeschädigten nach Tötung des Erstgeschädigten aber wesentlich detaillierter als § 1327 ABGB. So ist in § 12 Abs 1 Z 5 EKHG sogar ausdrücklich geregelt, dass der Schädiger im Fall der Tötung auf Ersatz der „Kosten angemessener Bestattung" haftet und dass derjenige anspruchsberechtigt ist, der zur Kostentragung verpflichtet ist (siehe noch-

3) *Schauer* in *Schwimann/Kodek*, ABGB-Praxiskomm⁴ VII EKHG Vorbem § 1 Rz 8.
4) Siehe OGH 2 Ob 181/98a SZ 71/120.
5) *Schauer* in *Schwimann/Kodek*, ABGB-Praxiskomm⁴ VII EKHG § 4 Rz 7.
6) *Welser/Zöchling-Jud*, Grundriss des bürgerlichen Rechts II¹⁴ (2015) Rz 1517.
7) *Welser/Zöchling-Jud*, Grundriss II¹⁴ Rz 1489; *Rabl/Riedler*, Bürgerliches Recht III⁶ (2017) Rz 14/12; *Perner/Spitzer/Kodek*, Bürgerliches Recht⁶ (2019) 308.
8) *Welser/Zöchling-Jud*, Grundriss II¹⁴ Rz 2417; *Eccher*, Bürgerliches Recht VI⁶ (2018) Rz 8/2; *Perner/Spitzer/Kodek*, Bürgerliches Recht⁶ 622.
9) Siehe *Koziol*, Österreichisches Haftpflichtrecht II² (1984) 148 f.

Meine Notizen:

mals § 549 ABGB) oder diese Kosten „tatsächlich getragen hat." Nach Auffassung des OGH kommt diese Regelung sogar dann (entsprechend) zur Anwendung, wenn der Anwendungsbereich des EKHG gar nicht eröffnet ist.[10]

Ergebnis: O hat nicht nur nach § 1042 iVm § 1327 ABGB, sondern auch auf der Grundlage des § 19 Abs 1 Fall 2 iVm § 12 Abs 1 Z 5 EKHG einen gegen L gerichteten Anspruch auf Erstattung der Begräbniskosten.

2) Olga gegen Dieter auf Ersatz der Begräbniskosten (€ 4.000,–)

AGL: § 6 Abs 1 Satz 2 EKHG

D haftet auf Ersatz des Schadens, den O erlitten hat, mit L gesamtschuldnerisch (§ 1302 Satz 2 Fall 2 ABGB), wenn er Halter des Nissan Juke ist und die sonstigen Haftungsvoraussetzungen nach EKHG gegeben sind. D ist zweifelsohne Halter dieses Fahrzeugs (§ 5 EKHG), weil er es laut Sachverhalt auf eigene Rechnung und Gefahr betreibt. Allerdings haftet der Halter für ein von einem Schwarzfahrer (§ 6 Abs 1 Satz 1 EKHG) benutztes Kfz nur dann, wenn die „Benutzung [...] des Kraftfahrzeugs durch sein [...] Verschulden ermöglicht worden ist [...]" (§ 6 Abs 1 Satz 2 EKHG). Dass L Schwarzfahrer iSd § 6 Abs 1 Satz 1 EKHG ist, wurde schon unter I.A.1.b) ausgeführt. Fraglich ist hingegen, ob D die Schwarzfahrt des L verschuldet hat. Für ein Verschulden iSd § 6 Abs 1 Satz 2 EKHG reicht das Setzen einer günstigen Bedingung für die Schwarzfahrt aus.[11] Nach der Rsp ist an die Sorgfalt, der der Halter zu entsprechen hat, um eine Schwarzfahrt zu verhindern, ein strenger Maßstab anzulegen. Hat der Halter den Zündschlüssel abgezogen, den Wagen versperrt, aber einen Zweitschlüssel in einem geschlossenen Aschenbecher des Wagens aufbewahrt, der es dem Schwarzfahrer nach dem Einschlagen des Fensters ermöglichte, das Fahrzeug in Betrieb zu nehmen, liegt nach zutreffender Auffassung des OLG Wien allerdings kein Verschulden iSd § 6 Abs 1 Satz 2 EKHG vor.[12] Umso weniger hat D die Schwarzfahrt des L verschuldet. Denn es führte zu einer Überspannung der Sorgfaltsanforderungen, wollte man von einem Halter grds verlangen, er müsse mit einem Wohnungseinbruch rechnen und sei daher verpflichtet, den Zündschlüssel vor Antritt des Urlaubs einzupacken oder – so vorhanden – in einem Schließfach (Safe) zu verwahren.

Ergebnis: O hat gegen D keinen Anspruch auf Ersatz der Begräbniskosten, weil er die Schwarzfahrt des L nicht verschuldet hat (§ 6 Abs 1 Satz 2 EKHG).

3) Olga gegen X-AG auf Ersatz der Begräbniskosten (€ 4.000,–)

AGL: § 26 KHVG

Die Kfz-Haftpflichtversicherung umfasst die Befriedigung begründeter Ersatzansprüche, die aufgrund gesetzlicher Haftpflichtbestimmungen (also insb aufgrund der Bestimmungen des EKHG oder des ABGB) gegen den Versicherungsnehmer oder mitversicherte Personen erhoben werden, wenn durch die Verwendung des Kfz ein Personen-, Sach- oder reiner Vermögensschaden verursacht wird (§ 2 Abs 1 KHVG). Nach § 26 KHVG kann der durch die Verwendung des Kfz Geschädigte den ihm zustehenden Schadenersatzanspruch auch gegen den Haftpflichtversicherer geltend machen (action directe). Muss dieser leisten, dann haftet er mit dem ersatzpflichtigen Versicherten gesamtschuldnerisch (§ 26 Satz 2 KHVG).[13]

Die X-AG muss für ihren Versicherungsnehmer, D, nicht einstehen, weil D nicht Haftungsschuldner ist (siehe unter I.A.2.). Fraglich ist indessen, ob der zum Schadenersatz verpflichtete L den Schutz der Haftpflichtversicherung genießt. Diese Frage ist klar zu verneinen: Nach § 2 Abs 2 KHVG ist nur jener Kfz-Lenker mitversichert, der das Kfz mit Willen des Halters verwendet hat. Da L den Nissan Juke ohne den Willen des D in Betrieb genommen hat, ist die X-AG nicht verpflichtet, den Schadenersatzanspruch, den O gegen L hat, zu befriedigen. Schwarzfahrer genießen gem § 2 Abs 2 KHVG keinen Haftpflichtversicherungsschutz!

Ergebnis: O hat gegen die X-AG keinen Anspruch auf Ersatz der Begräbniskosten, weil ihr Versicherungsnehmer, D, kein Haftungsschuldner der O ist und weil § 2 Abs 2 KHVG die Deckung des gegen einen Schwarzfahrer gerichteten Anspruchs des Geschädigten ausdrücklich ausschließt.

---

10) OGH 2 Ob 58/71 SZ 44/95; *Welser/Zöchling-Jud*, Grundriss II¹⁴ Rz 1489; *Rabl/Riedler*, Bürgerliches Recht III⁶ Rz 14/12.

11) *Welser/Zöchling-Jud*, Grundriss II¹⁴ Rz 1599; *Apathy*, Komm EKHG (1992) § 6 Rz 13; OGH 2 Ob 2396/96h ZVR 1998/2 = EvBl 1997/79; *Kolmasch*, Judikaturübersicht: Schuldhaftes Ermöglichen einer Schwarzfahrt iSd EKHG, Zak 2006/116, 68f.

12) OLG Wien 16 R 127/96 ZVR 1997/70.

13) Vgl *Rabl/Riedler*, Bürgerliches Recht III⁶ Rz 14/40; *Perner/Spitzer/Kodek*, Bürgerliches Recht⁶ 373.

Meine Notizen:

4) Olga gegen Christian auf Ersatz der Begräbniskosten (€ 4.000,–)

AGL: § 19 Abs 1 Fall 2 EKHG; § 1327 ABGB

Nicht nur L, sondern auch C hat die im Straßenverkehr erforderliche Sorgfalt (Einhaltung der zulässigen Höchstgeschwindigkeit) außer Acht gelassen (siehe dazu oben unter I.A.1.), so dass kein Zweifel besteht, dass auch C sein rechtswidriges Verhalten zum Vorwurf gemacht werden kann. Wiederum lässt § 19 Abs 1 EKHG die Verschuldenshaftung unberührt. Wie unter I.A.1. angedeutet worden ist, führt das pflichtwidrige Verhalten des C den Schaden der O allerdings nicht herbei, weil der Tod des G, der die Begräbniskosten entstehen lässt, bei rechtstreuem Verhalten des C am 22. 10. 2019 ohnedies eingetreten wäre *(mangelnde Kausalität des pflichtwidrigen Verhaltens des C)*. Es stellt sich daher die Frage, ob dieser Umstand zur Entlastung des C führen soll oder ob man die Tatsache, dass C für den Schaden der O gar nicht kausal gewesen ist, vernachlässigen darf, so dass C auf Ersatz dieses Schadens – solidarisch mit L – haftet. Im Schrifttum werden zu dieser Frage zwei unterschiedliche Meinungen vertreten.

– Der Zweittäter (C), der G durch pflichtwidriges Verhalten real getötet hat (Eintritt des Todes am 15. 10. 2019 um 23.10 Uhr), haftet nicht auf Ersatz des rechnerischen Schadens (Begräbniskosten der O), weil dieses Verhalten keine notwendige Bedingung (also nicht kausal) für die Entstehung dieses Schadens gewesen ist.[14)]

– Im Gegensatz zu Reischauer messen der OGH[15)] und das überwiegende Schrifttum der Tatsache, dass das pflichtwidrige Verhalten des Zweittäters (C) den rechnerischen Schaden gar nicht verursacht hat, keine Bedeutung bei. Diese Lösung hat die besseren Argumente für sich: Fälle von der Art des vorliegenden werden mit dem Schlagwort „überholende (hypothetische) Kausalität“ erfasst.[16)] Sie liegen sehr nah am Fall der kumulativen Kausalität.[17)] Von den Fällen der kumulativen Kausalität unterscheiden sich die Fälle der überholenden Kausalität nur durch das zeitliche Element. Bei kumulativer Kausalität wirken die zwei (oder mehreren) Handlungen gleichzeitig, bei überholender Kausalität wirken sie hingegen sukzessiv auf das verletzte Rechtsgut ein, so dass man die Fälle der überholenden Kausalität auch als Fälle einer „zeitlich gedehnten kumulativen Kausalität“ begreifen kann. Der geringfügige Unterschied im Tatsächlichen rechtfertigt keine unterschiedliche normative Bewertung. Daher haften nach Rsp und hL L und C in entsprechender Anwendung von § 1302 Satz 2 Fall 2 ABGB solidarisch auf Ersatz der Begräbniskosten, die O übernommen hat.[18)]

Ergebnis: O hat gegen C auf der Grundlage von § 1327 ABGB iVm § 19 Abs 1 Fall 2, § 12 Abs 1 Z 5 EKHG einen Anspruch auf Ersatz der Begräbniskosten. L und C haften der O als Gesamtschuldner.

5) Olga gegen Irene auf Ersatz der Begräbniskosten (€ 4.000,–)

AGL: § 19 Abs 2 EKHG, § 12 Abs 1 Z 5 EKHG

Im Gegensatz zu L ist C kein eigenmächtiger Schwarzfahrer, sondern Betriebsgehilfe seiner Frau, die Halterin des Opel Insignia ist. Denn C hat dieses Fahrzeug am 15. 10. 2019 mit dem Willen der I benutzt und haftet folglich nicht verschuldensunabhängig (§ 6 Abs 1 Satz 1 EKHG e contrario). Allerdings haftet I der O genau so, als hätte nicht C, sondern sie den Wagen am 15. 10. 2019 in Betrieb genommen und den Unfall selbst verschuldet (§ 19 Abs 2 EKHG). Auf „Gefährlichkeit“ oder „Untüchtigkeit“ des Betriebsgehilfen (C) kommt es – in Abweichung von § 1315 ABGB – nicht an. Folglich hat O auch gegen I Anspruch auf Ersatz der Begräbniskosten.

Nach hA kann die Haftung der Halterin auch auf § 5 EKHG gestützt werden (vgl schon zum Anspruch der O gegen L unter I.A.1.b).

Ergebnis: O hat gegen I auf der Grundlage der § 19 Abs 2, § 12 Abs 1 Z 5 EKHG einen Anspruch auf Ersatz der Begräbniskosten. L, C und I haften O als Gesamtschuldner (vgl § 8 EKHG).

---

14) IdS etwa *Reischauer* in *Rummel*³ § 1302 Rz 15.

15) OGH 2 Ob 216/66 SZ 39/172.

16) Siehe *Welser/Zöchling-Jud,* Grundriss II¹⁴ Rz 1381 ff; *Rabl/Riedler,* Bürgerliches Recht III⁶ Rz 13/62; *Perner/Spitzer/Kodek,* Bürgerliches Recht⁶ 316 f.

17) *Beispiel:* T_1 und T_2 werfen zeitgleich, aber unabhängig voneinander Müll ins Fischwasser, so dass die Fische des Fischereiberechtigten G verenden. Die Fische wären aber auch verendet, wenn sich nur T_1 oder nur T_2 rechtswidrig verhalten hätte.

18) Siehe nochmals OGH 2 Ob 216/66 SZ 39/172; grundlegend *F. Bydlinski,* Probleme der Schadensverursachung nach deutschem und österreichischem Recht (1964) 67 f; *Welser/Zöchling-Jud,* Grundriss II¹⁴ Rz 1381 ff; *Rabl/Riedler,* Bürgerliches Recht III⁶ Rz 13/62; *Perner/Spitzer/Kodek,* Bürgerliches Recht⁶ 316 f.

Meine Notizen:

6) Olga gegen Y-AG auf Ersatz der Begräbniskosten (€ 4.000,–)

AGL: § 26 KHVG

C ist Betriebsgehilfe seiner Frau (Versicherungsnehmerin der Y-AG), weil er den Opel Insignia am 15. 10. 2019 mit ihrem Willen benutzt hat. Daher kann kein Zweifel bestehen, dass C gem § 2 Abs 2 KHVG mitversichert war und die Y-AG den gegen C und I gerichteten Anspruch der O befriedigen muss. Der gegen L, C und I gerichtete Anspruch (vgl § 8 EKHG) steht der O folglich auch gegen die Y-AG zu.

Ergebnis: O hat gegen die Y-AG auf der Grundlage des § 26 KHVG Anspruch auf Ersatz der Begräbniskosten. L, C, I (vgl § 8 EKHG) und die Y-AG haften O als Gesamtschuldner. Da die Y-AG zur Befriedigung der Ansprüche, die O gegenüber C (Betriebsgehilfe des Kfz-Halters) und I (Kfz-Halter) hat, verpflichtet ist, kann sie sich am Schwarzfahrer (L) nach § 67 VersVG schadlos halten.[19)]

B. Frage 2: Ändert sich etwas an der von Ihnen unter A) (Frage 1) erzielten Falllösung, wenn G schon durch die Kollision mit dem Nissan Juke, also schon um 23.00 Uhr des Unfalltages, den Tod fand?

An den unter I.A.1) bis I.A.3) geprüften Ansprüchen ändert sich gar nichts, weil das Fehlverhalten des L in einem solchen Fall ganz ohne jeden Zweifel eine reale Ursache für den Tod des G – und in weiterer Folge ursächlich für das Entstehen der Begräbniskosten – gewesen ist. Allerdings stellt sich die Frage, ob in einem solchen Fall neben dem L auch dem C sowie der I und der Y-AG die Rechtsfolgen einer Tötung (§ 1327 ABGB) zugerechnet werden können. Diese Frage ist zu verneinen, weil C das Leben des G um 23.10 Uhr des Unfalltages gar nicht mehr beeinträchtigt haben konnte: Wer die zulässige Höchstgeschwindigkeit überschreitet, handelt zwar rechtswidrig, die Folge dieses verbotenen Verhaltens kann aber dann nicht als Tötung begriffen werden, wenn der Verkehrssünder nur mehr die sterblichen Überreste eines Menschen überrollt: § 1327 ABGB (bzw § 12 EKHG) setzt ja voraus, dass der Täter das Leben eines anderen durch pflichtwidriges Verhalten verkürzt. Daher kann es unter der Annahme, dass G, als ihn C überrollt hatte, schon verstorben war, weder zu einer Haftung des C (aus § 1327 ABGB) noch zu einer Haftung der I (aus § 19 Abs 2 iVm § 12 Abs 1 Z 5 EKHG) und der Y-AG (aus § 26 KHVG) gekommen sein.[20)]

Ergebnis: O hat nur gegen L einen Anspruch auf Ersatz der Begräbniskosten, wenn G, als ihn C überrollt hat, schon tot war.

C. Frage 3: Wem ist der Sachschaden (Nissan Juke) zuzurechnen?

1) Dieter gegen Ludwig auf Ersatz der Reparaturkosten idH von € 5.000,–

AGL: §§ 1323, 1331 f ABGB

Die Beschädigung des Nissan Juke, die L durch pflichtwidriges und schuldhaftes Verhalten (Fahrfehler) verursacht hat, fällt nicht in den Anwendungsbereich des EKHG, weil dieses Gesetz nur die Ersatzfähigkeit von Sach- und Personenschäden regelt, die durch das vom Täter gelenkte Fahrzeug verursacht werden (§ 1 EKHG). Daher richtet sich der Ersatz des Sachschadens, den ein Lenker eines Kfz an diesem Kfz in seiner Eigenschaft als Betriebsgehilfe oder Schwarzfahrer verursacht hat, ausschließlich nach ABGB (Verschuldenshaftung).[21)] Da ein Fahrfehler des L zum Unfall geführt hat, hatte D gegen L auf der Grundlage der §§ 1323, 1331 f ABGB Anspruch auf Ersatz der Reparaturkosten idH von € 5.000,– (Restitutionsgeldersatz). Allerdings ist dieser Anspruch durch die Leistung der X-AG auf diese übergegangen (§ 67 Abs 1 VersVG), so dass er nicht mehr zum Vermögen des D zählt. Folglich ist nicht D, sondern sein Kaskoversicherer, die X-AG, anspruchsberechtigt.

Ergebnis: D hatte gegen L Anspruch auf Ersatz der Reparaturkosten, allerdings ist dieser Anspruch nach § 67 Abs 1 VersVG auf die X-AG übergegangen, weil D die Reparatur auf Kosten der X-AG durchführen ließ.

19) Siehe OGH 7 Ob 232/65 SZ 38/177; 7 Ob 32/78 SZ 51/106; 7 Ob 17/95 SZ 69/172 uvam.
20) Vgl grundlegend *F. Bydlinski*, Probleme der Schadensverursachung nach deutschem und österreichischem Recht 106; *Perner/Spitzer/Kodek*, Bürgerliches Recht[6] 317.
21) *Koziol*, Österreichisches Haftpflichtrecht II[2] 538.

Meine Notizen:

2) Dieter gegen Ludwig auf Ersatz der Wertminderung des Nissan Juke idH von € 1.000,–

AGL: §§ 1331 f ABGB

D hat gegen L auch Anspruch auf Schadenersatz für den geminderten Verkehrswert[22] des Nissan Juke. Vor dem Unfall betrug der Verkehrswert des Wagens € 20.000,–, danach – trotz mangelfreier Durchführung der Reparaturarbeiten – aber nur mehr € 19.000,–. Dieser Geldersatzanspruch ist allerdings nicht auf die X-AG übergegangen, weil die X-AG laut Sachverhalt hiefür keine Leistung erbracht hat. Folglich ist D anspruchsberechtigt.

Ergebnis: D hat aufgrund der Wertminderung des Nissan Juke einen gegen L gerichteten Anspruch auf Zahlung von € 1.000,–.

II. Fall 2 – „Ein tödlicher Bergunfall"

A. Frage 4: Wer beerbt Erhard?

1) Mit seiner letztwilligen Verfügung vom 10. 9. 2019 traf Erhard eine Regelung seiner Erbfolge, weil in dieser Verfügung angeordnet ist, dass Hannelore einen Anteil von $^2/_3$ seiner Verlassenschaft erhalten soll. Ihrem Inhalt nach handelt es sich somit gem §§ 532, 552 Abs 2 Satz 1 ABGB um ein Testament, das in der Form eines fremdhändigen Testaments errichtet worden ist (§ 579 ABGB).[23] Die für die Errichtung eines solchen Testaments wesentlichen Gültigkeitsvoraussetzungen erscheinen in casu auf den ersten Blick erfüllt zu sein. Erhard hat höchstpersönlich den Inhalt seiner letztwilligen Verfügung diktiert (§ 564 ABGB). Er war im Zeitpunkt ihrer Errichtung testierfähig (§ 566 ABGB)[24] sowie testierwillig (§ 565 ABGB): Durch die eigenhändige Unterschrift und durch Hinzufügung der Worte „Mein letzter Wille" (nuncupatio) ist an Erhards Willen, ein fremdhändiges Testament zu errichten, ja überhaupt nicht zu zweifeln. Da dies vor drei Zeugen geschah, erfüllte Erhard auch die formalen Voraussetzungen des § 579 Abs 1 ABGB.[25] Entsprechendes gilt für Fritz, Nena und Sigi, die den Testierakt bezeugten: Alle drei unterschrieben auf der Testamentsurkunde mit dem Hinweis „als Zeuge" und fügten zum Beweis ihrer Identität ihr Geburtsdatum und ihre Wohnadresse hinzu (§ 579 Abs 2 ABGB).[26] Laut Sachverhalt bestehen keine Zweifel, dass alle drei geistig hinreichend fähig waren, den Testierakt zu bezeugen (§ 587 Satz 1 ABGB). Fritz ist weder nach § 587 noch nach § 588 ABGB ein untauglicher Zeuge. Auch der Umstand, dass Fritz Erhards letztwillige Verfügung zu Papier gebracht hatte, machte ihn als Zeugen nicht untauglich (§ 590 ABGB). Allerdings war Nena wegen Befangenheit eine untaugliche Zeugin. Sie ist ja die Tochter der Hannelore, die $^2/_3$ von Erhards Verlassenschaft erben soll (§ 588 Abs 1 ABGB). Auch Sigi ist ein untauglicher Zeuge, allerdings (nur) aufgrund seiner Minderjährigkeit (§ 587 Satz 2 ABGB e contrario).[27]

Ergebnis: Das Testament vom 10. 9. 2019 ist als fremdhändiges („ordentliches") Testament ungültig, weil zwingende Formvorschriften (§§ 587 f ABGB) nicht eingehalten worden sind (§ 601 ABGB).

2) Es stellt sich indes die Frage, ob das fremdhändig errichtete Testament vom 10. 9. 2019 in ein gültiges Nottestament umgedeutet werden kann. Diese Frage ist zu bejahen, wenn der Sachverhalt alle Tatbestandsmerkmale erfüllt, deren Vorliegen § 584 ABGB voraussetzt: Das Nottestament ist auch dann gültig, wenn der Erblasser gar nicht beabsichtigte, ein solches zu errichten,[28] „es reicht der allgemeine *animus testandi* aus. Es gilt also nichts anderes als bei Formfragen im Allgemeinen: Die Form muss nicht gewollt, sondern nur erfüllt sein".[29] Die Testamentsform des § 584 ABGB steht dem Erblasser nur offen, wenn er (a) den Eindruck hat, es drohe ihm unmittelbar Lebensgefahr, und wenn (b) dieser subjektive Eindruck durch objektive Umstände tatsächlich begründet ist. Schließlich (c) darf der Erblasser in der Lage, in der er sich konkret befindet, keine Möglichkeit gehabt haben, seinen Willen auf an-

22) Siehe zum Problem des „merkantilen Minderwerts" bloß *Welser/Zöchling-Jud,* Grundriss II[14] Rz 1437; *Perner/Spitzer/Kodek,* Bürgerliches Recht[6] 306.
23) Vgl *Perner/Spitzer/Kodek,* Bürgerliches Recht[6] 593.
24) Vgl *Perner/Spitzer/Kodek,* Bürgerliches Recht[6] 592.
25) Vgl *Eccher,* Erbrecht[6] (2016) Rz 4/44.
26) Vgl *Eccher,* Erbrecht[6] Rz 4/44.
27) Vgl *Perner/Spitzer/Kodek,* Bürgerliches Recht[6] 593 f.
28) *Eccher,* Erbrecht[6] Rz 4/38.
29) *Welser,* Ist das Nottestament riskant? Festheft für Karl Hempel zum 75. Geburtstag, GesRZ 2012, 63 (65).

Meine Notizen:

dere Weise (in einer ordentlichen Testamentsform) zu erklären.[30] Der vorliegende Sachverhalt erfüllt die Voraussetzungen (a) bis (c): Erhard befand sich tatsächlich, wie er selbst wusste – und wie sein Tod eine Stunde nach Errichtung der letztwilligen Verfügung unter Beweis stellt –, in Todesgefahr. Zudem war er kaum mehr fähig, sich zu bewegen, also weder in der Lage, ein eigenhändig geschriebenes (§ 578 ABGB) noch, wie unter II.A.1. schon dargestellt, ein fremdhändiges Testament (§ 579 ABGB) zu errichten. Somit kam aufgrund der Umstände des vorliegenden Falles nur mehr die Errichtung eines Nottestaments (§ 584 ABGB) in Frage. Während das Gesetz für die Errichtung eines fremdhändigen Testaments die Einschaltung von drei Zeugen (§ 579 ABGB) verlangt, begnügt es sich für die Errichtung des Nottestaments mit der Einschaltung bloß zweier Zeugen (§ 584 Abs 1 ABGB).[31] Nena ist auch mit Blick auf § 584 ABGB eine untaugliche Zeugin (§ 588 Abs 1 ABGB). Das gilt aber nicht für den 17-jährigen Sigi, weil schon mündige Minderjährige – also nicht erst Volljährige – Zeugen eines Nottestaments sein können (§ 587 Satz 2 ABGB).[32] Und dass Sigis Vater, Fritz, kein untauglicher Zeuge ist, wurde schon unter II.A.1. erläutert. Folglich errichtete Erhard ein gültiges schriftliches Nottestament. Die Erklärungen, die Erhard, Fritz und Sigi auf der Testamentsurkunde zu Papier brachten, standen ja im Einklang mit den Erfordernissen des § 579 ABGB, auf den § 584 ABGB verweist. Da Erhard noch am Errichtungstag verstarb, hat sein Nottestament gem § 584 Abs 2 ABGB die Gültigkeit behalten.

Ergebnis: Das Testament vom 10. 9. 2019 ist zwar als fremdhändiges „ordentliches" Testament (§ 579 ABGB) ungültig, allerdings kann es in ein gültiges Nottestament (§ 584 ABGB) umgedeutet werden (Konversion).

3) In seinem Testament vom 10. 9. 2019 setzte Erhard seine Schwester Hannelore zu $^2/_3$ als Erbin ein. Über das restliche Drittel seiner Verlassenschaft verfügte er nicht. Aus diesem Grund liegt eine gemischte Berufung (§ 534 ABGB)[33] vor, so dass dieses Drittel an die gesetzlichen Erben – unter Ausschluss von Hannelore – fällt (§ 554 Satz 2 ABGB). Zwar zählt auch Hannelore zum Kreis der gesetzlichen Erben, aber eine am wahren Willen des Erblassers orientierte Auslegung[34] seiner letztwilligen Verfügung vom 10. 9. 2019 muss wohl zu dem Ergebnis führen, dass Hannelore an der gesetzlichen Erbfolge nicht teilnimmt,[35] sondern „nur" $^2/_3$ der Verlassenschaft bekommen soll. Für diese Auslegung spricht das Argument, dass der Erblasser eine ganz genaue Vorstellung vom Ausmaß dessen, was seine Schwester nach seinem Tod bekommen soll – nicht mehr und nicht weniger als $^2/_3$ der gesamten Verlassenschaft –, gehabt hat. Weil Erhard weder verheiratet war noch eigene Kinder hinterließ, kommen als seine gesetzlichen Erben (§ 730 ABGB) nur Repräsentanten der zweiten Parentel (nicht aber Hannelore und Nena) in Frage (§ 731 Abs 2, § 735 ABGB). Repräsentanten der zweiten Parentel sind im vorliegenden Fall Erhards Bruder Bernd und möglicherweise auch Anna. Im Gegensatz zu Bernd zählt Anna allerdings nicht zum Kreis der gesetzlichen Erben des Erhard, weil das Adoptionsrecht nur zwischen dem Annehmenden (in casu: Vici) und dem Wahlkind (in casu: Anna), nicht hingegen zwischen den Eltern und Seitenverwandten des Annehmenden (in casu: zwischen den bereits vorverstorbenen Eltern von Vici und Erhard) und dem Wahlkind ein Verwandtschaftsverhältnis entstehen lässt (§ 197 Abs 1 ABGB). Aus diesem Grund werden Erhards vorverstorbene Eltern nicht durch Anna repräsentiert.[36]

Ergebnis: Die Verlassenschaft des Erhard wird Hannelore zu $^2/_3$ und Bernd zu $^1/_3$ eingeantwortet. Anna und Nena gehen ganz „leer aus".

B. Frage 5: Wie beurteilen Sie die Rechtsstellung des Österreichischen Alpenvereins?

Es liegen zwei letztwillige Verfügungen vor. Die letztwillige Verfügung aus dem Jahre 2015 ist laut Sachverhalt rechtswirksam errichtet worden (§ 578 ABGB). Bei dieser letztwilligen Verfügung handelt es sich nicht, wie der Erblasser annahm (arg: „... erben ..."), um eine Verfügung über die Erbfolge (Testament), sondern um eine sons-

30) Siehe dazu OGH 2 Ob 86/15h EF-Z 2016/99, 210 *(Tschugguel);* zuvor 26. 7. 2011, 1 Ob 102/11y NZ 2012/21, 86; zu dieser E *Tschugguel,* NZ 2012/19, 83f und *Fucik,* NZ 2012/20, 84f.
31) Vgl *Perner/Spitzer/Kodek,* Bürgerliches Recht⁶ 594; *Eccher,* Erbrecht⁶ Rz 4/48.
32) Vgl nochmals *Perner/Spitzer/Kodek,* Bürgerliches Recht⁶ 594; *Eccher,* Erbrecht⁶ Rz 4/56.
33) Vgl *Perner/Spitzer/Kodek,* Bürgerliches Recht⁶ 598; *Eccher,* Erbrecht⁶ Rz 2/3.
34) *Eccher,* Erbrecht⁶ Rz 4/34.
35) So auch *Welser,* Der Erbrechts-Kommentar (2018) § 554 Rz 2 und §§ 560–563 Rz 11.
36) Vgl *Perner/Spitzer/Kodek,* Bürgerliches Recht⁶ 574; *Eccher,* Erbrecht⁶ Rz 3/12.

Meine Notizen:

tige letztwillige Verfügung, die ein bloßes Vermächtnis enthält (§ 552 Abs 2 Satz 2 ABGB). Bei der Auslegung von letztwilligen Verfügungen ist ja der „wahre Wille des Verstorbenen, der im Wortlaut der Verfügung zumindest angedeutet sein muss", maßgeblich (§ 553 ABGB).[37] Dabei ist von jener Bedeutung auszugehen, die seinem subjektiven Willen ganz eindeutig entspricht. Wenn der (bspw juristisch nicht gebildete) Erblasser in seiner letztwilligen Verfügung den Begriff „erben" verwendet, aber klar ist, dass der Bedachte nur einen einzelnen Vermögensgegenstand aus der Verlassenschaft erhalten soll, dann ist der Bedachte, wenn der Verfügende nicht nur diesen einen Vermögensgegenstand hinterlassen hat, Vermächtnisnehmer und nicht Erbe.[38]

Es ist allerdings unklar, ob Erhard durch sein Nottestament[39] das Vermächtnis aus dem Jahre 2015 aufheben wollte. Da Erhard in diesem Nottestament nur zu zwei Dritteln über die Verlassenschaft verfügt hat, muss ein Umkehrschluss aus § 713 Abs 2 ABGB gezogen werden: „Frühere letztwillige Verfügungen ohne Erbeinsetzung (§ 552 Abs 2) werden im Zweifel nur durch ein späteres Testament, mit dem über die **gesamte** Verlassenschaft verfügt wird, aufgehoben" (§ 713 Abs 2 ABGB). Daher – § 713 Abs 2 ABGB e contrario – bleibt Erhards Vermächtnis aus dem Jahre 2015 aufrecht.[40]

Fraglich ist indes, ob durch den in derselben letztwilligen Verfügung enthaltenen Verweis auf die letztwillige Verfügung vom 15. 5. 2013 Milan, Karl und Hans Kovač zu Vermächtnisnehmern geworden sind. Diese Frage ist klar zu verneinen. Durch den in einer gültigen letztwilligen Verfügung enthaltenen Verweis entsteht nur dann eine gültige letztwillige Anordnung, wenn auch das verwiesene Dokument einer Testamentsform und den übrigen Gültigkeitsvoraussetzungen einer letztwilligen Verfügung genügt (§ 585 ABGB).[41] Ein bloß auf einem Computer gespeicherter Text genügt freilich keiner der vom Gesetz anerkannten Testamentsformen.

Ergebnis: Die letztwillige Verfügung aus dem Jahre 2015 enthält keine Erbeinsetzung, sondern ist als Vermächtnis zu beurteilen. Aus diesem Grund hat der Österreichische Alpenverein unmittelbar nach Erhards Tod einen gegen die Verlassenschaft und nach Einantwortung der Verlassenschaft einen gegen Hannelore und Bernd gerichteten Anspruch auf Besitz- und Eigentumsverschaffung an der Liegenschaft Akademiestraße 1, 9020 Klagenfurt (Damnationslegat) (§ 649 Abs 1 ABGB). Da es sich bei der vermachten Liegenschaft um eine Speziessache handelt, haften Hannelore und Bernd dem Österreichischen Alpenverein „zur ungeteilten Hand", dh als Solidarschuldner (§ 649 Abs 2 Satz 1 ABGB).[42] Der gegen Hannelore und Bernd gerichtete Anspruch des Österreichischen Alpenvereins ist sofort fällig (§ 685 Satz 1 ABGB).

37) Vgl *Perner/Spitzer/Kodek,* Bürgerliches Recht[6] 597.
38) *Eccher,* Erbrecht[6] Rz 4/74.
39) Auch für dieses gelten die Regeln der §§ 713 ff: *Eccher,* Erbrecht[6] Rz 4/66.
40) Vgl *Perner/Spitzer/Kodek,* Bürgerliches Recht[6] 595; *Apathy/Riss,* Erbrecht[6] (2018) Rz 3/32.
41) Vgl *Perner/Spitzer/Kodek,* Bürgerliches Recht[6] 593; *Apathy/Riss,* Erbrecht[6] Rz 3/25 („testamentum mysticum").
42) Vgl *Perner/Spitzer/Kodek,* Bürgerliches Recht[6] 601 f.

✐ Meine Notizen:

Prüfer: Martin Häublein

Schriftliche Diplomprüfung aus Bürgerlichem Recht

Innsbruck, 13. 1. 2020

Schwerpunkte: Vertragsschluss; Dissens; Einbeziehung von AGB im Unternehmerverkehr; dingliche Einigung; Eigentumsvorbehalt; Übertragung des vorbehaltenen Eigentums

Sachverhalt[1]

K benötigt für sein Unternehmen eine bestimmte Maschine. Er begibt sich zu U, der solche Maschinen anfertigt. U zeigt ihm ein paar Modelle. Da keines genau den Anforderungen des K entspricht, soll U die Maschine nach den Spezifikationen des K bauen. U notiert sich die gewünschten Anforderungen und erklärt, sich bei K wegen der Preiskalkulation zu melden. Zwei Tage später erhält K eine E-Mail *(E-Mail 1),* die den Auftrag zusammenfasst und als Preis € 15.000 nennt. In der E-Mail findet sich der Hinweis „Es gelten unsere Lieferbedingungen!" und ein Link. In den Bedingungen des U heißt es ua: „Ware bleibt bis zur vollständigen Bezahlung unser Eigentum." K schenkt weder dem Hinweis auf die Lieferbedingungen noch dem Link Aufmerksamkeit. Hätte er den Link verfolgt, wäre er aber aufgrund von Arbeiten an der Homepage des U nur zu dem Hinweis „Error 404 – Not found" gelangt.

K schreibt U, ebenfalls per E-Mail *(E-Mail 2),* dass er die Maschine gerne bestelle, aber bei Bezahlung innerhalb von zwei Wochen nach Lieferung der Ware ein Skonto (Preisabzug) von 4% beanspruche. Dies ergebe sich auch aus seinen Geschäftsbedingungen, die K seiner Nachricht als PDF-Dokument beifügt. Aussagen zur Eigentumsverschaffung enthalten diese nicht.

U antwortet, erneut per E-Mail *(E-Mail 3),* dass er für den Fall vollständiger Zahlung innerhalb von 14 Tagen nach Übergabe der Maschine an K mit einem Preis von € 14.400 einverstanden sei. Den Passus in seinen Lieferbedingungen „Unsere Forderungen sind binnen 14 Tagen ohne weitere Abzüge zu begleichen." betrachte er insofern als gegenstandslos. U fügt seine Lieferbedingungen diesmal der Nachricht als PDF-Dokument bei.

Drei Wochen später erhält K einen Brief des U mit einem Lieferaviso für den kommenden Tag und der Rechnung. Beide Dokumente enthalten den deutlich lesbaren Hinweis: „Die Ware bleibt bis zur vollständigen Bezahlung unser Eigentum." Am kommenden Tag wird die Maschine dem K wie angekündigt geliefert. Auch die Lieferpapiere enthalten den Hinweis.

Da K nach zwei Wochen noch nicht gezahlt hat, mahnt U € 15.000 an. Als weitere zwei Wochen ohne Zahlungseingang vergehen, wendet sich U, der das Geld benötigt, an den Factor F. Mit diesem einigt er sich auf Zahlung von € 14.400 gegen Übertragung aller Rechte aus dem Vertrag mit K. Unter Vorlage der Urkunde, in der U erklärt, F alle Rechte aus dem Vertrag mit K zu übertragen, wendet sich Rechtsanwalt R im Namen des F an K und fordert diesen zur Zahlung von € 15.000 zzgl Verzugsspesen auf. Da K einen Rechtsstreit vermeiden möchte, überweist er noch am gleichen Tag an F € 14.400.

F möchte von R wissen, ob er für den Fall, dass K die restlichen Schulden nicht begleicht, die Maschine herausverlangen kann.

Prüfen Sie entsprechende Herausgabeansprüche des F!

Univ.-Prof. Dr. *Martin Häublein* lehrt am Instiut für Zivilrecht der Universität Innsbruck.

1) Der Sachverhalt sollte von Bachelor- und Diplomstudierenden bearbeitet werden und wurde für Diplomstudierende noch um zwei weitere, hier nicht abgedruckte Fragestellungen ergänzt, um den unterschiedlichen Anforderungen und der verschiedenen Bearbeitungszeit (Bachelor: 2 h, Diplom: 3 h) Rechnung zu tragen.

Musterlösung

Von Martin Häublein, Hannah Köll und Christoph Spiessberger

Meine Notizen:

I. F gg K auf Herausgabe der Maschine gem § 366 ABGB

In Frage kommt zunächst ein (dinglicher) Herausgabeanspruch gem § 366 ABGB *(rei vindicatio)*. Voraussetzung dafür ist das Eigentum des F an der Maschine sowie deren Innehabung durch K. Außerdem darf K kein Recht zum Besitz an der Maschine zukommen.

A. Eigentum des F an der Maschine

Hinweis 1: Um das Eigentum des F an der Maschine zu klären, kann man verschiedene Ansätze wählen. Es besteht die Möglichkeit, die Untersuchung bei F zu beginnen und dessen Eigentumserwerb von U zu prüfen. Inzident muss dann geprüft werden, ob U sein Eigentumsrecht zuvor an K verloren hat. Alternativ dazu kann chronologisch vorgegangen werden (historischer Aufbau). Ausgangspunkt sind die Eigentumsverhältnisse zu Beginn des Sachverhalts (= SV). Sodann werden sämtliche Verfügungen über die Maschine in chronologischer Reihenfolge untersucht. Letztgenannte Variante ist verbreiteter und wird daher hier gewählt.[2]

1) Ursprüngliches Eigentum des U

Den Angaben im SV lässt sich entnehmen, dass U eine Maschine herzustellen hat. Mangels anderer Hinweise kann davon ausgegangen werden, dass die hierfür notwendigen Materialien von U stammen und er deshalb zunächst Eigentümer der Maschine ist.

2) Möglicher Eigentumsverlust durch Übereignung an K

U könnte sein Eigentum jedoch an K verloren haben. Zu prüfen ist ein **derivativer Eigentumserwerb des K von U.** Voraussetzung dafür sind Titel (§ 424 ABGB), Modus (§§ 426 ff ABGB) und die Verfügungsberechtigung des U bezüglich der Maschine.

a) Titel (Verpflichtungsgeschäft)

Für das Zustandekommen des Verpflichtungsgeschäfts bedarf es einer hinreichend bestimmten **Offerte** und einer damit korrespondierenden Annahmeerklärung. Hinreichende Bestimmtheit liegt vor, wenn der Anerklärte durch einfache Zustimmung („Einverstanden!") den Vertrag zur Perfektion bringen kann. In *E-Mail 1* könnte ein Angebot liegen. U bietet darin eine Maschine nach den Spezifikationen des K für € 15.000 an und ist offenkundig bereit, zu diesen Bedingungen zu kontrahieren. Daraus folgt ein entsprechender Bindungswille des U. Das Angebot ist außerdem hinreichend bestimmt: Es enthält die essentialia negotii (Maschine und Preis), K könnte den Vertrag durch bloße Zustimmung zustande bringen.

Hinweis 2: Ob ein Angebot zum Abschluss **eines Kaufvertrages oder eines Werkvertrages** vorliegt, muss an sich an dieser Stelle nicht vertieft werden; denn beide sind mögliche Titel für den Eigentumserwerb. Freilich ist davon auszugehen, dass die Studierenden sich der Frage zuwenden, weshalb sie hier aufgegriffen wird.

U soll eine Maschine für K herstellen. Mangels anderer Angaben im SV ist davon auszugehen, dass er dafür eigene Materialien verwenden soll. Nach § 1166 ABGB ist dann im Zweifel ein Kauf anzunehmen. Allerdings soll U die Maschine nach den Spezifikationen des K herstellen, wodurch der Herstellung stärkeres Gewicht zukommt und somit der Werkvertragscharakter überwiegt.[3] Das Angebot ist daher aus der Sicht eines redlichen Empfängers als Offerte zum Abschluss eines Werkvertrags zu qualifizieren. Diese Willenserklärung ist empfangsbedürftig und wurde daher (erst) mit Zugang der *E-Mail 1* bei K wirksam.

Hinweis 3: Es besteht kein Anlass, bereits hier auf die **Einbeziehung der AGB** einzugehen, weil die Frage, ob U ein wirksames Angebot unterbreitete, davon nicht abhängt.

Univ.-Prof. Dr. *Martin Häublein* lehrt am Instiut für Zivilrecht der Universität Innsbruck. Univ.-Ass. Mag. *Hannah Köll* ist am Institut für Zivilrecht der Universität Innsbruck tätig. *Christoph Spiessberger* ist Projek-MA am Institut für Zivilrecht der Universität Innsbruck.

2) Vgl zum historischen Aufbau: *Perner/Spitzer/Kodek*, Österreich-Casebook Bürgerliches Recht[2] (2019) 26.
3) *Welser/Zöchling-Jud*, Bürgerliches Recht Band II[14] (2015) Rz 1106.

Meine Notizen:

Eine dem Angebot entsprechende **Annahmeerklärung** des K könnte in *E-Mail 2* enthalten sein. K handelt offenkundig mit Bindungswillen, beansprucht aber ein Skonto von 4% bei Zahlung binnen zweier Wochen nach Lieferung der Ware. Die Erklärung des K stimmt somit nicht mit jener des U überein. Vielmehr enthält sie eine Preismodifikation. Dies erkannte U auch (offener Dissens), weshalb keine Annahme (§ 869 Satz 2 ABGB), sondern ein **neues Angebot** vorliegt. Angesichts der von U erkannten fehlenden Willensübereinstimmung beim Preis ist nicht darauf einzugehen, was es mit den verschiedenen AGB auf sich hat.

Fraglich ist, ob U diese **Gegenofferte angenommen** hat. *E-Mail 3* enthält eine korrespondierende und aus Sicht des K auch verbindlich gewollte Annahmeerklärung des U. Durch die Einigung über Werk (Maschine) und Werklohn (€ 14.400 bei Zahlung binnen zweier Wochen, ansonsten € 15.000) sowie die Vertragsparteien kommt ein Vertrag zustande.

Allerdings beschränkt § 869 Satz 2 ABGB das Konsenserfordernis nicht auf *essentialia negotii.* Solange nicht über alles Einigkeit erzielt wurde, was erkennbar zumindest für eine Partei vertragsrelevant ist, fehlt es an einer **Willensübereinstimmung.** U und K verweisen im E-Mail-Verkehr auf ihre Liefer- (U) bzw Geschäftsbedingungen (K), die voneinander abweichen. Ob diese wirksam in den Vertrag einbezogen wurden, kann aber auch an dieser Stelle dahinstehen, weil davon auszugehen ist, dass keine der Parteien die Einbeziehung der eigenen AGB für so wichtig hielt, dass das Zustandekommen des Vertrages davon abhängen soll (Rechtsgedanke des **§ 878 Satz 2 ABGB**). K und U beachten die AGB nicht weiter. Sie gehen von einem wirksamen Vertrag aus: U stellt die geschuldete Maschine her und K nimmt diese entgegen.

Hinweis 4: Die Frage, ob ein gültiger **Eigentumsvorbehalt** vereinbart wurde, ist im Fortgang der Falllösung noch zu prüfen. Dabei handelt es sich allerdings **nicht um ein Problem des Verpflichtungsgeschäfts.** Vielmehr geht es darum, ob U das Eigentum infolge einer unbedingten Einigung über den Eigentumsübergang (Verfügungsvertrag) bereits an K verloren hat.

Zwischenergebnis zu a)

Zwischen U und K ist mit Zugang der *E-Mail 3* ein **Werkvertrag zustande gekommen.** Zweifel an der Wirksamkeit des Titelgeschäfts bestehen nicht.

b) Modus (Verfügungsgeschäft)

Nach hA setzt sich das Verfügungsgeschäft aus der dinglichen Einigung (dinglicher oder Verfügungsvertrag) und der äußeren Übertragungsform (Modus ieS) zusammen.[4)]

Hinweis 5: Hier liegt eine entscheidende Weichenstellung. Wer nur den Modus ieS thematisiert, bekommt die Problematik des Eigentumsvorbehalts nicht in den Griff (s Hinweis 8).

aa) Dingliche Einigung

Der dingliche Vertrag setzt eine Einigung über den Eigentumsübergang voraus. Umstritten ist, **wann** die hierfür erforderlichen Erklärungen – regelmäßig konkludent – abgegeben werden.

Die neuere Judikatur des OGH sowie ein Teil der Lehre nehmen an, die dingliche Einigung sei im schuldrechtlichen Geschäft „enthalten",[5)] weshalb für die weitere Lösung des SV zu prüfen ist, ob zugleich mit dem Abschluss des Werkvertrags eine unbedingte Einigung über den Eigentumsübergang erklärt wurde oder ob diese unter Eigentumsvorbehalt (allenfalls unter Einbeziehung von AGB) erfolgte, sodass nur eine **bedingte Einigung** zustande kam. Die Bedingung für den Eigentumsübergang wäre die vollständige Bezahlung des Entgelts.

Hinweis 6: Auch wenn man von einer Einigung bereits bei Abschluss des Titelgeschäfts ausgeht, ändert das nichts daran, dass dieses von der dinglichen Einigung zu unterscheiden ist **(Trennungsprinzip!).** Die Formulierung, die dingliche Einigung sei im Werkvertrag „enthalten", bringt das nicht klar zum Ausdruck und sollte daher uE vermieden werden. Besser wäre etwa die Formulierung „zeitgleich mit dem Titelgeschäft" oÄ.

Ein Angebot auf Abschluss einer solchen bedingten Eigentumsübertragung könnte bereits im ursprünglichen Angebot des U enthalten sein. *E-Mail 1* enthält neben dem Anbot bezüglich der Maschine einen Verweis auf die **Lieferbedingungen**

4) *Welser/Kletečka,* Bürgerliches Recht Band I[15] (2018) Rz 1008 ff.
5) Siehe zum Meinungsstand etwa *Welser/Kletečka,* Bürgerliches Recht Band I[15] Rz 1010.

des U sowie einen Link. Der Verweis ist deutlich und für K zu erkennen, sodass U davon ausgehen kann, K habe erkannt, dass U nur unter Zugrundelegung seiner Lieferbedingungen kontrahieren will. Nach hA muss dem Vertragspartner aber auch die **Kenntnisnahme** der AGB selbst möglich sein.[6] Fraglich ist, ob das Nichtfunktionieren des Links („Error 404 – not found") diesem Erfordernis entgegensteht. Im unternehmerischen Geschäftsverkehr ist bezüglich der Möglichkeit der Kenntnisnahme der AGB ein weniger strenger Maßstab anzulegen als im Verhältnis zum Verbraucher (B2C). Einem Unternehmer, der deutlich darauf hingewiesen wird, dass sein Vertragspartner nur unter Zugrundelegung seiner AGB kontrahieren möchte, kann zugemutet werden, sich nach dessen AGB zu erkundigen. Das Nichtfunktionieren des Links wirkt sich somit nicht auf die Einbeziehung der Lieferbedingungen des U in dessen Angebot aus. Dieses kann daher als Offerte zur Lieferung der Maschine unter Eigentumsvorbehalt bewertet werden.

Hinweis 7: Es ist davon auszugehen, dass die Studierenden wegen des defekten Links eine Einbeziehung der AGB des U eher ablehnen werden. Das erscheint nicht unvertretbar, setzt aber eine Argumentation voraus, die auf die Unterschiede im Verkehr B2C und B2B eingeht.

Wie bereits zum Titelgeschäft (s o I.A.2.a)) ausgeführt, hat K die Offerte des U abgelehnt, da *E-Mail 2* eine Modifizierung und damit eine neue Offerte enthält. Außerdem verweist K auf seine Geschäftsbedingungen, die als pdf-Dokument beigefügt sind. Dass auch diese den Eigentumsübergang regeln, ergibt sich aus dem SV nicht. Ob bereits das Fehlen einer Regelung zu einer bestimmten Rechtsfrage zu einem die Einigung ausschließenden **Widerspruch in Bezug auf die AGB des Vertragspartners** führt, ist umstritten. Nach einer Ansicht gibt K dadurch zu verstehen, dass in Bezug auf die nicht geregelten Punkte ausschließlich dispositives Recht gelten soll, hier also insbesondere § 1063 ABGB.[7] Nach aA müsste K diesen Widerspruch explizit in seine AGB aufnehmen (Abwehrklausel).[8] Mangels anderer Angaben im SV ist davon auszugehen, dass eine derartige Klausel in den AGB des K nicht enthalten ist. Letztlich kann der Streit aber an dieser Stelle dahinstehen; denn das Übereignungsangebot des U galt bei lebensnaher Auslegung nur für den Fall der Annahme des Angebots auf Abschluss des Werkvertrags. Da K dieses ablehnte, kann ein (konkludentes) Angebot auf Übereignung auch nur in seiner Gegenofferte liegen.

Hinweis 8: Man musste hier unbedingt die dingliche Einigung von der Frage trennen, ob im Titelgeschäft eine Lieferung unter Eigentumsvorbehalt vorgesehen war. Darin bestand eine der **zentralen Anforderungen der Klausur.** Siehe dazu auch den Hinweis 9.

Ob in *E-Mail 2* ein Angebot auf Abschluss eines dinglichen Vertrages seitens K zu erblicken ist, ist überaus fraglich. Zu bejahen wäre dies nur, wenn U unter den konkreten Umständen davon ausgehen durfte, K habe ihm die Übernahme der erst noch zu bauenden Maschine in sein Eigentum angeboten. Das erscheint wenig lebensnah, wohl aber nicht vollkommen unvertretbar.

Folglich konnte frühestens durch die **Annahme-E-Mail** *(E-Mail 3)* eine dingliche Einigung zustande kommen. Allerdings waren dieser die AGB des U beigefügt, aus denen sich ergab, dass U nur unter der Bedingung der vollständigen Werklohnzahlung das Eigentum übertragen will. Eine **unbedingte Einigung** über den Eigentumsübergang **scheidet** also **jedenfalls aus.**

Selbst wenn man also der Judikatur folgt und grundsätzlich eine dingliche Einigung zum Zeitpunkt des Abschlusses des Titelgeschäfts annimmt, könnte diese im konkreten Fall allenfalls unter Vorbehalt erfolgt sein, nämlich dann, wenn man annimmt, K habe in sein Offert *(E-Mail 2)* aus Sicht des U dessen AGB inkludiert.

Überzeugender ist es allerdings ohnehin, eine **dingliche Einigung idR erst** anzunehmen, wenn die **Ware übergeben** wird. Das gilt infolge des sachenrechtlichen Bestimmtheitsgrundsatzes insbesondere, wenn der Gegenstand, der übereignet werden soll, bei Abschluss des Titelgeschäfts noch nicht existiert. Es fragt sich daher, wie K das **in der Lieferung** der Maschine **konkludent enthaltene** Übereignungsangebot des U redlicherweise verstehen durfte.

Vor der Übergabe der Maschine erklärt U sowohl im Lieferaviso als auch auf der Rechnung und bei Übergabe dann auch noch einmal in den Lieferpapieren, dass er sich das Eigentum an der Maschine bis zur vollständigen Bezahlung des Werklohns

6) *P. Bydlinski*, Bürgerliches Recht Allgemeiner Teil[8] (2018) 140.
7) OGH 24. 4. 2003, 6 Ob 306/02x.
8) OGH 13. 9. 2001, 6 Ob 73/01f.

Meine Notizen:

Meine Notizen:

vorbehalte. Daran würde sich auch nichts ändern, wenn der Werkvertrag selbst noch keine Einigung über die Lieferung unter Eigentumsvorbehalt enthalten hätte. Wenn K auf dem Standpunkt gestanden hätte, er könne von U die unbedingte Übereignung als Vorleistung beanspruchen, hätte er die eindeutig unter Vorbehalt angebotene Übereignung ablehnen müssen. Da **K die Maschine aber ohne Widerspruch** gegen den erklärten Eigentumsvorbehalt **entgegengenommen** hat, durfte U redlicherweise von der Annahme der von ihm angebotenen bedingten dinglichen Einigung ausgehen. Der Eigentumsübergang ist somit **durch die Zahlung des Werklohns bedingt.**

Hinweis 9: Auf die Frage, ob die Lieferung unter Eigentumsvorbehalt auch Inhalt des Werkvertrags war, kommt es infolge des Trennungsprinzips **nicht entscheidend an!** Der Inhalt des Titelgeschäfts kann zwar für die Auslegung der dinglichen Einigungserklärungen relevant sein. Jedoch ist hier angesichts der eindeutig nur unter Vorbehalt von U angebotenen Übereignung kein Raum für eine **Auslegung „gemäß dem Inhalt des Verpflichtungsgeschäfts".** Fehlerhaft wäre auch die Annahme, ein ohne Eigentumsvorbehalt geschlossener Werkvertrag bilde keinen hinreichenden Titel für den bedingten Eigentumserwerb. Insoweit handelte es sich beim bedingten Erfüllungsgeschäft um ein Minus zum Geschuldeten und es wäre Sache des Gläubigers, dieses Minus abzulehnen, wenn er damit nicht einverstanden ist.

Diese Bedingung ist bislang nicht eingetreten, da K weder binnen 14 Tagen nach Lieferung € 14.400 bezahlt hat noch später die vollen € 15.000.

bb) Äußere Übertragungsform (Modus ieS)

Durch die Entgegennahme der Maschine erhält K unmittelbare Gewahrsame (§ 426 ABGB).

c) Berechtigung des U

Da U Eigentümer der Maschine ist und sich aus dem SV keine Beschränkung desselben ergibt, ist er auch verfügungsberechtigt.

Zwischenergebnis zu 2

U hat die Maschine zwar an K übereignet, jedoch unter dem Vorbehalt der vollständigen Zahlung des Werklohns **(Eigentumsvorbehalt).** Da diese Bedingung bislang nicht eingetreten ist, bleibt U trotz Übergabe der Maschine deren Eigentümer.

3) Eigentumsübertragung des U an F

In Frage kommt ein derivativer Erwerb des (vorbehaltenen) Eigentums. Voraussetzung dafür sind Titel (§ 424 ABGB), Modus (§§ 426 ff ABGB) und Verfügungsberechtigung über das vorbehaltene Eigentum an der Maschine seitens des Veräußerers (U). Denkbar ist aber auch ein (gesetzlicher) Eigentumserwerb nach § 1422 ABGB (s den Hinweis 10).

a) Titel (Verpflichtungsgeschäft)

Als Titel kommt ein **Forderungskauf** in Betracht, der durch die Einigung zwischen Zedenten (U) und Zessionar (F) über die Zahlung von € 14.400 gegen Übertragung aller Rechte aus dem Vertrag mit K zustande kommt. Werden unternehmerische Forderungen zu Finanzierungszwecken veräußert, spricht man von Factoring.[9]

b) Modus (Verfügungsgeschäft)

Wie bereits ausgeführt, bedarf es für den Eigentumserwerb an der Maschine grundsätzlich der dinglichen Einigung sowie der äußeren Übertragungsform.

aa) Dingliche Einigung

Die dingliche Einigung besteht in der **Übertragung „aller Rechte"** aus dem Vertrag mit K durch U an F. Bezüglich der schuldrechtlichen Ansprüche bewirkt diese Einigung deren Übergang auf F (Zession gem §§ 1392 ff ABGB); eine äußere Übertragungsform ist hierfür nicht notwendig.[10] Hinsichtlich des Eigentums an der Maschine liegt darin der dingliche Vertrag.

---

9) Vgl *Welser/Zöchling-Jud*, Bürgerliches Recht Band II[14] (2015) Rz 569.
10) *Welser/Zöchling-Jud*, Bürgerliches Recht Band II[14] Rz 542.

bb) Äußere Übertragungsform

Meine Notizen:

Ferner bedarf es der äußeren Übertragungsform. Eine Übergabe der Maschine von U an F iSv § 426 ABGB ist nicht erfolgt. Auch die Voraussetzungen des § 427 ABGB liegen nicht vor. In Betracht kommen als **Übergabesurrogate** aber ein Besitzkonstitut (§ 428 Variante 1 ABGB) oder eine Besitzanweisung (§ 428 ABGB analog).[11)]

Zum Zeitpunkt des Vertragsschlusses zwischen F und U befand sich die Maschine bei K, der sie aufgrund des Eigentumsvorbehalts noch nicht als Sachbesitzer in seinem Gewahrsam hatte, sondern U den Besitz mittelte (Besitzkonstitut 1. Stufe). Durch den Vertrag mit F bringt U den Willen zum Ausdruck, seinen mittelbaren Besitz fortan für F auszuüben (Besitzkonstitut 2. Stufe). Obwohl das vorbehaltene Eigentum Sicherungscharakter hat, lässt die hM[12)] eine Übertragung ohne tatsächliche Übergabe zu. Formal lässt sich das damit begründen, dass F das Eigentum erwirbt und kein Pfandrecht. Auf der Wertungsebene spricht für diese Ansicht, dass der Gegenstand bereits aus dem unmittelbaren Gewahrsam des U ausgeschieden ist, weshalb die Gefahr einer Irreführung des Rechtsverkehrs durch mehrfache Bestellung von Sicherungsrechten an ein und demselben Gegenstand deutlich geringer erscheint.

Sieht man dies anders und hält die Begründung eines (gestuften) Besitzmittlungsverhältnisses nicht für ausreichend, um das vorbehaltene Eigentum zu übertragen, kommt eine **Besitzanweisung** in Betracht (hM). Bei diesem in Ergänzung der §§ 427f ABGB entwickelten Modus geht es um Fälle, in denen sich die Sache des Veräußerers bei einem Dritten befindet. Jedenfalls dann, wenn dieser den Willen erkennen lässt, die Sache nunmehr für den Erwerber und nicht mehr für den Veräußerer zu besitzen, steht dies einer Übergabe gleich; denn der Veräußerer hat den (mittelbaren) Gewahrsam an der Sache verloren und der Erwerber erlangt ihn. Durch Vorlage der Urkunde wird K angewiesen, die Maschine künftig für F innezuhaben. Ob K der damit verbundenen Anweisung, die Sache nunmehr für F zu besitzen, Folge leistet, lässt der SV nicht erkennen. Richtiger Ansicht nach[13)] kommt es darauf aber nicht entscheidend an.

Zwischenergebnis zu bb)
Die äußere Übertragungsform zwischen U und F ist gewahrt.

c) Berechtigung des U

U ist nach wie vor Eigentümer der Maschine. Das Eigentum ist zwar durch das Anwartschaftsrecht (AWR) belastet; K hat es in der Hand, durch Bezahlung des Werklohns die Eigentumsverhältnisse zu ändern. Jedoch geht es bei dem Geschäft zwischen U und F gerade um die **Übertragung** des vorbehaltenen, **„belasteten" Eigentums.** Insoweit ist U berechtigt.

Hinweis 10: Es erscheint nicht vollkommen unvertretbar, einen rechtsgeschäftlichen Eigentumsübergang abzulehnen. Erhebliche Abzüge sind dann aber nur zu vermeiden, wenn die möglichen Übergabesurrogate erkannt wurden und die Argumentation in sich konsistent ist. Wer die Übereignung U – F scheitern ließ, musste sich ferner mit einem **Eigentumserwerb nach § 1422 ABGB** auseinandersetzen. Bei dieser sog „notwendigen Zession" handelt es sich um einen gesetzlichen Erwerb, wobei umstritten ist, ob auch das vorbehaltene Eigentum als Sicherungsmittel automatisch auf den Zahler übergeht (so die stRsp und Teile der Lehre) oder ob dessen Erwerb eines sachenrechtlichen Übertragungsaktes bedarf (so die hL).[14)] Problematisch ist insoweit, dass F nicht die gesamte offene Forderung des U gegen K einlöste, sondern nur € 14.400. Allerdings handelte es sich bei dem Abzug der Sache nach um das Entgelt des F, der die gesamte Forderung abzüglich seiner „Gebühr" einlöste. Das vorbehaltene Eigentum wäre daher **auch dann von U auf F übergegangen,** wenn man die Voraussetzungen eines rechtgeschäftlichen Erwerbs ablehnt.

Zwischenergebnis zu A
F hat das auflösend bedingte Eigentum rechtsgeschäftlich von U erworben.

11) *Iro/Riss,* Sachenrecht[7] (2019) 32f.
12) Siehe etwa *Holzner* in *Rummel/Lukas,* ABGB[4] § 428 Rz 6 (Stand 1. 7. 2016, rdb.at).
13) Siehe *Mader* in *Kletečka/Schauer,* ABGB-ON[1.03] § 428 Rz 9 (Stand 1. 3. 2019, rdb.at).
14) Siehe zum Meinungsstand *Eigner/Th. Rabl* in *Kletečka/Schauer,* ABGB-ON[1.04] § 1358 ABGB Rz 55 ff (Stand 1. 4. 2018, rdb.at).

Meine Notizen:

B. Innehabung des K

Da sich dem SV nichts Gegenteiliges entnehmen lässt, ist davon auszugehen, dass K die Gewahrsame an der Maschine nach der Lieferung nicht verloren hat. Für den Anspruch aus § 366 ABGB ist es ohne Belang, ob K den Willen hat, sie als seine eigene zu besitzen.

C. Kein Recht zum Besitz von K

Das K zukommende AWR an der Maschine berechtigt diesen auch zum Besitz, was K dem Herausgabeanspruch des F entgegenhalten kann. Mit der *rei vindicatio* wird F deshalb nur durchdringen, wenn er zuvor vom Werkvertrag zurücktritt. Das Rücktrittsrecht dürfte hier im Rahmen der Übertragung „aller Rechte" auf F übergegangen sein (Zession), jedenfalls wenn man das Gestaltungsrecht mit der hM für übertragbar hält.[15)]

Hinweis 11: Ausführungen dazu, unter welchen Voraussetzungen F vom Vertrag zurücktreten dürfte, wie sich dies auf die Werklohnforderung auswirkt, ob etwaige Schadenersatzforderungen („alle Rechte") mitübertragen wurden, wurden nicht erwartet.

Ergebnis: F kann die Herausgabe der Maschine von K nach § 366 ABGB verlangen, vorausgesetzt er tritt vom Werkvertrag zurück und beseitigt so das AWR des K.

II. F gg K auf Herausgabe der Maschine gem § 372 ABGB

Durch die *actio Publiciana* kann ein rechtmäßiger, redlicher und echter Besitzer die Sache von jedem nicht oder schlechter berechtigten Besitzer herausverlangen.[16)] Im gegenständlichen Sachverhalt haben F und K qualifizierten Besitz an der Maschine. Ihr Besitz beruht jeweils auf einem gültigen Titel (rechtmäßiger Besitz iSd § 316 ABGB). Beide können die Maschine aus wahrscheinlichen Gründen für die ihrige halten (redlicher Besitz iSd § 326 ABGB). Keiner der beiden hat den Besitz gewaltsam, durch List oder Bitte erlangt (echter Besitz iSd § 345 ABGB). Die Rechtmäßigkeit des Besitzes von K hängt **vom Bestand des Werkvertrages** ab. Tritt F von diesem gem § 918 Abs 1 ABGB zurück, wird K zum unrechtmäßigen Besitzer und müsste die Maschine an F herausgeben.

Ergebnis: F kann aufgrund des (nun) besser qualifizierten Besitzes die Herausgabe der Maschine gem § 372 ABGB verlangen. Dieser Anspruch konkurriert mit § 366 ABGB.

III. F gg K auf Herausgabe der Maschine nach §§ 1435, 918 Abs 1 ABGB

Wie ausgeführt, werden im Rahmen der Zession auch die Gestaltungsrechte aus dem Werkvertrag übertragen. F kann daher gem § 918 Abs 1 ABGB vom Werkvertrag zurücktreten. Dafür muss F eine Rücktrittserklärung abgeben und eine angemessene Nachfrist setzen. Verstreicht diese Frist und wird der Rücktritt in weiterer Folge wirksam, so hat dies die Vertragsaufhebung mit schuldrechtlicher *Ex-tunc*-Wirkung zur Folge. Der Rechtsgrund für das Behalten der Maschine entfällt. F kann von K deren Herausgabe nach § 1435 ABGB verlangen.

Da es sich beim Werkvertrag um ein synallagmatisches Schuldverhältnis handelt, kann K einwenden, dass er die Maschine nur Zug-um-Zug (§ 1052 ABGB) gegen Rückzahlung der von ihm geleisteten € 14.400 an F zurückstellen müsse. Allerdings könnte F etwaige Gegenforderungen (Schadensersatz, Verzugszinsen) gegen den Rückforderungsanspruch des K aufrechnen. K würde dann nicht die vollen € 14.400 zurückerhalten.

Ergebnis: F kann die Herausgabe der Maschine nach § 1435 ABGB verlangen. Der Herausgabeanspruch nach § 1435 *(condictio causa finita)* konkurriert mit § 366 *(rei vindicatio)* und § 372 ABGB *(actio Publiciana)*. K kann Zug-um-Zug-Leistung einwenden.

15) *Welser/Zöchling-Jud,* Bürgerliches Recht Band II[14] Rz 539.
16) *Welser/Kletečka,* Bürgerliches Recht Band I[15] Rz 884 f.

Prüfer: Martin Schauer und Brigitta Zöchling-Jud

✐ Meine Notizen:

FÜM II – Bürgerliches Recht

Wien, März 2020

Schwerpunkte: Familienrecht (Aufhebung, Scheidung, Unterhalt während und nach Auflösung der Ehe, Aufteilung der ehelichen Ersparnisse und des ehelichen Gebrauchsvermögens, Vorwegvereinbarung, Mitwirkung im Erwerb des Anderen); Erbrecht (gewillkürte Erbfolge; Vermächtnis, Pflichtteilsrecht, Hinzu- und Anrechnung von Schenkungen; Vermögensopfertheorie; Pflegevermächtnis)

SACHVERHALT[1)]

Vor ihrer Eheschließung im Jänner 2017 vereinbaren **Frank** und **Lisa** schriftlich, dass „das Haus mit der kleinen Einliegerwohnung, das Frank von seinem Vater Emil im Jahr 2016 erhalten hat, für den Fall der Scheidung aufzuteilen" ist. Bereits kurz nach der Heirat muss **Lisa** feststellen, dass **Frank** ihr seine Vorstrafen verschwiegen hat. Zwar ist **Lisa** zunächst entsetzt, doch möchte sie die Vergangenheit ruhen lassen, denn ihr gemeinsames Leben hat erst begonnen. Im September 2017 erfüllt sich **Frank** einen lang ersehnten Wunsch und eröffnet als Einzelunternehmer eine Bar. Die Ehegatten lösen das nach der Eheschließung gemeinsam eröffnete Sparbuch mit dem zusammen angesparten Betrag iHv € 10.000 auf, um einen Lieferwagen für die Bar zu erwerben. Im Februar 2018 gibt **Lisa** ihren Job als Büroangestellte auf, um **Frank** im Service der Bar auszuhelfen. **Frank** hat **Lisa** in der Bar angestellt und ihr ein Einkommen iHv € 600 monatlich zugesichert. Allerdings wurde ihr nie ein Gehalt ausgezahlt, weil durch die Bar in der Anfangsphase keine Gewinne erzielt wurden. Überdies führt **Lisa** den Haushalt und betreut seit September 2018 täglich ihren schwerkranken Schwiegervater **Emil**, der seit seiner Ehescheidung im Jahr 2018 von seiner Ex-Frau **Anna** allein lebt. In der Zwischenzeit hat sich die Bar als gewinnbringend erwiesen, weshalb **Frank** aus den bisherigen Erlösen Wertpapiere iHv € 50.000 kauft. Doch die Freude währt nicht lange, denn zwischen **Lisa** und **Frank** kommt es immer wieder zu Auseinandersetzungen.

Nach einem Streit zu Weihnachten 2019 gibt **Frank Lisa** eine Ohrfeige. Weil sich **Lisa** ein Zusammenleben nicht mehr vorstellen kann, übernachtet sie in der folgenden Woche bei ihrer Freundin, obwohl **Frank** sie auffordert, zu bleiben. Eine Woche später kehrt **Lisa** zurück, weil sie nach gutem Zureden ihrer Freundin an der Ehe festhalten will. Dort angekommen wird sie von **Frank** mit einem Messer bedroht und muss außerdem feststellen, dass **Frank** die Einrichtung demoliert und alle Hochzeitsfotos verbrannt hat. **Lisa** hat nun endgültig genug; zwar findet sie keinen neuen Job, doch ist sie froh, dass sie eine Mietwohnung gefunden hat und im Jänner 2020 aus dem Haus ausziehen kann.

Im Februar 2020 verstirbt **Emil,** der Vater von **Frank** und **Karl. Frank** findet ein handschriftlich geschriebenes und unterschriebenes Testament von **Emil.** Das Testament ist mit Februar 2016 datiert und enthält folgende Zeilen: „*Frank soll mein alleiniger Erbe sein. Karl soll, sofern er bis zu meinem Tod sein Studium abgeschlossen hat, meine Kunstsammlung erhalten. Meine geliebte Ehefrau Anna soll meinen Oldtimer bekommen, Euer Emil.*" **Emil** hatte **Frank** 2016 das Haus unter Vorbehalt eines lebenslangen Wohnrechts an der Einliegerwohnung geschenkt und **Karl** 2017 zu seinem Studienabschluss in Kunstgeschichte € 100.000 für die Eröffnung seiner eigenen Galerie gegeben. Ferner schenkte **Emil** 2017 **Lisa** zum Geburtstag ein Gemälde (Wert € 5.000).

Die reine Verlassenschaft beträgt € 200.000, hierin enthalten sind die Kunstsammlung im Wert von € 20.000 und der Oldtimer im Wert von € 15.000. Unter

Univ.-Prof. Dr. Martin Schauer und Univ.-Prof. Dr. Brigitta Zöchling-Jud lehren am Institut für Zivilrecht der Universität Wien.

1) Die Modulprüfung (FÜM II) fand am 6. 3. 2020 an der Universität Wien statt. Die Modulprüfung bestand aus einem unternehmensrechtlichen und bürgerlich-rechtlichen Teil. Für die Prüfung hatten die Studierenden vier Stunden Arbeitszeit.

Meine Notizen:

Berücksichtigung des Wohnrechts beträgt der Marktwert des Hauses im Jahr 2016 € 400.000 und im Jahr 2020 € 550.000. Fingieren Sie, dass der VPI seit 2016 unverändert geblieben ist.

Wie ist die Rechtslage?

Punkteverteilung: Die Studierenden konnten im bürgerlich-rechtlichen Teil 80 von insgesamt 100 Punkten erreichen. Die restlichen 20 Punkte umfasste der unternehmensrechtliche Teil der Modulprüfung.

Im Teil I (familienrechtlicher Teil) der Modulprüfung konnten die Studierenden 47 von 80 Punkten erreichen. Der Teil II (erbrechtliche Problematik) hat insgesamt 27 Punkte ausgemacht. Zudem wurden 6 Punkte für den Gesamteindruck der Arbeit vergeben.

Hinweis zur Musterlösung: In den Fußnoten wird punktuell auf die Ausführungen in den Lehrbüchern verwiesen. Ausführungen, für die bei der Modulprüfung lediglich Zusatzpunkte vergeben wurden, werden in dieser Musterlösung als [ZP] ausgewiesen.

MUSTERLÖSUNG

Von Konstanze Winkler

I. Problemkreis: Familienrecht

A. Lisa gegen Frank auf Aufhebung der Ehe wegen arglistiger Täuschung nach § 38 EheG

Es ist zu prüfen, ob Lisa die Aufhebung der Ehe nach § 38 EheG begehren kann. Frank verschweigt Lisa seine kriminellen Vorstrafen; hierin liegt eine geeignete Täuschungshandlung. Allerdings kann sich Lisa aus zwei Gründen nicht auf die Aufhebung der Ehe nach § 38 EheG berufen.

Erstens gibt Lisa gem § 38 Abs 2 EheG nach Entdeckung der Täuschung zu erkennen, dass sie weiterhin an der Ehe festhalten will *(sie möchte die Vergangenheit ruhen lassen)*[2] und zweitens kann die Aufhebung nach § 40 EheG nur binnen eines Jahres ab Bekanntwerden der Täuschung geltend gemacht werden.[3] Lisa hat bereits kurz nach ihrer Heirat (Anfang 2017) von der Täuschung Kenntnis erlangt, weshalb eine Klageerhebung im Jahr 2020 jedenfalls zu spät ist.

Ergebnis: Lisa kann nicht die Aufhebung der Ehe nach § 38 EheG verlangen.

B. Lisa gegen Frank auf Aufhebung der Ehe wegen Irrtums nach § 37 EheG

Lisa irrt über Umstände, die die Person des anderen betreffen. Das Verschweigen der kriminellen Vergangenheit stellt einen Charaktermangel (Unehrlichkeit) dar.

Allerdings ist auch hier die Aufhebung ausgeschlossen, weil Lisa nach Entdeckung des Irrtums zu erkennen gibt, dass sie an der Ehe festhalten will *(sie möchte die Vergangenheit ruhen lassen)*[4] und zudem die Frist zur Erhebung der Klage nach § 40 EheG abgelaufen ist.[5]

Ergebnis: Lisa kann nicht die Aufhebung der Ehe nach § 37 EheG begehren.

C. Lisa gegen Frank auf Scheidung aus dem Alleinverschulden nach § 49 EheG

Der Ehegatte kann die Scheidung nach § 49 EheG verlangen, wenn der andere eine schwere Eheverfehlung oder ein ehrloses oder unsittliches Verhalten gesetzt hat, das kausal für die unheilbare Zerrüttung der Ehe ist (Zerrüttungskausalität).[6] Dieses Verhalten muss dem Ehegatten auch subjektiv vorwerfbar sein.

2) *Welser/Kletečka,* Bürgerliches Recht I[15] (2018) Rz 1481; *Kerschner/Sagerer-Forić,* Familienrecht[6] (2017) Rz 2/16; *Hinteregger,* Familienrecht[9] (2019) 40.
3) *Welser/Kletečka,* Bürgerliches Recht I[15] Rz 1485; *Hinteregger,* Familienrecht[9] 41.
4) Siehe erneut *Welser/Kletečka,* Bürgerliches Recht I[15] Rz 1481; *Kerschner/Sagerer-Forić,* Familienrecht[6] Rz 2/16; *Hinteregger,* Familienrecht[9] 40.
5) *Welser/Kletečka,* Bürgerliches Recht I[15] Rz 1485; *Hinteregger,* Familienrecht[9] 41.
6) *Welser/Kletečka,* Bürgerliches Recht I[15] Rz 1560; *Kerschner/Sagerer-Forić,* Familienrecht[6] Rz 2/76; *Hinteregger,* Familienrecht[9] 93 ff.

✐ Meine Notizen:

In casu kommen mehrere schwere Eheverfehlungen in Betracht, diese gilt es separat zu prüfen:[7)]

1) Ohrfeige

Frank gibt Lisa zu Weihnachten eine Ohrfeige, dies stellt als Zufügung von körperlicher Gewalt nach § 49 Abs 1 Satz 2 EheG jedenfalls eine schwere Eheverfehlung dar, die auch kausal für die Zerrüttung ist. Allerdings verzeiht Lisa nach § 56 EheG[8)] Frank die schwere Eheverfehlung *(sie will nach gutem Zureden ihrer Freundin an der Ehe festhalten)*, weshalb sie nicht wegen dieses Verhaltens die Scheidung aus Verschulden begehren kann.

[ZP]: Bereits verziehene schwere Eheverfehlungen können allerdings nach § 59 EheG analog zur Unterstützung anderer Verfahren vorgebracht werden.[9)]

2) Bedrohung mit Messer, Demolieren der Einrichtung und Verbrennen der Fotos

Frank bedroht Lisa mit einem Messer, demoliert die Einrichtung und verbrennt die Hochzeitsfotos, dies stellt einen Verstoß gegen die Pflicht zur anständigen Begegnung nach § 90 ABGB dar.[10)]

Hierin liegt eine schwere Eheverfehlung gem § 49 EheG; diese ist auch kausal für die unheilbare Zerrüttung der Ehe *(Lisa hat nun endgültig genug)*. Mit der Wiederherstellung der ehelichen Lebensgemeinschaft zwischen Frank und Lisa kann auch nicht mehr gerechnet werden. Das Verhalten ist Frank zudem subjektiv vorwerfbar und es liegt keine Verzeihung seitens Lisa vor.

Die Scheidungsklage muss nach § 57 EheG binnen sechs Monaten ab Kenntnis des Scheidungsgrundes geltend gemacht werden. Da der Scheidungsgrund Ende Dezember 2019 gesetzt wurde und die Scheidungsklage von Lisa im März 2020 erhoben wird,[11)] ist die Frist zur Klageerhebung noch nicht abgelaufen.

3) Mitverschuldensantrag des Frank

Frank wird hingegen einen Mitverschuldensantrag[12)] geltend machen und einwenden, dass Lisa unmittelbar nach der Ohrfeige bei ihrer Freundin übernachtet hat und schlussendlich im Jänner 2020 aus dem gemeinsamen Haus ausgezogen ist, weshalb ebenfalls schwere Eheverfehlungen ihrerseits vorliegen.

Allerdings wird er mit dem Mitverschuldensantrag nicht erfolgreich sein, weil es sich bei der Übernachtung bei der Freundin um eine Reaktionshandlung auf die Ohrfeige von Frank handelt. Eine solche Reaktionshandlung stellt selbst keine schwere Eheverfehlung dar.[13)] Der endgültige Auszug von Lisa im Jänner 2020 aus dem gemeinsamen Haus ist ebenfalls nicht relevant, weil die Ehe durch das Verhalten des Frank ohnedies bereits unheilbar zerrüttet ist.[14)]

Ergebnis: Die Bedrohung mit dem Messer, das Demolieren der Einrichtung und das Verbrennen der Fotos stellen schwere Eheverfehlungen von Frank dar; diese sind für die unheilbare Zerrüttung der Ehe kausal und das Verhalten ist ihm auch subjektiv vorwerfbar. Der Mitverschuldensantrag des Frank wird nicht erfolgreich sein, weil Lisa keine schwere Eheverfehlung gesetzt hat. Demnach kann Lisa die Scheidung aus dem Alleinverschulden des Frank begehren.

---

7) Bitte achten Sie darauf, dass Sie jeweils gesondert prüfen, ob die einzelnen Handlungen schwere Eheverfehlungen darstellen, weil – wie Sie in dem Fall sehen können – nicht alle Handlungen automatisch als schwere Eheverfehlungen nach § 49 EheG qualifiziert werden können.
8) *Welser/Kletečka*, Bürgerliches Recht I[15] Rz 1562; *Kerschner/Sagerer-Forić*, Familienrecht[6] Rz 2/80; *Hinteregger*, Familienrecht[9] 97.
9) *Hinteregger*, Familienrecht[9] 97 f.
10) *Welser/Kletečka*, Bürgerliches Recht I[15] Rz 1558; *Kerschner/Sagerer-Forić*, Familienrecht[6] Rz 2/77; *Hinteregger*, Familienrecht[9] 94 f.
11) Zeitpunkt, an dem die Modulprüfung abgehalten wurde – 6. 3. 2020.
12) *Welser/Kletečka*, Bürgerliches Recht I[15] Rz 1577; *Kerschner/Sagerer-Forić*, Familienrecht[6] Rz 2/94; *Hinteregger*, Familienrecht[9] 98.
13) *Welser/Kletečka*, Bürgerliches Recht I[15] Rz 1561; *Kerschner/Sagerer-Forić*, Familienrecht[6] Rz 2/76 und 2/79.
14) *Welser/Kletečka*, Bürgerliches Recht I[15] Rz 1560; *Kerschner/Sagerer-Forić*, Familienrecht[6] Rz 2/76; *Hinteregger*, Familienrecht[9] 98 f.

✐ Meine Notizen:

D. Lisa gegen Frank auf Zahlung eines angemessenen Unterhalts während aufrechter Ehe nach § 94 ABGB

Während aufrechter Ehe hat der haushaltsführende Ehegatte Anspruch auf einen angemessenen Unterhalt, der nach der Aufhebung des gemeinsamen Haushalts zugunsten des bisher Unterhaltsberechtigten weiter besteht.

Lisa führt während aufrechter Ehe den Haushalt, weshalb ihr ein angemessener Unterhalt selbst nach dem Auszug aus dem Haus im Jänner 2020 zusteht. Die Rechtsprechung[15] bemisst die Höhe des Unterhaltsanspruchs für den nicht berufstätigen Ehegatten mit 33% vom Nettoeinkommen des Unterhaltspflichtigen und für den berufstätigen Unterhaltsberechtigten mit 40% vom gemeinsamen Einkommen abzüglich des eigenen Verdienstes.

Während ihrer Tätigkeit als Büroangestellte steht ihr somit ein Unterhaltsanspruch von 40% des gemeinsamen Einkommens abzüglich ihres eigenen Verdienstes zu. Im Februar 2018 gibt sie ihren Job als Büroangestellte auf und hilft in der Bar von Frank aus. Ihr steht sodann ein angemessener Unterhaltsanspruch iHv 33% des Einkommens von Frank (Lisa erhält für ihre Tätigkeit in der Bar kein Entgelt) bzw iHv 40% des gemeinsamen Einkommens nach Abzug der eigenen Einkünfte unter Berücksichtigung des nicht erhaltenen Einkommens für die Tätigkeit in der Bar zu.[16]

Ergebnis: Der Anspruch besteht.

E. Lisa gegen Frank auf Zahlung eines Bedarfsunterhalts nach § 68 a Abs 2 EheG

Sofern sich der Unterhaltsberechtigte während der Ehe der Betreuung eines Angehörigen eines Ehegatten gewidmet hat und ihm aufgrund des dadurch bedingten Mangels an Erwerbsmöglichkeit nicht zugemutet werden kann, sich ganz oder teilweise zu erhalten, so hat der Ehegatte einen Anspruch auf Bedarfsunterhalt nach § 68 a Abs 2 EheG. Der Unterhaltsanspruch besteht verschuldensunabhängig.[17]

Lisa betreut während aufrechter Ehe ihren schwerkranken Schwiegervater Emil. Kann Lisa wegen der Betreuung ihres Schwiegervaters nicht zugemutet werden, sich selbst zu erhalten (weil sie sich bspw beruflich nicht weiterbilden konnte oder wegen ihres fortgeschrittenen Alters keinen Job findet), so steht ihr ein Bedarfsunterhalt zu.

Ergebnis: Sofern Lisa nicht zugemutet werden kann, sich selbst zu erhalten – der Sachverhalt enthält hierzu keine Angaben-, steht ihr ein Bedarfsunterhalt zu.

F. Lisa gegen Frank auf angemessenen Unterhalt nach Scheidung der Ehe nach § 66 EheG

Nach § 66 EheG besteht der Anspruch auf angemessenen Unterhalt gegen den Alleinschuldigen, sofern eigene Einkünfte des nicht schuldigen Ehegatten nicht ausreichen. Der Unterhaltsanspruch entspricht der Höhe nach dem Unterhaltsanspruch während aufrechter Ehe (siehe I.D.)[18], doch hat sich der Unterhaltsberechtigte auf eine ihm zumutbare Tätigkeit anspannen zu lassen.[19]

Die unterhaltsberechtigte Lisa wird mit der Scheidung wohl auch den Job in der Bar aufgeben; zwar ist ihr die Wiederaufnahme einer Tätigkeit zumutbar, doch findet sie laut Sachverhalt nach dem Auszug aus dem Haus keinen neuen Beruf, weshalb sie über kein eigenes Einkommen verfügt. Es steht ihr somit ein Unterhaltsanspruch iHv 33% des Einkommens von Frank zu.

Ergebnis: Neben dem Unterhalt nach § 94 ABGB steht Lisa auch der nacheheliche Unterhalt iHv 33% des Nettoeinkommens von Frank aus seinem Alleinverschulden nach § 66 EheG zu.

---

15) *Welser/Kletečka,* Bürgerliches Recht I[15] Rz 1518; *Kerschner/Sagerer-Forić,* Familienrecht[6] Rz 2/54; *Hinteregger,* Familienrecht[9] 62 ff.

16) *Welser/Kletečka,* Bürgerliches Recht I[15] Rz 1518; *Kerschner/Sagerer-Forić,* Familienrecht[6] Rz 2/54; *Hinteregger,* Familienrecht[9] 62 ff.

17) *Welser/Kletečka,* Bürgerliches Recht I[15] Rz 1593; *Kerschner/Sagerer-Forić,* Familienrecht[6] Rz 2/106; *Hinteregger,* Familienrecht[9] 116 ff.

18) *Welser/Kletečka,* Bürgerliches Recht I[15] Rz 1589; *Kerschner/Sagerer-Forić,* Familienrecht[6] Rz 2/100; *Hinteregger,* Familienrecht[9] 115.

19) *Welser/Kletečka,* Bürgerliches Recht I[15] Rz 1589; *Kerschner/Sagerer-Forić,* Familienrecht[6] Rz 2/100; *Hinteregger,* Familienrecht[9] 115.

G. Antrag der Lisa auf Aufteilung der ehelichen Ersparnisse und des Gebrauchsvermögens nach § 81 EheG

Meine Notizen:

Wird die Ehe zwischen Lisa und Frank nach § 49 EheG geschieden, so sind die ehelichen Ersparnisse und das eheliche Gebrauchsvermögen nach §§ 81 ff EheG aufzuteilen.

Gebrauchsvermögen sind die beweglichen und unbeweglichen Sachen, die während aufrechter Lebensgemeinschaft dem Gebrauch beider Ehegatten gedient haben. Eheliche Ersparnisse sind Wertanlagen, die während der Ehe angesammelt wurden und zur Verwertung bestimmt sind. Der Antrag auf Aufteilung muss nach § 95 EheG binnen eines Jahres ab Rechtskraft der Scheidung erhoben werden,[20] dies ist hier unproblematisch.

Laut Sachverhalt kommen mehrere Vermögenspositionen in Betracht, die womöglich einer nachehelichen Aufteilung zwischen Frank und Lisa unterliegen.[21]

1) Sparbuch/Lieferwagen

Lisa und Frank haben gemeinsam € 10.000 auf einem Sparbuch angespart. Bei den auf dem Sparbuch angelegten € 10.000 handelt es sich um eine Wertanlage nach § 81 Abs 3 EheG.[22] Das Sparbuch wäre als eheliches Ersparnis somit grundsätzlich aufzuteilen.

Allerdings wurde das Sparbuch aufgelöst und um das Geld ein Lieferwagen für die Bar erworben. § 82 Abs 1 Z 3 EheG normiert, dass Sachen, die zum Unternehmen gehören, aus der Aufteilung ausgenommen sind. Da der Lieferwagen für das Unternehmen erworben wurde, unterliegt dieser somit nicht der Aufteilung. Dadurch würde allerdings Frank ein finanzieller Vorteil erwachsen, weil der Lieferwagen in seine Vermögensmasse fallen würde.

§ 91 Abs 2 EheG versucht nun, solche finanziellen Ungleichbehandlungen bei der nachehelichen Aufteilung zu kompensieren.[23] Aus diesem Grund ist nach § 91 Abs 2 EheG der Wert des Eingebrachten (Lieferwagen) in der Aufteilung zu berücksichtigen. Hierbei ist zu beachten, inwieweit jedem Ehegatten durch die Einbringung oder Verwendung Vorteile entstanden sind und inwieweit die eingebrachten und verwendeten ehelichen Ersparnisse aus den Gewinnen des Unternehmens stammen. Der Kauf des Lieferwagens war für Frank sicherlich vorteilhaft, wenn nicht sogar notwendig, um Wareneinkäufe für seine Bar vornehmen zu können. Zudem wurde der Lieferwagen nicht mit den Gewinnen des Unternehmens finanziert, sondern durch die Auflösung des gemeinsamen Sparbuchs, weshalb der Wert des Lieferwagens in der Aufteilung zu berücksichtigen sein wird.

Ergebnis: Der Lieferwagen unterliegt nicht der Aufteilung, allerdings ist der Wert des Lieferwagens nach § 91 Abs 2 EheG in der Aufteilung zu berücksichtigen.

2) Bar

Frank eröffnet unmittelbar nach der Eheschließung eine Bar, diese ist nach § 82 Abs 1 Z 3 EheG ebenfalls von der Aufteilung ausgenommen.

Ergebnis: Die Bar unterliegt nicht der Aufteilung.

3) Wertpapiere

Aus den Erlösen der Bar kauft Frank Wertpapiere iHv € 50.000. Bei den Wertpapieren handelt es sich nach § 81 Abs 3 EheG um Wertanlagen, die zur Verwertung bestimmt sind. Sie sind als eheliche Ersparnisse zu qualifizieren und unterliegen demnach der Aufteilung.[24]

Ergebnis: Die Wertpapiere sind zwischen Frank und Lisa aufzuteilen.

20) *Welser/Kletečka,* Bürgerliches Recht I[15] Rz 1647; *Kerschner/Sagerer-Forić,* Familienrecht[6] Rz 2/121; *Hinteregger,* Familienrecht[9] 134.
21) Bitte prüfen Sie – wie auch bei Punkt I.C. – die einzelnen Vermögenspositionen separat, weil manche von diesen in die Aufteilungsmasse fallen, andere wiederum nicht.
22) *Welser/Kletečka,* Bürgerliches Recht I[15] Rz 1615; *Kerschner/Sagerer-Forić,* Familienrecht[6] Rz 2/117; *Hinteregger,* Familienrecht[9] 135 f.
23) *Welser/Kletečka,* Bürgerliches Recht I[15] Rz 1645; *Kerschner/Sagerer-Forić,* Familienrecht[6] Rz 2/121; *Hinteregger,* Familienrecht[9] 139 ff.
24) *Welser/Kletečka,* Bürgerliches Recht I[15] Rz 1615; *Kerschner/Sagerer-Forić,* Familienrecht[6] Rz 2/117; *Hinteregger,* Familienrecht[9] 135 f.

Meine Notizen:

4) Haus

Frank und Lisa vereinbaren vor der Eheschließung schriftlich, dass das Haus, das Frank von seinem Vater Emil erhalten hat, für den Fall der Scheidung aufzuteilen ist. Es handelt sich hierbei um eine Vorwegvereinbarung für den Fall der Scheidung.[25] Auf diese Weise können die Ehegatten die gesetzlich vorgesehene nacheheliche Aufteilung nach §§ 81 ff EheG bereits vorweg abbedingen. Die Formvorschriften für eine solche Vereinbarung finden sich in § 97 Abs 1 EheG. Eine Vorwegvereinbarung, die die Aufteilung der Ehewohnung zum Inhalt hat, muss, um wirksam zu sein, in der Form eines Notariatsakts geschlossen werden.

In casu haben Frank und Lisa allerdings nur eine schriftliche Vereinbarung getroffen, weshalb die Formerfordernisse nicht eingehalten wurden. Somit ist wiederum die gesetzliche Aufteilung nach §§ 81 ff EheG zu beachten.

Bei dem Haus, in dem Frank und Lisa leben, handelt es sich um Gebrauchsvermögen nach § 81 Abs 2 EheG, welches prinzipiell der nachehelichen Aufteilung unterliegen würde. Allerdings ist auch hier wiederum die „Negativliste"[26] von Gegenständen nach § 82 EheG zu beachten, die aus der Aufteilung ausgenommen sind. So unterliegen Sachen, die ein Ehegatte in die Ehe eingebracht oder von einem Dritten geschenkt bekommen hat, nach § 82 Abs 1 Z 1 EheG nicht der Aufteilung. Frank hat das Haus im Jahr 2016 nicht nur von seinem Vater geschenkt bekommen, sondern hat es auch in die Ehe eingebracht, weshalb es nicht der Aufteilung unterliegt.

Eine Gegenausnahme zu § 82 Abs 1 Z 1 EheG findet sich für den Fall der Ehewohnung und des Hausrats in § 82 Abs 2 EheG. Nach § 82 Abs 2 EheG ist die Ehewohnung, die zwar nach § 82 Abs 1 Z 1 EheG nicht der Aufteilung unterliegen würde, dann wieder in diese einzubeziehen, wenn der Ehegatte auf die Weiterbenutzung angewiesen ist.

Da Lisa aber unmittelbar nach ihrem Auszug aus dem Haus eine kleine Mietwohnung findet, ist sie auch nicht auf die Weiterbenutzung des Hauses angewiesen, weshalb die Gegenausnahme nach § 82 Abs 2 EheG nicht greift.

Ergebnis: Das Haus unterliegt nicht der nachehelichen Aufteilung.

5) Gemälde

Lisa hat von ihrem Schwiegervater Emil zu ihrem Geburtstag ein Gemälde geschenkt bekommen. Wie bereits dargelegt, unterliegen Gegenstände, die ein Ehegatte von einem Dritten geschenkt bekommen hat, nicht der Aufteilung. Bei ihrem Schwiegervater Emil handelt es sich um einen Dritten nach § 82 Abs 1 Z 1 EheG, weshalb das Gemälde nicht aufzuteilen ist.

Ergebnis: Das Gemälde unterliegt nicht der Aufteilung.

6) Erbrecht

Fraglich ist primär, ob das Erbrecht überhaupt als eheliches Ersparnis iSd § 81 Abs 3 EheG zu qualifizieren ist. Das Erbrecht an Frank unterliegt zudem jedenfalls nicht der Aufteilung, weil sich bereits aus der Legaldefinition des ehelichen Gebrauchsvermögens und der ehelichen Ersparnisse ergibt, dass hierbei auf die „eheliche Lebensgemeinschaft" abgestellt wird.[27] Diese ist allerdings zum Todeszeitpunkt von Emil bereits aufgehoben, weil Lisa im Jänner 2020 aus dem gemeinsamen Haus auszieht und Emil im Februar 2020 verstirbt. Außerdem würde das Vermögen, das Frank im Zuge des Verlassenschaftsverfahren von seinem verstorbenen Vater Emil erbt, nach § 82 Abs 1 Z 1 EheG ebenfalls nicht der Aufteilung unterliegen, weil Sachen, die ein Ehegatte von Todes wegen erworben hat, von der Aufteilungsmasse ausgenommen sind.

Ergebnis: Das Erbrecht unterliegt nicht der Aufteilung.

25) *Welser/Kletečka,* Bürgerliches Recht I[15] Rz 1658 ff; *Kerschner/Sagerer-Forić,* Familienrecht[6] Rz 2/112 ff; *Hinteregger,* Familienrecht[9] 130 ff.
26) *Welser/Kletečka,* Bürgerliches Recht I[15] Rz 1617.
27) *Welser/Kletečka,* Bürgerliches Recht I[15] Rz 1616; *Kerschner/Sagerer-Forić,* Familienrecht[6] Rz 2/117; *Hinteregger,* Familienrecht[9] 137.

Exkurs: Prüfungsschema nacheheliche Aufteilung[28)]

✐ Meine Notizen:

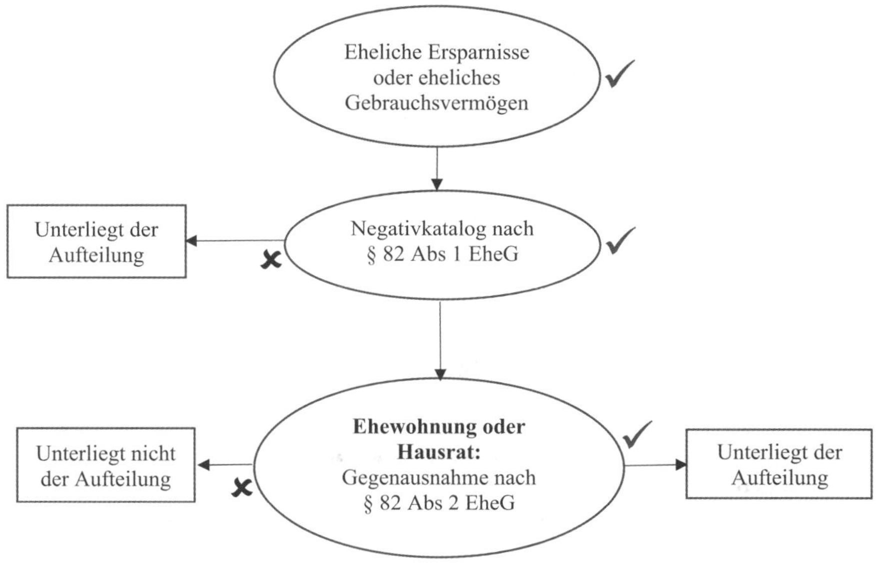

H. Lisa gegen Frank auf Bezahlung des noch ausständigen Entgelts iHv € 600 monatlich gem §§ 1151 iVm 1154 ABGB

Zwischen Lisa und Frank kommt ein Dienstvertrag zustande, weil Lisa keinen Erfolg, sondern eine bloße Tätigkeit schuldet.[29)] Doch Lisa erhält für ihre Tätigkeit in der Bar nie ein Entgelt. Da Lisa erst seit Februar 2018 in der Bar arbeitet und Entgeltansprüche nach § 1486 Z 5 ABGB erst binnen drei Jahren ab Fälligkeit verjähren, besteht ihr Anspruch zu Recht.

[ZP] Wie soeben erörtert, verjähren Entgeltansprüche nach § 1486 Z 5 ABGB binnen drei Jahren ab Fälligkeit. Zu beachten ist an dieser Stelle aber, dass § 1495 Satz 1 eine Fortlaufshemmung von Ansprüchen zwischen Ehegatten während aufrechter Ehe vorsieht. Eine Verjährungshemmung ist hingegen bei der Abgeltung im Erwerb des anderen nach § 1495 Satz 2 ABGB ausgeschlossen.[30)]

Ergebnis: Der Anspruch besteht.

I. Lisa gegen Frank auf Abgeltung der Mitwirkung im Erwerb des anderen gem § 98 ABGB

§ 90 Abs 2 ABGB normiert die Pflicht des Ehegatten, im Erwerb des anderen mitzuwirken, sofern dies zumutbar und üblich ist. Da Lisa selbst keiner Erwerbstätigkeit nachgeht, wird es ihr zumutbar sein, in der Bar des Frank mitzuwirken, zudem ist es in der Gastronomie auch nicht unüblich, dass der andere Ehegatte mithilft.[31)] Demnach besteht grundsätzlich für Lisa die Pflicht nach § 90 Abs 2 ABGB, in der Bar von Frank mitzuwirken.

Für die Tätigkeit nach § 90 Abs 2 ABGB steht dem Ehegatten ein Abgeltungsanspruch nach § 98 ABGB zu. Als besonderer Umstand kommt in casu hinzu, dass zwischen Frank und Lisa ein Dienstvertrag (siehe I.H.) abgeschlossen wurde.

Aus diesem Grund ist § 100 Satz 2 ABGB zu beachten, wonach vertragliche Ansprüche einer Abgeltung nach § 98 ABGB vorgehen, außer es handelt sich um einen Dienstvertrag. Wurde zwischen den Ehegatten ein Dienstvertrag geschlossen, so steht dem Ehegatten, der als Dienstnehmer tätig ist, dennoch ein Abgeltungsanspruch nach § 98 ABGB zu, sofern der Abgeltungsanspruch nach § 98 ABGB den dienstvertraglichen Anspruch übersteigt.[32)]

28) Das Prüfungsschema soll für Ihre zukünftigen Prüfungen einen kleinen „Leitfaden" darstellen, wie Sie strukturiert die nacheheliche Aufteilung des Vermögens prüfen können.
29) Zum Dienstvertrag siehe näher: *Welser/Zöchling-Jud,* Bürgerliches Recht II[14] (2015) Rz 1082 ff; *Rabl/Riedler,* Schuldrecht Besonderer Teil[6] (2017) Rz 4/1 ff.
30) *Welser/Kletečka,* Bürgerliches Recht I[15] Rz 735 und 1505; *Kerschner/Sagerer-Forić,* Familienrecht[6] Rz 2/48 und 3/45; *Hinteregger,* Familienrecht[9] 76 f.
31) Vgl *Welser/Kletečka,* Bürgerliches Recht I[15] Rz 1504; vgl *Kerschner/Sagerer-Forić,* Familienrecht[6] Rz 2/46.
32) *Welser/Kletečka,* Bürgerliches Recht I[15] Rz 1508; *Kerschner/Sagerer-Forić,* Familienrecht[6] Rz 2/48; *Hinteregger,* Familienrecht[9] 77.

✐ Meine Notizen:

Frank und Lisa haben einen Dienstvertrag abgeschlossen, der Lisa ein monatliches Entgelt iHv € 600 zusichert. Würde Lisa nun nach § 98 ABGB ein höheres Entgelt als € 600 monatlich erhalten, wovon wohl auszugehen ist,[33] so bleibt ihr Abgeltungsanspruch nach § 98 ABGB gewahrt, soweit er ihren vertraglichen Anspruch nach §§ 1151 iVm 1154 ABGB übersteigt.

Zudem kann der Anspruch noch geltend gemacht werden, weil dieser nach § 1486 a ABGB erst in sechs Jahren nach Ende des Monats verjährt, in dem die Leistung erbracht worden ist.[34]

Ergebnis: Für den Fall, dass der Abgeltungsanspruch nach § 98 ABGB das dienstvertraglich zugesicherte Entgelt iHv € 600 übersteigt, kann sich Lisa auch auf § 98 ABGB stützen.

II. Problemkreis: Erbrecht

Emil, der Vater von Frank und Karl, stirbt im Februar 2020 und hinterlässt eine handschriftlich geschriebene und unterschriebene letztwillige Verfügung; diese erfüllt nach § 578 ABGB die notwendigen Formerfordernisse und ist daher gültig.[35] Frank ist somit Alleinerbe; da sich im Sachverhalt allerdings kein Hinweis auf eine bereits erfolgte Einantwortung finden lässt, sind die nun folgenden Ansprüche gegen die ruhende Verlassenschaft zu richten.

A. Anna gegen die ruhende Verlassenschaft auf Herausgabe des Oldtimers gem § 684 ABGB

Emil hat das handschriftlich geschriebene und unterschriebene Testament im Februar 2016 aufgesetzt. Zu diesem Zeitpunkt war er mit Anna verheiratet und hat sie als Begünstigte in seinem Testament erwähnt. Im Jahr 2018 ließen sich Emil und Anna allerdings scheiden.

§ 725 ABGB sieht für diese Fälle vor, dass die Auflösung der Ehe zu Lebzeiten des Verstorbenen (Emil) zuvor errichtete letztwillige Verfügungen aufhebt, soweit sie den Ehegatten begünstigen, es sei denn, der Verstorbene hat das Gegenteil angeordnet. Zum Zeitpunkt der Testamentserstellung war Emil mit Anna verheiratet und hat diese im Testament als Vermächtnisnehmerin begünstigt. Im Jahr 2018, somit zu Lebzeiten von Emil, wurde allerdings die Ehe zwischen den beiden geschieden. Im Testament findet sich kein Zusatz von Emil, dass dieses trotz Aufhebung der Ehe gültig sein soll. Somit ist das Vermächtnis zugunsten von Anna aufgehoben und sie erhält nicht den Oldtimer.

Ergebnis: Der Anspruch besteht nicht.

B. Karl gegen die ruhende Verlassenschaft auf Herausgabe der Kunstsammlung iHv € 20.000 gem § 684 ABGB

Karl soll die Kunstsammlung erhalten, sofern er bis zum Tod von Emil sein Kunststudium abgeschlossen hat. Es liegt ein Vermächtnis unter einer aufschiebenden Bedingung nach §§ 696 ff ABGB vor.

Emil stirbt im Februar 2020; Karl schließt das Kunststudium im Jahr 2017 und somit vor dem Tod von Emil ab. Die von Emil vorgesehene Bedingung ist eingetreten und Karl erhält die Kunstsammlung.

Ergebnis: Der Anspruch besteht.

C. Karl gegen die ruhende Verlassenschaft auf Pflichtteilsergänzung (iHv € 55.000) gem § 764 ABGB

Karl und Frank sind als Söhne von Emil gesetzliche Erben der ersten Parentel, weshalb sie jedenfalls abstrakt und konkret pflichtteilsberechtigt sind. Karl wurde im Testament als Vermächtnisnehmer, nicht hingegen als Erbe eingesetzt. Laut dem Testament soll Frank das gesamte Erbe erhalten.

Obwohl Karl lediglich die Kunstsammlung iHv € 20.000 erhalten soll, steht ihm als gesetzlicher Erbe von Emil nach §§ 732 iVm 759 ABGB sein Pflichtteil zu. Dieser beträgt die Hälfte seines gesetzlichen Erbteils. Da Karl und Frank die einzigen Söhne

33) Bei guter Argumentation gab es auch für eine andere Lösung die volle Punkteanzahl.
34) *Welser/Kletečka,* Bürgerliches Recht I[15] Rz 1505; *Kerschner/Sagerer-Forić,* Familienrecht[6] Rz 2/48; *Hinteregger,* Familienrecht[9] 76 f.
35) *Welser,* Erbrecht (2019) 99 ff; *Eccher,* Erbrecht[6] (2016) Rz 4/41 ff; *Zankl,* Erbrecht[9] (2019) Rz 32.

von Emil sind und Emil zum Todeszeitpunkt auch nicht verheiratet war, würde das Verlassenschaftsvermögen zwischen Frank und Karl aufgeteilt werden. Sowohl Frank als auch Karl würden die Hälfte der Verlassenschaft als gesetzlichen Erbteil bekommen. Karl steht nun als Erbe der ersten Parentel die Hälfte seines gesetzlichen Erbteils zu, somit würde er ein Viertel der Verlassenschaft erhalten.

Allerdings hat Emil zu Lebzeiten eine Vielzahl von Schenkungen gemacht. Zu prüfen gilt es nun, ob diese Schenkungen hinzu- bzw anzurechnen sind.

Meine Notizen:

1) Hinzurechnung der Schenkungen

a) Haus

Emil hat Frank im Jahr 2016 das Haus geschenkt. Frank ist als Sohn von Emil nach §§ 732 iVm 759 ABGB pflichtteilsberechtigt. Demnach ist die Schenkung zeitlich unbefristet nach § 781 Abs 2 Z 1 ABGB zur Verlassenschaft hinzuzurechnen. Das Haus hatte zum Zeitpunkt der Schenkung unter Berücksichtigung des Wohnrechts einen Marktwert von € 400.000. Zum Todeszeitpunkt von Emil beträgt der Marktwert des Hauses bereits € 550.000.

Fraglich ist nun, welcher Wert für die Höhe der Schenkung heranzuziehen ist. Die geschenkte Sache ist auf den Zeitpunkt zu bewerten, in dem die Schenkung wirklich gemacht wurde (§ 788 ABGB).[36)]

Der Zeitpunkt der Schenkung ist nach der Vermögensopfertheorie[37)] zu bestimmen. Nach dieser ist die Schenkung wirklich gemacht, sobald der Geschenkgeber die Sache wirtschaftlich „aus der Hand gegeben" hat. In diesem Sinne wurde eine Schenkung erst dann wirklich gemacht, wenn der Schenkende keinen rechtlichen Einfluss mehr hat und er über das Geschenk nicht mehr verfügen kann.[38)] In casu hat sich Emil lediglich an der kleinen Einliegerwohnung in dem Haus ein lebenslanges Wohnrecht einräumen lassen. Trotz dieses Wohnrechts an der Einliegerwohnung zugunsten von Emil nimmt die Rechtsprechung an, dass der Geschenkgeber das Vermögensopfer bereits mit der Übertragung der Sache (des gesamten Hauses) erbracht hat, weshalb der für die Bewertung relevante Zeitpunkt im Jahr 2016 festzumachen ist.[39)]

Dieser Wert ist sodann auf den Todeszeitpunkt nach einem von der Statistik Austria verlautbarten Verbraucherindex anzupassen.[40)] Laut Sachverhalt ist der VPI seit 2016 nicht gestiegen, weshalb die Schenkung des Hauses daher mit € 400.000 zu bewerten ist.

b) € 100.000 für den Studienabschluss

Emil hat Karl zu seinem Studienabschluss € 100.000 für die Eröffnung seiner eigenen Galerie geschenkt. Karl ist als Sohn von Emil nach §§ 732 iVm 759 ABGB pflichtteilsberechtigt, somit ist auch diese Schenkung zeitlich unbefristet zur Verlassenschaft hinzuzurechnen (§ 788 ABGB).

c) Gemälde

Emil hat ferner seiner Schwiegertochter Lisa ein Gemälde iHv € 5.000 geschenkt. Lisa ist keine gesetzliche Erbin und gehört deshalb auch nicht zu dem Kreis der Pflichtteilsberechtigten.

Schenkungen an nicht pflichtteilsberechtigte Personen werden nach § 782 ABGB nur dann zu der Verlassenschaft hinzugerechnet, wenn diese in den letzten beiden Jahren vor dem Tod des Verstorbenen wirklich gemacht worden sind. Emil ist im Jahr 2020 gestorben, die Schenkung an seine Schwägerin Lisa erfolgte bereits im Jahr 2017, somit ist die Schenkung nicht hinzuzurechnen.

2) Berechnung des erhöhten Pflichtteils des Karl

Die reine Verlassenschaft beträgt € 200.000, zu dieser sind nun der Wert des Hauses im Jahr 2016 iHv € 400.000 sowie die Schenkung an Karl iHv € 100.000 hinzuzurechnen. Die Höhe der Verlassenschaft beträgt unter Hinzurechnung der Schenkungen demnach € 700.000 (€ 200.000 + € 400.000 + € 100.000).

---

36) *Welser*, Erbrecht 209f; *Eccher*, Erbrecht[6] Rz 12/23; *Zankl*, Erbrecht[9] Rz 114.
37) *Welser*, Erbrecht 209f; *Eccher*, Erbrecht[6] Rz 12/15; *Zankl*, Erbrecht[9] Rz 114.
38) *Welser*, Erbrecht 209f; *Eccher*, Erbrecht[6] Rz 12/15; *Zankl*, Erbrecht[9] Rz 114.
39) Vgl *Eccher*, Erbrecht[6] Rz 12/15; *Zankl*, Erbrecht[9] Rz 114. Siehe hierzu auch in der Neuauflage *Eccher/Umlauft*, Erbrecht[7] (2020) Rz 12/5 und 12/15.
40) *Eccher*, Erbrecht[6] Rz 12/23.

Meine Notizen:

Karl steht nun ein Viertel (Hälfte seines gesetzlichen Erbteils) von der erhöhten Verlassenschaft zu, somit € 175.000.

Allerdings muss sich Karl nach § 781 Abs 1 ABGB die Schenkungen, die er zu Lebzeiten des Verstorbenen erhalten hat, anrechnen lassen. Karl hat zu Lebzeiten von Emil die € 100.000 zu seinem Studienabschluss bekommen. Zudem soll Karl laut Testament das Vermächtnis iHv € 20.000 erhalten, welches er sich nach § 780 Abs 1 ABGB ebenfalls auf seinen Pflichtteil anrechnen lassen muss. Insgesamt sind demnach zwei Schenkungen an Karl zu seinem Pflichtteilsanspruch iHv € 175.000 anzurechnen (€ 175.000 – € 100.000 – € 20.000). Im Ergebnis hat Karl deshalb einen Pflichtteilsergänzungsanspruch iHv € 55.000 gegen die Verlassenschaft.

Ergebnis: Karl hat gegen die Verlassenschaft einen Ergänzungsanspruch iHv € 55.000.

Pflichtteil des Frank

Auch Frank muss sich selbstverständlich die Schenkung, die er zu Lebzeiten von Emil erhalten hat, anrechnen lassen. Unter Anrechnung der an ihn gemachten Schenkung iHv € 400.000 (Haus) ist sein Pflichtteil jedenfalls durch die Schenkung bereits abgedeckt und er hat – im Gegensatz zu Karl – keinen Pflichtteilsergänzungsanspruch gegen die Verlassenschaft, da er ohnedies als Alleinerbe das gesamte restliche Erbe erhalten soll.

D. Lisa gegen die ruhende Verlassenschaft auf Zahlung eines gesetzlichen Pflegevermächtnisses für die erfolgte Pflege nach § 677 ABGB

Lisa, die nach § 677 Abs 3 ABGB zum Kreis der nahestehenden Personen zählt,[41] hat Emil seit September 2018 täglich betreut. Somit liegt eine Betreuung in den letzten drei Jahren vor dem Tod von Emil für mindestens sechs Monate durch Lisa vor. Zudem wird man hier wohl davon ausgehen können, dass die Pflegetätigkeit in einem nicht bloß geringfügigen Ausmaß erfolgt ist, zumal laut Angabe Lisa Emil täglich betreut hat.[42]

Zwar hat Lisa von ihrem Schwiegervater Emil ein Gemälde erhalten, dieses gab er ihr allerdings nicht für ihre Pflegetätigkeit, sondern aus Anlass ihres Geburtstages. Aus diesem Grund kann man das Gemälde auch nicht als eine für die Pflegeleistung erhaltene Zuwendung verstehen. Die Höhe des Pflegevermächtnisses richtet sich gem § 678 Abs 1 ABGB nach der Art, der Dauer und dem konkreten Umfang der Leistung.[43]

Ergebnis: Lisa steht für ihre Pflegeleistung an ihren Schwiegervater Emil ein Pflegevermächtnis zu.

---

41) *Welser*, Erbrecht 147 f; *Eccher*, Erbrecht[6] Rz 9/38; *Zankl*, Erbrecht[9] Rz 71 b.
42) Bei einem Pflegeaufwand von mehr als 20 Stunden pro Monat geht man bereits von einer Pflegeleistung in einem nicht geringfügigen Ausmaß aus. Siehe neben den ErläutRV 688 BlgNR 25. GP 17 (abrufbar unter: https://www.parlament.gv.at/PAKT/VHG/XXV/I/I_00688/fname_423847.pdf) auch *Welser*, Erbrecht 147; *Eccher*, Erbrecht[6] Rz 9/39; *Zankl*, Erbrecht[9] Rz 71 a.
43) *Welser*, Erbrecht 149; *Eccher*, Erbrecht[6] Rz 9/40; *Zankl*, Erbrecht[9] Rz 71 c.

Prüfer: Friedrich Harrer

✐ Meine Notizen:

Fachprüfung aus Bürgerlichem Recht

Salzburg, Jänner 2021

Schwerpunkte: Gewährleistung, Schadenersatz, Produkthaftung, Sachschaden des Unternehmers, UN-KaufR

Sachverhalt

Unternehmer X (Sitz: Wien) befasst sich mit dem Anbau von Rebstöcken, der Produktion und dem Vertrieb von Wein. Im März 2020 bestellte er bei Großhändler Y (Sitz: ebenfalls Wien) ein Harz, das auf die Rebstöcke aufgebracht werden sollte, um die Ertragskraft zu erhöhen. Die entsprechenden Maßnahmen ließ X im Mai durchführen. Im September musste X feststellen, dass das Harz die Zerstörung sämtlicher Rebstöcke bewirkt hatte. X fotografiert die betroffenen Anbauflächen und leitet die Lichtbilder an Y weiter. Allein die Neubepflanzung verursacht Kosten in Höhe von € 500.000,–.

X verlangt von Y zunächst Schadenersatz in Höhe von € 500.000,– (die Geltendmachung weiterer Forderungen, etwa Verdienstentgang, behält sich X vor). Y bedauert die schädliche Wirkung des Harzes, weist jedoch darauf hin, dass das Harz der Unternehmer Z (Sitz: Linz) hergestellt habe. Das Harz sei in der Fachpresse günstig beschrieben worden. Z genieße einen guten Ruf. Y müsse daher Ersatzleistungen ablehnen und X an Z verweisen. Auch Z spricht in seiner Stellungnahme von einer „sehr unglücklichen Verwicklung". Die internen Erhebungen hätten ergeben, dass M, der seit vielen Jahren bei Z als angestellter Mitarbeiter tätig sei, seine Prüfpflichten an jenem Tag, an dem das Harz ausgeliefert worden sei, nicht wahrgenommen habe. M hätte auf „familiäre Zwistigkeiten" verwiesen. Z hafte jedenfalls nicht für das Fehlverhalten eines bewährten – und keineswegs leitend tätigen – Mitarbeiters; man müsse daher alle Ersatzforderungen bestreiten.

X beauftragt seinen Rechtsanwalt R, die Forderung (€ 500.000,–) sowohl gegen Y wie auch gegen Z zu verfolgen. In der Klage, die R (namens des X) gegen Y und Z vorbereitet, stützt sich R „auf jeglichen Rechtsgrund, insbesondere auch auf einen Eingriff in das Eigentum des X" (an den gesunden Rebstöcken). Bitte prüfen Sie, welche Ansprüche X gegen Y und Z geltend machen kann.[1]

Variante

Großhändler Y hat seinen Sitz nicht in Wien, sondern in München. Der Sitz des Herstellers Z ist Frankfurt a.M. Wenn X in dieser Variante Ansprüche gegen den Lieferanten Y (München) verfolgen wollte, welches Recht gelangte zur Anwendung? Eine inhaltliche oder materielle Prüfung dieser Ansprüche ist nicht erforderlich. Legen Sie lediglich dar, welches Recht oder welche Rechtsordnung Sie anwenden würden!

RA o. Univ.-Prof. Dr. *Friedrich Harrer* lehrt Unternehmensrecht und Bürgerliches Recht an der Universität Salzburg.

1) Die Anregung zu diesem Übungsfall lieferte BGH 24. 3. 1999, VIII ZR 121/98 JZ 1999, 791.

✐ Meine Notizen:

MUSTERLÖSUNG

Von Friedrich Harrer

I. Vorbemerkungen

Zwischen X und Y besteht ein Vertragsverhältnis. Zunächst sollen die vertraglichen Gewährleistungs- und Schadenersatzansprüche geprüft werden.[2] Näherer Analyse bedarf auch der angebliche „Eingriff in das Eigentum" des X.[3] – Im Anschluss daran ist zu klären, ob Ansprüche des X gegen Z in Betracht kommen. Mögliche Anspruchsgrundlagen ergeben sich aus dem PHG. Ergänzend ist allerdings auch zu sondieren, ob weitere Ansätze in Betracht kommen.[4]

Die Fallvariante bietet Auslandsbezüge. Der Vertragspartner und der Hersteller haben ihren Sitz in Deutschland. Die Fragestellung konzentriert sich jedoch auf das Rechtsverhältnis X-Y; zu ermitteln ist allein das auf diese Rechtsbeziehung anzuwendende Recht.

X verlangt von Y Schadenersatz in Höhe von € 500.000,– (Kosten der Neupflanzung) und behält sich die Verfolgung weiteren Schadenersatzes (Verdienstentgang etc) vor. Der Prüfungsauftrag ist jedoch in einem umfassenden Sinn formuliert. Daher sind auch die klassischen Gewährleistungsansprüche (Wandlung, Rückforderung des Kaufpreises), die hier, wirtschaftlich betrachtet, nicht im Vordergrund stehen, einzubeziehen.

II. Ansprüche X gegen Y

A. Ansprüche nach §§ 1435 ABGB (Rückforderung des Kaufpreises) iVm 932 Abs 1 (Wandlung)

Der Verkäufer einer Sache gewährleistet, „dass sie dem Vertrag entspricht".[5] Er *haftet* dafür, dass sie „der Natur des Geschäfts oder der getroffenen Vereinbarung gemäß" verwendet werden kann.[6] *Haftung* bezieht sich hier auf die gewährleistungsrechtlichen Folgen.[7] Die Haftung des Verkäufers nach § 922 ABGB darf also nicht mit einer schadenersatzrechtlichen Einstandspflicht verwechselt werden.

Das verkaufte und in der Folge auf die Rebstöcke aufgebrachte Harz sollte die Entwicklung der Pflanzen fördern. Tatsächlich hat das Harz die Weinstöcke zerstört. Das Harz war also mangelhaft. Sowohl die Verbesserung als auch der Austausch kommen hier nicht in Betracht.[8] X hat daher das Recht auf Wandlung (Aufhebung) des Kaufvertrages. Nach Wandlung des Kaufvertrages ist dieser rückabzuwickeln.[9] X hat Anspruch auf Refundierung des Kaufpreises, der Verkäufer *hätte* Anspruch auf die geleistete Sache. Hier kommt allerdings ein Anspruch des Y nicht in Betracht; das fehlerhafte Harz ist mit den zerstörten Rebstöcken untergegangen. Da X keinen Vorteil erlangt hat, kann von ihm auch kein Wertersatz gefordert werden.

B. Ansprüche nach § 933a ABGB (Schadenersatz)

Eine schadenersatzrechtliche Haftung des Verkäufers setzt voraus, dass „der Übergeber den Mangel verschuldet" hat.[10] Man unterscheidet zwischen Schadenersatz „wegen des Mangels selbst"[11] und dem Mangelfolgeschaden. Die Verwendung des Harzes hat die Zerstörung der Rebstöcke verursacht. Es liegt also ein Mangelfolgeschaden vor.

Ein Händler (hier: Großhändler Y) nimmt üblicherweise Verteileraufgaben wahr. Die Palette umfasst nicht selten mehrere tausend Artikel. Individuelle Tauglichkeits-

2) Siehe unter II.
3) Siehe unter II.C.
4) Siehe unter III.
5) § 922 Abs 1 Satz 1 ABGB.
6) § 922 Abs 1 Satz 2 ABGB.
7) § 932 ABGB.
8) § 932 Abs 4 ABGB. Eine Untersuchung des gelieferten Harzes durch X war „im Rahmen des ordnungsgemäßen Geschäftsgangs" (§ 377 Abs 1 UGB) nicht zu erwarten. Nach dem Hervorkommen des Mangels (Zerstörung der Rebstöcke) hat X den Lieferanten (Y) durch Übersendung von Lichtbildern informiert (§ 377 Abs 1 UGB).
9) §§ 922–933b ABGB regeln die Rückforderungsansprüche, die den Parteien nach der Wandlung zustehen, nicht. Taugliche Anspruchsgrundlagen enthalten §§ 1435 und 877 ABGB.
10) § 933a Abs 1 ABGB.
11) § 933a Abs 2 Satz 1 ABGB.

prüfungen kann und muss ein Händler nicht durchführen.[12] Das gilt jedenfalls, solange Indizien, die auf Mängel oder Risken hindeuten könnten, fehlen. In casu hat Y das (letztlich an X verkaufte) Harz von einem renommierten Hersteller bezogen. Das Produkt ist in der Fachpresse positiv besprochen worden. Vor diesem Hintergrund kann man festhalten, dass ein Fehlverhalten des Y (und damit ein Verschulden) nicht zur Diskussion steht. Schadenersatzansprüche des X gegen Y scheiden aus.

Meine Notizen:

C. Ansprüche nach § 366 ABGB (Eingriff in das Eigentum)

Das Eigentum ist ein absolut geschütztes Rechtsgut.[13] Das Harz hat die Rebstöcke (Eigentum des X) zerstört. R versucht offenbar, den Vorgang als einen – haftungsbegründenden – Eingriff in das Eigentum des X darzustellen. Der Ansatz scheitert schon deshalb, weil auch ein (deliktischer) Eingriff in das Eigentum eine Schadenersatzpflicht nur dann begründet, wenn dem Täter ein schuldhaftes Fehlverhalten vorzuwerfen ist. Diese Voraussetzung fehlt hier.

III. Ansprüche X gegen Z

A. Allgemeines

In casu hat ein fehlerhaftes Produkt (Harz) einen Schaden verursacht. Die Haftung des Herstellers für fehlerhafte Produkte regelt das PHG. Es liegt also nahe, zunächst mögliche Ansprüche nach dem PHG zu untersuchen (s unter B.). Im Anschluss daran ist zu klären, ob Ansprüche nach allgemeinem Zivilrecht (ABGB) in Betracht kommen. Zwischen X und Z besteht kein Vertragsverhältnis. Daher werden deliktische Ansprüche geprüft (s unter C.1.). Der nachfolgende Abschnitt (C.2.) befasst sich mit vertraglichen oder besser „vertragsähnlichen" Ansprüchen. Die Reihenfolge (Vertragsrecht nach Deliktsrecht) ist ungewöhnlich. Die Klärung und Rechtfertigung liefert eine höchstrichterliche Rechtsfortbildung; nach dieser höchstrichterlichen Rechtsfortbildung kommen *vertragsähnliche* Ansprüche des Abnehmers gegen den Hersteller in Betracht. Zu erörtern ist insbesondere, ob diese Konstruktion *neben* dem PHG zur Anwendung gelangen kann.

B. Ansprüche nach dem PHG (Schadenersatz)

Nach § 1 Abs 1 Z 1 PHG haftet der Unternehmer, der ein fehlerhaftes Produkt hergestellt hat, (ua) für den Schaden, den das Produkt an einer „von dem Produkt verschiedenen körperlichen Sache" verursacht. Z hat das Harz hergestellt und als Folge der Verwendung wurden die Rebstöcke des X, also eine vom Produkt verschiedene Sache, zerstört.

Diese Einstandspflicht des Herstellers schränkt allerdings § 2 PHG für Sachschäden ein. Der Schaden durch Beschädigung einer Sache ist nur zu ersetzen, „wenn ihn nicht ein Unternehmer erlitten hat, der die Sache überwiegend in seinem Unternehmen verwendet".[14] X ist Unternehmer, die Kultivierung der Rebstöcke erfolgt im Rahmen seines Unternehmens. Die Sachschäden (Zerstörung der Rebstöcke) sind daher nach dem PHG nicht ersatzfähig.

C. Schadenersatzansprüche nach § 1295 Abs 1 ABGB

1) Deliktische Ansprüche

X und Z sind nicht Parteien eines Vertrages.[15] Zu prüfen sind daher die Ansprüche des Deliktsrechts. Der Schädiger haftet nach Deliktsrecht nur unter der Voraussetzung, dass ihn ein Verschulden trifft. In casu hat ein Angestellter des Z eine (gebotene) Untersuchung des Harzes nicht durchgeführt; die Unterlassung des M ist als ein (vielleicht menschlich nicht unverständliches) schuldhaftes Fehlverhalten zu qualifizieren. Im Deliktsrecht haftet der Schädiger (hier: Z) nicht schlechthin für Fehler der „Gehilfen" (Mitarbeiter), sondern nach § 1315 ABGB nur, wenn er sich „einer un-

12) Vgl aus neuerer Zeit zB OGH 14. 3. 2013, 2 Ob 234/12v NZ 2013/142: Der Händler haftet dem Käufer nur „für die Erfüllung der ihn selbst treffenden Pflichten wie die Auswahl eines geeigneten Erzeugnisses, einwandfreier Lagerung der Ware, Hinweise auf Gefahr oder ordnungsgemäße Verpackung".

13) Zum sog Rechtsgüterkatalog OGH 17. 10. 1995, 1 Ob 8/95 ÖBA 1996, 213 (219); *Harrer* in *Schwimann*, ABGB[3] 2006 Vor §§ 1293 ff Rz 2.

14) § 2 Z 1 PHG.

15) Die Frage, ob dieser Umstand mit Hilfe einer „vertragsähnlichen" Konstruktion überspielt werden kann, wird unter 2. vertieft.

Meine Notizen:

tüchtigen oder wissentlich einer gefährlichen Person zur Besorgung seiner Angelegenheiten bedient". Nach dem Sachverhalt war M weder untüchtig noch gefährlich.[16]

2) Vertragliche oder vertragsähnliche Ansprüche

Eine Schadenersatzpflicht nach dem ABGB setzt grundsätzlich Verschulden voraus.[17] Der Schädiger haftet nur, wenn er fehlerhaft agiert hat und ihm dieses Fehlverhalten auch vorgeworfen werden kann. Wenn ein Unternehmer ein fehlerhaftes Produkt hergestellt hat, so wird man nach der Lebenserfahrung im Allgemeinen davon ausgehen können, dass Sorgfaltsdefizite vorlagen. Das Fehlverhalten eines Mitarbeiters ist dem Unternehmer zuzurechnen, wenn zwischen dem Unternehmer und dem Geschädigten ein Vertragsverhältnis besteht.[18] Vor dem Hintergrund des typischen Warenvertriebs ist dieses Kriterium regelmäßig *nicht* erfüllt. Der Hersteller liefert an einen Händler. Dieser veräußert die Sache, er gebraucht die Sache aber nicht. Diesen Schaden erleidet der Letztabnehmer, Unternehmer oder Privatperson. Der Geschädigte kann gegen den Hersteller nicht vertragliche, sondern nur deliktische Ansprüche erheben. Die Klage scheitert (zB), wenn ein (nicht leitend tätiger) Mitarbeiter den Fehler zu verantworten hat[19] und die Kriterien nach § 1315 ABGB nicht erfüllt sind.

In der Zeit vor dem PHG sind in der österr Literatur Versuche unternommen worden, der schwierigen Lage, die den – durch ein fehlerhaftes Produkt – geschädigten Käufer prägt, Rechnung zu tragen. Hervorhebung verdienen vor allem die Vorschläge von *Bydlinski*,[20] die in weiterer Folge die Rsp des OGH[21] übernommen hat. *Bydlinski* wollte die „Schwäche der deliktischen Gehilfenhaftung"[22] durch eine Lösung nach vertraglichen Grundsätzen kompensieren: zwischen dem Hersteller und dem Verbraucher bestehe ein „vertragsähnliches" Schutzverhältnis. Das Fehlverhalten eines Mitarbeiters sei dem Hersteller nach § 1313a ABGB zuzurechnen.

Es steht außer Frage, dass *Bydlinski* seine Konzeption vor dem Hintergrund einer *Gesetzeslücke* entwickelt hat.[23] *Bydlinski* hielt den Schutz des geschädigten Abnehmers im Hinblick auf die problematische Gehilfenhaftung nach § 1315 ABGB und die „heutige technische und wirtschaftliche Wirklichkeit" für „unzureichend". Mittlerweile hat der Gesetzgeber das Recht der Produkthaftung gleichsam kodifiziert. Die Schwächen der Gehilfenhaftung nach § 1315 ABGB sind durch eine umfassende Einstandspflicht des Herstellers ersetzt worden. Es ist unerheblich, ob der Fehler einem Arbeiter, einem Angestellten, einem „Repräsentanten", dem Geschäftsführer oder dem Unternehmer unterlaufen ist. Der Hersteller haftet, wenn er ein *fehlerhaftes Produkt* hergestellt hat. Die „Schwäche der deliktischen Gehilfenhaftung" existiert nicht mehr.

In dieser Teilkodifikation hat der Gesetzgeber allerdings auch Haftungsausschlüsse geregelt. Nach § 2 Z 1 PHG haftet der Hersteller (zB) nicht für Sachschäden des Unternehmers. – Vor diesem Hintergrund fällt es nicht leicht, den Standpunkt nachzuvollziehen, dass *Bydlinskis* Hilfskonstruktion die Kodifikation des Produkthaftungsrechts überdauern sollte.[24] *Bydlinski* war bemüht, eine Gesetzeslücke[25] zu schließen. Eine Korrektur des Gesetzgebers lag diesem Autor fern.

Zu Gunsten einer Weitergeltung des Richterrechts hat man ins Treffen geführt, dass es „sonderbar" wäre, wenn ein „prononciert zum Zweck der Verbesserung der Rechtsstellung des Geschädigten erlassenes Gesetz nun dazu geführt hätte, dass die Rechtsstellung des Geschädigten auch nur in Randbereichen verschlechtert worden wäre".[26] Ergänzend wird noch auf den „allgemeinen Gedanken des Verbraucherschutzes" verwiesen; auch betreffend den „unternehmerischen Produktgeschädigten" könne man nicht „die Uhren auf den Rechtszustand vor 1976 zurückdrehen".[27]

16) Auch die sog Repräsentantenhaftung (Zurechnung des Verhaltens einer Person, die eine leitende Stellung mit selbständigem Wirkungskreis innehat) kommt hier nicht in Betracht; zur Repräsentantenhaftung s zB OGH 26. 5. 2011, 9 Ob 9/11f JBl 2013, 252 (256).
17) § 1295 Abs 1 ABGB.
18) § 1313a ABGB.
19) Siehe im Text unter C.1.
20) *Bydlinski* in *Klang,* ABGB IV/2² (1978) 180ff.
21) OGH 4. 2. 1976, 1 Ob 190/75 SZ 49/14; 25. 6. 1992, 8 Ob 556/92 EvBl 1993/14.
22) *Bydlinski* in *Klang,* ABGB IV/2, 176.
23) *Bydlinski* in *Klang,* ABGB IV/2, 180: „Es liegt deshalb eine Gesetzeslücke vor".
24) Vgl etwa *Welser/Rabl,* PHG² (2004) Vorbem Rz 8 (mit vielen Belegen); ebenso schon *P. Bydlinski,* Bemerkungen zu aktueller Produkthaftungsliteratur, ZVR 1989, 33, 34 (allerdings ohne Begründung); s auch noch im Text.
25) Siehe oben FN 23.
26) *Karollus,* Produkthaftung, in 12. ÖJT II/2, 35, 43f.
27) *Karollus,* Produkthaftung 44.

Meine Notizen:

Juristische Substanz bieten diese Darlegungen nicht. Höchstrichterliche Rechtsfortbildung setzt, wie bereits hervorgehoben, eine Gesetzeslücke voraus. Von dieser Lücke sind *Bydlinski* und die ihm folgende Rsp des OGH – mit plausiblen Gründen – ausgegangen.[28] *Bydlinski* konnte namentlich auf die antiquierte Gehilfenhaftung nach § 1315 ABGB und tiefgreifend veränderte wirtschaftliche Verhältnisse verweisen.

Die Gehilfenhaftung des allgemeinen Deliktsrechts beruht weiterhin auf einer überholten Regelung,[29] nicht aber die Gehilfenhaftung des Produkthaftungsrechts. Nach dem PHG sind die (klassischen) Reflexionen über den Geisteszustand („gefährlich"?) und die Qualifikation (untüchtig?) des Mitarbeiters irrelevant. Zu prüfen ist allein die Gefährlichkeit des Produkts. Der Gesetzgeber hat das Problem der Gehilfenverantwortlichkeit für den Bereich des Produkthaftungsrechts gelöst.

Daher kann man in der Tat eine Rechtsfortbildung, die vor dem PHG höchstrichterlich etabliert wurde, nicht wiederbeleben.[30] Die (auch) für eine höchstrichterliche Rechtsfortbildung auf dem Gebiet der Produkthaftung unverzichtbare Voraussetzung, die Lücke, ist in Wegfall geraten. Ein Gleichbehandlungsgebot für unternehmerische Sachschäden und Sachschäden einer Privatperson besteht nicht. Jene oben skizzierte Rechtsfortbildung hat in der Tat zwischen geschädigten Unternehmen und geschädigten Verbrauchern nicht differenziert. Die – damals – maßgeblichen Wertungen der Rechtsordnung hätten diese Unterscheidung wohl auch nicht hinreichend nahegelegt. Das PHG bevorzugt eine andere Lösung. Der Interpret ist zur Nachbesserung und Korrektur nicht legitimiert.[31]

Nach Art 13 Produkthaftungs-RL werden Ansprüche, die ein Geschädigter „aufgrund der Vorschriften über die vertragliche und außervertragliche Haftung" oder „aufgrund einer besonderen Haftungsregelung" geltend machen kann, nicht berührt. Der Rechtsfortbildungsvorschlag, den *Bydlinski*[32] entwickelt und den sodann die Rsp des OGH übernommen hat,[33] ist weder eine „Vorschrift über die vertragliche und außervertragliche Haftung" noch eine „besondere Haftungsregelung". Die „Konstruktion über den Vertrag mit Schutzwirkung zugunsten Dritter"[34] beruht auf einer höchstrichterlichen Rechtsfortbildung und diese setzt, wie bereits mehrfach betont, eine Lücke voraus. Kaum ein zweites Teilgebiet des Schadenersatzrechts ist legistisch so umfassend und detailreich ausgeformt wie die Produkthaftung. Von einer Gesetzeslücke kann keine Rede (mehr) sein.

Mit der Produkthaftungs-RL sollte eine sog Totalharmonisierung erreicht werden.[35] Das bedeutet, dass nicht nur Regelungen unzulässig sind, die hinter dem Standard der RL zurückbleiben. Grundsätzlich sind auch strengere nationale Vorschriften nicht mehr möglich.[36] Das Gebot der Totalharmonisierung könnte man prima facie so verstehen, dass der nationale Gesetzgeber strengere Bestimmungen betreffend den Produktschaden des Unternehmers *nicht* vorsehen dürfe. Weitergehende Haftungen könnten in diesem Fall aus der „Konstruktion über den Vertrag mit Schutzwirkung zugunsten Dritter" schon deshalb nicht abgeleitet werden, weil eine höchstrichterliche Rechtsfortbildung nicht Rechtsfolgen vorsehen kann, die der Gesetzgeber nicht vorsehen könnte.[37]

Nach dem Verständnis des EuGH erfasst die Produkthaftungs-RL indes den Sachschaden des Unternehmers nicht.[38] Eine Fortgeltung des Richterrechts kommt gleichwohl nicht in Betracht. Die Grundlage für die Fortentwicklung lieferte, um es neuerlich zu betonen, eine Gesetzeslücke. Diese Gesetzeslücke ist in einem umfassenden Sinn beseitigt worden. Aus dem PHG ergibt sich, welche Schäden nach dem Willen des Gesetzgebers auszugleichen sind. Bestimmte Schäden des Unternehmers sind zu ersetzen, für andere Schäden trifft dies nicht zu. Der Rechtsanwender hat zur Kenntnis zu nehmen, dass die verschuldensunabhängige Herstellerhaftung begrenzt ist; der

28) Siehe oben FN 21, 23.
29) Zur Kritik an § 1315 ABGB in neuerer Zeit vgl etwa *Harrer/Neumayr*, Die Haftung des Unternehmers für Gehilfen, wbl 2006, 493 ff.
30) AM *Karollus* (oben FN 26 f).
31) So schon *Hanreich* in einem nicht veröffentlichten Vortrag; Bericht über diesen Vortrag bei *Karollus*, Produkthaftung 43 ff; vgl auch OGH 20. 6. 1991, 6 Ob 568/91 SZ 64/82: Einer solchen Konstruktion zugunsten des Konsumenten bedarf es wohl nicht mehr.
32) Siehe oben FN 20.
33) Siehe oben FN 21.
34) Formulierung von *Welser/Rabl*, PHG² Vorbem Rz 8.
35) EuGH 25. 4. 2002, C-52/00, *Kommission/Frankreich*, Slg 2002, I-3827; 25. 4. 2002, C-154/00, *Kommission/Griechenland*, Slg 2002, I-3879; 25. 4. 2002, C-183/00, *Sánchez/Medicina Asturiana SA*, Slg 2002, I-3901.
36) *Spitzer*, Der Unternehmer im PHG, JBl 2003, 414 (415 f).
37) Vgl auch *Mair*, Vollharmonisierung des Schadensbegriffs in der Produkthaftung? ecolex 2009, 1006 ff.
38) EuGH 4. 6. 2009, C-285/08, *Moteurs Leroy Somer/Dalkia France*, Ace Europe, Slg 2009, I-4733.

Meine Notizen:

Sachschaden des Unternehmers liefert einen Beleg. Der Hinweis, dass es früher besser war,[39] rechtfertigt eine Korrektur nicht.

IV. Variante

In der Fallvariante hat der Vertragspartner des X seinen Sitz in München, der Hersteller in Frankfurt a.M. Zu prüfen ist das auf die Parteien des Kaufvertrages (X-Y) anzuwendende Recht.

Nach Art 3 Abs 1 Rom I-VO unterliegt ein Vertrag dem Recht, das die Parteien wählen. Von einer Rechtswahl ist im Sachverhalt nicht die Rede. In diesem Fall wäre Art 4 Rom I-VO anzuwenden. Nach Art 4 Abs 1 lit a Rom I-VO unterliegen Kaufverträge über bewegliche Sachen dem Recht des Staates, in dem der Verkäufer seinen gewöhnlichen Aufenthalt hat. Danach wäre deutsches Recht maßgeblich.

Auf Kaufverträge über Waren zwischen Parteien, die ihre Niederlassung in verschiedenen Staaten haben, ist jedoch das Übereinkommen der Vereinten Nationen über Verträge über den internationalen Warenkauf (UN-KaufR)[40] anzuwenden,

a) wenn diese Staaten Vertragsstaaten sind

oder

b) wenn die Regeln des internationalen Privatrechts zur Anwendung des Rechts eines Vertragsstaates führen.

Österreich und Deutschland sind Vertragsstaaten.[41] Das UN-KaufR ist daher anzuwenden. Verschiedene Fragen regelt das UN-KaufR nicht (Beispiel: Verjährung).[42] Diese Themen sind gem Art 4 Abs 1 lit a Rom I-VO nach deutschem Recht zu beurteilen. Die schadenersatzrechtliche Verantwortlichkeit des Verkäufers fällt jedoch in den Anwendungsbereich des UN-KaufR.

Aktualisierungen

Zu **II. A.**: Seit Inkrafttreten des Gewährleistungsrichtlinien-Umsetzungsgesetzes (GRUG) mit 1. 1. 2022 heißt der sekundäre Gewährleistungsbehelf, mit dem der Gewährleistungsberechtigte sich vom gesamten Vertrag lösen kann, nicht mehr „Wandlung“, sondern **„Auflösung des Vertrags“** (s § 932 ABGB).

39) In diesem Sinn etwa *Karollus* (FN 26 f).
40) Dazu etwa die Übersicht bei *Welser/Zöchling-Jud,* Bürgerliches Recht II[14] (2015) Rz 815.
41) Das UN-KaufR ist zB abgedruckt im Kodex des österr Rechts, Bürgerliches Recht[56] 2020/21 oder im Kodex Unternehmensrecht[60] 2020/21; die Auflistung der Mitglieder findet sich nach Art 100 UN-KaufR.
42) *Musger* in KBB, ABGB[6] (2020) Art 4 Rom I-VO Rz 3.

Prüfer: Bernhard A. Koch, Christian Markl und Andreas Schwartze

✐ Meine Notizen:

Schriftliche Diplomprüfung

Innsbruck, Juni 2020

Schwerpunkte: Versendungskauf; Vertragsschluss; Verbraucher-/Unternehmergeschäft; Verzug; nachträgliche Unmöglichkeit; Gefahrtragung; Internationales Privatrecht; EKHG; Gefährdungshaftung; Haftungsbefreiung.

SACHVERHALT

Teil 1

R ist Rechtsanwältin in Telfs. Sie bestellt für ihre Kanzlei auf der Website des Buchhändlers **B** unter dem Namen „Dr. R" einen dreibändigen Kommentar zum KSchG an ihre Kanzleiadresse. Einen Tag später bestellt sie auf derselben Website mit demselben Kundenkonto auch noch eine zwölfbändige Gesamtausgabe der Werke von Günther Grass, die sie in ihrer privaten Wohnung in ihr Bücherregal stellen will. Der auf der Website angegebene Preis für den Kommentar beträgt € 900 und jener für die Grass-Gesamtausgabe € 299. Nachdem die zweite Bestellung eingegangen ist, verpackt ein Angestellter des **B** die beiden Werke in zwei Kartons, die er beide zur Post gibt. **R** erhält eine E-Mail des **B,** in der dieser die Versendung des Kommentars und der Gesamtausgabe anzeigt und auf die seiner Website zu entnehmenden Allgemeinen Geschäftsbedingungen verweist, in denen sich auch die Klausel „Die Ware bleibt bis zur vollständigen Bezahlung in unserem Eigentum" findet.

Vier Tage später wird der **R** durch die Post ein Paket zugestellt, welches vier Bände der Grass-Gesamtausgabe sowie zwei Bände des Kommentars enthält. Auf die zweite Sendung, in der sich die restlichen acht Bände der Gesamtausgabe sowie der fehlende Kommentarband befinden, wartet **R** vergeblich. Auf telefonische Nachfrage zehn Tage nach der zweiten Bestellung teilt **B** mit, dass er beide Schachteln zeitgleich zur Post gegeben habe. Aufgrund von Nachforschungen bei der Post am selben Tag stellt sich heraus, dass tatsächlich beide Kartons aufgegeben wurden, der zweite dann aber spurlos verschwunden ist.

Als **B** zwei Tage später die Bezahlung von € 1.199 einmahnt, teilt **R** ihm telefonisch mit, dass sie keinesfalls zahlen werde, solange sie keine vollständige Lieferung erhalten habe. **B** besteht jedoch weiterhin auf Bezahlung der gesamten Summe, weil die Ware nachweislich versendet worden ist.

Da **R** bald erkennt, dass sie die zwei Bände des Kommentars zum KSchG auf absehbare Zeit nicht benötigt, verkauft sie diese an ihren Anwaltskollegen **K,** der sie für € 400 mitnimmt.

→ Prüfen Sie die möglichen Ansprüche von **R** gegen **B.**
→ Prüfen Sie die möglichen Ansprüche von **B** gegen **R.**
→ Hat **K** Eigentum an dem Kommentar erlangt?
→ Welche Rechtsordnung(en) muss ein österreichisches Gericht auf die möglichen Ansprüche des **B** gegen die **R** anwenden, wenn **B** seinen Sitz in Rosenheim (Deutschland) hat?

Teil 2

Rechtsanwältin **R** fährt am Wochenende mit dem Auto ihres Lebensgefährten **L** von Telfs nach Innsbruck, um dort einige Einkäufe zu erledigen. Da sie mit dem Smartphone beschäftigt ist, lenkt sie ihr Auto versehentlich in die Gleise einer gerade entgegenkommenden Straßenbahn. Der Fahrer der Straßenbahn reagiert zwar schnellstmöglich, eine Kollision ist jedoch unvermeidlich. Am Auto des **L** entsteht ein Totalschaden. An der Straßenbahn der **V GmbH** konnten bloß relativ geringfügige Beschädigungen festgestellt werden, der Schaden beläuft sich auf 3.500 Euro.

→ Prüfen Sie die gegenseitigen Ansprüche zwischen **R, L** und der **V GmbH.**

Univ.-Prof. Dr. *Bernhard A. Koch,* LL. M. (Michigan), ao. Univ.-Prof. Dr. *Christian Markl* und Univ.-Prof. Dr. *Andreas Schwartze,* LL. M. (EHI), lehren Bürgerliches Recht an der Universität Innsbruck.

✐ Meine Notizen:

MUSTERLÖSUNG

Von Eva Maria Huber, Christoph Kronthaler und Kristin Nemeth

Teil 1

A. Vertragsrechtliche Ausgangslage

Rechtsanwältin **R** bestellt auf der Website des Buchhändlers **B** einen dreibändigen Kommentar zum KSchG und einen Tag später auch noch eine zwölfbändige Gesamtausgabe der Werke von Günther Grass. Das gültige Zustandekommen vorausgesetzt (dazu sogleich unten), liegen zwei getrennt voneinander zu beurteilende Kaufverträge vor. Die Rechtsanwältin **R** gibt Willenserklärungen an zwei aufeinanderfolgenden Tagen ab.[1)]

Kaufverträge sind Konsensualverträge; sie kommen durch übereinstimmende Willenserklärungen in Form von Angebot (Antrag) und Annahme zustande (§ 861 ABGB).

1) Angebot

Die Warenpräsentation auf der Website des Buchhändlers **B** ist nach hM[2)] grundsätzlich noch kein (bindendes) Angebot, sondern lediglich eine invitatio ad offerendum. Die Rechtsanwältin **R** stellt **Angebote** durch die **Bestellungen** im Webshop des Buchhändlers **B.** Die Angebote der Rechtsanwältin **R** erfüllen alle Wirksamkeitsvoraussetzungen. Sie enthalten die wesentlichen Vertragsbestandteile (essentialia negotii), Kaufgegenstand und Kaufpreis, und sind damit inhaltlich ausreichend bestimmt.[3)] Der rechtsgeschäftliche Bindungswille der Rechtsanwältin **R** ist ebenfalls zu bejahen; sie gibt durch ihre Bestellung eindeutig zu erkennen, dass sie den Kommentar und die Gesamtausgabe zu dem auf der Website des Buchhändlers **B** ausgewiesenen Preis erwerben will.[4)] Aus dem Sachverhalt geht auch hervor, dass die Angebote der Rechtsanwältin **R** dem Buchhändler **B** zugehen. Das Angebot der **R** ist somit bindend.[5)]

2) Annahme

Der Buchhändler **B** nimmt die Angebote der Rechtsanwältin **R** nicht ausdrücklich durch eine Annahmeerklärung, sondern durch **Willensbetätigung iSd § 864 Abs 1 ABGB** an (sog „stille Annahme").[6)] Im Internetversandhandel ist eine ausdrückliche Erklärung der Annahme nach der Natur des Geschäfts und der Verkehrssitte nicht zu erwarten. Die Kaufverträge kommen im vorliegenden Fall dadurch zustande, dass **B** den Bestellungen der **R** innerhalb einer angemessenen Frist tatsächlich und mit Annahmewillen entspricht.[7)] Die Annahme erfolgt rechtzeitig, da der dreibändige KSchG-Kommentar einen Tag nach der Bestellung verpackt und zur Post gegeben wird. Dies gilt umso mehr für die zwölfbändige Gesamtausgabe der Werke von Günther Grass, die noch am Tag der Bestellung versendet wird.

3) Zwischenergebnis

Zwischen der Rechtsanwältin **R** und dem Buchhändler **B** sind **zwei Kaufverträge gültig zustande gekommen:** ein Kaufvertrag über einen dreibändigen KSchG-Kommentar und ein Kaufvertrag über eine zwölfbändige Gesamtausgabe der Werke von Günther Grass.

4) Unterschiedliche Zwecksetzung der beiden Kaufverträge

R bestellt den dreibändigen KSchG-Kommentar „für ihre Kanzlei", die zwölfbändige Gesamtausgabe der Werke von Günther Grass möchte sie hingegen „in ihrer privaten Wohnung in ihr Bücherregal stellen".

Univ.-Ass.in Mag.a *Eva Maria Huber,* Univ.-Ass. (Postdoc), Dr. *Christoph Kronthaler* und Ass.-Prof.in Dr.in *Kristin Nemeth,* LL.M. (EHI), sind am Institut für Zivilrecht der Universität Innsbruck tätig.

1) Daher wäre es unrichtig, wenn man in der Lösung vertreten würde, dass bloß ein Kaufvertrag vorliegt.
2) *Wiebe* in *Kletečka/Schauer,* ABGB-ON[1.03] § 861 Rz 19 mwN. Dafür, die im Onlineshop präsentierten Waren noch nicht als Angebot zu werten, sondern als invitatio ad offerendum, spricht uE vor allem, dass dem Anbieter dadurch die Möglichkeit zur Auswahl seiner Kunden verbleibt.
3) Vgl *Welser/Kletečka,* BR I[15] (2018) Rz 401; *P. Bydlinski,* AT[8] (2018) Rz 6/7.
4) Dazu *Welser/Kletečka,* BR I[15] Rz 402; *P. Bydlinski,* AT[8] Rz 6/8.
5) *Welser/Kletečka,* BR I[15] Rz 358, 407; *P. Bydlinski,* AT[8] Rz 6/9.
6) Vgl *Welser/Kletečka,* BR I[15] Rz 405 (Kleindruck).
7) *Welser/Kletečka,* BR I[15] Rz 405; *P. Bydlinski,* AT[8] Rz 6/18.

Meine Notizen:

Als Rechtsanwältin ist **R** Unternehmerin iSd § 1 Abs 1 Z 1 KSchG. Der Kauf eines KSchG-Kommentars gehört eindeutig zum Betrieb ihres Unternehmens. Da es sich beim Buchhändler **B** ebenfalls um einen Unternehmer handelt, ist der Kaufvertrag über den KSchG-Kommentar ein **beidseitig unternehmensbezogenes Rechtsgeschäft.** Im Gegensatz dazu stellt der Kauf der Gesamtausgabe der Werke von Günther Grass ein **Verbrauchergeschäft** dar. Es handelt sich um ein Rechtsgeschäft, an dem „einerseits jemand, für den das Geschäft zum Betrieb seines Unternehmens gehört" (= Unternehmer iSd KSchG; vgl § 1 Abs 1 Z 1 KSchG), und „andererseits jemand, für den dies nicht zutrifft" (= Verbraucher; § 1 Abs 1 Z 2 KSchG), beteiligt ist.[8] **R** ist zwar grundsätzlich Unternehmerin; jedoch fehlt es bei dem Kaufvertrag über die Gesamtausgabe der Werke von Günther Grass an der Betriebsbezogenheit, weswegen sie im Rahmen dieses Geschäfts als Verbraucherin iSd § 1 Abs 1 Z 2 KSchG anzusehen ist.[9]

5) Wirksamkeit des Eigentumsvorbehalts in Allgemeinen Geschäftsbedingungen (AGB)

Einbeziehungskontrolle: Die Verwendung von AGB ist gerade im unternehmerischen Rechtsverkehr verkehrsüblich. In Webshops wird während des Bestellvorganges typischerweise eine Bestätigung sowohl über die inhaltliche Kenntnisnahme der AGB als auch über die Zustimmung zu deren Verwendung verlangt (= ausdrückliche Zustimmung). Selbst wenn man nicht auf den praktischen Regelfall abstellt, kann davon ausgegangen werden, dass die AGB konkludent in den Vertrag einbezogen wurden. Die Veröffentlichung der AGB auf der Website kann als konkludentes Einbeziehungsbegehren[10] des Buchhändlers **B** ausgelegt werden. Für **R** war erkennbar,[11] dass **B** nur zu seinen AGB kontrahieren möchte. Die Rechtsanwältin **R** „unterwirft" sich schlüssig den AGB des Buchhändlers **B. R** kann vor ihrem Angebot Kenntnis vom Inhalt der AGB nehmen,[12] weil diese laut Sachverhalt auf der Website des Buchhändlers **B** abrufbar sind. Im Ergebnis stellt die **R** ihr Angebot somit auf dieser Grundlage und die AGB werden zum Vertragsbestandteil.

Da die Vereinbarung eines Eigentumsvorbehalts in AGB weder ungewöhnlich noch nachteilig[13] ist, scheitert die betreffende Klausel nicht an der Geltungskontrolle des § 864 a ABGB.[14] Sie passiert überdies die Inhaltskontrolle (§ 879 Abs 3 ABGB),[15] weil sie die Rechtsanwältin **R** nicht gröblich benachteiligt. Der Eigentumsvorbehalt ist folglich wirksam vereinbart.

B. R gegen B auf Lieferung des fehlenden Bandes des KSchG-Kommentars aus Kaufvertrag (§ 1061 iVm § 1047 ABGB)

1) Pflichten aus dem Kaufvertrag

Die aus dem Kaufvertrag geschuldete Hauptleistungspflicht des Buchhändlers **B** besteht darin, der Rechtsanwältin **R** lastenfreies Eigentum und Besitz am KSchG-Kommentar zu verschaffen (§ 1061 iVm § 1047 ABGB).

Die Parteien haben die **Versendung der Kaufsache** vereinbart (= Schickschuld). Bei einer solchen liegt der Erfüllungsort am Niederlassungsort des Buchhändlers **B** (§ 429 iVm § 905 Abs 3 ABGB).[16] Den Buchhändler **B** trifft bei einer Schickschuld die Verpflichtung, die Kaufsache an die Rechtsanwältin **R** zu versenden („Absendepflicht").[17] Mit der Absendung (= Aushändigung der Kaufsache an die mit der Übersendung betraute Person) ist das vertragliche Pflichtenprogramm an sich bereits absolviert.

8) *Welser/Zöchling-Jud,* BR II[14] (2015) Rz 1175; *Kronthaler* in GeKo Wohnrecht II § 6 KSchG Rz 28.
9) ZB *Krejci* in *Rummel*[3] § 1 KSchG Rz 9; *Kronthaler* in GeKo Wohnrecht II § 6 KSchG Rz 28.
10) Dazu *G. Graf* in *Kletečka/Schauer,* ABGB-ON[1.05] § 864 a Rz 6; vgl auch *Welser/Kletečka,* BR I[15] Rz 431; *P. Bydlinski,* AT[8] Rz 6/24.
11) Gemessen am Maßstab einer redlichen Erklärungsempfängerin.
12) Zum Erfordernis einer Möglichkeit zur Kenntnisnahme *Welser/Kletečka,* BR I[15] Rz 431; *P. Bydlinski,* AT[8] Rz 6/24; RIS-Justiz RS0014506. Zweifelnd *Rummel* in *Rummel/Lukas*[4] § 864 a Rz 9.
13) *Schwartze* in *Fenyves/Kerschner/Vonkilch,* Klang[3] § 1063 Rz 31. Mit dem Eigentumsvorbehalt wird nur das vom Gesetz vorgesehene Zug-um-Zug-Prinzip bis zur vollständigen Kaufpreiszahlung erstreckt (vgl zB *Welser/Kletečka,* BR I[15] Rz 1314, 1317; *Aicher* in *Rummel/Lukas*[4] § 1063 Rz 33).
14) Allgemein zur Geltungskontrolle *Welser/Kletečka,* BR I[15] Rz 432; *P. Bydlinski,* AT[8] Rz 6/26. § 864 a ABGB kommt auch auf Rechtsgeschäfte zwischen zwei Unternehmern zur Anwendung (OGH 8 Ob 93/08 x RdW 2009, 269; RIS-Justiz RS0014612).
15) Dazu *Welser/Kletečka,* BR I[15] Rz 435 f; *P. Bydlinski,* AT[8] Rz 6/29 ff.
16) *Welser/Zöchling-Jud,* BR II[14] Rz 151, 225; *Dullinger,* SchR AT[6] (2017) Rz 2/56.
17) *Dullinger,* SchR AT[6] Rz 2/56; *Kietaibl* in *Kletečka/Schauer,* ABGB-ON[1.05] § 905 Rz 15.

Meine Notizen:

2) Modifikation der Erfüllungspflicht

Fraglich ist allerdings, welche schuldrechtlichen Konsequenzen sich aus der Vereinbarung des **Eigentumsvorbehalts** ergeben. Hat der Buchhändler **B** trotz Eigentumsvorbehalt vollständig erfüllt oder verändert der Eigentumsvorbehalt das vertragliche Pflichtenprogramm? Die Frage ist uE in letzterem Sinn zu beantworten. Die Vereinbarung eines Eigentumsvorbehalts bewirkt eine Modifikation der Erfüllungspflicht des Verkäufers. Dieser muss dem Käufer zunächst nur die Innehabung und aufschiebend bedingtes Eigentum (= Anwartschaftsrecht) an der Kaufsache verschaffen. Vor dem Bedingungseintritt hat der Verkäufer somit noch nicht erfüllt.[18)]

Hinweis: Ohne Eigentumsvorbehalt hätte der Verkäufer, also der Buchhändler **B,** mit der Absendung nach richtiger Auffassung[19)] voll erfüllt. Die Leistungspflicht des Verkäufers wäre damit erloschen (§ 1412 ABGB). Die Rechtsanwältin **R** würde mit der Aushändigung des KSchG-Kommentars „an eine mit der Übersendung betraute Person" zur Eigentümerin. Ab diesem Zeitpunkt müsste für die Rechtsanwältin **R** die Regel des § 1311 Satz 1 ABGB (casum sentit dominus) gelten. Der Verlust des Kommentarbandes ginge folglich zu ihren Lasten; sie müsste den Kaufpreis vollständig bezahlen.

3) Gefahrtragung (Leistungs- und Preisgefahr)

Da der Buchhändler **B** den Kaufvertrag über den dreibändigen KSchG-Kommentar, wie gesagt, noch nicht zur Gänze erfüllt hat, stellt sich die Frage nach der **Gefahrtragung** (periculum obligationis).[20)] Die Vereinbarung eines Eigentumsvorbehalts hat **keinen Einfluss auf den Zeitpunkt des Gefahrenübergangs.**[21)] Beim Versendungskauf geht die Gefahr mit der Übergabe gem § 429 ABGB auf den Käufer über (§ 905 Abs 3 ABGB).[22)] Die Gefahr des zufälligen[23)] Unterganges der Kaufsache geht mit der Absendung vom Buchhändler **B** auf die Rechtsanwältin **R** über (der Eigentumsübergang ist aufgrund des Eigentumsvorbehalts vom Gefahrenübergang getrennt). Den Buchhändler **B** trifft keine neuerliche Leistungspflicht (arg: konzentrierte Gattungsschuld[24)]); er muss den fehlenden Band des KSchG-Kommentars also **nicht neuerlich liefern.**[25)] Die Rechtsanwältin **R** trägt die **Preisgefahr,**[26)] dh sie muss den vollen Kaufpreis bezahlen, obwohl sie die Gegenleistung nicht vollständig erhalten hat.

C. R gegen B auf Lieferung der fehlenden Bände der Grass-Gesamtausgabe aus Kaufvertrag (§ 1061 iVm § 1047 ABGB)

1) Pflichtenprogramm aus dem Kaufvertrag

Auch beim **Kaufvertrag mit Verbraucherbeteiligung** besteht die Hauptleistungspflicht darin, dass **B** der **R** lastenfreies Eigentum und freien Besitz an der Gesamtausgabe der Werke von Günther Grass verschafft (§ 1061 iVm § 1047 ABGB). Es handelt sich, wie oben bereits gesagt, um einen **Verbraucherversendungskauf.**

2) Die Auswirkungen der Sonderbestimmung des § 7 b KSchG auf den Erfüllungsort

Für Verbraucherversendungskäufe[27)] findet sich in **§ 7 b KSchG** eine Sonderbestimmung. Versendet ein Unternehmer Waren an einen Verbraucher, kommt es erst mit der **Ablieferung** an den Verbraucher zum **Gefahrenübergang.** Wenn nichts anderes vereinbart wird (Eigentumsvorbehalt), erwirbt der Verbraucher abweichend von § 429 ABGB erst mit der Ablieferung das Eigentum an den übersendeten Waren.

---

18) So richtig *F. Bydlinski* in *Klang* IV/2² 493; *Aicher* in *Rummel/Lukas*⁴ § 1063 Rz 53; *Schwartze* in *Fenyves/Kerschner/Vonkilch,* Klang³ § 1063 Rz 31.
19) Zutreffend *Holzner* in *Rummel/Lukas*⁴ § 429 Rz 1.
20) **Wichtiger Hinweis:** Die Frage nach der Gefahrtragung stellt sich ausschließlich für jenen Zeitraum, in welchem der Verkäufer noch nicht vollständig erfüllt hat (*Ch. Rabl,* Die Gefahrtragung beim Kauf [2002] 3). Ist die Sache bereits vor Vertragsabschluss untergegangen, kommt bei Verschulden eine Haftung des Verkäufers aus culpa in contrahendo in Betracht (*Welser/Kletečka,* BR I¹⁵ Rz 546 ff; *P. Bydlinski,* AT⁸ Rz 7/16; *Dullinger,* SchR AT⁶ Rz 3/57).
21) *Rabl/Riedler,* SchR BT⁶ (2017) Rz 1/14; *Aicher* in *Rummel/Lukas*⁴ §§ 1048–1051 Rz 11; *Schwartze* in *Fenyves/Kerschner/Vonkilch,* Klang³ § 1064 Rz 2.
22) *Welser/Zöchling-Jud,* BR II¹⁴ Rz 225; *Dullinger,* SchR AT⁶ Rz 2/56.
23) Die Post ist dem Buchhändler **B** bei einer Schickschuld nicht als Erfüllungsgehilfin gem § 1313 a ABGB zurechenbar.
24) Zur Konzentration (Konkretisierung) einer Gattungsschuld *Welser/Zöchling-Jud,* BR II¹⁴ Rz 119 f, 207; *Dullinger,* SchR AT⁶ Rz 3/39.
25) Vgl *Apathy/Perner* in KBB⁶ §§ 1048–1049 Rz 1.
26) **Beachte:** Die Preisgefahr ist ausschließlich bei gegenseitigen Verträgen (hier: Kaufvertrag) von Relevanz.
27) Aber auch für Werklieferungsverträge (*Kronthaler/Schwangler,* ZfRV 2017, 280).

Meine Notizen:

Da den Verkäufer nach Art 18 der Verbraucherrechte-RL eine „Lieferungspflicht" trifft, ist beim Verbraucherversendungskauf von einer **Bringschuld** auszugehen.[28] Dies hat zur Folge, dass der (Wohn-)Sitz des Gläubigers der Erfüllungsort ist.[29]

3) (Teil-)Verzug und Rechtsfolgen

R erhält lediglich vier von zwölf Bänden der Gesamtausgabe. Damit hat **B** die Pflichten aus dem Kaufvertrag bloß teilweise erfüllt. Hinsichtlich der fehlenden acht Bände der Gesamtausgabe befindet sich **B** in **(Teil-)Verzug.**[30] Es stellt sich damit die Frage nach der Teilbarkeit der Leistung. UE ist die Leistung unteilbar, weil es dem Vertragszweck entsprechen dürfte, eine Gesamtausgabe zu erhalten. **R** hätte ja die Möglichkeit gehabt, ausgewählte Werke (zB ein einzeln abgedrucktes Gedicht) zu erwerben.

Bei Unteilbarkeit der Leistung kann **R** auf vollständige Erfüllung bestehen (= Lieferungsanspruch) oder unter Setzung einer angemessenen Nachfrist vom Vertrag zurücktreten (§ 918 Abs 1 ABGB).

4) Exkurs: Ersatz des Verspätungs- oder Nichterfüllungsschadens?

Aus dem Sachverhalt lässt sich nicht ableiten, ob sich der Buchhändler **B** in objektivem oder subjektivem Verzug befindet. Die Post wird dem Buchhändler **B** zwar als Erfüllungsgehilfin (§ 1313 a ABGB) zugerechnet, allerdings finden sich im Sachverhalt keine Hinweise auf ein Verschulden der Post am Verschwinden des Pakets. Es liegt eine **Non-liquet-Situation** vor, die zulasten der mit der Beweispflicht belasteten Partei zu lösen ist. § 1298 ABGB weist dem Buchhändler **B** im hier betroffenen vertraglichen Bereich die Beweislast zu: Er muss beweisen, dass ihn an der Pflichtverletzung kein Verschulden trifft. Da der Sachverhalt aber keinen Anhaltspunkt enthält, dass die Rechtsanwältin **R** einen allfälligen Verspätungs- oder Nichterfüllungsschaden erlitten habe, braucht diese Frage nicht weiter verfolgt zu werden.

D. B gegen R auf Zahlung des Kaufpreises iHv 900 Euro für den KSchG-Kommentar aus Kaufvertrag (§ 1062 ABGB)

Zur Absolvierung des **vertraglichen Pflichtenprogramms** des Buchhändlers **B** mit Absendung des Kommentars an die Rechtsanwältin **R** s bereits oben Pkt B.1.

Wie oben bereits ausgeführt (Pkt B.3.), trägt Rechtsanwältin **R** die **Preisgefahr,** dh sie muss den vollen Kaufpreis bezahlen, obwohl sie die Gegenleistung vom Buchhändler **B** nicht vollständig erhalten hat.

E. B gegen R auf Zahlung des Kaufpreises iHv 299 Euro für die Grass-Gesamtausgabe aus Kaufvertrag (§ 1062 ABGB)

Zum **wirksamen Zustandekommen des Kaufvertrags** und dem **vertraglichen Pflichtenprogramm** des Buchhändlers **B** s bereits oben Pkt C.

1) Einrede des nicht gehörig erfüllten Vertrags

Die Rechtsanwältin **R** kann, wenn sie die **Nachlieferung** der fehlenden Bände der Gesamtausgabe verlangt, dem Zahlungsbegehren des Buchhändlers **B** die Einrede des nicht gehörig erfüllten Vertrags (§ 1052 Satz 1 ABGB) entgegenhalten. Obwohl die Rechtsanwältin **R** bereits vier Bände erhalten hat, kann sie auch bei dieser nur teilweisen Nichterfüllung die gesamte Gegenleistung zurückbehalten.[31]

Ergebnis: Die Rechtsanwältin **R** kann dem Zahlungsbegehren des Buchhändlers **B** die Einrede des nicht gehörig erfüllten Vertrags (§ 1052 Satz 1 ABGB) entgegenhalten. Sobald der Buchhändler **B** der Rechtsanwältin **R** ein reales Leistungsangebot der fehlenden acht Bände der Gesamtausgabe der Werke von Günther Grass macht, muss die Rechtsanwältin **R** Zug-um-Zug leisten.

---

28) *Kronthaler/Schwangler,* ÖJZ 2016, 437 ff; *dies,* ZfRV 2017, 284 f; *Welser/Kletečka,* BR I[15] Rz 857/3; *Schwartze* in *Fenyves/Kerschner/Vonkilch,* Klang[3] § 1061 Rz 19; aA *Apathy* in *Schwimann/Kodek* Va[4] § 7 a KSchG Rz 3 (qualifizierte Schickschuld); OGH 9 Ob 8/18 v VbR 2018, 147 (die E übersieht allerdings, dass Art 18 Verbraucherrechte-RL eine Lieferpflicht an den Verbraucher vorsieht und das Pflichtenprogramm des Unternehmers damit über eine bloße Absendepflicht hinausreicht).

29) Zum Erfüllungsort (Leistungsort) bei der Bringschuld *Welser/Zöchling-Jud,* BR II[14] Rz 151; *Dullinger,* SchR AT[6] Rz 2/55.

30) Da der Buchhändler **B** die Gesamtausgabe vollständig abliefern muss (= Bringschuld), hat keine Konzentration (Konkretisierung) der Gattungsschuld stattgefunden. Daher gilt der Grundsatz „genus non perit" und es liegt kein Fall der Unmöglichkeit vor.

31) *Laimer/Schwartze* in *Fenyves/Kerschner/Vonkilch,* Klang[3] § 1052 Rz 44.

Meine Notizen:

2) Exkurs: Rücktritt gem § 11 Abs 1 FAGG

Ein Verbraucher kann binnen 14 Tagen ohne die Angabe von Gründen von einem Fernabsatzvertrag (dazu § 3 Z 2 FAGG) zurücktreten. Am Tag der Einmahnung (laut Sachverhalt 8 Tage nach Ablieferung; vgl § 11 Abs 2 Z 2 lit a FAGG [*„Besitz an der Ware"*]) war die Rücktrittsfrist jedenfalls noch nicht abgelaufen (unabhängig davon, ob der Buchhändler **B** seiner gesetzlichen Informationspflicht nachgekommen ist oder nicht). Die Ausübung des Rücktrittsrechts ist an keine bestimmte Form gebunden. Der Rücktritt erfolgt rechtzeitig, wenn der Verbraucher seine Rücktrittserklärung innerhalb der Frist absendet (§ 13 Abs 1 FAGG). Gem § 15 Abs 1 hat der Verbraucher, wenn er vom Kaufvertrag zurücktritt, die Kaufsache unverzüglich, jedenfalls innerhalb von 14 Tagen ab Abgabe der Rücktrittserklärung, an den Unternehmer zurückzustellen. Rechtzeitige Absendung genügt. Grundsätzlich trägt der Verbraucher die Kosten für die Rücksendung (§ 15 Abs 2 FAGG). Die Rechtsanwältin **R** könnte also gem § 11 Abs 1 FAGG vom Kaufvertrag mit dem Buchhändler **B** über die Grass-Gesamtausgabe zurücktreten. Damit könnte die Rechtsanwältin **R** ihre Zahlungspflicht beseitigen; sie müsste dann die vier erhaltenen Bände auf ihre Kosten an den Buchhändler **B** zurücksenden.[32)]

F. Hat K Eigentum an dem Kommentar erlangt?

1) Derivativer Eigentumserwerb

Ein derivativer Eigentumserwerb durch den Anwaltskollegen **K** setzt
- einen objektiv gültigen, für den Eigentumserwerb tauglichen Titel (vgl § 1461 ABGB),
- ein wirksames Verfügungsgeschäft (dingliche Einigung),[33)]
- die Übergabe der Sache (§§ 426 ff ABGB) und
- die Berechtigung des Vormannes (oder eine Verfügungsermächtigung)[34)]

voraus.

Die Rechtsanwältin **R** ist aufgrund des wirksamen (einfachen) Eigentumsvorbehalts noch nicht zur Eigentümerin der Kommentarbände geworden; sie hat auch keine Verfügungsermächtigung vom Eigentümer erhalten, dem Buchhändler **B.** Es fehlt daher an der für einen derivativen Eigentumserwerb erforderlichen **Berechtigung des „Vormannes"** (hier: der Rechtsanwältin **R**), wodurch der Anwaltskollege **K** auf derivativem Wege kein Eigentum erlangt.

2) Gutgläubiger (originärer) Eigentumserwerb

Der Anwaltskollege **K** könnte nach § 367 Abs 1 ABGB gutgläubig Eigentum an den Kommentarbänden erworben haben. Dafür müssten folgende Voraussetzungen erfüllt sein:
- bewegliche körperliche Sache,
- objektiv gültiger, zur Eigentumsverschaffung geeigneter Titel,
- entgeltliches Geschäft,
- Redlichkeit des Erwerbers,
- Übergabe der Sache und
- Vorliegen einer der drei[35)] in § 367 Abs 1 ABGB aufgezählten Alternativen.[36)]

Bei den beiden Bänden des KSchG-Kommentars handelt es sich zweifellos um bewegliche körperliche Sachen. Die Rechtsanwältin **R** hat mit ihrem Anwaltskollegen **K** einen Kaufvertrag abgeschlossen. Damit ist ein für den Erwerb des Eigentums tauglicher Titel vorhanden; aus dem Sachverhalt ergeben sich keine Bedenken hinsichtlich der Wirksamkeit des Vertrags. Auch die Tatbestandsvoraussetzung der Entgeltlichkeit ist verwirklicht. Die beiden Bände des KSchG-Kommentars wurden vom Anwaltskollegen **K** sofort mitgenommen, folglich hat auch eine Übergabe von Hand zu Hand gem § 426 ABGB stattgefunden. Außerdem wurden die Kommentarbände von jemandem **(R)** erworben, dem sie der vorige Eigentümer **(B)** anvertraut hat. Das ist der Fall, weil der ursprüngliche Eigentümer **B** der Verkäuferin **R** die ausschließliche Gewahrsame an der Sache freiwillig übertragen hat.[37)]

---

32) Näher zum Rücktrittsrecht nach dem FAGG *Welser/Zöchling-Jud,* BR II[14] Rz 1288 ff.
33) *Welser/Kletečka,* BR I[15] Rz 1009; *Iro/Riss,* Sachenrecht[7] (2019) Rz 6/40.
34) Diese (vierte) Voraussetzung ergibt sich aus § 442 Satz 3 ABGB. Vgl auch *Welser/Kletečka,* BR I[15] Rz 1015.
35) Öffentliche Versteigerung, Erwerb vom Unternehmer oder Anvertrauen an den Veräußerer.
36) Ausführlich zum gutgläubigen Eigentumserwerb gem § 367 Abs 1 ABGB *Welser/Kletečka,* BR I[15] Rz 1038 ff; *Iro/Riss,* Sachenrecht[7] Rz 6/46 ff.
37) Vgl *Iro/Riss,* Sachenrecht[7] Rz 6/57; *Holzner* in *Kletečka/Schauer,* ABGB-ON[1.05] § 367 Rz 9.

G. Anwendbares Recht[38)]

Meine Notizen:

1) 1. Auslandsbezug

Die Rechtsanwältin **R** betreibt ihre Kanzlei in Telfs (Österreich). Mangels gegenteiliger Hinweise im Sachverhalt ist anzunehmen, dass **R** ihren gewöhnlichen Aufenthalt zum Zeitpunkt des Vertragsschlusses ebenfalls in Telfs hat. Der Unternehmenssitz des Buchhändlers **B** liegt in Rosenheim (Deutschland). Somit liegt ein Sachverhalt mit **Auslandsberührung** vor. Nach welchem Recht (allenfalls: welchen Rechten) der Sachverhalt materiellrechtlich zu beurteilen ist, richtet sich nach den am Gerichtsstand – hier: Österreich – geltenden kollisionsrechtlichen Normen.[39)]

2) Schuldrechtliche Anknüpfung

a) Auf den Kaufvertrag über den KSchG-Kommentar anwendbares Recht

Hinsichtlich des Kaufvertrags über den KSchG-Kommentar ist zunächst zu prüfen, ob er in den Anwendungsbereich des UN-KaufR fällt; dieses wäre als materielles Einheitsrecht direkt auf den Fall anzuwenden.

aa) Zum Anwendungsbereich

Vom **sachlichen Anwendungsbereich** des UN-KaufR werden gem Art 1 „Kaufverträge" über „Waren" erfasst.[40)] Der Inhalt beider Begriffe ist mangels entsprechender Legaldefinitionen durch (autonome) Auslegung zu ermitteln.[41)] Was den Kaufvertrag charakterisiert, lässt sich aus den in Art 30 und 53 normierten Pflichten der Vertragsparteien ableiten.[42)] Demnach ist ein Kaufvertrag ein Vertrag, bei dem der Verkäufer zur Lieferung von Ware (und ggf zur Übergabe der die Ware betreffenden Dokumente) sowie zur Übertragung des Eigentums an der Ware an den Käufer verpflichtet ist, wobei diesen im Gegenzug die Pflicht zur Annahme der Ware und zur Zahlung eines Kaufpreises trifft.[43)] Beim Kaufvertrag werden also Waren gegen Geld ausgetauscht.[44)] Unter den Kaufvertragsbegriff des UN-KaufR fallen auch die verschiedensten Unterarten von Kaufverträgen, wie auch der hier vorliegende Versendungskauf (vgl Art 31).[45)] Ob der Vertrag unter Anwesenden oder unter Verwendung von Fernkommunikationsmitteln geschlossen wurde, ist für die Anwendung des UN-KaufR unerheblich.[46)] Waren iSd UN-KaufR sind (jedenfalls) alle körperlichen, zum Zeitpunkt der Lieferung beweglichen Sachen.[47)] Die sachlichen Anwendungsvoraussetzungen liegen im konkreten Fall vor.

Auf **räumlich-persönlicher Ebene** wird die Anwendung des Übereinkommens auf jene Warenkaufverträge beschränkt, bei denen die Vertragsparteien ihre Niederlassung (zum Zeitpunkt der Angebotsstellung oder zum Zeitpunkt des Vertragsschlusses; dazu sogleich) in verschiedenen Staaten haben, wobei dieser Umstand aus Vertrauensschutzgründen für beide Vertragsparteien erkennbar sein muss.[48)] Weiters ist notwendig, dass die betroffenen Staaten zum Kreis der Vertragsstaaten des Übereinkommens zählen (Art 1 Abs 1 lit a) oder, subsidiär, das Kollisionsrecht zumindest auf das Recht eines Vertragsstaates verweist (Art 1 Abs 1 lit b).[49)] Der Sachverhalt fällt in den räumlich-persönlichen Anwendungsbereich des Übereinkom-

38) **Wichtiger Hinweis:** Aus didaktischen Gründen wird der Teil zum IPR in dieser Musterlösung wesentlich umfassender geprüft, als dies in der Diplomprüfung von Studierenden verlangt wird.

39) *Lurger/Melcher,* IPR² (2021) Rz 1/7; *Kerschner/Wagner,* IPR⁴ Rz 1/1 und 3/1; *Egglmeier-Schmolke,* IPR² 28.

40) Daneben schließt das Übereinkommen aber auch bestimmte gemischte Verträge in seinen Anwendungsbereich ein, vgl Art 3; s auch *Mistelis* in *Kröll/Mistelis/Perales Viscasillas,* UN-CISG² Art 1 Rz 25.

41) Statt vieler *Brunner,* UN-KaufR Art 2 Rz 1; *Saenger* in *Ferrari/Kieninger/Mankowski,* IVR³ Art 1 Rz 2.

42) *Mistelis* in *Kröll/Mistelis/Perales Viscasillas,* UN-CISG² Art 1 Rz 25; *Ferrari* in *Schlechtriem/Schwenzer/Schroeter,* UN-KaufR⁷ Art 1 Rz 13.

43) *Saenger* in *Ferrari/Kieninger/Mankowski,* IVR³ Art 1 Rz 3; *Brunner,* UN-KaufR Art 2 Rz 7.

44) *Ferrari* in *Schlechtriem/Schwenzer/Schroeter,* UN-KaufR⁷ Art 1 Rz 13; *Siehr* in *Honsell,* UN-KaufR² Art 2 Rz 1; *Mistelis* in *Kröll/Mistelis/Perales Viscasillas,* UN-CISG² Art 1 Rz 25.

45) Dazu, neben vielen anderen, *Ferrari* in *Schlechtriem/Schwenzer/Schroeter,* UN-KaufR⁷ Art 1 Rz 18.

46) *Piltz,* IKR² Rz 2/20; s etwa auch *Dornis* in *Honsell,* UN-KaufR² vor Art 14 Rz 2.

47) Vgl *Ferrari* in *Schlechtriem/Schwenzer/Schroeter,* UN-KaufR⁷ Art 1 Rz 34; *Siehr* in *Honsell,* UN-KaufR² Art 2 Rz 2; *Saenger* in *Ferrari/Kieninger/Mankowski,* IVR³ Art 1 Rz 6; *Piltz,* IKR² Rz 2/46. Zum Warenbegriff *Schwartze* in *Fenyves/Kerschner/Vonkilch,* Klang³ § 1053 Rz 8.

48) Zum Niederlassungsbegriff s *Ferrari* in *Schlechtriem/Schwenzer/Schroeter,* UN-KaufR⁷ Art 1 Rz 44 ff; zum maßgeblichen Zeitpunkt und zur Erkennbarkeit *ders* in *Schlechtriem/Schwenzer/Schroeter,* UN-KaufR⁷ Art 1 Rz 40, 48 und auch *Siehr* in *Honsell,* UN-KaufR² Art 1 Rz 11.

49) Die Qualifikation eines Staates als Vertragsstaat hängt in erster Linie davon ab, ob sich das Übereinkommen in einem Staat in Geltung befindet, s dazu *Piltz,* IKR² Rz 2/4; *Ferrari* in *Schlechtriem/Schwenzer/Schroeter,* UN-KaufR⁷ Art 1 Rz 64. Sekundär kann sich aber auch eine Erklärung nach Art 90 ff auf die Vertragsstaatseigenschaft eines Staates auswirken, dazu *Siehr* in *Honsell,* UN-KaufR² Art 1 Rz 7 ff; zum – hier unbeachtlichen – Vorbehalt nach Art 95 Deutschlands s etwa *Piltz,* IKR² Rz 2/12.

Meine Notizen:

mens, weil die Niederlassungen der Vertragsparteien zum Vertragsschlusszeitpunkt in Österreich **(R)** und in Deutschland **(B)** lagen und das Übereinkommen zu diesem Zeitpunkt in beiden Staaten galt (dazu sogleich). Dass die Niederlassung von **B** im Ausland liegt, war für **R** auf der Website von B ersichtlich; umgekehrt kannte auch **B** die in Österreich liegende Adresse der **R.**

Bei der zeitlichen Anwendbarkeit ist zwischen dem II. und dem III. Teil des Übereinkommens zu differenzieren. Teil II kommt zur Anwendung, wenn das Angebot zum Vertragsschluss bei oder nach Inkrafttreten des Übereinkommens in den Vertragsstaaten/dem Vertragsstaat gestellt wurde; Teil III gilt für an bzw nach diesem Stichtag geschlossene Verträge (*s* Art 100). In Österreich trat das Übereinkommen am 1. 1. 1989 in Kraft, in der Bundesrepublik Deutschland exakt zwei Jahre später.[50] Ob das Angebot vor oder nach dem 1. 1. 1991 gestellt bzw der Vertrag an oder nach diesem Tag geschlossen wurde, lässt sich mangels Angaben im Sachverhalt nicht feststellen. Eine dahingehende Annahme wäre – mit Blick auf den Prüfungstermin – aber wohl naheliegend. Für diese Annahme spricht tendenziell wohl auch, dass der Internethandel erst in den letzten Jahren einen erheblichen Aufschwung erlebt hat.

Die Parteien könnten die Anwendung des Übereinkommens durch eine entsprechende Vereinbarung ausschließen (Art 6), eine solche wurde im konkreten Fall aber nicht getroffen.

Zwischenergebnis: UN-KaufR ist anzuwenden. Somit richten sich folgende Fragen nach dem Übereinkommen: Ist der Kaufvertrag zwischen **R** und **B** wirksam zustande gekommen? Wurden die AGB zum Vertragsbestandteil? Welche Leistungspflichten treffen die beiden Vertragsparteien? Was sind die Rechtsfolgen der Nichterfüllung dieser Pflichten?

Achtung: Nicht vom Übereinkommen geregelt und daher gesondert anzuknüpfen sind die Voraussetzungen des Eigentumserwerbs und des Eigentumsvorbehalts (Art 4 lit b); s dazu unten 3.).[51]

bb) Zum Abschluss des Kaufvertrags

Wie im nationalen Recht kommt ein (Kauf-)Vertrag im Anwendungsbereich des UN-KaufR durch zwei übereinstimmende Willenserklärungen in Form von Angebot und Annahme zustande.[52] Bei der Warenpräsentation im Webshop handelt es sich um kein Angebot, sondern um eine invitatio ad offerendum (vgl Art 14 Abs 2).[53] Die Angebotsstellung erfolgt durch die Bestellung der **R** im Webshop von **B.** Das Angebot der **R** erfüllt alle Wirksamkeitsvoraussetzungen, weil

- es an **B** und damit an eine bestimmte Person gerichtet und inhaltlich ausreichend bestimmt ist – es bezeichnet Ware, Menge und Preis (ein dreibändiger KSchG-Kommentar zum im Webshop ausgewiesenen Preis),
- ein endgültiger Bindungswille der **R** vorliegt,
- es **B** zuging, wobei das Angebot mit Zugang an **B** gleichzeitig bindend für **R** wurde (s Art 14 Abs 1 iVm Art 15 Abs 1 und Art 24).

B nimmt das Angebot der **R** durch die Absendung der Ware am nächsten Tag, also innerhalb angemessener Frist, und somit rechtzeitig an (Art 18 iVm Art 23). Dogmatisch betrachtet gibt **B** seinen Annahmewillen durch ein *„sonstiges Verhalten"* nach Art 18 Abs 1 2. Fall kund.[54] Da in diesem Verhalten der Bindungswille des **B** zweifelsfrei zum Ausdruck kommt und die Annahmeerklärung dem Angebot inhaltlich entspricht, ist die Annahme wirksam.[55] Vom annahmegleichen Verhalten des **B** muss **R** nach Art 18 Abs 3 aufgrund eines entsprechenden Brauches im Internethandel ausnahmsweise keine Kenntnis erlangen (die Annahmehandlung ist also nicht „zugangsbedürftig"). Der Vertrag zwischen **R** und **B** kam daher bereits mit der Absendung der Ware zustande.

cc) Zur Einbeziehung der Allgemeinen Geschäftsbedingungen

Das UN-KaufR regelt nicht explizit, unter welchen Voraussetzungen AGB zum Vertragsinhalt werden. Entsprechende Regeln wurden deshalb von der Lehre entwickelt.

50) Für Österreich s BGBl 1988/96 aE, für Deutschland dBGBl 45/1990; Informationen zum Status enthält auch die Website der UNCITRAL, <uncitral.un.org/en/texts/salegoods/conventions/sale_of_goods/cisg/status>.
51) Zum sachlichen Geltungsbereich s Art 4; ferner *Siehr* in *Honsell,* UN-KaufR² Art 4 Rz 2 ff; *Djordjević* in *Kröll/Mistelis/Perales Viscasillas,* UN-CISG² Art 4 Rz 6 ff; *Piltz,* IKR² Rz 2/120 ff; *Brunner,* UN-KaufR Art 4 Rz 1 ff; *Posch* in *Schwimann/Kodek* IV⁴ Art 4 CISG Rz 2 ff.
52) *Dornis* in *Honsell,* UN-KaufR² vor Art 14 Rz 1; *Mankowski* in *Ferrari/Kieninger/Mankowski,* IVR³ Vor Art 14 Rz 6; *Schroeter* in *Schlechtriem/Schwenzer/Schroeter,* UN-KaufR⁷ Art 14 Rz 1 und Art 18 Rz 1.
53) Zur invitatio ad offerendum *Schroeter* in *Schlechtriem/Schwenzer/Schroeter,* UN-KaufR⁷ Art 14 Rz 98.
54) Zum annahmegleichen Verhalten *Dornis* in *Honsell,* UN-KaufR² Art 18 Rz 21.
55) Zu den Voraussetzungen einer wirksamen Annahmeerklärung *Dornis* in *Honsell,* UN-KaufR² Art 18 Rz 4.

Meine Notizen:

Die Mehrheit stützt diese Regeln auf Art 14 ff und Art 8 f; eine Mindermeinung zieht die allgemeinen Grundsätze des Übereinkommens heran.[56]

Wie im autonomen nationalen Recht gelten AGB als Vertragsbestandteile, die nur bei entsprechender Willenseinigung der Parteien Eingang in den Vertrag finden. Um vom Parteiwillen getragen zu sein, muss der AGB-Verwender zu erkennen geben, dass er zu seinen Bedingungen abschließen möchte, und der anderen Partei die Möglichkeit bieten, Kenntnis vom Inhalt der Bedingungen zu erlangen.[57] Das UN-KaufR nimmt grds eine Kenntnisverschaffungsobliegenheit des Verwenders an, wonach dieser die AGB der anderen Partei unaufgefordert zusenden oder auf andere Weise zugänglich zu machen hat.[58] Wird der Kaufvertrag über das Internet abgeschlossen (zB mittels Bestellformular), kommt der Verwender dieser Obliegenheit nach, wenn die AGB über einen Hyperlink ohne Schwierigkeiten zugänglich, abruf- und herunterladbar sind.[59] Schließlich muss die andere Partei der Einbeziehung der AGB in den Vertrag zustimmen. Beides dürfte aus den oben bereits genannten Gründen geschehen sein; hinsichtlich der Abrufbar- und Speicherbarkeit der AGB ergeben sich laut Sachverhalt keine Probleme.

Hinweis: Die Inhaltskontrolle der AGB ist vom Anwendungsbereich des UN-KaufR ausgeklammert und daher nach dem vom IPR berufenen Sachrecht zu beurteilen.[60] Dies wäre im vorliegenden Fall deutsches Recht (Art 4 Abs 1 lit a Rom I-VO).

Ergebnis: Der Kaufvertrag zwischen **R** und **B** über den dreibändigen KSchG-Kommentar kam wirksam zustande, die AGB wurden Vertragsbestandteil.

dd) Zum Schuldinhalt

Die Rechtsanwältin **R** ist aus dem Kaufvertrag zur Annahme des Kommentars und zur Zahlung des Kaufpreises an **B** verpflichtet (Art 53; zu Leistungszeit und -ort s Art 57 f).

Demgegenüber muss der Buchhändler **B** den dreibändigen Kommentar innerhalb einer angemessenen Frist an die Rechtsanwältin **R** „liefern" und ihr Eigentum daran verschaffen (Art 30 iVm Art 31 iVm Art 33 lit c). Die Lieferpflicht des Verkäufers besteht beim Versendungskauf – mangels anderer Vereinbarung – in einer Übergabepflicht an den ersten Beförderer.[61] Den Verkäufer trifft damit im Ergebnis nur eine Absendepflicht.[62] **B** ist dieser Pflicht durch die Übergabe der Kommentarbände an die Post nachgekommen.

ee) Zu den Folgen der Nichterfüllung

R erhält nur einen Teil der Bestellung, einer der drei Kommentarbände geht während des Transportes verloren. Der Verlust stellt rechtlich eine Form des Unterganges (und somit eine Leistungsstörung) dar.[63] Es stellt sich die Frage, wie sich dieser auf die Vertragsbeziehung zwischen **R** und **B** auswirkt.

Das UN-KaufR regelt in seinem IV. Kapitel (Art 66 – 70) den Übergang der Preisgefahr, eine Regelung zum Übergang der Leistungsgefahr fehlt.[64] Nach Ansicht der hL richtet sich allerdings auch die Leistungsgefahr nach denselben Regeln; beide Gefahren gehen daher gleichzeitig auf den Käufer über.[65]

Mangels vertraglicher Vereinbarung eines Übergabeortes trägt beim Versendungskauf der Käufer die Preisgefahr ab der Übergabe der Waren an den Beförderer, sofern die Waren vom Verkäufer ausreichend individualisiert wurden und Letzterer den Untergang der Waren nicht verursacht hat (Art 66 iVm Art 67).[66] Geht die Ware danach unter, schuldet der Käufer den vollen Kaufpreis, (und zwar, wegen des gleichzeitigen Überganges der Leistungsgefahr) ohne eine entsprechende Gegenleistung

56) *Schroeter* in *Schlechtriem/Schwenzer/Schroeter,* UN-KaufR[7] Art 14 Rz 117; vgl auch *Dornis* in *Honsell,* UN-KaufR[2] vor Art 14 Rz 6.
57) *Schroeter* in *Schlechtriem/Schwenzer/Schroeter,* UN-KaufR[7] Art 14 Rz 120; vgl auch *Mankowski* in *Ferrari/Kieninger/Mankowski,* IVR[3] Vor Art 14 Rz 26; *Dornis* in *Honsell,* UN-KaufR[2] Vor Art 14 Rz 7.
58) *Schroeter* in *Schlechtriem/Schwenzer/Schroeter,* UN-KaufR[7] Art 14 Rz 126 ff; *Mankowski* in *Ferrari/Kieninger/Mankowski,* IVR[3] vor Art 14 Rz 28, 30.
59) Vgl *Schroeter* in *Schlechtriem/Schwenzer/Schroeter,* UN-KaufR[7] Art 14 Rz 137.
60) *Ferrari* in *Schlechtriem/Schwenzer/Schroeter,* UN-KaufR[7] Art 4 Rz 20 und Vor Art 14 Rz 34 ff; *Brunner,* UN-KaufR Art 4 Rz 40; *Djordjević* in *Kröll/Mistelis/Perales Viscasillas,* UN-CISG[2] Art 4 Rz 24 f.
61) *Ernst/Lauko* in *Honsell,* UN-KaufR[2] Art 30 Rz 8; *Hachem* in *Schlechtriem/Schwenzer/Schroeter,* UN-KaufR[7] Art 67 Rz 12.
62) *Ernst/Lauko* in *Honsell,* UN-KaufR[2] Art 31 Rz 6.
63) Vgl *Schönle/Th. Koller* in *Honsell,* UN-KaufR[2] Art 66 Rz 17.
64) *Schönle/Th. Koller* in *Honsell,* UN-KaufR[2] Art 66 Rz 1.
65) *Schönle/Th. Koller* in *Honsell,* UN-KaufR[2] Art 66 Rz 2.
66) *Laimer/Schwartze* in *Fenyves/Kerschner/Vonkilch,* Klang[3] § 1048 – 1051 Rz 13.

Meine Notizen:

vom Verkäufer zu erhalten.[67] Obwohl die Art 66 f nur vom Untergang *„der Ware"* sprechen, erstreckt sich ihr Anwendungsbereich sowohl auf den gänzlichen als auch auf den teilweisen Untergang der Ware. Eine Ware gilt als ausreichend individualisiert iSd Bestimmung, wenn sie (etwa durch darauf angebrachte Zeichen) eindeutig dem Vertrag zuordenbar ist. Ein Beförderer ist jede selbstständige, vom Verkäufer unabhängige Person, die die Beförderung der Ware an den Käufer übernimmt.[68] Die Ware ist an den Beförderer übergeben, sobald dieser die Gewahrsame an ihr erlangt (Art 67 Abs 1).[69]

Da die Kommentarbände der Post – und somit einem vom Buchhändler unabhängigen und selbstständigen Beförderer – in deren ausschließliche Gewahrsame zur Übermittlung an die Rechtsanwältin übergeben wurden, die Ware wohl durch das sich (für gewöhnlich) auf der Verpackung befindende Adress-Etikett ausreichend individualisiert wurde, keine abweichende Parteienvereinbarung über den Übergabeort existiert und der Sachverhalt keinerlei Anhaltspunkte über ein zum Untergang der Sache führendes Verhalten des **B** hergibt, trägt **R** ab Übergabe der Kommentarbände an die Post das Verlustrisiko.

Ergebnis: **R** muss den vollen Kaufpreis an **B** leisten, auch wenn sie nur einen Teil der Ware erhält.

b) Auf den Kaufvertrag über die Grass-Gesamtausgabe anwendbares Recht

Zum grenzüberschreitenden Bezug s bereits oben. Einschlägiges Sachrecht oder relevante Eingriffsnormen sind nicht ersichtlich.

Hinweis: Das Rechtsgeschäft über die Grass-Gesamtausgabe fällt nicht in den Anwendungsbereich des UN-KaufR, weil **R** diese für den privaten Gebrauch geordert hat und dieser Umstand für **B** trotz Bestellung an die Kanzleiadresse der **R** erkennbar war; eine Rechtsanwältin kann ein Werk wie das bestellte in der Regel nur für private Zwecke nutzen.[70]

Das zwischen der Rechtsanwältin **R** und dem Buchhändler **B** bestehende Rechtsverhältnis (Kauf der Grass-Gesamtausgabe) fällt in den sachlichen Anwendungsbereich der Rom I-VO.[71]

Bei der Frage, ob neben dem sachlichen auch der zeitliche Anwendungsbereich gem Art 28 der Verordnung erfüllt ist (Vertragsschluss nach dem 16. 12. 2009), bleibt mangels Angaben im Sachverhalt Argumentationsspielraum. UE wäre es naheliegend, von einem Abschlusszeitpunkt zeitnah zum Prüfungstermin (Juni 2020) auszugehen. Für einen Vertragsschluss jedenfalls nach dem 16. 12. 2009 spricht tendenziell wohl auch, dass der Internethandel erst in den letzten Jahren einen erheblichen Aufschwung erlebt hat.

R und **B** haben keine Vereinbarung über das auf ihren Vertrag anwendbare Recht getroffen, was die subjektive Anknüpfung des Rechtsverhältnisses nach Art 3 Rom I-VO ausschließt. Somit ist objektiv anzuknüpfen.

Art 6 Abs 1 Rom I-VO enthält eine Sonderregelung für Verbraucherverträge. Die Rechtsanwältin **R** agiert im vorliegenden Vertrag als Verbraucherin iSd Norm, weil sie den Vertrag mit dem Buchhändler **B** über die Grass-Gesamtausgabe als natürliche Person zu privaten Zwecken abschließt (*arg* sie will diese in ihrer privaten Wohnung in ihr Bücherregal stellen). Die private Natur des Geschäftes war für **B** trotz der Bestellung an die Kanzleiadresse der **R** objektiv erkennbar; eine Rechtsanwältin kann ein Werk wie das bestellte in aller Regel nur für private Zwecke nutzen.[72] Der Buchhändler **B** erfüllt den Unternehmerbegriff des Art 6 Abs 1, weil er im Rahmen seines Geschäftsbetriebes und damit zu gewerblichen Zwecken mit **R** kontrahiert. **B** hat seine unternehmerische Tätigkeit – wie in Art 6 Abs 1 lit b Rom I-VO verlangt – auch auf den österreichischen Markt ausgerichtet, was durch die Bestellmöglichkeit auf seiner Website zum Ausdruck kommt. Der Vertrag mit **R** fällt in diesen Tätigkeitsbereich. Da alle Tatbestandsmerkmale erfüllt sind, gilt das Recht am gewöhnlichen Aufenthalt des Verbrauchers.

67) Dogmatisch gesehen verliert der Käufer die Einwendung des Unterganges der Ware gegen den Kaufpreisanspruch des Verkäufers. Einer Kaufpreisklage des Verkäufers könnte allenfalls Art 28 im Weg stehen, s *Hachem* in *Schlechtriem/Schwenzer/Schroeter,* UN-KaufR[7] Art 66 Rz 29 ff.

68) *Hachem* in *Schlechtriem/Schwenzer/Schroeter,* UN-KaufR[7] Art 67 Rz 12; *Schönle/Th. Koller* in *Honsell,* UN-KaufR[2] Art 67 Rz 20.

69) *Hachem* in *Schlechtriem/Schwenzer/Schroeter,* UN-KaufR[7] Art 67 Rz 17; *Schönle/Th. Koller* in *Honsell,* UN-KaufR[2] Art 67 Rz 17.

70) Vgl auch *Siehr* in *Honsell,* UN-KaufR[2] Art 2 Rz 13.

71) VO 593/2008 vom 17. 6. 2008 über das auf vertragliche Schuldverhältnisse anzuwendende Recht (Rom I), ABl L 2008/177, 6 idF ABl L 2009/309, 87.

72) *Martiny* in *Reithmann/Martiny,* IVR[7] Rz 4179; *Musger* in KBB[6] Art 6 Rom I-VO Rz 2.

Meine Notizen:

Ergebnis: R hat ihren gewöhnlichen Aufenthalt in Telfs, weswegen österreichisches Recht zur Anwendung kommt. Der Verweis erstreckt sich gem Art 20 Rom I-VO nur auf das österreichische Sachrecht. Nach Art 10 iVm der demonstrativen Aufzählung in Art 12 Abs 1 Rom I-VO entscheidet das Vertragsstatut sowohl über das Zustandekommen und die Wirksamkeit des Vertrages oder einer seiner Bestimmungen (AGB) als auch über den Schuldinhalt und die Nichterfüllung der vertraglichen Verpflichtungen. Alle Problemfragen sind somit vom Vertragsstatut erfasst. Zur materiell-rechtlichen Lösung s bereits oben.

3) Sachenrechtliche Anknüpfung

Mangels vereinheitlichten Sachrechts und einschlägiger Eingriffsnormen bestimmt sich das auf sachenrechtliche Fragen anwendbare Recht nach dem IPRG.[73] Dieses ist anwendbar, weil jeweils Sachverhalte privatrechtlicher Natur mit Auslandsbezug vorliegen, die sich aus den oben bereits genannten Gründen nach dem Inkrafttreten des IPRG (1. 1. 1979, s § 50 Abs 1) ereignet haben.

Die allgemeine Anknüpfungsregel für den Erwerb *„dinglicher Rechte"* an *„körperlichen Sachen"* findet sich in § 31 Abs 1 IPRG. Was unter den dort genannten Begriffen zu verstehen ist, bestimmt das österreichische Recht.[74] Somit werden alle gegen jedermann wirkenden Herrschaftsrechte über *„in die Sinne fallende"* Sachen (§ 292 ABGB), damit auch der Eigentumserwerb sowie die Zulässigkeit und die Voraussetzungen des Eigentumsvorbehaltes an den beiden Werken und der Erwerb eines Anwartschaftsrechts, von § 31 Abs 1 erfasst.[75]

§ 31 Abs 1 stellt bei der Anknüpfung auf den Lageort der Sachen *„bei Vollendung des dem Erwerb zugrundliegenden Sachverhalts"* ab. Da sich die Bücher zunächst in Deutschland befinden, ist gem § 31 Abs 1 IPRG zu prüfen, ob bereits in Deutschland ein dingliches Recht (Eigentumsrecht, Anwartschaftsrecht) entstanden ist.[76] Da es sich bei § 31 Abs 1 IPRG um eine Gesamtnormverweisung (§ 5 Abs 1 IPRG) handelt, umfasst die Verweisung nicht nur das deutsche materielle Recht, sondern auch das deutsche Kollisionsrecht. Dementsprechend wäre nun zu klären, ob das deutsche Kollisionsrecht die Verweisung annimmt,[77] auf das Recht eines anderen Staates weiter- oder auf das österreichische Recht rückverweist. Wenn nach deutschem Recht noch kein vollendeter Erwerb des in Frage stehenden dinglichen Rechts vorliegt, ist bei Verbringung der Bücher über die Grenze neu zu prüfen, ob ein solches Recht entstanden ist. Dies erfolgt gem § 31 Abs 1 IPRG nach dem neuen Lagerecht, somit nach österreichischem Recht.

Spinnt man die Falllösung gedanklich noch weiter, wäre zudem zu klären, ob und allenfalls wie sich ein (nachträglicher) Lageortswechsel auf die Wirksamkeit des Eigentumsvorbehaltes auswirkt.[78] Zu beachten wäre außerdem, dass sich der Inhalt einer erworbenen Rechtsposition gem § 31 Abs 2 stets nach dem jeweiligen Lageortrecht richtet, wodurch es uU zur Transposition oder schlimmstenfalls sogar zur Nichtanerkennung eines in einem Staat erworbenen Sachenrechtes in einem anderen Staat kommen kann.[79]

Teil 2

A. L gegen V GmbH auf Ersatz des Sachschadens an seinem Auto gem §§ 1, 5, 16 EKHG

Das EKHG regelt die **Haftung für Personen- und Sachschäden,** die durch einen **Unfall beim Betrieb einer Eisenbahn oder eines Kfz** verursacht wurden. Es handelt

73) Das IPRG gilt insoweit – wie bereits erwähnt – auch im Rahmen der Beurteilung des KSchG-Kommentars, weil das UN-KaufR in Art 4 lit b Fragen des Eigentumserwerbs explizit von seinem Anwendungsbereich ausnimmt.
74) *Verschraegen* in *Rummel*³ § 31 IPRG Rz 2.
75) *Neumayr* in KBB⁶ § 31 IPRG Rz 1.
76) *Verschraegen* in *Rummel*³ § 31 IPRG Rz 32.
77) Im Ergebnis wird die Verweisung angenommen, weil auch der einschlägige Art 43 EGBGB das Lageortprinzip verwendet.
78) Für den publizitätslosen deutschen EV wurde diesbezüglich nie ein Problem gesehen, vgl *Verschraegen* in *Rummel*³ § 31 IPRG Rz 32; nach der Judikaturwende des OGH bzgl der Anerkennung besitzloser ausländischer Mobiliarsicherheiten durch die E 3 Ob 249/18s ZFR 2019, 468 (mit krit Anm *Schwartze*) gilt dies umso mehr. Allgemein zum Lageortwechsel *Lurger/Melcher,* IPR² Rz 6/8ff; *Verschraegen* in *Rummel*³ § 31 IPRG Rz 20ff und 27ff.
79) *Verschraegen* in *Rummel*³ § 31 IPRG Rz 23ff; *Lurger/Melcher,* IPR² Rz 6/12.

Meine Notizen:

sich dabei um eine von Rechtswidrigkeit und Verschulden unabhängige Gefährdungshaftung.[80)]

Nach dem Sachverhalt hat sich beim Betrieb einer Eisenbahn (die Straßenbahn der **V GmbH** ist eine Eisenbahn iSd Eisenbahngesetzes 1957) ein Unfall ereignet. Durch den Unfall ist ein Totalschaden am Auto des Lebensgefährten **L** (= Sachschaden) entstanden, der nach § 1 EKHG an sich ersatzfähig ist.

Als **Unfall** gilt jede plötzliche Einwirkung von außen.[81)] Die Kollision der Straßenbahn mit dem Auto erfüllt den Unfallbegriff.

Der Schaden ist **beim Betrieb** entstanden, wenn zwischen dem Betrieb und dem Unfall ein adäquat kausaler Zusammenhang besteht.[82)] Auch das ist zu bejahen, weil der Betrieb der Straßenbahn nicht weggedacht werden kann, ohne dass der Unfall (und damit der Schaden) entfiele. Es hat sich eine für den Betrieb einer Eisenbahn typische Gefahr verwirklicht **(Gefahrenzusammenhang).**

Die Haftung nach dem EKHG trifft prinzipiell den Betriebsunternehmer, also denjenigen, der die Eisenbahn auf eigene Rechnung und Gefahr betreibt und der über die Verfügungsmacht verfügt.[83)] Es kann mangels gegenteiliger Anhaltspunkte im Sachverhalt davon ausgegangen werden, dass die **V GmbH** die Betriebsunternehmerin ist.

Zu prüfen ist, ob ein Haftungsausschlussgrund vorliegt. Da auf Seiten der Betriebsunternehmerin, der **V GmbH,** prima vista kein „mangelhaftes" Verhalten zu erkennen ist, muss die **Haftungsbefreiung nach § 9 EKHG** geprüft werden. Voraussetzung für den Ausschluss der Haftung ist, dass der Unfall durch ein unabwendbares Ereignis verursacht wurde, das weder auf einem Fehler in der Beschaffenheit noch auf einem Versagen der Verrichtungen der Eisenbahn beruhte (§ 9 Abs 1 EKHG).

Der Unfall war infolge des (Fehl-)Verhaltens der Rechtsanwältin **R** unabwendbar. Der Fahrer der Straßenbahn hat laut Sachverhalt *„schnellstmöglich"* reagiert und damit jede nach den Umständen des Falles gebotene Sorgfalt beachtet (§ 9 Abs 2 EKHG). Eine außergewöhnliche Betriebsgefahr ist nach den eher vagen Sachverhaltsangaben wohl nicht aufgetreten. Es finden sich überdies keine Hinweise auf einen Fehler in der Beschaffenheit oder ein Versagen der Vorrichtungen der Eisenbahn. Die **V GmbH** ist somit nach § 9 EKHG von der Haftung befreit.

Ergebnis: Der Lebensgefährte **L** kann den Schaden an seinem Auto nicht von der **V GmbH** ersetzt verlangen.

B. V-GmbH gegen L auf Ersatz des Sachschadens an der Straßenbahn in Höhe von € 3.500,– gem §§ 1, 5, 16 EKHG

Wie gesagt, regelt das EKHG die Haftung für Personen- und Sachschäden, die durch einen Unfall beim Betrieb einer Eisenbahn oder eines Kfz verursacht wurden.

Der Schaden der **V GmbH** besteht in der Beschädigung der Straßenbahn (Sachschaden) und ist grundsätzlich nach dem EKHG ersatzfähig (§§ 1, 16 EKHG).

Zum Vorliegen eines **Unfalls** iSd EKHG s oben Pkt A. Der Unfall hat sich **beim Betrieb** des Kfz ereignet; auch hier kann nach oben verwiesen werden (Pkt A.).

Für Schäden, die aufgrund von Unfällen beim Betrieb von Kfz eintreten, besteht dem Grunde nach eine **Haftung des Halters** (das ist jene Person, die das Kfz auf eigene Rechnung betreibt und über die Verfügungsgewalt verfügt[84)]). Im vorliegenden Fall ist der Lebensgefährte **L** der Halter des Kfz. Dafür spricht vor allem die Tatsache, dass er seiner Lebensgefährtin, der Rechtsanwältin **R,** sein Kfz überlässt, um in Innsbruck Einkäufe zu erledigen.

Die Rechtsanwältin **R** ist nicht als Schwarzfahrerin iSd § 6 EKHG anzusehen, weil sie das Kfz mit dem Willen ihres Lebensgefährten **L** benützt.

Ergebnis: Der Lebensgefährte **L** haftet als Halter des Kfz für den Sachschaden iHv 3.500 Euro an der Straßenbahn der **V GmbH.**

C. V-GmbH gegen R auf Ersatz des Sachschadens an der Straßenbahn in Höhe von € 3.500,– gem § 1295 Abs 1 Fall 2 ABGB

Als Fahrerin haftet die Rechtsanwältin **R** nach allgemeinem Schadenersatzrecht.[85)]

80) *Rabl/Riedler,* SchR BT⁶ Rz 14/36; *Welser/Zöchling-Jud,* BR II¹⁴ Rz 1593.
81) *Rabl/Riedler,* SchR BT⁶ Rz 14/37.
82) *Rabl/Riedler,* SchR BT⁶ Rz 14/38.
83) *Koziol/Apathy/Koch,* Haftpflichtrecht III³ Rz 36.
84) *Rabl/Riedler,* SchR BT⁶ Rz 14/39; *Welser/Zöchling-Jud,* BR II¹⁴ Rz 1596; *Schauer* in *Schwimann/Kodek* VII⁴ § 5 EKHG Rz 10.
85) ZB *Rabl/Riedler,* SchR BT⁶ Rz 14/39.

✐ Meine Notizen:

Der **Schaden** der **V GmbH** besteht in der Beschädigung der Straßenbahn (Sachschaden).

Das Verhalten der Rechtsanwältin **R** kann nicht weggedacht werden, ohne dass der Schaden entfiele. Ihr Verhalten war somit für den eingetretenen Schaden **kausal.**

Indem die Rechtsanwältin **R** ihr Smartphone am Steuer nutzt, verletzt sie die in § 102 Abs 3 KFG 1967 statuierten Pflichten eines Kraftfahrzeuglenkers. Damit verletzt die Rechtsanwältin **R** ein Schutzgesetz, was **rechtswidrig** ist. Der eingetretene Schaden liegt innerhalb des Rechtswidrigkeitszusammenhangs, weil sich gerade eine solche Gefahr realisiert hat, der § 102 Abs 3 KFG 1967 eigentlich vorbeugen wollte.

Der Verstoß gegen die Pflichten eines Kraftfahrzeuglenkers gem § 102 Abs 3 KFG 1967 ist der Rechtsanwältin **R** subjektiv vorwerfbar, weil sie zweifellos in der Lage war, die Rechtswidrigkeit ihres Verhaltens einzusehen und dieser Einsicht gemäß – anders – zu handeln. Die Rechtsanwältin **R** hat somit **schuldhaft** gehandelt.

Ergebnis: Die Rechtsanwältin **R** haftet als Lenkerin für den von ihr verursachten Sachschaden an der Straßenbahn der **V GmbH.**

D. V-GmbH gegen L auf Ersatz des Sachschadens an der Straßenbahn in Höhe von € 3.500,– gem § 1295 Abs 1 Fall 2 ABGB iVm § 19 Abs 2 EKHG

Der Lebensgefährte **L** hat nicht selbst gehandelt, sondern der Rechtsanwältin **R** sein Auto überlassen. Da den Lebensgefährten **L** kein Eigenverschulden trifft, müsste ihm das Handeln der Rechtsanwältin **R** zugerechnet werden können, um eine Verschuldenshaftung zu begründen.

§ 19 Abs 2 EKHG sieht eine erweiterte[86)] Zurechnung des Verhaltens von Personen vor, die mit dem Willen des Halters beim Betrieb des Kfz tätig waren (sog Betriebsgehilfen). Da der Lebensgefährte **L** der Rechtsanwältin **R** sein Auto für Einkäufe in Innsbruck überlassen hat, ist § 19 Abs 2 EKHG anwendbar.

Hinsichtlich der Haftungsvoraussetzungen kann auf die vorige Anspruchsprüfung (Pkt C.) verwiesen werden.

Ergebnis: Aufgrund der erweiterten Gehilfenzurechnung **(Leutehaftung)** gem § 19 Abs 2 EKHG haftet der Lebensgefährte **L** auch deliktisch nach dem ABGB.

E. L gegen R auf Ersatz des Sachschadens am Auto gem § 1295 Abs 1 Fall 2 ABGB

Der **Schaden** des Lebensgefährten **L** besteht im Totalschaden an seinem Auto.

Das Verhalten der Rechtsanwältin **R** kann nicht weggedacht werden, ohne dass der Schaden entfiele. Ihr Verhalten war somit für den eingetretenen Schaden **kausal.**

Wie bereits ausgeführt (oben Pkt C.), hat die Rechtsanwältin **R** gegen § 102 Abs 3 KFG 1967 verstoßen. Fraglich ist, ob § 102 Abs 3 KFG 1967 den Zweck verfolgt, den Eigentümer des Kfz vor Schäden zu bewahren. Die primäre Stoßrichtung der Bestimmung scheint der Schutz anderer Verkehrsteilnehmer zu sein. Wird der Rechtswidrigkeitszusammenhang verneint, bedarf es einer umfassenden Interessenabwägung.[87)] Letztendlich kommt es darauf an, ob das Integritätsinteresse des Geschädigten im Vergleich zum Handlungsinteresse des Schädigers überwiegt. Dabei ist vor allem die Schwere der zu befürchtenden Rechtsgutverletzung und die Wahrscheinlichkeit des Schadenseintritts in die Betrachtung miteinzubeziehen. Da das Handeln der Rechtsanwältin **R** erkennbar gefährlich und schadensgeneigt ist, bestehen hohe Sorgfaltsanforderungen, die sie eindeutig nicht erfüllt. Sie handelt also objektiv sorgfaltswidrig.

Ihr Verhalten ist der Rechtsanwältin **R** subjektiv vorwerfbar; s oben Pkt C.

Ergebnis: Die Rechtsanwältin **R** haftet als Lenkerin für den von ihr verursachten Sachschaden am Kfz ihres Lebensgefährten **L.**

Alternativer Haftungsansatzpunkt: Da es sich bei der Rechtsanwältin **R** und **L** um Lebensgefährten handelt, wird in der Lösung vertreten, dass sie mangels rechtsgeschäftlichem Bindungswillen keinen Leihvertrag geschlossen haben. Ginge man demgegenüber vom Bestehen eines Leihvertrags aus, würde die Rechtsanwältin **R** als Entlehnerin für die Beschädigung des Kfz (Leihgegenstand) nach vertraglichen Grundsätzen haften (vgl § 979 ABGB).

---

86) Nach § 1315 ABGB würde der Geschäftsherr nur bei wissentlicher Gefährlichkeit oder habitueller Untüchtigkeit seines (Besorgungs-)Gehilfen haften.

87) *Rabl/Riedler,* SchR BT[6] Rz 13/16.

Meine Notizen:

F. L gegen R auf Regress gem § 896 ABGB

Der Halter **(L)** und die Lenkerin **(R)** haften der **V-GmbH** gegenüber solidarisch. Wird der Lebensgefährte **L** von der **V-GmbH** in Anspruch genommen, kann er bei seiner Lebensgefährtin, der Rechtsanwältin **R**, vollen Regress gem § 896 ABGB nehmen.

Aktualisierungen

Zu **Teil 1, C.3.:** Seit Inkrafttreten des Gewährleistungsrichtlinien-Umsetzungsgesetzes (GRUG) mit 1. 1. 2022 steht dem Verbraucher bei Verzug des Unternehmers das Rücktrittsrecht nach der (gegenüber § 918 ABGB) spezielleren Vorschrift des § 7 c KSchG zu: Demnach kann der Verbraucher den Unternehmer bei Verzug „zur Leistung innerhalb einer den Umständen angemessenen Nachfrist auffordern". Erbringt der Unternehmer die Leistung nicht innerhalb dieser Frist, „so kann der Verbraucher vom Vertrag zurücktreten". Nach dem Wortlaut muss der Verbraucher also (anders als bisher gem § 918 ABGB) *zwei* zeitlich *aufeinanderfolgende* Erklärungen abgeben: die Aufforderung zur Leistung innerhalb einer Nachfrist und die eigentliche Rücktrittserklärung. Nach den Materialien[1] genügt es allerdings (ähnlich wie nach der bisherigen Rsp zu § 918 ABGB), wenn er zunächst die Nachfrist bloß *gewährt* und nach ungenutztem Verstreichen der Zeit seinen Rücktritt erklärt. ME muss es auch umgekehrt ausreichen, wenn der Verbraucher – wie es bisher § 918 ABGB vorsah – schon bei Setzen der Nachfrist *in derselben Erklärung* unmissverständlich seinen Rücktritt – aufschiebend bedingt – für den Fall erklärt, dass der Unternehmer die Frist nicht einhält, sodass der Rücktritt dann (ohne zweite Erklärung) bei Versäumen der Frist wirksam wird.

1) Erläut RV 949 BlgNR 27. GP 46.

Prüfer: Martin Schauer und Christiane Wendehorst

✐ Meine Notizen:

FÜM II - Bürgerliches Recht

Wien, 10. 12. 2020

Schwerpunkte: IPR (Allgemeines Vertragsstatut, Verbraucherstatut, *lex rei sitae*), Sachenrecht (Sicherungsübereignung, Eigentumsvorbehalt), Verbraucherrecht (Verbraucherkredit, Fernabsatz, Wertersatz)

SACHVERHALT

Der in Innsbruck lebende **Erich** hat von seinem Großvater einen reparaturbedürftigen Oldtimer geerbt. Das Fahrzeug befand sich lange in einer Scheune und hat einen Wert von rund € 5.000. Nun möchte **Erich** dieses Herzensprojekt endlich in Angriff nehmen und beginnt daher zu recherchieren. Die Restauration des Oldtimers wird etwa € 20.000 kosten. **Erich** verfügt über regelmäßige Einkünfte aus einer unselbständigen Erwerbstätigkeit. Um sich nicht zu sehr einschränken zu müssen, will **Erich** einen Kredit für sein Vorhaben aufnehmen.

Bei seiner täglichen Lektüre der Online-Nachrichten wird **Erich** auf günstige Finanzierungsangebote der in München in Deutschland ansässigen **Online Direkt Bank AG** aufmerksam, die im Internet personalisierte Anzeigen schaltet. Die Anzeige wird **Erich** wegen des Standorts seines Endgeräts in Österreich angezeigt. Nach einer Videochat-Besprechung mit einem Kundenberater der **Online Direkt Bank AG** wird **Erich** eine Fremdfinanzierung iHv € 20.000 mit einer Laufzeit von vier Jahren und einer Verzinsung von 4% pa offeriert. Als Sicherheit verlangt die Bank eine Sicherungsübereignung des Oldtimers. Die **Online Direkt Bank AG** und **Erich** werden sich zu den oben genannten Bedingungen einig, der Vertragsabschluss erfolgt schließlich über das dafür vorgesehene Eingabefeld auf der Website der **Online Direkt Bank AG.** Zu diesem Zeitpunkt befindet sich der Oldtimer in einer Werkstatt am deutschen Chiemsee zur Erstuntersuchung. Der Oldtimer wird nach Beendigung der Untersuchung wieder nach Innsbruck zurückgestellt.

Unter anderem möchte **Erich** den Oldtimer mit neuen Autositzen ausstatten. Über eine Werbung in der Zeitschrift eines österreichischen Oldtimerclubs stößt er auf das Unternehmen **Retroexpert GmbH** mit Sitz im schweizerischen Basel, das originalgetreue Autositze für Oldtimer verkauft. **Erich** findet im Online-Shop der **Retroexpert GmbH** ein passendes Modell und bestellt zwei einzelne Sitze sowie eine Sitzbank zum Kaufpreis von insgesamt € 1.500. Im Rahmen des Bestellvorgangs weist die **Retroexpert GmbH** auf ihre AGB hin, die wirksamer Vertragsbestandteil werden. Die AGB sehen ein Zahlungsziel von 30 Tagen ab Erhalt der Ware vor. Bis zur Zahlung verbleibt die Ware im Eigentum der **Retroexpert GmbH.** Informationen über das Rücktrittsrecht des Käufers befinden sich in den AGB. Die **Retroexpert GmbH** macht allerdings keinerlei Angaben zur Rücktrittsfrist. Nach zwei Wochen werden **Erich** die bestellten Sitze geliefert. Beim anschließenden Einbau der Sitze in seiner Garage in Innsbruck beschädigt **Erich** diese, und es entstehen Kratzer am hochwertigen Leder (Wertminderung iHv € 300).

Weitere sechs Wochen später wachsen **Erich** die Kosten der Reparaturen über den Kopf – die Reparaturen kosten deutlich mehr als ursprünglich kalkuliert und er kommt finanziell in Bedrängnis. **Erich** teilt der **Online Direkt Bank AG** mit, dass er die aktuell fällige Kreditrate nicht bedienen kann. Die **Online Direkt Bank AG** beabsichtigt daraufhin die außergerichtliche Verwertung des Oldtimers, der sich aktuell in **Erichs** Garage in Innsbruck befindet. Auch die Rechnung der **Retroexpert GmbH** kann **Erich** nicht begleichen, und er möchte sich am liebsten von allen Verträgen lösen.

Hinweis: Sofern im SV nichts anderes angegeben ist, gehen Sie davon aus, dass sämtlichen gesetzlichen Prüfungs- und Aufklärungspflichten entsprochen wurde. Berücksichtigen Sie zudem, dass besitzloses Sicherungseigentum nach deutschem Recht

---

Univ.-Ass. Mag. *Daniel Gritsch* und Univ.-Ass. Mag. *Nina-Maria Hafner-Thomic* sind Universitätsassistenten am Institut für Zivilrecht an der Universität Wien. Univ.-Prof. Dr. Christiane Wendehorst und Univ.-Prof. Dr. Martin Schauer lehren am Institut für Zivilrecht der Universität Wien.

Meine Notizen:

zulässig ist und der Eigentumsvorbehalt nach schweizerischem Recht wirksam durch Registereintrag entsteht, der im vorliegenden Fall jedoch unterblieben ist.

Prüfungsergebnisse: Bei ordentlicher Lösung des Prüfungsabschnittes I. (Verbraucherkredit und Sicherungsübereignung) konnten ungefähr die Hälfte der Punkte erlangt werden. Der Prüfungsabschnitt II. (Fernabsatzgeschäft) war ungefähr 40% der Prüfung wert. Die restlichen 10% der Punkte entfielen auf den Gesamteindruck der Arbeit (Anspruchsgrundlagen, Subsumption, Gliederung). Die Prüfung fand aufgrund der Corona-Situation online als Open-Book Prüfung statt. Die reine Prüfungszeit betrug drei Stunden. Ungefähr 60% der Arbeiten sind positiv ausgefallen.

Hinweise zur Musterlösung: Die Musterlösung ist ausführlicher, als dies von den Studierenden verlangt wurde. Informationen in den Fußnoten und in Kleindruck dienen dem besseren Verständnis, deren Kenntnis wurde bei der Prüfung aber nicht verlangt. Dasselbe gilt auch für die zitierte Literatur, ausgenommen Lehrbuchwissen. Ausführungen, die nur als Zusatzpunkt bewertet wurden, sind mit [ZP] markiert. Im Übrigen wurde diese Modulprüfung noch nach der Rechtslage vor Inkrafttreten des Gewährleistungsrichtlinien-Umsetzungsgesetzes abgehalten; diese Musterlösung entspricht aber bereits der aktuellen Rechtslage (seit 1. 1. 2022).

MUSTERLÖSUNG

Daniel Gritsch und Nina-Maria Hafner-Thomic

I. Verbraucherkreditvertrag, Sicherungsübereignung

A. Online Direkt Bank AG gegen Erich auf Zahlung der nächsten fälligen Kreditrate samt Zinsen und Verzugszinsen gem §§ 988 ff, 918 ff, 1000 ABGB

1) Anwendbares Recht

Erich hat seinen gewöhnlichen Aufenthalt in Innsbruck, Österreich, und nimmt bei der deutschen **Online Direkt Bank AG** (nachfolgend **„ODB“**) mit Sitz in München einen Kredit auf. Somit liegt ein SV mit Auslandsberührung vor und es ist für den Kreditvertrag zunächst das anwendbare Recht zu bestimmen. Der Kreditvertrag ist ein vertragliches Schuldverhältnis und daher ist der Anwendungsbereich der ROM I-VO eröffnet (Art 1 Abs 1 ROM I-VO). Die Parteien haben keine Rechtswahl getroffen (Art 3 ROM I-VO). Nachdem es sich bei **Erich** um einen Verbraucher und bei der **ODB** um einen Unternehmer handelt, ist nach Art 6 ROM I-VO anzuknüpfen. Demnach unterliegt ein Vertrag, der zwischen einem Verbraucher und einem Unternehmer geschlossen wurde, dem Recht des Staates, in dem der Verbraucher seinen gewöhnlichen Aufenthalt hat, sofern der Unternehmer seine berufliche oder gewerbliche Tätigkeit in dem Staat ausübt, in dem der Verbraucher seinen gewöhnlichen Aufenthalt hat, oder der Unternehmer seine Tätigkeit auf diesen Staat ausrichtet (Art 6 Abs 1 ROM I-VO). Die **ODB** hat ihren Sitz in München und laut SV keine physische Filiale in Österreich. Allerdings schaltet die **ODB** auf der Website einer österreichischen Online-Zeitung personalisierte Angebote auf Grundlage des Serverstandorts der Leser. Sie richtet dadurch ihre Geschäftstätigkeit (auch) auf Österreich aus. Auf den zwischen **Erich** und der **ODB** geschlossenen Kreditvertrag ist österreichisches Recht anwendbar.

Der Geltungsbereich des anzuwendenden Rechts bestimmt sich nach Art 12 ROM I-VO. Im vorliegenden Fall ist österreichisches Recht für die Frage der Auslegung des Kreditvertrages (lit a), der Erfüllung der durch den Vertrag begründeten Verpflichtungen (lit b), die Folgen der Nichterfüllung der Verpflichtungen einschließlich Schadensbemessung (lit c) und die verschiedenen Arten des Erlöschens der Verpflichtung (lit d) berufen. Gem der lit d leg cit ist auch für die Prüfung von Rücktrittsrechten (Gestaltungsrechte) das Vertragsstatut berufen.[1]

1) *Lurger/Melcher,* Internationales Privatrecht[3] (2020) Rz 4/15; *Zöchling-Jud/Aspöck,* Internationales Privatrecht[3] (2015) 29; *Spickhoff* in *Hau/Poseck* (Hrsg), BeckOK BGB[61] (2021) Art 12 ROM I-VO Rz 9.

2) Materiell-rechtliche Lösung

✎ Meine Notizen:

Erich und die **ODB** haben einen Kreditvertrag abgeschlossen (§§ 989 ff). Konkret handelt es sich um einen Verbraucherkreditvertrag (§ 2 Abs 3 VKrG). Die **ODB** ist Kreditgeber (§ 2 Abs 1 VKrG) und **Erich** Kreditnehmer (§ 2 Abs 2 VKrG). Der Kreditvertrag wurde mit einer Kreditsumme von € 20.000 abgeschlossen, ist auf vier Jahre befristet und es wurde eine Verzinsung von 4% pa vereinbart.

Laut SV ist **Erich** mit der Bedienung der nächsten fälligen Kreditrate überfordert und kommt seiner Zahlungspflicht schließlich nicht mehr nach. Das vertragswidrige Verhalten von **Erich** berechtigt die **ODB** jedoch nicht zur Fälligstellung der gesamten aushaftenden Kreditsumme samt Zinsen. Dazu wäre die ausdrückliche Vereinbarung von Terminsverlust (§ 14 Abs 3 VKrG) erforderlich gewesen, aber dies ist laut SV nicht erfolgt. Es gilt jedoch zu überprüfen, ob die **ODB** als Kreditgeber berechtigt ist, den Kreditvertrag außerordentlich zu kündigen, weil ihr ein Festhalten am Vertrag unzumutbar ist (§ 987). Die Rechtsfolge wäre die Beendigung des Kreditvertrages und die **ODB** könnte sofort die gesamte ausständige Kreditvaluta einschließlich Zinsen verlangen. Allerdings ist die einmalige Nichtzahlung einer Kreditrate nicht ausreichend für das Vorliegen des außerordentlichen Kündigungsrechts nach § 987, sondern erst die wiederholte Nichteinhaltung von Zahlungsverpflichtungen. Die wesentliche Verschlechterung von Vermögensverhältnissen berechtigt in gewissen Fällen zur außerordentlichen Kündigung nach § 987, eine solche ist im konkreten Fall aber (noch) nicht anzunehmen.[2)]

Erich gerät jedoch aufgrund der Nichtzahlung der aktuell fälligen Kreditrate in Zahlungsverzug und es kommen die Verzugsfolgen (§§ 918 ff) zur Anwendung.[3)] In der Lehre sowie in der jüngeren Rechtsprechung wird vertreten, dass geringfügige zeitliche Überschreitungen vom Kreditgeber zu tolerieren sind und den Schuldner nicht immer sofort alle Verzugsfolgen treffen sollen.[4)] Im vorliegenden Fall ist aufgrund der finanziellen Überforderung von **Erich** nicht davon auszugehen, dass er die Bezahlung der fälligen Kreditrate unmittelbar nachholen kann oder wird. Die **ODB** kann auf Erfüllung bestehen oder unter Setzung einer angemessenen Nachfrist vom Vertrag zurücktreten. Würde die **ODB** vom Vertrag zurücktreten, wäre bereits Erbrachtes zurückzustellen (§ 921 letzter Satz iVm § 1435).

Die **ODB** kann zudem gesetzliche Verzugszinsen verlangen (§ 1333 Abs 1 iVm § 1000 Abs 1). Von diesem Anspruch mit umfasst sind auch die Kosten einer angemessenen Forderungsbetreibung (§ 1333 Abs 2). Übersteigt der Schaden der **ODB** den Betrag der gesetzlichen Verzugszinsen, ist dieser bereits bei leichter Fahrlässigkeit von **Erich** zu ersetzen.[5)] *[ZP]*

Im Ergebnis besteht der Anspruch der **ODB.**

B. Möglichkeiten von Erich zur Vertragsbeseitigung?

Laut SV überlegt **Erich,** *„wie er aus der ganzen Sache am besten herauskommt"*. Daher ist zu prüfen, ob **Erich** aufgrund spezifisch verbraucherrechtlicher oder allgemein zivilrechtlicher Rechtsgrundlage den Vertrag mit der **ODB** beseitigen kann.

1) Rücktritt des Erich gem § 12 VKrG

Der Kreditnehmer kann gem § 12 VKrG von einem Kreditvertrag innerhalb von vierzehn Tagen ohne Angabe von Gründen zurücktreten. Die Frist für die Ausübung des Rücktrittsrechts beginnt mit dem Tag, an dem der Kreditvertrag abgeschlossen wurde. Erhält der Kreditnehmer die Vertragsbedingungen und die Informationen gem § 9 VKrG erst später, so beginnt die Frist mit diesem Tag zu laufen. Laut SV ist davon auszugehen, dass allen gesetzlichen Informationspflichten entsprochen wurde. Daher wurde **Erich** von der **ODB** auch über das Rücktrittsrecht nach § 12 VKrG belehrt. Da er erst einige Wochen nach Vertragsabschluss in Zahlungsverzug gerät, ist die 14-tägige Frist bereits verstrichen und **Erich** kann nicht nach § 12 VKrG vom Kreditvertrag zurücktreten. Wäre **Erich** nach § 12 VKrG zum Rücktritt vom

---

2) Siehe etwa bei *Riedler* in *Rabl/Herndl/Riedler,* Schuldrecht Besonderer Teil[7] (2021) Rz 9/8; *Welser/Zöchling-Jud,* Bürgerliches Recht II[14] (2015) Rz 930.
3) Hinweis: Die seit 1. 1. 2022 anzuwendende Verzugsbestimmung gem § 7 c KSchG ist nur dann auf Verbrauchergeschäfte anwendbar, wenn der Unternehmer in Verzug ist (*„Hat der Unternehmer seine Leistung trotz Fälligkeit nicht erbracht,* [...]", vgl § 7 c Abs 1 KSchG). Es sind daher grds die allgemeinen Verzugsbestimmungen des ABGB anwendbar.
4) Siehe etwa OGH 28. 8. 1997, 3 Ob 2212/96 g.
5) *Größ* in *Kletečka/Schauer,* ABGB-ON[1.04] § 1333 Rz 18.

✐ Meine Notizen:

Kreditvertrag berechtigt, würden die Rücktrittsrechte nach § 8 FernFinG und § 3 KSchG entfallen.[6]

2) Rücktritt des Erich gem §§ 11 ff FAGG *[ZP]*

Auch wenn der Vertragsabschluss im Rahmen eines für den Fernabsatz organisierten Vertriebs- oder Dienstleistungssystems geschlossen wird („Fernabsatzvertrag", § 3 Z 2 FAGG), ist der Anwendungsbereich des FAGG nicht eröffnet, weil Kreditverträge als Finanzdienstleistungen von diesem Gesetz nicht erfasst sind (§ 1 Abs 2 Z 5 FAGG).

3) Rücktritt des Erich gem §§ 8 ff FernFinG

Der persönliche Anwendungsbereich des FernFinG erstreckt sich auf Verträge zwischen Unternehmern und Verbrauchern im Sinne des KSchG (§ 1 FernFinG). Sachlich vom FernFinG erfasst sind Fernabsatzverträge über Finanzdienstleistungen. Fernabsatzvertrag ist dabei jeder unter ausschließlichem Einsatz von Fernkommunikationsmitteln über ein für den Fernabsatz organisiertes Vertriebs- oder Dienstleistungssystem geschlossener Vertrag (§ 3 Z 1 FernFinG). Finanzdienstleistung ist jede Bankdienstleistung sowie jede Dienstleistung im Zusammenhang mit einer Kreditgewährung, Versicherung, Altersversorgung von Einzelpersonen, Geldanlage oder Zahlung (§ 3 Z 2 FernFinG).

Im konkreten Fall ist das FernFinG anwendbar, weil **Erich** den Kreditvertrag unter dem ausschließlichen Einsatz von Fernkommunikationsmitteln auf der Website der **ODB** abschließt. Die **ODB** verfügt zudem auf ihrer Website über ein für den Fernabsatz organisiertes Vertriebs- und Dienstleistungssystem, weil sie über ein eigens für Kreditvertragsabschlüsse eingerichtetes Eingabefeld auf ihrer Website verfügt. Nachdem **Erich** aber dem Grunde nach gem § 12 VKrG zum Rücktritt vom Kreditvertrag berechtigt ist (nur die Rücktrittsfrist ist bereits verstrichen), entfällt das Rücktrittsrecht nach § 8 FernFinG (aufgrund § 12 Abs 5 VKrG).[7]

4) Erich gegen ODB auf Rückzahlung der geleisteten Raten gem §§ 877, 871 ABGB *[ZP]*

Das anwendbare Recht für die Wirksamkeit des Vertrages bestimmt sich nach dem Vertragsstatut (Art 10 Abs 1 ROM I-VO). Nachdem auf den zwischen **Erich** und der **ODB** geschlossenen Kreditvertrag österreichisches Recht anzuwenden ist, ist auch die Wirksamkeit des Vertrages nach österreichischem Recht zu beurteilen.[8]

Es finden sich im SV jedoch keine Anhaltspunkte für eine Fehlvorstellung von der Wirklichkeit seitens des **Erich.** Bei seinen monatlichen Einkünften ist auch davon auszugehen, dass er sich einen „kleinen" Kredit mit der Summe von € 20.000 leisten kann. Der SV enthält keine Hinweise auf eine Verletzung der Bonitätsprüfung gem § 7 VKrG durch die **ODB. Erich** kann den Kreditvertrag nicht wegen Irrtums beseitigen.

5) Erich gegen ODB auf Schadenersatz in Form von Vertragsauflösung gem *cic [ZP]*

Für Ansprüche aus *culpa in contrahendo* ist der Anwendungsbereich der ROM II-VO eröffnet (Art 2 Abs 1 ROM II-VO). Bei der Verletzung von Schutz- und Sorgfaltspflichten ist das Recht jenes Staates anzuwenden, in dem der Schaden eingetreten ist (Art 4 Abs 1 ROM II-VO). Bei der Verletzung von Informations- und Aufklärungspflichten gilt das Vertragsstatut (Art 12 Abs 1 ROM II-VO).[9] Im konkreten Fall kann der **ODB** jedoch kein rechtswidriges, schuldhaftes Verhalten vorgeworfen werden.

Im Ergebnis hat **Erich** keine Möglichkeit zum Rücktritt vom oder der Beseitigung des Kreditvertrages mit der **ODB.**

6) *Riedler* in *Rabl/Herndl/Riedler*, Schuldrecht Besonderer Teil[7] (2021) Rz 9/17; *Welser/Zöchling-Jud*, Bürgerliches Recht II[14] Rz 1266.
7) *Riedler* in *Rabl/Herndl/Riedler*, Schuldrecht Besonderer Teil[7] (2021) Rz 9/17.
8) *Lurger/Melcher*, Internationales Privatrecht[3] Rz 4/14; *Zöchling-Jud/Aspöck*, Internationales Privatrecht[3] 29.
9) *Lurger/Melcher*, Internationales Privatrecht[3] Rz 5/69 ff; *Zöchling-Jud/Aspöck*, Internationales Privatrecht[3] 41.

C. Online Direkt Bank AG gegen Erich auf Herausgabe des Oldtimers gem § 366 (§ 372) ABGB

Meine Notizen:

1) Begründung von Sicherungseigentum

Auch hinsichtlich der Sicherungsübereignung ist aufgrund eines SV mit Auslandsbezug zunächst das anwendbare Recht zu bestimmen, weil Sicherungsnehmer (**ODB**, Deutschland) und Sicherungsgeber (**Erich**, Österreich) ihren Sitz bzw gewöhnlichen Aufenthalt in verschiedenen Staaten haben. Beim Sicherungseigentum handelt es sich um ein dingliches Recht, daher richten sich Rechtserwerb und -verlust nach dem Recht des Belegenheitsstaates (§ 31 Abs 1 IPRG). Zu dem Zeitpunkt, als **Erich** und die **ODB** die Sicherungsabrede schließen (fällt zeitlich mit dem Vertragsabschluss des Kreditvertrages zusammen), befindet sich das Fahrzeug laut SV in einer Werkstätte am deutschen Chiemsee. Somit ist für die Frage, ob die **ODB** am Oldtimer wirksam Sicherungseigentum erworben hat, aufgrund der *lex rei sitae* deutsches Recht berufen. Der Oldtimer wird bei der Begründung von Sicherungseigentum der **ODB** nicht körperlich übergeben. Das ist für dessen wirksames Entstehen jedoch unschädlich, weil nach deutschem Recht das Besitzkonstitut (§ 930 dBGB) tauglicher Modus für den Erwerb von Sicherungseigentum ist. Des Weiteren ist nach deutschem Recht auch ein besitzloses Sicherungseigentum zulässig.[10)]

2) Verbringen des Oldtimers nach Österreich

Im Laufe des SV überstellt **Erich** den Oldtimer von Deutschland nach Österreich. Es findet aus kollisionsrechtlicher Sicht somit ein Statutenwechsel (§ 7 IPRG) statt. Es gilt daher zu untersuchen, ob sich beim Grenzübertritt an der Wirksamkeit der Mobiliarsicherheit aufgrund des neuen Belegenheitsrechts (österreichisches Recht) etwas ändert.

Das Besitzkonstitut ist nach österreichischem Verständnis in Ermangelung von Publizität eine problematische Übertragungsart in Bezug auf die Bestellung von Sicherheiten.[11)] Bislang wurde der Pfandrechtserwerb durch Besitzkonstitut nach österreichischem Recht aufgrund der damit einhergehenden Verletzung von Publizitätsvorschriften als unwirksam erachtet.[12)]

Die Verweigerung der Anerkennung im Ausland begründeter, besitzloser Mobiliarsicherheiten wurde in der L zT unter gemeinschaftsrechtlichen Gesichtspunkten kritisiert.[13)] So ist es denkbar, das Sicherungsgut als Ware zu qualifizieren, die am grenzüberschreitenden Warenverkehr im Binnenmarkt teilnimmt. Das auf die Sicherungsübereignung analog angewendete, österreichische Faustpfandprinzip muss daher mit der Warenverkehrsfreiheit abgewogen werden. Zudem kommt es in Betracht, das Sicherungsgut – wie im konkreten Prüfungsfall – als Kreditsicherheit zu verwenden, wodurch auch Kapitalverkehrs- und Dienstleistungsfreiheit tangiert werden. Im Ergebnis liegt die Verletzung zumindest einer der angesprochenen Grundfreiheiten vor, die im Wege einer Verhältnismäßigkeitsprüfung nicht durch zwingende öffentliche Interessen Österreichs rechtfertigbar ist.[14)]

Der OGH hat nun in seiner Entscheidung 3 Ob 249/18 s – in Abkehr von seiner bisherigen Judikaturlinie[15)] – die Anerkennung einer in Deutschland durch Besitzkonstitut begründeten Sicherungsübereignung bejaht.

In seiner Entscheidung hat sich der exekutionsrechtliche Senat des OGH jedoch nicht mit den oben kurz dargestellten gemeinschaftsrechtlichen Aspekten auseinandergesetzt, sondern die Anerkennung einer besitzlosen Sicherungsübereignung – verfahrensgegenständlich waren die Übereignung einer Registrierkasse und eines Fahrzeugs – mit der Auslegung von §§ 7, 31 IPRG begründet. Die Begründung des exekutionsrechtlichen Senats fußt im Wesentlichen auf § 31 Abs 1 IPRG und damit auf der Frage, ob sich das Sicherungsgut bei Vollendung des Übereignungstatbestandes in Deutschland befunden hat. Gegebenenfalls liegt ein abgeschlossener Tatbestand vor, der nach dem Grundsatz wohlerworbener Rechte (§ 7 IPRG) anzuerkennen sei.[16)] Die Entscheidung wurde in der L aus mehreren Gründen kritisiert. Zum einen, weil der OGH weder die Vereinbarkeit des österreichischen Faustpfandprinzips mit den im AEUV vorgegebenen Grundfreiheiten erörtert hat, noch auf die Frage eingegangen ist, ob die österreichischen Publizitätsvorschriften im Pfandrecht als Eingriffsnormen (§ 1 Abs 1 IPRG) zu qualifizieren

10) *Lurger/Melcher,* Internationales Privatrecht[3] Rz 6/14; *Zöchling-Jud/Aspöck,* Internationales Privatrecht[3] 46.
11) *Iro/Riss,* Sachenrecht[7] Rz 14/11.
12) *Iro/Riss,* Sachenrecht[7] Rz 10/4; *Welser/Kletečka,* Bürgerliches Recht I[15] Rz 851.
13) *Zöchling-Jud/Aspöck,* Internationales Privatrecht[3] 49; siehe auch die Diskussion bei *Verschraegen* in *Rummel,* ABGB[3] § 31 IPRG Rz 30.
14) Siehe etwa die Diskussion und Nachweise bei *Lurger,* Zak 2019, 124 (125).
15) OGH 14. 12. 1983, 3 Ob 126/83.
16) Siehe eingehend OGH 23. 1. 2019, 3 Ob 249/18s.

Meine Notizen:

sind.[17] Weiters ist Gegenstand der Kritik, dass der erkennende Fachsenat nicht auf einen Widerspruch zu den Mat zum IPRG[18] eingegangen ist.[19]

3) Herausgabeanspruch der ODB

Bejaht man schließlich den wirksamen Fortbestand der Sicherungsübereignung, gilt es, abschließend den Herausgabeanspruch der **ODB** zu prüfen (§ 366). Die *rei vindicatio* ist die Klage des nicht innehabenden Eigentümers gegen den innehabenden Nichteigentümer (§ 366). Die Erhebung der *rei vindicatio* bedarf der Individualisierung der Sache (§ 370) sowie des Nachweises des Eigentums an dieser und der Gewahrsame des Beklagten (§ 369).[20] Die **ODB** ist nicht innehabende Eigentümerin, **Erich** ist innehabender Nichteigentümer iSd § 366. Ein Recht zum Besitz hat **Erich** nicht mehr, die Nutzung des Oldtimers ist an die vertragsmäßige Erfüllung des Kreditvertrags gebunden. Die **ODB** kann daher den Oldtimer von **Erich** herausverlangen.

Die Eigentumsklage kann alternativ auch publizianisch erhoben werden (§ 372). Die *actio publiciana* knüpft an das Recht zum Besitz an und steht dem rechtmäßigen, redlichen und echten (= rechtlichen) Besitzer zu oder demjenigen, der seinen rechtlichen Besitz verloren hat.[21] Die *actio publiciana* ist auch auf Herausgabe der Sache gerichtet. Der Eigentümer erspart sich beim Herausgabeanspruch nach § 372 den vollen Eigentumsnachweis und dringt bereits gegen den Inhaber einer Sache durch, sofern er das bessere Recht zum Besitz nachweisen kann.[22] Die **ODB** kann daher den Oldtimer alternativ auch publizianisch von **Erich** herausverlangen. *[ZP]*

D. Online Direkt Bank AG gegen Erich auf Rückverbringung des Oldtimers nach Deutschland bzw Bestellung einer Ersatzsicherheit gem § 458 ABGB pa

1) Anwendbares Recht

Sicherungsnehmer (**ODB,** Deutschland) und Sicherungsgeber (**Erich,** Österreich) haben ihren Sitz bzw gewöhnlichen Aufenthalt in verschiedenen Staaten. Daher liegt ein SV mit Auslandsbezug vor und es gilt, auch beim gegenständlichen Anspruch zunächst das anwendbare Recht zu bestimmen. Bei § 458 handelt es sich um eine besondere Art der Gewährleistung; und es sind die Gewährleistungsvorschriften der §§ 922 ff ergänzend heranzuziehen.[23] Es stellt sich folglich die Frage, ob der Anspruch der ODB auf Rückverbringung des Oldtimers bzw Bestellung einer Ersatzsicherheit schuldvertraglich oder dinglich nach dem Belegenheitsort der Mobiliarsicherheit anzuknüpfen ist. In Ermangelung einer Rechtswahl zwischen der **ODB** und **Erich** ist nach Art 4 Abs 2 ROM I-VO das Recht jenes Staates anzuwenden, in dem die Partei, welche die vertragscharakteristische Leistung erbringt, ihren gewöhnlichen Aufenthaltsort hat. Die nicht in Geld bestehende und die wirtschaftliche Funktion bestimmende Leistung ist die für den Vertrag charakteristische Leistung.[24] Bei Sicherungsverträgen erbringt der Sicherheitengeber die vertragscharakteristische Leistung.[25] Sicherheitengeber ist im vorliegenden Fall **Erich,** der seinen gewöhnlichen Aufenthalt in Österreich hat, und daher ist auf den geprüften Anspruch österreichisches Recht anzuwenden. Eine offensichtlich engere Verbindung zum Recht eines anderen Staates (Art 4 Abs 3 ROM I-VO) ist im vorliegenden Fall nicht ersichtlich.

2) Materiell-rechtliche Lösung

Sofern oben der Untergang des besitzlosen Sicherungseigentums durch Verbringen des Oldtimers über die österreichische Staatsgrenze bejaht wurde, gilt es zu prüfen, welcher Anspruch der **ODB** aus diesem Umstand erwächst. Nachdem auf das Sicherungseigentum die pfandrechtlichen Vorschriften analog angewendet werden[26], sind die Voraussetzungen des § 458 zu prüfen. Die Bestellung eines Ersatzpfandes nach § 458 ist in zwei Fällen vorgesehen. Einerseits bei einer Verschlechterung der Pfand-

17) *Faber,* ÖBA 2019, 401 (403 f).
18) 784 BlgNR 14. GP 47 mit Verweis auf *Schwind,* Handbuch des österreichischen Internationalen Privatrechts (1975) 267, 278.
19) Siehe etwa *Ronacher,* JBl 2019, 439.
20) *Iro/Riss,* Sachenrecht⁷ Rz 7/2; *Welser/Kletečka,* Bürgerliches Recht I¹⁵ Rz 1083.
21) *Iro/Riss,* Sachenrecht⁷ Rz 2/68; *Welser/Kletečka,* Bürgerliches Recht I¹⁵ Rz 883 f.
22) *Iro/Riss,* Sachenrecht⁷ Rz 2/68; *Welser/Kletečka,* Bürgerliches Recht I¹⁵ Rz 883 ff.
23) *Iro/Riss,* Sachenrecht⁷ Rz 9/33; *Welser/Kletečka,* Bürgerliches Recht I¹⁵ Rz 1236.
24) *Lurger/Melcher,* Internationales Privatrecht³ Rz 4/60; *Zöchling-Jud/Aspöck,* Internationales Privatrecht³ 31.
25) *Köhler* in *Gsell/Krüger/Lorenz/Reymann* (Hrsg), BeckOGK (2021) Art 4 ROM I-VO Rz 153.
26) *Iro/Riss,* Sachenrecht⁷ Rz 14/11; *Welser/Kletečka,* Bürgerliches Recht I¹⁵ Rz 1301.

Meine Notizen:

sache aufgrund Verschuldens des Pfandschuldners (§ 458 Fall 1) und andererseits bei Offenbarwerden eines Mangels an der Pfandsache (§ 458 Fall 2). Die Verletzung von Publizitätsvorschriften unterfällt Fall 1; die **ODB** hat Anspruch auf Bestellung einer angemessenen Ersatzsicherheit (Austausch) (§ 458 pa).[27)] Da aber das Sicherungseigentum durch Rückführung des Oldtimers nach Deutschland (Verbesserung) wiederaufleben würde, liegt es aus Sicht der **ODB** nahe, ihren Anspruch zunächst darauf zu richten. Erst dann kommt die Bestellung einer Ersatzsicherheit in Betracht.

E. Online Direkt Bank AG gegen Erich auf außergerichtliche Verwertung des Oldtimers gem §§ 466 a ff ABGB per analogiam

1) Anwendbares Recht

Sofern oben der aufrechte Bestand des besitzlosen Sicherungseigentums auch nach Verbringen des Oldtimers über die österreichische Staatsgrenze bejaht wurde, gilt es zu prüfen, ob die **ODB** den Oldtimer außergerichtlich nach den (österreichischen) §§ 466 a ff pa verwerten kann. Auch hier ist aufgrund eines SV mit Auslandsberührung das anwendbare Recht zu ermitteln. Sämtliche dingliche Rechtsfragen (Entstehung, Erwerb, Typologie, Inhalt, Schutz, Wirkungen, Übertragung und Untergang) richten sich bei körperlichen Sachen gem § 31 IPRG nach dem Recht des Belegenheitsstaates.[28)] Der Oldtimer ist eine körperliche, bewegliche Sache iSv § 31 Abs 1 IPRG. Die außergerichtliche Verwertung nach den §§ 466 a ff ist eine dingliche Rechtsfrage gem § 31 Abs 1 IPRG, weil sie auf Übertragung des Eigentums am Oldtimer gegen Barzahlung des Verwertungserlöses gerichtet ist.[29)] Der Oldtimer befindet sich in Österreich und daher ist dessen außergerichtliche Verwertung nach österreichischem Recht zu beurteilen.

2) Materiell-rechtliche Lösung

Da die pfandrechtlichen Vorschriften auf das Sicherungseigentum analog anzuwenden sind[30)], hat die **ODB** als Pfandgläubigerin beim außergerichtlichen Pfandverkauf des Oldtimers nach den Regeln der §§ 466 a ff vorzugehen. Da es sich beim Oldtimer um eine bewegliche, körperliche Sache handelt, ist dieser einer außergerichtlichen Verwertung zugänglich. Zunächst muss die **ODB** dem Pfandbesteller **Erich** den Verkauf der Pfandsache unter Angabe der aushaftenden Schuld androhen. Anschließend muss die **ODB** einen Monat zuwarten. Die Monatsfrist beginnt im konkreten Fall mit der Androhung der außergerichtlichen Verwertung zu laufen. Die Verwertung des Oldtimers hat grundsätzlich durch einen dazu befugten Unternehmer in einer öffentlichen Versteigerung zu erfolgen. Weil der Oldtimer einen Markt- bzw Börsepreis hat, kommt auch dessen freihändige Veräußerung durch einen dazu befugten Unternehmer in Frage. Die **ODB** als Pfandgläubigerin ist zur Veräußerung des Oldtimers verfügungsberechtigt und wird Alleineigentümerin des Verkaufserlöses. Bleibt vom Erlös abzüglich der Schuld des Pfandbestellers und der im Zuge des Verkaufs anfallenden Kosten ein Teil übrig, muss die **ODB** diesen dem **Erich** ausfolgen.[31)]

II. Fernabsatzgeschäft, Eigentumsvorbehalt

A. Retroexpert GmbH gegen Erich auf Zahlung des Kaufpreises iHv € 1.500 gem § 1062 ABGB

1) Anwendbares Recht

Die **Retroexpert GmbH** (nachfolgend **„RE"**) hat ihren Sitz in der Schweiz, **Erich** seinen gewöhnlichen Aufenthalt in Österreich. Somit liegt ein SV mit Auslandsberührung vor und es ist für den Kaufvertrag zunächst das anwendbare Recht zu bestimmen. Das UNK ist nicht einschlägig, da **Erich** den Vertrag zu seinem persönlichen Gebrauch abschließt (Art 2 lit a UNK). Der Kaufvertrag ist ein vertragliches Schuldverhältnis und daher ist der Anwendungsbereich der ROM I-VO eröffnet (Art 1 Abs 1 ROM I-VO). Gem Art 2 ROM I-VO ist diese VO universell anwendbar, dh, es ist das bezeichnete Recht auch dann anzuwenden, wenn es nicht das Recht eines

---

27) *Iro/Riss,* Sachenrecht[7] Rz 9/31.
28) *Lurger/Melcher,* Internationales Privatrecht[3] Rz 6/3; *Zöchling-Jud/Aspöck,* Internationales Privatrecht[3] 45.
29) Die Pfandgläubigerin **(ODB)** ist kraft § 466 a Abs 1 pa verfügungsberechtigt (vgl *Iro/Riss,* Sachenrecht[7] Rz 6/44, 11/30; *Welser/Kletečka,* Bürgerliches Recht I[15] Rz 1251).
30) *Iro/Riss,* Sachenrecht[7] Rz 14/11; *Welser/Kletečka,* Bürgerliches Recht I[15] Rz 1301.
31) Siehe im Detail *Iro/Riss,* Sachenrecht[7] Rz 11/30; *Welser/Kletečka,* Bürgerliches Recht I[15] Rz 1253.

Meine Notizen:

Mitgliedstaates ist. Dass die ROM I-VO also auf Schweizer Recht verweist, stellt kein Problem dar.

Erich und **RE** haben laut SV keine Rechtswahl iSd Art 3 ROM I-VO getroffen. Bevor objektiv nach Art 4 ROM I-VO angeknüpft wird, sind zunächst die Sondertatbestände in Art 5 ff ROM I-VO zu prüfen. Da es sich bei **Erich** um einen Verbraucher und bei der **RE** um eine Unternehmerin handelt, ist nach Art 6 ROM I-VO anzuknüpfen. Demnach unterliegt ein Vertrag, der zwischen einem Verbraucher und einem Unternehmer geschlossen wurde, dem Recht des Staates, in dem der Verbraucher seinen gewöhnlichen Aufenthalt hat, sofern der Unternehmer seine berufliche oder gewerbliche Tätigkeit in dem Staat ausübt, in dem der Verbraucher seinen gewöhnlichen Aufenthalt hat, oder der Unternehmer seine Tätigkeit auf diesen Staat ausrichtet. **Erich** schließt den Vertrag zu nicht beruflichen Zwecken ab, er ist daher Verbraucher. Die **RE** schließt den Kaufvertrag in Ausübung ihrer beruflichen Tätigkeit ab. Die **RE** richtet ihre Tätigkeit auch auf Österreich aus, denn sie verbreitet ihren Online-Shop über Werbeannoncen in österreichischen Oldtimer-Zeitschriften.[32] Mangels anderer Angaben im SV hat **Erich** seinen gewöhnlichen Aufenthalt in Innsbruck, es ist daher österreichisches Recht anwendbar.

Der Geltungsbereich des anzuwendenden Rechts bestimmt sich nach Art 12 ROM I-VO. Der Kaufpreisanspruch stellt eine durch den Vertrag begründete Verpflichtung des Käufers iSd Art 12 lit b ROM I-VO dar und fällt daher in den Geltungsbereich des anzuwendenden Rechts. Ferner sind gem Art 12 lit d ROM I-VO auch die in Folge zu prüfenden Einreden unter Ausübung von Gestaltungsrechten, die den Vertrag zum Erlöschen bringen (Rücktrittsrecht), vom Geltungsbereich des anzuwendenden Rechts umfasst.[33]

2) Materiell-rechtliche Lösung

Mangels anderer Angaben im SV ist zwischen der **RE** und **Erich** ein gültiger Kaufvertrag zustande gekommen. Gem § 1061 hat der Verkäufer die Sache zu übergeben. Im vorliegenden Fall hat die **RE** ihre Verpflichtung daher spätestens mit der Übergabe des Transporteurs an **Erich** erfüllt. Gem § 1062 hat der Käufer den Kaufpreis zu bezahlen. Die 30-tägige Frist ab Übergabe zur Leistung des Kaufpreises ist 6 Wochen nach Übergabe der Sache bereits verstrichen. Der Anspruch besteht.

B. Rücktritt/Vertragsauflösung durch Erich

1) Rücktritt des Erich gem §§ 11 ff FAGG

Einerseits könnte **Erich** ggf sein Gestaltungsrecht auf Rücktritt vom Vertrag nach **§ 11 FAGG** ausüben. Das FAGG gilt für Fernabsatz- und außerhalb von Geschäftsräumen geschlossene Verträge. Die Parteien haben den Vertrag ausschließlich online abgeschlossen, es handelt sich daher um einen Fernabsatzvertrag (keine Ausnahmen iSd § 1 Abs 2 FAGG). **Erich** ist Verbraucher, die **RE** ist Unternehmerin. § 11 FAGG sieht ein 14-tägiges Rücktrittsrecht des Verbrauchers ohne Angabe von Gründen vor. Die Frist beginnt bei Kaufverträgen idR mit dem Tag der Übergabe an den Verbraucher (§ 11 Abs 2 Z 2 lit a FAGG). Die Rücktrittsfrist beginnt daher mit dem Zeitpunkt, an dem **Erich** die Autositze vom Beförderer übernimmt. Im vorliegenden Fall hat die **RE** allerdings nicht auf die Rücktrittsfrist hingewiesen. Gem § 12 FAGG hat das Ausbleiben der Information nach § 4 Abs 1 Z 8 FAGG die Konsequenz, dass sich die Rücktrittsfrist um zwölf Monate verlängert (§ 12 Abs 1 FAGG). Da **Erich** bereits 6 Wochen nach Erhalt der Ware vom Vertrag zurücktreten möchte, ist die Frist gewahrt und **Erich** kann vom Vertrag zurücktreten.

2) Anfechtung/Anpassung des Vertrages durch Erich gem §§ 877, 871 ABGB *[ZP]*

Das anwendbare Recht für die Wirksamkeit des Vertrages bestimmt sich nach dem Vertragsstatut (Art 10 Abs 1 ROM I-VO). Die Wirksamkeit des Vertrages ist nach österreichischem Recht zu beurteilen. Zu prüfen ist zunächst, ob Erich einem Geschäftsirrtum unterliegt. Ggf könnte die Verletzung der vorvertraglichen Aufklärungspflichten durch die RE hier als beacht-

32) Vgl zu diesem Anwendungsfall auch *Staudinger* in *Ferrari et al,* Internationales Vertragsrecht³ (2018) Art 6 Rz 47.

33) *Lurger/Melcher,* Internationales Privatrecht³ Rz 4/15; *Zöchling-Jud/Aspöck,* Internationales Privatrecht³ 29; vgl zum Geltungsbereich des anzuwendenden Rechts im Detail auch *Spickhoff* in *Hau/Poseck,* BeckOK BGB⁶¹ Art 12 ROM I-VO Rz 5 ff.

licher Geschäftsirrtum iSd § 871 Abs 2 verstanden werden.[34] Denn die RE macht keinerlei Angaben zur Rücktrittsfrist, die eine gesetzlich normierte Aufklärungspflicht darstellt (vgl § 4 Abs 1 Z 8 FAGG). Allerdings ist die Bedeutung des § 871 Abs 2 für die genaue Abgrenzung zwischen Geschäfts- und Motivirrtümern neuerdings in der Lehre umstritten. Ein Teil der Lehre steht für eine restriktivere Handhabung des § 871 Abs 2 und nimmt auch gesetzlich verankerte Aufklärungspflichten vom Anwendungsbereich der Norm aus, wenn diese für die vertraglichen Entscheidungen des Aufzuklärenden unwesentlich sind. Andere Teile der Lehre wollen den Anwendungsbereich des § 871 Abs 2 noch weiter ausdehnen.[35]

✐ Meine Notizen:

Erich ist im Ergebnis nicht an den Vertrag gebunden (vgl II.B.1.) und muss nicht den Kaufpreis bezahlen. Der Anspruch der **RE** besteht iE nicht.

C. Retroexpert GmbH gegen Erich auf Herausgabe der Sessel gem § 15 Abs 1 iVm § 11 Abs 1 FAGG

1) Anwendbares Recht

Für die kollisionsrechtliche Anknüpfung vgl II.A.1. Der Geltungsbereich des anzuwendenden Rechts umfasst die verschiedenen Arten des Erlöschens der Verpflichtung (lit d) und insbesondere die Folgen der Nichtigkeit des Vertrages (lit e). Der Herausgabeanspruch der **RE** ist eine Folge des Erlöschens des Vertrages und befindet sich daher im Geltungsbereich des anzuwendenden Rechts.

2) Materiell-rechtliche Lösung

§ 15 FAGG sieht eine Reihe an Pflichten des Verbrauchers vor, wenn dieser nach § 11 Abs 1 FAGG sein Rücktrittsrecht ausgeübt hat. Unter anderem ist die empfangene Ware binnen 14 Tagen ab Abgabe der Rücktrittserklärung an den Unternehmer zurückzustellen bzw abzusenden, ausgenommen der Unternehmer bietet an, die Sache selbst abzuholen – dafür gibt es im SV aber keine Anhaltspunkte. Der Anspruch der **RE** besteht.

D. Retroexpert GmbH gegen Erich auf Wertersatz iHv € 300 gem § 15 Abs 4 iVm § 11 Abs 1 FAGG

1) Anwendbares Recht

Für die kollisionsrechtliche Anknüpfung wird auf den Anspruch oben unter II.A.1. bzw II.C.1. verwiesen.

2) Materiell-rechtliche Lösung

Der Verbraucher ist verpflichtet, dem Unternehmer eine Entschädigung für eine Minderung des Verkehrswertes zu zahlen, wenn dieser Wertverlust auf einen zur Prüfung der Beschaffenheit, der Eigenschaften und der Funktionsweise der Ware nicht notwendigen Umgang mit derselben zurückzuführen ist (§ 15 Abs 4 FAGG).[36]

Gem § 15 Abs 4 S 2 FAGG haftet der Verbraucher in keinem Fall für einen Wertverlust der Ware, wenn er vom Unternehmer nicht gem § 4 Abs 1 Z 8 FAGG über sein Rücktrittsrecht belehrt wurde. Im vorliegenden Fall hat die **RE** den **Erich** nicht ordnungsgemäß über das Rücktrittsrecht informiert (die Fristenbelehrung wurde unterlassen), daher hat die **RE** keinen Anspruch auf Wertersatz.

34) Vgl *P. Bydlinski,* Bürgerliches Recht Allgemeiner Teil[9] (2021) 8/10; *Welser/Kletečka,* Bürgerliches Recht I[15] Rz 478.

35) Vgl zu alledem im Detail bspw *Pletzer* in *Kletečka/Schauer,* ABGB-ON[1.03] § 871 Rz 21 ff (Stand 1. 8. 2019, rdb.at). Hierzu kann von den Studierenden keine detaillierte Abhandlung erwartet werden, vielmehr sollen Überlegungen zur Abgrenzung zwischen Geschäfts- und Motivirrtum mit bis zu einem Zusatzpunkt bewertet werden.

36) *P. Bydlinski,* Bürgerliches Recht Allgemeiner Teil[9] 10/8; *Welser/Zöchling-Jud,* Bürgerliches Recht II[14] Rz 1299. Die genaue Abgrenzung der notwendigen Prüfung der Beschaffenheit ist umstritten, eine Orientierung bietet aber ErwGr 47 der VR-RL; vgl *Kolba/Leupold,* Das neue Verbraucherrecht (2014) § 15 FAGG Rz 340. Es wäre wohl eine Argumentation sowohl für als auch gegen eine Wertersatzpflicht des **Erich** denkbar, vgl zB die Argumentation in BGH VIII ZR 55/15 Rn 26 f iZm einem eingebauten Katalysator (für eine Wertersatzpflicht) oder die Argumentation in BG Bregenz 3. 2. 2020, 3 C 537/19 a zu einem Kindersitz (gegen Wertersatzpflicht).

Meine Notizen:

E. Retroexpert GmbH gegen Erich auf Schadenersatz iHv € 300 gem §§ 1295 ff ABGB *(ex contractu)*

1) Anwendbares Recht

Es liegt ein SV mit Auslandsbezug vor. Nachdem **Erich** und die **RE** einen Vertrag abgeschlossen haben, ist der Anwendungsbereich der ROM I-VO eröffnet (vgl II. A.1.). Die Folgen der Nichterfüllung iSd Art 12 Abs 1 lit c ROM I-VO umfassen auch vertragliche Schadenersatzansprüche.[37] Weil zum Zeitpunkt der Beschädigung der Sitze ein aufrechtes Vertragsverhältnis zwischen **Erich** und der **RE** bestand, liegt ein vertraglicher Schadenersatzanspruch vor, der nach dem Vertragsstatut anzuknüpfen ist (österreichisches Recht).

2) Materiell-rechtliche Lösung

Von der Wertersatzpflicht nach § 15 Abs 4 FAGG unberührt bleiben Ansprüche des Unternehmers kraft Verschuldenshaftung. Dies wird damit begründet, dass die Rechtsfolgen der schuldhaften Pflichtverletzung des Verbrauchers von der Verbraucherrechte-Richtlinie (VR-RL)[38] gar nicht erfasst sind und somit derartige Schadenersatzansprüche auch der Vollharmonisierung nicht entgegenstehen.[39] Zu Ansprüchen des Unternehmers aus Verschuldenshaftung zählt etwa die unzureichende Verpackung für den Rücktransport. Obwohl der Schaden im vorliegenden Fall bereits vor Rücktritt vom Vertrag eingetreten ist, kommt ein vertraglicher Schadenersatzanspruch des Unternehmers in Betracht. Dieser Schadenersatzanspruch wird jedoch häufig an einem rechtswidrigen oder schuldhaften Verhalten des Verbrauchers scheitern.[40] **Erich** haftet für die beschädigten Autositze daher aufgrund der Verschuldenshaftung nur, sofern ihm rechtswidriges und schuldhaftes Verhalten vorgeworfen werden kann. Der vertragliche Schadenersatzanspruch der **RE** stünde zu einem allfälligen Wertersatzanspruch nach § 15 Abs 4 FAGG in Anspruchskonkurrenz.[41]

F. Retroexpert GmbH gegen Erich auf Herausgabe der Sessel gem § 366 (§ 372) ABGB

1) Anwendbares Recht

Es liegt ein SV mit Auslandsbezug vor. Mangels einschlägiger Unionsakte bzw völkerrechtlicher Verträge zwischen Österreich und der Schweiz wird auf das IPRG zurückgegriffen. Ansprüche aus Sachenrechten (Eigentum) sind grds nach dem Recht jenes Staates zu beurteilen, in dem sich die Sachen befinden *(lex rei sitae)*.[42]

Als Vorfrage muss geprüft werden, ob die **RE** überhaupt noch Eigentum an den Sachen hat bzw ob der Eigentumsvorbehalt wirksam geworden ist. § 31 Abs 1 IPRG unterstellt den Erwerb und Verlust dinglicher Rechte an körperlichen Sachen dem Recht jenes Staates, in dem sich die Sachen bei Vollendung des dem Erwerb oder Verlust zugrundeliegenden SV befinden. Zunächst kommt der Eigentumsvorbehalt in der Schweiz noch nicht zustande, weil in der Schweiz eine Registereintragung für die Rechtswirksamkeit des Eigentumsvorbehaltes notwendig ist. Der dem Erwerb zugrundeliegende SV ist in Österreich vollendet, da die Sache erst dort an den Verbraucher übergeben wird.[43] Die Sache befindet sich bei Vollendung des SV, nämlich der Übergabe an **Erich,** in Österreich. Es ist daher für die Vorfrage (ist die **RE** noch Eigentümerin?) österreichisches Recht anzuwenden. Für die Hauptfrage (wie kann die **RE** ihr Eigentum herausfordern?) ist ebenfalls österreichisches Recht anzuwenden, weil sich die Sache in Österreich befindet.

---

37) Vgl *Lurger/Melcher,* Internationales Privatrecht³ Rz 4/15; *Musger* in *Koziol/Bydlinski/Bollenberger* (Hrsg), ABGB Kurzkommentar⁶ (2020) Art 12 ROM I-VO Rz 2 unter Verweis auf OGH 19. 12. 2005, 2 Ob 277/05 g.
38) Richtlinie 2011/83/EU, ABl L 2011/304, 64.
39) Vgl *Schauer* in *Jud/Wendehorst* (Hrsg), Neuordnung des Verbraucherprivatrechts in Europa? (2009) 116; *Kolba/Leupold* § 15 FAGG Rz 349.
40) *Kolba/Leupold* § 15 FAGG Rz 349.
41) Hier wurden allein für Überlegungen zum Verhältnis zwischen § 15 Abs 4 FAGG und den allgemeinen Bestimmungen Punkte vergeben.
42) *Lurger/Melcher,* Internationales Privatrecht³ Rz 6/3; *Zöchling-Jud/Aspöck,* Internationales Privatrecht³ 44.
43) Die Sonderbestimmung des Art 103 Schweizer IPRG, die auf das Bestimmungsland verweist (und somit nach Ö zurückverweisen würde), kommt daher gar nicht zur Anwendung. Auch die Auseinandersetzung mit der Rsp zur Heilung des Eigentumsvorbehalts bei Grenzübertritt der Sache nach Österreich ist nicht einschlägig, vgl OGH 13. 5. 1987, 1 Ob 543/87; RIS-Justiz RS0076727; *Lurger/Melcher,* Internationales Privatrecht³ Rz 6/15.

2) Materiell-rechtliche Lösung

Meine Notizen:

Zur Vorfrage: Bevor auf den Herausgabeanspruch der **RE** eingegangen werden kann, ist zu prüfen, ob sie noch Eigentümerin der Sessel ist.

Beim Versendungskauf ist fraglich, ob das Eigentum bereits mit Übergabe an das Transportinstitut oder erst mit Ablieferung an den Käufer übergeht. Für Verbrauchergeschäfte enthält § 7b KSchG eine Sonderbestimmung (vgl die allgemeine Regelung nach § 429), nach welcher Waren erst bei Übergabe an den Verbraucher als übergeben gelten sollen, es sei denn, der Beförderungsvertrag wurde vom Verbraucher selbst geschlossen. Unter Außerachtlassung eines möglicherweise gültig vereinbarten Eigentumsvorbehalts der RE wäre Erich daher im vorliegenden Fall erst bei Übergabe der Autositze Eigentümer geworden und die Gefahrtragung wäre erst zu diesem Zeitpunkt auf ihn übergegangen. *[ZP]*

Die **RE** hat sich das Eigentum bei Abschluss des Kaufvertrages vorbehalten. Der Verkäufer vermindert durch den Eigentumsvorbehalt das Risiko der Zahlungsunfähigkeit des Käufers, da der Verkäufer immer noch mit der *rei vindicatio* auf die Sache greifen kann.[44] In Österreich müssen auch (anders als in der Schweiz) keine besonderen Publizitätserfordernisse erfüllt werden.

Der Eigentumsvorbehalt ist daher gültig zustande gekommen. **Erich** hat den Kaufpreis noch nicht bezahlt (und ist vielmehr vom Vertrag zurückgetreten, eine Kaufpreisforderung besteht daher gar nicht mehr). Auch ein originärer Eigentumserwerb des **Erich** durch Einbau der Sitze in seinen Oldtimer gem § 415 kommt hier nicht in Frage, da die Autositze sich ohne wirtschaftlichen Verlust wieder aus dem Oldtimer ausbauen lassen. Die **RE** ist daher Eigentümerin geblieben. Zu den Anspruchsvoraussetzungen der *rei vindicatio* vgl oben Anspruch I.C.3. Der Anspruch der **RE** auf Herausgabe besteht.

Die Eigentumsklage kann alternativ auch publizianisch erhoben werden (§ 372). Vgl ebenfalls oben Anspruch I.C.3. Abhängig von der Chronologie der Anspruchserhebung kann sich beim Anspruch auf Herausgabe der Autositze ein alternativer Lösungsweg ergeben: Wurde zunächst das Auto als Ganzes von der ODB herausverlangt und wären die Autositze der RE zu diesem Zeitpunkt noch im Oldtimer eingebaut, so müsste die RE ihren Herausgabeanspruch ggf gegen die ODB richten und es müssten die Rückführbarkeit des Einbaus der Autositze sowie ggf Gutglaubenserwägungen seitens der ODB behandelt werden.

Aktualisierungen

Die Prüfung wurde zwar vor dem Inkrafttreten des Gewährleistungsrichtlinien-Umsetzungsgesetzes abgehalten, die Musterlösung entspricht aber bereits der dadurch herbeigeführten Rechtslage (seit 1. 1. 2022).

44) Vgl *Iro/Riss*, Sachenrecht[7] Rz 8/1 ff; *Welser/Kletečka*, Bürgerliches Recht I[15] Rz 1311 ff.

Meine Notizen:

Prüfer: Thomas Schoditsch

„Der freundliche Nachbar"

Graz, Juni 2021

Schwerpunkte: Verschuldensscheidung, nachehelicher Unterhalt, nacheheliches Aufteilungsverfahren, Kindesunterhalt, Schadenersatz bei Ehebruch

SACHVERHALT

Anton (35) und **Beate** (27) haben am 1. 6. 2015 wirksam geheiratet. Am 20. 6. 2016 kam die gemeinsame Tochter **Klara** (heute 4 Jahre alt) auf die Welt. Anton hat allerdings bereits eine Tochter **Claudia** aus einer früheren Beziehung, die mittlerweile 11 Jahre alt ist. Während ihrer Ehe leben Anton und Beate in einer Eigentumswohnung in Graz, die sie am 1. 10. 2018 gekauft haben (Wert: € 380.000,–). Zum Erwerb der Wohnung haben sie gemeinsam Kredite aufgenommen, wobei noch ein Bankkredit iHv € 70.000,– offen ist. Zudem haben sie gemeinsam einen PKW angeschafft (Wert: € 25.000,–), den aber ausschließlich Beate für den Weg zur Arbeit und zum Kindergarten benutzt. Anton ist selbständig und betreibt ein gutgehendes kleines Wasserkraftwerk namens *„Tauerngold"*; der monatliche Reingewinn seiner Tätigkeit beträgt ca € 3.000,–. Beate arbeitet seit 1. 6. 2010 als halbtägig beschäftigte Mitarbeiterin in einem Medienbetrieb: Sie bezieht ein Netto-Einkommen iHv € 1.100,–; daneben kümmert sie sich um den Haushalt sowie das Kind.

Ab 2018 nimmt Anton sein Unternehmen beruflich verstärkt in Anspruch, sodass er sehr viel – und häufig auch nachts – arbeitet; ihm ist sein beruflicher Erfolg sehr wichtig. Beate wird zunehmend unglücklicher und fühlt sich einsam. In der Folge schüttet sie ihr Herz ihrem Nachbarn **Franz** aus, der ein guter Zuhörer ist. Mitte 2018 beginnen die beiden schließlich eine leidenschaftliche Affäre, die Anton aufgrund seiner Arbeitsbelastung zuerst gar nicht auffällt. Erst Ende 2020 beginnt Anton Böses zu ahnen und beauftragt den Detektiv **Daniel,** ihm Gewissheit über die (Un-)Treue seiner Frau zu verschaffen. Daniel liefert ihm im Februar 2021 schließlich eindeutige Fotos, die Sexualkontakte zwischen Beate und Franz belegen; dafür erhält er vereinbarungsgemäß € 15.000,– von Anton.

Als Anton seine Frau mit den Fotos konfrontiert, gesteht sie auch sofort ihren Seitensprung und bittet ihn um Verzeihung. In der Folge besuchen Anton und Beate gemeinsam eine psychotherapeutische Paartherapie. Am 10. 4. 2021 stellt sich aber mit Gewissheit heraus, dass sich Beate Hals über Kopf in Franz verliebt hat und die Ehe mit Anton nicht mehr fortführen will. Anton ist tief enttäuscht und will seinerseits nicht länger an dieser Ehe festhalten: Im Zorn beschimpft er Beate lautstark. Daraufhin verlässt Beate die gemeinsame Ehewohnung am 11. 4. 2021 und zieht mit ihrer Tochter zu ihren Eltern; noch am selben Tag will Anton die notwendigen rechtlichen Schritte einleiten.

1.) **Kann Anton diese Ehe auflösen?**

2.) **Kann Beate nach Auflösung der Ehe Unterhaltsansprüche gegen Anton geltend machen?**

3.) **Wie ist das Vermögen der Eheleute – nach Eheauflösung – gerichtlich aufzuteilen?** (Ausführungen zur Innen- und Außenhaftung der Eheleute sind nicht erforderlich)

4.) **Welche Unterhaltsansprüche hat Klara am 7. 5. 2021?**

5.) **Wer haftet für die Kosten der Detektivüberwachung?**

Prüfungsergebnis: Die Prüfungszeit dieser „open-book"-Prüfung betrug 90 Minuten. Den Schwerpunkt der Prüfung bildeten Fragen 1, 3 und 5. Die restlichen Punkte teilten sich auf Frage 2 sowie Frage 4 auf.

Az. Prof. Dr. Thomas Schoditsch ist am Institut für Rechtswissenschaftliche Grundlagen der KFU Graz tätig und lehrt Zivilrecht und legal gender studies.

MUSTERLÖSUNG

Von Thomas Schoditsch

✐ Meine Notizen:

I. Kann Anton diese Ehe auflösen?

A. Anton gegen Beate auf Scheidung wegen alleinigem Verschulden gem § 49 EheG

1) Eheverfehlungen der Beate

Aus dem Ehevertrag zwischen Anton und Beate resultiert als zentrale höchstpersönliche Pflicht die **Treuepflicht gem § 90 ABGB.** Ab Mitte 2018 **verletzt Beate** ihre **Treuepflicht,** indem sie eine leidenschaftliche Affäre mit Franz beginnt: Diese Affäre ist als **schwere Eheverfehlung iSd § 49 S 2 EheG** zu qualifizieren, die objektiv geeignet ist, die Ehe unheilbar zu zerrütten.[1] Die Ehe ist durch diese Affäre auch **unheilbar zerrüttet:** Objektiv wurde die eheliche Lebensgemeinschaft mit dem Auszug der Beate am 11. 4. 2021 beendet; subjektiv hat zumindest Beate ihren Ehewillen verloren, weil sie Gewissheit erlangt hat, dass sie sich in Franz verliebt hat. Für diese Ehezerrüttung ist die Eheverfehlung der Beate zumindest **mitkausal.**

Der Auszug von Beate am 11. 4. 2021 verletzt die **Pflicht zum gemeinsamen Wohnen.** Allerdings ist diese Pflichtverletzung **nicht mehr kausal** für den Eintritt der unheilbaren Zerrüttung; die Ehe war zu diesem Zeitpunkt bereits zerrüttet. Überdies ist der Auszug wohl ein (entschuldbares) **Reaktionsverhalten iSd § 49 S 3 EheG** auf den Wutausbruch des Anton.[2]

Die Paartherapie nach Kenntnis des Treuebruchs ist **nicht** als **Verzeihung** (§ 56 EheG) zu werten. Denn für eine Verzeihung iSd § 56 EheG muss der gekränkte Ehegatte durch sein Gesamtverhalten zum Ausdruck bringen, dass er das als Eheverfehlung empfundene Verhalten des Ehepartners nicht mehr als solches betrachtet und die Ehe fortsetzen will; eine **erfolglose Paartherapie** – wie im Anlassfall – ist nach der Judikatur nicht als Verzeihung zu werten.[3]

Die **sechsmonatige Präklusionsfrist** zur Geltendmachung der Eheverfehlung ist noch offen (§ 57 Abs 1 EheG). Denn Anton hat erst im Februar 2021 **positive Kenntnis vom Scheidungsgrund** „Treuebruch"; der bloße Verdacht eines Treuebruchs setzt den Fristenlauf nicht in Gang.

2) Eheverfehlungen des Anton

Beate kann Anton jedoch im Weg eines **Mitverschuldensantrags (§ 60 Abs 3 EheG)** dessen eigene Eheverfehlungen entgegenhalten. So hat sich Anton seit 2018 verstärkt der Arbeit in seinem Unternehmen zugewandt und kaum Zeit mit Beate verbracht: Mit seinem übermäßigen beruflichen Engagement hat er seine **Beistandspflicht verletzt** (§ 90 ABGB).[4] Dieses Verhalten ist **mitkausal** für den Eintritt der unheilbaren Zerrüttung und Anton vorwerfbar.

Mit seiner zornigen Beschimpfung anlässlich des Ergebnisses der Paartherapie verletzt Anton die **Pflicht zur anständigen Begegnung** (§ 90 Abs 1 ABGB). Allerdings ist dieses Verhalten in zeitlichem und ursächlichem Zusammenhang mit der Entscheidung von Beate für Franz zu sehen: Damit liegt ein **entschuldbares Reaktionsverhalten** des Anton vor (§ 49 S 3 EheG).[5]

3) Verschuldensabwägung

Sowohl Anton als auch Beate haben schwere Eheverfehlungen begangen, die **gegeneinander abzuwägen** sind. Um bei beiderseitigen Eheverfehlungen ein überwiegendes Verschulden eines Teils annehmen zu können, muss nach der Judikatur ein sehr erheblicher Unterschied im Grad des Verschuldens vorliegen:[6] Schließlich wird das überwiegende Verschulden – insb bei den Scheidungsfolgen – dem alleinigen Ver-

1) Etwa *Kerschner/Sagerer-Foric/Schoditsch,* Familienrecht[7] (2020) 2/77 mwN.
2) OGH 1 Ob 609/81, EFSlg 38.672; 4 Ob 224/16v iFamZ 2017, 102 (zust *Deixler-Hübner*); 8 Ob 88/17z iFamZ 2017, 395.
3) OGH 7 Ob 713/88 JBl 1997, 787; 8 Ob 47/12p EF-Z 2012, 164.
4) Nach der Judikatur ist ein Ehegatte verpflichtet, seine **berufliche Arbeit** so einzuteilen und sich in seiner vom berechtigten Erwerbsstreben und Ehrgeiz getragenen Berufsausübung so einzuschränken, dass genügend Zeit für den anderen Ehegatten bleibt (RIS-Justiz RS0056053; *Kerschner/Sagerer-Foric/Schoditsch,* Familienrecht[7] 2/77 mit weiteren Beispielen).
5) Siehe *Koch* in KBB[6] § 49 EheG Rz 8 mwN.
6) RIS-Justiz RS0057057.

Meine Notizen:

schulden gleichgestellt.[7] Im Anlassfall hat Beate zwar mit dem Treuebruch eine gravierende Eheverfehlung begangen; allerdings hat Anton sie zuvor über einen längeren Zeitraum – insb mit einem kleinen Kind – vernachlässigt und damit die Basis für die Affäre der Beate gelegt.[8] Daher ist die Ehe aus **gleichteiligem Verschulden** zu scheiden: Dies ist vom Gericht in den Schuldausspruch aufzunehmen (§ 60 Abs 3 EheG).

II. Kann Beate nach Auflösung der Ehe Unterhaltsansprüche gegen Anton geltend machen?

A. Beate gegen Anton auf Zahlung von Unterhalt gem § 68 EheG

Aufgrund des gleichteiligen Scheidungsverschuldens steht Beate **kein Unterhaltsanspruch nach §§ 66f EheG** zu. Dem nicht selbsterhaltungsfähigen Ehegatten kann jedoch ein **Billigkeitsunterhalt (§ 68 EheG)** zustehen, der 15 – 33% des Nettoeinkommens des Verpflichteten beträgt. Voraussetzung dafür ist, dass die Ehe nicht aus dem überwiegenden Verschulden eines Teils geschieden wird und der Berechtigte seinen Unterhalt nicht bestreiten kann. Auch wenn die Ehe im Anlassfall aus gleichteiligem Verschulden geschieden wurde, verfügt Beate über ein monatliches Einkommen iHv € 1.100,– und liegt damit über dem Existenzminimum iHv € 949,– monatlich:[9] Damit ist ihr eine angemessene Deckung des Lebensbedarfs selbstständig möglich,[10] sodass ihr der Anspruch nicht zusteht.

B. Beate gegen Anton auf Zahlung von Unterhalt iHv € 450,–/Monat gem § 68a Abs 1 EheG

Beate kann sich auf den **verschuldensunabhängigen Unterhaltsanspruch** gem § 68a EheG berufen, wenn ihr eine Erwerbstätigkeit wegen Pflege und Erziehung eines gemeinsamen Kindes unzumutbar ist **(„Kindererziehungsfall")**. Da sich Beate bislang um die gemeinsame vierjährige Tochter Klara gekümmert hat und sie dies auch nach dem Umzug zu ihren Eltern tut, kann sie sich grundsätzlich auf § 68a Abs 1 EheG berufen. Dieser Unterhaltsanspruch bemisst sich nach dem Lebensbedarf des Unterhaltsberechtigten und beträgt nach der Judikatur zwischen 15 – 33% des Einkommens des Verpflichteten.[11] Freilich sind ihre monatlichen Einkünfte iHv € 1.100,– bedarfsmindernd zu berücksichtigen;[12] daher erscheint ein Anspruch iHv 15% am Einkommen des Anton angemessen. Als Folge steht ihr ein **Unterhaltsanspruch von € 450,–/ Monat** zu.

Die **Unzumutbarkeit der Selbsterhaltung** wird aber nur bis zur Vollendung des fünften Lebensjahres des Kindes – also bis 20. 6. 2021 – gesetzlich vermutet. Eine längere Unzumutbarkeit ist gesetzlich möglich, aber von Beate als betreuendem Elternteil zu beweisen. Nach der Judikatur ist eine Teilzeitbeschäftigung ab dem vierten Lebensjahr grundsätzlich zumutbar; anderes gilt nur bei erhöhtem Betreuungsbedarf.[13] Mangels Anhaltspunkte im Sachverhalt wird Beate eine über das fünfte Lebensjahr von Klara hinausgehende Unzumutbarkeit nicht beweisen können; damit kann sie sich über diesen Zeitpunkt hinaus nicht auf § 68a Abs 1 EheG berufen.

III. Wie ist das Vermögen der Eheleute – nach Eheauflösung – gerichtlich aufzuteilen?

A. Anton gegen Beate/Beate gegen Anton auf Aufteilung des Ehevermögens gem §§ 81 ff EheG[14]

Zwischen den Ehegatten wurde **keine vertragliche Vereinbarung iSd § 97 Abs 1 EheG** über die Aufteilung der ehelichen Ersparnisse sowie des Gebrauchsvermögens iSd § 81 EheG geschlossen. Somit können beide Ehegatten einen Antrag auf gericht-

7) Daher legt die Judikatur bei der Beurteilung des überwiegenden Verschuldens einen strengen Maßstab an (instruktiv OGH 3 Ob 5/21p).
8) Der OGH hat bereits klargestellt, dass ein Ehebruch nicht notwendigerweise der am stärksten zu wertende Vorwurf ist; vielmehr ist eine Gesamtbetrachtung der ehelichen Verfehlungen beider Partner anzustellen (vgl RIS-Justiz RS0056496).
9) Mindestsicherung 2021: Alleinlebende € 949,–/Monat; Paare € 1.424,– Euro.
10) OGH 4 Ob 203/10x EF-Z 2011, 106; 10 Ob 16/14x iFamZ 2014, 133.
11) *Koch* in KBB⁶ § 68 EheG Rz 1.
12) *Hopf/Kathrein,* Eherecht³ (2014) § 68a EheG Rz 14.
13) *Schwimann/Kolmasch,* Unterhaltsrecht⁹ (2018) 89; OGH 6 Ob 2126/96g JBl 1997, 35.
14) Mit einem eingehenden Prüfungsschema zum nachehelichen Aufteilungsverfahren etwa *Kerschner/Sagerer-Foric/Schoditsch,* Familienrecht⁷ Rz 2/121a.

liche Aufteilung des Ehevermögens **binnen eines Jahres ab Rechtskraft der Scheidung** stellen (§ 95 iVm § 85 EheG).

Meine Notizen:

Im ersten Schritt ist die Aufteilungsmasse gem §§ 81 ff EheG zu bilden, zu der das eheliche Gebrauchsvermögen und die ehelichen Ersparnisse gehören. Zum **ehelichen Gebrauchsvermögen** zählen alle beweglichen und unbeweglichen körperlichen Sachen, die während ehelicher Lebensgemeinschaft dem **Gebrauch beider Ehegatten** gedient haben (§ 81 Abs 2 EheG). Die während aufrechter Ehegemeinschaft von Anton und Beate erworbene Eigentumswohnung im Wert von € 380.000,– zählt als **Ehewohnung gem § 81 Abs 2 EheG** zum ehelichen Gebrauchsvermögen. Allerdings steht der gemeinsam aufgenommene **Kredit** iHv € 70.000,– zum Erwerb der Eigentumswohnung in einem inneren Zusammenhang mit ihrer Anschaffung, sodass er **in Anschlag zu bringen** ist **(§ 81 Abs 1 S 2 EheG).** Damit ist vom Wert der Eigentumswohnung (€ 380.000,–) die offene Verbindlichkeit (€ 70.000,–) abzuziehen, sodass die Ehewohnung mit einem **Wert von € 310.000,–** in die Vermögensaufteilung einzubeziehen ist. Das Auto im Wert von € 25.000,– unterliegt hingegen nicht der Aufteilung: Es fällt unter die **Ausnahme des § 82 Abs 1 Z 2 EheG,** weil es lediglich von Beate verwendet wird **(„alleiniger persönlicher Gebrauch").** Ebenso ist das von Anton betriebene Wasserkraftwerk *„Tauerngold"* nicht zu berücksichtigen, weil es als bestehendes **Unternehmen** unter die **Ausnahme des § 82 Abs 1 Z 3 EheG** fällt.[15]

Im zweiten Schritt ist das Aufteilungsverhältnis zu berechnen, wobei insb die **Beiträge jedes Ehegatten** zum Erwerb des Ehevermögens zu berücksichtigen sind (§ 83 EheG). Anton verdient als selbstständiger Unternehmer monatlich € 3.000,–. Beate erzielt aus einer Halbtagsbeschäftigung monatlich € 1.100,–; zusätzlich führt sie den Haushalt und betreut das gemeinsame Kind. Da die Judikatur sogar Beitragsleistungen im Rahmen einer Hausfrauenehe als gleichwertig ansieht, Beate neben der Haushaltsführung zusätzlich halbtags arbeitet, ist das Vermögen im **Verhältnis 60:40** aufzuteilen (Alternativ 1:1 aufgrund hohen Einkommens des Anton).

Heikel ist die Aufteilung des ehelichen Vermögens hinsichtlich der **Zuweisung der Ehewohnung,** bei der insb auf das Wohl von Klara Bedacht zu nehmen ist (zB Veränderung von Wohnorten und Freundeskreisen). Aufgrund ihres geringen Einkommens wird es Beate wohl nicht möglich sein, die Wohnung zu übernehmen und eine Ausgleichszahlung an Anton zu leisten. Im Hinblick auf das Kindeswohl wird das Gericht der Beate ein **schuldrechtliches Nutzungsrecht** einräumen, bis Klara volljährig ist bzw aus der Wohnung auszieht (§ 87 Abs 1 EheG). Daher ist das Alleineigentum an der Wohnung Anton zu übertragen (§ 90 EheG), der dafür an Beate eine **Ausgleichszahlung iHv € 155.000,–** zu leisten hat (§ 94 EheG).

IV. Welche Unterhaltsansprüche hat Klara am 7. 5. 2021?

A. Klara gegen Beate auf Zahlung angemessenen Unterhalts gem § 231 ABGB

Beate ist die Frau, die Klara geboren hat (§ 143 ABGB); damit ist sie deren rechtliche Mutter. Da Beate den **Unterhalt durch Naturalleistungen** erbringt – beide wohnen gemeinsam –, hat Klara **keinen zusätzlichen Geldanspruch** (§ 231 Abs 2 EheG).

B. Klara gegen Anton auf Unterhalt iHv € 480,– gem § 231 ABGB

Anton war im Zeitpunkt von Klaras Geburt mit Beate verheiratet, sodass er als **rechtlicher Vater** für diesen Unterhaltsanspruch passivlegitimiert ist (§ 144 Abs 1 Z 1 ABGB). Da Anton seit dem 11. 4. 2021 nicht mehr mit Klara im selben Haushalt lebt, hat sie gegen ihn einen Anspruch auf **Geldunterhalt.** Maßgebend dafür ist die „Prozentsatz-Methode": Klara ist am 7. 5. 2021 vier Jahre alt, sodass ihr ein **Unterhaltsanspruch iHv 16%** zusteht; da ihre Mutter Beate zumindest halbtags beschäftigt und wohnversorgt ist, sind **keine Abzüge** für eventuellen nachehelichen Unterhalt vorzunehmen. Als Bemessungsgrundlage des Unterhaltsanspruchs ist das Einkommen des Anton heranzuziehen: Als selbstständiger Unternehmer ist dafür sein **monatlicher Reingewinn iHv € 3.000,–** maßgebend. Daraus ergibt sich ein monatlicher Unterhaltsanspruch der Klara iHv € 480,–. Die **Luxusgrenze** in Höhe des 2,5fachen Regelbedarfs (insg € 685,–) ist im Anlassfall nicht überschritten.

15) *Hopf/Kathrein,* Eherecht[3] § 82 EheG Rz 16.

Meine Notizen:

V. Wer haftet für die Kosten der Detektivüberwachung?

A. Anton gegen Beate auf Schadenersatz iHv € 15.000,– gem § 1295 ABGB iVm § 90 ABGB

Mit Abschluss der Ehe verpflichten sich Anton und Beate zur wechselseitigen Treue gem § 90 ABGB. Bei einer **Verletzung dieser Treuepflicht** stehen dem anderen Ehepartner unter den allgemeinen Voraussetzungen **Schadenersatzansprüche** zu. Ersatzfähig ist aber nur das sog **Abwicklungsinteresse:** Daher werden etwa Detektivkosten, die Kosten einer Vaterschaftsbestreitung und Ähnliches ersetzt; nicht ersatzfähig sind hingegen Unlustgefühle wegen des Ehebruchs („Schmerzengeld").[16)]

Da Anton zum Nachweis des Ehebruchs Daniel engagiert und ihm für seine Dienste € 15.000,– zahlt, erleidet er einen **Schaden** durch diese Vermögensminderung. Das Verhalten der Beate ist zudem **rechtswidrig,** weil sie ihre ehevertraglichen Pflichten gem § 90 ABGB (sexuelle Treue) durch die Affäre mit ihrem Nachbarn Franz verletzt. Dieses Verhalten ist auch **kausal** für den Schaden des Anton: Ohne ihr Verhalten hätte Anton keinen Anlass gehabt, den Detektiv Daniel zu engagieren. Nach der Judikatur hat der untreue Ehegatte – unabhängig vom Erfolg einzelner Beobachtungen – alle Detektivkosten zu ersetzen, die der betrogene Ehegatte nach objektiven Maßstäben für notwendig ansehen konnte, um sich über das Verhalten seines Ehepartners Gewissheit zu verschaffen.[17)] Beate verstößt auch **schuldhaft** gegen ihre Treuepflichten, weil ihr diese Affäre – trotz Verliebtheit – vorwerfbar ist. Damit ist ein Anspruch des Anton auf Schadenersatz iHv € 15.000,– entstanden, der binnen **drei Jahren** ab Kenntnis von Schaden und Schädiger verjährt **(§ 1489 ABGB).**

B. Anton gegen Franz auf Schadenersatz iHv € 15.000,– gem § 1295 ABGB iVm § 90 ABGB

Mangels vertraglicher Beziehung zu Anton oder Beate kann Franz aufgrund der Affäre keine eigenständigen (insb ehe-)vertraglichen Pflichten verletzt haben. Allerdings qualifiziert die Judikatur die **Ehe als absolut geschütztes Rechtsgut,** dessen Verletzung auch einen Dritten haftbar machen kann: Die eheliche Treuepflicht des § 90 ABGB entfaltet also – zumindest in wirtschaftlicher Hinsicht – Außenwirkung gegenüber Dritten.[18)]

Anton hat durch seine Nachforschungen einen **Vermögensschaden** iHv € 15.000,– erlitten, für den das Verhalten des Franz (Sexualkontakt mit Beate) **kausal** war. Mit dieser Affäre hat Franz in das absolut geschützte Rechtsgut der Ehe eingegriffen, sodass er insofern **rechtswidrig** gehandelt hat. Da Franz als Nachbar wohl Bescheid gewusst hat, dass Anton und Beate verheiratet sind, ist ihm sein Verhalten auch vorwerfbar und zumindest **leicht fahrlässig.** Damit besteht ein Schadenersatzanspruch des Anton gegen Franz iHv € 15.000,–, der binnen drei Jahren ab Kenntnis von Schaden und Schädiger geltend zu machen ist **(§ 1489 ABGB).**

Die Detektivkosten iHv € 15.000,– können sowohl vom Ehegatten als auch vom Ehestörer gefordert werden;[19)] damit besteht eine **solidarische Haftung von Beate und Franz** (§ 1302 iVm § 896 ABGB) für diesen Schaden.

16) *Kerschner/Sagerer-Foric/Schoditsch,* Familienrecht[7] Rz 1/23 mwN; OGH 3 Ob 232/11f iFamZ 2012, 137 *(Deixler-Hübner);* 6 Ob 124/02g SZ 2003/16.
17) OGH 5 Ob 187/18p JBl 2019, 580; 4 Ob 100/15g EF-Z 2016, 206 *(Wagner);* 7 Ob 195/02f EFSlg 100.721.
18) Etwa OGH 4 Ob 100/15g EF-Z 2016, 206 *(Wagner).* Krit zuletzt *Schoditsch,* Der Ersatz von Detektivkosten bei Ehestörung, ÖJZ 2020, 953.
19) OGH 4 Ob 100/15g EF-Z 2016, 206 *(Wagner).*

Prüfer: Georg Graf, Friedrich Harrer und Sophie Zauner

✐ Meine Notizen:

Wer schön sein will, muss leiden?

Salzburg, Jänner 2022

Schwerpunkte: PHG; Neues Gewährleistungsrecht; Schmerzengeld; Klauselkontrolle

SACHVERHALT

Martina (M) leidet unter der trockenen Heizungsluft in ihrer Wohnung, der sie wegen des nun schon wochenlang andauernden Lockdowns ausgesetzt ist. Ihre Beschwerden äußern sich vor allem in einem unreinen Erscheinungsbild ihrer Haut. Die Stirn und Schläfen sind mit Unreinheiten übersät. M beginnt deshalb im Internet zu recherchieren:

Das Schönheitszentrum Hautnah GmbH (H-GmbH) verkauft ein neuartiges Produkt namens *„Frizzante Face"*: Hierbei handelt es sich um einen speziellen Wasserhahn. Das Wasser wird mittels eingebauter 16g-CO_2-Kartuschen, wie man sie beispielsweise von selbstaufblasbaren Schwimmwesten oder Fahrradpumpen kennt, mit Kohlensäure angereichert. Die Anwenderin soll mit dem direkt aus der Armatur kommenden Sodawasser täglich ihr Gesicht reinigen. Das Prickeln der Kohlensäure – so verspricht es die Broschüre – stimuliert die Poren und befreit diese wie ein Peeling sanft von überschüssigem Talg und Fett.

M bestellt das Produkt zu einem Preis von EUR 1300,– sowie sechs Kartuschen zu einem Preis von insgesamt EUR 180,– in den Geschäftsräumlichkeiten der H-GmbH. Die H-GmbH bezieht das Produkt sowie die CO_2-Kartuschen zu einem Einkaufspreis von EUR 800,– bzw EUR 100,– von der Sparkling Beauty GmbH (S-GmbH). Bei dieser handelt es sich um die Herstellerin von Frizzante Face. Die Kartuschen erwirbt die S-GmbH jedoch von einer Produzentin aus China. Die S-GmbH und die H-GmbH stehen in jahrelangem Geschäftskontakt, im Rahmen dessen sich die S-GmbH stets als fachkundige und zuverlässige Lieferantin bewährt hat. Beschwerden seitens der Kundschaft über etwaige Mängel kamen nie vor.

Beim Kauf wird M ein umfangreiches Vertragsformular vorgelegt, welches sie – ohne es durchgelesen zu haben – sogleich unterfertigt. Zudem wird sie darauf hingewiesen, dass sie statt der mit dem Logo von Frizzante Face versehenen CO_2-Kartuschen der S-GmbH auch jede handelsübliche 16g-Kartusche mit Gewinde verwenden könne.

Frizzante Face wird geliefert und montiert. Acht Monate später: M ist begeistert von dem Produkt und hat die Kartuschen bereits einige Male gewechselt. In den Sommermonaten hat sie die Idee, ihren geliebten „Sommer-Spritzer" nun auch ohne Mineralwasser aus der Plastikflasche kredenzen zu können. Den ersten Schluck nehmend, muss sie allerdings feststellen, dass der Geschmack sehr metallisch scheint, woraufhin sie die H-GmbH anruft. Diese erklärt ihr, dass die verwendeten CO_2-Kartuschen nicht dem Standard derjenigen, die zur Zubereitung von Sodawasser dienen, entsprächen und es durchaus sein könne, dass sich nach einiger Zeit kleinste Metallpartikel lösen und im Wasserhahn ansammeln. Es handle sich nämlich um wiederbefüllte Kartuschen alter Fahrradpumpen. Auf all das sei jedenfalls in den Vertragsformblättern hingewiesen worden.

Zwischenfrage:

Was kann M dagegen unternehmen?

M hat die besagte Kartusche mittlerweile ausgewechselt. Nach einigen Wochen kommt es abermals zu einem Zwischenfall: Aufgrund des fehlerhaften Ventils der verwendeten Kartusche baut sich übermäßiger Druck in der Armatur auf, der zur Explosion von Frizzante Face führt. Hierbei handelt es sich nicht um einen Chargen-

---

Prof. Graf lehrt bürgerliches Recht an der Universität Salzburg; Prof. Harrer lehrt bürgerliches Recht und Unternehmensrecht an der Universität Salzburg.

Meine Notizen:

fehler, sondern um einen sogenannten „Ausreißer". M erleidet durch die herumgeschleuderten Metallsplitter einen Nasenbeinbruch, aufgrund dessen sie sich einer Operation unterziehen muss.

Zu allem Überfluss läuft auch noch Ms Hamster Heinrich frei im Badezimmer herum, weil M beim Reinigen des Käfigs vergessen hat, die Klappe zu schließen. Auch der Hamster wird getroffen und muss unverzüglich vom Tierarzt notoperiert werden; die Behandlungen erweisen sich allerdings als vergeblich und Hamster Heinrich erliegt seinen Verletzungen. Die Kosten der Behandlung belaufen sich auf EUR 150,–.

Frizzante Face bzw dessen Überreste sind wegen der Explosion unbrauchbar und müssen wieder ausgebaut werden. Der Ausbau gestaltet sich allerdings als deutlich komplizierter als der Einbau: Durch die Wucht der Explosion ist das Gewinde, mit dem die Armatur mit der Waschtischsäule verbunden ist, verzogen. Der Wasserhahn kann nicht einfach abgeschraubt, sondern muss fachmännisch entfernt werden, da sonst die Gefahr bestünde, die Waschtischsäule zu beschädigen. Die Ausbauarbeiten werden kurzfristig vom Hausmeister der H-GmbH erledigt und M anschließend mit EUR 250,– in Rechnung gestellt.

M wendet sich an die H-GmbH, die ihr sagt, sie solle sich an der S-GmbH schadlos halten.

Wie ist die Rechtslage? Prüfen Sie in Frage kommende Ansprüche unter der Annahme,

a. die Geschehnisse des Sachverhaltes ereignen sich im Jahre 2021.

b. die Geschehnisse des Sachverhaltes ereignen sich im Jahre 2022.

Ansprüche gegenüber der chinesischen Produzentin der Kartuschen sind nicht in die Bearbeitung miteinzubeziehen.

MUSTERLÖSUNG

Von Sophie Zauner

I. Vorbemerkungen

Es handelt sich um einen auf den ersten Blick relativ unübersichtlich erscheinenden Sachverhalt mit vielen möglichen Anspruchsgrundlagen. Es ist daher von Vorteil, sich an folgendes Prüfungsschema zu halten:

Ansprüche aus Vertrag
Ansprüche aus vertragsähnlichen Beziehungen
Sachenrechtliche Ansprüche
Ansprüche aus ungerechtfertigter Bereicherung
Ansprüche aus unerlaubter Handlung oder Gefährdungshaftung[1)]

Der Sachverhalt wird durch eine Zwischenfrage unterbrochen. Es bietet sich also an, nach der Lektüre des gesamten Sachverhalts bei der Zwischenfrage mit der Falllösung zu beginnen.

II. Ansprüche in Bezug auf den metallischen Geschmack des Wassers nach alter und neuer Rechtslage

A. Rechtslage vor dem 1. 1. 2022

1) M gegen die H-GmbH auf Austausch der CO_2-Kartusche gem §§ 922, 923, 932 Abs 2 ABGB

M ist Verbraucherin und schloss mit der H-GmbH einen Kaufvertrag über das Produkt Frizzante Face für EUR 1300,– sowie 6 CO_2-Kartuschen zu je EUR 30,– ab. Am Zustandekommen des Vertrages bestehen keine Zweifel. Voraussetzung für das Bestehen eines Gewährleistungsanspruches ist das Vorliegen eines Mangels. Ein Mangel ist eine Abweichung vom vertraglich Geschuldeten.[2)] Auf den ersten Blick war die Eignung zur Herstellung genießbaren Sodawassers nie vertraglich geschuldet, vielmehr handelt es sich um ein reines Beautyprodukt; der Geschmack des Sodawassers

Sophie Zauner ist Studienassistentin am Fachbereichsteil Unternehmensrecht an der Universität Salzburg.

1) *Janisch/Mader/Warto,* Prüfungsfälle zum bürgerlichen Recht[7] (2017) 5.

2) *Reischauer* in *Rummel/Lukas,* ABGB[4] § 923 Rz 36; *Zöchling-Jud* in *Kletečka/Schauer,* ABGB-ON[1.02] § 923 Rz 2.

Meine Notizen:

wurde nicht Vertragsbestandteil, Frizzante Face funktioniert bestimmungsgemäß einwandfrei. Allerdings liegt hier der Mangel nicht in Frizzante Face selbst, sondern bei den mitverkauften CO_2-Kartuschen: Diese werden laut Sachverhalt als selbstständiges Teilprodukt verkauft. Dies äußert sich darin, dass M ausdrücklich darauf hingewiesen wird, dass sie auch handelsübliche Kartuschen verwenden könne, der Erwerb von Frizzante Face somit nicht zwingend mit dem Erwerb der Kartuschen verbunden ist.

Nicht nur das ausdrücklich vertraglich Vereinbarte wird zum Vertragsinhalt. Gewöhnlich vorausgesetzte Eigenschaften, also Eigenschaften, die so selbstverständlich mit einem Produkt verbunden sind, dass eine gesonderte vertragliche Festlegung obsolet scheint, werden nach der hM konkludenter Vertragsinhalt.[3] Dass sich bei CO_2-Kartuschen normalerweise keine Metallpartikel lösen, kann selbst dann, wenn das Wasser primär nicht als Tafelwasser, sondern zur Gesichtsreinigung bestimmt ist, angenommen werden. Das Vorliegen eines Mangels ist somit zu bejahen. Da seit der Übergabe bereits acht Monate vergangen sind, kommt die gesetzliche Vermutung der Mangelhaftigkeit bei Übergabe gem § 924 ABGB nicht zur Anwendung, das heißt, Martina müsste beweisen, dass sich in entsprechender Kartusche bereits bei der Übergabe Metallpartikel lösten, oder diese so beschaffen war, dass eine spätere Ablösung vorauszusehen war.

Einschränkung der Leistungsbeschreibung durch den Hinweis in den Vertragsformblättern?

Die H-GmbH wendet ein, dass in dem von M unterzeichneten Vertragsformblatt ausdrücklich auf die Gefahr einer möglichen Ablösung von Metallpartikeln und den daraus resultierenden metallischen Geschmack hingewiesen wurde. An dieser Stelle sollte eine Klauselkontrolle erfolgen. Ob AGB vorliegen oder die Bedingungen direkt in die Vertragsurkunde eingearbeitet sind, ist für die Durchführbarkeit der Klauselkontrolle belanglos.[4]

Einbeziehungskontrolle: Damit die AGB dem Vertragspartner überhaupt entgegengehalten werden können, müssen sie Vertragsbestandteil geworden sein. Hierbei ist es ohne Belang, ob dies ausdrücklich oder konkludent geschehen ist. M hat das Vertragsformblatt unterschrieben. Ob die AGB tatsächlich gelesen wurden, ist unerheblich, es kommt nur auf die Möglichkeit zur Kenntnisnahme durch den Vertragspartner an.[5]

Geltungskontrolle (§ 864a ABGB): Im nächsten Schritt muss geprüft werden, ob der in den AGB enthaltenen Klausel überhaupt Geltung zukommt. Konkret werden objektiv ungewöhnliche Klauseln, wie sie von vergleichbaren Unternehmern so nicht verwendet werden,[6] dann nicht Vertragsbestandteil, wenn sie für den anderen Teil benachteiligend sind und der Vertragspartner mit ihnen aufgrund des äußeren Erscheinungsbildes der Vereinbarung nicht hätte rechnen müssen. Dass der Maßstab für das Vorliegen eines Mangels in Bezug auf die CO_2-Kartuschen herabgesetzt wird, ist zwar objektiv nachteilig, allerdings ist die Klausel weder komplett untypisch für ein Vertragsformblatt, da in solchen oftmals **einschränkende Leistungsbeschreibungen** getroffen werden, noch befindet sie sich laut Sachverhalt an einer unüblichen Stelle. Dies wäre etwa dann der Fall, wenn sie unter den Lieferbedingungen angeführt wäre.

Transparenzgebot (§ 6 Abs 3 KSchG): Die Transparenzkontrolle kommt nur bei Verbrauchergeschäften zur Anwendung.[7] Hierbei ist zu überprüfen, ob die konkrete Klausel klar und verständlich gefasst ist. Daran ergeben sich laut Sachverhalt keine Zweifel.

Inhaltskontrolle (§ 879 Abs 3 ABGB, § 6 Abs 1 und 2, § 9 KSchG): Erst nachdem überprüft wurde, ob die Klausel überhaupt Vertragsinhalt wurde und als solcher gilt, kann der eigentliche Inhalt überprüft werden.[8] Die Inhaltskontrolle ist somit stets nachgelagert.

Indikator einer gröblichen Benachteiligung gem § 879 Abs 3 ist ein auffallendes Missverhältnis der Rechtspositionen der Vertragspartner.[9] Ein solches Missverhältnis ist keine zwingende Voraussetzung, hat jedoch bei der Beurteilung der Frage des Vor-

3) *Reischauer* in *Rummel/Lukas*, ABGB⁴ § 923 Rz 42; *Zöchling-Jud* in *Kletečka/Schauer*, ABGB-ON$^{1.02}$ § 923 Rz 16.
4) *Graf* in *Kletečka/Schauer*, ABGB-ON$^{1.02}$ § 864a Rz 2.
5) JBl 1974, 473; OGH 13. 03. 1973 2 Ob 509/79 HS 10.568; OGH 07. 10. 1980 5 Ob 685/80 HS 10.571; OGH 30. 04. 1987 7 Ob 535/87 SZ 60/75; *F. Bydlinski* in FS Kastner (1972) 52.
6) *Graf* in *Kletečka/Schauer*, ABGB-ON$^{1.02}$ § 864a Rz 40.
7) *Graf* in *Kletečka/Schauer*, ABGB-ON$^{1.02}$ § 864a Rz 35.
8) *Graf* in *Kletečka/Schauer*, ABGB-ON$^{1.05}$ § 879 Rz 276.
9) *Graf* in *Kletečka/Schauer*, ABGB-ON$^{1.05}$ § 879 Rz 280.

Meine Notizen:

liegens einer gröblichen Benachteiligung entsprechend gewürdigt zu werden.[10] Dass im Vertragsformblatt darauf hingewiesen wurde, dass die Gefahr des Ablösens besteht und das Wasser deshalb einen metallischen Geschmack haben könnte, stellt jedenfalls kein auffallendes Missverhältnis der Rechtspositionen dar.

Das KSchG enthält darüberhinausgehende Regelungen: Die im Klauselkatalog des § 6 Abs 1 KSchG aufgezählten Vertragsbestimmungen sind jedenfalls absolut unwirksam. Die in § 6 Abs 2 KSchG aufgezählten Klauseln sind zwar grundsätzlich unwirksam, können allerdings Wirksamkeit erlangen, wenn der Unternehmer beweist, dass diese in casu ausgehandelt wurden. Da kein Tatbestand der § 6 Abs 1 und 2 KSchG zur Anwendung kommt, erübrigt sich eine Prüfung dahingehend.

§ 9 KSchG verbietet eine Gewährleistungsbeschränkung gegenüber dem Verbraucher vor Kenntnis des Mangels. In der besagten Klausel wurde M jedoch gerade auf den herabgesetzten Standard der CO_2-Kartuschen hingewiesen, es liegt somit eine **Einschränkung der Leistungsbeschreibung,** welche wiederum Vertragsinhalt und somit Objekt der Gewährleistung wird, vor. Allzu herabgesetzte Leistungsbeschreibungen, die zur Umgehung des § 9 KSchG dienen, sind unwirksam.[11]

Allerdings handelt es sich nicht bei jeder einschränkenden Leistungsbeschreibung um eine Umgehung, es kommt hier auf die Umstände des Einzelfalls an.[12] Die Rechtsprechung hat zwei Anhaltspunkte als Orientierungshilfe geschaffen:

Eine Umgehung ist zum einen dann anzunehmen, wenn die Leistungsbeschreibung nicht den realen Gegebenheiten entspricht. Dies ist insbesondere dann anzunehmen, wenn die Klausel die Leistungsbeschreibung in alle erdenkliche Richtungen einschränkt, ohne dass es hierfür reale Anhaltspunkte gäbe. Zum anderen, wenn der Unternehmer mit umfassenden Formulierungen versucht, sich gänzlich von seiner Pflicht, eine mangelfreie Sache zu liefern, zu befreien.[13] Es geht dabei um die Frage, ob die einschränkende Leistungsbeschreibung lediglich als Konkretisierung der Eigenschaften der Kaufsache dient oder ob der Verkäufer das Risiko eines verborgenen Mangels gänzlich auf den Übernehmer überwälzen möchte.[14]

Eine einschränkende Leistungsbeschreibung kann allerdings gerechtfertigt sein, wenn der Unternehmer den Mangel so offenlegt, dass der Verbraucher die Tragweite seines Entschlusses erkennen und den Mangel ins Kalkül ziehen kann.[15]

Im Falle der CO_2-Kartuschen werden der Mangel und die damit verbundenen möglichen Folgen so offengelegt, dass der Verbraucher daraus auf das Risiko einer Anreicherung des Wassers mit Metallpartikeln schließen kann und seine Entscheidung, das Produkt zu erwerben, auf der Basis dieser Erkenntnis treffen kann. Der Anspruch besteht nicht.

Die Studierenden könnten ebenso argumentieren, die H-GmbH wolle sich durch die einschränkende Leistungsbeschreibung von der Pflicht, eine mangelfreie Sache zu liefern, freizeichnen. Dass das Wasser eventuell mit Metallpartikeln angereichert werden könnte, ist keine Eigenschaft der Kaufsache, sondern als Risiko eines verborgenen Mangels zu qualifizieren, das auf M übergewälzt wird. Aus dem Sachverhalt geht nämlich nur hervor, dass darauf hingewiesen wird, dass sich Partikel ablösen *können* und nicht, dass es sich um eine Eigenschaft handelt, mit der jede einzelne Kartusche dieser Serie behaftet ist. Bei Verfolgung dieser Argumentationslinie wird die einschränkende Leistungsbeschreibung einem gänzlichen Gewährleistungsausschluss gleichgesetzt.[16] In diesem Fall bestünde der Anspruch zu Recht. Eine Erfüllung auf Ebene der primären Behelfe – der Austausch der fehlerhaften Kartusche – ist möglich.

Sollte der Anspruch bejaht worden sein, ist weiters folgender Anspruch zu prüfen:

2) H-GmbH gegen die S-GmbH auf Austausch der CO_2-Kartusche gem §§ 922, 923, 932 Abs 2 ABGB

Da auch zwischen der H-GmbH und der S-GmbH ein Kaufvertrag über die CO_2-Kartusche besteht, hat die H-GmbH einen Gewährleistungsanspruch gegen die S-GmbH. Grundsätzlich ist der Gewährleistungsanspruch innerhalb der primären Be-

10) *Graf* in *Kletečka/Schauer,* ABGB-ON[1.05] § 879 Rz 284.
11) *Klever,* Zur einschränkenden Leistungsbeschreibung im Verbrauchergeschäft, ÖJZ 2017, 441; *Krejci,* Reform des Gewährleistungsrechts (1994) 34; *Apathy* in *Schwimann/Kodek,* ABGB Va[4] (2015) § 9 KSchG Rz 3.
12) RIS-Justiz RS0122042.
13) RIS-Justiz RS0122042.
14) *Lorenz* in Münchner Kommentar zum Bürgerlichen Gesetzbuch III[7] § 475 BGB Rz 10; *Klever,* ÖJZ 2017, 441.
15) OGH 14. 11. 2012, 7 Ob 84/12x.
16) RIS-Justiz RS0122042.

helfe – Verbesserung und Austausch – zu erfüllen. Erst, wenn eine Erfüllung im Rahmen der primären Behelfe unmöglich, für den Übergeber mit einem unverhältnismäßig hohen Aufwand bzw für den Übernehmer mit erheblichen Unannehmlichkeiten verbunden ist, die Erfüllung nicht in einem angemessenen Zeitraum geschieht, diese dem Übernehmer aufgrund von in der Person des Übergebers gelegenen Gründen unzumutbar ist oder der Übergeber sich weigert, ist die Inanspruchnahme der sekundären Behelfe möglich.

Aus dem Sachverhalt lässt sich nicht schließen, dass die H-GmbH bereits eine neue Kartusche (von einem anderen Händler als der S-GmbH) beschafft hat, wonach der Austausch noch nicht unmöglich wäre.

Der Anspruch der H-GmbH gegen die S-GmbH auf Austausch der CO_2-Kartusche besteht zu Recht.[17)]

✐ Meine Notizen:

B. Rechtslage nach dem 1. 1. 2022

Die gewährleistungsrechtlichen Ansprüche sind nach dem VGG zu lösen, welches mit 01. 01. 2022 in Kraft getreten ist.

Der Regelungsinhalt des VGG beruht auf der Richtlinie (EU) 2019/771 des Europäischen Parlamentes und des Rates vom 20. Mai 2019 über bestimmte vertragsrechtliche Aspekte des Warenkaufs, kurz Warenkaufrichtlinie (WKRL). Sie tritt an die Stelle der Richtlinie 1999/44/EG des Europäischen Parlaments und des Rates vom 25. Mai 1999 (Verbrauchsgüterkaufrichtlinie), auf der das bisherige Gewährleistungsrecht beruht. Die WKRL sollte zunächst nur für den Onlinehandel gelten, 2017 wurde der Vorschlag auf Kaufverträge aller Art ausgedehnt.

Neben der Warenkaufrichtlinie befasst sich die Richtlinie (EU) 2019/770 über digitale Inhalte und Dienstleistungen mit der Regelung von Verbraucherverträgen über digitale Inhalte, wie zB Computerprogramme und digitale Dienstleistungen (zB Streamingdienste) und erlegt ua dem Verkäufer/Anbieter von Waren mit digitalem Inhalt eine Aktivierungspflicht und eine Updatepflicht auf. Rechtspolitische Zielsetzung ist zum einen ein – gerade im zunehmend an Bedeutung gewinnenden Onlinehandel – notwendig erscheinender erhöhter Verbraucherschutz.[18)]

Zum anderen erhofft man sich durch die angestrebte Harmonisierung niedrigere Barrieren für grenzüberschreitenden Handel und eine damit verbundene Stärkung von Klein- und Mittelunternehmen: Gemäß der Verordnung (EG) Nr 593/2008 des Europäischen Parlaments und des Rates (Kurz Rom-I-VO) müssen Unternehmen, die ihre Tätigkeiten auf Verbraucher in anderen Mitgliedstaaten ausrichten, die zwingenden Verbrauchervertragsvorschriften jenes Staates erfüllen, in dem der Verbraucher seinen gewöhnlichen Aufenthalt hat. Dies führt dazu, dass Unternehmern durch divergierende Gewährleistungsregime zusätzliche Kosten entstehen, was sich darin äußert, dass viele ihren grenzüberschreitenden Handel auf wenige Mitgliedsstaaten beschränken.[19)]

Es geht dem europäischen Gesetzgeber vor allem darum, gleiche Ausgangsbedingungen für alle Unternehmen, die Waren an Verbraucher verkaufen, zu schaffen. Durch die Festlegung einheitlicher Vorschriften für alle Absatzkanäle (Onlinehandel sowie analoger Handel) hat die Richtlinie das Ziel, Abweichungen zu verhindern, die zu unverhältnismäßigen Belastungen für die wachsende Zahl von jenen Einzelhändlern in der Union, die alle Absatzkanäle nutzen, führen würden.[20)]

Das Verbraucherschutzniveau, das die Rom-I-VO etablierte, ist bereits hoch, allerdings ist der grenzüberschreitende Handel nach wie vor mit dem Misstrauen der Verbraucher behaftet, das zu einem großen Teil auf einer Fragmentierung der vertraglichen Rechte gründet und dem mit einer Vollharmonisierung entgegengewirkt werden kann.[21)]

Vom persönlichen Anwendungsbereich des VGG erfasst sind lediglich **Verbrauchergeschäfte.**[22)] Der sachliche Anwendungsbereich erstreckt sich gem § 1 Abs 1 VGG auf klassische Kaufverträge über **Waren** (bewegliche, körperliche Gegenstände

17) Falsch wäre es hier, den Gewährleistungsanspruch der H-GmbH auf § 933b ABGB zu stützen. Ein Gewährleistungsanspruch innerhalb der Händlerkette ist nur dann auf § 933b ABGB zu stützen, wenn die reguläre Gewährleistungsfrist bereits abgelaufen ist. Hierdurch wird ein Regress innerhalb der Händlerkette ermöglicht, welcher allerdings auf 5 Jahre beschränkt ist. Der Anspruchsberechtigte hat seinen Anspruch in diesem Fall innerhalb von zwei Monaten gerichtlich geltend zu machen.
18) WKRL, Erwägungsgründe (1 ff).
19) WKRL, Erwägungsgründe (7).
20) WKRL, Erwägungsgründe (9).
21) WKRL, Erwägungsgründe (8).
22) *Maitz-Straßnig*, Die Neue Gewährleistung, Rdw 2020, 79.

✐ Meine Notizen:

inklusive noch herzustellender Güter) sowie über die Bereitstellung digitaler Dienstleistungen. ***„Kaufvertrag"*** iSd Richtlinie ist ein Vertrag, durch den das Eigentum des Verkäufers an den Verbraucher übertragen oder Selbiges versprochen wird (Art 2 Z 1 WKRL). **Mängel in der Montage,** bei der es sich eigentlich um eine Dienstleistung handelt, sind dann erfasst, wenn Erstere Bestandteil eines Kaufvertrages ist.[23]

In weiterer Folge sind die Unterschiede zur alten Rechtslage fettgedruckt.

1) M gegen die H-GmbH auf Austausch der CO_2-Kartusche gem §§ 6, 10, 11 VGG

Referenzwert für das Vorliegen eines Mangels und der Gewährleistungspflicht des Verkäufers ist nach wie vor der Vertragsinhalt. Neu ist allerdings, dass der europäische Gesetzgeber erstmalig eine eindeutige Differenzierung zwischen **objektiver und subjektiver Vertragsmäßigkeit** vornimmt.[24]

Die **subjektiven Anforderungen** an die Ware sind nach § 5 VGG dann erfüllt, wenn sie hinsichtlich der Beschreibung, der Art, der Menge und der Qualität, der Funktionalität, der Kompatibilität, der Interoperabilität und sonstiger Merkmale jenen Anforderungen entspricht, die sich aus dem Vertrag ergeben, und sie sich für den vom Verbraucher angestrebten Zweck eignet. Sie muss mit dem vertraglich bestimmten Zubehör und Anleitungen geliefert werden und notwendige Aktualisierungen enthalten.[25]

Die **objektiven Anforderungen** werden in § 6 Abs 2 VGG durch einen Katalog festgelegt. Dieser enthält als Anforderungen

- ➜ die Eignung für den regelmäßigen Zweck,
- ➜ die Übereinstimmung mit einer Probe oder einem Muster,
- ➜ die Lieferung mit dem erwartbaren Zubehör,
- ➜ die warenüblichen Merkmale und
- ➜ bei Waren mit digitalen Elementen notwendige Updates.

Der entscheidende Unterschied zur traditionellen Auffassung des Gewährleistungsrechts – derzufolge ein Mangel eine Abweichung vom vertraglich Geschuldeten ist – liegt darin, dass die objektiven Anforderungen an die Ware auch dann eingehalten werden müssen, wenn sie **weder ausdrücklich noch konkludent** Vertragsinhalt geworden sind.[26] Bei genauerer Betrachtung ergibt sich jedoch, dass die objektiven Anforderungen weiterhin von der Figur der *„gewöhnlich vorausgesetzten Eigenschaften"* des § 922 Abs 1 ABGB erfasst sind.[27] Alles andere würde einen drastischen Bruch mit dem traditionellen Verständnis des Gewährleistungsrechts darstellen.[28] Die Gesetzesmaterialien weisen allerdings darauf hin, dass bewusst von der Terminologie der *„objektiven"* und *„subjektiven"* Anforderungen Gebrauch gemacht wird, um zu veranschaulichen, dass es sich um ein *„ganz neues Konzept"* der Mindeststandards handelt.[29] Ob dem tatsächlich so ist, scheint zweifelhaft.

Die sich ablösenden Metallpartikel in den CO_2-Kartuschen sind eine Abweichung von der objektiven Vertragsmäßigkeit. Gem § 6 Abs 2 Z 5 VGG muss die Ware *„die Menge, Qualität, Haltbarkeit, Funktionalität, Kompatibilität, Zugänglichkeit, Kontinuität, Sicherheit und sonstigen Merkmale aufweisen, die bei derartigen Waren (...) üblich sind und die der Verbraucher aufgrund der Art der Ware oder der digitalen Leistung und unter Berücksichtigung von öffentlichen Erklärungen, die vom Unternehmer oder einem seiner Vormänner oder in deren Auftrag, insbesondere in der Werbung oder auf dem Etikett, abgegeben wurden, vernünftigerweise erwarten kann."* In der Regel kann bei CO_2-Kartuschen davon ausgegangen werden, dass sich keine Partikel ablösen. Aus dem Sachverhalt lassen sich keine Hinweise ableiten, die auf eine öffentliche Äußerung der H-GmbH oder der S-GmbH schließen ließen, die diese Vermutung widerlegen würde. Nach den Gesetzesmaterialien kommt es vorrangig auf die *„vernünftige Verbrauchererwartung"* an.[30], [31]

---

23) *Maitz-Straßnig,* Rdw 2020, 79 (80).
24) *Weißensteiner,* Der Mangelbegriff der Warenkaufrichtlinie, ZfRV 2019, 199 (201).
25) *Maitz-Straßnig,* Rdw 2020, 79 (81).
26) *Faber,* Bereitstellung und Mangelbegriff, in *Stabentheiner/Wendehorst/Zöchling-Jud,* Das neue europäische Gewährleistungsrecht (2019), 63 (75).
27) *Weißensteiner,* ZfRV 2019, 199 (202).
28) *Parapatits/Stabentheiner,* ÖJZ 2019, 1041 (1045); vgl hierzu *Stabentheiner,* Was ist neu am neuen Gewährleistungsrecht, ÖJZ 2021, 965 (970).
29) XVII. GP 107/ME, 20.
30) XVII. GP 107/ME, 20.
31) Dem Argument, es handle sich um Kartuschen, die vorrangig für den Einsatz in einem anderen Bereich – nämlich bei Fahrradpumpen – hergestellt wurden, und der Verbraucherhorizont müsse sich an diesem Einsatzgebiet orientieren, kann Folgendes entgegnet werden: Besonders in diesem Anwendungsbereich wäre

Meine Notizen:

Bei den Vertragsformblättern, in denen diese Eigenschaft vermerkt ist, handelt es sich jedenfalls nicht um eine *„öffentliche Erklärung"* iSd Gesetzes, die geeignet ist, den Erwartungshorizont des Verbrauchers in Bezug auf die Qualität der Kartusche herunterzuschrauben: In der Regel sind Vertragsformblätter nicht öffentlich einsehbar. Sollte dies dennoch der Fall sein, handelt es sich gem § 6 Abs 3 Z 3 VGG um eine *„nicht zu berücksichtigende öffentliche Erklärung"*, weil sie *„die Entscheidung des Verbrauchers über den Erwerb der Ware nicht beeinflussen konnte."* Ein durchschnittlicher Verbraucher wird sich vor dem Erwerb mit der Werbebroschüre, vielleicht auch mit der Bedienungsanleitung auseinandersetzen. Dass er allerdings im Vorfeld bereits Vertragsformblätter studiert, ist nicht lebensnah.

Wird von der objektiven Vertragsmäßigkeit abgewichen, ist gem § 6 Abs 1 VGG eine sogenannte **Abweichungserklärung** notwendig. Hierbei muss der Verbraucher eigens in Kenntnis gesetzt werden und ausdrücklich und gesondert zum herabgesetzten Standard der Ware zustimmen.[32] Der **Vermerk der Abweichung in AGB** oder in Vertragsformblättern **erfüllt** das Erfordernis der eigenständigen Benachrichtigung **nicht.**[33] Die Unterschrift Ms kann in diesem Zusammenhang nicht unter den Begriff der „gesonderten Zustimmung" subsumiert werden. Es liegt somit ein Mangel – oder nach neuer Diktion – eine *„Abweichung von den objektiv erforderlichen Eigenschaften"* vor.[34]

Diese objektive Abweichung muss auch nach dem VGG bereits bei Übergabe vorhanden bzw veranlagt sein. Nach der neuen Rechtslage wird die **Vermutungsfrist bei Verbrauchergeschäften von 6 Monaten auf ein Jahr verlängert.** Gem § 11 VGG muss M die Mangelhaftigkeit der CO_2-Kartusche bei der Übergabe durch die H-GmbH nicht beweisen, weil letztere erst acht Monate zurückliegt und damit die gesetzliche Vermutung der Mangelhaftigkeit bei der Übergabe zur Anwendung kommt. Die **Pflicht zur gerichtlichen Geltendmachung gem § 933 ABGB entfällt.** Das zweistufige System des Gewährleistungsrechts wurde auch im VGG beibehalten. So kann der Verbraucher gem § 12 Abs 2 VGG zunächst nur die Verbesserung oder den Austausch verlangen, es sei denn, Abhilfe im Rahmen der ersten Stufe wäre unmöglich oder für den Unternehmer mit einem unverhältnismäßig hohen Aufwand verbunden.[35] Auf Letzteres gibt es keine Hinweise, folglich ist Abhilfe in Form des Austausches geboten.

Der Anspruch Ms auf Austausch der CO_2-Kartusche besteht zu Recht.

2) H-GmbH gegen die S-GmbH auf Austausch der CO_2-Kartusche gem §§ 922, 923, 932 Abs 2 ABGB

Auf die Prüfung des Anspruchs aus der Gewährleistung der H-GmbH gegen die S-GmbH ist nach wie vor das ABGB anzuwenden, weil der personale Anwendungsbereich des VGG lediglich Geschäfte zwischen Unternehmern und Verbrauchern umfasst. Damit ergibt sich, dass für die Vermutung der Mangelhaftigkeit der Ware bei der Übergabe nach wie vor die sechsmonatige Frist des § 924 ABGB gilt. Das bedeutet, dass die H-GmbH beweisen müsste, dass der Mangel bereits bei Übergabe vorhanden bzw veranlagt war. Für die übrige Prüfung ist auf bereits in diesem Zusammenhang Erörtertes zu verweisen.

---

es unvorteilhaft, wenn sich Metallpartikel lösen und in den relativ reibungssensiblen Fahrradschlauch gelangen: Hierbei reichen mittelfristig kleinste Unebenheiten um einen Defekt im Material – einen Platten – hervorzurufen.

32) XVII. GP 107/ME, 20.

33) *Parapatits/Stabentheiner,* ÖJZ 2019, 1041 (1045); vgl hierzu *Stabentheiner,* ÖJZ 2021, 965 (971).

34) Im Online-Handel eignen sich als gesonderte Zustimmung zusätzliche Buttons, die beim Online-Kauf anzuklicken sind. So wird in der Praxis bereits die Umsetzung von § 8 Abs 2 FAGG gehandhabt. Bei Vertragsabschlüssen im Geschäft wird sich dies allerdings teilweise schwieriger gestalten, weil viele Verträge oftmals nicht schriftlich, sondern konkludent geschlossen werden und ein dem Verbraucher vorgelegtes Formular zur Bestätigung nicht praktikabel erscheint. Man denke an den Kauf eines leicht beschädigten T-Shirts im Abverkauf. Dem Bekleidungsgeschäft hier die Pflicht aufzuerlegen, ein Formular bereit zu halten, das der Verbraucher bei einem Kauf für einige Euro ausfüllen muss, treibt die praktische Umsetzung der Richtlinie ad absurdum. Eventuell könnte diesem Problem mit Anbringen von Hinweisschildern in Kassanähe Abhilfe verschafft werden (*Maitz-Straßnig,* RdW 2020, 79 [80]). Ebenfalls denkbar wäre ein Vermerk auf dem Etikett.

35) Der Verbraucher hat ein Recht auf Preisminderung oder Wandlung, wenn der Mangel derart schwerwiegend ist, dass eine sofortige Preisminderung oder Vertragsauflösung gerechtfertigt ist, der Unternehmer die Herstellung des mangelfreien Zustands – sei es unberechtigt, sei es nach Abs 3 berechtigt – verweigert, sich aus den Erklärungen des Unternehmers ergibt oder nach den Umständen offensichtlich ist, dass der Unternehmer den mangelfreien Zustand entweder gar nicht oder nicht in angemessener Frist oder nicht ohne erhebliche Unannehmlichkeiten für den Verbraucher herstellen wird, der Unternehmer den mangelfreien Zustand nicht im Einklang mit § 13 Abs 2 und 3 hergestellt hat oder den mangelfreien Zustand trotz Ablaufs einer angemessenen Frist noch nicht hergestellt hat oder ein Mangel auftritt, obwohl der Unternehmer versucht hat, den mangelfreien Zustand herzustellen.

Meine Notizen:

Der Anspruch der H-GmbH gegen die S-GmbH auf Austausch der Kartuschen besteht zu Recht.[36]

Im Zusammenhang mit irrtumsrechtlichen Ansprüchen, die von den Studierenden parallel zur Gewährleistung geprüft wurden, ist zu erwähnen, dass diese bei der Gattungsschuld zu verneinen wären. Es handelt sich hierbei nämlich um einen Irrtum über Zukünftiges[37] und damit um einen unbeachtlichen Motivirrtum.[38]

III. Ansprüche aufgrund der Explosion der Kartusche

A. Ansprüche aus Vertrag

1) Gewährleistungsrechtliche Ansprüche nach der Rechtslage von 2021

a) M gegen die H-GmbH auf Austausch von Frizzante Face und Ersatz der Ausbaukosten iHv EUR 250,– gem §§ 922, 923, 932 Abs 2 ABGB

M schloss mit der H-GmbH einen Kaufvertrag über das Produkt Frizzante Face für EUR 1300,– sowie 6 CO_2-Kartuschen zu je EUR 30,– ab. Am Zustandekommen dieses Vertrages ergeben sich keine Zweifel. Voraussetzung für das Bestehen eines Gewährleistungsanspruches ist das Vorliegen eines Mangels. Ein Mangel ist eine Abweichung vom vertraglich Geschuldeten.[39] Der Mangel liegt im konkreten Fall im fehlerhaften Ventil der CO_2-Kartusche. Bei der CO_2-Kartusche handelt es sich um ein selbstständiges Teilprodukt, somit ist nur diese, nicht aber das gesamte Produkt auszutauschen. Dies lässt sich aus dem Leitgedanken der objektiven Äquivalenz ableiten. Ein allfälliger Gewährleistungsanspruch auf Austausch des zerstörten Frizzante-Face-Automaten ist zu verneinen, da dieser zu keinem Zeitpunkt einen Mangel aufwies. Allfällige Ansprüche in Bezug auf die Zerstörung sind im Zusammenhang mit schadenersatzrechtlicher Haftung zu prüfen.

Der Gewährleistungsanspruch umfasst seit dem Urteil des EuGH in der verbundenen Rs Weber/Putz (C-65/09 und C-87/09) im Verbrauchergeschäft auch die Ein- und Ausbaukosten, wenn die fehlerhafte Ware gutgläubig eingebaut wurde. Der EuGH räumt in diesem Zusammenhang zwar die Möglichkeit einer richterlichen Mäßigung ein, betont jedoch nachdrücklich, dass das Recht des Verbrauchers dadurch nicht ausgehöhlt werden dürfe.[40] Der Argumentation folgend, dass ein Gewährleistungsanspruch nur in Hinblick auf die Kartusche, jedoch nicht auf Frizzante-Face besteht, besteht der Anspruch auf Übernahme der Ausbaukosten ebenfalls lediglich in Bezug auf die Kosten des Ausbaus der explodierten Kartusche aus dem Wasserhahn.

b) H-GmbH gegen die S-GmbH auf Austausch der Kartusche sowie Ersatz der Ausbaukosten iHv EUR 250,– gem §§ 922, 923, 932 Abs 2 ABGB

Da auch zwischen der H-GmbH und der S-GmbH ein Kaufvertrag über die fehlerhafte Kartusche besteht, hat die H-GmbH einen auf Austausch gerichteten Gewährleistungsanspruch. Bei den Ausbaukosten handelt es sich nach der Rspr im Unternehmergeschäft um einen Mangelfolgeschaden, der nach den Grundsätzen des Schadenersatzrechtes zu prüfen ist und somit ein Verschulden des Vertragspartners voraussetzt.[41]

2) Gewährleistungsrechtliche Ansprüche nach der Rechtslage von 2022

a) M gegen die H-GmbH auf Austausch der CO_2-Kartusche gem §§ 6, 10, 11, 13 Abs 4 VGG

M schloss mit der H-GmbH einen Kaufvertrag über das Produkt Frizzante Face für EUR 1300,– sowie 6 CO_2-Kartuschen zu je EUR 30,– ab. Am Zustandekommen dieses Vertrages ergeben sich keine Zweifel. Voraussetzung für das Bestehen eines Gewährleistungsanspruches ist das Vorliegen eines Mangels. Ein Mangel ist, wie bereits er-

36) Der Vollständigkeit halber ist auf eine Neuerung in Bezug auf § 933b hinzuweisen: Ansprüche des Unternehmers sind innerhalb von **drei Monaten,** nicht wie bisher zwei Monaten geltend zu machen. Auch die Pflicht zur gerichtlichen Geltendmachung entfällt.
37) *Kerschner,* Irrtumsanfechtung – insbesondere beim unentgeltlichen Geschäft (1984) 161.
38) OGH 22. 01. 1986 3 Ob 609/85, HS 16.603; *Rummel* in *Rummel/Lukas,* ABGB⁴ § 871 ABGB Rz 13.
39) *Reischauer* in *Rummel/Lukas,* ABGB⁴ § 923 Rz 36; *Zöchling-Jud* in *Kletečka/Schauer,* ABGB-ON[1.02] § 923 Rz 2.
40) *Zöchling-Jud* in *Kletečka/Schauer,* ABGB-ON[1.02] § 923 Rz 13.
41) OGH 25. 03. 2014, 9 Ob 64/13x; *Schoditsch,* ecolex 2015, 21 (22).

örtert, eine Abweichung vom vertraglich Geschuldeten.[42] Der Mangel liegt im konkreten Fall im fehlerhaften Ventil der CO_2-Kartusche. Bei der CO_2-Kartusche handelt es sich um ein selbstständiges Teilprodukt, somit ist nur diese, nicht aber das gesamte Produkt auszutauschen. Dies lässt sich aus dem Leitgedanken der objektiven Äquivalenz ableiten. Ein allfälliger Gewährleistungsanspruch auf Austausch des zerstörten Frizzante-Face-Automaten ist zu verneinen, da dieser zu keinem Zeitpunkt einen Mangel aufwies. Allfällige Ansprüche in Bezug auf die Zerstörung sind im Zusammenhang mit schadenersatzrechtlicher Haftung zu prüfen.

Meine Notizen:

Im Rahmen des VGG sind **die Ein- und Ausbaukosten gem § 13 VGG ex lege vom Unternehmer** zu tragen. Der Europäische Gesetzgeber hat die Auffassung des EuGH damit in eine gesetzliche Form gegossen.

Der Argumentation folgend, dass ein Gewährleistungsanspruch nur in Hinblick auf die Kartusche, jedoch nicht auf Frizzante-Face besteht, besteht der Anspruch auf Übernahme der Ausbaukosten ebenfalls lediglich in Bezug auf die Kosten des Ausbaus der explodierten Kartusche aus dem Wasserhahn.

b) H-GmbH gegen die S-GmbH auf Austausch der Kartusche sowie Ersatz der Ausbaukosten iHv EUR 250,– gem §§ 922, 923, 932 Abs 2 ABGB

Da auch zwischen der H-GmbH und der S-GmbH ein Kaufvertrag über die fehlerhafte Kartusche besteht, hat die H-GmbH einen auf Austausch gerichteten Gewährleistungsanspruch. Bei den Ausbaukosten handelt es sich nach der Rsp im Unternehmergeschäft um einen Mangelfolgeschaden, der nach den Grundsätzen des Schadenersatzrechtes zu prüfen ist und somit ein Verschulden des Vertragspartners voraussetzt.[43]

B. Schadenersatzrechtliche Ansprüche

1) M gegen die H-GmbH auf Schmerzengeld und Ersatz der Heilungskosten unbestimmter Höhe gem §§ 1295, 1298, 1325 ABGB

Schaden: Schmerzengeld soll einen ideellen Schaden, der im erlittenen Unlustgefühl und in der entgangenen Lebensfreude besteht, abgelten.[44] Die Berechnung erfolgt nach den Umständen des Einzelfalls, womit sich keine allgemein gültigen Werte festlegen lassen. Dabei hat das Gericht einen objektiven Maßstab anzulegen um eine völlige Ungleichmäßigkeit der Rsp zu vermeiden.[45] M wurde operiert, eine Verletzung, die eine Operation nach sich zieht, ist mit Schmerzen verbunden. Das Vorliegen eines ideellen Schadens ist somit zu bejahen.

Kausalität: Hätte die H-GmbH M die fehlerhafte Kartusche nicht verkauft, so wäre es nicht zu diesem Zwischenfall gekommen, infolgedessen M verletzt wurde. Das Verhalten der H-GmbH war somit kausal für die Schmerzen Ms.

Adäquanzzusammenhang: Es war zwar für die H-GmbH nicht vorhersehbar, dass das Ventil mangelhaft ist, allerdings kommt es der hM nicht auf die konkrete Vorhersehbarkeit für den Schädiger selbst an. Vielmehr ist nach objektiven Kriterien zu prüfen, ob die Folgen der Verknüpfung der Umstände gänzlich außergewöhnlich sind.[46] Es ist in diesem Zusammenhang nicht gänzlich außergewöhnlich, dass ein Ventil fehlerhaft ist und es dadurch zu einem übermäßigen Druckaufbau kommt, der sich in Form einer Explosion entlädt. Dass eine solche Explosion zu schmerzhaften Verletzungen führt, liegt nicht außerhalb jeder Lebenserwartung.

Rechtswidrigkeit: durch die Körperverletzung wird in die Gesundheit Ms eingegriffen. Die Gesundheit ist ein absolut geschütztes Rechtsgut, dessen Verletzung eine Rechtswidrigkeit indiziert. Die rechtswidrige Handlung, die den Erfolg herbeigeführt hat, besteht in der Schlechterfüllung des Vertrages, die bereits im Zusammenhang mit der Gewährleistung bejaht wurde.

Verschulden: Ein Verschulden in Form einer Fahrlässigkeit ließe sich hier nicht konstruieren. Die H-GmbH hätte keine Möglichkeit gehabt, den Eintritt des Erfolges zu verhindern, und hat die Sorgfalt, die die Situation erforderte, an den Tag gelegt.

Mangels Verschulden besteht der Anspruch nicht. Aus dem Sachverhalt geht überdies hervor, dass die H-GmbH bereits seit einigen Jahren mit der S-GmbH in ge-

42) *Reischauer* in *Rummel/Lukas,* ABGB^4 § 923 Rz 36; *Zöchling-Jud* in *Kletečka/Schauer,* ABGB-ON$^{1.02}$ § 923 Rz 2.
43) OGH 25. 03. 2014, 9 Ob 64/13x; *Schoditsch,* ecolex 2015, 21 (22).
44) *Hinteregger* in *Kletečka/Schauer,* ABGB-ON$^{1.05}$ § 1325 Rz 31.
45) OGH 21. 10. 2020, 7 Ob 178/20g.
46) *Kodek* in *Kletečka/Schauer,* ABGB-ON$^{1.03}$ § 1295 Rz 14.

Meine Notizen:

schäftlichem Kontakt steht und dass sich diese als zuverlässige Lieferantin erwiesen hat. Es sind nie Probleme im Zusammenhang mit gelieferten Produkten aufgetreten, die die H-GmbH veranlassen hätten können, genauere Nachforschungen über die Sicherheit der Produkte anzustreben.[47)]

2) M gegen die H-GmbH auf Schadenersatz iHv EUR 1300,– wegen der Zerstörung von Frizzante Face gem § 1295 ABGB

Die Zerstörung von Frizzante Face ist ein Mangelfolgeschaden, für dessen Ersatzfähigkeit es eines Verschuldens bedarf. Dies wurde bereits in der vorherigen Prüfung verneint. Der Anspruch besteht somit nicht.

3) M gegen die S-GmbH auf Schmerzengeld und Ersatz der Heilungskosten unbestimmter Höhe gem §§ 1295, 1298, 1325 ABGB (Vertrag mit Schutzwirkung zu Gunsten Dritter)

Bei einem Vertrag mit Schutzwirkung zu Gunsten Dritter bestehen die vertraglichen Schutzpflichten nicht nur gegenüber dem Vertragspartner, sondern auch gegenüber einer dritten, der Vertragserfüllung nahestehenden Person.[48)] Ein Vertrag mit Schutzwirkung zu Gunsten Dritter liegt allerdings dann nicht vor, wenn der Dritte selbst mit einem der beiden Vertragspartner in Vertragsbeziehung steht.[49)] In casu ist die Ausdehnung der vertraglichen Schutzpflichten zwischen der S-GmbH und der H-GmbH zu verneinen, weil M selbst in einem Vertragsverhältnis mit der H-GmbH steht. Der Anspruch besteht nicht.

4) M gegen die S-GmbH auf Schmerzengeld und Ersatz der Heilungskosten unbestimmter Höhe gem §§ 1295, 1325 ABGB (ex delicto)

Schaden: siehe oben.

Kausalität: Hätte die S-GmbH keine fehlerhafte Kartusche importiert, so wäre es nicht zur Fehlerhaftigkeit des Ventils, der damit verbundenen Explosion und der daraus resultierenden Verletzung gekommen.

Der Adäquanzzusammenhang: ist wie oben zu bejahen.

Rechtswidrigkeit: Der Erfolg besteht in der Körperverletzung der M. Um die Rechtswidrigkeit der Handlung zu bejahen, ist die Missachtung der die S-GmbH treffenden Verkehrssicherungspflichten notwendig, die die ungefährliche Beschaffenheit der zu importierenden Sachen gewährleisten sollen. Die Erfüllung der Verkehrssicherungspflichten bewegt sich allerdings nur im Rahmen des Möglichen und Zumutbaren.[50)] Der Importeurin ist es nicht zumutbar, jedes einzelne Ventil auf Fehler zu untersuchen, sie hat allerdings unter Umständen sicherzustellen, dass die Produzentin ein geeignetes Überwachungssystem unterhält. Aus dem Sachverhalt geht hierzu nichts hervor.

Rechtswidrigkeitszusammenhang: Es ist zu bezweifeln, ob ein solches System sogenannte „Ausreißer" überhaupt identifizieren hätte können. Die Vermeidung von Ausreißern liegt somit nicht im Schutzzweck der erwähnten Verkehrssicherungspflicht.

Der Anspruch besteht nicht.

5) M gegen die S-GmbH auf Schmerzengeld und Ersatz der Heilungskosten unbestimmter Höhe gem §§ 1, 2, 3, 4, 5, 6, 7 PHG

Um genau jene Fälle zu erfassen, in denen kein rechtswidriges Verhalten bzw Sorgfaltswidrigkeit der Importeurin oder der Produzentin zu bejahen, aber dennoch ein erheblicher Schaden entstanden ist, wurde mit 1. 7. 1988 das Produkthaftungsgesetz (PHG) erlassen.

---

47) In seiner Entscheidung 6 Ob 84/21 b vom 6. 8. 2021 stellte der OGH im Zusammenhang mit einem mangelhaften Spielgerüst auf einem Kinderspielplatz fest, dass die Verletzung der Verkehrssicherungspflicht durch den Erzeuger nicht ohne weiteres ein Versäumnis dessen darstellt, der bei der Ausstattung eines Spielplatzes auf ein durchaus übliches Spielgerät eines Fachunternehmens zurückgreift (*Prader,* Keine Haftung des Betreibers für ein vom Lieferanten nicht normgerecht ausgestattetes Spielgerät, MANZ Wohnrecht-E 2021/39/20). Daraus kann geschlossen werden, dass, sofern sich für den Betreiber/Verkäufer keine Anhaltspunkte ergeben, die ihn dazu zwingen müssten, genauere Nachforschungen anzustellen, sprich, es sich bei der Lieferantin um ein zuverlässiges, fachkundiges Unternehmen handelt, eine Haftung zu verneinen wäre.

48) *Welser/Zöchling-Jud,* Grundriss des bürgerlichen Rechts II (2015) 163 f.

49) *Welser/Zöchling-Jud,* Grundriss 164.

50) Dies ergibt sich aus einem Größenschluss. Der OGH vertritt diese Ansicht in Bezug auf die Produzentin (OGH 27. 2. 2009, 6 Ob 108/07 m, Deliktische Haftung für fehlerhaftes Produkt wegen Verletzung der Verkehrssicherungspflicht, ecolex 2009, 475).

Meine Notizen:

M ist Verbraucherin, die Voraussetzung gemäß § 2 Z 1 PHG ist somit erfüllt. Ein Produkt ist nach dem PHG dann fehlerhaft, wenn es nicht die Sicherheit bietet, die man unter Berücksichtigung aller Umstände erwarten darf. Die Kartusche ist fehlerhaft, weil man normalerweise nicht damit rechnet, dass diese ohne größere Außeneinwirkung explodiert. Es handelt sich bei der Fehlerhaftigkeit des Ventils um einen Fehler iSd §§ 1 Abs 1, 5 PHG. Durch die Explosion der Kartusche erlitt M einen Nasenbeinbruch, wurde also am Körper verletzt. Die S-GmbH ist zwar laut Sachverhalt nicht Produzentin der Kartuschen, allerdings hat sie diese zum Vertrieb in die Europäische Union eingeführt und im Rahmen des gemeinsamen Vertriebes mit Frizzante Face in den Verkehr gebracht (§ 1 Abs 1 Z 2, 6 PHG).

Die Voraussetzungen für eine Ersatzpflicht nach dem PHG sind somit erfüllt und der Anspruch entsteht.

Zu beachten ist allerdings das Recht des Sozialversicherungsträgers auf Zession des Schadenersatzanspruches gem § 332 ASVG:

Können Personen den Schaden, der ihnen durch Eintritt des Versicherungsfalles entstanden ist, aufgrund anderer gesetzlicher Vorschriften beanspruchen, so geht dieser Anspruch insoweit auf den Sozialversicherungsträger über, als dieser zur Leistungserbringung verpflichtet ist. Es ist davon auszugehen, dass M sozialversichert ist. Damit war ihr Sozialversicherungsträger zur Übernahme der Heilungskosten verpflichtet. Wie soeben geprüft und bejaht, sind diese allerdings von der S-GmbH aufgrund eines Anspruches nach dem PHG zu tragen. Bei Erfüllung der Voraussetzungen des § 332 ASVG geht der Anspruch in der sogenannten „juristischen Sekunde“ bereits mit Eintritt des Versicherungsfalles auf den Sozialversicherungsträger über.[51] Der Anspruch der M gegen die S-GmbH besteht dann nur hinsichtlich Schmerzengeld zu Recht.

6) M gegen die S-GmbH auf Schadenersatz in Höhe des Wertes des Hamsters und der Tierarztkosten für die Behandlung gem §§ 1, 2, 3, 4, 5, 6, 7 PHG iVm 1323 ABGB

Der Hamster ist eine vom Produkt verschiedene Sache. Es handelt sich beim toten Hamster um einen sogenannten „wirtschaftlichen Totalschaden“. Grundsätzlich ist in diesem Fall nur der Wert der Sache und nicht die auf sie aufgewendeten „Reparaturkosten“ zu ersetzen. Dies gilt nicht bei Tierarztkosten: Diese sind gem § 1323 iVm § 1332a selbst dann zu ersetzen, wenn die Kosten den Wert des Tieres übersteigen und die Behandlung erfolglos war, sofern ein vernünftiger Tierhalter dieselben Kosten aufgewendet hatte.[52] Operationskosten iHv EUR 150,– scheinen in Anbetracht des geringen Wertes des Hamsters zunächst als hoch, allerdings ist ein Hamster ein Tier mit mehrjähriger Lebenserwartung. Gerade bei einem Haustier, das über die Jahre hin liebgewonnen wurde, wird der durchschnittliche Eigentümer wohl viel unternehmen, um dessen Leben zu retten. Es handelt sich jedenfalls um eine lebensnahe Vorgehensweise, dass für die Rettung eines Haustiers, das in vielen Fällen als eine Art Familienmitglied gesehen wird, ein hoher Aufwand betrieben wird, was sich auch in der Höhe der Tierarztkosten niederschlägt.

Dass diese wohl höher sein werden als der geringe Verkehrswert eines bereits einige Jahre alten Hamsters, ist für deren Ersatzfähigkeit irrelevant.[53]

§ 2 PHG besagt allerdings, dass der Schaden, den der Verbraucher durch die Beschädigung einer Sache erlitten hat, nur mit dem EUR 500,– übersteigenden Teil zu ersetzen ist. Tiere sind zwar keine Sachen, aber gem § 285a ABGB in rechtlicher Hinsicht wie solche zu behandeln, somit ist § 2 PHG auch auf Hamster anwendbar. Rechnet man die Tierarztkosten und den durchschnittlichen Preis eines neuen Hamsters zusammen, so wird man diese Schwelle nicht überschreiten. Es besteht bezüglich des Todes des Hamsters bzw der Tierarztkosten kein Anspruch nach dem PHG.

7) M gegen die S-GmbH auf Schadenersatz iHv EUR 1300,– gem §§ 1, 2, 3, 4, 5, 6, 7 PHG

Die Zerstörung von Frizzante Face ist als sogenannter „*Weiterfresserschaden*“ zu qualifizieren. Hierbei handelt es sich um Schäden am Endprodukt, die durch ein mangel-

51) *Auer-Mayer* in *Mosler/Müller/Pfeil*, Der SV-Komm § 332 ASVG Rz 25.
52) *Reischauer* in *Rummel*, ABGB³ § 1332a Rz 3.
53) OGH 21. 10. 2008, 1 Ob 103/08s.

✐ Meine Notizen:

haftes Teilprodukt verursacht worden sind.[54] Der Produzent oder Importeur hat für diesen Schaden nur dann einzustehen, wenn der Geschädigte das Teilprodukt als selbstständiges Produkt erworben hat. Hierüber entscheidet mangels Vertrag die Verkehrsauffassung.[55]

Aus dem Sachverhalt geht hervor, dass für die CO_2-Kartuschen ein separater Preis gezahlt wurde. M hat sich aktiv dafür entschieden, sechs Kartuschen zu erwerben. Sie hätte allerdings genauso gut nur eine oder keine Kartusche kaufen können. Die Kartuschen werden zwar im Zusammenhang mit Frizzante Face angeboten, allerdings ist deren Erwerb nicht zwingend mit dem Kauf von Frizzante Face verbunden. Es handelt sich bei den Kartuschen somit um ein selbständiges Teilprodukt. Wären die Kartuschen nicht explodiert, so wäre Frizzante Face noch intakt. Die Mangelhaftigkeit der Kartuschen führte somit zum Schaden am Endprodukt, das Vorliegen der Voraussetzungen für einen ersatzfähigen Weiterfresserschaden ist zu bejahen.

Bei Schäden an Sachen ist der Produzent erst ab EUR 500,– zum Ersatz verpflichtet. M hat Frizzante Face um EUR 1300,– gekauft, ihr Anspruch besteht somit lediglich in Höhe von EUR 800,–. Das heißt, sie muss einen Selbstbehalt von EUR 500,– tragen. Der Anspruch besteht zu Recht.

54) Unumgänglich scheint in diesem Zusammenhang die Erwähnung des sogenannten *„Schwimmerschalterfalles"*, mit dem sich der deutsche BGH im Jahre 1976 beschäftigte (BGH Urteil vom 24. November 1976 – VIII ZR 137/75). Die Beklagte stellte Reinigungs- und Entfettungsanlagen her. Der Reinigungsprozess beruhte auf dem Erhitzen und Verdampfen von Perchloräthylen. Ein mit einem Stromabschalter verbundener Schwimmer sollte dabei verhindern, dass die mit dieser Flüssigkeit bedeckten Heizdrähte durch das Verdampfen freigelegt werden und überhitzen. Der Schwimmschalter versagte jedoch aufgrund eines Fabrikationsfehlers. Das in der Anlage befindliche Schmutzöl geriet in Brand, da die Heizdrähte nicht rechtzeitig abgeschaltet wurden und überhitzten. Der BGH bejahte eine Eigentumsverletzung und sprach deliktischen Schadenersatz für die gesamte Anlage zu und das obwohl der Wert des Schalters im Verhältnis zur gesamten Anlage verschwindend gering war (BGHZ 67, 359). Der BGH konstituiert als Voraussetzung der Ersatzfähigkeit eines „Weiterfresserschadens" lediglich, dass der Schaden sich von einem abgrenzbaren Teil, also einem *„unselbstständigen Teilprodukt"* weiterfrisst. Er differenziert somit nicht wie der OGH (RIS-Justiz RS0071502; die Ersatzfähigkeit allerdings verneinend: *Koziol/Apathy/Koch,* Haftpflichtrecht III[3] B/96) zwischen dem unselbstständigen Teilprodukt und dem selbstständigen Teilprodukt. Die vom BGH entwickelte Doktrin des Weiterfresserschadens fand allerdings keinen Eingang in das deutsche Produkthaftungsgesetz (*Kresbach,* Produkthaftung für „Weiterfresserschäden"? ecolex 1990, 469).

55) RIS-Justiz RS0071502.

CURSUS

Arbeitsheft 1
mit Lösungen
Zu den Lektionen 1–16
Neue Ausgabe

Lösungen

Herausgegeben von Michael Hotz und
Prof. Dr. Friedrich Maier

Bearbeitet von Andrea Wilhelm

C.C.Buchner Verlag, Bamberg
J. Lindauer Verlag, München
Oldenbourg Schulbuchverlag, München

Lektion 1

1 A. porta (Tor) – B. tacere (schweigen) – C. cogitare (denken) – D. iacere (liegen) – E. asinus (Esel) – F. clamare (schreien) – G. stare (stehen)

2 Substantiv: Hauptwort – Subjekt: Satzgegenstand – Singular: Einzahl – Neutrum: sächlich – Infinitiv: Grundform – Genus: Geschlecht – Maskulinum: männlich – Verb: Tätigkeitswort – Prädikat: Satzaussage – Femininum: weiblich

3 Quintus vermisst den Esel. Das kann man an drei Stellen im Text erkennen: Z. 2: Quintus circumspectat, Z. 3: Cogitat: Cur porta patet? (*Quintus* ist das Subjekt zu *cogitat*. Er macht sich Sorgen, dass der Esel weggelaufen sein könnte), Z. 5: Quintus valde gaudet: (Als der Esel auftaucht, freut er sich sehr).
Der Esel taucht wieder auf. Das kann man in Z. 6 sehen: ... nunc asinus venit.
Übersetzung:
1 Wo ist der Esel? 2 Quintus steht (da) und blickt sich suchend um. Er ruft. 3 Er denkt: Warum steht das Tor offen? 4 Plötzlich schreit der Esel. 5 Quintus freut sich sehr: 6 Schau, nun kommt der Esel.

4 1. stimmt, z. B. kann *asinus* übersetzt werden mit „der Esel“ oder „ein Esel“ oder „Esel“
2. stimmt, z. B. *tacet*. Das Person-Zeichen *-t* zeigt die 3. Person Singular an: er/sie/es.
3. stimmt nicht, denn Eigennamen und Satzanfänge werden großgeschrieben
4. stimmt nicht. Der Nom. Sg. eines Substantivs endet auf *-a* oder *-us* oder *-um*. Das *-t* ist das Person-Zeichen für die 3. Person Singular des Verbs.
5. stimmt, z. B. *tace-re*, *clama-re*
6. stimmt nicht. Ein Substantiv mit der Endung *-a* ist Femininum, z. B. *villa*. Ein Neutrum endet auf *-um*, z. B. *silentium*.
7. stimmt, z. B. *Asinus clamat*: *asinus* ist Nom. Sg.

5 Die Räume der Villa:
I: Peristyl – II: Atrium – III: Triklinium – IV: Tablinum

Lektion 2

1 ridere: l**a**chen – cito: schnel**l** – item: eb**e**nfalls – apportare: herbeitr**a**gen – ibi: dor**t** – apparere: er**s**cheinen – delectare: erfre**u**en – certe: siche**r** – Lösungswörter: salutare: (be)grüßen

2 **a** Substantive im Plural (Plural-Zeichen ist unterstrichen): amicae, servi, dona, equi, villae, asini, mala
b Verben im Plural (Plural-Zeichen ist unterstrichen): clamant, gaudent, salutant, veniunt, timent, sunt

3 (In Klammern ist das Anfangsfeld des Wortes angegeben.)
auch, sogar: etiam (E 5) – von Weitem: procul (C 1) – denn: nam (B 3) – dort: ibi (B 4) – sicher: certe (F 1) – plötzlich: subito (H 3) – so: sic (A 4) – da, dann: tum (E 4) – nun: nunc (E 6) – aber: sed (H 3) – schon: iam (J 6) – Wildschweinesser: Obelix, Asterix, Idefix

4 (In Klammern stehen Kombinationen, die der Form nach auch möglich sind, der Bedeutung nach aber nicht ganz so gut passen.)
1. Syrus servus properat. – Der Sklave Syrus beeilt sich. (clamat)
2. Quintus et Flavia rident. – Quintus und Flavia lachen. (tacent, apparent)
3. Equi apparent. – Die Pferde erscheinen. (tacent, rident)
4. Dona delectant. – Die Geschenke erfreuen.
5. Matrona clamat. – Die Frau schreit. (properat)
6. Servae tacent. – Die Sklavinnen schweigen. (rident, apparent)

5 CAESAR (Gaius ist der Vorname, Iulius der Familienname.)
IULIA (Ihr Name wird vom Familiennamen Iulius abgeleitet.)
MARCUS
TULLIA (Ihr Name wird vom Familiennamen Tullius abgeleitet.)
TULLIA MAIOR (maior bedeutet „die größere, ältere“, minor bedeutet „die kleinere, jüngere“.)
SYRUS (Der Name ist vom Ländernamen abgeleitet.)
Lösungswort: LUCIUS

6 Galla ist es langweilig, weil ihre Freunde nicht da sind. Z. 2: Sie wartet auf sie (exspectat), aber sie kommen nicht (amici non veniunt). – Die Sklavinnen sind es, auf die Galla gewartet hat. In Z. 7 heißt es: Galla gaudet: Tandem servae appropinquant.
Übersetzung:
1 Die Sklavin Galla ist im Garten (befindet sich im Garten/hält sich im Garten auf).
2 Sie steht unter einem Baum und wartet, aber die Freunde kommen nicht.
3 Wo sind die Sklaven? Warum zögern die Sklavinnen zu erscheinen (lassen die Sklavinnen sich Zeit mit dem Erscheinen)?
4 Galla lacht nicht, denn Warten gefällt (ihr) nicht/macht (ihr) keinen Spaß.
5 Plötzlich ruft jemand: „Galla! Galla!“
6 Wer ist es/das? Bestimmt sind es die Freunde.
7 Jetzt freut sich Galla: Endlich nähern sich die Sklavinnen.

Lektion 3

1 1. P. Sg.: rogo, gaudeo, sum – 2. P. Sg.: es, salutas, taces – 3. P. Sg.: venit, respondet, clamat – 1. P. Pl.: ridemus, navigamus, sumus – 2. P. Pl.: vocatis, timetis, estis – 3. P. Pl.: iubent, audiunt, properant

2 1. Marcus (S) amicam/amicos (O) exspectat (P). – 2. Amici (S) equos (O) audiunt (P). – 3. Nuntium (O) servus (S) apportat (P). – 4. Familia (S) exspectat (P)./Amicam/Amicos (O) exspectat (S + P) – 5. Serva (S) periculum (O) timet (P). – 6. Provinciam (O) administro (S + P). – 7. Flavia (S) amicos/amicam (O) rogat (P). – 8. Quintus (S) Flaviam (O) amat (P).

3 1 Roma – 2 Troia – 3 Carthago – 4 Syracusae – 5 Athenae – 6 Neapolis – 7 Londinium – 8 Delphi – 9 Alexandria – 10 Toletum – 11 Palmyra – 12 Vindobona

4 Mögliche Kombinationen:
1. Periculum timeo. – Ich fürchte mich vor der Gefahr.
2. Provinciam administrat. – Er verwaltet die/eine Provinz.
3. Donum apportatis. – Ihr bringt ein Geschenk (herbei/mit).
4. Amicum salutamus. – Wir begrüßen den/einen/unseren Freund.
5. Servos vocat. – Er/Sie ruft die Sklaven.
6. Lacrimas tenes. – Du hältst die Tränen zurück.
7. Nuntium rogant. – Sie fragen den Boten.

5 Hier findest du die Fehlerstellen korrigiert und eine Erklärung dazu:
Z. 2: M. Flavius Lepidus – Im Lateinischen wird der Eigenname dekliniert; er steht hier im Akkusativ.
Z. 3: Schon stehen die Pferde (bleiben die Pferde stehen). – Im Lateinischen ist die Reihenfolge der Wörter im Satz freier als im Deutschen; im Deutschen steht das Verb in einem Hauptsatz immer an zweiter Position.
Z. 4: ... grüßt den Boten und fragt. – *et rogat* ist übersehen worden.
Z. 6: Warum kommst du hierher? – Verwechslung von *hic* und *huc*; dadurch auch nicht beachtet, dass *venire* dasteht und nicht *esse*.
Z. 8: Du, Marcus, ... – Im Lateinischen steht ein Name auf *-us* bei der Anrede im Vokativ auf *-e*.
Z. 10: Der Kaiser ruft dich. – Verwechslung von *rogare* und *vocare*.
Z. 11–12: Es ist mir erlaubt, ... – *mihi* ist übersehen worden.
Z. 13: Dann ruft er die Sklaven: „Wo seid ihr?" – Kasus-Zeichen *-os* für Akk. Pl. und Person-Zeichen *-tis* für 2. P. Pl. sind nicht beachtet.
Z. 14: Warum gehorcht ihr nicht? – Verwechslung von *venire* und *parere*.
Z. 15: Sie antworten. – Im Deutschen muss das Personal-Pronomen bei der Verbform stehen, im Lateinischen wird die Person durch das Person-Zeichen am Ende der Verbform angezeigt.
Z. 16: Sicher gehorchen wir. – Verwechslung von *nam* und *certe*.

Lektion 4

1 Mögliche Kombinationen:
1. equus nuntii: das Pferd des Boten – 2. regina dearum: die Königin der Göttinnen – 3. dona amicarum: die Geschenke der Freundinnen – 4. simulacrum dei: das Bild des Gottes – 5. clamor hominum: das Geschrei der Menschen – 6. verba imperatoris: die Worte des Kaisers – 7. amor regis: die Liebe des Königs

2 1. intras: du trittst ein – 2. iubemus: wir befehlen – 3. timeo: ich fürchte – 4. rogant: sie fragen – 5. incitat: er treibt an – 6. spectamus: wir schauen – 7. audiunt: sie hören – 8. rogare: fragen – 9. sedeo: ich sitze – 10. cogitatis: ihr denkt

3 Folgende Personen/Personengruppen kommen vor: senatores: die Senatoren – amici senatorum: die Freunde der Senatoren – consul: der Konsul – dei et deae: die Götter und Göttinnen – homines: die Menschen, Leute – imperator: der Kaiser – populus: das Volk, das Publikum – nuntius: der Bote – außerdem: die beiden Sprecher (1. und 2. P. Sg.)
Übersetzung: Warum sieht der Freund nichts?
1/2/3/4 „Wer sitzt dort?" – „Dort sitzen die Senatoren und die Freunde der Senatoren. Auch den Konsul sehe ich. Nun kommt der Festzug." – „Was tragen/bringen sie?" – „Sie bringen Bilder der Götter und Göttinnen." – „Warum schweigen die Menschen jetzt?" – „Sie hören den Worten des Kaisers zu." – „Warum schreit das Volk?" – „Gerade gibt der Kaiser das Zeichen." – 5/6/7/8 „Wer tritt nun ein?" – „Nun tritt ein Bote ein. Er grüßt den Kaiser. Der Kaiser lacht, sicher gefallen [ihm] die Worte des Boten." – „Was hörst du?" – „Die Worte des Boten höre ich nicht, aber das Geschrei der Leute. Nun stehen die Menschen/Leute. Du aber, [mein] Freund, sitzt hier und fragst mich. Warum stehst nicht auch du?"

4 *Waagrecht:* 2. Liebe – 6. endlich – 10. Gott – 11. Mensch – 12. Anfang – 13. geben – 14. denken – 15. antreiben – 16. nur. *Senkrecht:* 1. Volk – 3. Bild – 4. sehen – 5. eintreten – 7. Zeichen – 8. Schrei – 9. lange. Lösungswort: HOMINES

5 Folgende Fehler finden sich in dem Bericht:
Z. 2: Der Circus Maximus fasst nicht 175 000, sondern 250 000 Zuschauer.
Z. 4: Die Senatoren tragen keine palla – das ist ein Frauengewand –, sondern eine *toga*.
Z. 6: Bei der *pompa* werden nicht Bilder von Kaisern, sondern von Göttern und Göttinnen gezeigt.
Z. 9: Das Startzeichen wird nicht mit einem roten, sondern einem weißen Tuch gegeben.
Z. 11: Die Wagen fahren nicht zehn Runden, sondern sieben.
Z. 12: Der Circus Maximus ist nicht 360 m lang, sondern 650 m.

Lektion 5

1 Im Dativ stehen: avo (homo: Nom. Sg.) – iudici (periculi: Gen. Sg.) – amicae (amicae kann auch Gen. Sg. und Nom. Pl. sein; dona: Nom. Pl./Akk. Pl.) – consulibus (servus: Nom. Sg.) – nuntiis (equi: Gen. Sg./Nom. Pl.) – deo (dea: Nom. Sg.) – patri (populi: Gen. Sg./Nom. Pl.) – servis (hominis: Gen. Sg.) – consuli (asini: Gen. Sg./ Nom. Pl.) – oratoribus (equus: Nom. Sg.) – verbis (furis: Gen. Sg.) – fugae (fugae kann auch Gen. Sg. und Nom. Pl. sein; clamores: Nom. Pl./Akk. Pl.)

2 1. stimmt (Beweis im Text: Z. 1: Galla ... lacrimas dat. – Galla vergießt Tränen/weint.)
2. stimmt nicht (Die Herrin, *domina*, spricht nicht selbst.)
3. stimmt (Beweis im Text: Z. 7: Servi valde timent)
4. stimmt nicht (Beweis im Text: Z. 4: Galla sucht die verschwundenen Zuckerplätzchen, sie ist nicht der Dieb.)
Übersetzung:
1 Die Sklavin Galla steht vor der Küche und vergießt Tränen/weint. 2 Während die Sklaven und Sklavinnen herbeieilen, kommt auch Marcus Flavius Lepidus näher. 3 Er fragt: „Was ist (los)? Warum weinst du?" 4 Galla antwortet: „Hier sind/gibt es Diebe, Herr! Ich suche die Zuckerplätzchen. 5 Ich muss mich beeilen, denn die Herrin erwartet mich. Aber die Zuckerplätzchen sind nicht hier!" 6 Flavius Lepidus [sagt]: „Wo sind die Zuckerplätzchen? Wer nennt [mir] den Dieb?" 7 Die Sklaven fürchten sich sehr, aber sie gehorchen dem Herrn nicht. Sie schweigen, sie sagen nichts. 8 Plötzlich erscheint der Hund Hylax und trägt die Zuckerplätzchen herbei. 9 Da lachen der Herr und die Sklaven.

3 1. Fehler: *dominum* (Akk. Sg. von *dominus* m: der Herr) verwechselt mit *donum* (*donum* n: das Geschenk) – Der Sklave sucht den Herrn.
2. Fehler: *dum* (Subjunktion, leitet einen Gliedsatz ein, Bedeutung: während) verwechselt mit *tum* (Adverb, Bedeutung: da, dann, darauf, damals) – Während er den Brief liest, schweigt er.
3. Fehler: Für *petere* (hat mehrere Bedeutungen: bitten, aufsuchen, angreifen) ist hier eine unpassende Bedeutung ausgewählt. – Die Freunde suchen das Forum auf/gehen zum Forum.
4. Fehler: *iam* (Adverb, Bedeutung: schon) verwechselt mit *nam* (Konjunktion, Bedeutung: denn, nämlich) – Schon eilen die Freunde herbei.

5. Fehler: *iacet* (*iacere*, *iaceo*: (da)liegen) verwechselt mit *tacet* (*tacere*, *taceo*: schweigen) – Dort liegt der Esel, er schläft.

4 a-Konjugation: intrare, cogitare (cogito: 1. P. Sg.; der Kennvokal *-a-* wird durch das Person-Zeichen *-o* verdrängt), spectare, parare (paro: 1. P. Sg.; der Kennvokal *-a-* wird durch das Person-Zeichen *-o* verdrängt), clamare
e-Konjugation: videre, solere, tacere, parere
i-Konjugation: venire, scire, dormire, audire
kons. Konjugation: ludere (*luditis:* 2. P. Pl.: Stamm: *lud-*, Sprechvokal: *i*, Person-Zeichen: *-tis*), quaerere: (*quaeris*: 2. P. Sg.: Stamm: *quaer-*, Sprechvokal: *i*, Person-Zeichen: *-s*), plaudere (*plaudo*: 1. P. Sg.: Stamm: *plaud-*, Person-Zeichen: *-o*), decedere (*decedunt*: 3. P. Pl.: Stamm: *deced-*, Sprechvokal: *u*, Person-Zeichen: *-nt*), petere (*petit:* 3. P. Sg.: Stamm: *pet-*, Sprechvokal: *i*, Person-Zeichen: *-t*)

5 1. In der *curia* finden die Versammlungen des Senats statt: **C** – 2. Die *rostra* ist die Rednertribüne: **O** – 3. Der Tempel der Concordia ist der Tempel der Göttin, die das friedliche Zusammenleben schützt: **M** – 4. Im Unterbau des Saturn-Tempels wird der Staatsschatz aufbewahrt: **I** – 5. In den *tabernae* vor der *basilica Aemilia* kann man einkaufen: **T** – 6. Der Vesta-Tempel ist rund: **I** – 7. Der Kastor-und-Pollux-Tempel ist zwei Brüdern geweiht: **U** – 8. In der *basilica Iulia* finden Gerichtsprozesse statt: **M**;
Lösungswort: Der runde Platz, auf dem sich die Römer ursprünglich versammelten: COMITIUM.

Lektion 6

1 Imperativ Singular: exspecta!: warte! – quaere!: suche! – responde!: antworte! – audi!: hör (zu)!
Imperativ Plural: defendite!: verteidigt! – videte!: seht! – pugnate!: kämpft!
Die restlichen Wörter: nauta: Nom. Sg. von nauta, -ae m: Seemann – valde: sehr (Adverb) – certe: sicher, gewiss (Adverb) – iudici: Dat. Sg. von iudex, iudicis m: Richter – verba: Nom. Pl./Akk. Pl. von verbum, -i n: Wort – multi: Nom. Pl. von multi, -ae, -a: viele – unde: woher (Fragewort) – paretis: 2. P. Pl. von parere: gehorchen – sedes: 2. P. Sg. von sedere: sitzen

2 defendere: verteidigen – ubique: überall – mater: Mutter – pugnare: kämpfen – arma: Waffen – praecipitare: hinabstürzen – nauta: Seemann – maestus: traurig – abducere: wegführen – secundus: günstig – terra: Erde – superare: besiegen – solus: allein –auxilium: Hilfe

3 Substantive: orator – navis – arma – amor – mater – clamor – signum
Adjektive: novus, -a, -um – magnus, -a, -um – laetus, -a, -um – multi, -ae, -a – alius, -a, -ud – secundus, -a, -um, bonus, -a, -um
Verben: dicere – pugnare – navigare – clamare

4 1 Aegyptus – 2 Africa – 3 Asia – 4 Dalmatia – 5 Gallia Narbonensis – 6 Hispania – 7 Iudaea – 8 Macedonia – 9 Mauretania – 10 Syria

5 Zur Pendelmethode siehe links unten
Übersetzung:
1 Die Piraten segeln zur Insel Kreta. 2 Sie sind nicht fröhlich/gut gelaunt, denn der Wind ist nicht günstig. 3 Plötzlich schreit ein Pirat: „Nicht weit entfernt sehe ich ein fremdes Schiff." 4 Sofort [sagt] der Kapitän der Piraten: „Hört, Freunde, nähert euch dem Schiff/segelt näher an das Schiff heran! Beeilt euch!" 5 Während der Kapitän die Seeleute antreibt, freuen sich die Piraten und denken an die Beute. 6 Schließlich nähern sie sich dem Schiff, dann springen sie auf das Schiff und greifen die Seeleute an. 7 Groß ist die Aufregung und das Geschrei der Menschen: „Verteidigt das Schiff! Tötet die Piraten!" 8/9 Aber die Piraten besiegen die Seeleute, sie töten viele Menschen, sie führen andere weg/ab auf das Piratenschiff und sie nehmen die Beute. 10 Nun freuen sie sich sehr, denn die Beute ist groß.

5 Z. 3:
<u>Subito</u> pirata clamat: „<u>Non procul</u> navem alienam video."

Z. 6:
<u>Tandem</u> navi appropinquant, <u>tum</u> in navem transiliunt et nautas petunt.

Z. 8:
<u>Sed piratae</u> nautas superant; multos homines necant,

Z. 9:
alios in navem piratarum abducunt, praedam sumunt.

Lektion 7

1 1. Quintus amicam spectat: Quintus betrachtet die Freundin/schaut die Freundin an. Quintus amicam exspectat: Quintus wartet auf die Freundin. 2. Servus donum portat: Der Sklave trägt ein/das Geschenk. Servus donum apportat: Der Sklave trägt das Geschenk herbei/bringt das Geschenk. 3. Amici cito currunt: Die Freunde laufen/rennen schnell. Amici cito accurrunt: Die Freunde laufen/eilen schnell herbei.

2 Das sind die neun Fehler in Gaius' Erzählung:
Z. 2–4: Nicht der Bademeister passt auf die Kleidung auf, die die Badegäste im Umkleideraum ablegen, sondern Sklaven der Badegäste.
Z. 4–5: Das *tepidarium* ist der Warmbaderaum, darin ist es nicht 80 °C heiß (diese hohe Temperatur gibt es nur im *laconicum*).

Z. 6–7: Das *laconicum* ist die Schwitzkammer, die Sauna, dort gibt es keine kalte Wanne.
Z. 7: In den Thermen gibt es keine Duschen, nur die Möglichkeit, sich Wasser übergießen zu lassen.
Z. 8–9: In den Thermen trägt man Holzpantinen, „Latschen“ aus Holz, da der Boden in einigen Räumen sehr heiß ist.
Z. 10–11: Das *frigidarium* ist der Kaltbaderaum, dort werden keine Kleider abgelegt.
Z. 11–12: Die *natatio* ist das Schwimmbecken, Bücher lesen kann man in der Bibliothek.
Z. 14–15: Der Eintritt in die Thermen kostet gar nichts oder nur einen geringen Betrag, den sich die meisten Römer ohne Probleme leisten können.
Z. 17–18: Die *palaestra* ist der Sportplatz, dort treibt man Gymnastik oder spielt Ballspiele. Zum Schwimmen geht man in die *natatio*.

3 1. stimmt. Im Deutschen werden die Adverbialien durch Präpositionen und den zugehörigen Kasus ausgedrückt, z. B. *cum amica*: mit der Freundin (mit wem? Dativ); *sine amico*: ohne den Freund (ohne wen? Akkusativ)
2. stimmt, z. B. *villa*: Nom. und Abl. Sg.
3. stimmt
4. stimmt nicht, z. B. *consul*: Dat. Sg.: *consuli*, Abl. Sg.: *consule*
5. stimmt, z. B. a-Dekl.: *amica*: Dat. und Abl. Pl.: *amicis*; o-Dekl.: *dominus*: Dat. und Abl. Pl.: *dominis*; kons. Dekl.: Dat. und Abl. Pl.: *consulibus*
6. stimmt nicht (siehe unter 1.)

4 mögliche Überschriften: Num Quintus Flaviae donum dat?/Num amici Quinti Flaviae non placent?/Flavia Quintum et ornamenta amat/Verschiedene Interessen/Versteht Quintus Flavia?/Flavia möchte ein Geschenk/Flavia macht Andeutungen
Übersetzung:
1 Quintus geht mit Flavia auf dem Forum Romanum spazieren/spaziert ... 2 Plötzlich freut er sich sehr und sagt: 3 „Schau, [liebe] Freundin, dort sind Gaius und Lucius. Sie spielen. Beeil dich!“ 4 Während Quintus zu den Freunden läuft, zögert Flavia heranzutreten/hinzugehen. 5 Lange steht sie vor einem Laden, denn sie betrachtet mit großem Vergnügen den Schmuck/die Schmuckstücke. 6 Deshalb ruft Quintus wiederum: „Komm, Flavia! Was ist [los]? Hast du etwa Angst vor meinen Freunden?“ 7 Die Freunde lachen, aber Flavia ist traurig. 8 Schließlich nähert sich Quintus Flavia ohne seine Freunde/geht Quintus ohne seine Freunde zu Flavia hin und fragt: 9 „Warum bleibst du hier? Was betrachtest du in dem Laden? Gefallen dir die Ringe?“ 10 Zuerst schweigt Flavia/sagt Flavia nichts. Dann [sagt sie]: „Sie gefallen mir sehr.“ Und Quintus hält die Luft an.

5 1. Titus ex templo currit: Titus läuft aus dem Tempel heraus. 2. Lydia ante templum sedet: Lydia sitzt vor dem Tempel. 3. Medicus in basilicam intrat: Der Arzt betritt die Basilika. 4. Pater ad oratorem properat: Der Vater eilt zum Redner [hin]. 5. Iulia cum amica ambulat: Iulia spaziert mit ihrer Freundin. 6. Orator ex basilica venit: Der Redner kommt aus der Basilika heraus.
7. Consul sine mente iacet: Der Konsul liegt ohne Bewusstsein/bewusstlos da.
Lösung: 8. Quintus in foro ludit: Quintus spielt auf dem Forum.

Lektion 8

1 verschiedene Möglichkeiten bei der Wahl der Adverbialien sind durch „/“ angegeben
1. Quintus cum amicis/sine amica ambulat: Quintus geht mit seinen Freunden/ohne seine Freundin spazieren. – 2. Avus de fortuna cogitat: Der Großvater denkt über das Schicksal nach. – 3. Amici magna cum voluptate/in villa/cum amicis/sine amica ludunt: Die Freunde spielen mit großem Vergnügen/im Landhaus/mit den Freunden/ohne die Freundin. – 4. Homines prima luce/in periculo conveniunt: Die Menschen kommen beim ersten Tageslicht (bei Tagesanbruch)/in der Gefahr zusammen. – 5. Orator magna voce dicit: Der Redner spricht mit lauter Stimme.

2 An folgenden Stellen kann man sehen, dass Quintus gedrückter Stimmung ist:
Z. 1: maestus est – er ist traurig
Z. 2: semper solus est, semper in villa sedet – er ist immer allein, sitzt zu Hause herum
Z. 3: ... non placet – nichts macht ihm Spaß
Z. 12: non in forum currere cogito – er kommt nicht mit seinen Freunden, die ihn abholen wollen
Z. 13: er betet zu Venus, weil er sich Sorgen um Flavia macht
Übersetzung:
1 Quintus ist traurig, denn Flavia ist nicht mehr in der Stadt. 2 Nun ist er immer allein und sitzt immer im Haus. 3 Auf dem Forum spazieren zu gehen, macht [ihm] keinen Spaß, mit den Freunden zu spielen, macht [ihm] keinen Spaß, ohne die Freundin macht [ihm] nichts Spaß. 4 Lucius läuft herbei und sagt zu Quintus: 5 „Was ist [los], Quintus? Alle Freunde warten auf dich vor dem Haus. 6 Warum triffst du deine Freunde nicht? Denkst du immer an die/deine schöne Flavia? 7 Aber sie segelt jetzt zur Insel Kreta. Die/Deine Freunde aber sind hier. 8 Heute gehen wir zum Forum. Dort stellt ein Sklavenhändler Sklaven aus. In der ganzen Stadt ist schon großes Geschrei.“ 9 Und die Freunde rufen Quintus mit lauter Stimme: „Komm endlich, Quintus!“ 10 Quintus antwortet Lucius: 11 „Ich halte dich für einen guten Freund. Deshalb sage ich dir: 12 Ich beabsichtige nicht, zum Forum zu gehen, sondern zum Tempel der Venus, der Göttin der Liebe. 13 Oft bin ich im Tempel und bete so: ‚Große Göttin, gib Flavia ein gutes Schicksal!‘“ 14 Lucius [antwortet]: „Was fürchtest du, Quintus? Flavia geht es gut.“ Quintus [sagt]: „Ich hoffe [es].“

3 1. Stimme – 2. gleich – 3. ganz – 4. zusammenkommen – 5. kaufen – 6. Beispiel – 7. Schicksal – 8. Stadt – 9. ausstellen – 10. zwischen – 11. heute – 12. geboren – 13. Sklaverei – 14. Licht – 15. Fehler – 16. Weisheit – 17. alle – 18. hoffen; Lösungswort: SAPIENTIA

4 Von der gesamten Bevölkerung Roms waren ca. fünfundzwanzig Prozent Sklaven. Sie stammten z. B. aus Griechenland oder aus Germanien und arbeiteten in Rom beispielsweise als Ärzte oder als Lehrer. Rechtlich gesehen waren Sklaven Sachen; ihre Herren konnten sie also verkaufen.

Lektion 9

1 a-Dekl.: serva, regina, vita, pugna
o-Dekl. m: filius, puer, amicus, populus, ager, medicus, vir, o-Dekl. n: exemplum, auxilium, arma, periculum
kons. Dekl.: victor, pater, navis, vox, orator, mors, mater, homo, servitus, urbs, clamor

2 Niemand glaubt, ... 1. dass Pferde Briefe lesen. – 2. dass eine Königin auf den Feldern sitzt. – 3. dass die Angeklagten den Richter verteidigen. – 4. dass Piraten den Seeleuten Geschenke geben.

3 Das Kolosseum wurde eingeweiht im Jahre 80 n. Chr. Es hat vier Stockwerke, eine Höhe von 57 m, eine Länge von 188 m und eine Breite von 156 m und insgesamt 76 Eingänge. Es fasste 50 000 Zuschauer. Die Statue vor dem Kolosseum hatte eine Höhe von 35 m.

4 1. P. Sg.: sum; ich bin – 2. P. Sg.: es; du bist – 3. P. Sg.: est; er/sie/es ist – 1. P. Pl.: sumus; wir sind – 2. P. Pl.: estis; ihr seid – 3. P. Pl.: sunt; sie sind
Die restlichen Wörter: Iam prima luce cuncti in forum conveniunt, nam spectaculum magnum sperant. – Schon kommen beim ersten Tageslicht (bei Tagesanbruch) alle auf dem Forum zusammen, denn sie erwarten ein großes Schauspiel.

5 Übersetzung:
1 **m**ango/Der Sklavenhändler: Kommt näher, ihr Herren! Kauft schöne, hübsche Sklavinnen aus Germanien! 2 **R**utilius: Ich suche einen kräftigen Sklaven! 3 **m**ango: Ich höre, dass du einen kräftigen Sklaven suchst. Komm mit mir, Herr! 4 **m**ango: Hier siehst du viele, kräftige Sklaven aus Griechenland, Gallien und Afrika. 5 **R**utilius: Jungen sind es/Das sind Jungen, nicht Männer/keine Männer. Sie sind weder kräftig noch hart/ausdauernd. 6 **m**ango: Sind sie denn nicht kräftig? Sie haben keinen Fehler und sie sind gesund. Schau, Herr! 7 **m**ango: Wie gut und hart/ausdauernd Glaucon ist! 8 **R**utilius: Was sagst du? Ich sehe, dass der Sklave Glaucon nicht gesund ist/nichts taugt/..., der Sklave Glaucon ist nicht gesund.
9 **R**utilius: Aber du weißt, dass ich einen kräftigen und harten/ausdauernden Sklaven suche. 10 Endlich sieht Rutilius einen kräftigen Sklaven und kauft [ihn].

6 cedere: gehen – pugna: Kampf – miser: elend – gladius: Schwert – victor: Sieger – asper: hart;
Lösungswörter: petere: bitten; angreifen; aufsuchen

Lektion 10

1 Die fehlenden Formen sind *sumus* und *erat*.
Präsens: sum: ich bin – es: du bist – est: er/sie/es ist – sumus: wir sind – estis: ihr seid – sunt: sie sind
Imperfekt: eram: ich war – eras: du warst – erat: er/sie/es war – eramus: wir waren – eratis: ihr wart – erant: sie waren

2 1. Fehler: Verwechslung von Vokabel *sapientia* mit *humanitas*. – Wer übertrifft den Konsul an Weisheit?
2. Fehler: Tempus Imperfekt bei *sacrificabat* nicht beachtet. – Niemand opferte den Göttern Menschen (pflegte ... zu opfern)
3. Fehler: Nicht erkannt, dass *Galla* im Nominativ steht und nur *Flaviam* der Akkusativ des AcI ist; die Vokabel *et* steht nicht da. – Galla glaubt, dass Flavia sich irrt.
4. Fehler: Tempus Präsens bei *placent* nicht beachtet. – Die Sitten der Barbaren gefallen niemandem.
5. Fehler: Verwechslung von Vokabel *oportet* mit *placet*; Verwechslung des Verbs *laborare* mit dem Substantiv *labor*. – Ein freies Mädchen darf nicht arbeiten.

3 2 [Galli] [homines robusti] [erant] [neque] [mortem] [horrebant].
3 [Neque] [Romanis] [cedebant], [etsi] [iam] [multi viri] [mortui erant].
4 [Magno cum clamore] [in pugnas] [properabant].
5 [Neque] [magna pericula] [neque] [adversarios asperos] [timebant], [sed] [solum] [duram servitutem].
Übersetzung:
1 Lange (Zeit) kämpfte C. Iulius Caesar mit den Galliern. 2 Die Gallier waren starke Menschen und scheuten vor dem Tod nicht zurück. 3 Und sie wichen auch nicht den Römern, auch wenn schon viele Männer gestorben waren. 4 Mit lautem Geschrei eilten sie in die Kämpfe. 5 Denn sie fürchteten weder große Gefahren noch harte Gegner, sondern nur die harte Sklaverei.

4 Die Wörter, die eine Person bezeichnen (Wörter für weibliche Personen sind unterstrichen): adversarius – amica – amicus – avus – consul – domina – dominus – femina – filius – fur – imperator – iudex – mater – matrona – medicus – nauta – nuntius – orator – pater – patronus – pirata – puella – puer – regina – reus – rex – serva – servus – victor – vir (*nauta* und *pirata* gehören zwar aufgrund ihrer Form zur a-Deklination, aber ihr natürliches Genus ist Maskulinum)

5 Substantiv: homo, mors, vir, lux, ager, urbs, aqua, mater, rex, labor, initium
Adjektiv: liber, humanus, miser, mortuus, dexter
Verb: putare, statuere, intrare, dormire, addere, curare, dicere, imponere, laborare, vivere

6 Die Gallier heißen auch Kelten. Richter, Arzt, Priester usw. der Gallier ist der Druide. 387 v. Chr, griffen die Gallier diese Stadt an: Rom. Er unterwarf Gallien: Caesar. Ein berühmter Anführer der Gallier heißt: Vercingetorix. Der Name Provence ist abgeleitet von provincia. – Lösungswort: MAJESTIX (das Oberhaupt des kleinen gallischen Dorfes von Asterix und Obelix)

Lektion 11

1 1. P. Sg.: laboravi: ich habe gearbeitet, peto: ich bitte, ich suche auf
2. P. Sg.: audis: du hörst, habuisti: du hast gehabt
3. P. Sg.: sperat: er/sie/es hofft, invasit: er/sie/es ist eingedrungen, hat angegriffen
1. P. Pl.: risimus: wir haben gelacht, apparemus: wir erscheinen
2. P. Pl.: servatis: ihr rettet, traxistis: ihr habt gezogen
3. P. Pl.: miserunt: sie haben geschickt, sedent: sie sitzen

2 Α α = alpha – Β β = beta – Δ δ = delta – Θ ϑ = theta – Ι ι = iota – Λ λ = lambda – Ν ν = ny – Π π = pi – Ρ ρ = rho – Φ ϕ = phi – Χ χ = chi – Ω ω = omega

3 Die Verbformen und Pronomen sind im lateinischen Text markiert: 1. P. Sg./2. P. Sg.
Quintus: Salve, Aule. Quam gaudeo te hic esse! Sed dic mihi: Quid hic agis? Cur in Creta non iam es?
Aulus: Creta mihi non placuit. Vitam miseram ibi vixi. Scis me urbem et spectacula amare. Sed ibi neque equi neque gladiatores boni erant.
Quintus: Itaque desperavisti et ex insula decessisti. Quid pater dixit? Tene Romam misit?

Aulus: Patrem non rogavi. Nocte de villa cessi et navem quaesivi.
Quintus: Nonne nautae causam rogaverunt? Num te patre invito huc portaverunt?
Aulus: Sic est, Quinte! Certe hospitium mihi praebes. Tibi gratiam habeo.
Übersetzung:
1 Quintus: Sei gegrüßt, Aulus! Wie [sehr] freue ich mich, dass du hier bist! 2 Aber sag mir: Was machst du hier? Wieso bist du nicht mehr auf Kreta? 3 Aulus: Kreta hat mir nicht gefallen. Ich habe ein unglückliches Leben dort geführt. 4 Du weißt, dass ich die Stadt und die Schauspiele liebe. Aber dort waren/gab es weder (gute) Pferde noch gute Gladiatoren. 5 Quintus: Deshalb bist du verzweifelt und bist von der Insel weggegangen. 6 Was hat dein Vater gesagt? Hat er dich nach Rom geschickt? 7 Aulus: [Meinen] Vater habe ich nicht gefragt. Ich bin in der Nacht vom Haus weggegangen und habe ein Schiff gesucht. 8 Quintus: Haben die Seeleute denn nicht nach dem Grund gefragt? Haben sie dich etwa ohne Einverständnis des Vaters hierher gebracht? 9 Aulus: So ist es,/Stimmt genau, Quintus! Sicher gewährst du mir Gastfreundschaft/nimmst mich als Gast auf. Ich danke dir/bin dir dankbar.

4

Präsens	Imperfekt	Perfekt
sum	eram	fui
es	eras	fuisti
est	erat	fuit
sumus	eramus	fuimus
estis	eratis	fuistis
sunt	erant	fuerunt

	Präsens	Präteritum	Perfekt	
ich	bin	war	bin	gewesen
du	bist	warst	bist	
er/sie/es	ist	war	ist	
wir	sind	waren	sind	
ihr	seid	wart	seid	
sie	sind	waren	sind	

5 Subjunktionen: dum: während – si: wenn – etsi: auch wenn – quod: weil – cum: als – quamquam: obwohl
Konjunktionen: autem: aber, (je)doch – nam: denn – enim: denn, nämlich – et: und, auch – sed: aber, (je)doch – neque: und nicht, auch nicht, aber nicht

6 **a** Das Tempus aller Verbformen im Deutschen ist das Präteritum: Es war einmal ein Mädchen. Das Mädchen hatten alle lieb. Sehr lieb aber war es der Großmutter. Die Großmutter schenkte dem Mädchen ein rotes Käppchen. Mit dem Käppchen (geschmückt) gefiel es allen. Daher nannten alle das Mädchen Rotkäppchen.
b Die lateinischen Imperfektformen und ihre deutschen Entsprechungen: amabant: (sie) hatten lieb – erat: es war – placebat: es gefiel. Das Tempus der nicht markierten lateinischen Verbformen ist das Perfekt (fuit, donavit, vocaverunt). Erklärung: Im Lateinischen ist die Erzählzeit Perfekt, im Deutschen aber Präteritum. Mit dem Imperfekt im Lateinischen wird dagegen der (länger andauernde) Hintergrund für die Geschehnisse dargestellt.

Lektion 12

1 **a** Perfektstämme: abdux-, audiv-, cogitav-, credid-, dix-, dux-, edid-, eg-, flev-, mis-, mov-, paru-, plaus-, portav-, quaesiv-, respond-, stet-, tetig-;
Präsensstämme: add-, ced-, col-, expon-, lud-, specta-, supera-, terre-, time-, trah-
b Sowohl Präsens als auch Perfekt können sein: descendimus – defendit – instituit – venit (*descendere, defendere, instituere* bilden das Perfekt ohne Veränderung, der Perfektstamm ist also gleich dem Präsensstamm. In der 3. P. Sg. und 1. P. Pl. sehen die Verbformen deshalb gleich aus, z. B.: Präsens: *defend-i-t* – Perfekt: *defend-it*; *venire* bildet das Perfekt durch Dehnung; man sieht den Unterschied in der 3. P. Sg. zwischen Präsens und Perfekt nicht: *veni-t* – *ven-it*, aber man hört ihn.)

2 **A** caput (Kopf), corpus (Körper), oculus (Auge), tergum (Rücken) – **B** lacrima (Träne), flere (weinen), maestus (traurig) – **C** sacrificare (opfern), sacrum (Heiligtum, Opfer), ara (Altar), tangere (berühren); evtl. auch: numen (Gottheit), deus (Gott), dea (Göttin), oraculum (Orakelstätte)

3 Maskulinum: ager, frater, gladius, hospes, labor, mons, mos, pater, patronus, pirata, puer, rex, vir – Femininum: ara, lux, navis, nox, ora, salus, servitus, soror, terra, vita, vox – Neutrum: caput, corpus, exemplum, genus, saxum, signum, tergum, verbum

4 *Waagrecht:* 1. Minerva – 2. Apollo – 4. Ares – 5. Zepter – 6. Hera – 7. Juno – 9. Amor – 10. Aphrodite – 12. Diana – 14. Handel – 15. Artemis.
Senkrecht: 1. Mercurius – 3. Lorbeerkranz – 6. Hermes – 8. Poseidon – 11. Pfau – 13. Zeus.
Lösungswort: SIMULACRUM

5 Stellen, an denen man Quintus' Verzweiflung sehen kann: Quintus stellt viele Fragen, auf die er selbst keine Antwort weiß: mit *cur* eingeleitet in Z. 2, 3, 4, 6, 7, eingeleitet mit *quid* in Z. 6 und mit *nonne* in Z. 5.
Übersetzung:
1 Quintus dachte lange über die Geschichte nach: 2 „Deukalion und Pyrrha war es möglich, die Götter durch Bitten zu bewegen/zu beeinflussen. Warum habe ich bisher die Götter noch nicht beeinflusst (konnte ich ... nicht beeinflussen)? 3 Wieso hat Jupiter, obwohl er plante, das Menschengeschlecht/die Menschheit zu vernichten, seinen Sinn geändert? 4/5 Warum hat er beschlossen, Deukalion und Pyrrha zu retten? Gewiss waren sie fromm und haben die Götter immer verehrt. Bin denn nicht auch ich fromm? 5/6 Wissen die Götter denn nicht, dass ich die Götter immer verehre und ihnen opfere? 6 Warum erhören die Götter mich nicht? Was gefällt ihnen nicht? 6/7 Deukalion und Pyrrha war es möglich, das Menschengeschlecht wiederherzustellen, warum ist es mir nicht möglich, Flavia zurückzubekommen?"

Lektion 13

1 G + L: Tibi nuntium miseramus, sed tu nobis non respondisti. – Q: Vos semper laeti fuistis, ego autem maestus fui. – G + L: Numquam nobiscum ludis. – Q: Ludere mihi non placet. – G + L: Quid te sollicitat, cur nos non convenisti? – Q: Cura me sollicitabat, quod tam diu nihil de Flavia audivi. Nunc mihi scripsit: Auxilium a me petit. Vos rogo: Date mihi auxilium!
Übersetzung:
G + L: Wir hatten dir eine Nachricht geschickt, aber du hast uns nicht geantwortet. – Q: Ihr seid immer

fröhlich/gut gelaunt gewesen, ich aber bin traurig gewesen. – G + L: Nie spielst du mit uns. – Q: Spielen macht mir keinen Spaß. – G + L: Was beunruhigt dich, warum hast du dich nicht mit uns getroffen? – Q: Mich beunruhigte die Sorge/Ich war unruhig vor Sorge, weil ich so lange nichts von Flavia gehört habe. Jetzt hat sie mir geschrieben: Sie bittet mich um Hilfe. Ich bitte euch: Helft mir!

2 Brief: epistula – Buchrolle: volumen – Griffel: stilus – Päckchen aus Wachstafeln: codex

3 miseramus → mittere: schicken – cognovit → cognoscere: erfahren, erkennen, kennenlernen – das → dare: geben – egerunt → agere: tun, handeln – miseros → miser: elend, unglücklich – iura → ius: Recht – vim → vis: Kraft, Gewalt – genere → genus: Geschlecht, Art – salutem → salus: Rettung, Wohl – tetigi → tangere: berühren – virum → vir: Mann – regum → rex: König

4 Übersetzung der Z. 3/4: ... ist hier gelegen/begraben/ liegt hier. Leb wohl, Aiacius.
Die Abkürzungen der lateinischen Inschrift bedeuten: P[ublii] f[ilius] Stel[latina tribu].

5 1. interrogavi – 2. cognoverant – 3. ambulabat – 4. fles – 5. dederatis – 6. tacebant – 7. auditis – 8. laborabamus – 9. lego – 10. oppressit – 11. scripsisti – 12. defenderamus

6 Die Stellen, an denen man erkennen kann, dass für Quintus etwas Positives geschieht, sind unterstrichen:
1 Quintus epistulam Flaviae iterum atque iterum legebat. 2/3 Quam laetus erat, quam gaudebat! Dei preces audiverant, fortunam amicae in bonum verterant. Flavia mortua non erat. Servire debebat, sed vivebat. 4 Tum Quintus cito ad bibliothecam cucurrit, ubi pater sedebat et scribebat. 5 „Audi, pater! Nuntium bonum et iucundum tibi apporto: 6 Cognovi Flaviam adhuc vivere. Contra ius serva est. 7 Statim in Galliam properare debemus.“ 8 Tum Domitius: „Quid dicis, Quinte? ... O di magni! Gratiam vobis agimus.“
Übersetzung:
1 Quintus las Flavias Brief wieder und wieder. 2/3 Wie froh er war, wie er sich freute! Die Götter hatten die/ seine Bitten erhört, sie hatten das Schicksal der/seiner Freundin ins Gute gewendet. Flavia war nicht tot. Sie musste zwar Sklavin sein, aber sie lebte. 4 Dann lief Quintus schnell zur Bibliothek, wo sein Vater saß und schrieb. 5 „Hör (zu), Vater! Ich bringe dir eine gute und erfreuliche Nachricht: 6 Ich habe erfahren, dass Flavia noch lebt. Sie ist gegen das Recht Sklavin. 7 Wir müssen sofort nach Gallien eilen.“ 8 Darauf [antwortete] Domitius: „Was sagst du, Quintus? ... O, ihr großen Götter! Wir sagen euch Dank /danken euch.“

Lektion 14

1

Infinitiv Präsens	Infinitiv Perfekt	Infinitiv Präsens	Infinitiv Perfekt
mittere	misisse	scribere	scripsisse
tenere	tenuisse	colere	coluisse
descendere	descendisse	ponere	posuisse
frangere	fregisse	tangere	tetigisse
movere	movisse	currere	cucurrisse
agere	egisse	cognoscere	cognovisse

2 Aulus spricht in Z. 2, 3, 4, 8, 9, 10, 12, 15.
Quintus spricht in Z. 5, 6, 7, 11, 13, 14, 16.
Übersetzung:
1 Quintus spazierte über das Forum, als sich plötzlich Aulus näherte und schon von Weitem rief: 2 A.: Sei gegrüßt, Quintus! 3 Ich habe gehört, dass Flavia dir einen Brief geschrieben hat. 4 Wie freue ich mich, dass die/deine Freundin in Gallien Sklavin ist! 5 Q.: Was höre ich? 6 Du freust dich, dass meine Freundin in Sklaverei ist? 7 Weißt du denn nicht, dass Piraten Flavia entführt haben? 8 A.: Sicher weiß ich es. Ich habe [es] nicht gut gesagt/habe mich nicht gut ausgedrückt. 9 Ich freue mich, dass Flavia noch lebt und nicht tot ist. 10 So ist es möglich, sie von ihrem gallischen Herrn freizukaufen. 11 Q.: In der Tat denken wir daran,/beabsichtigen wir, nach Gallien zu eilen/ schnell nach Gallien zu fahren. 12 A: Gut, mein Freund! Jetzt muss ich weggehen, es ist Zeit zum (Abend-)Essen. 13 Q.: Bevor du gehst, sagt mir: 14 Woher weißt du, dass Piraten das Schiff zerstört haben und ein gallischer Herr Flavia gekauft hat? 15 A.: Weißt du denn nicht, dass Sulpicia in der ganzen Stadt allen Menschen vom Schicksal Flavias erzählt hat? 16 Q.: Große Götter! Vater hat Mutter befohlen, von Flavia zu schweigen/nichts über Flavia zu sagen.

3 pugna → pugnare: kämpfen; orator → orare: bitten, beten; amor → amare: lieben; navis → navigare: segeln; clamor → clamare: schreien; vox → vocare: rufen; sacrum → sacrificare: opfern; spectaculum → spectare: schauen

4 ager, arbor, aqua, asinus, caelum, familia, femina, filius, insula, malum, mare, mater, mons, navis, ora, pater, porta, puella, puer, saxum, tempestas, terra, unda, urbs, ventus, via/iter, vir

5 1. Infinitiv: Lesen macht allen Menschen Spaß/gefällt allen Menschen. – 2. AcI: Wir glauben, dass viele Menschen mit Vergnügen lesen. – 3. AcI: Der Herr hat gehört, dass Sklaven auf dem Forum gespielt haben. – 4. Infinitiv: Der Herr [sagt]: „Sklaven ist es nicht erlaubt, auf dem Forum zu spielen.“ – 5. AcI: Wir haben gehört, dass die Konsuln über das Forum spazieren. – 6. Infinitiv: Die Konsuln sind es gewohnt, über das Forum zu spazieren/spazieren gewöhnlich(erweise) über das Forum.

6 Fehler im Reisebericht:
Z. 1–4: Die Reise muss länger als drei Tage gedauert haben, mindestens sieben Tage, eher acht bis neun Tage: Von Rom nach *Brundisium* sind es 540 km. Mit dem Reisewagen schafft man 60–75 km pro Tag.
Z. 4: Die *Via Claudia* führt nach Norden. Wenn man nach *Brundisium* reisen will, nimmt man die *Via Appia*.
Z. 5–6: Raststationen findet man häufiger, nämlich ca. alle 25 Meilen.
Z. 7–8: Vom Konsul Appius Claudius Caecus ist nicht der Name der *Via Claudia* abgeleitet, sondern der der *Via Appia*, die er im Jahr 312 v. Chr. angelegt hat.

Lektion 15

1 1. meas: Ich habe meine Freundinnen gegrüßt, nicht die Freundinnen der/meiner Schwester. – 2. nostro: Wir sprachen von unserem Vater, nicht vom Vater der Freunde. – 3. suis: Die Herrin legt/trägt ihren (eigenen) Sklavinnen/Sklaven die Arbeiten auf, nicht den Sklavinnen/Sklaven des Konsuls. – 4. tuis: Spaziertest

du mit deinen Söhnen über das Forum, nicht mit den Söhnen des Richters? – 5. suum: Die Freunde haben ihren (eigenen) Anwalt gefragt, nicht den Anwalt des Großvaters. – 6. meos: Ich suche meine Pferde, nicht die Pferde des/meines Bruders. – 7. nostra: Ihr müsst auf unsere Worte hören, nicht auf die Worte des Königs.

2 In Rom werden Theaterstücke nur am Tag und nicht im Winter aufgeführt. Zur Zeit des Kaisers Hadrian werden vor allem Stoffe aus der griechischen und römischen Sagenwelt von einem stummen Tänzer, dem Pantomimen, dargestellt. Dazu trägt ein Sänger oder ein Chor unter Orchesterbegleitung den meist griechischen Text vor. Der Pantomime spielt mit verschiedenen Masken alle Rollen, auch die von Frauen. Dabei stellt er die Handlung nur durch die Bewegungen seines Körpers, besonders seiner Hände, und mit seinen Augen dar. Diese sind durch weite Öffnungen in den Masken gut sichtbar.

3 Adjektive der a-/o-Deklination: novus, nova, novum – pulcher, pulchra, pulchrum – bonus, bona, bonum – certus, certa, certum – longus, longa, longum – miser, misera, miserum – pius, pia, pium – malus, mala, malum
Adjektive der konsonantischen Deklination: gravis, gravis, grave – facilis, facilis, facile – acer, acris, acre – felix, felix, felix – omnis, omnis, omne – grandis, grandis, grande – brevis, brevis, breve

4 1. felix: glücklich; gravis: schwer, ernst; pia: fromm – 2. mortua: tot, gestorben; dextra: rechts; misera: elend, unglücklich – 3. brevis: kurz; sinister: links; robustus: kräftig – 4. liber: frei; acer: heftig, hart, scharf; asper: hart, grob – 5. facilis: leicht; aequa: gleich, gerecht; alta: hoch, tief

5 Hier findest du die Fehlerstellen korrigiert und eine Erklärung dazu:
Z. 1/2: *praebuerat, cesserat* – Tempus-Zeichen für Plusquamperfekt nicht beachtet/Vokabel *ambas* ausgelassen: Aufidius hatte sich zugänglich gezeigt und hatte Domitius beide Mädchen überlassen.
Z. 3/4: *frater Domitii* – Kasus der beiden Substantive nicht beachtet: *frater* steht im Nominativ, ist das Subjekt, *Domitii* steht im Genitiv/*suam* kongruiert mit *villam*: Dann holte der Bruder des Domitius alle in sein Haus.
Z. 5: Vokabeln *grandis* und *gravis* verwechselt: Dort war ein großartiges Essen vorbereitet.
Z. 6: Vokabeln *gaudere* und *videre* verwechselt, die Vokabel *se* bei der Übersetzung nicht berücksichtigt: Quintus täuschte vor, dass er sich am Schauspiel freut/am Schauspiel Freude hat, während er bei sich dachte. (Das Tempus ist in der Übersetzung richtig, denn *dum* steht immer mit Präsens, bei der Übersetzung wird das Tempus verwendet, mit dem Gleichzeitigkeit zum Hauptsatz ausgedrückt wird, deshalb hier mit Präteritum.)
Z. 8: AcI nicht erkannt, Person-Zeichen bei *video* nicht beachtet: Endlich sehe ich, dass Flavia glücklich ist.
Z.10: tempus von *sustinuisse* nicht beachtet: Ich weiß sicher, dass meine Freundin ein schweres Schicksal ausgehalten hat.
Z.10/11: AcI nicht erkannt; Vokabel *quod* steht nicht da.: Sicher freut sie sich sehr, dass sie nun frei ist.
Z.12: Tempus von *sensit* nicht beachtet: Flavia merkte, dass Quintus weder Herkules noch die goldenen Äpfel anschaute.
Z.14: Vokabel *in* ausgelassen und Kasus von *amicum* (Akk.) nicht beachtet. Subjekt muss Flavia sein: Sie wendete ihre Augen auf ihren Freund und lachte.

Lektion 16

1 **a** ii – sie; id – es; eos – sie; ei – ihr; iis – ihnen; eam – sie; ea – sie; eum – ihn; eas – sie; ei – ihm; is – er
b 1. Ibi sedet Flavia. Eam video. – Dort sitzt Flavia. Ich sehe sie. 2. Ibi stat Quintus. Eum video. – Dort steht Quintus. Ich sehe ihn. 3. Quis nunc intrat? Is est pater Quinti. – Wer tritt nun ein? Der/Das ist der Vater von Quintus. 4. Quintus felix est. Nam pater Flaviam ei spopondit. – Quintus ist glücklich. Denn der Vater hat ihm Flavia versprochen. 5. Cur hospites gaudent? Cena grandis iis parata est. – Warum freuen sich die Gäste? Ein großartiges Abendessen ist für sie vorbereitet.

2 Durch die Bedeutung der Wörter kannst du sehen, ob du sie an eine passende Stelle eingetragen hast. triclinium: Triklinium, Bezeichnung für das Esszimmer im antiken Haus – hospes: Gast/Gastgeber – iacere: liegen – servus: Sklave – serva: Sklavin – cena: (Abend-)Essen – cenare: essen – aqua: Wasser – vinum: Wein – cibus: Speise – malum: Apfel

3 1. Neque patrem meum neque patrem amicae videmus. Ego patrem meum quaero, amica patrem suum quaerit. – Wir sehen weder meinen Vater noch den Vater der Freundin. Ich suche meinen Vater, die Freundin sucht ihren Vater.
2. Quintus per forum ambulat. Marcum et amicos eius convenit. – Quintus spaziert über das Forum. Er trifft Marcus und seine/dessen Freunde.
3. Amicae me in villa sua exspectant. Cito ad villam earum curro. – Die Freundinnen erwarten mich in ihrem Haus. Schnell laufe ich zu ihrem Haus.

4 demum – endlich; frequens – zahlreich; complures – einige; avertere – abwenden; promittere – versprechen; communis – gemeinsam; appellare – anreden; incendere – anzünden; pergere – fortfahren; cenare – essen. Lösung: aus-ge-zeich-net – egregius

5 Bezeichnungen für Juno im Text:
In der Überschrift: dea feminarum;
Z. 1: regina dearum, uxor Iovis; Z. 3: reginae caeli.
Zuständigkeiten: Z. 2/3: familias protegebat; Z. 4: liberi; Z. 5: puellae, cum maritum quaerebant; Z. 6: feminae praegnantes.
Übersetzung: Juno, die Göttin der Frauen
1 Wer weiß nicht, dass Juno die Königin der Göttinnen und die Ehefrau von Jupiter gewesen ist? 2 Alle Frauen verehrten sie, weil diese Göttin die Familien beschützte. 3/4 Die Frauen waren gewohnt, so zu beten: „O Juno, Königin des Himmels, gib mir und meinen Kindern ein gutes Schicksal. 4 Wende Gefahren von uns ab!“ 5 Die Mädchen aber wandten sich an sie, wenn sie einen Ehemann für sich suchten. 6/7 Außerdem schmückten die schwangeren Frauen ihren Altar und versprachen ihr Opfer, weil sie auf ihre Hilfe hofften. 8/9 Wir wissen, dass das Schicksal aber Juno nicht gewogen war, denn oft hat die Göttin Jupiter, ihren Ehemann, nicht im Himmel gefunden: 9/10/11 Dieser war auf die Erde hinabgestiegen, weil er nicht nur seine Ehefrau, sondern auch andere Frauen liebte und sie in ihren Häusern oder am Meer traf.

Lektion 1

VOK a. stare – stehen; amica f – die Freundin; etiam – auch, sogar
b. 1 Die Freundin freut sich sehr. – 2 Das Tor steht nicht mehr offen.

GR a. clamare: Infinitiv; villa: Nom. Sg.; Neutrum: Genus; placet: 3. P. Sg; -t: Person-Zeichen; Asinus (clamat): Subjekt; Singular: Numerus; -us: Kasus-Zeichen; (Amica) tacet: Prädikat
b. cogitat, venit, est, exspectat, stat, placet

T 1. Flavia schweigt. 2. Sie wartet. 3. Warten macht keinen Spaß. 4. Es ist/herrscht Stille. 5. Warum kommt Quintus nicht? 6. Plötzlich schreit der Esel. 7. Was ist [los]? 8. Wer kommt?

K 1 Atrium – 2 Triklinium – 3 Tablinum – 4 Peristyl

Lektion 2

VOK a. properare – eilen; matrona f – die Frau; nam – denn
b. 1 Da/Dann lachen die Freunde. – 2 Endlich erscheinen die Sklavinnen.

GR a. equi, familiae, mala, matronae, servi
b. a-Konj. – delectant; i-Konj. – veniunt; e-Konj. – gaudent

T 1. Quintus freut sich, denn Flavia erscheint. 2. Auch Aulus und Marcus kommen. 3. Was bringen sie (mit/herbei)? 4. Bestimmt sind es Geschenke. 5. Nun nähern sich M. Flavius Lepidus und die/seine Frau Caecilia. 6. Quintus grüßt schon von Weitem: „Seid gegrüßt!" 7. Und M. Flavius Lepidus [sagt/antwortet/ruft]: „Sei gegrüßt, Quintus!"

K 1 familias – 2 Vornamen – 3 Beinamen – 4 Caecilius – 5 Flavia minor – 6 tunica – 7 toga – 8 stola

Lektion 3

VOK a. parere, pareo – gehorchen; periculum n – die Gefahr; nihil – nichts
b. 1 Ich höre die Nachricht/den Boten an. – 2 Dir ist es erlaubt, die Provinz zu verwalten.

GR a. amicum/amicos, familiam/familias, donum/dona, nuntium/nuntios
b. iubes – 2. P. Sg., rogamus – 1. P. Pl., audiunt – 3. P. Pl., voco – 1. P. Sg., respondet – 3. P. Sg., paratis – 2. P. Pl.

T 1. Flavia [sagt]: „Ich freue mich nicht, denn es gefällt mir nicht/macht mir keinen Spaß, zur Insel Kreta zu segeln. 2. Warum müssen wir zur Insel Kreta segeln? 3. Hier sind die/meine Freunde, hier ist Quintus. 4. Warum lacht ihr, Marcus und Aulus? 5. Hadrian erwartet Flavius Lepidus, mich erwartet er nicht."

K 1 mögliche Antworten: Italien, Griechenland, Spanien, Portugal, Frankreich, Belgien, Luxemburg, Schweiz, Österreich, Türkei, Bulgarien, Rumänien, Serbien, Bosnien-Herzegowina, Albanien, Tunesien, (Teile von) Marokko, Algerien, Syrien, Ägypten, Israel, Niederlande (bis zum Rhein), Deutschland (bis Rhein/Donau) – 2 Trier – 3 Mauer, Kreuz, Spiegel

Lektion 4

VOK a. clamor, clamoris m – der Schrei; initium, initii n – der Anfang; diu – lange
b. 1 Endlich gibt er das/ein Zeichen. – 2 Dort sitzt der Großvater.

GR a. asinus, o-Dekl. (m); consul, kons. Dekl.; verbum, o-Dekl. (n); insula, a-Dekl.
b. populi/populorum; deae/dearum; regis/regum; periculi/periculorum

T 1. Cornelia und Claudia sehen Flavia. 2. Cornelia [sagt]: „Dort tritt Flavia ein." 3. Darauf [sagt/antwortet] Claudia: „Und ich sehe Flavias Freund/den Freund von Flavia: 4. Eben begrüßt Quintus den Konsul, die Senatoren und die Freunde der Senatoren." 5. Und Cornelia [sagt]: „Sicher (be)grüßt er auch die Göttin der Liebe." 6. Die Freundinnen lachen. 7. Dann schweigen sie /sind sie still, denn sie hören die Worte des Kaisers/hören den Worten des Kaisers zu und warten auf die Bilder der Götter und Göttinnen.

K richtige Aussagen: 1, 4, 6, 7

Lektion 5

VOK a. legere, lego – lesen; nox, noctis f – die Nacht; si – wenn, falls
b. 1 Der Anwalt sucht den Dieb. – 2 Der Redner liest den/einen Brief des Vaters.

GR a. Dat. Sg.: avo, deae, patri; Dat. Pl.: consulibus, amicis
b. solere, soleo, e-Konj.; sumere, sumo, kons. Konj.; dicere, dico, kons. Konj.; dormire, dormio, i-Konj.

T 1. Während die Richter den Worten des Anwalts zuhören, liest Quintus den/einen Brief von Flavia. 2. Gaius sagt zu seinem Freund Lucius: 3. „Warum schweigt Quintus immer?" 4. Lucius antwortet: „Sicher schläft er." 5. Die Freunde lachen, aber Quintus gefallen die Worte der/seiner Freunde nicht.

K 1 curia – 2 Via sacra – 3 basilica – 4 rostra

Lektion 6

VOK a. abducere, abduco – wegführen; pugnare, pugno – kämpfen; ubique – überall
b. 1 Die Winde sind günstig. – 2 Die Götter geben dir Hilfe/helfen dir.

GR a. terram alienam: das fremde Land/ein fremdes Land – patri laeto: dem fröhlichen Vater – multi homines: viele Menschen – navis nova: das neue Schiff/ein neues Schiff
b. Imperativ Sg.: tace, quaere, da; Imperativ Pl.: intrate, defendite, venite

T 1. Aulus und Marcus spielen. 2. Aulus [sagt/ruft]: „Ich bin ein großer Pirat. 3. Ich dringe in viele Schiffe ein/erobere viele Schiffe/greife viele Schiffe an, greife die Seeleute an/überfalle die Seeleute und töte [sie]." 4. Marcus [sagt/ruft/antwortet]: „Und ich nehme die Waffen, verteidige das Schiff und besiege dich." 5. Dann/Da sehen sie Flavia. 6. Sie rufen: „Komm, Flavia, spiele auch du! 7. Während du spielst, bist du nicht traurig." 8. Aber Flavia antwortet: „Schweigt!/Seid still!"

K 1 zu Schiff/mit dem Schiff – 2 April – 3 Hafen – 4 Handelsschiff

Lektion 7

VOK a. currere, curro – laufen; portare, porto – tragen, bringen; post – später, danach
b. 1 Wir bleiben auf dem Forum. – 2 Sind sie denn nicht tot?

GR a. cum avo – mit dem Großvater; sine consulibus – ohne die Konsuln; in aqua – im Wasser; ex nave – aus dem Schiff
b. 1 Prädikat: videt, Subjekt: mater, Objekt: medicum, Adverbiale: in foro, Attribut: consulis – 2 Prädikat: damus, Subjekt: -mus, 1. P. Pl., Objekt: amicis, dona, Adverbiale: (magna) cum voluptate, Attribut: magna

T 1. Quintus spaziert mit den/seinen Freunden auf dem Forum. 2. Plötzlich sehen sie einen Menschen: Er liegt ohne Bewusstsein/bewusstlos da. 3. Zuerst sagen die Freunde nichts, dann schreit Quintus: „Ruft einen Arzt!“ 4. Sofort treten viele Menschen heran, stehen da und schauen zu. 5. Quintus [fragt]: „Warum gebt/leistet ihr keine Hilfe/helft ihr nicht? Fürchtet ihr euch etwa/Habt ihr etwa Angst?“ 6. Endlich läuft der/ein Arzt herbei.

K 1 palaestra – 2 caldarium – 3 frigidarium – 4 laconicum

Lektion 8

VOK a. sperare, spero – hoffen; exponere, expono – ausstellen; aussetzen; hodie – heute
b. 1 In der ganzen Stadt hören wir Stimmen. 2 Er/Sie denkt über das/sein/ihr Schicksal nach.

GR a. oculo/oculis; oratore/oratoribus
b. 1 Wann?/Zeit – 2 Wovon?/Trennung – 3 Worüber?/Grund – 4 Wo?/Ort

T 1. Beim ersten (Tages-)Licht/Bei Tagesanbruch läuft der Herr auf das Forum. 2. Dort begrüßen viele Menschen den Herrn mit fröhlichen Rufen. 3. Der Herr kauft einen Sklaven, dann sagt er zu den/seinen Freunden: 4. „Gefällt euch der neue/mein neuer Sklave? 5. Er ist kräftig genug, auch ist er hübsch.“ 6. Die Freunde antworten mit lauter Stimme/laut: 7. „Er/Es gefällt [uns] nicht,/Nein, denn er ist nicht zur Sklaverei geboren. 8. Alle Menschen sind gleich.“

K 1 vierte – 2 mögliche Antworten: Köche/Küchenhilfen, Bauarbeiter, Ärzte, Lehrer, Kindermädchen, Handwerker, Künstler – 3 Sachen – 4 Rechte

Lektion 9

VOK a. agere, ago – tun, handeln; mors, mortis f – der Tod; etsi – auch wenn
b. 1 Das Leben ist hart und elend. – 2 Die Jungen gehen zum Feld.

GR a. Substantive: vir, viri (m); mater, matris (f); puer, pueri (m);
Adjektive: pulcher, pulchra, pulchrum; sinister, sinistra, sinistrum
b. 1. Quintus [amicos in foro ludere] audit. – Quintus hört, dass die Freunde auf dem Forum spielen.
2. Scio [te amicam bonam esse]. – Ich weiß, dass du eine gute Freundin bist.

T 1. Flavia hört, dass Publius im Haus mit lauter Stimme/laut schreit./Flavia hört Publius im Haus laut schreien: 2. „Kämpf(e) endlich! 3. Sicher erschrickst du vor mir, weil du weißt, dass du ein schlechter Gladiator bist. 4. Ich fürchte weder die Gegner noch den Tod, ich bin grob und hart. 5. Die anderen Gladiatoren wissen, dass ich immer Sieger bin. 6. Die Männer klatschen mir Beifall, alle schönen Frauen lieben mich.“ 7. Flavia tritt ein und sieht, dass der Sohn des/ihres Herrn allein ist.

K 1 der ursprüngliche Name – 2 Festzug (zu Beginn der Spiele) – 3 Jahr der Einweihung – 4 Länge

Lektion 10

VOK a. addere, addo – hinzufügen; mos, moris m – die Art, die Sitte; adhuc – noch; bis jetzt
b. 1 Es war nötig, dass die Menschen sich um die Heiligtümer kümmerten. 2 Der König opferte den Göttern.

GR a. mutabas, carebamus, erant, audiebam, vivebat, addebatis
b. Das lateinische Imperfekt wird im Deutschen mit dem <u>Präteritum</u> wiedergegeben. Es drückt besonders aus: Zustände oder <u>andauernde</u> Vorgänge, Gewohnheiten und <u>wiederholte</u> Handlungen der Vergangenheit.

T 1. Galla denkt: „Als Sklavin bin ich nicht geboren. 2. Einst war ich ein freies Mädchen. 3. Ich arbeitete auf den Feldern, aber ich musste niemandem gehorchen. 4. Die Gallier waren frei, sie waren nicht frei von/sie waren nicht ohne Bildung. 5. Wer hat festgelegt, dass Flavia eine Herrin ist? 6. Einst hat sie den Sklaven/Sklavinnen Arbeiten aufgetragen, nun muss sie mit den anderen Sklaven/Sklavinnen das Essen vorbereiten.“

K 1 Kelten – 2 Rom – 3 Caesar – 4 Vercingetorix

Lektion 11

VOK a. trahere, traho, traxi – ziehen; hospes, hospitis m – der Gast, der Gastgeber; enim – denn, nämlich
b. 1 Hört auf zu verzweifeln/, verzweifelt zu sein! – 2 Wenn ich den Bruder frage, lehnt er ab.

GR a. servav-, habu-, dux-
b. misi, misisti, misit, misimus, misistis, miserunt

T 1. Quintus [sagt/ruft]: „Mutter, weißt du schon, dass Flavias Vater und Bruder/der Vater und der Bruder von Flavia hier sind? 2. Piraten haben das Schiff überfallen und die Männer in die Wellen geworfen. 3. Obwohl sie in großer Gefahr waren, sind sie nicht verzweifelt. 4. Und tatsächlich haben griechische Seeleute Hilfe geleistet: 5. Sie haben viele aus dem Wasser gezogen und gerettet.“ 6. Die Mutter [antwortet/sagt]: „Ich danke den Göttern.“ 7. Aber Quintus fügt hinzu: „Flavias Schicksal kenne ich bisher nicht/Über das Schicksal von Flavia weiß ich bisher nichts.“

K 1 mögliche Antworten: Theater, Philosophie, Medizin, Mathematik, Architektur, Dichtung, Malerei – 2 Athen/Rhodos – 3 Militär – 4 Alexandros = Alexander, geometria = Geometrie

Lektion 12

VOK a. movere, moveo, movi – bewegen; genus, generis n – das Geschlecht, die Art; per – durch (... hindurch)
b. 1 Immer habe ich die Gottheit verehrt. – 2 Hinter dem Altar haben wir einen Kopf gesehen.

GR a. numina: Nom./Akk. Pl. n; vita: Nom./Abl. Sg. f; capitis: Gen. Sg. n; filius: Nom. Sg. m; corpus: Nom./Akk. Sg. n; salutis: Gen. Sg. f
b. credid-, terru-, vert-, intellex-

T 1. Quintus [sagt/erzählt]: „Während ich schlief, hörte ich, dass Flavia mich rief/hörte ich Flavia mich rufen. 2. Die Freundin saß auf einem Berg und weinte. 3. Nachdem sie von dem Berg herabgestiegen war, sagte sie mit trauriger Stimme: 4. ‚Ich habe einen Boten geschickt, aber weder bist du gekommen noch hast du mir Hilfe gegeben/geholfen. 5. Ich habe die Götter mit den/meinen Bitten nicht bewegt/beeinflusst.‘ 6. Ich berührte den Kopf der Freundin/versuchte, den Kopf der Freundin zu berühren – aber plötzlich habe ich gesehen, dass die Götter den Körper Flavias in einen Stein verwandelten!“

K 1 Aphrodite/Venus – 2 Hermes/Merkur – 3 Zeus/Jupiter – 4 Athene/Minerva

Lektion 13

VOK **a.** cognoscere, cognosco, cognovi – erfahren, erkennen; sustinere, sustineo, sustinui – aushalten; tam – so
b. 1 Er hat die Bürger in die Heimat zurückgeführt. – 2 Zwei Sorgen beunruhigen mich.

GR **a.** dich: te, ohne uns: sine nobis, ihr: vos, mit mir: mecum
b. flev|era|m: ich hatte geweint, scrips|era|tis: ihr hattet geschrieben, tacu|era|t: er/sie/es hatte geschwiegen, eg|era|nt: sie hatten getan/gehandelt

T 1. Endlich haben wir erfahren, dass du lebst, Freundin! 2. Quintus hat uns aufgesucht/ist zu uns gekommen und hat uns gesagt: 3. „Lange hatte Flavia keine Gelegenheit, einen Brief zu schreiben, denn die Piraten waren auf das Schiff eingedrungen, hatten die Menschen überfallen, entführt und verkauft. 4. Jetzt aber weiß ich, dass die Freundin gegen das Recht in Gallien Sklavin ist. 5. Deshalb bin ich zu euch gelaufen, weil ich von euch Hilfe erhoffe: Opfert den Göttern! 6. Denn der/mein Vater und ich beabsichtigen, Flavia in die/ihre Heimat zurückzuführen.“ 7. Sofort sind wir zum Tempel gelaufen und haben zu den Göttern gebetet. 8. Nun warten wir hier auf dich, [liebe] Freundin!

K 1 epistula – 2 stilus – 3 volumen – 4 cursus publicus

Lektion 14

VOK **a.** advenire, advenio, adveni – ankommen; ponere, pono, posui – setzen, stellen, legen; paratus – bereit
b. 1 Was fällt gerade vom Himmel? – 2 Er hat die Augen geöffnet und ist aufgestanden/öffnete ... und stand auf.

GR **a.** 1. Quintus [piratas Flaviam abduxisse] cognoscit. – Inf. Präs.: abducere
2. Legit [amicam primo in Asia fuisse, nunc in Gallia esse]. – Inf. Präs.: esse
b. 1. Quintus erfährt, dass die Piraten Flavia verschleppt haben. 2. Er liest, dass die/seine Freundin zuerst in Asien war, [und] nun in Gallien ist.

T 1. Der Gastgeber [sagt]: „Bevor wir essen, Quintus, setz dich hin und sag mir: Warum habt ihr den Weg geändert/habt ihr gewendet? 2. Du hast schon gesagt, dass plötzlich die Pferde stehen geblieben sind und (dass) ein Sturm den/einen Baum zerbrochen hat.“ 3. Quintus [sagt/antwortet]: „Dann habe ich gesehen, dass der Vater den Kopf anstieß und ohne Bewusstsein dalag.“ 4. Der Gastgeber [fragt]: „Hatten denn die Sklaven nicht gesehen, dass der/ihr Herr auf die Straße gefallen ist?“ 5. „Die Sklaven haben den Vater sofort aufgehoben. 6. Nachdem ich gesehen hatte, dass die Nacht sich schon näherte, haben wir [gewendet und] den Weg hierher eingeschlagen. 7. Wir danken dir, weil du uns allen Gastfreundschaft gewährst.“

K 1 militärische Zwecke – 2 Via Appia – 3 30–40 km – 4 Pferde wechseln/übernachten

Lektion 15

VOK **a.** invenire, invenio, inveni – finden, erfinden; dolus, doli m – die List; ambo – beide
b. 1 Nach kurzer Zeit ist der große/großartige Redner weggegangen.
2 Warum sind nicht alle Menschen glücklich?

GR **a.** viros graves – wichtige/ernste Männer, iter breve – der kurze Weg/die kurze Reise/den kurzen Weg/die kurze Reise
b. opinionem meam – meine Meinung, precibus nostris – unseren Bitten/durch unsere Bitten, cum rege vestro – mit eurem König, equos tuos – deine Pferde

T 1. Flavia [erzählt]: „Während ich für kurze Zeit Sklavin in Gallien war, habe ich das unglückliche Schicksal der Sklavinnen kennengelernt. 2. Deshalb bin ich sicher, dass niemand zur Sklaverei geboren ist. 3. Auch wenn Aufidius Aridus, mein Herr, sich immer umgänglich/freundlich gezeigt hat, auch wenn er niemals seine Sklaven mit harten Worten erschreckt hat, wissen die Sklaven, dass sie nicht frei sind. 4. Die übrigen Sklaven sagten oft: ‚Im Reich unseres Herrn sind sogar die Sklaven glücklich.‘ 5. Aber meine Meinung ist, dass wir Menschen alle gleich sind.“

K 1 (griechischen und römischen) Sagenwelt – 2 Pantomimen – 3 Masken – 4 Bühnenwand

Lektion 16

VOK **a.** pergere, pergo, perrexi – fortfahren; testis, testis m – der Zeuge; sero – spät, zu spät
b. 1 Es ist endlich die zehnte Stunde. – 2 Wenig später speisen die Gäste.

GR eum → Akk.– diesen (Zeugen); id → Nom./Akk. – diese (Stadt); ei → Dat. – (Ich gab) ihm (ein Geschenk).
iis → Abl. – (Ich spaziere mit) ihnen (über das Forum); eius → Gen. – (Dort ist Marcus. Wo ist) sein (Bruder)?
ea → Nom., eorum → Gen. – Sie/Diese (ist) ihre/deren (Schwester).

T Sulpicia [sagt]: 1. „Dieses Abendessen war kein gewöhnliches, sondern ein großartiges! 2. Die Gäste waren zahlreich gekommen, mehrere von ihnen waren berühmte Männer. 3. Auch der eine Konsul und seine Frau haben bei den Flaviern gegessen. 4. Ich habe sie begrüßt und sie haben auch mich begrüßt. 5. Flavia ist sicher ein schönes Mädchen; unser Sohn liebt sie sehr. 6. Hast du seine Worte gehört? Er hat ihr ein glückliches Leben versprochen. 7. Nachdem ich das gehört hatte, hielt ich die Tränen kaum zurück/konnte ich die Tränen kaum zurückhalten. 8. Schließlich haben die Götter Flavias Mutter gerettet. Ich danke ihnen. 9. Denn das Schicksal dieser Familie war unglücklich, aber jetzt sind die Götter ihr gewogen.“

K 1 wenig – 2 cena – 3 zehnte – 4 elfte – 5 triclinium – 6 drei – 7 den Händen – 8 Sklaven